시민과 세계
Citizens & World

2006 상반기 제8호

시민과 세계
Citizens & World

참여사회연구소
2006 상반기 **제8호**

편집위원 : 권혁범, 김균, 김동춘, 김상봉, 김호기, 박순성, 신정완, 유선영,
이병천, 이태호, 전창환, 최현, 한홍구,홍윤기, 홍일표
題字 : 신영복

신정완

오장미경

시민정치론

"실천하는 지식인과 시민운동 활동가가 더불어 참여민주사회의 대안을 모색하고 있습니다."

(사)참여사회연구소는 참여연대 부설 연구기관으로 참여연대의 중장기적인 운동방향을 정립하기 위해 1996년에 창립되었습니다. 시민사회의 진보를 지향하는 비판적 지식인들과 시민운동 활동가들이 함께 하는 참여사회연구소는 참여민주사회 실현을 위한 구체적인 정책개발과 대안이론을 모색하고 있습니다.

● 연구소 조직

- 임원 : 주종환(이사장), 김균(소장), 김동춘, 김병태, 김승현, 박진도, 박호성, 손호철, 이병천, 이채언, 조정래, 조흥식
- 운영위원 : 김균, 김진방, 박순성, 유태현(연구실장), 이병천, 이홍균, 임정근, 조흥식, 최현
- 활동분과 : 경제분과, 시민사회분과, 지역정책분과

● 주요활동

- 참여연대 운동방향 정립과 참여민주사회모델을 제시하기 위한 연구 프로젝트 활동
- 월례정책포럼과 심포지엄 등 시민사회 현안과 대안정책 공론화를 위한 토론회 개최
- 잡지, 총서 발간 및 연구보고서, 토론회 자료집 등 출판활동
- 시민운동 연구자 및 활동가가 참여하는 시민사회운동 세미나 활동
- 시민운동 관련 자료실 구축

● 출판활동

- 『참여민주주의와 한국사회』(창작과비평사 1997)
- 『우리가 바로 잡아야 할 39가지 개혁과제』(푸른숲 1997)
- 『한국재벌개혁론』(나남 1999)
- 『한국5대 재벌백서』(나남 1999)
- 『20세기 한국의 야만』(1·2권, 일빛 2001)
- 『한국경제, 재생의 길은 있는가』(당대 2001)
- 『시민과세계』 1호(당대 2002), 『시민과세계』 2호(당대 2002), 『시민과세계』 3호(당대 2003), 『시민과세계』 4호(당대 2003), 『시민과세계』 5호(당대 2004), 『시민과세계』 6호(당대 2004), 『시민과세계』 7호(당대 2005)
- 『한국의 시민운동, 프로크루스테스의 침대』(박원순, 당대 2002)
- 『한국의 언론정치와 지식권력』(김만흠 외, 당대 2003)

참여사회연구소 회원모집

참여사회연구소는 회원들의 회비와 후원기금으로 운영되고 있습니다.

연구소 회원이 되어 주십시오.

학계연구자, 학생, 시민 누구나 회원으로 가입할 수 있습니다. 회원(자료회원 포함)이 되시면

월간 참여사회와 정책포럼 자료집을 매월 받아보실 수 있고 토론회에 언제든지 참석하실 수 있습니다.

(회원가입 문의 : ☎ 764-9581)

서울시 종로구 익선동 30-6 신화타워 205 (사)참여사회연구소(Http://peoplepower21.org) ☎764-9581, ryan007@pspd.org

'다시 대한민국을 묻는다는 것': 새로운 시민민주공화국을 위한 성찰과 새 희망 만들기

이병천·홍윤기

자만의 50주년에서 자성의 60주년으로

2005년은 일제로부터 우리 '민족'이 해방된 지 꼭 60년째 되는 해이다. 그리고 우리 '민족'이 일제로부터 해방된 지 50년째 되었던 1995년에서 10년이 지난 해이기도 하다. 동어반복 같고, 말장난이 될 수도 있는 이런 얘기를 하는 이유는 무엇인가?

1955년부터 10년마다 치르던 광복절기념 방식에는 대체로 상투화된 주제와 스타일이 있었다. 우선 해방되던 그날의 감격을 되새긴다(따라서 광복절은 무엇보다 자축의 날이다). 그럼에도 불구하고 이 해방된 민족이 분단되었음을 아쉬워한다(따라서 광복절은 항상 애상어린 통분이 등장하는 애통의 날이기도 하다). 그리고 과거의 일제나 현재의 일본에 대한 분노를 되씹은 다음(따라서 광복절은 반일의 날로 치닫는다), 해방된

후 이 국가가 이룩한 발전을 일일이 헤아리면서 대단한 자기만족으로 대미를 장식한다(따라서 공식적인 장소나 매체에서 광복절은 대체로 자만의 분위기가 가득한 행사로 끝맺는다).

자축, 애통, 반일 그리고 자만이 10년주기형으로 순환하는 그런 스타일이 절정에 달했던 것이 아마 문민정부 시절이었던 1995년의 8·15행사였던 것 같다. 우리들의 기억으로는 그때 막 불황에서 벗어난 듯했던 풍요의 분위기 속에서 (당시 1995년 상반기 경제성장률이 9.4%였다) 한껏 위세가 높아졌던 김영삼 대통령은 마침 그 시기가 임기 반환점과 며칠 사이로 겹치면서 1995년 8·15를 명실상부하게 제2의 광복절로 재연하기 위해 건국 이래 중앙청이라 불려왔던 조선총독부 건물의 첨탑을 절개하는 이벤트를 벌였다. 박정희시대에 중건한 콘크리트 광화문 뒤에서 약간 어설프게 버티고 서 있던 중앙청은 이날 머리부터 잘리면서 전면적인 해체작업에 들어갔고 절단당한 첨탑은 며칠 뒤 독립기념관 안으로 안치되었다.

그런데 당시 자만의 분위기를 가장 크게 자축했던 것은 공식기구가 아니라 민간부문이었다. 이제는 누구도 그런 일이 있었다는 것을 깊게 기억하고 있지 않지만 당시 8월 25일에는 잠실올림픽 주경기장에서 모 종교단체 주최로 제2회 세계문화체육대전이라는 명목 아래 163개국의 선남선녀가 참여한 36만쌍 국제합동결혼식이 거행되었다. 덕분에 당시 국내외 항공편은 일반승객들이 예상치도 못했던 항공권 때아닌 매진사태로 큰 혼란이 벌어졌다. 이때 세계 각국의 전·현직 국가수반들의 모임인 정상회의, 세계언론인회의, 여성지도자회의, 세계과학자-석학회의, 종교지도자회의 등 "각 나라의 지성과 경륜을 두루 갖춘 인물들"이 한자리에 모여 "인류의 평화와 가정의 도덕성 회복"을 놓고 진지한 토론과 합의를 도출한다는 모임을 같이 가졌다. 대한민국을 본국으로 모시는 이런 축제가 민간기구에 의해 주최되었다는 사실을 두고 관련자들은 정말 대한민국이 세계 모든 나라 위에 우뚝 섰다고 자축해 마지않았다.

이런 자축분위기는 우리나라 사람들만으로 띄워진 것은 아니었다. 당시

MIT 대학의 교수였던 앨리스 암스덴은 『아시아의 다음 거인: 한국과 후발산업화』라는 책으로 1992년 미국 정치학회가 주는 정치경제학에 관한 '최고의 책' 상을 수상한 터였다. 이 책은 1990년 우리말로 즉각 번역되었는데, 암스덴은 산업연구원(KIET)이 서울 롯데호텔에서 광복 50주년 기념사업으로 가진 '한국산업의 정치경제학'이라는 주제의 국제학술대회에 참석해 자신과 반대입장이었던 폴 크루그먼과 해외 대결을 벌임으로써 광복 50주년의 한국번영담론을 풍성하게 만드는 데 일조했다.

그러나 과거에 대항해, 그리고 과거를 일거에 넘어선 것 같은 기세로 맘껏 과시된 이런 외향적 위풍당당함에도 불구하고 하마터면 나라 전체가 IMF 신탁통치체제로 고스란히 날아갈 뻔했던 외환외채위기가 터진 것은 그 2년 뒤 YS가 임기를 다해 가던 1997년 말이었다. 그리고 그 뒤 광복 60주년에 이르는 8년간의 세월은, 한마디로 대한민국이 20세기에 쌓아왔던 자존심이 처참하게 일그러지면서 닥치는 고통을 까무러칠 새도 없이 받아내야 했던, 두 국민으로 양극화가 진행되는 나날이 되었다. 보다 고차적인 차원에서 품위 있게 충족되었으면 했던 우리 대한민국의 정신적 자존심은 광복 60주년이 저물어가고 민주화 20년을 내다보는 2005년 12월, 대한민국을 넘어 세계를 뒤흔든 황우석파동으로 다시 한번 철저하게 구겨졌다.

만약 대한민국이 잘해 왔던 것, 그것이 우리의 삶을 만족시키고 존엄스럽게 하고 있다면 대한민국에다 대고 다시 물음을 제기하는 것과 같은 바보 같은 짓은 하지 않을 것이다. 그러나 지금 길거리에 나가 아무나 붙잡고 "우리나라에 만족하세요?" 하고 물어 보자. 설혹 대한민국을 위한 초광신적 애국자라 하더라도, 아니 바로 애국자일수록 이렇게 대답할 것이다. "무슨 말씀요. 더 잘해야지요". 또 다른 사람은 이렇게 말할 것이다. "얼마나 많은 폭력과 불의가 있었는데요." 우리가 지금 다시 묻고 있는 대한민국은 바로 이것, 즉 건국 이래 폭력과 불의의 야만에 대한 기억을 잊지 말아야 하고, 정말 더 잘해야 한다는 얘기를 듣고 있으며, 과연 더 잘할 수 있는지에 관해 우리 스스로가 확인해야 하는, 바로 그런 대한민국이다.

자만심으로는 자기 자신을 직시하지 못한다. 자존심을 가진 자일수록 자성력으로 자신을 투시한다. 대한민국이 광복 또는 민족해방 60주년을 맞았다고 했을 때 그것의 가장 큰 뜻은 자만에서 자성으로 자기를 보는 시각이 달라져야 한다는 것이다. 원초적 폭력을 내장한 '건국'에 고착된 기억과 '부국'의 꿈에 흥분하던 추억으로 대한민국을 더 잘하게 만들 수는 없을 것이다. 아마 뒤틀린 건국의 기억과 부국의 추억 다음에 '강국'에의 소망이 자리잡고 있을 것이다. 하지만 아직까지 대한민국은 잘했던 것보다는 못했던 것, 아니 안 하고 넘어왔던 것이 여전히 미래를 더 많이 좌우한다. 바로 이렇게 '더 잘해야 하는 대한민국'을 위해 우리는 지금 대한민국을 다시 묻는 것이다.

그렇다면 대한민국에 관해 도대체 무엇을 물어야 한단 말인가?

대한민국은 있다. 『시민과 세계』의 편집위원회와 주제기획의 모든 필자들은 이것을 다시 확인했다. 그런데 바로 이런 60년 역사의 국가를 놓고 무엇을 물어 곱새겨야 한다는 말인가?

광복 당시 우리는 분명히 '민족'이 해방되었다. 그럼에도 불구하고 독립해서 세워진 '국가'는 두 개였다. 이 지구상에서 게르만족이나 한족(漢族)처럼 한 민족이 여러 개 국가를 세운 경우가 여러 민족이 한 국가에 소속된 예——이런 다민족국가는 점점 늘어나고 있다——보다 훨씬 적기는 하지만 아주 없지는 않다고 했을 때, 민족해방 이후 우리 민족도 그런 경우에 속한다. 그리고 그것은 보통 애통할 일로 간주된다. 이런 두 국가가 건국되었다는 것을 전제로 하여 대한민국에 대해서 다음과 같은 물음들이 연속적으로 제기될 수 있다.

■ 대한민국이 출발할 때 국가로서 충분한 조건을 갖추고 있었는가?
(출발조건의 충분성)
■ 만약 충분하지 않았다면 대한민국이 국가로서 결여하고 있었던 것은
무엇인가? (결손조건)
■ 대한민국은 건국 이후 결여조건들을 1)보완하는데 실패했는가? 2)
충분히 보완했는가? 3)보완하는 것 이상으로 발전했는가? (보완/발전
조건)
■ 위의 어떤 경우이든, 21세기 초 대한민국은 국가로서 그 시민이
만족하여 자발적으로 애국할 만한 상태에 있는가? (시민의 애국조건)
■ 또한 21세기 초 대한민국은 다른 국가로부터 국가로서 그 주권성은
물론 그 존엄성을, 필요한 정도뿐만 아니라 충분할 만큼 인정받고 있는
가? (인정조건)
■ 위의 물음들에서 확인된 21세기 초 현재 상태에서 대한민국이 적어도
21세기 내내 장기지속적으로 추구해야 할 국가적 지향 목표가 있다면
무엇인가?

위의 물음들을 아주 뭉뚱그려서 『시민과 세계』 편집위원회는 본 기획의
부제를 '(대한민국의) 역사와 좌표'라고 압축적으로 표현하였다.

모자란 것, 나아간 것, 더 나아가야 할 것

1945년 '민족'이 해방되고, 1948년 '국가'가 세워졌다. 대한민국이 국가
로서 출발했을 때 국가로서 갖추어져 있었던 것은 사실 '국가가 세워졌다'는
것, 그것이 전부였다. 그리고 세워진 것이 한 '국가'였다는 것을 당시

대부분의 한국 사람들은 남북한을 막론하고 엄연한 사실로 제대로 자각하지 못했다. 그것은 참으로 '모호한' 시작이었다.(정용욱)

남북한 국가가 어쩌다 자기 국가의 국민으로 소속되어버린 사람들 각자에게 '너는 더도 덜도 말고 바로 이 나라의 국민이다'라는 의식을 심기 위해서는 그 우연한 국민들에게 호된 매질을 가하면서 후한 보상을 퍼부어 모호한 상태에 있는 남북한간의 경계를 사후적으로라도 의식에 박아주어야 했다. 따라서 남북한이 서로 상대방에 대한 의식을 말살 내지 억제하여 어떤 경우에도 자기 안에 서로가 있을 수 없다는 것(=결여)의 의식화가 우선 서로가 국가로서 출발하는 데 강요되었다. 따라서 북한과의 분단은 대한민국의 결여조건이면서도 그 필요조건이었으며, '체제경쟁'을 통해 억지로라도 자기 국가를 발전시키지 않으면 안 될 동역학이었고 적대적 공생의 동원체제의 근거였다. 문제는 이 체제경쟁과 대결이 남북한간에 너무나 비대칭적으로 전개되어 '북한문제'로까지 발전해버리는 사태를 야기하고 있다는 것인데,(박순성) 다행히도 문제로서의 북한이 없어서는 안 될 상대로서의 남한에게 '기회의 창'으로 구실할 수도 있는 역사적 호기에 지금 와 있다는 것이다.

당연히 이 호기를 주도적으로 이용할 순서와 그 역량은 우선적으로 남한, 즉 대한민국에 주어져 있다. 참으로 결과론적인 얘기이지만 분단이 계속 유동적으로 변화난측한 사태를 낳았던 것이 아니라 사실상 분리된 체제로서 고착화되어 왔다는 것을 감안하면, "남북한의 분단은 동아시아 냉전체제하에서 남북한이 평화를 유지할 수 있었던 것의 대가"라는 측면도 있다.(최장집) 5년의 동요, 3년의 전쟁, 그리고 53년의 평화는 남북한이 선택한 체제의 역량을 원없이 발휘해볼 기회를 주었고, 그 성과는 각자 자기식 기준대로——그리고 아주 냉소적으로——대성공이었고, 그 결과는 객관적으로 항상 새로운 위기와 파탄의 가능성을 불러들이는 것이었다. 북한은 사회주의에서 주체사상으로 아무 간섭 없이 자기 임의대로 체제를 운영하여 일정기간 나름대로 작동하였으나 결국 "개방적이고 민주적인 사회가 될 수 없는 동질적으로 통합된 전체주의적 사회정치체제"를 가지게 되었다. 반면에 남한은 "타율적으로 외부로부터 만들어진 측면이 매우 큰 불안정한 조건에서 출발"했지만, 결국 내부 역량의 성장과 더불어 거의 주체적으로 "개방적이고 민주적인 사회로의 잠재력과 공간을 발전"시켰다. 따라서 이제 "중요한 것은 통일보다 평화"이고, 외부의 타율적 조건보다 "내부체제의 성격"이라고 할 때, 남한 사회에서 우선 "민주화, 그리고 시장자본주의 질서의 인간화가 선행"하면서 "사회적 갈등을 해결하기에 충분히 발전된 민주주의를 가진 사회"를 구축함으로써, "낮은 수준의 경제 발전 정도와 전체주의적 병영국가체제를 갖는 다른 사회"를 향도할 수 있어야 한다. 바로 그래야지 통일이 평화의 파괴를 동반한 혼란이 아니게 된다.(최장집) 그런데 남한, 우리 대한민국은 과연 이런 상태에 있는가?

대한민국 발전의 대차대조표

최근 조선시대 말기와 일제시대에 관한 성장제일주의 실증사학으로부터 일본 제국주의체제 아래서 한국의 식민지경제가 근대화됐을 뿐만 아니라 지속적 근대성장이 이루었다는 것이 실증되었다는 주장이 제기되었다. 이른바 식민지근대화론은 남북한 민족사학계에서 정설이 되어 있던 조선사회에서의 자본주의(또는 근대화) 맹아론과 식민지수탈론을 허구적 민족주관주의로 몰아갔다. 이들은 일제시대의 근대적 경제성장이 해방 이후 고도성장으로 연속되었다는 주장도 했다. 조선후기사회가 어느 정도 내적인 발전동력을 가졌으며, 식민지수탈의 수준이 어느 정도였는지는 사실 좀더 정밀하게 연구되어야 한다. 그러나 내세우는 실증적 치밀성에 비해 개념적 엄밀성이나 주체적 역사의식이 부실하기 짝이 없는 식민지근대화론의 각종 주장을 비판적으로 역검증한 결과 명백해진 것은——적어도 물적인 측면에서 보자면——일제시대 발전의 결과물 '덕분에' 탈식민지

국면의 대한민국이 '발전'했다는 증거는 어디에서도 발견되지 않는다는 것이다.(허수열) 그러나 분단에 대한 일제 식민지배의 책임은 제쳐둔다 해도, 인적인 측면에서 대한민국에 물려준 식민지유산으로 보자면, "친일파, 부일협력자 규명 문제는 그들이 반공을 무기로 이후 지배층이 되면서 사실 60년이 지난 지금까지도 미완상태에 있는 핵심 과거청산 과제이다. …지금의 시점에서 그들에 의한 피해는 특정 사회구성원 개개인에 국한되지 않고 국가, 민족 전체에 관한 것이므로 단지 누가 어떤 상황에서 적극적으로 반민주, 반인권적 일제의 파시즘적 지배정책에 부역했는지 그러한 행위의 내용을 철저하게 밝히고, 지난 60년 동안 한국역사에 어떤 해로운 결과가 나타났는지를 규명"하는 일이 반드시 필요하다.(김동춘)

그렇다면 민족의 분단과 대한민국의 건국, 그리고 분단체제의 고착과 심화에 결정적인 역할을 한 것으로 드러나는 미국이 대한민국 발전에 기여한 부분은 어느 정도일까? '일본제국'으로부터의 탈식민지화가 민족의 자주적 독립이나 하다못해 국가의 진정한 주권확보로 이어지는 것이 아니라 '미국 패권으로의 신종속'으로 귀착되면서 나타난 결과들을 간단하게 평가하기는 대단히 어렵다. 한편으로 "미국이라는 나라는 선의를 가진 강대국이기에 약한 나라들의 민주주의와 경제성장을 도와주는 고마운 나라로 인식되어" 왔다. "또한 미국은 우리에게 있어서 혈맹적 우방을 넘어, 우리 자신의 또 다른 자아이기조차 했다. 우리는 미국과 자신을 동일시하는 것으로서 세상을 바라보았고 이로써 미래가 보장된다고 확신했다. 미국 없이는 우리의 생존과 안위가 지켜질 수 없다는 생각은 냉전의 상식이었고, 그것은 식민지적 사고라고 지목되기 어려웠다." 그러나 다른 한편으로 미국은 오늘날 점차 "기본적으로 우리 민족의 통일과 경제적 자주, 그리고 동북아시아 평화체제의 수립을 가로막고 나서는 가장 막대한 장애로 존재하고 있다." 따라서 현재 가장 시급하게 요구되는 것은 "이러한 현실을 분명히 인식하고 이를 위해 정치적 의지를 강력하게 관철할 새로운 민족 주체세력을 길러내는 것이다." "미국의 부당한 요구와 식민지 관리체제의 강화에 맞서서 민족의 복리와 평화, 그리고 자존을 지켜내고, 세계사적 차원에서 우리 현실을 인식하는 가운데 인류적 가치에 봉사하려는 세력이 정치적 주도권을 갖도록 하는 것이 대한민국의 새로운 정통성을 굳건히 하는 중대사이다.”(김민웅)

하지만 바로 이런 새로운 민족적·민중적 주체세력의 굳건한 기반이 될 대한민국 국가의 내부, 한국사회의 모습은 아직 그다지 이런 주체역량을 뒷받침할 정도로 성숙한 것 같아 보이지 않는다. 그것은 대한민국 60년의 최대 업적이라고 하는 세계사상 유례없는 기적적 경제성장이 그 내적 구조에 있어서는 끊임없는 모순적 딜레마에 봉착하면서 진전되고 있다는 데서 가장 뼈아프게 드러난다. 그것은 “국가-사회-시장자본주의 간 ‘홉스적 협력’의 틀 속에서 한강의 기적을 낳게 한 동인들”을 분석해 보면 정확하게 포착된다. 그 첫번째 동인은 국가-은행-재벌의 연계 속에서 국가가 자본투자를 유도하고 금융을 통제하면서 비용과 위험을 사회적으로 부담시키면서 재벌에게 고부채와 아울러 고투자를 부추기는 것으로 작동을 시작한다. 이런 구조 안에서 국가의 전폭적인 지원을 받는 재벌이라면 당연히 투자열에 불타게 되고 여기에 계층적 상향이동의 욕구에 불타는 노동자의 노동중독이 가세하여 거의 희생적으로 노동에 헌신한 결과 엄청난 초과이윤이 발생한다. 주목할 만한 것은 바로 이런 내부경제가 단순히 수입품을 대체하는 수준에 멈추는 것이 아니라 그 역량으로 세계시장을 겨냥한 수출우선주의로 나감으로써 ‘규모의 확장’과 아울러 ‘규율의 조정’도 받았다는 것이다. 바로 이런 작동구조를 갖고 냉전 조건 아래서 동아시아 반공트라이앵글이라는 역내 시장을 확보하고 나감으로써 ‘한강의 기적’의 추동력이 형성되었다.(이병천)

문제는 이렇게 해서 확보한 경제성장이 사회성숙으로 이어지는 제도적·정책적·이념적·관습적 연결고리가 거의 확보되지 않았다는 것이다. 다시 말해 산업화는 민주화의 기반으로 되기에는 내부 장애가 심했고 (독재 안의 반독재), 이익은 사회적으로 발생시키고 분배는 재벌에게만 돌아가는가 하면(이익과 분배의 딜레마), 재벌을 키운 국가가 오히려 재벌에 포박되는 딜레마가 계속 구조화된다(국가와 재벌의 세력 역전).(**이병천**) 결국 파이를 키워 성장만 하면 민주주의도 분배도 자동적으로 이루어질 것이라는 박정희 이래 약속은 '정상국가' 시대로 접어들고 절차적 민주화가 진행된 오늘날까지도 지켜지지 않고 있다. 국가주도 개발독재가 신자유주의의 자본독재로 바뀌면서 "비정규직노동자와 이주노동자의 모습"에서 "'지배자와 피지배자의 동일성'을 향한 민주적이고 진보적인 노동운동의 움직임은 후퇴하고 오히려 노동은 시장과 자본의 힘에 위계적으로 재편성되고 있다. 따라서 이들에게 시민권은 주어지지 않고 '하나의 국가 안에 두 국민이 존재하는 상황'이 한국사회에도 도래하였다."(이광일)

국가기구 차원에서 지속적으로 민주화가 진행되었다고 하는 것이 바로 이런 국가 내부의 사회역량의 허약함에 부딪쳐 '개혁의 병목현상'에 봉착하면서 마침 들이닥친 '사회적 양극화'를 해소하는 데 별반 도움이 되지 않는 것처럼 보이게 되는 일이 이래서 일어난다. 자유주의적 민주정부하에서 정치사회적 개혁은 경제개혁의 진정한 힘을 창출하지 못하고 두 방향의 개혁은 일치하지 못하고 있다. 따라서 "상부구조적 차원에서 진행되는 민주개혁과 대중들의 실제적인 삶의 괴리가 더욱 커진다." "정치사회적 차원에서 일정하게 개혁이 진행되었음에도 불구하고 경제적·계급적 차원에서는——개혁에도 불구하고, 혹은 개혁을 통해서——더욱 악화된 상황을 맞이하고 있다." 그리고 참으로 역설적으로 "저항적 시민사회의 저항의 효과가 보수세력의 '자유' 확대에도 '보편적으로' 적용된다." 그리고 이렇게 "상대적으로 민주적이고 투명한 신계급사회"로 그 윤곽이 잡혀가는 21세기 초 한국 사회에서 민주화는 지구화와 동시적으로 진행되면서 한국 민주개혁의 정책들이 친시장적인 범위 안에 국한되는 결과를 빚기에 이르렀다. (조희연)

지구화의 조건이 한국 사회에서 어떤 작용을 하였는가 하는 것은 지구화의 시점과 시기를 어떻게 잡느냐에 좌우되지만, 지구화가 "(인간들의)

활동, 상호작용 및 권력행사가 현대 시기에 들어와 그 범위, 강도, 속도 및 영향에 있어서 전지구적 차원의 흐름과 연결망을 만들어내는 사회적 관계 및 사회적 교류가 공간적 조직방식에 큰 변화가 발생하였음을 구체적으로 보여주는 일련의 과정(들)"이라고 한다면, 한국에서 지구화는 아무리 늦게 잡아도 이미 조선 중기 조·일 및 조·청 전쟁 때부터 시작된다고 보아야 한다. 그러나 '전지구적' 연결망이 우리 일상생활에서 실제로 체감되는 것은 그야말로 민족해방과 더불어 시작된 국제냉전체제 안에서이다. 냉전과 탈냉전의 국면에 걸쳐 건국, 전쟁, 교육성장, 경제성장, 정치성장을 거치면서 성장국가로서의 대한민국은 지구구성체에서 생태계에 상당한 훼손을 가하면서, 통상대국으로 자리잡음과 아울러, 사회적으로는 급격히 도시화·다인종화되었으며, 정치적으로는 국제적으로 개방되고, 문화적으로 혼성화되면서, 개인의 활동반경이 세계화되는 그런 위상과 위치를 차지하게 되었다. 지금까지의 자성에서 부정적인 측면이 많이 부각되었음에도 불구하고 1945년 이래 한국은 지구화의 맥락에 능동적으로 접속함으로써 '일단 결과적으로는' 부정적 폐해보다는 긍정적 성과를 많이 거둔 가운데 21세기를 맞고 있다. 중요한 것은 20세기 후반기 동안 진행되었던 지구화에서 대한민국이 경제적 불평등의 심화, 사회적 계급화의 진전 등과 같이 부정적 폐해를 적지 않게 받고 한국전쟁이나 외환외채동란 같은 치명적 위기국면을 여러 번 맞았음에도 불구하고 참으로 다행하게도 더 고차적인 발전동인을 얻어왔다는 것이다. 여기에서 한국형 발전은 '하나의 위기가 보다 고차적인 다음 발전의 계기가 되면서, 지금의 발전은 보다 심화된 다음 위기의 조건으로 끊임없이 전화되는' 위기동반형 발전으로 요약된다.(홍윤기)

이때 위기요인은 지구화 맥락에서 외적으로 조성되는 반면, 발전역량은 지구화 조건을 보다 포괄적이고도 능동적으로 체질화시키면서 형성된다. 따라서 지구화는 한국에 끊임없는 위기요인을 던지면서 그것을 극복할 발전역량의 공급원이기도 했다. 그러나 이제 세기초에 맞는 지구화는 지금까지와는 비교도 되지 않는 파격요인을 안고 있다. 그것은 세기초 지구화가 전세계적으로 미국일방주의에 의해 오염되면서 아메리카 권력의 전횡 아래 놓이게 되는 데서 찾아진다. 이때 문제는 그렇게 전세계의 운명을 장악한 미국 자체가 엄청난 모순덩어리로서 1) 미국 자체가 붕괴할 것이라는 예측이 끊임없이 나오고 있음과 동시에 2) 미국의 붕괴는 20세기 마지막 10년대의 소련 붕괴와는 비교도 할 수 없을 만큼 엄청난 동반 파탄을 지구상에 가져올 것이라는 카산드라 예언이 사방에서 확인되고 있다는 것이다. 따라서 당연히 대한민국의 21세기 구상은 미국 이후의 시대를 대비한 것이 되지 않을 수 없다.(홍윤기)

21세기 대한민국: 새로운 시민민주공화국, 나아가 지구시민의 모국을 내다보는 희망

우리 국가는 '대한민국'이라는 팻말 하나만 세워놓고 남북한의 군인과 민간인뿐만 아니라 미국인, 중국인까지 포함해 수많은 외국인들의 핏덩어리로 국가의 위세를 새겨넣으면서 20세기 중반부터 존재하기 시작했다. 20세기 나머지 세월들은 '국가'로서 미처 갖추지 못했던 것을 아주 다급하게 채워넣으며 황급하게 지내온 세월이었다. 그래서 '나라'는 모양새를 갖추었지만 그 나라 안에서 꾸려지는 삶 하나하나는 미처 제대로 꾸려지지 않은 채 21세기로 바쁘게 굴러왔다. 이제는 삶의 모양새를 꾸려갈 때이다. 나라를 꾸려놓았으니 무엇을 바라보며 그 안에서 살아야 할지 이제 우리가 알아서 챙겨야 한다. 무엇보다 우리 삶으로 우리가 어떤 것이 되어야 할지 생각부터 정리해야 한다. 그리고 우리 사회와 국가를 튼튼하게 살찌우는 데는 자기 자신의 이념적 정체성을 어느 한 쪽으로 획일화시킬 필요 없이 각기 자기 원칙과 자리에서 기여할 수 있어야 할 것이다.

(1) 민주주의는 대한민국 60년사를 단지 정치에서 뿐만 아니라 경제에서

사회, 문화 및 정신적인 모든 성취를 일관되게 관통하는 지향성이다. 그런데 정치에 있어서 해방 이후 지난 60년간 민주화 역사를 돌이켜보아도 한국 민주주의를 이끌어왔던 주요 축은 엘리트와 준(準)엘리트의 갈등이 아니라 국가와 시민사회의 대립이었다. 1960년 4월혁명, 1987년 6월민주 항쟁, 2000년 낙천·낙선운동 그리고 2004년 탄핵사태와 촛불시위에 이르기까지 국가에 대한 시민사회의 저항은 한국 민주주의의 보루이자 주체로서의 역할을 담당해왔다. 그러나 '사회운동을 통한 민주주의'라고 부를 수 있는 이런 민주화 과정은 시민사회의 정치적 참여를 통해 해결하고자 했다는 점에서 참여민주주의의 발전을 가져왔지만 한국 민주주의는 사회운동을 통해 제기된 정치적 이슈들이 정당정치의 저발전으로 인해 제대로 반영되지 못하는 제도화의 문제를 안고 있다. 이는 민주주의 공고화에 주요한 걸림돌의 하나가 되고 있다.(김호기) 21세기에는 이런 한국 민주주의가 모든 제도와 인류와 문화에서 그 활력의 동맥이 되어야 할 작동방식을 창출할 과제를 안고 있다.

(2) 우리나라는 흔히 자유민주주의를 국가질서의 근본원칙이라고 하면서도 자유로운 개인의 발전에 관해서는 지레 겁을 먹어왔다. 그러나 자유주의의 지울 수 없는 원천이 "공포와 잔인함으로부터의 해방"이라고 했을 때 체제의 오류와 부정에 의한 희생자들의 목소리가 공명과 반향을 얻을 것이다. 자유주의는 "개인의 자유와 인권으로써 체제의 압력과 질주에 한계를 설정"할 수 있다. 자유주의로부터 어떤 이상적인 공동체의 비전을 얻을 수는 없겠지만 "기존의 체제가 진실과 인권을 유린하는 상황으로 떨어지는 것을 막을 수 있다. 따라서 자유주의는 일차적으로 우리 사회의 취약한 민주주의에 대한 안전판"이면서,(정태욱) 보다 적극적으로는 '발전된 개인'을 추구하는 사회적 조건에 대한 최소한의 요구이다.

(3) 또한 우리나라는 민주공화국을 국체로 한다고 하면서도 공화국의 이념에 대해서는 한번도 진지하게 성찰하지 못했다. "공화국의 이념은 그 시원에서 보자면 가정의 경계를 넘어서 추구되어야 할 자유로운 삶이

오직 나라를 통해서만 실현될 수 있으며, 그 자유가 국가를 구성하는 인민 모두에 의해 오직 공공적으로만 실현되고 지탱될 수 있다는 통찰에 뿌리박고 있다. 누구도 자기의 자유를 자기 혼자 지킬 수는 없다. 어렵게 말할 것 없이 나라를 외국의 침략에서 지키는 것부터가 혼자 할 수 있는 일이 아닌 것이다."(김상봉) 그러나 "우리의 전통 속에서 지배계급은 민중과 권력을 나누어가짐으로써 나라를 지키고 강하게 하기보다는 차라리 외세와 결탁하여 나라 안에서 자기들의 지위를 지키는 것을 선호했다." "국가의 공공성이 정치적 전통으로 확립되지 못한 나라에서는 국가가 사적 이익 추구를 위한 싸움터로 전락한다." "우리 시대의 절대적 자본주의 또는 경제지상주의가 인간의 사회·정치적 삶의 공공성 또는 공화국과 결코 양립할 수 없는 모순대립관계에 있다." 중요한 것은 교육을 통해 바로 이런 공화국의 원칙을 삶의 뿌리에서부터 배양하고 체질화시키는 것이다. 우리 시대 진보가 나아가야 할 새 길이 여기에 놓여 있다.(김상봉)

(4) 보수주의로부터 어떤 정신적 지주도 기대할 수 없었다는 것은 대한민국 정치사의 최대 비극이다. 한국에서 보수주의는 반공의 그악함을 산업화의 기득권으로 옹호하면서 권위주의를 고수하려는 '수구적 보수주의'로 점철함으로써 민주주의 조건 아래서 정치적 역동성을 스스로 파괴해왔다. (정해구) 과연 한국의 보수주의는 자유주의와 민주주의를 온정적인 포용성 속에서 관용을 구사하는 서구적 보수주의의 장점을 취할 수 있을 것인가? 이것은 보수주의로 정치를 하고자 하는 집단들이 그들을 따르는 기득권층을 얼마나 자기식의 기본 합리성으로 계몽할 수 있느냐에 달려 있다. 그런 시도가 성공한다면 그것은 한국 정치의 중요 세력 중 하나가 국가의 안정담지세력으로 전화한다는 아주 긍정적인 결과를 함축할 것이다.

(5) 우리 국가는 주로 안보와 경제의 영역에서 국가단위의 성장을 기획하는 데는 아주 익숙하고 능숙하다. 하지만 그런 '국가적' 성장을 '사회적' 풍요, 삶의 풍요와 성숙으로 연결시키는 데는 몹시 미숙하다. 그러나 이 점에서 사회민주주의는 의존할 수 있는 정책수단과 운동방식, 또 이를

뒷받침할 지적 자원이 잘 알려져 있어 너무 많은 시행착오와 낭만적 유토피아주의의 큰 위험을 감수할 필요 없이 구현을 시도할 수 있는 이념이다. 그리고 서구 사민주의 운동은 대체로 긍정적인 성과를 가져왔다. 또한 한국 사회는 사민주의 정치가 작동할 수 있는 첫 문턱을 이미 넘은 사회라 볼 수 있다. 세계 11위 정도를 차지하는 경제규모나 상당히 고도화된 산업구조, 그리고 늦긴 했지만 힘겹게 성취한 정치적 민주주의 등으로 볼 때 한국 사회는 제3세계보다는 '제1세계'적 특질을 한결 많이 가진 사회라 할 수 있다. 나아가 한국 사회의 현실은 사민주의적 개혁정책을 절실히 필요로 하고 있다. 경제대국, 무역대국의 이면에는 빈곤과 차별, 불평등과 양극화로 신음하는 수많은 서민대중이 자리잡고 있다. 그리고 이념적으로 사민주의는 현재 한국의 다양한 개혁·진보적 사회운동세력이 보이고 있는 이념적 스펙트럼에서 대체로 중간적 위치에 놓여 다양한 이념조류들이 잠정적으로 합의할 수 있는 수준의 이념이다. 사민주의는 개혁적 자유주의자들이 추구하는 보다 투명하고 합리화된 자본주의 질서 형성에 힘을 보탤 수 있다. 또한 사민주의는 북한체제를 지지하는 극단적 노선과는 길을 같이 갈 수 없으나, 민족자주와 남북화해협력을 통한 평화통일의 중요성을 강조하는 광의의 민족주의 이념의 대의는 유보 없이 수용할 수 있다.(신정완)

(6) 페미니즘은 시민사회의 문화를 남성중심적, 수직적, 위계적 문화에서 성평등적, 수평적, 민주적 문화로 바꾸어 갔으며, 가족과 사회에 민주주의의 원리를 확장시키는 데 기여하였다. 페미니즘은 남녀간, 세대간, 부모자식, 사용자/노동자, 조직사회 내의 위계적 권위주의체제를 철폐하고 수평적·평등적 체제를 확립하는 데 기여했다. 페미니즘은 여성의 인권보장은 물론 폭력피해자, 장애인, 빈자, 동성애자 등 소수차 문제에 공감하면서 소수자 여성의 문제들을 이슈화시킴으로써 한국 사회에 소수자 문제를 중요한 문제로 위치시키는 데 기여하였다. 여성의 불평등 문제에 대한 관심을 제기하는 것은 그 자체뿐만 아니라 사회 약자와 소수자들에

대한 관심을 환기시키는 민주적 연관효과를 갖는다.(오장미경)

(7) 자기가 어떤 삶을 살 것인가를 가장 잘 결정하고 책임질 수 있는 사람은 바로 그 삶을 살아가는 자신이다. 풀뿌리민주주의의 가장 중요한 공헌은 대중과 엘리트의 능력이 다르지 않다는 점을 증명한 것이다. 충분한 시간과 정보가 주어진다면 대중은 스스로 판단하고 결정을 내리고 행동할 수 있고, 그런 과정을 통해 책임을 지게 된다. 설사 지식이나 이론적인 면에서 지금 당장 대중의 능력이 떨어진다 하더라도, 파편화된 개인이 아니라 하나의 공동체 속에서 토론하고 투쟁하고, 스스로 답을 찾아가는 과정에서 대중은 자기계몽되고 그 시민적 능력은 성장한다. 풀뿌리민주주의는 남에게 자율성을 되찾아주는 게 아니라 그 사람이 스스로 자율성을 회복하도록 돕는 노력이다. 그 경우 가장 중요한 것은 스스로 의견을 세우는 일이다. 보통 의견이 없는 것은 무관심해서가 아니라 그것을 표현할 방법을 몰라서이다. 현실을 주의 깊게 관찰해 보면 소통하는 방법 자체를 모르는 사람들이 대부분이다. 그래서 학습과 훈련, 정보공개, 그리고 토론과 심의가 아주 중요하다. 풀뿌리민주주의운동은 다양한 욕구를 가진 이질적인 행위자들이 우연적이고 능동적인 방식으로 자치를 실현하고 그 경계를 확장하는 과정이다.(하승우)

(8) 현단계에서 분단체제가 아직은 엄존하고 있으며 그것을 극복하는 과정 자체가 매우 복합적이고 상호적이라는 점을 생각하면 민족주의적 동력이나 민족주의적 담론과 실천적 실질성을 무시하거나 부정하는 것은 한국 사회의 실상과 맞지 않을뿐더러 총체적인 진보 이념의 길에도 한계를 가져올 뿐이다. 한국민족주의가 초래할 수 있는 여러 가지 위험과 한계를 직시하면서 동시에 민족주의에 대한 성찰적 작업이 긴요하다. 21세기 한국에서의 민족주의는 민족적 감정과 정서, 민족제일의 가치를 절대화하는 것이 아니라 자신을 통제하고 성찰할 상위의 가치로서 '평화'를 설정할 수 있고 또 그래야 한다. 여기서 평화는 전쟁이 없는 상태를 뜻하는 소극적 의미뿐만 아니라 모든 사회구성원들이 내면적으로나 실제 삶에 있어서

평화로움을 경험하는 적극적인 의미를 내포한다. 평화는 통일을 이루기 위한 전제조건이나 수단으로서가 아니라 오히려 독립이나 자주보다도 더 우위에 있는 가치로 이해되어야 하며, 한국 민족주의가 분쟁을 조장할 경우 과감히 반민족주의를 주창할 수 있는 근거가 되어야 한다. 평화의 가치는 분단체제의 극복과 통일 과정에서 감성적 민족주의의 덫에 빠지지 않도록 하는 주요한 준거이다. 이러한 평화민족주의는 한국민족주의를 한반도적 시각에서만 바라보지 않고 동아시아적 시각에서 이해하고 성찰할 것을 또한 요구한다.(박명규)

(9) 신자유주의가 90년대 중반 이후 한국 사회의 현실에서 가장 지배적인 힘을 발휘해왔던 이념과 정책, 질서원리의 하나임은 논란의 여지가 없다. 신자유주의를 지향하는 이념적 편향성이 뚜렷한 의제들도 마치 자명한 경제법칙 혹은 '정치적으로 올바른' 것인 양 가르쳐지고 토론된다. 그러나 글로벌 스탠더드라는 미명 아래 법과 질서를 엄정히 지키면서 나라 전체를 경제발전의 '매뉴얼'에 맞추어 기업의 이익극대화를 위해 총동원하는 것이 국가와 사회의 나아갈 바라고 생각하는 점에서 어제의 개발독재 시절의 논리와 오늘의 신자유주의 신봉자들의 주장은 닮아 있다. 그러나 과연 국가를 이렇게 온통 경제제일주의 결사체로 편성하는 것이 정당한 삶의 방식인가?(홍기빈)

(10) 이런 가운데 그리 멀지 않을 미래를 염두에 둘 때 가장 중요한 것은 생태적 전환에 관한 전망을 정확히 세우는 일이다. 문명적으로 보아서 현대 공업사회의 퇴락은 필연적이다. 그것은 무엇보다 석유의 고갈과 함께 급속히 진행될 것이다. 우리는 급격한 퇴락의 고통을 최소화하기 위해, 또한 지금 여기서 더 나은 삶을 살기 위해 가능한 최선을 다해 생태적 전환을 추구해야 한다. 생태적 전환은 지금 여기서 시작되어야 하는 절박한 과제이다.(홍성태)

이상과 같이 각기 자기 입장과 자리에서 대한민국의 좌표를 내놓는 자유주의자, 공화주의자, 사회민주주의자, 여성주의자, 참여민주의의자, 그리고 민족주의자들은 때때로 부딪치면서도 각기 자신의 정체성을 포기할 필요 없이 그 이념의 미덕이 가장 잘 발휘되는 지점에서 다른 이념을 추구하는 이들의 발전에 서로가 기초와 의존처가 되어줄 수 있도록 요청된다. '자유민주주의' 질서를 기반으로 한 민주공화국 대한민국은 국가와 사회, 무엇보다 이땅의 구성원들이 문명적·반성적으로 진화하기 위해 제각기 노력하는 이런 이념적 운동들로부터 다양한 발전동력을 얻을 수 있다.

사랑도 명예도 이름도 남김없이 건국, 분단, 전쟁, 독재 그리고 신자유주의의 폭력과 야만 앞에 무고하게 또 분투하면서 스러져간 무수한 희생자들과 공화국의 정신적·정치적 영혼들을 애도하고 추모하자. 온갖 썩어빠진 잔재들을 다 털어내고 자본독재의 부르주아공화국과 전체주의적 인민공화국을 함께 넘어, 참여와 연대, 평화와 생태의 새로운 시민민주공화국의 새 희망을 세우자.

또한 우리는 21세기 지구구성체 안에서 대한민국의 국가적 위상을 보다 전향적으로 정립해볼 수 있을 것이다. 무엇보다도 21세기 대한민국은 지구적 생태위기로부터 스스로를 지켜내야 하는 '안전국가'로 재구축되어야 한다. 그리고 경제패권으로서 미국이 붕괴할 자리에 같이 빨려들어가지 않도록 외적으로는 한반도에서 활발한 운송과 교역이 이루어지는 '동아시아 시장권'을 견실하게 건설하면서 내부적으로 강고한 '사회적 시장경제'를 작동시켜 국가시민의 삶을 안전하게 보장하지 않으면 안 된다.

그리고 우리의 공화국은 '민족평화체제'를 구축하고 아시아 인민을 필두로 하여 가능한 모든 지구 시민들이 자기실현과 삶의 건강성을 보장받을 정신적 자원과 물질적 매체로 가득 찬 '지구시민국가'의 면모를 단독으로라도 구현할 수 있어야 한다. 이런 국가를 스스로 운영할 줄 아는 자치와 연대 능력이 높게 발달된 이 나라의 시민정신은 아마 '유라시아의 영혼'이라 불릴 정도로 학습력과 성찰력이 뛰어나 지구적 연대를 주도하는 데 부족함이 없을 것이다. 이렇게만 된다면 대한민국은 21세기 중반을 넘어서면서 아마 아메리카 권력이 주저앉은 자리에 가 '미국 구원하기 프로젝트' (Saving America Project)까지 추진하면서 우리가 20세기 때 미국에 진 많은 빚을 갚을 날을 맞을 수 있을지도 모른다.

이병천 · 홍윤기(Lee, Byung-Cheon · Hong, Yun-Gi)
공동편집인

'해방 60'년에 대한 하나의 해석: 민주주의자의 퍼스펙티브에서

최장집

1. 문제를 어떻게 정의할 것인가

1) '해방 60년'을 말한다는 것은 2차대전 종전과 더불어 시작된 냉전의 결과로 분단된 지난 60년의 역사와, 우리가 '한국'이라고 부르는 남한의 국가가 그 자체로서 하나의 자족적인 국가이자 주권국가로서 성장한 한국 현대사를 이야기하는 것이라 하겠다. 우리는 어디로부터 와서 어디로 가고 있는가, 또는 어디로 가야 하는가를 오늘의 시점에서 전망해볼 만하고, 또 그래야만 할 만큼 짧지 않은 긴 시간이 흘렀음을 전제하는 것이기도 하다. 그리하여 오늘의 시점에서 정부는 정부대로, 학계는 학계대로, 시민운동은 시민운동대로, 언론이나 출판은 또 그것대로 해방 60년을 중요하게 여기고 논의하는 것은 당연한 일로 보인다. 그런데 정부가 주도하는 다양한 기념행사들을 비롯하여 여러 곳에서 해방 60년을 앞세우고, 언론과 방송매체를 비롯하여 다채로운 이벤트성 행사도 많고, 적잖은

예산이 고구려사 연구나 식민지시대 연구에 주어지고, 과거사청산문제가 주요 정부정책으로 추진되고 있는 오늘의 시점에서, 한국현대사가 제기하고 있는 문제들과 제대로 대면하는 성찰적 이해나 관심, 연구는 매우 역설적이게도 해체 또는 소멸되고 있는 것은 아닌가 한다. 민주화로의 전환의 과정에서 운동의 역사적 기초를 이론적으로 뒷받침했던 한국현대사에 대한 비판적 이해가, 냉전반공주의와 보수적 산업화를 주도했던 권위주의가 해체된 민주화 이후의 시기에 왜 소멸되고 있는가? 이는 한국에서 민주화 이후 민주주의의 특성을 밝히는 데 매우 중요한 질문이 아닐까 한다.

2) 최근 진행되고 있는 해방 60년을 주제로 한 행사나 논의들을 보면서, 대부분의 경우 '성찰 없는 현대사 이해'를 특징으로 한다는 생각을 갖게 된다. 전체적으로 보아 오늘의 한국사회, 한국민주주의의 문제에 대한 회피 내지 문제의식의 결핍을 나타내고 있기 때문이다. 역사에 대한 관심과 이해는 최근년에 이르러 고구려사나 한일관계사와 같이 고대사나 조선후기에서 식민지시대에 이르는 시기에 관한 것으로 대체된 것처럼 보인다. 대학의 역사학과에서조차 해방 이후의 한국사, 다시 말해 해방 60년사에 대한 교육이나 강의 자체가 공백으로 남아 있다. 이탈리아의 역사가 베네데토 크로체는 "연대기적 역사는 죽은 역사"이고 "역사는 당대의 역사"(contemporary history)라고 말했다. 독일관념론의 영향을 받은 그는 철학, 예술, 문화와 역사를 동일시하고, 현재를 한 사회의 문화발전의 가장 성숙한 단계로 상정하면서 그것의 실현 또는 표현을 역사라고 이해했다. 필자는 문화적 정신생활과 역사의 통일성, 그것의 발전적 과정으로서 역사를 생각하는 그의 관념철학적 역사관을 수용하지는 않지만, 과거가 현재를 규정하는 준거가 아니라 현재가 역사를 말하는 준거라는 점에서 그 말은 현재에도 큰 의미를 갖는다. 한국에서는 적어도 대학의 역사교육을 중심으로 볼 때 고대사나 근대사는 존재할는지 모르지만 현대사란 존재하지 않으며, 그러므로 역사에 대한 크로체의 정의로 본다면 역사가 존재하지

않는 것인지도 모른다.

3) 10년 전 종전 50주년을 맞은 1995년 일본에서는 그 의미를 둘러싼 한 집중적인 토론이 있었다. 이와나미서점이 출간하는 월간지『세카이』(世界)는 한일관계에 초점을 맞추어 "패전 50년과 해방 50년: 화해와 미래를 위하여"라는 주제의 특집호를 낸 바 있다. 두 나라가 종전에 대해 상극하는 문제의식을 갖는다는 것, 즉 일본은 종전을 패전으로 인식하고 한국은 종전을 해방으로 인식한다는 것으로부터 양국의 역사인식의 문제를 접근하려 한 것이다. 그런데 이러한 접근이 종전 50년의 의미를 얼마나 잘 축약하고 설명할 수 있을까? 일본의 종전을 패전으로, 한국에 있어서 종전을 해방으로 정의한 것으로부터 이미 논의의 방향과 범위, 이를 둘러싼 이성적 사고과정과 그 결과는 규정되었다. 이 정의는 한일관계의 특징적 단면을 표현하는 데 있어서는 좋은 정의라고 할 수 있겠으나, 그 이상의 것을 설명하는 데는 커다란 한계를 갖는다. 종전을 패전 50년으로 정의하는 것의 핵심은 체제의 연속성이라 하겠다. 그러므로 그 정의는 전후 일본의 정치 및 사회 체제가 전전체제와 상당한 연속성을 갖는다는 사실과 더불어 전후 보수적인 정치 및 사회 체제가 구축되었다는 것을 함축한다. 한국의 '해방 50년'은 전전과의 단절, 비연속성을 핵심으로 한다고 할 수 있겠다. 그러나 이 경우 그것은 해방 이후의 사태에 대해 무엇을 설명할 수 있을 것인가? 많은 사람들은 분단과 남북한 대결구조는 통일된 민족국가건설의 실패 내지는 좌절을 의미하기 때문에 통일된 민족국가의 복원에서 해방의 의미를 찾으려 한다.

일부는 일제식민지하의 독립운동세력들 사이에서의 어떤 컨센서스가 있었던 것으로 상정하는 이른바 '건국정신'이나 '건국이념'을 말하고, 또 다른 사람들은 분단을 해방 이후 한국역사의 가장 중요한 일탈로 해석하면서 한국현대사를 '분단시대'로 정의하곤 한다. 건국이념을 강조하는 것이나 분단시대로 정의하는 것이 다른 점이 있다면, 건국이념을 통하여 문제를 보는 경우 통일된 국가의 정당성을 이론의 여지 없이 남한, 즉 한국을 중심으로 접근하지만, 분단시대라고 규정하는 경우 통일된 국가가 어떤 성격의 국가인가에 대해 분명히 규정하지 않는다는 정도일 뿐, 양자 모두 통일에 궁극적인 가치를 두며 통일된 국가를 완성된 민족국가로 상정하는 점에서는 공통적이다. 이 점에서 양자 모두 민족주의적 역사관을 반영한다 할 수 있다. 이들 민족주의적 역사관은 한국역사를 관통하여 면면히 흐르는 어떤 민족적 과제로부터 과거와 현재 그리고 미래를 규정한다. 그러므로 역사적 흐름이 단절된 것에서 한국사회가 안고 있는 부정적 문제의 근원을 찾고 역사의 복원을 강조하면서 이를 가로막는 일탈의 역사에 대한 청산을 개혁의 중심과제로 삼는다. 오늘날 과거사 청산문제가 민주정부의 최대 개혁사안으로 부각된 데는 이러한 역사관이 크게 작용하고 있는 것으로 보인다. 그러나 역사를 민족주의적 이념과 규범, 그 가치의 연속성으로 이해할 때, 좌우 이데올로기적 투쟁과 양극화에서 전쟁으로 이어진 엄청난 폭력의 사태를 동반한 분단국가의 건설, 한국사회를 근본적으로 변화시킨 권위주의적 산업화의 경험과 이로 인한 사회경제적 조건의 변화, 그 이후 남북한간 사회구조와 발전정도의 극심한 비대칭적 차이 등이 가져온 여러 문제들을 이해할 수 없고, 그로부터 발생하는 위기와 갈등을 해결할 수 없다. 즉 분단 이전의 역사로의 복원을 강조하는 동안 분단의 과정과 분단된 조건하에서 이루어진 변화된 현실을 어떻게 이해해야 하는가에 대한 인식과 이해는 훨씬 취약해졌다.

4) 앞에서 말했던 민주화 이후 이른바 '현대사의 해체'는 민족주의적 역사관 내지 역사이해의 한계를 반영하는 것이라고 여겨진다. 바꾸어 말하면 민족주의적 역사관이라는 또 다른 형태의 관념적으로 도식화된 관점을 통해서는, 한국사회의 변화된 현실을 토대로 현대사를 재구성할 수 없으며, 그러므로 오늘의 문제를 보는 관점의 상실로 결과할 수밖에 없다는 것이다. 필자는 역사로부터 현재를 보는 것이 아니라, 오늘의 시점 즉 오늘의 한국민주주의의 현상황과 여기서 발생하는 문제로부터 과거를 되돌아보는 방법으로 현대사를 이해하고 싶다. 그러면서 지금은

사라져버렸지만 1980년대 민주화투쟁과정에서 한국의 현실 내부로부터 운동의 중심세력에 의해 제기되었고 운동의 이념적 기반으로 기능하였던 민중주의적 이념과 가치의 중요성을 불러들이고자 한다. 한국현대사 60년에 대한 관점은, 한국국가의 성격과 발전방향이 어떤 것이어야 하는가의 문제를 그 중심에 포괄한다. 그렇기 때문에 한국현대사를 이해하는 문제는 컨센서스를 특징으로 하는 것이 아니라 불일치를 특징으로 하는 것이다. 당연히 이를 둘러싸고 문제설정과 해답이 자동적으로 설정될 수 있는 것은 아무것도 없다. 해방 60년을 어떻게 볼 것인가 하는 질문에 대한 답을 찾고자 한다면 먼저 해방 60년을 정의하는 것으로 시작해야 할 것이다. 분단시대와 같은 민족주의적 문제정의가 충분치 않다면 이를 보완하기 위한 또 다른 관점과 접근이 발전해야 할 것이다. 이 글의 목적은 이 문제를 보는 필자의 견해를 말하려는 것이다.

2. 한국현대사의 중심의제 그리고 민주화

1) 필자는 해방 60년의 한국현대사를 세 개의 시기로 나누어보는 것이 가능하다고 생각한다. 분단국가의 건설, 권위주의적 산업화, 민주화가 그것이다. 그리고 이 세 시기는 각 시기가 별개로 존재하기보다는 상당한 정도로 인과적으로 연결되어 있는, 누적적이고 중첩적인 인과관계를 형성하고 있다. 해방 이후 냉전 초기시기 분단국가의 조건이 60~70년대 권위주의적 산업화의 동인을 만들었고, 이 두 시기의 문제점들이 누적적으로 작용하면서 1980년대 본격적인 민주화를 촉발시켰기 때문이다. 앞선 두 시기는 민주화의 동인이면서 동시에 민주화의 성격을 규정하고 발전을 제약하는 조건이기도 하다. 민주화를 중심으로 현대사를 보는 이유는 민주화의 동력들이 한국사회 내부로부터 1차적으로 성장했고 그 동력이 민주화를 이끌어냈으며, 이러한 역사를 만들어가는 과정에서 소수의 엘리

트가 아니라 다수의 민중이 참여했다는 데 있다. 나아가 향후에도 민주주의 정치과정에서 민중적 참여의 폭이 확대됨과 아울러 그 역할이 커지는 것을 중시한다는 의미도 될 수 있다. 민주주의역사는 결국 민중이 쓰는 것이기 때문이다.

2) 해방 이후 냉전시기 분단국가건설은 그 동력이 1차적으로 외부로부터 주어졌고, 타율적 성격이 매우 컸다는 것을 중요한 하나의 특징으로 한다. 미국은 분단국가의 건설자로서 냉전의 국제적 구조에서 신흥국가가 해야 할 국제정치적 역할을 부여하고, 이 새로운 국가에 자유주의-민주주의라는 기본이념을 부여했으며, 또한 정치체제의 기본구조를 창설한 '제도건설자'였다. 또 다른 특징은 분단국가건설의 정치적·사회적 기반이 매우 협애했다는 것이다. 미국의 지원하에 분단국가를 건설했던 리더십은 이승만과 한민당 세력이라고 하는 보수적 두 분파의 연합에 의한 것이었다. 바꾸어 말하면 보다 넓은 스펙트럼에서의 민족독립운동세력들과 민족독립국가 건설을 희구했던 광범한 사회세력은 참여하지 못했다. 그리고 이 정치사회적 기반의 협애함은, 분단국가 건설과정에서 높은 수준의 폭력을 동반하는 탈동원화를 초래할 수밖에 없었다. 따라서 초기 분단국가의 정당성과 헤게모니는 매우 취약했다고 하겠는데, 최초의 공화국 이승만 정부가 1950년대를 거치면서 권위주의화한 것은, 근대화가 이루어지지 못한 사회가 갖는 많은 전통적인 사회 및 권위 구조 그리고 매우 낮은 경제발전 수준에서 허약한 중산층 등의 조건과 관계가 있는 것이기도 하겠지만, 그보다 직접적으로는 초기 분단국가건설을 둘러싸고 사실상 내전이나 다름없는 첨예한 갈등이 표출되고 국가의 정당성과 헤게모니가 크게 도전받았다는 사실의 결과물이라고 할 수 있다.

3) 한국의 산업화는 냉전체제하에서 반공의 보루로서 분단국가가 경제적으로 자생력을 가져야 한다는 기능적 요구와 밀접한 관계를 갖는다. 한국전쟁은 초기 불안정했던 반공주의를 중심이념으로 하는 분단국가가 이제 국가에 대한 민중의 충성과 지지의 측면에서 자생력을 갖게 한 하나의

계기였다. 그럼에도 불구하고 그것은 충분하다고 말할 수 없었다. 60~70년대의 권위주의적 산업화는 이 문제를 완전히 해결했다. 그렇지만 권위주의산업화가 순전히 냉전체제의 역할이 부여하는 외적 동인 때문에, 그리고 외적으로 좋은 조건이 주어졌기 때문에 성공을 거두었다고 말할 수는 없다. 절차적 정당성을 갖지 못했던 박정희정부가 강력한 리더십을 통하여 산업화라는 실질적 변화를 통해 사후적으로 정당성을 보전(補塡)하고자 했다는 능동적 측면을 부정할 수는 없다. 그러나 권위주의적 산업화는 말 그대로 권위주의정부가 주도하는 산업화를 의미한다. 권위주의적 산업화는 고속성장을 목표로 국가-재벌기업의 연합을 통해 중심적인 생산자집단인 노동자들의 참여를 정치와 생산과정에서 배제하는 것을 그 핵심내용으로 한다. 권위주의는 고도성장을 추동하고, 고도성장의 성과는 권위주의를 정당화하는 구조를 통하여 권위주의와 경제발전은 병행되었다. 권위주의산업화의 구조적 결함은 무엇보다도 그 발전체제가 민주적 요소를 갖지 못했다는 것이다. 이러한 생산체제란 국가가 앞장서 자본을 증대하고 노동을 억압하는 것을 특징으로 하는 것이기 때문이다. 참여로부터의 소외는 발전의 성과를 분배하는 과정에서의 소외와 밀접한 상관관계를 갖는다.

4) 냉전 초기 분단국가의 건설과 권위주의적 방법에 의한 안정화 그리고 권위주의국가에 의한 산업화가 괄목할 만한 성공을 거두는 동안 이들 체제의 구조적 결함은 커졌다. 이들 체제가 크든 작든 억압적 요소를 안고 있었던 한, 그 체제 내부로부터 이러한 체제를 부정하거나 개혁하기를 바라는 반체제적 사회세력들을 성장시키게 된다. 민주주의를 중심적으로 추동했던 운동세력들과, 이들이 주도했던 민주화투쟁시기를 통해 형성된 개념으로서 '민중'이 대표적인 예이다. 여기에서 '내부로부터'라는 말은 중요하다. '내부로부터'는 민중적 요구라는 말과 밀접한 상관관계를 갖는 것이다. 분단국가의 건설은 압도적으로 외적 동인이 컸고, 권위주의적 산업화는 외적 동인과 내적 자원이 혼합된 것이라고 할 수 있다면, 민주화는

압도적으로 내적 동인이 작동했다고 할 수 있다. 한국현대사는 분단국가와 산업화를 주도한 권위주의체제가 안고 있던 구조적 결함을 자명하게 보여준다. 만약 이들 권위주의체제가 정당성을 갖는 것이었다고 한다면, 4·19학생혁명에 의한 이승만정부의 붕괴나 유신체제의 붕괴, 이후 1980년 광주항쟁과 1987년 6월민주항쟁 등 대규모 민주화운동은 발생하지 않았을 것이다. 1960년 4·19학생혁명, 70년대 후반에서 80년 사이 반유신운동과 광주항쟁, 1987년 6월항쟁에서 볼 수 있듯이, 민주화운동의 중심세력이 제도권 내 정당과 정치인들이 아니라 제도권 밖의 대학생, 도시의 교육받은 중산층지식인, 노동자·농민 등과 같은 소외된 생산자집단들이었다는 사실은 특기할 만하다. 이들의 공통적인 목표는 모두 권위주의에 항거하는 민주화운동이었다. 운동의 전개는 탈권위주의 민주화로부터 시작하여 냉전시기 분단으로 만들어진 민족문제에 대한 평화적 해결과 사회경제적 차원의 민중문제의 해결을 요구하는 것으로 심화되었다. 민족문제의 자율적인 해결은 권위주의화한 분단국가가 그 이슈를 주체적으로 제대로 다루지 못하고 억압하는 것에 대한 문제제기로서 이를 첫번째 의제라고 한다면, 민중문제의 해결은 권위주의적인 산업화가 재벌과 연합하고 노동을 배제하고 따라서 분배를 외면하는 성장지상주의를 중심으로 한 경제노선 전반에 대한 문제제기로서 이를 두번째 의제라고 할 수 있을 것이다. 우리는 이 두 의제의 성격과 관련하여 초기 분단국가의 건설을 주도했던 이승만정부와 4·19학생혁명 그리고 권위주의산업화와 70년대 말 반유신운동과 1987년 6월항쟁을 구분해볼 수 있을 것이다. 이 거대한 두 운동의 파고(波高) 사이에는 운동을 주도한 중심세력의 구성, 운동의 규모, 운동을 통해 제기된 의제에 있어 커다란 차이가 있다. 우선 50년대의 통치체제에 대응했던 4·19학생혁명은 그 중심세력이 학생과 지식인이었으며, 운동의 규모는 상대적으로 작은 학생중심의 민주화운동이었으며, 운동과정에서 제기된 주요의제는 민족문제였다. 4·19학생혁명 이후 60년대의 한일국교정상화반대운동도 민족주의의 관점에서 전후 한일관계를 재정렬하려는 것이었음은 말할 것도 없다. 그러나 70년대 말 이후의 민주화운동은, 같은 민주화운동이라 하더라도 1960년까지의 운동과는 여러 면에서 크게 달랐다. 비록 대학생들이 운동의 중심이었다는 점에서는 차이가 없다 하더라도 노동자·농민을 포함하여 사회경제적 부문들이 광범하게 참여했고, 학생운동의 성격 또한 '노학연대'라는 말로 표현되듯 이들 세력과 결합했으며, 그 규모는 군부권위주의의 폭력적 기제를 압도할 정도로 대규모적이고 전사회적인 것으로, 운동의 성격 자체에서부터 민중운동적 내용을 강하게 드러냈다. 무엇이 그 차이를 만들었나? 말할 것도 없이 권위주의적 산업화가 이 양자 사이에 위치한다. 권위주의산업화는 통치의 중심세력을 식민지하에서 성장한 전통엘리트에서 근대조직으로서의 군부엘리트로 변화시켰고, 광범한 경제행정 관료기구와 국가의 권위주의적 강권기구를 중심으로 한 국가관료기구를 발전시켰으며, 냉전반공이념과 발전(성장)주의를 내용으로 하는 경제적 민족주의의 이데올로기적 헤게모니를 강화했다.

　5) 분단국가의 건설 자체가 일제독립운동시기와 해방 직후의 상황과는 매우 다른 한국의 정치체제와 사회를 만들었던 것과 마찬가지로 권위주의산업화는 50년대 한국과는 매우 다른 국가와 사회를 만들었다. 그리고 이러한 통치체제와 사회구조의 조건에서 발생한 민주화운동 역시 매우 상이한 것이다. 요컨대 강력한 국가의 지배구조에 저항하는 역시 강력한 민주화운동이 발전하게 된 것이다. 이 시기의 특별한 현상은 민중이 민주화운동의 사회적 기반이자 정치의 중심적 행위자의 하나로 나타났다는 것, 국가영역 밖에서 시민사회라고 부를 수 있는 새로운 영역이 발전했다는 것 그리고 일제하 독립운동, 냉전과 분단국가의 건설, 남북한관계, 한반도에서의 미국의 역할과 한미관계에 대해 과거 냉전반공주의이념이 부과했던 역사의 이해방법과 크게 대립하거나 상이한 역사인식을 발전시켰다는 것이다.

3. 민주화 이후 두 의제의 변형

1) 한국에서의 민주화가, 강력한 반공권위주의국가와 권위주의적 산업화가 한 세대 남짓한 짧은 시간 내에 한국사회의 기본구조를 사실상 완전히 재편해놓은 조건위에서 발생했다는 사실은 민주화 이후의 민주주의를 이해하는 데 매우 중요한 요소이다. 무엇보다도 그 결과는 보수적 지배질서(이를 '구체제'라고 부르겠음)를 유지하고자 하는 기득구조와 그에 대응하는 민주화운동 사이에, 권위주의를 추동했던 사회세력과 민주주의를 지지하는 사회세력 사이에 지극히 첨예한 긴장과 갈등의 표출로 나타났다. 그들은 각기 다른 (분단)국가에 대한 인식, 냉전과 한미관계에 대한 인식, 발전과 성장에 대한 방법과 가치, 민주주의에 대한 인식으로 대립했다. 구체제의 지배구조가 권위주의적이고 억압적이었던 것만큼 그에 대응하는 민주화운동의 비전과 이념은 안티테제적이었고, 나아가서는 운동의 이념 속에는 혁명적 급진성을 포함하게 되었다. 80년대 현대사의 비판적 인식과 이른바 '사구체논쟁' 속에서의 NLPDR(민족해방-민중민주주의-혁명)론의 발전은 그러한 조건의 산물이었다고 할 수 있다. NLPDR론의 혁명적 급진성이 갖는 문제에 대해서는 다음에서 다시 논하기로 하고, 여기에서 중요한 것은 그것이 앞서 살펴본 한국민주화의 실질적 두 의제를 축약한다는 것이다. 구체제의 엘리트들과 민주화운동의 중심세력들이 생각했던 민주화, 민주주의는 극을 이루다시피 달랐다. 구체제의 정치엘리트와 경제적 부르주아지는 권위주의를 통해 현상의 유지(status quo)가 더 이상 어렵게 되었을 때, 정치학자 디 팔마(Di Palma)가 말하듯이, 민주주의가 자본의 재생산과 기성체제의 유지에 큰 해악을 미치지 않을 것이라 믿으면서 그들이 일정하게 적응해야 할 체제라고 생각했을 것이다. 반면 운동의 중심세력은 민주화란 구체제엘리트들이 향유했던 특권이 더 이상 가능하지 않도록 하는 것이자 그들을 언제나 지배적 위치에 있도록 했던 구체제의 게임 룰과 사회적 기반에 대한 커다란 변화를 의미하는

것이었다. 기본적으로 민주화란, 구체제가 구축한 정치적·사회적 구조를 어떻게 민주주의라는 새로운 정치체제 내에 다시 위치시키고 정렬할 것인가 하는 문제라고 할 수 있다. 한국민주주의의 근본문제는, 역사적으로 형성된 구체제세력과 민주화세력 양자간의 갈등을 어떻게 민주주의에 의해 제도화할 것인가 하는 것으로 집약되었다.

2) 권위주의와 억압의 중요한 정치적 의미 하나는, 그것이 대안을 준비하는 정치적·이념적 공간을 허용하지 않는다는 것이다. 그러므로 억압의 강도가 강한 것만큼 그 안티테제는 급진성을 갖는다. 더구나 권위주의의 붕괴가 장기간에 걸쳐 서서히 진행되는 것이 아니라 짧은 시간에 빠른 속도로 이루어진다면, 대안의 준비는 더더욱 어렵다. 이러한 사태는 한국의 근현대사에서 되풀이되는 현상이기도 하다. 종전과 해방은 정치공간을 급작스럽게 열었고 제도화가 충분히 이루어지기 전에 제어 불가능한 혼란을 만들어냈다. 1987년 6월항쟁 이후의 사태 역시 그것과 큰 차이는 없다. 이 과정에서 사태의 변화를 가져온 운동의 중심세력들은 제도화의 과정에서 대체로 소외되기 일쑤였다. 해방 이후 정국, 4·19혁명 이후, 6월항쟁 이후는 그와 유사한 특성을 갖는다. 운동을 통해 변화를 유발한 그룹이 제도화에 참여하지 못하고 소외되는 것, 그럼에도 불구하고 운동과 요구의 표출은 사회의 중심적인 문제를 제기하기 때문에 체제비판세력에 의한 도전을 제어하기 위해서라도 그들 요구의 일정 부분을 수용하지 않을 수 없다는 것, 그러므로 기존의 제도 내에서의 엘리트들은 이들의 요구를 포섭(co-opt)하지 않을 수 없다는 것은 한국현대사의 중요한 특징의 하나였다. 필자는 이를 '수동혁명'이라고 부르곤 했다. 이는 제도권과 비제도권 간의 괴리, 제도화된 부분의 사회로부터의 괴리에서 기인하는 현상이기도 하다. 사회로부터 괴리된 제도권의 문제는 6월항쟁 이후 정치적 대표체제가 새롭게 재편되는 과정의 핵심을 이루는 문제이기도 하다. 정당과 정당체제는 현대 대의제민주주의에 있어 중심제도이다. 그러므로 정당체제의 수준은 곧 민주주의 발전과 직결된다. 민주화 이후의 정당체제가 구체제하

에서 발전한 정당체제를 얼마나 변화시키느냐 하는 문제는 민주주의의 성격을 형성하고 발전방향에 영향을 미치는 데 결정적 변수라 하겠다. 구체제의 정당체제는 매우 협애한 이데올로기적 스펙트럼 내에서 제도화된 것을 특징으로 한다. 그것은 구체제의 지배적 이념이요 가치라 할 냉전반공주의와 발전주의를 중심내용으로 했으며 또한 그 틀이 유지되는 조건에서 절차적 민주주의가 실현되도록 제약하는 조건이었다. 그 부수적 결과의 하나는 지역감정의 동원과 지역기반에 의존하는 지역주의 정당체제라 할 수 있을 것이다. 이것이 민주화의 중심적인 두 의제를 다룰 수 있는 정당체제가 아닌 것은 말할 것도 없다. 어쨌든 민주화 이후의 정당체제는, 운동의 중심세력이 참여함으로써 그것이 변화의 계기를 가졌던 것도 아니고, 한국현대사의 중대과제이자 운동의 두 중심의제가 정당간 경쟁구조 내로 포섭되지도 못했다.

3) 민주화 이후 운동의 중심세력이 제도화의 질적 변화를 가져오지 못한 데는, 구체제로부터 민주화로의 전환이 급속했다는 이유와 더불어 이 전환과정에서 그들이 현실적으로 실현 가능한 대안이념이나 대안적 가치를 조직하지 못했다는 사실에도 크게 기인한다. 냉전시기 분단국가의 정착은 사회의 탈동원화를 위한 높은 수준의 폭력과 억압에 크게 의존했고 이를 주도한 권위주의의 중심이념은 냉전반공주의와 발전주의였다. 그리고 그것의 사회적 발전모델은 미국이었다. 이러한 조건은 한국사회에서 지배적 이데올로기가 아닌 어떠한 대안이념이나 사회적 가치를 제도권영역에서 발전시키는 것을 사실상 불가능하게 했다. 민주화운동의 성장에 힘입어 대안이념으로서 NLPD는 이런 조건에서 등장했다. 이 대안이념은 현실에서 실현되기 어려운 모순적 요소를 함축한다. 한편으로는 그것이 구체제의 변화를 요구하는 민주화의 핵심의제를 안고 있으며, 다른 한편으로는 그것은 혁명적 급진성, 낭만주의, 추상적 도식성을 많이 함축했다. 민주적 틀 속에서 어떻게 이를 의제화할 것인가의 문제는 민주화 이후의 조건에서 중대과제가 아닐 수 없다. 권위주의시기의 한국적 조건에 있어

강력한 권위주의와 맞서기 위한 전투적이고 급진적인 이념과 집단적 열정의 동원은 필연적이었다. 냉전시기 동안 반공이념은 지배적 이념이 아닌 그 어떤 이념의 논의와 발전을 어렵게 만들었다. 자유주의도 예외가 아니었다. 두 가지 요인이 중요한데, 첫째는 한국의 부르주아지들이 자유주의를 내면화하지 못했다는 것이다. 그들은 자유주의를 주창할 역사적 계기를 갖지 못했다. 일제식민지하에서 그들은 식민지의 종속적 부르주아지였고, 해방 이후 특히 권위주의산업화의 조건에서 그들은 대기업집단을 창출한 권위주의국가의 종속적 파트너로서 체제를 지탱하는 중심지주로 동원되었다. 따라서 자유주의와 민주주의를 불러들였던 서구의 '패권적 부르주아지'와는 성격을 달리한다. 그리고 권위주의의 지배적 이념의 범주 내에 머물렀던 지식인들도 마찬가지였다. 둘째는, 한국의 민중들도 자유주의를 수용하기 어려웠다. 대표적인 반공세력인 '자유총연맹'이라는 명칭이 상징하듯, 자유주의는 반공주의의 레토릭으로 수용되었고 외부에서 부여된 어떤 서구적인 것을 상징하는 것 그리고 냉전하에서 상당히 억압적 이념으로서 나타났다. 물론 80년대 후반의 민주화를 통해 서구적 의미에서 (고전적) 자유주의가 발전하고 수용할 수 있는 조건이 등장하기 시작했다고 할 수 있다. 60~70년대의 산업화의 결과는 한국에 국가의 개입을 부정적으로 인식토록 하는 사적 영역과 시장자율성의 요구를 대폭 확대했고, 권위주의국가에 도전하는 시민사회의 운동부문을 창출했으며, 노동자·농민과 같은 중요 사회구성원들에게도 보편적인 시민권에 대한 요구가 확대되었기 때문이다. 그러나 실제에 있어서 한국의 민주화는 자유주의적 계기를 갖지 못했다. 자유주의를 담지한 정치·사회 세력이 존재하는 것도 아니다. 그리고 물론 사회민주주의적 계기도 갖지 못했다. 결과는 구체제에서의 이데올로기적 헤게모니가 여전히 민주화 이후 사회에서도 헤게모니를 갖는 것이다.

4) 한국의 민주화가 절차적 수준에서의 민주화에 머물지 않고 실질적 변화를 가져올 수 있는 조건은, NLPD의 이념에서 혁명적 급진성을 제거하

고 현실에서 실현 가능한 이념으로 재구성되는 것이라 할 수 있다. 왜냐하면 애초 그것은 현실 속에서 실현 가능한 것을 전제로 하기보다 현실에 존재하는 분단국가와 냉전질서 그리고 남북대결이라는 현실을 부정하는 이상주의적인 안티테제를 특징으로 했기 때문이다. 따라서 민주화 이후의 조건에서는 현실의 핵심문제를 다룰 수 있는 내용으로 재구성될 것이 요구된다. 그리고 이를 통하여 그 이념을 대표하는 민주화운동세력들이 정당체제 내로 들어가고, 그럼으로써 구체제하에서의 정당체제가 재편성되고, 그 정당이 선거경쟁을 통해 다수당이 되고 정부가 되어 그 개혁프로그램들을 실행하는 것일 것이다. 현실의 상황변화가 이렇게 되지 않았다는 것은 말할 필요도 없다. 실제의 상황변화는 NLPD론이 급속히 분해되고 담론의 수준에서도 소멸된 것이다. 무엇보다 먼저 NLPD는 민족문제에 초점을 둔 NL과 민중문제에 초점을 둔 PD가 상호연계성을 잃고 분리되었다. 필자의 관점에서 하나의 이념으로서 NLPD의 장점은, 한국의 역사로부터 생성된 체제가 안고 있는 핵심적 두 문제를 상호연관성 속에서 이해한다는 것이다. 따라서 NL-PD의 연계가 유지될 때 서로를 뒷받침하면서 상승적으로 그 의미를 크게 한다. 연계가 유지될 때, 민족문제는 민중문제의 관점에서 이해될 수 있으며, 반대로 민중문제는 민족문제의 관점에서 접근될 수 있다. 그러나 이 연계가 단절될 때 상대를 밀어냄과 극단으로의 쏠림, 하나가 다른 것을 희생하여 자기정당화와 자기권력의 증진을 도모하는 분열과 적대성을 창출할 수 있다. 특히 NL의 경우가 그러한데, 무엇보다도 PD적 요소가 뒷받침되는 것이 중요하다는 것을 강조하지 않으면 안 될 것이다. 그렇지 못할 때 NL은 운동의 열정과 에너지로 충만한 하나의 민족주의가 될 것임이 분명하기 때문이다. NL이 이러한 민족주의가 될 때, 남북한의 평화공존의 모색, 민족지상주의적 통일의 추구, 반일(反日) 혹은 반중(反中)의 민족주의적 대응, 세계화에 대한 경제적 민족주의 등이 정서적으로 교묘하게 융합되는 결과를 만들어낸다. 민주화 이후 정치지도자들은 민주화운동의 중심적 이념의 하나이자 정서인 민족주의를 정치적 목적을 위한 자원으로 활용하는 모습을 보여왔다. 어떤 경우는 전통적인 한미공조에 대한 대안으로서 남북한 민족공조를 통한 대북평화정책을 위해, 어떤 경우는 동북아평화에 크게 기여하기 어려운 반일정서의 동원이나 중국의 동북공정에 대항하는 반중정서의 동원을 통해, 국내정치의 문제와 인접국가간 관계의 문제를 연계시키기도 했다. 그러면서 민족주의적 정서의 동원이나 이슈의 활용은 민중문제에 대한 중요성을 저평가하게 하거나, 나아가서는 민중문제를 민족문제의 해결을 어렵게 하는 분열적 요소로 보게 만들기까지 한다. NL-PD의 분리는 시민사회 내에서도 뚜렷해졌다. 민족문제와 민중문제가 그 연계성을 상실하면서 민주화 이후 시민운동과 민중운동을 분리시키고 서로 각자의 내부 힘들을 약화하는 데 기여하는 바 컸기 때문이다.

5) 민주정부들이 민중문제와 관련된 정책영역, 즉 경제정책과 노동/사회정책에 있어서 대안을 갖지 못할 때 결과는 매우 역진적이다. 민주화 이후 상황의 한 중요한 특징은, NL-PD의 두 구성요소가 분리되고 PD적 문제의식이 약화 또는 소진되었다는 사실이다. 한편의 결과는 민주주의의 실질적 진전을 위한 대안형성의 틀과 방향이 거의 존재하지 않는다는 것이고, 이를 중심으로 한 정치적 세력화를 어렵게 한다는 것이다. 다른 한편의 결과는 민주정부들이, 필자가 '신자유주의적 정책레짐'이라고 불렀던 정책, 즉 구체제하에서 완결된 권위주의산업화 발전모델에 워싱턴 컨센서스를 바탕으로 한 신자유주의적 세계화를 결합한 정책을 실천하기 위해 모든 노력을 경주하게 된 것이다. 정책노선만 문제가 아니라 권위주의 산업화 시기 국가가 목표달성을 위해 드라이브하는 방식과 유사하게 신자유주의적 기조 위에서 성장을 정책의 최우선과제로 설정하고 이를 극히 과격하게 추진한다는 것이다. 헤게모니가 가장 강하게 작동하고 효과를 미치는 영역은 바로 보통사람들의 경제적·사회적 생활이 핵심이 되는, 보통사람들의 삶의 문제에 직접 영향을 미치는 경제 및 사회/노동정책이라고 하겠다. 민주화 이후 민주정부들이 발전시켰던 신자유주의 정책레짐은

경제영역이나 사회의 구조와 계층화나 미시적 삶의 영역에서 여러 형태로 부정적 영향을 미쳤다. 빈부격차를 악화시키고 사회적 양극화를 확대하였고 사회해체 효과를 심화시켰다. 보다 직접적으로 재벌대기업을 세계적 수준의 대기업으로 발전시키면서 수익과 생산성을 가파르게 성장시키는 동안, 중소기업과 영세자영업을 약화시키는 생산체제의 양극화를 심화시켰다. 한국경제를 선도하는 소수업종에서 재벌기업의 빠른 성장은 가능했으나, 국가 전체의 성장은 제자리걸음을 했고 고용의 대부분을 흡수하는 중소기업의 침체로 노동시장의 질은 나빠졌으며 재벌대기업에서의 정규직-비정규직 노동시장의 분화는 대다수 노동자의 시민권과 복지의 질을 크게 악화시키고 불평등하게 만들었다. 요컨대 경제적 기반의 침하와 더불어 한국경제의 민주적 발전에 대한 전망을 어둡게 만든 것이다. 나아가 사회경제적 문제해결을 위한 공적·집합적 결정능력과 수행능력을 실현할 수 있는 민주정치의 구조도 취약해졌다. 신자유주의적 정책레짐이 만들어내는 것은 '노동 없는 민주주의' '민중배제적 민주주의'이다. 민주주의는 그 정의에 있어 보통사람들이 그들의 이익, 요구, 열정을 그들의 대표를 통하여 실현하는, 보통사람들 스스로의 통치체제이다. 즉 민주정치는 공공선을 결정하고 창출하는 것과 관련된 것으로, 수의 힘이 지배적인 결정원리인 민주주의하에서는 보통사람들의 의지와 권력이 권위주의와 같은 다른 엘리트중심 체제와 비교하여 더 효과적으로 실현될 수 있다는 전제를 갖는 것이다. 그러한 점에서 한국민주주의의 경험에서 가장 큰 역설은, 민주적으로 선출된 정부와 리더십이 IMF금융위기 이후 구체제의 성장체제를 변화시키려는 진지한 노력 없이 구체제의 성장이데올로기와 신자유주의를 무비판적이고 무매개적으로 그리고 매우 적극적으로 수용하고, 드라이브하고 있다는 사실이다.

6) 민주정부들에게 기대한 것은, IMF위기가 부과한 신자유주의적 구조조정을 수용하면서도 이와 병행하여 민주주의 발전을 뒷받침할 수 있도록 구체제가 구축한 경제체제를 구조개혁하는 것이었다. 그러나 실제로 민주

정부들의 정책방향은 이런 것과는 거리가 멀었다. 신자유주의적 정책레짐과 노동 없는 민주주의는 구체제의 사회구조를 더 강화하고 이를 통해 사회적 양극화를 증폭시켜왔다. 한국현대사가 냉전반공주의 이념과 분단국가의 발전-고도성장과 권위주의적 산업화-신자유주의적 민주주의로 이어지는 동안, 우리 사회는 소수의 대규모조직들, 몇 개의 대기업집단, 몇 개의 대학, 몇 개의 언론사, 몇 개의 강력한 이익집단들과 그들간의 상호연계망에 의해 지배되기에 이르렀다. 이는 한 사회가 동심원적 구조를 갖는 것을 말하는데, 그리하여 모든 사회적 힘이 중심의 정점으로 초집중화하면서 특권계층간의 폐쇄적 순환구조를 형성하게 되었다. 반면 서민대중의 보통사람들은 그들의 이익과 요구를 조직하고 대변함에 있어 별다른 진전을 얻지 못하고, 민주주의 정치과정에서 스스로를 대표하는 자율적 권력의 중심으로 성장하지 못한 힘없는 익명의 다중(多衆)으로 떨어지고, 따라서 자주 그들은 이데올로기와 대중조작에 의한 동원의 대상으로 전락하곤 했다. 경제적 생산체제에서만이 재벌대기업과 중소기업, 영세자영업이 양극화되어 있는 것이 아니라, 사회의 주요영역에서도 중간이 존재하지 않는 양극화는 최근 사회구조의 특성을 이루고 있다. 경제적 양극화와 사회적 양극화, 즉 잘 발달되고 정치적으로나 사회경제적 자원에 있어서나 강력한 대규모조직과 그 중심과 주변에서 기능하는 엘리트집단을 한편으로 하고, 힘없고 조직·대표되지 못한 다중을 다른 한편으로 하는 것이 한국사회 양극화의 또 다른 측면이라는 것이다. 사회의 대규모조직과 상층엘리트집단을 통째로 비민주적·반민주적이라고 비난하는 것은 과장되었거나 도식적인 비난임에 분명하다. 그러나 이들이 생각하는 민주주의가 대체로 보수적이라는 것은 사실일 것이다. 민주화 이후 한국정치의 매우 특징적인 양상은 이데올로기의 영향이 매우 크다는 사실이다. 헤게모니적 사회구조의 재생산은 이데올로기적 헤게모니구조와 밀접한 상관관계를 갖는다. 이데올로기는 사회적 현실과 그것을 인식하는 관념적 도식, 관념적 기제 사이의 괴리를 만드는 것을 중심적인 기능으로 하고, 사회적 현실과 관념적 도식 간의 괴리를 통하여 스스로를 존립시킨다. 그러므로 이데올로기의 가장 중요한 효과는 현실에 기초한 자유롭고 다양한 사고의 생성과 발전을 가로막는 억압적 기능을 하는 것이다. 그러므로 강한 이데올로기가 지배하는 사회에서는 가치의 다원주의와 상상력과 창조적 사고 그리고 대안이념들의 발전에 의한 이데올로기의 다원적 발전이 억압된다. 결과는 냉전반공주의나 발전주의와 같은 일괴암적 유일이데올로기가 사회를 지배하게 되는 것이다. 오늘날 미국을 모델로 하는 워싱턴 컨센서스와 노동 없는 민주주의 또한 대표적인 지배이데올로기이다. 그것은 한국사회에 유일가치와 몽매주의를 만연하게 한다. 민주화 이후 이데올로기의 정치가 우리 사회를 지배하고 있다는 사실은, 정치적 수준에서의 민주화가 경제와 사회 구조를 변화시키는 방향으로 넘쳐흐르는 효과를 만들어내는 것에 대한 거대조직과 기득이익들의 보수적 대응의 결과물이라고 할 수 있다. 물론 그러한 이데올로기의 영향력은 산 경험이 꿈틀거리는 현실, 변화를 요구하는 현실 앞에서 끊임없이 도전받는 것도 사실이다. 그럼에도 불구하고 우리 사회에서 지배적인 이데올로기가 갖는 강한 효과는, 민주화 이후 집권정당과 집권엘리트들이 그것을 변화시키기보다 오히려 적극적으로 수용하는 것을 통해 여전히 발현되고 있다.

4. 한국민주주의의 과제, 한국사회의 과제, 한국현대사의 과제

1) 앞서도 말했듯이 필자는 해방 60년의 역사를 어떻게 보고, 앞으로 한국사회가 어디를 지향해 나아가야 할 것인가 하는 문제란 곧 오늘 한국민주주의가 당면한 과제를 통하여 조망할 수 있다고 본다. 역사는 오늘의 문제와 단절된 채 과거사로 존재하는 것이 아니며, 현재 우리가 대면하고 있는 문제를 둘러싼 정치·사회적 갈등의 과정에서 경쟁적으로 불러들여

지고 재해석되는 것이다. 따라서 필자에게 해방 60년은 한국민주주의의 과제를 말하는 것과 다른 문제가 아닌 것이 된다. 이 점에서 필자가 보는 역사이해의 방법은 한국의 현대사란, 더 거슬러 올라가 한국의 근대사란 곧 민주주의를 향한 전개과정이라는 것, 그러나 그 과정은 어떤 단선적 발전과정을 시현하는 것이 아니라 시지프스의 신화처럼 전진과 후퇴, 희망과 좌절이 교차하고, 사전에 어떤 진행과정이 누구에 의해서 또는 외부로부터 부여된 것이 아니라 민중들 스스로가 사회 내부로부터 만들어 가는, 그리고 다양한 방향이 선택될 수 있는 열린 역사의 진행이라는 것이다. 그럼에도 불구하고 우리는 어떤 대체적인 방향을 상정하는 것은 가능하다.

2) 이 문제를 살펴보는 데 있어 이념의 문제로부터 출발하는 것이 필요하다고 본다. 이념은, 그것이 현실로부터 떨어져 있는 거리가 커질 때 이데올로기가 되고, 보수적 체제에 의해서든 혁명적 체제에 의해서든 정치적 억압을 수반하게 된다. 그러나 필자가 여기에서 말하는 이념은 이데올로기의 성격보다는 현실을 축약하고 그 축약 속에 사회의 구성원리와 가치, 규범, 신념의 요소들을 함축하는 개념이라고 할 수 있다. 이를 위해 NLPD의 문제를 다시 불러들일 필요가 있다. 필자의 관점에서 그것이 중요한 까닭은, 국가가 형성되고 경제가 발전되는 과정에서 한국사회의 내부로부터 제기되었고 민주주의의 근본가치라고 할 민중성을 관심의 중심에 두는 것이었으며 실천적이고 지적인 상상력이 자유의 공간에서 표현된 결과이기 때문이다. 그야말로 매우 한국적인 해방의 이념이 아닐 수 없다. 그러나 그것은 이성보다는 운동이라는 집단적 열정이 분출했던 시기에 투쟁을 위한 지적 무기로서 출현했고 또한 기존 지배이념에 대한 안티테제였기 때문에, 현실의 구체적 기반이 약하며 민주주의를 최대강령적(maximal-ist) 이념의 관철로 이해하는 관념적 혁명성의 한계를 갖는다. 최대강령적 혁명은 민주주의의 작동과 병립하기 어렵다. 혁명적 사태를 동반하면서 민주주의체제가 수립될 수는 있으나, 민주주의는 항시적인 민중동원과

운동을 통해 작동하는 체제가 아니기 때문이다. 그것은 사회의 모든 구성원들이 평등한 정치적 참여와 법 앞의 평등의 권리를 가지며, 공공선을 창출하는 집합적 결정과정에 개인이 개별적인 단위로서 또는 유사한 이익과 요구를 조직하는 방법을 통하여 참여하는 체제이다. 따라서 그것은 경쟁하는 이익의 평등한 참여가 보장된 제도의 틀 안에서 갈등하는 이익들 간의 경쟁을 허용하고 타협하도록 이끄는 체제이다. 뿐만 아니라 그것은 운동이 중심이 되는 비상한 시기의 체제가 아니라 일상성 속에서, 다시 말해 보통사람들의 생활 속에서의 일상적 관심사와 더불어 작동하는 체제이다. 그러므로 이 체제에서는 현실적이고도 구체적인 문제해결을 포괄하는 최소강령적(minimalist) 이념이 가장 효과적이다. 즉 혁명적 NLPD는 보편성과 아울러 현실적으로 실현 가능한 이념으로 재구성되어야 한다는 것이다. 이 전환과정에서 한국의 NLPD론은 유럽에서 발전한 사민주의의 이념이나 실천 또는 자유주의이론으로부터 분기한 '자유주의적 평등주의'(liberal egalitarianism)와 같은 보편적인 이념과의 대화를 통해 그 내용이 보편화되고 심화될 수 있을 것이라고 생각한다.

3) 이러한 문제의식은 서구민주주의가 보여주었던 여러 사례들의 맥락에서 다시 살펴볼 수 있다. 먼저 서구민주주의의 궤적을 표시할 수 있는 간략한 도표를 생각해볼 수 있을 것이다. 한편의 극을 신자유주의로 하고 다른 한편의 극을 사회주의로 하는 양극 사이의 스펙트럼에 민주주의의 여러 사례들을 위치시켜본다고 해보자. 신자유주의의 축은 공적 영역의 최소화를 지향하는 국가영역/역할의 축소, 사적 소유 불가침의 원리와 경쟁과 시장효율성의 극대화를 대변한다. 사회주의의 축은 공공부문의 발전과 공적 영역의 확대, 사적 시장영역의 축소, 규제강화, 정부지원의 확대를 대변한다고 할 수 있다. 그런데 민주주의의 작동이 양극의 어느 것이든 극단으로 갈 때 그 체제의 기반이 약화되고 민주정치의 실천이 심각하게 훼손된다. 전자의 신자유주의적 극단은 공공선의 창출과 집단적 요구에 적대적이고 정당한 권위를 부정하기 때문에, 후자의 사회주의적

극단은 개인적 선호를 만족시킬 기반을 없애고 정당성 없는 정부행위를 통제할 제도적 조건을 훼손하기 때문이다. 오늘날 민주적 제도 내에서 발생하는 정치적 갈등은 사적 영역과 공적 영역, 개인과 공동체 사이에 어떤 최적의 배합을 만드느냐 하는 문제를 그 중심내용으로 한다. 한국사회는 사회민주주의의 전통을 갖지 않기 때문에, 한국의 민족민중주의는 민주적 국가의 역할을 통한 개혁의 프로그램들, 즉 자본주의 생산과정에서 노동을 정당한 파트너로서 인정하고 생산체제의 각 수준에서 노동자/조직 노동의 참여에 의한 적절한 역할을 부여하며, 분배구조의 개선과 사회복지권의 확대를 포함하는 공동체와 공공선의 가치를 추구하는 것으로 나타난다. 그러나 실제로는 신자유주의의 원리로 실현되었다. 오늘의 한국민주주의의 위기를 말하게 되는 것은, 민주정부의 개혁정책내용들이 사회주의적 극의 방향으로 가기 때문이 아니라, 반대로 신자유주의적 극단으로 가기 때문이라고 말할 수 있을 것이다. 어찌되었든 신자유주의적 독트린과 그에 입각한 경제정책의 방향을 완전히 대체할 수 없다고 한다면, 최소한 여기에 노동참여, 사회복지 및 사회통합을 가치로 하는 사회적 유럽(social Europe) 모델의 내용이 가미될 수는 있어야 할 것이다. 이것이 가능하지 않다는 발상은 이데올로기이며, 민주주의의 역사가 보여주는 것은 어느 한 극단으로 치닫는 사례가 오히려 예외적이라는 것이다. 양자 사이의 결합이 가능한 스펙트럼은 폭넓게 열려 있으며, 그 결합을 어떻게 실현할 것이냐 하는 것은 민주정부가 정치와 정책을 어떻게 운영하는가와 함수적 관계라 아니할 수 없다.

4) 다른 글에서도 계속해서 강조했지만, 한국의 민주주의가 실질적인 민주화를 이루지 못하는 이유는 다른 어떤 요인보다도 정당체제의 저발전에 기인하는 바 크다. 그것은 자본주의 시장경제와 분배구조, 즉 사회 내부로부터 발생하는 갈등과 균열을 대표하고 이를 해결하면서 사회통합에 이바지할 수 있는 어떤 정치적 수단을 갖지 못한다는 말과 같다. 그러나 우리는 사회경제적 해결이라는 문제보다도 더 역사적이고 구조적인 갈등

과 통합의 문제를 생각해볼 수 있다. 두루 알다시피 한국의 현대사는, 해방 이후 초기 건국과정에서의 이데올로기 투쟁의 양극화로 인한 내전적 상황과 6·25전쟁으로 나타난 실제의 전쟁을 통하여, 그리고 남북한 분단과 항구적 대결구조를 통해 어느 나라보다도 큰 폭력과 보통사람들의 많은 희생, 사회적·이데올로기적 균열과 갈등을 경험했다. 이 갈등과 균열 위에서 군부엘리트 지배와 권위주의산업화는 경제발전이라는 긍정적 효과 못지않게 엘리트지배의 공고화와 노동 배제·소외라는 부정적 결과를 낳았고, 또 다른 커다란 균열과 갈등구조를 창출했다. 필자는 다른 글에서 이를 냉전체제하에서의 제1의 갈등에 이은 제2의 갈등이라고 말했다. 한국사회에서 갈등이 쉽게 증폭되게 되는 데는 이 두 갈등이 중첩되었기 때문이다. 이러한 측면에서 볼 때 민주화란 무엇을 의미하나? 민주화는 이러한 중첩적 갈등으로부터 배태되고, 분출되었고, 그것은 이 갈등을 어떻게 민주주의라는 제도적 틀을 통해 재위치시킬 것인가 하는 과제를 안는다.

해방정국 이후 중심적인 정치담론의 하나는, 이승만 대통령의 캐치플레이스였던 '대동단결'에서부터 오늘날 보수파든 진보파이든 모두가 내세우고 있는 정치·사회·문화·세대 간의 '갈등 극복과 통합'이라는 말에 이르는 것이라 하겠다. 분명 이러한 일종의 '통합의 담론'은 우파적·보수적 성격을 갖는다. 그 말 자체가 틀리다기보다, 역사와 현실에서 창출된 갈등을 은폐하고 갈등의 표출을 부정적으로 보게 하는 이데올로기적 억압의 언어적 표현으로 자주 동원되기 때문이다. 그것은 한국의 정치언어가 쉽게 이데올로기화하고 현실을 보지 못하게 하는 정치문화적 특성을 발전시키게 된 원인이기도 하다. 동시에 한국의 정당체제를 협애한 보수적 이념의 한계에 머물게 만들면서, 사회문화적으로 대안적 이념에 대한 전체주의적 억압을 일상화하고 민중참여에 대한 이데올로기적 장벽으로 기능하게 만들었다고 할 수 있다. 갈등과 균열의 표출과 정치적 대표를 부정시하는 한 통합의 이데올로기와 담론은 대안의 봉쇄, 곧 이데올로기적 전체주의를 말하는 것 이외 다른 것이 아니다. 한국의 정당체제는 사회의 중심적 갈등과 균열을 대표해야 하며, 기존의 지배적 이념이 아닌 대안적 이념을 통해 이를 조직하는 것이 허용되어야 한다. 그렇지 않는 한 한국사회에서 진정한 민주화는 가능하지 않으며, 진정한 사회통합은 가능하지 않을 것이다. 독일의 사회학자 랄프 다렌도르프에 따르면, 현대의 대규모 사회에서 갈등은 그것이 제도화되지 않고 억압될 때 더 큰 문제를 야기한다. 그는 사회가 강해지고 통합적이 되도록 하기 위해서는 갈등을 억압하거나 마구 뒤섞거나 치환되지 않게 해야 하며 그 자체가 표출되도록 해야 한다는 사실을 강조한다. 이러한 다렌도르프의 관점은 한국의 역사와 사회 문제를 해결하는 데도 진실이라고 믿게 된다. 민주화 이후 정당체제가 오늘의 무기력과 무책임을 극복하기 위해서는 무엇보다도 역사를 통해 누적되었고 오늘의 현실사회에서도 문제의 근원이 되는 갈등과 균열이 표출되고 대표될 수 있게 해야 할 것이다. 정당과 정당 간의 차이를 통해 이러한 갈등을 대변하고 이를 현대적 언어와 이념과 이론으로 정의하고, 그리고 이들 차이들이 정당과 정당 간의 경쟁을 제도화하는 과정을 통해서 정치적으로 접근되고 해결될 때 비로소 한국사회의 해체적 경향은 서서히 제어되기 시작할 것이다. 지금과 같은 정당체제하에서 모든 정당들이 경쟁적으로 사회통합을 말한다고 역사적 기초를 갖고 사회경제체제의 내부로부터 형성되고 누적된 갈등이 통합될 수 있을까? 대답은 물론 아니다. 예컨대 1970년대 초 이탈리아에서 기민당과 공산당이 '역사적 타협'을 실현하고 이념적 갈등을 좁혔던 것은 사회의 대표적 갈등이 기민당과 공산당으로 조직되었기 때문이었고, 역시 같은 시기 스페인 민주화과정에서 프랑코체제의 계승자인 보수적 정당, 사회당, 공산당 간의 '몽크로아협약'은 사회의 주요세력들이 정당으로 대표되었기 때문에 가능했으며, 일본의 전후 보수질서의 완결은 역설적으로 사회당과 공산당의 조직화가 허용되었기 때문이라는 사실을 강조할 수 있다. 한국사회에서 역사적으로 누적된 사회경제적 균열이 정당으로 조직되지 않고, 갈등과 폭력으로 얼룩진 현대사는 화해될 수 없으며, 따라서 한국사회를 어떤 방향으로 건설할 것인가에 대한 컨센서스는 창출될 수 없다. 그 양자를 연결할 수 있는 유일한 방법은 오로지 실질적 민주화와 정당체제의 구조개혁이라 하겠다.

5) 탈냉전시기 남북한관계를 다시 설정하는 시점에서 우리가 직면하게 되는 문제는 평화와 공존을 발전시키는 것이다. 이 문제에 대해 우리는 어떤 해답을 갖고 있는가? 일견 민족문제에 대한 접근은, 국내 정치와 사회의 민주화문제와는 다른 차원의 문제처럼 보인다. 그러나 앞에서 이미 NLPD이론에서의 두 이슈의 연계성의 중요성을 강조한 바 있다. 냉전과 분단 이후 한국현대사의 중요한 특징이자 당시로서는 전혀 예상하지 못했던 새로운 상황은, 남북한이 근대화와 경제발전 수준, 사회역량, 정치안정성 등 거의 모든 면에서 극복하기 어려운 커다란 격차가 생겼다는 사실일 것이다. 그리고 이러한 엄청난 비대칭적 남북한관계가 놓인 탈냉전이라는 국제정치적 상황 또한 냉전시기와는 근본적으로 상이하다. 즉 북한의 존립문제는 민족문제해결의 중요한 출발점으로 등장했다는 것이다. 이러한 상황에서 우리는 통일을 어떻게 이해해야 하나? 민족통일은 한국민이 실현해야 할 현재에도 여전히 유효한 최대의 명제인가?

지금까지 이 문제에 대한 가장 영향력 있는 관점은 해방후사를 '분단시대'로 정의하는 것이다. 이 정의가 함축하는 핵심적 의미는 해방후사는 통일된 민족독립국가에 대한 안티테제가 실현된 역사라는 것이다. 분단은 남북한 각각에 있어 자립적인 국가의 정당한 근거로서 설정되기보다 불안정한 과도기적 상태로 인식된다. 그러할 때 한국민에게 있어 통일은 두 개의 분단국가가 지향해야 할 궁극적인 목표가 된다. 이 점에 있어 민족주의는 남북한 각각에 있어 공통적인 국가이념이 된다. 통일이라는 역사적 복원의 관점은 오늘날 한국사회뿐 아니라 북한사회에서도 지배적인 가치와 역사관이라 할 수 있을 것이다. 그런데 이러한 명제는 현재에도 여전히 유효한가? 필자의 생각은 그렇지 않다는 것이다. 통일을 한국민의 최우선과제로 설정한다면, 남북한간의 일방적인 사회경제적인 차이로 인하여, 그것이 반드시 폭력적인 방법이 아니라 하더라도 결과적으로는 폭력적인, 그리고 사회경제적으로 극심하게 불평등한 두 개의 사회를 통합하는 고통스런 문제를 수반할 것이다. 한국민의 가치와 목표가 통일로 모아질 때, 정서적 민족주의에 침윤된 진보파들이나, 적극적 개입을 해서라도 북한체제가 변화하기를 바라는 냉전적 반공주의자들이나 보수파들 사이의 차이는 수사(修辭)에 지나지 않는다. 지난날 민중부문을 소외시키고 권위주의국가-재벌연합이 이루어낸 권위주의산업화는 민주주의하에서 신자유주의적 세계화에 의한 체질변화를 통하여 세계적 수준의 새로운 시장경제체제로 변화하기에 이르렀다는 사실도 중요하다. 그뿐만 아니라 근대화라는 관점에서 볼 때, 그리고 이 근대화를 전통사회로부터 근대산업사회로의 사회적 변화, 근대국민국가의 형성, 민주화라고 하는 거시적 사회변화로 이해할 때, 북한은 이 점에서도 심각한 결함을 갖는다. 그러므로 남북한의 통일을 말하기에 앞서, 남한사회에서의 민주화와 시장자본주의질서의 인간화가 선행되어야 하며, 북한이 경제적으로 존립할 수 있는 일정한 경제발전이 필요하다. 사회적 갈등을 해결하기에 충분히 발전된 민주주의를 갖지 못한 한 사회가, 매우 낮은 수준의 경제발전 정도와 전체주의적 병영국가체제를 가진 다른 한 사회를 평화적으로 통합하면서 그 과정에서나 그 이후에 평화를 유지할 수 있을 것인지는 극히 의문이다. 그리고 두 사회는 민족주의의 이름으로 전쟁이라는 경험과 아울러 여전히 치유되지 않은 구원과 적대관계를 내면화하고 있다. 동시에 적어도 오늘의 남한사회는 분단시대라는 정의가 함의하듯 불안정하고 불완전한 반쪽의 정치체제가 아니라, 근대화되고 자족적으로 완성된 사회이자 국가이며 체제라고 할 수 있다. 그러므로 통일을 절대명제처럼 상정하면서 역사를 해석하는 관점은 근본주의적 민족주의의 관점인 것처럼 보인다. 남북한간의 이상적인 관계는 얼마라고 예측하기 어려운 장기간에 걸쳐 남북한의 평화공존과 경제협력 관계가 안정적으로 정착되고, 북한이 국제적으로나 국내적으로 남한과 같이 자족적인 독립된 국가로서의 지위와 안정성을 갖게 되는

것이 아닐 수 없다. 단일민족→분단→통일된 국가로의 복원이라는 명제
는 자동적으로 성립할 수 없을 것이다. '1민족2국가'의 다음 단계는 완전히
열려 있다고 할 수 있다. 그리고 분명한 것은 평화는 통일보다 더 중요한
가치라는 사실이다.

5. 맺음말

1) 우리 사회의 많은 사람들은 과거의 이념, 준거, 규범, 가치로부터
현재를 규정하고자 하는 경향을 갖고 있다. 혹자는 건국이념으로부터,
혹자는 분단시대라는 정의로부터, 혹자는 한국사를 관통하여 면면히 흐르
는 것으로 가정하는 어떤 민족성으로부터 오늘을 규정하고 과제를 정의하
고자 한다. 이런 역사에 대한 이해나 관점은 극히 자의적이라는 것이
필자의 생각이다. 해방 이후 통일된 국민국가건설의 실패와 그로 인한
분단국가의 건설과정은 전쟁으로 귀결되었을 정도로 격렬한 갈등은 동반
했다. 만약 냉전시기의 어느 중간에 분단된 남북한을 묶어 하나의 통일된
민족국가로 뭉쳐놓았다면 신념과 이념의 갈등은 피해갈 수 없을 정도로
치명적인 것이 되었을 것이다. 아마도 그것은 16~17세기 유럽 전역을
전쟁으로 몰아넣은 종교전쟁에 비유될 수 있을 지도 모른다. 따지고 보면
남북한의 분단은 동아시아 냉전체제하에서 남북한이 평화를 유지할 수
있었던 것의 대가로 지불된 측면도 있다.

2) 해방의 최대 정치적 가치를 반제독립운동이라고 했을 때 북한은
남한에 비해 정당성에 있어서 더 유리한 위치에 있었다고 할 수 있을
것이다. 그러나 북한은 개방적이고 민주적인 사회가 될 수 없는 동질적으로
통합된 전체주의적 사회정치체제를 가졌다. 남한의 분단국가는 타율적으
로 외부로부터 만들어진 측면이 더 큰 매우 불안정한 조건에서 출발했다.
그러나 남한은 개방적이고 민주적인 사회로의 잠재력과 공간을 발전시켰

다. 남북한간의 사태의 추이가 미소간 대결을 중심으로 한 냉전의 전개와
그 결과에 큰 영향을 받았다 하더라도, 내부체제의 성격은 결정적으로
중요하다. 분단국가의 건설로부터 현재에 이르는 남한사회의 변화의 방향
은, 외부로부터 부과된 국가가 사회 내에 뿌리내리면서 그 정당성을 확대하
는 하나의 국가로 성숙해가는 과정이었다고 할 수 있다. 근대화는 여러
사회수준에서의 변화의 총합이라고 하더라도, 그것의 가장 중요한 변화는
역시 경제발전이 아닐 수 없다. 19세기 이래 근대화의 과제는 1960~70년
대를 전기로 위로부터의 권위주의적 근대화라는 특성으로 실현되었다.

3) 이제 분단국가의 건설과 권위주의산업화가 내포했던 갈등과 이로부
터 제기된 문제해결의 과제는 민주화로 떠넘겨졌다. 그러므로 민주화는
한국사회를 진정으로 성숙하게 하는, 한국민이 대면하고 있는 가장 중요한
프로젝트가 아닐 수 없다. 민주화의 가장 중요한 역사적 의미는 억압과
궁핍, 차별과 소외의 대상이었던 민중을 역사와 정치의 전면으로 끌어냈다
는 것일 것이다. 민중이 소외된 국가건설, 민중이 소외된 근대화로부터
민중이 중심주체가 되는 민주주의를 통하여 앞선 시기의 정치와 사회가
남긴 문제들을 대면하고 풀어나가야 할 과제를 안게 된 것이다. 그러나
오늘의 민주화 역시 매우 불완전하고 미숙한 수준에 있다. 필자의 관점에서
오늘의 민주주의는 여전히 민중이 소외된 민주주의의 수준을 넘지 못하고
있다. 민주주의를 발전시키는 과제 앞에는 앞시기로부터 물려받은 많은
도전들이 있다. 민주화의 결과가 반드시 민주주의의 성숙으로 이어지리라
는 보장도 없다.

4) 이 과정에서 문제해결의 열쇠는 갈등을 수용하고 그것과 정면으로
씨름하는 노력을 통하여 해방 이후부터 누적된 갈등을 완화하면서 실질적
으로 사회통합에 근접하는 일이다. 우리 사회에서 깊은 상처와 더불어
내장되어 있는 갈등 그리고 자본주의 시장경제가 배태해왔던 갈등들은
서로 결합과 분리를 반복하면 그 해결을 기다리고 있다고 할 것이다.
오늘의 시점에서 한국현대사에 대한 인식은 한국사회의 갈등을 그대로

투영하기 때문에 분열적이다. 그러므로 현대사에 대한 인식에 있어 컨센서스를 넓히는 문제와 오늘의 한국사회가 안고 있는 갈등을 완화시키는 문제는 서로 크게 다르지 않다. 한 사회의 정당성의 기준은, 그리고 역사에 대한 평가기준은, 그것이 어떤 특정의 시점에서 정의된 어떤 형태의 이념의 구현이 아니라 시민적 자유, 권리, 복지, 평화와 같은 보편적 가치를 얼마나 훌륭하게 실현하는가에 두어지지 않으면 안 될 것이다. 그리고 현재의 조건에서 누가 문제를 정의하고, 직면하고 있는 과제를 어떻게 설정하고 나아가야할 방향이 무엇인가에 대해 말하는 것은, 다른 사람이 아닌 민중이고, 그것을 가능하게 하는 것은 민주주의이다.

최장집(Choi, Jang-Jip) jjchoi@korea.ac.kr
고려대학교 정외과 교수, 아세아문제연구소 소장.
　최근의 주요 저서 및 논문으로는 『민주화이후의 민주주의』, 『위기의 노동』(편저), 「민주주의와 헌정주의: 미국과 한국」 등이 있다.

식민지 유산과 대한민국

허수열

1. 머리말

식민지시대에 조선경제가 발전했다는 것은 각종 통계를 보면 명백히 드러난다. 자본·노동·토지 등의 생산요소의 투입량이 늘어났고, 일본으로부터 많은 선진기술이 도입되었으며, 철도·도로·항만·통신 등의 사회기반시설도 크게 확충되었다. 나아가 근대교육이 확대되고 기술자나 숙련노동자의 수도 증가하였다. 시장경제와 금융업 및 유통업도 근대화되고 발전되었으며, 각종 사법제도나 행정제도에서도 상당한 진보가 있었다. 이러한 모든 변화의 결과는 산업생산의 상당히 큰 증가로 나타났다.

산업생산의 큰 폭의 증가는 수탈론의 입지를 매우 어렵게 만들어버린다. 조선 내에서 생산과 소비가 크게 증가하였는데 어떻게 그것을 수탈이라고 할 수 있겠는가라는 의문에 대해 수탈론은 설득력 있는 대답을 내어놓기 어렵게 되었다는 것이다. 수탈론에서 거론되는 대표적인 수탈대상은 토지, 노동력, 식량, 금 등일 것이다. 그러나 수탈론이 오랫동안 주도적 지위를 차지하였음에도 불구하고 일본인이 소유하는 토지의 규모조차 제대로 밝히지 못하였다. 더구나 일본인이 소유하는 토지는 거의 대부분 대가를 지불하고 구입한 것이기 때문에 이것을 수탈이라고 할 수 있을지 의문이다. 식량수탈이란 무엇인가? 일본에 반출된 식량의 상당 부분은 일본인지주가 수출한 것이다. 과연 일제가 일본인지주를 수탈했을까? 노동력수탈은 또 무엇인가? 열악한 노동환경 하에서 저임금으로 장시간노동에 혹사당한 것이 거론된다. 식민지시대의 조선인노동자의 처지가 비참한 것이었음은 명백하지만 그것이 반드시 식민지상태에 놓여 있었기 때문에 발생한 현상 이라고만은 할 수 없다. 공업화의 초기단계에서 일반적으로 나타나는 현상이라는 세계사적 증거가 있기 때문이다. 금 수탈은 무엇인가? 무역수 지의 적자가 장기간 지속되었기 때문에 나타난 현상이 아닌가? 이런 식으로 생각해본다면, 수탈론에서 주장하는 수탈이라는 것의 실체가 과연 무엇인지 알 수 없게 되어버린다. 수탈론은 민족감정에 의존하면서 세를 얻었지만, 실제로는 무엇이 어떻게 수탈된 것인지 도무지 알 수 없게 되어버렸다.

경제사분야에서 실증적 연구가 축적되어가면서 종래의 수탈론은 점차 그 입지가 좁아지고 그 대신 이른바 '식민지근대화론'이나 '성장사론' 같은 것이 점차 득세하고 있다. 차명수는 일제시대 조선경제가 연평균 4%대의 높은 경제성장률을 달성하였다고 주장하였다. 이 성장률은 전반적으로 성장률이 저조하였던 세계경제 전체와 비교해본다면 이례적으로 높은 비율이다. 또 국민경제계산을 토대로 식민지조선에서 근대적 경제성장 (modern economic growth)이 이루어졌다는 주장도 제기된다. 성장사론 의 주장이 그것이다. 나아가 식민지시대에 이러한 고도성장의 경험과 그 유산은 경로의존성(path dependence)을 통해 해방 후 한국경제의 고도성장에도 큰 역할을 하게 된다는 주장도 발견된다. 이런 견해들은 한결같이 자신들의 주장이야말로 객관적인 것이고, 수탈론은 민족주의 이데올로기에 집착하는 주관적인 것이라고 한다.

그러나 내가 보기에는 '식민지근대화론' 혹은 '성장사론' 역시 탈민족주의라는 또 다른 이데올로기에 과도하게 집착하고 있는 것 같다. 이들 논의에서는 민족이라는 개념은 부차적이거나 종속적인 것에 불과하다. 그들의 주관심사는 조선이라는 지역에서 이루어진 생산과 소비의 증가, 소득의 증가, 사회적 분업의 발달이나 산업구조의 고도화, 시장경제의 발달 등이고 조선인과 조선인경제에 대한 분석은 없다고 해도 과언이 아니다. 조선경제가 발전하면 조선인경제도 그 영향을 받아 약간의 정도의 차이는 있어도 상당히 발전하게 될 것이라는 암묵적 가정이 깔려 있다. 그러나 이 조선경제에 극심한 민족차별이 존재하고 있다면 이런 가정은 성립되기 어려울 수도 있기 때문에, 지역으로서의 조선경제에 대한 연구에서 조선인경제에 대한 어떤 실마리를 찾을 수 있을 것이라는 보장은 없다. 더구나 이민족의 지배를 받는 식민지시대를 연구하면서 민족이라는 개념을 빼내어버린다면 도대체 식민지시대에서 무엇을 연구할 수 있을 것인가? 민족이라는 개념을 도입하여 식민지시대를 분석한다고 해서 그것이 이데올로기적인 것은 아니다. 오히려 그것을 무시하거나 빼버려야 한다는 발상이야말로 이데올로기적인 것이 아닐까?

1960년대 박정희 대통령 이래 이루어진 한국의 경제발전 성과를 저평가하려는 주장 역시 지나치게 이데올로기적인 발상이라고 생각한다. 해방 후의 한국사회의 여러 변화를 살펴봄에 있어서 이 시기의 세계적으로 유례없는 경제성장을 논외로 하고는 어떤 설명도 불가능할 것이다. 60년대 이래의 고도성장은 다른 여러 요인보다 훨씬 더 중요하고, 다른 부정적인 여러 요인을 능가하는 긍정적인 변화였다. 그러나 박정희 대통령시대의 한국경제의 고도성장을 높이 평가한다는 것이, 이 시기에 자행된 독재나 인권유린 같은 것이 정당했음을 의미하는 것은 아니다. 동시에 이 시기의 민주화투쟁이나 노동운동이 무의미했다고 주장하는 것도 아니다. 그러한 민주화운동 없이 민주화가 저절로 이루어지고, 그런 인권운동 없이 인권이 저절로 향상되었을 것으로 생각하기는 어렵기 때문이다. 이상은 하루아침에 달성되지 않는다는 것을 보여주는 것이 역사의 또 다른 가르침이 아닐까.

2. 식민지적 경제성장의 의미

앞에서 말했듯이 일제시대에 조선이라는 지역의 경제, 즉 조선경제는 매우 빠르게 성장했다. 최근의 이른바 '식민지근대화론'이나 '성장사론'에서는 국내총생산(GDP)이나 국내총지출(GNE) 등의 국민경제계산을 행하여 식민지시대에 조선경제가 매우 빠른 속도로 성장했음을 보여주고 있다. 국민경제계산을 하기 위한 기초자료가 충분치 못하기 때문에 그 추계결과에 대해서는 이러저러한 의문이 제기될 수는 있지만 조선경제가 상당히 성장했다는 사실 그 자체를 부정하기는 어렵다. 그리고 성장사론에서는 이런 성장을 근거로 식민지시대에 '근대적 경제성장'이 있었다고 주장한다. 이런 주장들은 종래의 수탈론과 크게 다르다. 이 점을 좀더 구체적으로 검토해보자.

(1) 식민지시대에 근대적 경제성장이 있었다는 주장은 그간의 연구를 액면 그대로 받아들인다고 하더라도 타당성이 없다.

'근대적 경제성장'이라는 개념은 쿠즈네츠(S. Kuznets)에서 비롯된다. 그의 정의에 따르면 ① 인구의 급속한 성장(rapid growth) ② 1인당생산의 지속적인 성장(sustained growth)이라는 두 가지 조건이 충족되었을 때 근대적 경제성장이 존재한다. 단 여기서 지속적이라는 말은 비교적 장기간 그런 현상이 나타나야 한다는 의미이고, 최소한 30~40년이 되어야 한다고 보았다.[1] 그리고 전쟁이나 이와 유사한 변혁의 기간도 포함된다고 하였다.

20세기의 세계 각국의 인구와 국내총생산에 관한 대표적 연구인 메디슨

---

1) Simon Kuznets, *Modern Economic Growth Rate, Structure, and Spread*, Oxford & IBH Publishing Co., 1996, 27쪽.

의 자료 중에서 인구와 1인당GDP 두 데이터가 모두 있는 것만 골라서 정리해보면 〈그림 1〉과 같다. 1913년을 택한 것은 그 부근에서는 이해의 자료가 가장 충실하기 때문이고 다른 이유는 없다.

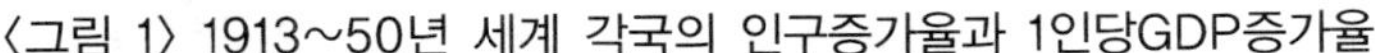

〈그림 1〉 1913~50년 세계 각국의 인구증가율과 1인당GDP증가율

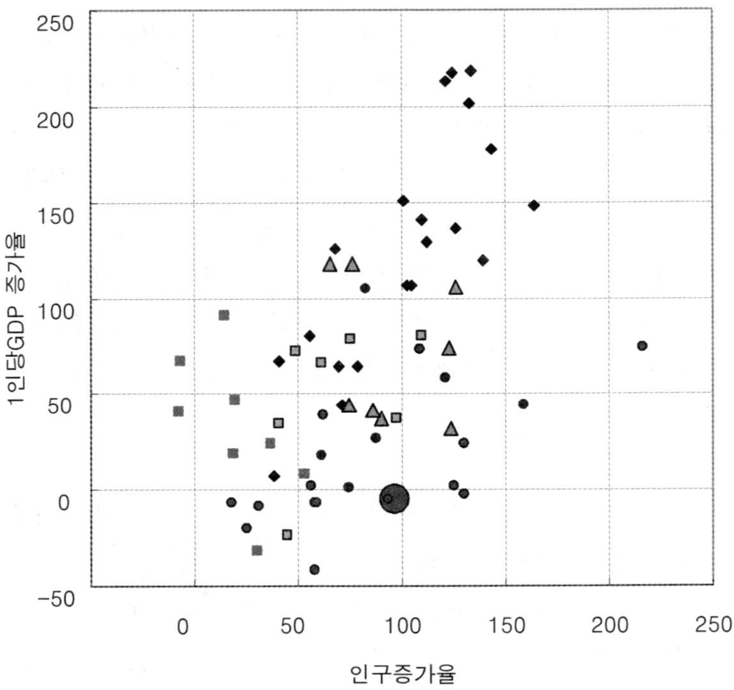

＊ 그림의 각각의 점은 범례에 표시된 지역에 속하는 각 국가의 1913~1950년의 1인당GDP증가율과 인구증가율을 의미한다. 단 큰 동그라미는 남한을 표시한다.

＊ 자료: Angus Maddison, *The World Economy: Historical Statistics*, Paris: OECD Development Centre, 2003.

이 기간 동안 세계 거의 대부분의 나라에서 인구가 증가하였다. 인구가 감소한 나라는 두 나라뿐이다. 조선의 인구가 크게 증가한 것은 명백하지만, 국제적으로 보아 그 증가율은 중간쯤에 속하고 다른 여러 나라에 비해 특별히 더 높았던 것은 아니다. 차명수가 조선시대 몇몇 양반가문의 호적자료를 이용하여 인구변화를 연구한 결과에 따르면, 인구곡선에 전환점(turning point)이 발생하는 시기는 1898년이었다고 한다.[2] 일제시대 조선의 인구성장이 조선시대에 비해 특별히 높았다는 것은 분명하지만, 세계적으로 특별히 높은 것도 아니고, 또 일제시대에 비로소 시작된 현상도 아니다. 20세기 전반의 조선의 인구증가를 일제의 조선지배와 연결짓는 것은 매우 잘못된 생각이다. 한편 이 기간 동안의 1인당GDP증가율은 국제적으로 비교해보아 매우 낮다. 이 기간 동안의 조선의 성장률은 거의 0에 가까운 마이너스 값이었지만, 다른 대부분의 나라들은 상당 정도의 플러스 값을 보여주고 있다. 메디슨의 추계가 정확하다고 하기는 어렵기 때문에 사소한 수치에 연연할 필요는 없지만, 일제시대에 1인당GDP가 상당 정도로 성장했다는 주장은 타당성이 없다.

요컨대 인구와 1인당GDP의 변화에 대한 통계를 놓고 본다면, 일제시대 조선에 쿠즈네츠적인 의미의 근대적 경제성장이 있었다고 주장하는 것은 매우 부적절하다. 동일한 메디슨의 자료를 사용하여 1911~2000년 남한의 1인당GDP 변화를 살펴보면 〈그림 2〉와 같다.

1930년대에 1인당GDP가 다소 상승하였지만, 일제시대 전체로 보면 1인당GDP가 지속적으로 성장했다고 보기는 어렵다. 1인당GDP의 지속적 성장은 60년대 이후의 일이다. 즉 쿠즈네츠의 개념정의를 받아들인다면, 남한에서는 경제개발계획이 추진되는 60년대 이후에 비로소 근대적 경제성장이 시작되었다고 보는 것이 옳다.

---

2) 차명수, 「조선후기와 일제시대의 인구변동」, 『경제사학』 제35호, 2003, 13쪽.

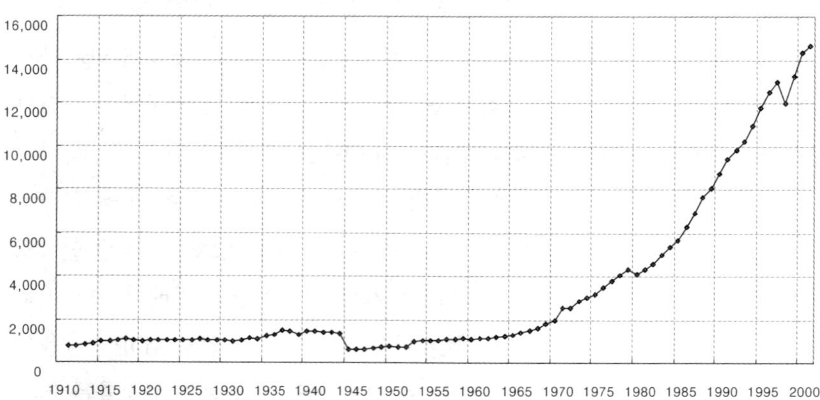

〈그림 2〉 1911~2000년 남한의 1인당GDP

* 세로축의 단위는 1990년 International Geary-Khamis 달러임.
* 자료: Maddison, 앞의 책.

(2) 그렇다면 메디슨의 1인당GDP 추계가 타당성이 있는가? 일제시대의 인구에 대한 통계는 1925년 국세조사가 이루어지면서 비로소 정확해졌다. 1920년에는 임시호구조사 결과치가 공표되고 있는데 이 통계를 그대로 믿어도 좋을지에 대해서는 좀더 검토해보아야 할 것이다. 조선총독부 통계연보에 실려 있는 그 이전의 인구통계는 매우 부정확하다. 이것을 수정하는 몇 가지 추계가 나왔는데, 그중에서 김철(金哲)과 세키 요시쿠니(石南國)의 추계가 널리 알려져 있다. 1인당GDP를 추계하면서 미조구치 토시유키(溝口敏行)가 사용한 인구추계도 있다. 이들 각각의 추계결과가 서로 조금씩 다른 것은 당연하지만 큰 차이는 없다. 한편 일제시대에는 GDP에 대한 통계를 작성하지 않았기 때문에 공식적인 GDP통계는 없다. 현존하는 모든 GDP자료는 오늘날의 GDP 작성방법에 따라 기존의 통계 데이터를 토대로 추계한 것이다. 이윤근 등의 선구적 연구도 있지만, 현재로서는 미조구치의 추계가 가장 널리 사용되고 있다. 최근에는 낙성대 경제연구소에서 추계하고 있는 것도 있다.

우선, 메디슨과 미조구치에 의해 계산된 1인당GDP(미조구치의 경우는 1인당GDE)를 비교해보면 〈그림 3〉과 같다. 양자는 측정단위가 하나는 1990년 달러가치 기준이고 또 하나는 1934~1936년 평균물가지수로 계산한 엔화표시라는 점에서 서로 다르다. 그러나 변화양상에서는 양자 사이에 큰 차이가 없다. 즉 메디슨의 자료는 미조구치의 연구성과까지 반영하고 있다고 보아도 좋을 것이다.

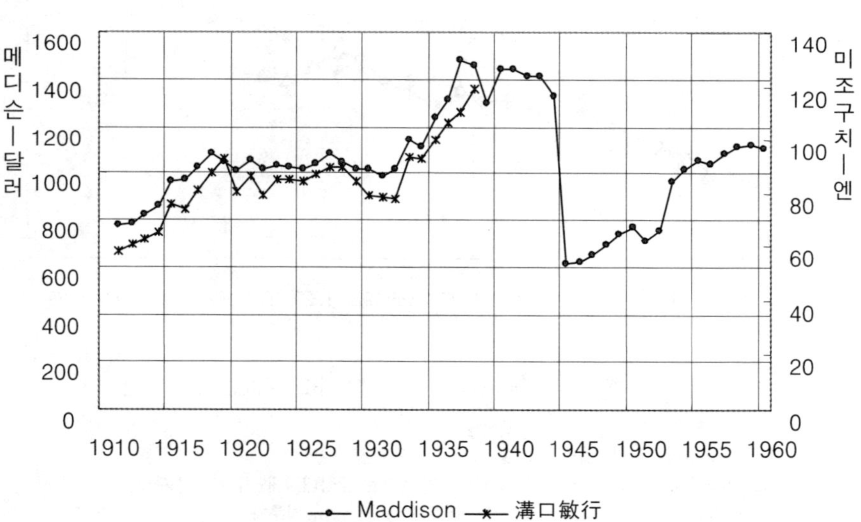

〈그림 3〉 메디슨, 미조구치의 1인당GDP

* 자료: Maddison, 앞의 책; 溝口敏行, 梅村又次 編, 『舊日本植民地經濟統計-推計分析』, 東洋經濟新報社, 1988, 239쪽.

미조구치와 낙성대경제연구소 각각에 의해 추계된 GDP만을 비교해보면 〈그림 4〉와 같이 몇몇 연도를 제외하면 대동소이하다. 따라서 낙성대연구소에서 추계한 GDP를 미조구치가 사용한 인구자료를 사용하여 1인당 GDP를 구해본다면, 결과는 미조구치의 그것과 별로 다르지 않을 것이다.

요컨대 지금까지의 연구결과만 놓고 본다면 메디슨의 자료를 근본적으로 부정하는 것은 없다.

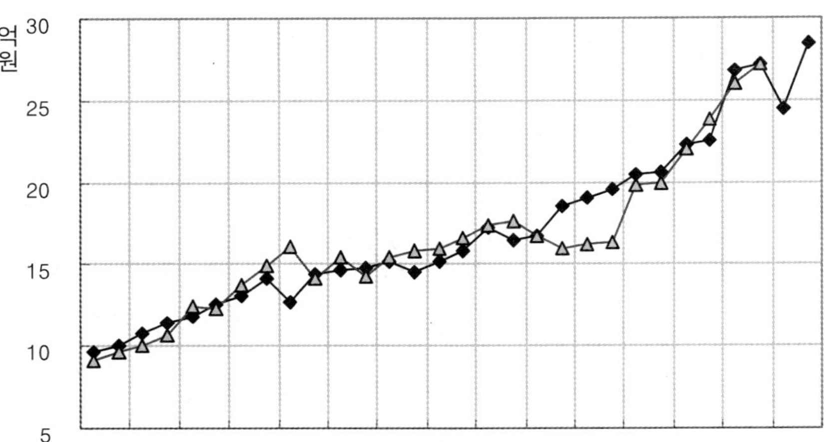

〈그림 4〉 미조구치의 실질GDE와 낙성대경제연구소의 실질GDP 비교

* 1934~36년 평균물가지수로 디플레이트된 실질가치
* 자료: 미조구치, 앞의 책: 낙성대경제연구소의 추계는 낙성대경제연구소가 추계해온 일제시대 조선의 GDP자료(「한국의 경제성장과 소득분배, 1911~40」 첨부자료, 전국역사학대회, 2005. 5. 28)로 작성한 것임.

그러나 메디슨, 미조구치, 낙성대경제연구소 모두에서 공통적으로 나타나는 추계상의 문제가 있다. 1918년 이전의 GDP추계는 조선총독부 통계연보의 생산통계를 토대로 하고 있는데, 바로 그 시기의 통계가 매우 부정확하다는 점을 충분히 고려하고 있지 않다는 것이다.

앞의 〈그림 3〉을 보면, 1910년대의 (1인당)GDP가 다른 시기에 비해 특히 빨리 증가하고 있는데, 생산요소의 투입이나 기술도입, 정책추진의 강도 등 모든 면에서 보았을 때 이 시기가 다른 시기보다 더 빨리 성장했을 것이라고 보기는 어렵다. 실제로 성장이 급증했기 때문이 아니라 통계의 정확성이 높아지면서 숫자상으로 성장이 이루어진 것으로 보는 것이 더 정확할 것이다. 길게 설명할 수 없어 결론만 말한다면, 10년대의 1인당 GDP는 1917년 혹은 1918년 수준과 비슷하거나 약간 낮은 수준에서 그다지 큰 변화가 없었다고 보는 것이 타당할 것이다. 만약 그러하다면, 〈그림 2〉에서 1인당GDP가 어느 정도 지속성을 가지고 성장하게 되는 것은 길게 잡아도 1930~37년에 국한된다.[3]

　일제시대의 GDP추계와 관련하여 또 하나 유의해야 할 점이 있다. 즉 미조구치나 낙성대경제연구소는 공통적으로 40년대의 것은 다루고 있지 않은데, 이 시기는 GDP가 감소하는 시기이다. 일제시대의 개발의 성과를 평가하려면 일제 말기의 경제붕괴과정도 포함시켜주어야 마땅하다. 쿠즈네츠도 '전쟁이나 이와 유사한 변혁의 기간도 포함'시켜야 한다고 하였다.[4] 일제 말기의 GDP감소 구간까지 고려한다면 일제시대에 근대적 경제성장이 있었다는 주장은 더욱 성립되기 어렵다.

　(3) 또 하나 고려해야 할 점이 있다. 1인당GDP는 조선에 거주하는 조선인과 일본인 모두에 의한 생산액을 조선에 거주하는 인구로 나누어 계산된 것이기 때문에, 두 민족간의 경제적 격차문제는 전혀 고려대상이 되고 있지 않다는 점이다. 두 민족간의 소득불평등 문제는 아직 본격적으로

---

3) "우리가 경제성장이라고 부른 지속적인 변화를 관찰하기 위하여 필요한 기간은 최소한 30~40년의 긴 기간이다. 왜냐하면 경제가 경험하게 마련인 다양한 단기변동이 그보다 짧은 기간 안에 모두 나타나지 않기 때문이다. 30~40년에 걸쳐 상하변동에 비해 상당한 추세적 이동의 증거가 있으면 경제성장을 위한 힘이 현저하고 지속적이라고 가정할 수 있으며 성장메커니즘에 관심을 기울일 수 있다."(Simon Kuznets, 앞의 책, 27쪽)
4) "이 증가율을 계산하는 데는 전쟁이나 이와 유사한 변혁의 기간도 포함되었다. 그것은 전쟁이 실제로 진행된 기간을 제외시킬 경우 변혁 직전이나 직후의 기간 또한 제외되어야 하기 때문이다. 따라서 평균증가율은 근대적 경제성장과정에서 나타난 경제적 성과를 표시하는데 여기에는 전쟁과 그 후유증들이 갖는 모든 확장효과와 침체효과들이 포함되어 있다."(같은 책, 66쪽)

연구된 것이 없지만, 주요 생산수단인 토지와 광공업자산 소유의 민족별 불평등은 내가 계산해본 것이 있다. 조선의 경지 중에서 일본인이 소유하는 비율은 1935년에 10.2%에 달하였다. 특히 논의 경우에는 18.3%였다. 일본인들이 소유하는 경지는 비옥도가 훨씬 높기 때문에 이것까지 감안한다면 농업부문에서 일본인소유 경지가 차지하는 비중은 엄청나게 높아질 것이다. 광공업부문에서 일본인이 소유하는 자산의 비율은 95% 정도에 달하였다.

생산수단의 민족별 소유관계가 이러하였다면, GDP의 민족별 배분에서도 일본인은 비록 소수이지만 매우 큰 비중을 차지하였을 것임은 충분히 알 수 있다. 이민족에 의한 지배가 가장 큰 특징인 식민지경제를 분석하면서 민족문제를 고려하지 않고 1인당GDP 같은 어떤 한 지역에 대한 평균적인 개념으로 설명하려는 것은 매우 잘못된 결론에 이르게 될 수밖에 없다. 식민지시대에 조선경제가 개발된 것도 사실이지만, 조선인에게는 그 개발이 거의 아무런 의미도 없었다는 나의 '개발 없는 개발'이라는 주장은 바로 이러한 계산을 토대로 도출된 것이다.

3. 식민지적 유산의 의의

식민지시대에 조선에서 상당한 개발이 이루어졌다면, 해방 후에도 그 개발의 유산이 남을 수밖에 없고, 또 해방 후 남한경제의 전개과정에서도 상당한 역할을 하였을 것으로 예상된다. 그런데 이들 유산 속에는 물질적인 것도 있지만 정신적 혹은 제도적 혹은 기술적인 것도 포함되기 때문에, 그 의의를 총체적으로 평가한다는 것은 쉬운 일이 아니다. 따라서 여기에서는 광공업자산과 같이 수량화하기 비교적 용이한 것만을 대상으로 식민지적 유산의 의의를 다루어보기로 한다. 단 식민지적 유산의 크기를 논하기 전에 우선 식민지 말기의 유산의 존재상태에 대해 간단히 언급해두기로 하자.

메디슨과 달리 미조구치나 낙성대경제연구소 등의 GDP추계는 40년대 이후를 다루지 않는다. 그 이전의 시기만 보면 조선경제는 매우 급속히 성장해가고 있는 것처럼 보이지만, 일제의 전쟁경제가 본격화되는 1940년대를 포함시키면 그 이미지가 상당히 달라진다. 특히 일본이 미드웨이해전과 과달카날전투에서 패배하면서 완전한 패전국면으로 접어드는 1942년 중반 이후에는 전쟁경제가 파국으로 치닫게 된다. 생산의 궤멸과 수송수단의 결여로 일본으로부터 자본재와 생산재의 유입이 격감 혹은 두절된다. 조선 내의 생산시설들 중 상당수가 노후화 혹은 진부화되거나 불량부품으로 대체되면서 생산성이 극도로 떨어지거나 스크랩화 일보직전에 놓이게 된다. 그 때문에 30년대 말까지만을 연구하여 얻게 되는 조선경제의 이미지와 1945년 해방 당시의 조선경제의 이미지는 크게 다를 수밖에 없다. 그리고 해방 후 조선에 남겨진 식민지적 유산 중에는 장부가격과 달리 사실상 쓸모없거나 가치가 크게 떨어지는 것이 많이 포함되어 있었다. 나아가 이러한 물적 유산이라는 것도 해방 직후의 남북분단과 한국전쟁 과정을 거치면서 그 가치가 크게 줄어들었다.

(1) 일본인 기업자산의 남북한별 분포

해방이 되면서 조선에 남겨진 일본인소유의 각종 자산에 대한 자료로서는 연합군 최고사령부(SCAP)에서 발간한 『1945년 8월 현재 일본인 해외자산』이라는 책이 가장 정확하고 포괄적이다. 이 자료에 의하면 해방 당시 조선에는 일본의 해외자산 총액 218.8억 달러(3282억 엔)의 24%에 해당하는 52.5억 달러(787억 엔)가 소재하고 있었고, 다시 남한에는 총액의 10.5%에 해당하는 22.8억 달러(341억 엔)가 소재하고 있었다.

이 일본인 해외자산 중 조선에 관한 부분에 초점을 맞추어보자(〈표 1〉). 기업부문의 자산을 좀더 구체적으로 보면, 비교적 규모가 큰 1500사의 경우에는 북한지역의 비중이 64.8%로 남한지역의 35.2%의 거의 2배에 달한다. 이것을 제외한 나머지 즉 3800개의 소회사와 기타 기업자산의 경우에는 거꾸로 남한지역의 비중이 압도적으로 높다. 나아가 정부부문의 자산은 남북한간에 비교적 차이가 작지만, 개인부문 자산에서는 다시 남한지역의 비중이 압도적으로 높다. 결국 남한지역에는 중소기업과 소규모자영업을 영위하던 일본인이 많았고, 북한지역에는 대기업이 많았다는 의미가 된다.

〈표 1〉 1945년 8월 현재 소유주체별, 남북한별 일본인 자산

(단위: 달러)

종류	남북한별 일본인 자산			비중	
	북한	남한	합계	북한	남한
기업부문 자산	2,210,674,940	1,333,393,416	3,544,068,356	62.4%	37.6%
1500사 소계	2,165,924,940	1,175,443,416	3,341,368,356	64.8%	35.2%
3800사 소기업	23,700,000	94,800,000	118,500,000	20.0%	80.0%
기타 기업자산	21,050,000	63,150,000	84,200,000	25.0%	75.0%
정부부문 자산	549,024,674	449,202,006	998,226,680	55.0%	45.0%
개인부문 자산	211v260,000	492,940,000	704,200,000	30.0%	70.0%
총 계	2,970,959,614	2,275,535,422	5,246,495,036	56.6%	43.4%

* 자료: SCAP(Civil Property Custodian, External Assets Division, General Headquarters), *Japanese External Assets as of August 1945*, 1948. 9. 30, 36~37쪽에서 작성.

업종별 자산액을 알 수 있는 1500개의 회사 중에서 광공업부문만 따로 뽑아, 남북한별로 비교해보자(〈표 2〉 참조). 북한지역의 비중이 72%인데 반해, 남한지역은 겨우 28%에 불과하다. 북한지역에의 편중은 광업보다는 공업부문에서 더 심하였다. 일제시대 일본인기업자산 특히 공업자산 중 중요한 것은 거의 대부분 북한지역에 소재하고 있었던 것이 명백해진다. 그리고 이러한 격차는 공업 내부에서 한층 더 두드러지게 나타난다. 즉

공업을 경공업과 중화학공업으로 양분하여 비교해보았을 때, 경공업부문에서는 남한지역의 비중이 압도적으로 높고, 중화학공업부문에서는 북한지역의 비중이 압도적으로 높다.

〈표 2〉 주요 1500회사 중 광공업회사의 업종별, 남북한별 자산액과 그 비율

	자산액 (달러)			비율	
	북한	남한	합계	북한	남한
방직공업	31,200,931	152,763,521	183,964,452	17.00%	83.00%
출판 인쇄업	251,000	5,224,159	5,475,159	4.60%	95.40%
식료품공업	21,416,420	43,324,100	64,740,520	33.10%	66.90%
제지업	12,623,144	15,096,464	27,719,608	45.50%	54.50%
경공업 소계	65,491,495	216,408,244	281,899,739	23.20%	76.80%
제철업	294,309,992	24,031,446	318,341,438	92.50%	7.50%
경금속공업	140,167,678	8,387,510	148,555,188	94.40%	5.60%
기계기구공업	22,031,771	106,803,926	128,835,697	17.10%	82.90%
요업	19,601,951	9,034,342	28,636,293	68.50%	31.50%
화학공업	461,248,539	60,497,306	521,745,845	88.40%	11.60%
석유 고무공업	50,493,046	10,400,118	60,893,164	82.90%	17.10%
가스 전기업	498,179,759	82,617,759	580,797,518	85.80%	14.20%
중화학공업 소계	1,486,032,736	301,772,407	1,787,805,143	83.12%	16.88%
공업 합계	1,551,524,231	518,180,651	2,069,704,882	73.40%	26.60%
광업	366,796,317	228,465,231	595,261,548	61.62%	38.38%
광공업 합계	1,918,320,548	746,645,882	2,664,966,430	72.00%	28.00%

* SCAP, 앞의 책에서 작성.

요컨대 광공업부문에 한정해서 보면, 일제시대 조선경제를 변모시켰던 여러 변화가 조선지역 전체에 걸쳐 골고루 이루어진 것이 아니라 북한지역에서 집중적으로 일어난 것이었음을 알 수 있다. 해방과 그것에 수반된 남북분단을 전제로 한다면, 해방 후의 한국경제를 일제시대와 연속적인 것으로 보기보다는 단절적인 측면이 더 강했다고 보아야 할 이유의 하나를

바로 여기서 찾을 수 있다. 그리고 해방 후 한국경제가 다시 가난한 농업국으로 바뀐 이유도 바로 여기에 있었다고 해야 할 것이다.

(2) 일본인 물적 유산의 활용상황

우리는 앞에서 남한지역에는 약 22.8억 달러의 일본인자산이 남겨졌는데, 그중 기업자산은 13억 달러(200억 엔)였다고 하였다. 그러나 이 물적 유산도 다음과 같은 여러 가지 이유로 해방 후 제대로 기능을 발휘할 수 없었다.

첫째로, "조선공업의 발전이 조선자체의 경제적 생장과정에서 초래된 것이 아니고 일제의 필요로 출발하여 일본공업의 연장으로서 건설된 것인만큼, 일제가 패퇴한 오늘날 각 공업이 상호 유기적 관련을 잃고 소위 기형화한 것은 당연한 귀결이다. 더욱이 38선의 설정은 8·15이후의 조선공업의 곤란에 박차를 가하였으며, 날이 갈수록 조선공업의 박약성이 노정되고 있다"[5]는 지적과 같이, 해방 후 남한은 식민지적 분업구조의 붕괴에 따라 생산에 심각한 타격을 입고 있었다. 그 결과 해방 직후에는 약간 남아 있던 비축원자재가 소진되어가면서 원료부족으로 휴업상태에 빠지거나, 심각한 조업단축사태에 직면하였다. 완전 휴업한 공장은 전체 공장수의 7.4%에 불과하지만, 가동 중인 공장의 경우에도 평균조업률은 대단히 낮았다. 즉 기계공업과 전기공업의 대부분은 60%를 상회하는 조업률을 보여주고 있지만, 그 나머지 대부분의 업종의 조업률이 60% 이하였다. 광업의 경우에도 유연탄 등 몇 개 업종은 완전조업률에 가까웠지만, 남한 최대의 광업인 무연탄의 조업률은 50%이고 금·은 광업 역시 40% 이하의 수준에 있는 등 전체적으로 광업의 조업률이 공업부문보다 낮았다. 광공업의 업종이 워낙 다양하기 때문에, 여기에서 바로 광공업

---

5) 朝鮮通信社, 『朝鮮年鑑』, 1948년판, 234쪽.

전체의 조업률을 구할 수는 없지만 평균조업률은 50% 수준을 크게 벗어나지 않을 것으로 판단된다.

둘째로, 전시체제기간 동안 군수산업과 관련 있는 산업부문은 여러 가지 정책적 보호와 지원에 의해 이상비대한 반면, 평화산업과 관련된 산업부문은 통폐합되거나 축소되었다. 따라서 이들 물적 유산은 군수산업부문에서 평화산업부문으로의 구조전환을 통해 비로소 남한경제의 부흥이나 성장에 기여할 수 있는 것이었다. 남한에 남겨진 공업시설은 북한에 비해 평화산업이 많았고 또 평화산업으로 전환하기 용이한 것이 많았지만, 전환에 필요한 기술이나 부품확보가 어려웠기 때문에 전환이 용이한 것만도 아니었다. 특히 군수광물의 생산을 위해 지나치게 팽창되었던 광업부문의 경우에는 연료용 석탄이나 수출용 텅스텐 등의 일부 광종을 제외하면 거의 모두 그 기능을 발휘할 수 없게 되어버렸다.

셋째로, 이들 물적 유산 중에는 일제 말기에 부품확보가 어려워 조악한 상태로 유지되고 있었거나 이미 노후화되어버려 해방의 시점에서 제 기능을 다하지 못할 것들도 다수 포함되어 있었다. 예컨대 제철공장은 "일제 말기의 급경에 강행된 능률열등하고 품질 조악한 소위 무연탄제철로 현재는 가동의 가치조차 없게 된 존재로 휴업중에 있으며, 제동도 광석·연료 관계로 휴지중인 종연실업의 로타리 킬른에 의한 본격적 제동(製銅)설비 이외는 주강용 소형전기로에 지나지 않았다."[6] 일제 말기에 일본의 유휴시설의 도입에 의해 건설된 방직공업의 경우도 이와 유사한 경우일 것이다.[7]

그 밖에도 해방 초 일본인들이 철수하면서 시설을 파괴하였거나, 관리가 부실하여 침수·도난·관리태만 등으로 황폐화된 것도 많았으며, 설비가 고장 났으나 부품부족으로 수선할 수 없어 방치하고 있는 경우도 적지 않았다.

이러한 요인들이 서로 결합되어 해방 직후에는 많은 생산시설이 생산에

---

6) 같은 책, 235쪽.
7) 近藤釰一 編, 『太平洋戰下の朝鮮』 5, 友邦協會, 1964, 88~89쪽.

기여함이 없이 그냥 녹슬어갔다. 1944년과 1946년을 비교해 보았을 때, 금속공업, 기계기구공업 및 전기공업과 같이 공장수가 오히려 늘어난 업종도 있지만, 바로 그 업종의 노무자수의 감소비율이 다른 업종보다 결코 낮지 않았기 때문에 이들 업종에서도 생산시설의 유휴화는 마찬가지 상태였다고 판단된다. 전체적으로 이 두 기간 동안, 공장수는 41% 감소하였고, 노무자수는 52% 감소하였다. 이러한 공업생산의 위축은 결국 물적 유산 중 절반 이상이 제대로 기능을 발휘하지 못했음을 의미한다. 따라서 휴업을 포함하여 평균조업률을 50%로 가정한다면, 해방 후 남한에 남겨진 자산 중 약 7억 달러 이하의 가치를 갖는 것만이 제대로 사용되고 있었던 것으로 추계될 수 있을 것이다.

(3) 한국전쟁

해방 직후 남한에 남겨졌던 물적 유산은 한국전쟁의 과정에서 다시 그 50.5%가 파괴되었다. 인쇄공업과 방직공업은 원상의 5할 이상의 피해를 입었고, 그 밖의 업종은 대체로 20~30%대의 피해를 입었다. 공업의 피해액은 1억 1600만 달러 정도였는데, 이중 건물과 시설의 피해액은 1억 1500만 달러였고, 피해액과 피해율에서 원상을 추계해보면, 이들 업종의 건물과 시설은 2억 2700만 달러 정도가 되기 때문에 전체적으로 50.5%의 피해를 입은 것으로 된다. 공업을 제외한 나머지 산업의 피해율도 40%였다고 가정하면, 일제의 물적 유산 7억 달러 중 3억 달러를 공제한 나머지 4억 달러(해방 당시의 환율로 계산하여 60억 엔) 정도가 한국전쟁 이후로 넘겨진 것으로 된다. 해방 당시 조선에 남겨졌던 일본인 광공업부문 자산이 26.6억 달러(400억 엔)이었던 것을 상기해본다면, 한국전쟁 이후에 일제시대의 물적 유산으로서 남한지역에 남겨진 것은 그 1/6 이하에 불과한 것이었다.

한편 이대근은 면방공업부문의 귀속사업체를 대상으로 한 연구에서,

"생산시설이란 관점에서는 분명히 단절되는 측면을 찾아볼 수 있"고, 또 한국전쟁 이후의 "시설의 복구과정에서는 그간 파괴된 시설만이 아니라 기존시설 가운데서 노후화된 시설까지도 한꺼번에 개체되는 과정을 밟게 되었"으며, "새로 개체되는 신규시설은 또한 지난날의 일본제 시설로부터 대부분 미국제 시설로 치환되는 과정으로 이루어졌다는 점도 중요하다"고 지적하고 있다.[8] 생산시설의 측면에서 단절적 성격은 면방공업부문에만 한정되는 것은 아니었다. 이대근은 한국전쟁의 피해한국전쟁의 피해와 관련하여 이렇게 지적하였다.

> 총피해규모 4123억 원을… 당시의 국민총생산과 비교해보면, 그것은 1953년 의 국민총수입(생산국민소득의 개념) 2450억 원의 1.7배에 달하며, 또 1952~53 년의 합계치 4296억 원의 96.6%에 이르는 규모이다. …그것은 단순한 생산시설이 나 건물의 파괴 또는 생활기반의 파괴를 넘어서는 다음과 같은 의미를 갖는 것으로 평가된다. 무엇보다도 먼저 일제시대로부터 물려받은 식민지경제의 물적 유산의 파괴라고 하는 의미를 강력히 띤다. 그리고 복구과정에서는 옛 일본식 시설패턴의 새 미국식 패턴으로의 치환과정으로 전개되었다.

노후시설의 개체문제는 이 글에서 감안하지 않은 것이지만, 이 요인까지 따지면 한국의 공업화 전야에 잔존하던 일제시대의 물적 유산의 크기는 더욱 줄어들 것임에 틀림없다.

이제 이 공업자산의 감소경향을 종합적으로 비교해보자. 〈표 3〉은 기준 이 서로 다르기 때문에 바로 비교하는 것은 다소 무리가 있지만, 전체적인 경향은 읽을 수 있을 것이다. 1945년 8월 현재의 남한지역의 일본인 공업자 산액은 4억 8천만 달러 정도였다. 한국전쟁 당시의 피해액과 피해율에서 계산한 한국전쟁 직전의 공업자산(건물 및 시설)의 크기는 2억 3천만

---

8) 이대근, 「정부수립 후 귀속사업체의 실태와 그 처리과정」, 안병직 외, 『근대조선공업화의 연구』, 일조각, 1993, 298쪽 참조.

달러 정도였다. 해방에서 한국전쟁 직전에 이르기까지 53% 정도의 공업자산이 유실되었던 것이다. 한국전쟁에 의해 공업자산은 다시 50.5%의 피해를 받았고, 그 결과 1951년 8월의 남한의 공업자산은 1억 1천만 달러 수준으로 떨어지게 된다. 한국전쟁 이후에 잔존하는 남한의 공업자산은 해방 당시의 일본인 공업자산의 23.4%로 축소되었던 것이다.

<표 3> 해방 이후 남한소재 일본인(귀속) 공업자산의 변화

(단위: 달러)

	1945(A)	1949(B)	B/A	1951(C)	C/A
금속공업	77,975,485	2,128,948	2.7%	1,587,748	2.0%
기계기구공업	106,803,926	2,398,595	2.2%	1,885,847	1.8%
화학공업	85,993,888	66,280,781	77.1%	50,917,442	59.2%
방직공업	152,763,521	141,181,331	92.4%	48,459,587	31.7%
요업	9,034,342	6,788,785	75.1%	5,145,292	57.0%
식료품공업	43,324,100	5,312,510	12.3%	3,718,757	8.6%
인쇄업	5,224,159	3,258,860	62.4%	814,715	15.6%
합계	481,119,421	227,349,810	47.3%	112,529,388	23.4%

* 1945년은 남한의 주요 1500기업 중의 일본인 공업기업의 자산액
  1949년 및 1951년은 한국전쟁 피해액과 피해율에서 추산한 건물 및 시설액
* SCAP, 앞의 책; 한국산업은행조사부, 『한국산업경제 십년사(1945~1955)』, 996~97쪽.

이와 같은 격변을 거치면서 50년대 남한지역에 남겨진 일본인 공업자산의 의의는 30년대 말까지의 급속한 공업발전과정에서 일본인자본이 수행했던 역할이나 의미와는 전혀 다른 것이었다.

서로 성격이 달라 적절한 비교라고는 생각하지 않지만, 참고로 한국전쟁 이후에 남겨진 일제시대 공업화의 물적 유산과 해방 후 한국에 도입된 미국원조액을 그래프로 그려보면 <그림 5>와 같다. 일제시대의 물적 유산의 크기는 한국정부가 수립되기 이전의 미군정기 동안 한국에 도입된 원조액에 불과한 것이다. 더구나 미국의 한국에 대한 원조는 한국전쟁 이후 본격화되어, 1960년까지 약 30억 달러가 들어오게 된다. 따라서

1960년의 시점에서 보았을 때, 일제시대의 물적 유산은 미국의 대한 원조액의 약 1/7에 불과한 미미한 수준으로 떨어진다. 요컨대 물적 유산이라는 측면에서만 한정하여 평가한다면, 해방 후 남한지역의 일본인 공업자산은 60년대 이후 본격화되는 한국의 공업화에서 그다지 큰 역할을 못했다고 할 수 있다.

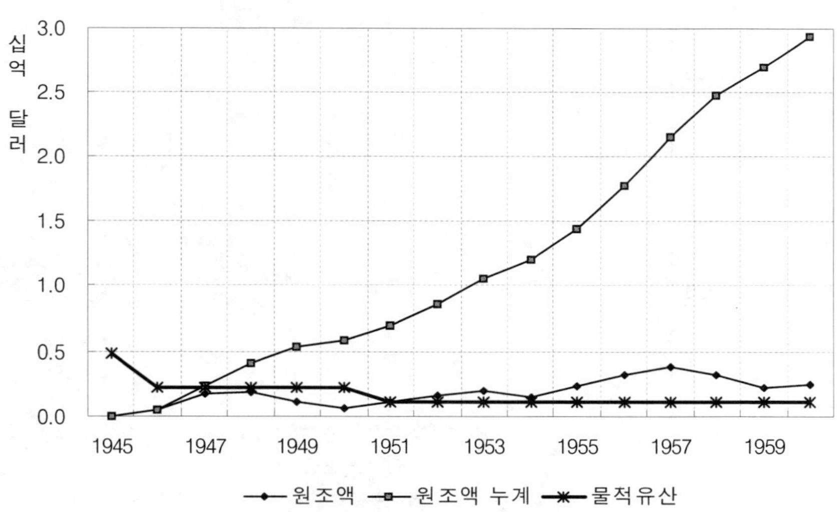

〈그림 5〉 1945~60년의 원조 수입액과 물적 유산

* '원조액 누계'에는 GARIOA, CEA & SEC, UNKRA, ICA & AID, PL480이 포함됨.
* 자료: 한국은행, 『경제통계연보』, 각 연도.

4. 맺음말: 해방 후의 경제성장

한국은 60년대 이후 세계적으로 유례를 찾아보기 어려운 높은 성장률을 달성하였다. 성공적인 산아제한으로 인구증가율은 그다지 높지 않았지만, 1인당소득은 엄청나게 빠른 속도로 증가하였다. 〈그림 6〉에서 볼 수 있듯이

1950~2000년에 세계 각국의 1인당GDP가 대부분 2배 전후로 늘어난 반면 한국은 18배로 늘어났다. 1인당GDP의 성장률에서 보는 한 단연 돋보이는 세계 제1위였다.

〈그림 6〉 1950~2000년의 세계 인구성장과 경제성장

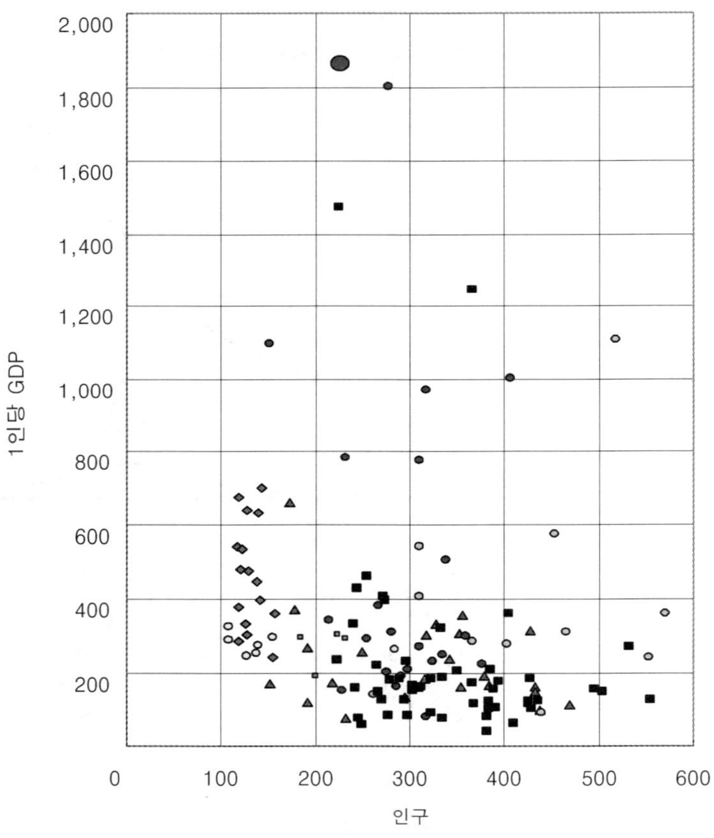

* 가로 세로축은 모두 1950년의 인구와 1인당GDP를 100으로 하였을 때의 2000년의 지수이다. 큰 동그라미는 남한을 의미한다.
* 자료: 메디슨, 앞의 책.

다시 메디슨의 자료를 사용하여 한국이 본격적으로 성장하기 직전인 1960년의 1인당GDP를 세계에서 가장 가난한 대륙인 아프리카의 54개국과 비교해 보자. 한국보다 1인당GDP가 더 높은 나라가 20개국, 더 낮은 나라가 34개국이었다. 다른 아시아국가들과 비교해 보아도 결과는 크게 다르지 않다. 아시아의 37개국 중에서 한국보다 1인당GDP가 높은 나라가 20개국, 낮은 나라가 16개국이었다. 한국의 소득수준은 아프리카에서 중간 조금 위에 속하고, 아시아에서는 중간 조금 아래에 속하는 그런 정도였다. 2000년의 북한의 1인당GDP가 1169달러이기 때문에 1960년의 한국의 소득수준은 오늘날의 북한과 거의 다를 바 없었던 것이다.

한국은 1960년대 이후의 고도성장과정을 거치면서 경제적으로 큰 성취를 이루었다. 뭐니 뭐니 해도 배고픈 설움만큼 큰 설움이 없는데, 1960년대 이후의 고도성장은 바로 이 가난이라는 설움을 단숨에 날려버렸던 것이다.

우리는 때로 일제의 조선 지배를 비판하면서 또 동시에 박정희 대통령시대에 이루어진 이러한 높은 경제적 성취도 과소평가하는 견해를 접한다. 오늘날 우리가 달성한 높은 경제적 발전수준을 염두에 둔다면, 두 시대를 모두 부정적으로 평가하는 것은 논리적으로 모순이다. 두 시대 모두 긍정적으로 평가하든가 적어도 둘 중 하나를 긍정적으로 평가해야만 논리적으로 타당할 것이다.

그러나 오늘날의 한국의 높은 경제적 발전수준을 일제시대의 경제적 발전에서 찾으려는 시도는 앞에서 설명한 바와 같이 별로 타당성이 없다. 즉 일제시대는 생산수단 특히 광공업부문의 생산수단이 거의 대부분 일본인 소유로 되어 있었을 뿐만 아니라, 후기로 갈수록 생산수단의 소유관계에서 민족별 격차가 확대되고 있었다. 또 기술의 대부분은 일본에서 도입된 것이고 대부분의 기술자들도 일본인이었다. 금융제도는 식민지 초기까지 활발하던 조선인금융업이 일본인금융업에 점차 흡수되어 갔다. 교육제도에서는 조선인교육이 극심한 차별을 받아, 초등교육과 중등교육은 민족별로 분리되어 있었고, 조선에 거주하는 일본인은 그야말로 무시할 수 있을 정도로 소수였음에도 불구하고 관공립 전문학교 이상의 수준에서는 일본인 2 대 조선인 1의 비율로 오히려 일본인의 입학쿼터가 더 많았으며, 이공계대학과정은 1940년 경성제국대학 이학부가 처음이었다. 물적 자본과 인적 자본이 일본인에게 집중되는 이런 식민지적 지배구조하에서는 조선인들에게 근대적으로 발전할 수 있는 계기가 주어질 수 없었고, 오히려 빈곤과 민족차별만 확대재생산될 수밖에 없었다. 그 결과 조선이라는 지역에서는 상당한 정도의 경제발전이 이루어졌지만, 1인당GDP의 변화 추세에서 볼 수 있듯이 일제시대에는 도저히 근대적 경제성장이 존재했다고 보기도 어려웠다. 나아가 한국에서 다시 본격적으로 경제개발이 시작된 것은 60년대 이후였기 때문에 일제의 패망과 거의 20년이라는 시차가 존재한다. 이 모든 점에서 한국의 경제발전을 일본의 조선지배와 연결시키려는 모든 주장은 설득력이 매우 약하다. 결국 오늘날의 한국경제의 발전은 20세기 전반기의 발전의 지체와 20세기 후반의 발전으로 압축될 수 있다는 것이다.

한 가지 유의해야 할 점은 한국경제의 고도성장의 시기가 바로 독재와 인권탄압의 시기와 겹쳐지고 있다는 점이다. 정치적 자유와 경제발전이 동시에 이루어질 수 있는가 어떤가, 성장과 분배가 동시에 추구될 수 있는 것이었는가 어떤가 하는 해묵은 문제는 여기에서 내가 다룰 문제는 아니지만, 경제성장 이외의 측면에서는 이 시대를 긍정적으로만 보기 어렵다는 점도 명백하다. 갖가지 미사여구에도 불구하고 '한국적 민주주의'는 결코 민주주의가 될 수 없으며, 인권과 노동운동에 대한 탄압 역시 부정적인 측면이 강했던 것으로 보아야 옳을 것이다. 1980년대 이후의 비경제적 분야에서의 발전은 소득수준의 향상에 의한 중산층의 증가와 정치적 자유 및 인권향상을 위한 여러 가지 민주화투쟁에 의해 달성된 것이라는 점도 명백하다.

경제부문의 긍정적 평가와 비경제부문의 부정적 평가를 종합적으로 평가했을 때, 그것이 긍정적인가 부정적인가 하는 것은 각자의 세계관이나

역사관에 따라 달라지겠지만, 나는 그것이 역사적으로 매우 의미 있는
것이었다고 생각한다.

허수열(Huh, Soo-Youl) syhuh@cnu.ac.kr
충남대학교 경상대학 경제무역학부 교수.
　주요 저서 및 논문으로는 『개발 없는 개발』, 「일제하 실질임금(변동) 추계」, 「일제하
한국인회사 및 한국인중역의 분석」, 「식민지적 공업화의 특징」, 「'개발과 수탈'론 비판」,
「일제하 조선의 각종 수익률」 등이 있다.

모호한 출발, 저당 잡힌 미래, 발목 잡힌 역사

정용욱

1. 역사적 맹목성

해방의 그날로부터 60년이 흘렀지만 1945년 8월과 1948년 8월 사이의 기간은 해방과 건국이라는 병치(竝置)보다 해방과 분단이라는 병치로 더 절실하게 다가온다. 그것은 이중의 의미에서 그러하다. 우선 해방 직후 자주독립국가 수립을 향해 분출했던 격정과 역동이 결국은 분단으로 귀결함으로써 완전한 통일독립국가 수립을 이루지 못한 사정에 대한 반성과 회한이 한편에 존재한다는 점에서 그러하고, 다른 한편으로 분단으로 인한 사고와 인식의 분절이 이후 이 시기 인식에 커다란 그림자를 드리운다는 의미에서 또한 그러하다. 해방 직후사 연구가 당시 사정에 대한 검토와 그 시기에 대한 우리네 인식의 역사를 함께 돌아봐야 하는 이유이기도 하다.

지금이야 인간의 수명이 길게 연장된 터라 환갑을 돌잔치에 비유하는 우스갯소리도 있지만 어쨌든 한 사람의 일생에서 육십이라는 나이는 지난 인생을 돌아보며 자신의 과거를 정리할 때에 들어섰음을 의미하고, 동양사회에서 육십갑자의 한 바퀴 순환은 과거를 정리하고 새로운 설계 위에서 미래를 맞이한다는 특별한 의미가 실려 있다. 하지만 세계사적으로 보면 한반도분단을 강요했던 냉전의 종말이 선언된 지도 이미 십수 년이 지났고, 얄타체제에서 WTO체제로 옮겨온 지도 오래되었지만 한반도는 여전히 분단상태로 남아 있다.

광복 60주년, 그때로부터 두 세대를 건너뛰었고, 해방둥이는 환갑을 맞았으며, 또 세기가 바뀌었지만 한국사회는 분단과 그로부터 초래된 역사인식의 분단으로부터 자유롭지 못하다. 자유롭지 못할 뿐만 아니라 강정구 교수의 발언을 둘러싼 논란에서 보듯이 맹목적이기조차 하다. 한국사회가 그 시기를 기억하는 방식은 '색깔논쟁' 대 '학문의 자유'를 둘러싼 논쟁을 통해서다. 한국사회는 미 극동군사령관 맥아더(Douglas MacArthur)와 주한미군사령관 하지(John R. Hodge)에 대해서는 잘 모르지만 맥아더동상을 철거하거나 수호해야 할 의지와 근거와 힘은 차고 넘칠 정도로 가지고 있다. 한국인들은 역사에 발목 잡힌 사회에 살고 있거나, 과잉정치화된 역사의식을 가지고 있거나, 아니면 지독하게 빈핍한 역사적 상상력과 역사적 맹목성 속에서 이 시대를 살고 있다.

해방 직후 시기는 분단과 통일의 상관성을 해명할 수 있는 원형(原型)의 시기이다. 해방의 그날에 해방을 분단의 시초로 이해한 한국인은 아마 없었을 것이다. 오히려 일제의 패망은 곧 조선의 독립이라는 인식이 해방의 감격을 지배했다. 김구가 일제패망 소식을 접했을 때 기쁨을 토로하기보다 먼저 우려를 나타냈다고 하지만 그것은 해방에 주동적으로 참여하지 못한 독립운동 지도자로서 건국도정의 험난한 앞날을 염려한 것이었지 분단에 대한 우려는 아니었을 것이다. 그러나 해방은 곧 독립이 아니었고 한국인의 독립국가건설은 외국군대의 점령이라는 특이한 상황에서 시작되었으며, 미·소 양국의 분할점령은 분단으로 귀결되었다. 해방과 건국에 대한 탐구는 분단의 형성과정과 성격을 이해하고, 그 해소를 위한 전망을 마련하는 것과 관련되어 있다.

2. 해방의 전후맥락과 내외연관

1945년 8월 15일, 일본이 연합국에게 무조건 항복함으로써 한반도는 일본제국주의의 식민지상태로부터 해방되었다. 8·15해방은 연합국의 대일전(對日戰) 승리의 결과 얻어진 것이지만, 그러한 역사적 사변을 맞이하기 위해 한국인들이 일본제국주의에 맞서 장기간 해내외에서 간고한 투쟁을 벌이며 피를 흘렸던 것 또한 사실이다. 하지만 해방은 미국과 소련에 의한 분할점령으로 이어졌다. 이러한 사정이 해방, 즉 분단이라는 결과론적 인식을 만들어낸 하나의 요인이 되었다. 8·15해방을 보는 관점을 둘러싸고 타율적 해방론과 주체적·자율적 해방론 사이에 논쟁이 있지만 8·15의 역사성에 대한 의미론적 평가보다 선행되어야 할 것은 해방의 전후맥락과 내외연관에 대한 고찰이다.

20세기 전반 일본제국주의는 영국, 미국 등 구미 제국주의국가들의 양해 아래 '동아시아의 헌병'으로 등장했지만 세계대공황 이후 일본의 침략이 아시아 전역과 태평양지역으로 확대됨에 따라 점차 이들 국가와 대립하게 되었다. 일제는 만주사변(1931), 중일전쟁(1937)을 통해 만주와 중국으로 침략을 확대했고, 이 단계에서 일본의 제국주의침략에 대항했던 것은 이 지역의 민족해방운동 역량이었다. 이 시기 조선의 반제운동, 만주의 조선인·중국인 연합 항일무장투쟁, 중국 화북지역의 중국공산당 지도하의 항일전쟁, 중국 관내의 중국국민당 지도하의 항일전쟁은 일본의 천황제파시즘에 맞서 아시아대륙에 대한 일제의 침략을 저지하고 민족해방과 독립을 이루기 위해 고난에 찬 싸움을 벌였지만 일제의 침략을 저지할 수는 없었다. 그러나 유럽에서 제2차세계대전 발발 이후 일본이 동남아시아로 침략을 확대하면서 이들 지역을 지배하고 있던 영국, 네덜란드, 프랑스 등 구 제국주의국가들과 대립이 격화하더니 일본의 하와이 진주만 기습을 시발로 마침내 미국과 전면적인 전쟁상태에 돌입했다. 이로써 동아시아지역의 반파시즘투쟁은 식민지·반식민지의 민족해방운동세력과 미국을 중심으로 한 연합국 대 일제의 전면전으로 비화했다.

중일전쟁 후기부터 일제에 의해 고창된 '대동아공영권'은 일제의 아시아 침략을 합리화하기 위한 이데올로기이자 구호였지만 거기에는 이 시기 동아시아 국제질서가 나름대로 반영되어 있었다.[1] 그것은 조선, 대만, 만주, 중국 등 태평양전쟁 발발 이전 일제가 침략을 통해 확보한 지역에 대한 배타적이고 독점적인 지배를 목표로 한 것이었고, 구미의 제국주의국가들에 대해 동아시아와 태평양 지역의 식민지재분할을 요구한 것이었다. 조선은 일제의 식민지로 대동아공영권에 편입되어 있었고, 이전부터 일제의 침략전쟁을 위해 인적·물적 자원의 동원과 군수·병참 기지 역할을 강제받고 있었지만 태평양전쟁이 발발함으로써 한반도정세는 전쟁의 추이와 결과에 좌우되었다.

태평양전쟁에서 일제에 대항해 연합국의 군사적 대응을 주도한 미국은 전후 동아시아질서 재편에 가장 적극적이었다. 이 무렵 정식화된 미국의 '대지역'(Grand Area) 구상은 일본의 대동아공영권을 대체할 만한 것이었다. 미국은 구 제국주의체제의 식민지분할방식이나 태평양전쟁 이전 동아시아에 대해 미국이 취했던 세력균형책과 질적으로 다른 단일한 세계체제의 수립에 입각한 '신세계질서'(new world order)를 상정했고, 여기에서

---

1) 대동아공영권구상의 선구는 1938년 11월 3일과 12월 22일의 近衛文麿 수상에 의해 구체화된 동아신질서구상이었다. 이 구상은 원래 구미 제국주의와 공산주의 배격의 명목으로 '日滿支 블록론'에 따라 중국에 대한 배타적 독점지배를 목표로 한 이데올로기였다. 그러나 조선, 만주, 중국에서 동남아시아로, 또 태평양지역으로 일본의 침략이 확대됨에 따라 대동아공영권의 범위도 확대되었다. 이것은 나치즘의 '생활권'(Lebensraum)이론과 마찬가지로 파시즘국가들에 의한 세계재분할을 합리화하기 위한 이데올로기였다. 대동아공영권구상은 대아시아주의로 분식되었지만 그것은 손문이나 안중근 등이 주장했던 것처럼 피억압민족을 구미의 제국주의지배로부터 해방하기 위한 것이 아니라 일본이 구미열강의 지위를 대신해 낡은 불평등관계를 새로운 불평등관계로 교체한 것에 불과했다(外務省外交史料館 日本外交史辭典編纂委員會 편, 『日本外交史辭典』, 1979, 475~76쪽).

동아시아와 태평양 지역은 전후 신질서를 위한 핵심지역(a key world area)으로 간주되었다.[2]

이러한 전략적 구상에 입각한 미국의 동아시아정책은 전후 미국이 이 지역에서 결정적 영향력을 행사할 것이라는 가정에서 출발했다. 그리고 전후 태평양지역에서 미국의 패권과 주도권을 상정하면서 한반도를 포함한 동아시아 지역문제 해결의 일반적 방침으로 마련된 것이 신탁통치안이었다. 여기에는 두 가지 고려사항이 포함되어 있었다. 첫째는 전후 유럽의 구 제국주의국가들 및 여타 강대국의 동아시아지배를 더 이상 허용해서는 안 된다는 점이었고, 둘째는 이 지역의 각성한 민중들에 의해 민족주의운동이 점차 강해지고 있기 때문에 이들의 독립열망을 일정 정도 개량적으로 흡수할 수 있는 '안전밸브'가 필요하다는 것이었다.[3] 신탁통치안은 이 지역에서 미국의 군사력과 경제력이 다른 국가들을 압도하게 될 조건에서 미국의 안보와 미국자본의 자유롭고 안전한 전세계적 활동을 위한 장치이자 식민지역에 대한 새로운 관리방식으로 고안된 것이라고 할 수 있다.

미국은 태평양전쟁 기간중 당면한 대일전을 승리로 이끌기 위해 총력을 기울였지만 동시에 전후구상 실현을 위한 조건 마련에 골몰했다. 미국은 카이로회담, 얄타회담, 포츠담회담 등 전시 연합국회담에서 영국, 중국, 소련으로부터 신탁통치안에 대한 동의를 얻어내려 했고, 종전이 다가오면서 특히 소련으로부터 확약을 받아두려고 했다. 전후 한국의 장래에 대한 최초의 국제공약인 카이로선언의 한국조항 "조선인민의 노예상태에 유의

---

2) 미국의 전후구상에서 '대지역' 개념이 등장하여 전후 '신세계질서'에 대한 구상으로 발전하고 또 이것을 실현할 구체적인 방안이 마련되어가는 과정에 관해서는 Laurence H. Shoup and William Minter, *Imperial Brain Trust: The Council on Foreign Relations and U. S. Foreign Policy*(New York: Monthly Review Press, 1977, pp. 125~41); 졸저, 『해방전후 미국의 대한정책』(서울대학교 출판부, 2003, 1장) 참조.

3) 미국측 전후구상 주창자들의 다음과 같은 발언은 미국의 의도를 잘 나타내준다. "식민지민중은 자치정부를 요구하기 시작했다. …이들 지역에서 혁명이 발생한다면 이는 세계안보에 공헌하는 것이 아니다. 안전밸브가 없으면 보일러는 터져버릴 것이다."(미국국립문서관(NA), RG 59, Notter File, 상자번호 55, 「정치소위원회 회의록, 제50차 회의 의사록」 1943. 4. 3)

하여 '적당한 절차를 거쳐'(in due course) 조선을 자주독립시킬 것을 결의한다"는 미국의 주도적 노력에 의해 이루어진 것이었다.[4] 그러나 영국, 중국, 소련은 한국의 독립에 대해 원칙적 동의를 표했으나 신탁통치안에 대해서는 암묵적으로 동의하는 태도를 취했을 뿐이고 미국은 종전까지 명문화된 국제적 협정을 끌어내지는 못했다.[5]

또 종전시 이 지역의 군사정세가 이후 한국문제처리에 중요하게 작용할 것이므로 미국의 발언권과 주도권 확보를 위해서 정치·군사 상황을 미국측에 유리하게 조성할 수 있는 현실적 대비책이 필요했다. 태평양전쟁에서 일본과 군사적으로 대항했던 것은 주로 미국이었으며 다른 연합국들의 전쟁수행에서도 미국의 군비지원이 중요한 역할을 했지만 막강한 소련지상군의 존재와 소련의 대일전 참전이 동북아시아에 초래할 정치적 영향력은 미국으로서는 우려할 만한 것이었다. 미국군부는 이러한 불투명성에 대비해 연합국 공동점령·공동시정 방침 내지 분할점령안을 마련했다. 38도선 분할점령도 이러한 고려의 연장선상에서 한반도의 전략적 중요성과 현실적인 군사력배치상의 애로, 소련의 대응을 조화시키기 위해 나왔다.

해방 이전 미국은 한반도를 하나의 통일된 단위로 하는 전후처리 방안을 구상했다. 그리고 종전이 다가오면서 미국은 자신의 정책구상을 관철시키기 위한 최소한의 현실적 보장장치로 한반도의 일부분을 점령하는 방안을 마련했다. 이 단계만 해도 미국은 분할점령이라는 종전 직후의 초기적 목표와 신탁통치안 관철이라는 장기적인 정치적 목표를 분리하고 있었고,

---

4) 1943년 11월 미국, 영국, 중국 3국수뇌가 카이로에서 회담을 갖고 그 결과 카이로선언을 발표(11. 27)했다. 이 선언은 제1차세계대전 이후 일본이 탈취·점령한 태평양의 여러 섬들의 박탈, 만주·대만·팽호제도(澎湖諸島)의 중국반환, 조선해방 등 연합국의 대일전(對日戰) 목표를 천명했다.

5) 신탁통치안을 관철시키기 위한 미국측 외교노력에 관해서는 Department of State, "United States Policy Regarding Korea, Part II, 1941-1945"(『미국의 대한정책 1834-1950』, 한림대 아시아문화연구소 자료총서 1, 1987, 2부); Michael C. Sandusky, *America's Parallel* (Alexandria, Virginia: Old Dominion Press, 1983) 참조. 또 이에 대한 영국, 중국 및 소련의 반응에 관해서는 구대열, 『한국국제관계사연구 2』(역사비평사, 1995, 3~5장) 참조.

군부조차 '카이로선언을 군대로 지지해서는 안 된다'는 입장을 거듭 밝혔다.[6] 분할점령안에는 대소 견제의식이 스며 있었으나 이 목표를 한반도의 정치적·군사적 분단을 통해 확보해야 한다는 생각은 아직 전면화되지 않았다.

해방 이전 소련의 동북아시아정책에서 한반도지역은 결코 부차적인 관심의 대상이 아니었다. 소련은 대일참전에 앞서 이 지역에 소련과 우호적인 정부를 수립하겠다는 구체적 원칙을 세웠다. 소련의 대일참전이 준비단계에 들어선 시점에 소련정부의 대한정책 담당자들은 친소적인 한국독립정부의 수립을 우선순위로 하고 소련의 주도적인 역할이 보장되는 조건에서 신탁통치실시를 차선의 방책으로 하는 대한정책을 구상했다.

1945년 6월 29일 소련외무성 제2극동국장 주코프와 부국장 자브로딘에 의해 작성된 보고서는 대일참전 이전의 한국에 대한 소련의 관심과 구상을 잘 보여준다. 이 자료는 "한국이 장차 일본만이 아니라 극동으로부터 소련에 압박을 가하려는 임의의 다른 강대국이 소련을 공격하는 전초기지로 전환되는 것을 저지할 수 있을 만큼 한국의 독립은 효과적이지 않으면 안 된다. 소련과 한국의 우호적이고 긴밀한 관계를 확립하는 것이야말로 한국의 독립과 소련 극동지역의 안전을 보증하는 보다 현실적이고 올바른 방안이 될 것"이라고 적고 있다. 전체적으로 해방 이전 소련의 대한정책은 대동아시아정책의 일환으로서 소련의 만주 및 한반도 진공은 소련에 우호적인 국가들로 방어망을 구축하기 위한 작업의 일환이라는 성격을 가졌다.[7]

한편 1940년대에 들어 해외 각지의 한인 민족해방투쟁세력은 주재국과

---

6) "Memorandum for Gen. Lincoln: Post-Defeat Control of Japan and Japanese Territory," 1945. 7. 6, 신복룡 편, 『한국분단사자료집』 IV, 원주문화사, 1991, 218쪽; "Occupation of Strategic Areas of Japanese Empire, Part III, Item 51," 같은 책, 66~67쪽.
7) 김성보, 「소련의 대한정책과 북한에서의 분단질서형성, 1945~1946」, 『분단 50년과 통일시대의 과제』, 역사비평사, 1995; 전현수, 「소련군의 북한진주와 대북한정책」, 『한국독립운동사연구』 제9집, 독립기념관 한국독립운동사연구소, 1995.

공동으로 대일작전을 수행했고, 이 과정에서 주재국정부 또는 해당지역 정치세력과 긴밀하게 연계했다. 미군 전략공작국(OSS, Office of Strategic Services)은 중경 임정산하의 광복군과 국내 진공작전을 준비했고, 일본군 내 한인포로들과 재미한인들을 요원으로 훈련시켜 국내에 침투시키려던 작전을 통해 미주의 한인 민족해방운동세력과 연대했다. 이른바 독수리작전(Eagle Project), 냅코작전(NAPKO Project)으로 불린 이들 작전은 어느 것이나 훈련을 마치고 한반도침투를 기다리던 시점에서 일본의 패망으로 실현되지 못했다. 임정은 OSS와 공동군사작전을 이용하여 적극적인 대미 정부승인 교섭을 벌였지만 미국으로부터 끝내 교전국 정부의 지위를 인정받지 못했다.[8] 어찌 보면 미국의 신탁통치안은 이러한 제한적 연대를 전후에도 지속시키며 아시아 민족운동의 열기를 미국주도의 자본주의 세계체제 내에서 개량적으로 흡수하려던 시도였다.

김일성을 필두로 한 만주의 항일무장투쟁세력은 일제의 탄압이 강화되자 1940년대에는 소련령 하바로프스크 브야츠크로 건너가서 밀영을 건설하고 군정학습에 들어갔다. 이 시기에 만주의 항일무장투쟁세력은 소련과 연계하에 88교도려(敎導旅)를 조직하고, 군정학습과 적후 정찰활동 등 소부대활동을 벌였다. 이들은 1945년 8월 8일 소련의 대일(對日) 선전포고 후 소련군이 만주와 한반도로 진격할 때 길안내 등 선발대 역할을 했다. 연안의 조선독립동맹과 조선의용군 역시 중국공산당 팔로군과 함께 대일전을 수행하는 한편 군정학습 등의 활동을 벌였다. 그리고 광복군은 중국국민당군과 함께 대일전을 수행했고, 이봉창과 윤봉길 의거 이래 중국국민당은 임정의 재정적 후원자의 하나였다.

중국 관내와 동북지역, 소련령 연해주지역, 미주지역의 한인단체, 한인

---

8) 태평양전쟁기 미군 OSS와 해외한인들의 공동군사작전에 관해서는 졸고, 「태평양전쟁기 미국 전략공작처(OSS)의 한반도 공작」(백범김구선생기념사업협회·백범학술원·백범기념관 주최 광복60주년기념학술회의, 『일본 군국주의의 패망과 대한민국임시정부·백범 김구』, 2005) 참조.

들과 중국국민당, 중국공산당, 소련, 미국의 대일 군사작전은 한인들이
연합군과 함께 반파시즘투쟁에 동참했음을 의미하는 것이고, 그런 의미에
서 역사적 의의를 가졌다. 해방 직전의 시점에서 해외 각 지역의 한인
독립운동이 연합국과 공동으로 벌인 활동은 어느 것이나 무장활동을 매개
로 한 것이었다. 비록 독자적인 작전전개능력을 가지지 못한 채 제한적이고
일시적인 활동에 머문 경우가 많았지만 어쨌든 해외의 한인 민족해방운동
세력들은 일제의 패망을 눈앞에 두고 한결같이 가장 적극적인 투쟁형태를
채택했던 셈이다. 각 지역 한인 민족해방운동세력과 객거국(客居國) 정부
내지 해당지역 정치세력의 관계는 당면한 대일전 수행을 위한 공동행동의
성격을 취한 경우가 많았지만 한반도의 정치적 장래와도 일정한 연관을
맺을 수밖에 없었다.

국내외 한인 민족해방운동세력의 동향과 관련해 주목해야 할 다른 하나
의 사실은 비록 지속적인 조직적 유대를 형성하는 데까지 이르지 못했지만
이들 사이에 상호연계를 위한 모색과 시도가 있었다는 점이다. 우선 중국에
서는 화북조선독립동맹과 중경 임정이 장건상을 매개로 해서 연대를 시도
했다. 또 중경 임정과 만주의 김일성 등 항일무장투쟁세력 사이에서도
연대를 위한 시도가 몇 차례 있었다. 임정은 김일성세력과 합작을 위해
독립운동가 이충모(李忠模)를 만주로 파견했으며, 김일성의 회고에 의하
면 1942년 12월 임정 특파원인 김모(金某)가 항일무장투쟁세력을 찾아서
목단강(牡丹江)까지 왔으나 만나지 못하고 중경으로 돌아갔다. 김일성도
88교도려에 있던 중국공산당의 류아류, 로동생, 왕붕에게 중경 임정과
연대를 위한 서한을 맡겼지만 이들은 해방될 때까지 이 서한을 전달하지
못했다고 한다. 한편 임정은 국내와 연계를 위해 1944년 10월 국무위원회
결의로 국내 비밀공작을 추진하기 위한 국내공작위원회를 설치했으나
별다른 성과를 거두지는 못했다. 하지만 임정은 국내와 연계를 위해 몇
차례 개별인사들을 국내에 공작원으로 파견했다. 국내의 민족해방운동세
력 가운데서는 여운형이 이끈 조선건국동맹이 적극적으로 국외의 혁명운

동세력과 연계를 모색했다. 특히 1945년 5월말 북경에 파견된 최근우는 중경 임정요인과 접촉은 실패했지만 연안의 독립동맹과 연계를 성사시켰다.[9]

태평양전쟁 말기 해내외 민족해방운동세력들 사이에 이루어진 산발적인 연계 또는 연락의 시도는 조직적 결합으로까지 발전하지 못했지만 이 시기 각 운동세력들이 해방을 앞두고 단일한 항일민족통일전선의 필요성을 절감했음을 의미한다. 이들의 연계시도는 각 세력이 정치적 주도권을 포기하지 않은 상태에서 이루어졌고, 당파적 요구가 배제되지 않은 채 이루어졌지만 다른 한편으로 이념과 노선 대신 대일항쟁을 위한 민족통일전선의 결성을 앞세우고 좌우합작을 지향했다는 점에서 커다란 의의가 있다. 이 시기의 역사적 경험은 해방 이후 민족분열의 위기가 현실화되었을 때 그것을 극복하려는 노력으로 되살아났다.

일본의 패전으로 동아시아에서 반제반파쇼투쟁은 민주주의세력의 승리로 귀결되었다. 그러나 일제에 대항하는 반파시즘진영은 한 힘이 아니었고, 일제의 무조건항복은 여러 세력의 공동노력의 결과였다. 반파시즘진영은 자본주의체제를 대표하는 미국, 사회주의체제를 대표하는 소련, 반제반일투쟁과정에서 성장한 동아시아의 민족해방운동세력으로 구성되어 있었다. 이들 세력들은 대동아공영권의 붕괴 후 동아시아의 전후 신질서를 놓고 내부대립과 세력재편을 겪게 되었다. 이미 대일전 수행과정에서부터 미국의 전후처리방안을 놓고 미국, 영국, 중국, 소련 사이에 이해관계의 대립이 잠복해 있었고, 이들 사이에 한반도에 대한 영향력 확장과 주도권 확보를 위한 견제와 경쟁이 계속되었다. 또 한반도의 민족해방운동세력 역시 전후 독자적인 국가건설노선을 가지고 신탁통치구상과 대립하기 시작했다.

---

9) 태평양전쟁 말기 해내외 한인 민족해방운동세력들 사이의 연계에 관해서는 정병준, 「광복직전 대한민국임시정부의 민족통일전선」(『일본 군국주의의 패망과 대한민국임시정부·백범 김구』, 29~37쪽) 참조.

3. 분단의 질서, 합작의 한계

해방 이전에 미국이 한국문제의 해결책으로 제시한 신탁통치안은 4강대국이 한국의 점진적 독립과정에 개입하고 발언권을 행사함으로써 한국문제를 국제적으로 해결한다는 것이었다. 그러나 미국의 이러한 구상은 한국인들의 자주독립국가 건설요구에 부딪히면서 점령 초기부터 동요하기 시작했다. 1945년 10월 미 국무부 극동국장 빈센트(Carter Vincent)가 한 라디오방송 대담에서 신탁통치를 언급했고, 이 소식이 국내에 전달되자 한국의 정치세력들은 강도의 차이는 있으나 모두 이에 대해 반대의사를 명확히 했다.[10] 미국은 신탁통치안을 한국인들에게 납득시키는 것이 쉬운 일이 아니라는 것을 알고 있었지만 소련과 신탁통치협정을 조속히 마련함으로써 이 문제를 해결하려 했고, 미·영·소 3국은 1945년 12월에 개최한 모스크바3상회의에서 마침내 '조선에 관한 결정'의 합의에 도달했다.

모스크바3상회의 결정은 카이로선언의 한국독립에 관한 국제적 합의의 애매모호한 내용을 구체화시켰다. 그 내용은 '미소공동위원회(이하 미소공위) 설치→미소공위와 한국의 정당·사회단체가 협의하여 조선민주주의 임시정부 수립권고안 제출→4대국의 심의→임시정부 수립→임시정부는 미소공위 밑에서 구체적인 신탁통치협정의 작성에 참가→4대국의 신탁통치협정 공동심의'라는 복잡한 절차를 예상했지만 통일정부 수립을 제시하여 주권문제 해결의 경로를 구체화했다는 점에서 근대 이래 한국인의 독립국가건설 역사상 커다란 전환점이 될 만한 것이었다.

모스크바3상회의 결정은 그 자체로도 중요했지만 이 결정의 국내유입이 남한정치의 전개과정에서 중요한 획기가 되었다. 모스크바3상회의 결정의 핵심은 민주주의임시정부 수립방법에 관한 것이었으나, 『조선일보』와 『동아일보』가 이를 국내에 처음 전달할 때는 이 부분을 생략하고 신탁통치

10) 이완범, 「한반도 신탁통치 문제 1943~46」, 『해방전후사의 인식』 3, 한길사, 1987, 234~36쪽.

실시만을 부각시켰고, 특히 신탁통치의 제안자를 소련으로, 미국을 즉시독립의 제안자로 지목하는 등 모스크바3상회의의 논의사항과 결정사항을 정반대로 왜곡해서 전달했다.[11] 이 신문보도를 기화로 1945년 연말과 1946년 연초에 국내에서는 격렬한 반탁운동이 전개되었다. 그리고 신탁통치 파동을 계기로 국내의 정치적 대립의 성격이 변화했고, 이후 미군정의 국내정치에 대한 개입도 한층 적극적으로 되었다.

미국은 모스크바3상회의 이전까지만 해도 신탁통치안을 통해서 자신의 주도하에 열강간 이해관계를 조절하겠다는 복안을 가지고 있었다. 그러나 1946년 3월 미소공위 개최시점이 되면 신탁통치안은 소련과의 관계에서 중요한 의미변화를 겪게 된다. 이때가 되면 신탁통치안은 더 이상 미국의 주도권을 유지하기 위한 수단이 아니었고, '소비에트침투를 막기 위한 위장된 통제책'이라는 의미를 부여받았다. 동시에 정부가 수립되더라도 한국민족주의의 분출을 막는 일정한 통제책이 필요한데, 신탁통치안은 이를 위한 효과적인 수단으로 인식되었다.[12]

모스크바3상회의 이전 미국의 대한정책은 대소견제의 영역에 머물러 있었지만 1945년 말 이후 신탁통치파동을 거치면서 반소·반공의 뚜렷한 정치적 표상을 가지게 되었고, 보다 중요하게는 한반도 내부에서 좌우대립으로 치환되었다. 이때부터 미국은 자신의 자유민주주의에 대한 정치이념과 철학을 기준으로 국내적으로나 국제적으로 좌우대립구도를 주도했다. 미소공위에서 미국측 대표들이 협상결렬의 원인을 양측의 민주주의에 대한 철학의 차이로 몰아갔던 것이 이를 잘 보여준다. 미국은 종전 이전

---

11) 모스크바3상회의 결정에 관한 왜곡보도가 국내에 전달되는 과정과 그것이 가진 공작적 성격, 이를 계기로 초래된 신탁통치 파동과 좌우 대립의 역사성에 대해서는 졸저, 앞의 책(4장) 참조.

12) NA, RG 43 미소공동위원회 문서철, 롤번호 5, "한국정부 수립을 위한 협상방법에 대한 논평". 작성자와 작성일자 불명이나, 내용으로 보아 1차미소공위 직전의 어느 시점에서 작성되었고, 대소협상을 위해 미국에서 급히 파견된 데이어(Charles W. Thayer)가 작성했을 것이다. 1차미소공위 전개과정을 보았을 때, 미국측은 이 문건을 기초로 회담에 임했다.

한반도에서 공산주의의 활성화 가능성을 예상했고 이를 사회적 모순의 격화와 노동자·농민 들의 혁명적 열기로 인한 자연스런 현상으로 간주했다.[13] 그러나 신탁통치파동 이후 미군정은 공산주의자들의 활동뿐 아니라 대중운동도 모두 공산주의자와 소련의 사주에 의한 것으로 간주했다. 이로써 남북관계는 38도선 철폐를 통한 행정·경제 통합의 문제에서 전한반도 차원에서 자유민주주의와 공산주의 사이의 정치적·이념적 대립의 문제로 전환했다.

반탁 대 모스크바3상회의 결정 지지를 둘러싸고 격렬한 대립이 있은 뒤 모든 정치세력들이 남조선대한국민대표민주의원(민주의원)이라는 우익블록과 민주주의민족전선(민전)이라는 좌익블록으로 '헤쳐 모여'를 함으로써 1946년 초 국내정치에 좌·우 구분이 정착했다. 그 이전 시기만 해도 한국인들 사이에서는 '민족 대 반민족'이라는 정치적 대립구도가 보다 주요한 기준이었고, 미군정 내에서는 '급진주의자 대 보수주의자'의 구분법이 일반적이었다. 식민지시기 민족주의와 공산주의는 모두 천황제 파시즘에 반대했고, 민족혁명을 향한 공동의 지향을 가지고 있었다. 그들 사이의 차이는 독립운동의 노선과 방법상의 차이에 불과했다. 그러나 해방 이후 1946년 초 반탁운동을 거치면서 '좌익=찬탁=친소=공산주의자, 우익=반탁=반소·반공=민족주의자'라는 정치적·이념적 표상을 가지게 되었고, 이때부터 좌우대립은 '골육상쟁'의 지경이 되었다. 미군정이 남겨놓은 『주한미군사』에서 군사관 로빈슨(Richard D. Robinson)은 해방 이후 좌우구분은 식민지기 이래의 활동노선과 경험의 차이 이외에 미군정에 대한 태도 여하를 주요한 기준으로 삼았다고 지적했다. '좌' '우'라는 구분이 해방 이후에는 미군정에 대한 '반대'냐 '지지'냐를 가리키는 의미로 변했다는 것이다.[14] 좌우대립은 한국인들 내부의 정치적 대립관계

---

13) *FRUS*(1945) V, 국무부 작성, "태평양전쟁 종결 무렵 아시아·태평양 지역의 정세 예측과 미국의 정책목표", 1945. 6. 22, 561~63쪽.
14) 로빈슨은 한국에서 좌우구분은 3·1운동 이후 민족해방운동의 주도권이 사회주의자들에

속에서 자연스럽게 형성되었다기보다 미·소의 이해관계를 반영하는 식으로 전개되었고, 이 시기 정치적 지형변화에 미·소의 강한 원심력과 국제정치적 계기가 중요한 역할을 했음을 보여준다.

모스크바3상회의 이후 미군정은 남한정치에 대한 개입을 한층 노골적으로 전개했다. 진주 이후 미군정은 랭던(William R. Langdon)의 정무위원회 구상과 같이 우익세력 위주의 정치적 통합계획과 이승만·김구를 중심으로 한 정치기구 수립계획을 추진했다. 1차미소공위 개최를 앞두고 설치된 민주의원은 그러한 미군정의 우익 위주 정치적 통합계획의 결실이었고, 미군정은 이 기관에 새로이 미소공위 협의대표기관의 위상을 부여했다. 그러나 민주의원은 좌익세력이 불참함으로써 남한의 정치적 통합기구로서의 대표성을 가질 수 없었고, 참여단체들의 반탁성향으로 인해 소련과 협상에서도 그다지 유용한 수단이 될 수 없었다.

민주의원의 실패와 1차미소공위 실패 이후 미국은 중간파를 활용해 지지기반을 육성하고, 미국정책에 대한 대중적 지지를 모아내려고 했다. 미군정은 여운형과 김규식에 의해 추진되던 좌우합작운동을 지원함으로써 중간우파를 우익의 관리자로 하는 우익블록 강화책을 펴는 한편 좌익으로부터 중간좌파를 분리해 좌익의 분열과 세력약화를 도모했다.[15] 온건좌파를 대표하는 여운형과 온건우파를 대표하는 김규식이 주도한 좌우합작운동은 그 목표를 남한의 좌우합작과 뒤이은 남북합작, 즉 전민족적 통일전선의 결성에 의한 통일정부 수립에 두었다면 좌우합작운동을 지원한 미군정의 목표는 '비공산주의자가 지배하는 정부의 수립'이었다. 미군정 내 중간파정책의 추진자들은 통일정부의 수립이 불가능하면 남한만의 정부

게 넘어가면서부터 비롯되었다고 기술했다. 또 좌익(공산주의)과 우익(민족주의)은 지도자의 개인적 차이에 불과했고, 식민지기에는 민족주의자조차 우익의 위장(stomach)과 좌익의 입(mouth)을 가지고 있다고 재치 있게 표현했다(『주한미군사』 2권, 돌베개, 1988, 99~100쪽).

15) 미국의 좌우합작운동 지원 등 중간파정책의 성격과 그것이 남한정치에서 갖는 정치적 의미에 대해서는 졸저, 앞의 책(3부); 서중석, 『한국현대민족운동연구』(역사비평사, 1991, 4장) 참조.

수립을 감수해야 하며, 이때도 중간파중심의 과도정부가 극우파중심의
정부보다 대중적 지지를 모아내는 데는 유리할 것이라는 입장이었다.[16]
이런 맥락에서 좌우합작운동은 미군정의 구도와 좌우합작파의 민족통일
전선적 구도가 부딪히면서 마찰을 일으키는 과정에 다름 아니었다.

미군정의 중간파정책의 1단계는 좌우합작을 통해 과도적 입법기관을
수립하는 것이었다. 미국은 처음부터 좌우합작운동을 이 1단계 목표의
실현을 위해 유도했고, 1946년 가을 좌익과 중간좌파의 결렬조짐이 보이자
이 계획을 서둘러 추진했다. 그러나 남조선과도입법의원(입법의원) 설치
를 통해 통치기반을 확대·강화하려는 미군정의 의도는 현실적으로는
아무런 대중적 지지를 끌어모으지 못한 채, 미군정 내 우익의 세력기반을
강화시켜주는 식으로 귀결되었다. 미군정의 입법의원 설치공작은 중간파
를 중심한 좌우합작운동을 원래의 목표로부터 이탈시키고 왜곡시켰다.
그리고 중간파에 대한 좌우 양 극단주의자들의 공격을 심화시켜 오히려
중간파의 위상을 축소시켜버렸다. 결과적으로 여운형을 중심으로 한 중도
좌파는 입법의원에 불참한 채 김규식을 중심으로 한 중도우파만이 입법의
원에 참여했다.

미군정은 2차미소공위 재개 이전에 남한에 과도정부를 설치하려 했으나
이 계획 역시 미국의 의도대로 진행될 수 없었다. 입법의원 의장 김규식조차
2차미소공위 재개가 임박하자 미군정의 과도정부안에 대한 기대를 버리고
미소공위 협상을 통한 전조선임시정부의 수립, 이를 위한 민족통일전선의
확대·강화로 활동방향을 수정했다. 1947년 중반 미국과 소련은 미소공위
에서 타협점을 찾으려 했지만 모스크바3상회의 결정실행의 경과점인 한국
의 정당·사회단체와 협의문제에서 매번 회의가 결렬되었다. 미국은 한국
민중의 독립국가건설 의지와 열망을 자국의 이해관계에 맞추어 흡수·재
편하려고 했고, 그런 의미에서 미국의 중간파정책은 미국이 한국인의

---

16) 앞의 미소공위문서철, 롤번호 8, 번스의 "브라운 장군의 제안에 대한 논평," 1947. 7.
   14.

신국가건설운동에 대해 허용할 수 있는 한계치를 보여준 셈이었다. 그러나 이러한 미국의 기도는 중간파가 모두 미국의 구도를 벗어나 독자적인 활동을 펴기 시작하는 1947년 중반시점이 되면 실패라는 것이 명백해졌다.

미국은 미소공위가 실패할 것 같다는 최종적 판단에 도달하자 재빨리 한국문제의 UN이관을 준비했다. 이것은 전후 한국문제해결의 주된 당사자로 간주되었던 소련을 미국주도의 4강구조에 묶어놓지 못하고, 또 중간파정책이 실패로 돌아가서 남한에 수립된 물리적 통제기구 이외에 한반도에 안정적인 지지기반을 확보하지 못한 현실적 여건에서 미국에게는 자연스러운 귀결이자 미래의 행동의 자유를 위한 보장책이었다. 이에 대해 소련이 1947년 9월 26일 양군 동시철병을 제안하자 미국은 점령을 대신할 실질적 대안을 찾지 않으면 안 되었다. 하지는 소련의 제안을 "우리가 한국에 온 이래로 가장 감내하기 힘든 선전책동이다. 그것은 광범한 파급효과를 가지고 있고, 한국인들뿐만 아니라 전세계 약소국들의 지지를 광범하게 얻어내기 위한 시도"라고 평가했다.[17] 소련의 제안은 전후 각지에 불어닥친 민족운동열기에 편승하여 자신의 정치적 의도를 실현하려는 것이었고, 미국은 이 제안으로 한국의 민족운동이 소련으로 대표되는 사회주의노선으로 넘어가지 않을까 우려하는 입장이었다.

한국문제의 UN이관은 모스크바3상회의 결정이 폐기되고 점령의 근거가 사라짐을 의미했고, 한국문제를 재차 국제화시키는 것을 의미했다. 다른 한편 국내적으로는 단독정부수립 대 통일정부수립의 대립구도가 형성됨을 의미했다. 또 소련의 동시철군 제안의도가 점령의 효과를 무력화시키는 것이었으므로 미국은 외교적 대응 이상의 구체적 대책을 마련하지 않으면 안 되었다.

미국측 내부에서는 이 무렵 주한미군 철군을 둘러싼 논의가 활발했지만 '소련의 한반도 지배, 즉 극동에서 미국의 안보와 이해관계 위협'이라는

---

17) 「史官記帳」 1947. 9. 30, 졸편, 『해방직후 정치·사회사 자료집』 1권, 다락방, 1994, 196쪽.

미국의 인식이 이 시기에 와서 특별히 변화했다고 할 수는 없다. 미국은 미소공위 결렬로 미군의 장기주둔이 더 이상 불가능해진 상황에서 한반도에서 미국의 전략적 지위를 유지할 수 있는 방안을 모색하지 않으면 안 되었다. 그것은 한반도의 공간적 분리와 정치적 분단으로 귀결되었고, 한반도주민의 지향과 열망을 담아내지 못한 채 이후의 무력대결을 예감하게 하는 것이었다. 미국은 한국문제의 UN이관을 준비하면서 동시에 남한 단정수립에 따른 현실적 대응책을 군사, 정치, 경제의 영역으로 나누어 준비했다.[18] 이 시기 미국은 한반도에서 좌우대립이 정치적 대립을 넘어 군사적 대결의 형태로 격화하는 것을 예상하면서 대응책을 마련했다. 미국은 대체로 한반도에서 군사적 대결형태는 남한 내의 소요와 전복활동, 이북으로부터의 대량침투, 그것에 이은 내전이 될 것이라고 예상했다.[19] 아래의 하지 발언은 미군정이 UN이관 이후의 사태발전을 어떻게 예측했는지 잘 보여준다.

좌익은 선거를 거부할 것이고, UN은 남한만의 정부를 수립할 것이다. …이승만과 그의 지지자들이 국회에서 다수의 의석을 차지할 것이다. 소련은 말할 것도 없고 심지어 우리도 반동적인 파시스트정권이라고 부르지 않을 수 없을 이 정부는 다루기가 불가능하지는 않더라도 매우 어려울 것이다. …오직 전쟁을 통해서만 남북한이 재통일될 것이다.[20]

미국이 한국문제를 UN으로 이관하자 당시 미국의 절대적 영향 아래 있던 UN은 UN임시한국위원단 설치, 신탁통치를 거치지 않는 독립,

---

18) 남한 단정수립에 대비한 미국측의 정책대안 마련과정에 관해서는 졸저, 앞의 책(9장) 참조.
19) NA, RG 319, "P" File, CIG, "SR-2 Korea," 1947. 8. 15 및 CIA, ORE 62 "Implementation of Soviet Objectives in Korea," 1947. 11. 18.
20) NA, RG 59, 국무부 중앙문서당 한국내정문서철, 「하지장군이 국무장관에게」 1947. 11. 21.

UN감시 아래 남북총선거 실시를 가결하여 8개국으로 구성된 UN한국임시위원단을 한국에 파견했다. 위원단은 1948년 1월 13일 소련의 반대로 입북을 거절당하자, 임무수행이 불가능하다는 이유로 이 문제를 UN 소총회에서 다루어줄 것을 요청했고, 소총회는 1948년 2월 '가능한 지역만의 총선거'를 가결했다. 이승만과 한민당을 중심으로 한 남한 단정수립 지지세력은 이를 적극 지지하고 총선거준비에 돌입했다.

남쪽만의 정부 수립이 점차 가시화되면서 이에 반대하는 운동이 광범하게 일어났다. 1948년 2월 남로당을 중심으로 '2·7투쟁'이 전국적으로 벌어졌다. 단독선거에 반대하는 대중운동의 와중에서 김구·김규식·조소앙·홍명희 등 반탁진영에 속해 있던 정치지도자들이 단선·단정을 반대하고, 남북지도자협의회를 거쳐 남북총선거를 통해 통일정부를 수립하자는 입장을 표명했다. 이들 민족주의세력이 결집하여 남북협상 쪽으로 치닫자 이승만을 중심으로 하는 대한독립촉성국민회와 한민당 쪽에서는 UN결의대로 단선·단정을 성사시키기 위해 맹렬한 활동을 벌였다. 이전 '모스크바3상회의 결의 지지' 대 '반탁'의 대결구도가 이제는 남한 단정수립을 축으로, 하나는 그것을 지지하고 또 하나는 그것을 저지하려는 투쟁으로 갈라졌다.

김구가 김규식을 중심으로 하는 중도세력과 제휴하기 이전 김구와 임정계는 이승만·한민당과 반탁운동진영에 속했으며, 이들은 좌우대립구도에서 우익을 형성했다. 그러나 남북협상을 제안하는 시점에 오자 김구는 이러한 좌우구분에서 벗어나 '혁명세력'과 '반혁명세력'으로 정치세력을 구분하기 시작했다. 물론 이때 혁명과 반혁명의 계선은 자주독립과 통일정부수립이었다. 아래의 회담기는 이 시기 김구의 인식전환을 잘 보여준다.

그러므로 우리가 자칭 우익이라고 하는 말부터 재검토하여야 합니다. 그런데 보통 이 땅의 소위 우익 중에는 왕왕히 친일파반역자의 집단까지 포함하는 것이 큰 문제입니다. 그것들은 우익을 더럽히는 군더더기 집단입니다. 군더더기들이

정당이니 단체이니 하고 혁명세력에 붙어 거불거린 것입니다. 혁명세력과 반역집
단이 합작할 수는 없는 것입니다. 오늘 내가 반성하는 것은 이 점입니다. 혁명세력
끼리의 합작이나 협상이라면 성립되지 않을 하등의 이유도 없는 것입니다. 미소
양군철퇴를 주장하는 것은 삼천만 동포의 혈원(血願)입니다.[21]

김구의 인식전환은 무엇보다 분단의 도래라는 절박한 위기감에서 비롯
되었으며, 분단상황을 타개하기 위해서는 민족세력의 결집을 통해 재차
혁명운동을 시작할 수밖에 없다는 인식에서 비롯된 것이다. 또 김구의
단독정부수립 반대는 다른 한편으로 분단이 필연적으로 외세의 종속을
초래한다는 상황인식으로 이어진다. 김구의 인식전환은 임정계의 미군정
에 대한 일정한 의존으로부터 탈피와 동시에 이루어졌다. 신탁통치안이
폐기되면 현실적인 통일정부수립방안은 남북총선거인데, 문제는 이 선거
를 누가 관리할 것인가의 문제였다. 이에 대해 김구는 군정하의 선거를
반대하고 선거를 한인이 주도·주관할 것을 요구했다. 이것은 미국의
단정수립정책이 민족적 발전과 양립 불가능하다는 현실인식에서 비롯된
것으로 김구가 미국에 대한 인식과 태도를 전환했음을 보여준다.

북한은 김구와 김규식의 남북요인회담 요청에 대해, 남한단독선거를
반대하는 남·북한의 모든 사회단체대표들이 평양에서 연석회의와 요인
회담을 갖자고 제의했다. 이에 김구와 김규식이 북한의 제의를 받아들여
입북함으로써 남북연석회의가 개최되었다. 1948년 4월 19~26일 남북한
의 정당·사회단체 대표들이 참가한 가운데 남북 제정당·사회단체연석
회의가 개최되었고, 이어 27~30일에 걸쳐 남북 정치지도자들간에 요인회
담이 열렸다. 회담에 참가한 정치지도자들은 '미·소 양군의 즉시철수,
전조선정치회의 소집, 민주주의임시정부 수립, 통일조선 입법기관 선거,
남한단독선거 결과 불인정' 등을 결의했다.[22]

---

21) 「혁명운동 재출발의 신결심: 신민일보 사장과 회담기」(1948. 3. 21), 엄항섭 편, 『김구주석
　　최근 언론집』, 삼일출판사, 1948.

남북협상은 한국문제의 자주적 해결을 주장했고, 외세의 간섭 배제를
합의문 첫머리에 올려놓았지만 그러한 시도는 성공할 수 없었고, 남북협상
의 정신은 선언으로 남을 수밖에 없었다. 김구와 김규식은 남북협상 결과에
커다란 만족감을 표시했고, 남쪽으로 돌아와서 공동성명서의 결정을 실현
하기 위해 노력했다. 그러나 그들의 노력은 미군정과 이승만·한민당의
반대에 부딪혀 성공할 수 없었다. 분단을 저지시키려던 김구의 때늦은
지혜는 남북통일을 외세가 아닌 우리 민족 스스로의 힘으로 해결할 가능성
을 제시했다는 점에서 커다란 역사적 의의를 가지나 동시에 그의 희망은
역사적 과제로 후세로 넘어갔다.

4. 역사적 상상력과 공동체적 인식의 복원을 향하여

해방 60주년, 한국사회는 일제식민지로부터 해방된 그때와 비교할 수
없는 경제발전의 성과와 민주화의 진전 위에서 지난 60년을 돌아볼 수
있는 여유를 가지게 되었다. 또 최근 각종 과거사관련법의 제정으로 한국현
대사의 출발점에서 우리 사회가 치른 희생의 진상을 규명할 수 있게 되었지
만 한국사회는 여전히 이 시기와 정면으로 대면할 준비가 되어 있지 않은
것처럼 보인다. 이 시기 역사 해석은 학문적 논쟁보다는 국가보안법이라는
냉전기 유물에 의해 재단되고 있다. 알다시피 국가보안법은 이승만의
'6월공세'의 일환으로 처음 제정되었다. 공교롭게도 1949년 6월, 백범
김구 피살, 반민특위 해체, 국가보안법 제정이 동시에 이루어졌으며,
이른바 '6월공세'는 이승만의 극우반공독재체제가 확립되는 계기를 마련했
다. 국보법은 이승만 생존시에는 그의 극우반공독재체제를 지탱하는 구실
을 하더니 그의 사후에는 역사의 발목을 잡고 있는 셈이다. 각종 과거사

---

22) 남북협상과 남북연석회의에 관해서는 도진순, 『한국민족주의와 남북관계』(서울대학교출
판부, 1997, 4부) 참조.

관련법안들이 제정되는 와중에서 과거사 청산에 반대하는 이들은 '과거는 해석의 대상이지 진상규명의 대상이 아니'라는 주장을 펼친다. 어떤 면에선 좋은 얘기다. 이제 탈냉전의 시대정신에 맞게 제발 역사해석도 자유롭게 하고, 내친김에 진상규명도 해서 억울한 희생을 바로잡을 수 있게 되기를 바라는 마음 간절하다.

해방에서 건국에 이르는 시기의 역사에 대한 연구사를 살펴보면 그 시기 역사만큼이나 기구했다는 것을 발견하게 된다. 그 시기의 역사가 처음 집필된 것은 이방인의 손을 통해서였다. 주한미군이 작성한 미간행원고 『주한미군사』(History of the United States Armed Forces in Korea)는 진행중인 그날그날의 사건을 보면서 편찬된 특이한 사서로서 그 자료적 가치가 매우 크다. 이 사서는 미군정의 입장에서 점령에서 철수에 이르는 기간의 미군정활동 전반을 다루었지만 한국정치와 미소관계도 서술되어 있고, 이 시기 한국사회를 연구하기 위해서는 반드시 거쳐야 할 사서 가운데 하나다. 이 사서를 비롯해 미 국무부나 육군부 군사실이 편찬한 사서류들은 관련기관의 공식견해를 대변하는 것으로 미국의 대한정책을 옹호하거나 미군점령통치를 합리화하고, 반소 · 반공주의적 관점에서 냉전수사학을 선도하는 역할을 했다.[23]

필자는 『주한미군사』를 분석하는 과정에서 「한국정치」편을 집필한 군사관이 리처드 로빈슨이라는 것을 밝혔는데, 리처드 로빈슨은 그가 집필한 다른 책 『미국의 배반』(Betrayal of A Nation)[24]에서는 미국의 대한정책과 미군정을 신랄하게 비판했다. 거의 같은 시기에 나온 조지 C. 맥큔의 『오늘의 한국』,[25] 스튜어트 미챔의 「한국노동보고서」[26]도 비슷한 시각에

---

23) 미국 정부 · 군부의 관련기관들이 편찬한 미군정연구서의 종류와 성격에 관해서는 졸고, 「미 · 소의 대한정책과 군정연구」(국사편찬위원회, 『한국사론』 27, 1997, 5~8쪽) 참조.
24) Betrayal of A Nation 초고는 1947년에 집필되었다. 로빈슨은 1960년 초고에다 후기를 붙여 출판하려고 했으나 여의치 않았다(리처드 로빈, 정미옥 옮김, 『미국의 배반』, 과학과사상, 1988, 서문 참조). 국내번역본 제목은 『미국의 배반』이지만 'betrayal'은 '폭로' '고발'이라는 뜻도 있으므로, 로빈슨의 집필동기와 nation의 어의까지 감안한다면 '조국을 고발한다' 정도의 번역이 적당할 것이다.

서 점령군 고위층의 극우적 성향이나 미국의 한국인극우파 지원이 미국의
대한정책을 협소하게 만들고, 결국 실패로 몰아갔다는 사실을 비판했다.
이것은 종전 후 해방지역에서 미국이 독재정권('극동의 프랑코, 장개석ㆍ
이승만')을 지원하는 것에 대해 미국 국내외에서 강한 비판이 일고 있었던
것과 궤를 같이하는 것이다. 한마디로 이 글들은 자유주의적 입장에서
미국 대외정책의 수행방법을 비판하였다. 그들은 당시로서는 가장 잘
준비된 한국전문가들이었고, 그들의 연구는 당시 한국사회를 깊이 있게
분석했으나 그들은 대개 미 군부로부터 핑코(Pinko)로 낙인찍혀 고초를
겪었다. 즉 당대사 정리단계에서부터 이 시기 역사 편찬을 둘러싸고 정치적
긴장이 존재했고, 매카시즘이 미국사회를 지배하면서 그나마 비판적 논조
도 잠복하고 말았다.

한국사회에서 해방 직후시기는 1980년대까지 학문적 탐구의 대상이
될 수 없었고, 현대사연구 자체가 불온시되는 것이 80년대 이전의 분위기였
다. 몇몇 선구적 연구나 그 시기를 경험한 당사자들이 남긴 기록을 제외하곤
연구다운 연구가 없었지만, 80년대 민주화운동의 발전 속에서 현대사
연구붐이 일기 시작했다. 이 시기 국내학자들의 연구는 분단의 원인과
책임 해명이라는 문제의식으로부터 출발했고, 미국의 대한정책과 미군정
점령통치, 해방 직후 각 정치세력의 노선과 활동, 북한역사 등이 중요한
연구주제로 부각되었다. 하지만 여전히 해방에서 분단에 이르는 과정에서
우리 사회가 치른 희생에 대해서는 본격적인 연구가 이루어지지 않았다.
일본으로부터의 해방과 미ㆍ소의 분할점령, 그리고 분단으로 이어지는

---

25) George C. McCune, *Korea Today*, Cambridge/Mass.: Harvard Univ. Press, 1950. 맥큔은
　　평양에서 태어난 선교사의 아들로 태평양전쟁기에 OSS와 국무부에서 일했다.
26) NA, RG 407, Administrative Services Division, Operations Branch, Foreign(Occupied)
　　Area Reports 1945-1954, 상자번호 2069, "Korean Labor Report," Prepared for the
　　Secretary of Labor by Stewart Meacham, Labor Advisor to the Commanding Gen.
　　USAFIK. 국내에서는 「미군정하의 노동정책: 한국 노동사정 보고서」(김금수, 『한국노동
　　문제의 상황과 인식』, 풀빛, 1986)로 번역되었다. 미챔은 미군정의 노동정책고문으로
　　초빙되어 한국에 건너왔고, 재직 당시 자유주의적 노동정책개혁을 시도했으나, 하지
　　사령관과 러취 군정장관 등 미군정 고위층의 완고한 반대에 부딪혀 실패했다.

과정에서 발생했던 폭력과 희생이 수면 위로 떠오르기 시작한 것은 90년대에 들어서였고, 그것도 희생자와 피해자 자신의 손을 통해서 비로소 가능했다.

한국사회에서 80년대가 정치투쟁의 시기이자 사상적으로는 '질풍노도'의 시기였다면 90년대는 기억투쟁의 시기였다고 할 수 있다. 일부 언론이 이승만·박정희를 무덤에서 되살려내는 한편에서 민초들의 망각과의 싸움이 전개되었고, 이들의 노력에 의해 일제식민지배와 냉전에 의한 희생자들의 역사적 복권작업이 벌어졌다. 제주4·3항쟁, 노근리사건, '일본군위안부' 문제는 어느 것이나 피해자들 자신의 손으로 역사에 대한 망각을 불식시킨 사례들이다. 이들은 자신의 손으로 진상규명과 명예회복, 가해자의 사죄와 책임자처벌 등과 같은 현실적 과제의 해결과 역사의식의 회복을 동시에 이루어나갔다. 과거사청산문제는 어느 날 갑자기 솟아난 것이 아닌 것이다. 90년대에 민초들이 망각과 싸움을 전개할 수 있었던 것은 문민정부, 국민의 정부 시절 민주적 개혁의 진전이 일정하게 역할을 했겠지만 무엇보다 냉전해체라는 세계사적 변화가 큰 역할을 했다. 냉전과 분단의 질서하에서는 그 질서를 비판하거나 해치는 조그만 시도도 용납되지 않았으나 탈냉전이라는 세계사적 변화가 그간 착실히 성장해온 민중들의 역사의식이 개화할 수 있는 계기를 부여했다.

해방 직후의 시기는 제2차세계대전을 거치며 새로운 세계질서가 마련되고, 각국별로 전후처리, 독립 이후의 국가건설 등 새로운 체제의 형성과 정비가 이루어진 대단히 역동적인 시기였다. 해방에서 건국에 이르는 기간에 한반도는 격렬한 변화의 소용돌이 속에 있었다. 그 기간중에는 한반도뿐만 아니라 주변의 동아시아 전체가 격렬하게 요동치며, 새로운 질서를 모색했다. 그리고 역사가의 '뒤늦은 지혜'를 통해 그 시기를 돌아보자면 현재의 한반도 내외정세와 유사성과 차별성이 눈에 들어온다.

최근 일본의 역사교과서 왜곡이 주변국의 비판을 불러일으키고 있지만, 평화헌법 개정을 통한 일본의 군사대국화를 부추기고 있는 것은 미국의 네오콘이다. 이것은 마치 해방 이후 미국의 일본점령정책이 대소봉쇄를 명분으로 민주개혁으로부터 '역전'(reverse course)하면서 일본의 재무장을 허용했던 것을 연상시킨다. 최근 동아시아평화공동체 구상이 한·중·일 3국의 시민사회에서 논의되고 있지만 이 구상이 현실성을 갖기 위해서는 과거 미국의 지역통합전략이나 최근의 미·일신안보동맹이 지향하는 미국과 일본의 동아시아지역에서의 패권구상을 극복하지 않으면 안 되는 것이다.

미국은 해방 이후 동아시아지역에서 일어난 격렬한 변화에 대해 '대소봉쇄'의 틀로 대응했다. 하지만 동아시아 각국에서 미국이 봉쇄한 것은 사실은 소련이 아니라 각 지역의 자생적인 독립·개혁 욕구와 식민잔재청산 요구였다. 미국은 종전 직후만 해도 중국에서 국민당과 공산당의 합작을 추진했지만 중국공산당에 의해 중화인민공화국이 수립되자 중국을 봉쇄선 저편으로 밀어넣고 소련의 꼭두각시로 낙인찍었다. 또 일본에서는 점령 초기만 해도 일본군국주의의 물적·인적 기초를 해체하는 정책을 취했지만, 1948년 이후 레드 퍼지(red purge)를 내세우며 개혁세력을 탄압하는 등 초기의 민주개혁정책으로부터 급속히 후퇴했다.

2차대전 종전 이후 한반도는 개항 이래 한국인의 열망인 근대적인 통일독립국가의 실현을 위해 그 어느 때보다 유리한 환경에 처했고, 한국인들의 독립열망도 그 어느 때보다 높았다. 그러나 한국인들의 독립열기는 미국과 소련에 의해 재해석된 범위 내에서만 발현될 수 있었고, 외세의 작용은 좌우대립을 뛰어넘는 새로운 정체성의 수립을 좀처럼 어렵게 했다. 그리고 분단위기가 현실화하는 민족적 위기에서 개최된 남북협상은 분단을 뛰어넘는 새로운 민족적 정체성을 수립할 수 있는 단초를 열었으나 그것의 완성은 끝내 미완의 과제로 후대에 남겨지고 말았다. 하지만 탈냉전 이후 계속되던 한반도 위기상황을 평화와 통일의 무드로 돌리는 데 결정적 역할을 한 6·15남북공동선언은 백범 김구가 남북협상 당시 걸었던 길의 재현에 가깝다. 남한주민 가운데 해방과 전쟁을 직접 몸으로 겪었을 사람들의 비율은 2000년 현재 전체인구의 15.5%라고 한다.[27] 이 말은 이제 한국사회가 광복과 전쟁을 직접 경험하지 않았거나 그것에 연루되지 않은 사람들이 인구의 절대다수를 차지하는 사회가 되었음을 의미한다. 아무런 구속 없이 한반도와 동아시아를 넘어서 세계를 넘나드는 젊은이들을 위해 역설적이지만 분단형성기의 역사를 통해 분단을 극복할 수 있는 지혜를 살려내는 작업이 어느 때보다 필요한 시기가 되었다.

정용욱(Chung, Yong-Wook) danggo@snu.ac.kr
서울대학교 국사학과 교수.

주요저서 및 논문으로는 『해방 전후 미국의 대한정책』, 『미군정 자료 연구』, 『한국현대사강의』(공저), 『탈냉전과 미국의 신세계질서』, 「시민과 국사: 고수와 해체 사이」, 「6·25전쟁기 미군의 삐라 심리전과 냉전 이데올로기」 등이 있다.

---

27) 통계청 2000년 인구센서스(http://kosis.nso.go.kr/cgi-bin/sws_999.cgi). 통계청의 2005년 총조사인구통계가 아직 나오지 않았기 때문에 2000년 통계 중 55세 이상 인구비율을 추계했다. 따라서 이 수치는 2005년 현재의 시점에서 보자면 과대 계산되었다. 2000년 센서스에서 60세 이상 인구의 비율은 11.2%다. 이러한 비율로 짐작컨대 2005년의 시점에서 60세 이상 인구비율은 11.2~15.5%일 것이고, 11.2%에 보다 근사할 것이다.

한반도분단과 대한민국

박순성

'분단의 창'을 통해 대한민국을 바라보려는 시도는 우리 민족의 역사에서 대한민국을 상대적 존재로 파악하려는 노력이다.[1] 이는 대한민국의 건국을 해방정국에서 분단의 공식화과정으로 평가하고, 대한민국의 발전을 남북관계사 또는 체제경쟁의 차원에서 검토하고, 대한민국의 미래를 통일한국의 전망으로부터 읽어내는 일이다. 분단은 대한민국이 태생에서부터 불완전한 정통성과 '국가성'[2]의 문제에 직면하도록 만들었지만, 역설적으로 바로 이러한 불완전성 덕분에 대한민국은 앞만 보고 달릴 수 있었다. 질주 뒤에 남아 있는 관성과 피로가 우리 사회를 아직도 불안정하게 만들고 있지만, 그동안 대한민국이 이룬 경제성장과 민주화는 대한민국이 한반도 통일을 주도하도록 뒷받침하는 사회적 자산이다. '분단의 창'을 통해 통일

---

1) 한반도의 분단이 민족사의 범위를 뛰어넘는다는 점에서, 이러한 시도는 대한민국을 세계사의 관점에서 바라보는 일이기도 하다. 지구공간정치라는 틀 안에서 대한민국의 자리를 찾아보고 분단에서 통일로 가는 과정 위에 대한민국을 놓을 때, 우리는 대한민국의 한계와 가능성을 진지하게 논할 수 있다. 이 글에서 우리는 여기까지 나아가지는 않는다.
2) '국가성'이라는 단어는 생경한 조어임에 틀림없다. 아주 평이하게 말해 국가가 국민, 영토, 주권으로 이루어진다면, '국가성'은 이 세 가지가 완전한 정도를 의미할 것이다.

을 바라볼 때, 대한민국이 주도할 미래의 통일은 현재를 넘어 과거에 연결되고, 또한 통일에 대한 전망도 새로운 형태로 나타날지 모른다.

1. 분단과 정통성·국가성

한반도에 거주하던 모든 민족구성원들이 독립된 근대국민국가의 수립을 바라던 해방정국에서, 분단은 한반도주민들의 통상적 전망에 전혀 들어 있지 않았다. 해방은 독립을, 독립은 주권국가의 수립을 의미했다. 그러나 미국과 소련의 판단은 한민족의 기대와 달랐고, '주어진 해방'은 한민족에게는 독립된 하나의 주권국가로 가기 위한 아주 미미한 출발점에 불과했다. 출발점은 혼란스러웠고, 종착점은 불투명하였다. 어느 누구도 한민족이 지나가야 할 길이 얼마나 멀고 험할지 예상할 수 없었다. 심지어 외세에 편승한 이들조차 분단이 민족에게 무엇을 가져올지 몰랐다. 아니 그들은 분단의 진정한 의미를 알려고 하지 않았는지도 모른다. 사실 어떠한 정치적 판단력도 권력욕이 세워놓은 장애물을 쉽게 뛰어넘을 수는 없다.

아래에 인용한, 해방정국에서 분단을 주도한 후 분단상황을 계속 강화시켜왔던 권력층을 향한 장준하의 비판은 다소 거칠지만 민족분단사의 핵심을 짚고 있다. 우리 민족이 세계사의 수레바퀴에 다시 깔리지 않으려면, 그의 비판을 두고두고 깊이 음미해야 할 것이다.

세계사의 새로운 모순, 동서냉전체제라는… 새로운 모순이 이 민족에게 무엇을 의미하는가, 그것이 새로운 외세에 의한 민족의 양분(兩分)이란 것을 분명히 깨닫지 못하고 이를 권력장악의 조건으로 이용한 일부 신생권력층은 안에서, 밖에서 강요한 양분체제에 대응하였다. …이렇게 민족은 양분되었고, 통일을 갈망한 민중의 염원은 현실적인 힘을 얻지 못하고 내외가 상응한 분단체제에 묶여 들어가지 않을 수 없었다. …분단의 기본적 계기는 외세였지만 우리의 힘이 이런 외세를 주체적으로 극복하지 못하고 만 책임을 통감해야 하고 더구나 분단을 더욱 굳혀만 온 지난 26년을 반성해야 한다. 특히 이 점에서는 집권층을 비롯한 또 지식인들까지 포함한 우리 사회의 상층부가 더욱 진지하게 반성하고 절실하게 책임을 느껴야 한다. 분단체제의 모든 가치와 논리 그리고 정책과 그 실행을 반성해야 한다.[3]

장준하는 민족의 분단과 관련하여 두 가지 사실을 전면에 내세우고 있다. 첫째는 외세와 한민족 사이에 존재하는 불균등한 세력관계이다. 이러한 불균등성 때문에 한반도거주자들은 분단을 강요당하였다. 둘째는 한민족 내부에서 신생권력층과 민중 사이에 존재하는 불균등한 세력관계 이다. 신생권력층들은 자신들의 권력장악을 위해 외세에 편승하여 민중을 억누르고 민족을 양분하였다. 결국 외부의 냉전세력과 내부의 신생권력층 이 조응하여 낳은 민족의 분단은 통일을 갈망한 민중들에게는 탄생에서부 터 억압적일 수밖에 없었다.

따라서 장준하는 한반도 남북의 "강압적 정치제도는 동서양극시대의 분단의 논리를 제도적으로 완결한 것들이다"고 주장하면서, '정치제도의 민주화'를 통해서만 이미 '내재화된 분단체제'를 뛰어넘을 수 있다고 갈파한 다.[4] 그가 말하는 정치제도의 민주화는 민중이 민족공동체의 양분에도 불구하고 자신들의 정치적 염원을 실현할 수 있는 힘을 획득하고 발휘하는 것이며, 나아가 이러한 힘을 통해 외세의 영향력으로부터 벗어나는 것을 의미한다. 1960년대 이후 남한사회의 민주적 변혁과 양분된 민족의 통일을 꿈꾸던 민주민족운동의 전통에 따르면, 정치제도의 민주화는 한반도 전체

---

3) 장준하, 「민족주의자의 길」, 『씨올의 소리』, 1972/9, 『민족주의자의 길-장준하 전집 3』, 세계사, 1992, 39쪽, 45~46쪽.
4) 장준하, 「민족통일전략의 현단계(초안)」, 1973, 『민족주의자의 길-장준하 전집 3』, 세계 사, 1992, 33쪽.

에 걸친 민중적 민족주의의 실현을 가리킨다. 한반도 안팎에 존재하는 이중의 세력불균등은 민중적 민족주의에 의해서만 극복될 수 있는 것이다.

분명 민중적 민족주의는 분단의 원인과 논리로부터 도출되는 분단체제 변혁의 지도이념——당연히 실천적인 사상과 이론으로 구체화될 때는 정파에 따라 대립하는 강령체계를 갖출 수밖에 없는 추상적 이념——이지만, 현실에서 민주화와 통일을 실질적으로 이루어내는 것은 별개의 문제이다. 무엇보다도 한반도 남북의 민중은 이미 해방정국에서 국가권력을 잡으려고 외세와 결탁한 남북한의 신생권력층들에게 주도권을 넘겨주었거나 아니면 정치투쟁에서 패배하였다. 남쪽에서는 권력층이 사회적 폭력의 독점화를 통한 국가형성이라는 전형적인 과정을 거치면서 대한민국을 수립하였고, 북쪽에서는 '민주개혁'을 내세운 공산주의세력이 상대적으로 순조롭게 권력을 잡았다. 더욱이 두 개의 분단국가가 수립된 이후에 한반도 남북에 남아서 집권층에 저항하던 세력들은 한국전쟁을 거치면서 모두 사라지거나 제거되고 말았다. 저항세력의 소멸은 곧 분단의 고착화를 의미하였다.

분단은 그 자체로 대한민국과 조선민주주의인민공화국 모두에게 불완전한 정통성과 국가성의 근본원인이었다. 한국전쟁은 양측이 정통성과 국가성의 완전한 확보를 위해 집권층의 운명뿐만 아니라 체제와 국가의 생존을 걸고 싸운 전쟁이었다. 대한민국은 유엔감시하의 자유선거를 통해 수립되었지만, 유엔과 국제사회로부터 선거가 실시된 38도선 이남에 대해서만 주권을 인정받았다. 더욱이 친일파와 협력함으로써 정권을 잡을 수 있었던 이승만정권이 다양한 국내정치세력들로부터 도전을 받음에 따라, 대한민국 자체의 정통성도 허약해지지 않을 수 없었다. 한국전쟁기간 동안 남한군이 북진을 하였을 때, 이승만정부는 자신의 주도하에 한반도를 통일함으로써 정통성과 국가성의 완전한 확보를 달성하려고 하였다. 하지만 이승만정부는 일시적으로 북진하였을 때조차 38도선 이북에 대한 통치권을 유엔과 미국으로부터 인정받지 못했다.

조선민주주의인민공화국의 경우에도 사정은 크게 다르지 않았다. 선거 감시를 위한 유엔한국임시위원단의 입국을 거절한 후 대한민국수립 이후에 국가수립을 선포함으로써, 북한 역시 국가성에서 완벽한 모양을 갖추지 못하였다. 해방 이전의 무장독립운동과 해방 이후의 민주개혁은 북한집권층이 북쪽주민들로부터 정통성을 얻어내는 데 도움이 되었지만, 그러한 정통성 역시 민중이 갈망한 통일을 부정한 위에 세워진 것이었기에 완전하지 못하였다. 더욱이 북쪽에 구축된 '민주기지'에 기반을 두고 소련과 중국이라는 '외세'의 지원에 기대어 시작한 한국전쟁은 '국토완정'이라는 목표에도 불구하고 역설적으로 북한이 민족사의 정통성 획득에서 더욱 멀어지도록 만들었다.

한국전쟁이 어느 한편에게도 확실한 승리를 가져다주지 못한 상태로 끝난 뒤, 남북한 양측은 정통성과 국가성——분단 때문에 출발부터 허약하였지만, 한국전쟁으로 더욱 손상된——을 확립하기 위해 전력을 기울이기 시작한다. 남북한 모두는 한편으로는 전후복구를 위한 노력에 힘을 쏟고, 다른 한편으로는 지배이데올로기를 강화하는 작업에 몰두하였다. 남한의 경우, 무력을 통한 북진통일은 공공연한 구호였고, 이를 거부하는 태도(예를 들면 평화통일론 또는 평화주의)는 반체제적인 것으로 비난받았다. 북한은 '전후복구'를 강조하면서 '민주기지론'을 다시 들고 나왔다. 영토의 분단, 생활세계의 분단은 이념의 분단으로 나아갔고, 남북한 모두 대립적인 정치·경제·사회 체제를 본격적으로 건설하기 시작했다. 이 과정에서 민중은 철저하게 배제되었다. 남북한의 집권층에게 민중은 체제와 정권의 강화를 위한 지배와 동원의 대상일 뿐이었다. 국가는 민중들의 삶을 위한 정치적 공동체가 아니라 집권층의 권력을 보장하는 정치적 도구였다. 이제 남북한의 분단은 고착화의 단계를 넘어, 분단체제의 가치와 논리가 본격적으로 형성되어 한반도 남북의 민중을 완전히 지배하는 단계에 이르렀다.

2. 분단체제의 동학: 체제경쟁과 반체제운동

분단이 한국전쟁 이후에 고착화되고 분단체제로 발전하였다는 사실은 한편으로는 분단을 야기한 이중적 세력불균형이 심화되면서, 다른 한편으로는 이에 덧붙여 분단이 새로운 양상과 작동논리를 가지게 되었음을 의미한다. 먼저 남북한 두 집권층은 민중을 억압하는 데에서 공생관계를 형성하였으며, 분단된 남북은 이러한 공생관계에 기초한 하나의 체제가 되었다. 70년대 초반 데탕트가 시작되자 남북한의 두 집권층이 직접접촉을 시도하고 공동성명을 발표하였으나, 그 직후에 각각 독재체제를 강화하였다는 사실은 남북한의 집권층이 공생관계에 놓여 있었음을 단적으로 보여준다. 다음으로 이러한 집권층의 공생관계와 그에 기초한 한반도 전체의 분단체제는 남북한의 민중을 정치·경제·사회적으로 억압하는 체제를 남북한 내부에 형성하면서 동시에 그 자체로 남북한의 민중과 대립하기 시작하였다. 백낙청의 표현을 빌리면, 한반도에는 "남과 북의 수구세력이 극과 극으로 대치하고 있으면서도 교묘한 공생관계에 있는 체제"와 "공생관계에서 소외되고 그로부터 고통을 받는 남북한의 다수 민중"이 서로 대립하는 분단체제가 형성된 것이다.[5]

분단체제는 일단 형성되고 난 이후에는 외세의 영향력이나 외부환경의 변화에 대해 둔감하지는 않았지만, 민감하게 반응하지도 않았다. 외세가 분단을 가져온 근본원인의 하나였음에도 불구하고, 미·소냉전체제가 변화하지 않고 강하게 영향력을 발휘하고 있는 상황에서 분단체제는 '안정적'이었다. 한반도분단체제는 세계냉전체제의 하위체제였지만, 역설적으로 한반도에 갇혀 있는 일종의 폐쇄체제 또는 상대적으로 자율성을 지닌 체제였다. 북한은 60년대 초반 이후 중·소분쟁에 대응하여 소련과 중국에 대해 등거리외교를 폈지만, 한반도에서 유지되고 있던 분단체제 자체에

---

5) 백낙청, 『분단체제 변혁의 공부길』, 1994 참조.

대해서는 어떠한 전략적 변화도 취하지 않았다. 70년대 데탕트시기에 남북한 집권층은 외부환경의 변화가 갖는 의미를 가볍게 여기지는 않았지만, 상대방에 대한 확인이 끝난 다음에는 분단체제를 강화하는 전략을 고수하였다. 남북한 지도부가 상대방에 대해 진정으로 새로운 전략을 구상하게 되는 시기는 미·소냉전체제가 본격적인 변화의 조짐을 보이고 남북 사이의 세력불균형이 분명하게 드러나기 시작하던 80년대 중반 무렵부터이다.[6]

세계적 차원의 냉전체제가 큰 변화를 겪지 않고 유지되고 있는 동안, 한반도 분단체제는 근본적으로 두 개의 논리에 따라 작동하였다. 하나는 남북한 사이의 체제경쟁이었고, 다른 하나는 반체제운동이었다. 한반도 남북의 권력층 사이에 유지되고 있던 '교묘한 공생관계'가 분단체제의 이론적 핵심에 해당한다고 하더라도, 남북의 권력층은 '극과 극으로 대치하고' 있었다. 상대방의 존재가 자신의 생존을 위협하는 상황에서, 남북의 권력층은 체제경쟁에서 상대방을 쓰러뜨려야 했다. 서로 다른 정치적 기획——자본주의적 근대국민국가 형성 대 사회주의적 근대국민국가 형성——을 가졌으면서도, 남북의 권력층은 통일의 사회적·물적 기반이 될 정통성과 권력의 강화 및 경제력과 군사력의 증대를 공통적으로 추구하였다.

체제경쟁에서 살아남으려는 남북한 권력층의 생존전략은 이데올로기적 차이에도 불구하고 매우 비슷한 내용을 갖지 않을 수 없었다. 남북한은 국가주의를 근간에 놓은 상태에서, 지배이데올로기의 강화, 안보제일주의, 성장제일주의를 체제경쟁의 기본전략으로 선택하였다. 식민지배의 역사와 분단이라는 태생적 한계 때문에 국가성이 완전하지 않은 상태에서, 체제경쟁이 국가의 생존 자체와 연관되어 있다면, 국가주의는 집권층이 취할 수 있는 가장 손쉬운 전략이 아닐 수 없었다. 반공사상과 주체사상은

---

6) 물론 1960년 남한에서 4·19혁명이 일어났을 때, 분단체제는 한차례 변화의 가능성을 갖게 된다. 하지만 이러한 가능성은 5·16쿠데타로 사라지고 말았다.

한반도 남북에서 '완벽한' 지배이데올로기의 역할을 다하였다. 안보와 성장을 국가정책의 최고가치로 삼는 태도 역시 남북한에서 동일한 모습으로 나타났다. 이러한 생존전략에 기초하여 남북한 모두는 근대사에서 보기 드문 사회동원체제를 구축할 수 있었다.

이처럼 생존전략이 큰 틀에서 비슷한 성격을 지녔지만, 남북한의 성패는 80년대 들어와 너무나 명백하게 갈라졌다. 대한민국의 성공과 조선민주주의인민공화국의 실패는 한편으로는 정치·경제·사회 체제와 정책의 차이로, 다른 한편으로는 외부환경의 차이로 설명될 수 있다. 전체주의적 관료제의 억압성, 현실사회주의체제의 비효율성, 사회주의노력경쟁의 한계, 국방건설에 치우친 자원배분, 사회주의경제권의 침체, 폐쇄적 대외전략 등이 북한의 실패를 설명하는 근본원인으로 종종 지적된다. 하지만 대부분의 후진적 자본주의국가들이 실패를 경험한 상황에서, 남한의 성공을 설명하기란 쉽지 않다. 시장경제와 국가주의의 결합, 민족주의와 반공사상의 결합, 한미동맹과 안보제일주의의 결합, 전통주의와 성장제일주의의 결합은 남한에서 발견되는 다소 특이한 현상이라고 할 수 있지만, 반드시 경제성장을 보장하는 것은 아니었다. 무력통일의 포기, 한 시대를 지배한 "잘 살아보세"라는 구호, 미국의 대한정책, 베트남전쟁, 노동·농민 등 기층계급의 희생, 교육열, 중동특수 등 어느 하나라도 중요하지 않은 것이 없다. 실패에 못지않게 성공에도 다양한 '역사적 우연'이 작동하고 있다.

이 지점에서 대한민국의 성공과 관련하여 분단체제 작동논리 중의 하나인 반체제운동에 주목할 필요가 있다. 반체제운동은 체제경쟁에 몰두해야만 하는 권력층에게는 엄청난 부담이었다. 국가성이 허약한 상태에서 반체제운동은 집권층의 정통성에 대한 도전을 의미하였으며, 이는 사회적 동원의 실패를 야기할 가능성이 높았다. 당연히 반체제운동의 존재는 국가권력에게 국가경영과 관련한 긴장을 요구한다. 체제경쟁이 긴장의 외부적 원천이라면 반체제운동은 긴장의 내부적 원천이다. 집권층은 체제의 운용 및 정책의 결정·집행과 관련하여 끊임없는 도전에 직면함으로써 국가경영에서 최선을 다하지 않을 수 없다. 집권층은 국가경영의 성과——곧 체제경쟁에서의 승리——를 통해 통치와 지배에 대한 승인을 받아야 하고, 이를 통해서만 정권을 유지할 수 있다. 그리고 이러한 도전과 승인의 과정은 분단체제의 억압적 질서와 왜곡된 가치관을 일정 정도 수정하는 기능, 다시 말해 분단체제의 편향성을 바로잡는 역할을 하였다. 바로 이 점에서 대한민국은 조선민주주의인민공화국에 비해 결정적으로 우월하였다. 반체제운동과 체제경쟁 사이에는 역설적인 상호의존의 관계가 존재하였다.

그렇지만 반체제운동은 근본적으로 분단체제에 대한 도전이다. 반체제운동은 대한민국의 범위를 뛰어넘어 분단체제 자체를 변혁의 대상으로 삼는다. 남한사회에서 민주민족운동이 60년대 이후 남한사회의 민주화뿐만 아니라 민족통일을 추구한 것은 반체제운동의 속성을 가장 잘 보여주는 일이었다. 그런데 이러한 반체제운동이 바로 통일운동으로 나타나지는 않는다. 장준하가 적절히 지적하였듯이, 분단체제 내부의 강압적 정치제도가 분단의 논리를 제도적으로 완결한 것이라면, 민주화——일차적으로는 정치제도의 민주화, 나아가 생활세계와 의식세계의 민주화——는 내재화된 분단체제를 뛰어넘는 과정이다. 분단이 정치적 억압을 정당화하고, 억압적 정치제도가 분단을 지속시킨다면, 정치제도의 민주화는 분단체제에 대한 도전이자 분단체제의 존재이유를 없애는 일이다. 자연히 정치제도의 민주화가 시작되면 통일운동도 활성화된다. 1960년 4·19혁명 이후 민주화를 주도한 급진세력들이 보여준 통일에 대한 열망은 전형적인 예라고 할 수 있다. 80년대 말 남한사회가 반체제운동의 성과로 민주화의 첫 단계에 진입하면서 통일운동이 민중운동의 주요한 영역의 하나로 등장한 것도 동일한 맥락에서 이해될 수 있다.

반체제운동이 분단체제의 변혁을 위해 민주화와 민족통일을 목표로 삼고 있다고 하더라도, 민주민족운동은 분단체제가 기원과 작동에서 갖는 복잡성 때문에 분열할 위험성을 안고 있다. 두 개의 외세가 서로 대립하는 이데올로기를 가지고 각기 다른 방식으로 한반도정치에 개입하였기 때문에, 민주민족운동 내부에서 외세에 대한 평가가 달라질 수밖에 없었다. 나아가 이러한 차이는 분단의 원인과 외세에 대한 대응과 관련하여 남북한의 집권층에 대한 평가에서도 차이를 가져왔다. 80년대 중반 이후 민주민족운동은 민중적 민족주의라는 이름으로 자신을 표현하면서도, 민중민주(PD)계열과 민족해방(NL)계열로 분열되고 말았다. 이는 단순히 민주화와 민족통일의 선후문제에 대한 이견이 아니라 분단체제 자체에 대한 이해의 차이 그리고 북한 집권층에 대한 태도의 차이로부터 발생한 '분열'이었다.[7] 분단체제론의 관점에서 본다면, 이러한 분열은 민중적 민족주의운동이 분단체제의 논리 내부에 갇혀 있었기 때문에 일어났다.

3. 분단체제의 불균등한 해체과정과 '북한문제'

한편에는 대한민국의 경제적 성공과 민주화, 다른 한편에는 조선민주주의인민공화국의 경제위기와 체제불안(실패한 강압국가), 이 둘의 대비는 90년대 초반 이후 한반도 분단체제의 실상을 가장 잘 드러내 보여준다. 소련을 중심으로 한 동유럽 사회주의권의 붕괴, 세계적 차원의 냉전체제의 해체, 남북한 체제경쟁의 실질적 종식 등은 분단체제의 기본구조가 동요하기 시작했음을 알려주었다. 비록 북한에서 억압적 정치체제가 유지되고 있었지만, 남한사회의 민주화는 내재화된 분단체제의 한 축을 무너뜨렸다. 분단체제가 해체되기 시작한 것이다.

분단체제의 해체는 균등하게 이루어지지 않는다. 서로 대립하면서 분단

---

7) 민주민족운동 내부에서 나타난 대북관의 차이와 그러한 차이가 나타나게 된 배경에 대한 필자의 견해에 대해서는 박순성, 「대북관의 세 가지 쟁점: 정통성, 변혁론, 통일론」(서울대학교 통일포럼, 『21세기에서 바라본 80년대 사회과학논쟁』, 2005) 참조.

을 강요한 외세들, 외세에 편승하여 분단을 강화하면서 한편으로는 서로 경쟁하고 다른 한편으로는 미묘한 공생관계를 유지하던 남북한의 집권층, 이러한 남북한의 집권층이 유지하던 남북한 내부의 강압적 정치제도, 실질적으로 대립하면서 체제경쟁 상태에 놓여 있던 남북한이라는 두 국가와 그들로 이루어진 분단질서, 이러한 분단질서 자체로부터 고통을 받는 남북한 대다수 민중, 이 모든 것들은 분단체제가 복잡한 체제임을 보여준다. 분단된 한반도에서 40년 가까이 유지되어오던 복잡체제는 80년대 말부터 구성요소들의 불균등한 해체——예를 들면 남북관계 개선과 북·미 갈등 심화, 남북관계에서 경제·사회 분야 협력확대와 정치·군사 분야 협력부진, 남한의 민주화와 북한의 국가실패·인권침해 등——를 겪으면서 새로운 질서를 향해 나아가기 시작했다.

민족의 양분과 분단의 고착화 그리고 분단체제의 형성과 강화가 한반도 민중들에게 엄청난 고통을 가져다주면서 오랜 시간에 걸쳐 진행되었던 것처럼, 분단체제의 해체 역시 단기간에 이루어지지는 않을 것이다. 물론 해체과정의 불균등성과 중장기성이 점진적인 통일을 반드시 보장하지는 않지만(독일의 경우는 하나의 비교사례가 될 수 있다), 현재의 남북관계와 남한의 역량을 고려할 때 분단체제의 불균등한 해체과정이 점진적이고 순조로운 통일과정으로 되었으면 하는 기대를 갖게 된다. 불균등하기 때문에 갖게 되는 해체과정 자체의 내부동력은 그대로 유지되면서도, 안정적이고 평화적인 통일이 실현되기를 바라는 것이다.

분단체제가 해체되어가는 과정에서 나타나는 불균등성은 체제경쟁에서 실패한 북한이 야기하는 '문제적 상황'에 의해 압축적으로 표현된다. 북·미갈등으로 인한 한반도 안보위기, 북한의 경제위기가 내포하고 있는 체제불안 그리고 북한인권문제로 야기된 국제사회의 대북압박정책은 한반도의 거주자들이 분단에서 통일로 가는 길에 뜻하지 않게 봉착하게 된 세 가지 현안, 소위 '북한문제'이다. 해체중인 분단체제가 다소 기이한 방식으로 야기한 '북한문제'는 경제성장과 민주화를 달성하고 내부에서 통일에 대한 최소한의 국민적 합의를 이룬 대한민국이 통일과정을 주도하면서, 일차적으로는 조선민주주의인민공화국, 이차적으로는 외세와 '협력'하면서 극복해야 할 도전이다.

북·미갈등으로 인한 한반도 안보위기는 핵무기비확산과 관련된 북한의 핵개발문제만을 중심에 놓고 이해할 수 없다. 북한의 핵개발로 촉발된 북·미갈등의 원인은 직접적으로는 북한의 핵개발과 그에 대응한 미국의 대북적대정책에서 찾아야 하지만, 근본적으로는 90년대 이후 남북관계 개선에도 불구하고 유지되고 있는 한반도 분단체제에서 찾아야 한다. 남북한과 주변강대국들 사이의 교차승인과 정전협정의 평화협정으로의 전환은 분단체제 해소의 주요한 조건이다. 그런데 한반도를 둘러싼 국제질서가 교차승인의 완결을 통한 안정적 질서로 발전하지 못하고 북·미 적대관계가 유지됨으로써, 한반도에는 긴장의 불씨가 남게 되었다. 한편으로는 북한의 집권층이 경제위기 상황에서 체제생존전략으로 선택한 핵개발, 다른 한편으로는 미국의 지도부——대외정책의 근본에서 차이가 거의 없는 민주당과 공화당의 정치지도자들 및 안보·외교 분야 관료들——가 한반도를 포함한 동북아에서 패권적 지위를 유지하기 위해 펼치는 대북압박정책, 이 양자 사이의 대결이 두 차례에 걸친 '북핵위기'를 일으켰다. 이런 의미에서 '북핵위기'는 해소과정에 있던 한반도 분단체제의 위기, 다시 말해 탈냉전시기 세력불균형하에서 북한의 체제생존전략과 미국의 세계패권전략이 맞부딪친 북·미 적대관계의 위기라고 할 수 있다.

북한의 경제위기가 체제위기 차원에서 주목받기 시작한 지도 벌써 10년이 넘었다. 90년대 초반부터 북한의 경제위기는 북한체제가 내부적 요인 때문에 붕괴할지도 모른다는 우려를 낳았을 뿐만 아니라, 식량난민의 양산으로 중국 동북지역을 불안정하게 만들었고 남한-중국-북한 사이에 외교적 긴장도 불러일으켰다. 북한의 체제불안이 갖는 한반도 분단체제 및 동북아국제질서와 관련된 현실적 함의는 '북핵위기' 뒤에 감추어져 대중의 주목을 충분히 받지 못했지만, 남한뿐만 아니라 주변강대국들의 국가전략담당자들 사이에서는 이미 오래전부터 핵심관심사의 하나였다. 북한의 체제불안과 경제위기는 안보차원에서뿐만 아니라 경제발전차원에서도 중대한 문제이다. 지역의 어느 국가보다도 남한에게 북한의 위기는 경제발전의 주요 장애요인이다. 북한의 경제위기·체제불안 및 개혁·개방정책은 단순히 남한경제의 국가신인도 문제에 멈추지 않고, 지구적 차원의 경쟁이 심화되고 있는 상황에서 새로운 경제발전의 동력을 찾아야 하는 남한경제에게 주요한 변수이다. 남한은 남북한 경제교류·협력의 확대·심화를 통해 북한 경제위기와 개혁·개방정책을 자국경제의 새로운 발전기회로 만드는 노력을 기울여야 한다. 물론 이는 중장기적으로 남북경제공동체의 형성으로 연결되어야 할 것이다.

북한의 인권상황도 분단체제의 해체과정에서 하나의 문제로 대두되었다. 식량위기 이후 난민이 대량으로 발생하고 기아로 인한 사망자숫자가 알려지면서, 북한 내부의 심각한 인권상황에 대한 국제사회의 관심이 증가하였다. 북한 내부에서 벌어지는 인권침해는 미국 부시행정부와 보수적 인권단체들이 북한에 대해 직접적인 압박을 가하도록 만들었다. 미국(2004년)에서는 '북한인권법'이 제정되고, 유엔 인권위원회(2003~2005년)와 총회(2005년)에서는 대북인권결의안이 통과되었다. 미국의 북한인권법에는 북한체제를 위협할지도 모르는 요소가, 유엔의 인권결의안에는 북한집권층을 국제사회로 불러내는 데 장애가 될지도 모르는 요소가 담겨 있다. 무엇보다도 북한인권문제가 국제사회에서 공론화되고 북한에 대한 국제사회의 압박이 조금씩 강화되면서, 북·미갈등의 해결을 위한 협상이 부정적인 영향을 받고, 북한 개혁·개방정책의 성공에 필요한 대외환경이 조성되지 못하고 있다. 특히 북한주민의 식량권 또는 생존권——다른 어떠한 인권보다도 우선되어야 할 기본권 중의 기본권——을 보호하는 데 반드시 요구되는 대북 인도적 지원도 영향을 받지 않을 수 없는 형편이다. 남한정부의 대북포용정책과 통일외교정책도 북한인권문제로 제약을 받고 있다. 분단체제하에서 한반도 대다수 민중들의 인권이 부정되었다는 점에서, 북한인권문제는 통일한국이 추구해야 할 가치가 무엇인지, 그리고 그러한 가치를 어떤 방식으로 실현할 수 있는지 우리들에게 어려운 질문을 던지고 있는 것이다.

4. 대한민국의 한계와 새로운 통일전망

'북한문제'는 대한민국의 한계를 확인시켜주는 '남한의 문제'이다. 조선민주주의인민공화국이 야기하는 문제적 상황은 현재 진행되고 있는 분단체제 해체과정의 위기적 성격을 드러낼 뿐만 아니라, 그러한 위기상황에 대응하는 대한민국의 국가적·사회적 역량을 평가할 수 있게 해주는 시금석이다.

먼저 '북핵위기'를 해결해나가는 과정에서 남한은 낡은 안보관에서 탈피하여 새로운 안보관을 가져야 할 필요성에 직면하게 되었으며, 자연히 한미동맹의 성격을 중장기적 관점에서 변화시키고 동북아지역에서 협력안보를 구축하는 방안을 모색해야만 한다. 현재 진행되고 있는 6자회담은 남한이 분단체제를 극복하고 통일을 평화적으로 달성할 수 있는 외교·안보 역량을 가지고 있는지 주변강대국들과 국제사회로부터 평가받는 일종의 시험장이다. 다음으로 북한의 경제위기 극복에 남한이 적절한 역할을 하기 위해서는 남북경협을 한 단계 진전시켜야 한다. 이는 남북한이 남북관계를 경제·사회 부문뿐만 아니라 정치·군사 부문에서도 한층 높이 발전시킬 때 가능하다. 끝으로 남한은 자국의 인권개선 경험에 기초하여, 북한집권층과 국제사회를 동시에 설득시킬 수 있는 정책대안을 내어놓아야 한다. 사실 북한주민들의 실질적인 인권개선이 없이는 북한인권문제와 관련한 국제사회의 압력이 가라앉지 않을 것이며, 또한 북한과 국제사회 사이에 진정한 관계확립도 불가능할 것이다.[8]

이 세 가지 정책방향과 관련하여 남한정부는 현재 추진하고 있는 대북포용정책의 국내적·국제적 기반을 강화할 수 있어야 한다. 대북포용정책에 대한 남한사회 내부의 사회적 합의기반이 튼튼하면 할수록, 국내·외 정권의 교체 여부에 상관없이 분단체제 해체과정은 안정적으로 관리될 수 있을 것이기 때문이다. 분단체제의 해체가 진행되면서 남한사회 내부에서 일어나고 있는 사회적 갈등——때로는 국가정체성 논란으로까지 비화하는 '국론분열'——은 분단체제의 내재화가 얼마나 치밀하게 이루어졌는지 그리고 내재화된 분단체제의 내구력이 얼마나 강한지 확인시켜준다. 남한 사회가 분단체제 해체를 주도해나가려면 무엇보다도 먼저 현재 분단체제 해체로 인해 일어나고 있는 사회적 갈등을 해결할 수 있어야 한다. 다른 각도에서 말하자면, 분단체제 해체과정의 안정적 진행은 남한사회가 분단 체제와 통일한국에 대하여 어느 정도로 공통의 인식을 가지고 있는가에 달려 있다고 해도 과언이 아니다.

민주민족운동을 전개해왔던 남한사회의 진보진영이 분단체제 해체과정 에서 야기되고 있는 위기와 도전에 어떻게 대응하는가도 매우 중요하다. 4·19혁명 직후에 남한사회의 혁신세력들은 통일문제와 관련하여 다양한 논의——연방제, 국가연합안, 연립정부안, 복합국가론, 중립화방안 등—— 를 발전시켰다. 이제 분단체제가 실질적으로 해체되어가고 있는 시점에 남한사회의 진보진영은 통일과 관련한 실천적·이론적 상상력을 한층 더 발휘해야 한다. 어쩌면 민중적 민족주의나 분단체제론이 제시해왔던

---

8) 우리의 시야를 넓힌다면 '북한문제'는 결코 '남한의 문제'로 제한되지 않는다. '북한문제'는 '세계의 문제'라고까지 말하지는 않더라도 '동북아의 문제'이기도 하다. "'북한의 문제적 상황이 동북아의 평화와 발전에 장애요인이 된다'라는 사실은 '북한문제'를 동북아가 함께 풀어나가야 한다는 것을 의미한다. 한반도분단에 뿌리를 두고 있는 북·미갈등이 동북아 전체의 평화질서건설에 의해서만 완전하게 해결될 수 있듯이, 북한 내부의 체제불안, 경제위기, 인권침해는 동북아 전체의 협력과 발전을 통해서만 올바르게 해결될 수 있다. 북한지도부의 국가경영역량이 이미 한계를 보이고 있으며 북한경제의 회복이 주변국의 지원을 필요로 하는 상황에서, '북한문제'를 북한만의 문제로 인식하거나 한반도만의 문제로 파악하는 것은 동북아 전체의 평화와 발전에 대한 매우 안이한 태도이다."(박순성·이기호, 「한반도평화와 동북아시아 시민연대」, 한겨레통일문화재단 주최 국제학술회의, 『아시아 의 새 질서와 연대의 모색』, 2005)

자주와 외세, 민중과 집권층 사이의 이분법적 대립구도를 뛰어넘는 새로운 논의의 틀을 찾아야 할지도 모른다. 분단의 시대를 지배했던 국가주의, 안보제일주의, 성장제일주의를 대체할 새로운 가치관은 분명 통일한국의 정체성을 새롭게 모색할 것을 요구한다. 인권과 경제발전을, 평화(세계주의)와 통일(민족주의)을, 시민사회의 활성화와 국가의 발전을 동시에 추구하면서도 그들 사이에 존재하는 긴장을 놓치지 않으려는 태도는 '한반도 분단체제의 해체'나 '한민족의 통일된 근대국민국가 형성'의 실질적 내용에 대해서도 다양한 가능성을 열어두고 있다.

박순성(Park, Sun-Song) sunsong@dongguk.edu
동국대학교 북한학과 부교수.
주요 저서 및 논문으로는 『북한 경제와 한반도 통일』, 『아담 스미스와 자유주의』 등이 있다.

반공 개발독재와 돌진적 산업화: '한강의 기적' 과 그 딜레마

이병천

1. 산업화의 질주와 냉전반공의 개발자본주의: 건설, 통합과 배제, 균열의 이중주

산업화는 해방 60년 한국현대사에서 분단과 전쟁의 상처를 딛고 '건설'한 국을 일으켜세운 대전환(great transformation)의 시기다. 산업화를 전후로 현대한국은 우리에게 전혀 다른 모습으로 나타난다. 분단과 전쟁이 낳은 대량파괴와 피폐, 세계 최하위군에 속하는 오랜 가난과 저개발상태의 농업사회, 미국의 원조물자에 의존하여 겨우 연명하는 대외종속과 굴종, 헛돌아가고 있는 형식적 민주주의, 남북간 먹고 먹히는 극단적인 적대적 대결의 지속 등이 산업화 이전 현대한국의 얼굴이다. 반면 전쟁의 피폐와 가난의 극복, 세계적 반열에 속하는 산업국가와 경제대국으로의 부상, 산업화를 기반으로 한 절차적 민주주의의 정착, 남북 체제경쟁에서 남한의 승리와 대북지원 등이 산업화 이후 변모된 한국경제의 모습이다. 산업화는 해방 60년 한국현대사에 가히 혁명적 변화를 가져왔다. 이는 분단국가와 국민을 재탄생시켰다. 나아가 남북관계와 세계 속의 한국의 위상, 그리하여 한반도의 역사인식에도 혁명적 변화를 낳았다. 그래서 이를 두고 사람들은 하나의 기적이, '한강의 기적'이 일어났다고 말하는 것이다. 그리고 이 기적은 단지 한국현대사에서 기적일 뿐 아니라 동아시아 지역사와 세계사의 견지에서 보더라도 기적으로 불러 손색이 없다고 이야기된다. 어떻게 이런 기적이 일어날 수 있었을까. 그것은 누구나 할 수 있는 그런 결과였던가.

그렇지만 역사적 현상이란 양면성을 갖게 마련이다. 빛과 그림자는 공존한다. 이 양면성을 돌아보지 않으면 그 현상이 갖는 역사적 의미의 총체성을 포착할 수 없다. 오도된 인식을 갖게 될 위험도 크다. 아름다운 장미조차 가시를 품고 있지 않은가. 한국 현대 산업화의 성격도 야누스적 얼굴을 갖고 있다. 그 독특한 양면성을 밝히는 것이 우리의 과제다. 우리가 늘 생각하는 것은 현대한국에서 공화국의 뒤틀린 역사다.[1] 한국의 제헌헌법은 제1조에 대한민국이 민주공화국임을 천명하고, 경제조항은 임시정부의 헌법조항과 매우 유사한 '사회적 시장경제' 체제를 지향하고 있다. 그러나 현실역사는 헌법 1조의 민주공화국의 규범보다 압도적으로 법률 10호(1948. 12) 국가보안법이 그 실체를 채워넣은 '반공자유민주주의'의 역사, 즉 이념, 사회구조, 정치세력과 사회세력의 배치, 주민의 인성 등에 이르기까지 모든 면에서 원초적 폭력을 내장한, 보수 일변도의 냉전반공사회의 역사였다. 강조하고 싶은 것은 이 야만적 특성이 산업화를 전후로 한 대격변에도 불구하고 민주화시대에 들어와서조차 오래토록 변함없는 현대한국의 핵심'코드'로 재생산되고 지속되어 왔다는 것이다.[2]

---

1) 이병천·조현연, 「20세기 야만에 대한 비판적 성찰」, 『20세기 한국의 야만』, 일빛.
2) 이는 최근 동국대 강정구 교수 구속소동 사건을 보아도 잘 알 수 있다. 이 사건은 정상적인 열린 사회라면 충분히 학문적 토론으로 소화할 수 있고 또 소화해야 하는 사건이다. 그런 사건이 민주화 20년을 내다보는 탈냉전 시대에서 조차 여전히 지속되고 있는 '냉전반공'의 닫힌 사회라는 특성 때문에 정치사회, 시민사회가 격렬히 이념전쟁을 하고, 국가권력은

6·25의 비극을 겪으면서 고착화된, 피비린내 나는 억압과 폭력, 희생과 저항의 역사를 내장하고 있는 남한의 냉전반공주의의 이념과 체제는 우리의 주제인 산업화시기도 여전히 관통하고 있는 '장기지속적인' 기본특성이다. 그러므로 우리에게 있어 산업화의 시기는 뛰어나게 이중적이다. 즉 그것은 한편으로 자유시장 우파만이 아니라 계획주의 자립경제 좌파도 넘어서는 방식으로 '한강의 기적'이 일어난 건설한국의 시기인 동시에, 다른 한편으로 분단체제와 남북의 적대적 대결 아래 냉전반공주의와 안보위협, '반공 조국'이 국가와 '자본의 전략변수'로서 적극적으로 활용된 폭력과 야만의 시기이다.[3] 한국식 **냉전반공개발자본주의**의 정치경제적 특징은 사회위에 서는 강한 국가, 강한 자본 그리고 약한 노동 즉 노동자계급의 정치적 독자성의 부재라는 구조로, 그리하여 강한 국가와 재벌의 지배복합체에 의한 '약한 사회'와 약한 노동의 배제적 동원의 체제에서 집중적으로 표현된다.

한국현대사와 남북관계에 대전환의 지각변동을 일으킨 '한강의 기적'은 누구나 할 수 있고, 언제 어디든지 일어날 수 있는 평범한 사태는 결코 아니었다. 우리는 이를 낳게 한 독특한 정치적·사회경제적 요인들을 밝혀야 할 것이다. 그리고 그 속에서 한국현대에 고유한 역사를 장식해온 분단체제 아래 냉전반공주의가 '한강의 기적'을 어떻게 '과잉결정'하면서 중첩되고 있는지, 한강의 기적이 어떻게 '냉전반공자본주의'로서 꽃을

물론 대학 당국조차 달리 생각할 시민적 자유를 박탈하는 폭력을 자행하기에 이르렀다. 그런데 6·25가 통일전쟁이라는 견해는 강정구 교수만이 아니고 분단시대론을 주창한 강만길 교수도 피력한 바 있다. 그렇지만 강만길 교수는 6·25가 '무력통일을 위한 전쟁'이라고 말하면서도, 엄청난 희생에도 불구하고 왜 무력통일의도가 실현되지 않았는지를 아는 일이 더 중요하다고 그 교훈을 같이 지적했다(강만길, 『20세기 우리 역사』, 창작과비평사, 1999, 245~59쪽). 우리는 6·25가 통일전쟁의 성격을 갖고 있음을 부정하지 않는다. 그러나 이 비극적 전쟁을 그렇게만 보는 것은 해방60년사를 통일 민족주의의 시각에서만 보는 것과 마찬가지로 일면적이며 협소한 견해라고 본다. 해방 60년의 역사는 우파, 좌파 모두를 아울러 민족지상주의가 어떤 위험과 한계를 갖는지에 대해 생생한 교훈을 주었다. 6·25를 보는 필자의 견해에 대해서는 이병천·조현연, 앞의 글 참조.
3) '자본의 전략 변수'라는 말은 홀거 하이데가 사용하였다(홀거 하이데, 『노동사회에서 벗어나기』, 박종철출판사, 2000, 75쪽).

피웠는지 살펴야 한다. 그럼으로써 기적에 내재된 가시 또는 암적 요소를 같이 들여다보아야 한다. 성장기적이 어떤 건설적 요소와 균열적 요소를 갖고 있는지, 분단과 전쟁의 폐허위에 핀 꽃이 얼마나 값진 것인지, 어떤 독소를 뿜어내고 있는지를 드러내야 한다.

한강의 기적에 내재되어 있는 그 어떤 독소 또는 암적 요소로 인해 그 성장방식을 지속 불가능한 것으로 만드는 구조적 부조리 또는 모순——우리는 이를 한강의 기적의 '딜레마'라고 부를 것이다——때문에 사람들은 거기에 저항했고, 개발독재와는 다른 역사 또는 '반(反)역사'를 쓰고자 했다. 우리가 산업화는 일사분란한 동의와 통합이 아니라 모순과 균열을 내포한 '쟁투적' 성격을, 따라서 **쟁투적 산업화**(contentious industrialization)의 성격을 갖는다고 주장하게 되는 것은 바로 이런 이유 때문이다. 뿐만 아니라 우리는 통념적 근대화론에서 주장하듯이, 그저 산업화가 독재를 용해시키고 민주화를 낳았다고만 말할 것이 아니라, 냉전반공주의에 의해 규정되고 모순과 균열요인을 갖고 있는 산업화가 어떻게 민주화를 제약하고, 규정했는지, 민주화시대 그 내부에 어떤 균열과 갈등요인이 꿈틀대고, 확대·지속되고 있는지에 대해서도 같이 보아야 한다고 생각한다.[4)]

---

4) 그간 진보학계에서 몇몇 중요한 인물들이 박정희 시대에 대한 인식에서 변화를 보여 왔다. 근래 언론의 주목을 받은 바 있는 박정희 시대에 대한 백낙청의 글(「박정희 시대를 어떻게 생각할까」, 『창작과 비평』 128호, 여름)은 동시대에 대한 균형 잡인 인식과 평가를 위해 유익한 부분을 담고 있다. 그렇지만 적어도 두 가지 핵심논지에서 오해를 살 여지를 갖고 있다. 그는 개방경제 때문에 고도성장이 가능케 되었다는 것과 박정희는 고도성장으로 의도하지 않게 민주화의 길을 열었다고 말하고 있다. 연구의 현단계에서 볼 때 이 주장은, 더 진전된 설명이 없는 한, 자신의 의도와는 무관하게 자유시장개방주의와 근대화론 쪽으로 출구를 열어줄 우려가 있다고 생각된다.

2. 건설, '홉스적 협력'과 통합: '한강의 기적'은 어떻게 가능했나

'한강의 기적'은 어떻게 가능했을까. 먼저 산업화의 성공을 이끈 박정희 정권의 권력적 특성을 생각해야 한다. 박정권의 특성은 자본주의 산업화를 위한 강력한 정치적 권위(political authority)와 집단의지를 창출하고, 그럼으로써 국가와 사회, 국가와 시장 간의 협력이 일어나게 한 한국 현대사 아니 근현대사 전체를 통틀어 최초의 권위주의 산업화 또는 개발독재정권이었다는 데서 찾을 수 있을 것이다. 더 정확히 말해서 이 국가가 주도하는 독특한 국가-사회-시장자본주의의 협력체제는 강한 국가와 약한 사회, 강한 자본과 약한 노동 그리하여 자본의 거대한 특권과 노동의 배제적 동원의 형태를 취했다는 의미에서 '홉스적 협력'[5]과 '배제적 통합'의 체제라 할 것이다.

박정권은 자신의 정치적 정당성과 권위의 기초를 일본 모델을 염두에 둔 따라잡기(catch-up) 산업화와 남북대결에서 승리에 두었다. 그럼으로써 반공민족주의와 반공자유주의를 두 이념적 지주로 하는 '반공자유민주조국'의 근대화를 국정목표로 내세워 여기에 국민들의 의지와 역량을 결집시켰다. 둘째, 이 정권은 시장경제와 '자본의 자연권'이 그것에 고유한 동물적 활력을 발휘하게 하면서도 경쟁과 소유권의 작동을 민족주의적 목표에 맞게 관리하고 유도했다.[6] 셋째, 세계시장에 통합양식에서 개방과 보호를 적절히 결합시켰다. 넷째, 자신을 미일반공동맹의 하위파트너로 자리매김하면서 그 이익을 충분히 활용했다. 그리하여 전쟁의 폐허상황을 마치 상전벽해처럼 일대 전변시킨 압축적 산업혁명과 거대한 국부의 창조는 반공민족주의와 반공 소유적 자유주의를 두 이념지주로 하여 '강한

---

5) 이 개념에 대해서는 이병천, 「개발자본주의 개념구성 시론」(제2회 사회경제학계 공동학술대회, 2005) 참조.
6) 이를 두고 이근은 박정희모델에서 국가의 개입방식은 시장자본주의 최소국가와 국가사회주의 최대국가 사이, 자본주의 '중간국가' 성격을 갖고 있었다고 말한다(이근, 「동아시아 발전유형과 한국자본주의」, 안병직 편, 『한국경제: 쟁점과 전망』, 지식산업사, 1995).

국가'가 산업적 대자본에 거대한 특권을 제공하여 지배동맹을 구축하면서 자본활동을 국가민족주의적 목표로 유도하고 노동을 배제적으로 동원한, 독특한 개발자본주의 발전양식 때문에 가능했던 것이다. '고부채＋저임금'으로 산업적 축적에 특권을 제공한 계급편향적 유인체계에 힘입어 전례를 찾기 어려운 공격적 과잉투자러시가 일어났다.

나는 우리 역사에서 이전 약한 정부의 실패와 비교해보면 개발독재정권으로서 박정희정권의 특성이 잘 드러난다고 생각한다. 문호개방기 조선사회가 국민국가 건설과 자주적 근대화에 실패하고 식민지화의 코스로 가게 된 것은, 물론 서구 열강의 침략과 동아시아 근린국가인 일본, 중국의 침략이 중첩된, 강도 높은 '이중의 외압'에 기인했다. 그러나 그 실패는 또한 유교적 이념과 뿌리 깊은 기득권층의 저항, 국가기구 내부의 균열, 민중 운동과 대면하여 스스로 외세를 끌어 들인 무능력 등으로 인해, 이중의 외압에 적극 대처하면서 국민적 통합을 이루어낼 수 있는 강력한 지도력을 가진 이행기 정치적 권위의 형태와 개혁정책을 수립하지 못한 데 크게 기인했다.[7] 한국근현대사에서 근대화를 위한 정치적·중앙적 권위창출의 실패는 해방 이후 이승만독재정권 그리고 4·19 이후의 장면 민주당정권시기에 와서도 지속되었던 것으로 보인다. 이승만정권은 국정 운영의 중심목표를 '북진통일'에 둔 채 산업화를 자기 과제로 삼지 않았다. 정권과 자본의 관계는 원조에 기생하는 정경유착과 부정부패로 얼룩진 야합의 성격을 가졌다. 4월혁명의 대상이 되었던 이정권과 그 성과로 탄생한 장면 민주당정권은 분명 중대한 질적 차이를 갖는다. 그러나 이승만 정권이 약한 능력의 독재정권의 한계를 보였다면 장면정권은 약한 능력의 자유주의정권의 한계를 보였다고 할 것이다. 민주당정권은 산업화의 지향을 보이기는 하였다. 그러나 그 정권은 한편으로는 재벌자본의 요구, 다른 한편으로는 폭발하는 민주적 요구, 남북통일의 요구 등을 조절할

---

7) 이병천, 「내재적 발전론의 탈구축을 위하여」, 『고종황제 역사청문회』, 푸른역사, 2005.

수 있는 리더십을 발휘하지 못했고 또 대외적으로도 미국에 일방적으로
순응하는 태도를 보였다.

이같이 강한 국가가 주도하는 국가-사회-시장자본주의 사이 '홉스적
협력'의 틀 속에서 한강의 기적을 낳게 한 동인들을 좀 더 구체적으로
살펴보면 다음과 같다.

(1) 국가-은행-재벌의 연계, 국가의 자본투자 유도와 금융통제, 비용 및 위험의 사회화, 재벌의 고부채-고투자

19세기 이래 후발산업화의 역사적 성공모델은 독일, 일본, 미국, 심지어
스웨덴 등에서 보는 바와 같이, 많은 경우 은행중심 민간 금융자본과
대기업 간의 협력형태를 보인다(A). 그러면서 이 사적 은행자본-사적
산업자본의 협력형태에 국가가 다양한 방식으로 개입하면서 결합한다.
이와 다른 발전패턴으로는 국유은행-국유산업의 협력모델이 존재한다
(B). 대만이 B모델의 계보를 따르고 있다고 한다면, 한국에서 국가의
은행통제와 재벌간의 협력적 연계는 A모델과 B모델의 독특한 혼성형태로
보인다.

한국모델은 금융통제——또는 '억압'——와 대자본의 육성, 산업정책적
견지에서 자본투자의 유도 측면에서 그 어떤 역사적 모델——전시모델이나
파시즘은 제외하고——보다 국가역할의 강도가 높다. 그리고 또 사회적으
로 창조되고 동원된 거대한 신용을 사적 대자본의 증식을 위해 특혜적으로
할당·지원하고, 그것이 산업화이행의 전시기에 걸쳐 사회적으로 관철되
고 '용인'——이는 '동의'와는 다르다——되었다는 점에서 역사적으로 흔치
않은 사례다. 자본부실을 구제하기 위한 1972년 8·3조치 같은 경우는
더더욱 그렇다. 여하튼 이같은 국가-은행-재벌의 연계 위에서 비용과
위험을 사회화하는 파트너십이 구축되었다. 그리하여 국가는 국민경제의
자립적 산업체계와 동태적 경쟁우위를 구축하는 방향으로 재벌의 투자를

유도하고 재벌은 은행대출과 외자에 의존하는 고부채-성장지향 고투자-
고성장 모델이 작동하였던 것이다.

(2) 재벌의 투자열과 노동자의 노동중독, 특권적 소유권체제와 노동의 희생적 헌신, 계급구조적 이윤기회의 창출

한국의 산업화모델은 국가주도 모델임에 틀림없고, 압도적으로 국가권
력의 특성과 능력에 의존하지만, 그 못지않게 '사회적 능력'에도 의존한다.
한국은 일본모델을 많이 답습했다고는 하나, 현대재벌이 전형적으로 보여
주는 바와 같이 재벌의 성장지향적인 높은 투자열의는 역사적 유례를
찾기 어려운 한국적 특성이다. 마찬가지로 노동중독에 빠졌다고 할 정도로
높은 한국노동자의 노동열의 또한 희귀한 사례임에 틀림없다. 이와 같이
한국 특유의 열정적인 '자본가정신'과 '노동자정신'이 한강의 기적을 이끌었
다.[8]

그렇지만 자본가와 노동자의 계급적 처지는 대척적 위치에 있었다.
자본은 명령자였고, 노동은 복종자였다. 재벌체제는 대주주인 오너가
실질적 소유=통제권을 장악한 특권적 법인자본권력체였던 반면에, 노동
자는 거의 군대를 방불케 하는 공장의 '병영적 노동통제'[9] 아래 '산업전사'로
동원되면서 희생적 헌신을 감수해야 했던, 폭력과 이데올로기의 양동

---

8) 한국노동자의 노동열의를 어떻게 해석할 것인가는 아주 중요한 주제이다. 이는 이른바
'대중독재' 또는 '합의독재'논쟁과도 연계되는데, 앞으로 더 연구가 진전되어야 할 영역이다.
독일학자 홀거 하이데는 이를 '노동중독'이라고 부르면서 냉전반공주의에 짓눌린 병리적
현상으로 해석하고 있다. 희생과 좌절, 패배의식에 기인하고, 공격자와의 동일시에 나오는
도착된 공격성의 표현이라는 것이다(하이데, 『노동사회에서 벗어나기』, 박종철출판사).
이 해석은 일리가 있다고 여겨진다. 그러나 '조국근대화' '잘살아 보세'라는 깃발에 호응 · 적
응 · 묵종하기도 하는가 하면, 다른 한편으로 온몸으로 저임금-장시간과 병영적 노동체제
에 항거했던 이들의 삶의 세계를 이렇게만 보는 것은 일면적이며, 거부감을 느낀다. 하이데
와 달리, 열악한 노동조건에 초점을 맞추고 있는 해석으로는 구해근, 『한국노동계급의
형성』(창작과비평사, 2002)을 참조.
9) 김형기, 『한국의 독점자본과 임노동』, 까치, 1988; 구해근, 앞의 책.

작전 아래 상품화되고 기계의 부속품으로 돌아간 인간이었다. 무엇보다
섬유의류산업을 중심으로 하는 노동집약적 수출산업부문에 종사한 저학
력, 생산직, 미혼여성노동자들의 감수한 희생 없이는 결코 한강의 기적은
이룩될 수 없었을 것이다. '한강의 기적'은 "노동자는 기계가 아니다"라고
하면서 죽음으로 절규한 전태일의 무덤과 여성노동자들에 대한 냉전반공
자본의 무자비한 원시적이고 가부장적 착취 위에 핀 꽃이다.[10] 남성임금의
40%를 약간 넘는 성별 임금격차는 세계에서도 가장 높은 수준이다. 그리고
거시경제성장구조는 노동집약적/수출부문에서 창출된 잉여가 자본집약
적/수입대체부문으로 흘러들어가는 식으로 작동했다.[11] 바로 이같이 계급
구조적 비대칭성과 편향성을 갖는 자본의 특권적 지배체제와 병영적 노동
체제가 금융특혜체제와 함께 고투자-고성장을 부르는 두 개의 기둥이
되었다.[12]

　　그런데 상기해야 할 중요한 사실은 박정희·전두환 정권시기 동안 사회
정책이라 할 만한 것을 시행한 게 거의 없다는 점이다. 1987년까지 최저임
금제도나 실업보험제도는 전무하였다. 80년대 중엽까지 한국의 사회보장
지출은 GNP의 1~2%선상에 머물렀는데(83년 2.2%) 이는 싱가포르
(8.3%), 아르헨티나(7.3%), 브라질(5.6%)은 물로 심지어 멕시코(2.8%)보
다도 더 낮다. 말레이시아(1.8%) 정도가 한국보다 아래에 있을 뿐이다.

---

10) 이 문제를 집중적으로 파고든 최근의 연구로는 전순옥, 『끝나지 않은 시대의 노래』(한겨레
　　신문사, 2004); 김원, 『여공 1970: 그녀들의 반(反)역사』(이매진, 2005) 참조.
11) 유종일, 「노사관계변화의 정치경제학」, 이병천·김균 편, 『위기 그리고 대전환』, 당대,
　　1998.
12) 우리는 이 부분에서 서구자본주의 이행논쟁에서 이른바 '네오스미시안 마르크스주의'를
　　비판하면서 계급구조와 계급투쟁 그리고 이와 관련된 국가의 개입양식의 중요성을 강조한
　　브렌너의 견해를 상기해야 한다(R. Brenner, "The Origins of Capitalist Development:
　　A Critique of Neo-Smithian Marxism," *New Left Review* no. 104, 1977). 그러나 이행과
　　발전의 이론은 계급(투쟁)론적 견해만으로는 부족하다. 제도의 정치경제학의 성과를
　　수용해야 한다(이병천, 「개발자본주의 개념 구성 시론」, 제2회 사회경제학계, 2005).
　　한국의 냉전반공자본주의에서는 전통적 토지계급이 몰락하였을 뿐 아니라 노동도 탈정치
　　화를 강요당했다. 이 정치경제적·계급적 조건에 국가의 금융통제와 산업정책이 결합된
　　것이 한국 개발자본주의 축적체제의 핵심을 구성한다.

그나마 미미한 사회지출에서조차 자본측의 부담은 매우 낮다.[13] 금융특혜만이 아니라 자본에 대한 조세특혜 또한 심대하다. 80년대 중후반 한국에서 세액총액에서 차지하는 재산세의 비중은 1.5% 내외이다. 이는 미국 9.1%, 일본 4.8%, 대만 8.4%(모두 1985년)에 비해 현저하게 낮다.[14] 이처럼 직접적인 노자 관계만이 아니라 국가가 매개가 되는 조세와 사회보장 분야에서 한국 냉전반공자본의 특권과 편향적 유인구조가 고투자-고축적-고성장을 낳았던 것이다.

(3) 수입대체와 수출지향의 복선형 '제3의 길', 고투자-수출입의 넥서스, 세계시장통합이 제공하는 규모의 경제와 규율의 이중효과

한국모델의 성공은 세계은행 보고서에서 보는 바와 같이, 많은 사람들에 의해 중남미의 수입대체전략과 보호주의의 실패사례와 대비되면서 수출지향전략과 세계시장에의 개방 때문에 성공한, 이른바 '시장기구를 정상화하기'(getting prices right) 모델로 제시되곤 한다. 나아가 국가사회주의의 폐쇄적 '자립적 민족경제'전략의 실패와 대비되기도 한다. 이때 자유시장과 자본권의 자유 그리고 중심국의 패권적 이익을 '침해'하는 국가의 시장규제와 경제적 민족주의가 공격의 도마위에 오른다. 그렇지만 무분별한 개방과 주변화 압력(상품수입, 외국인투자)에 대한 적절한 조절과 국민경제의 자기중심성 및 자율적 공간을 확보함이 없이는 산업화는 성공하기 어렵다. 다른 한편 또 경직적·폐쇄적인 자립경제노선을 추구하는 나머지 세계시장이 제공하는 이익을 활용하지 못하는, 전통적인 수입대체-중공업 우선정책이 큰 곤란을 겪은 것도 사실이다. 그렇다면 한국모델은 어떻게 이 두 가지 암초를 피할 수 있었다는 것인가.

---

13) 김원준, 「성장과 복지」, 한림대 사회복지연구소 편, 『비교사회복지』 1, 을유문화사, 1991.
14) 권순원 외, 『분배 불균등의 실태와 주요 정책과제』, 한국개발연구원, 1989, 315~17쪽.

한국은 수출지향과 수입대체가 결합되고 양자가 누적적 호순환작용을 하는 복선형 산업정책과 무역정책을 취함으로써 '제3의 길'을 개척했다. 환율개혁, 각종 수출진흥책과 민간 합동회의 등 '수출입국'노선으로 공산품의 강력한 수출지향정책이 추진되었고 이를 위한 수입개방도 이루어졌음이 분명하다. 그러나 공산품수출의 비약적 성장은 수입대체, 그리하여 국가의 선별적 산업정책의 일관된 지속과 그에 기반한 '수출대체' 없이는 불가능했다. 그리고 이는 개방과 보호의 면밀한 조합과 그것에 조응하는 유인정책의 설계를 동반했다. 뿐만 아니라 한국의 수입대체＝선별적 산업정책과 고투자는 전략산업과 '자립경제' 수립에 투자의 우선순위를 두는 명확한 지향성을 보였는데, 이 정책과 투자기준은 국내시장의 좁은 한계에서 오는 비효율성을 극복하기 위해 국내산업 연관과 세계시장 수출 양면을 동시에 고려에 넣음으로써 '규모의 경제'를 확보함과 동시에 세계시장이 강제하는 '규율효과'도 얻을 수 있었다. 이는 소국 개방경제로서 한국모델 성공의 중요한 열쇠라 할 것이다.

(4) 동아시아 반공성장동맹과 성장 트라이앵글

한국의 경제도약은 동시기 유리한 냉전적·지역적 조건이 아니었더라면 실패까지는 아니라 해도 심대한 곤란을 겪었을 것임이 분명하다. 반공동맹의 일원이라는 위치와 타이밍이 특별한 중요성을 가지며 동시에 박정권이 이 조건을 능동적으로 활용했다는 사실이 지적되어야 한다.

한국의 개발독재체제에는 이른바 '국내냉전'과 남북간 적대적 대결-공생만이 아니라, 미일을 주축으로 하는 동아시아지역 냉전반공동맹의 하위 파트너로서 그 일익을 담당하고 거기에 힘입었다고 하는 역사적 내용이 각인되어 있다.[15] 이 모든 의미에서 박정희정권은 냉전반공 활용형 개발독

---

15) 이병천, 「냉전분단체제와 권위주의적 자본주의 산업화」, 『사회경제평론』 9호, 1996, 10월; 이병천·조현연, 앞의 글.

재다. 그런데 미국의 개발지원정책은 60년대에 들어와서 비로소 종래 동아시아에서 일면적 일본중심주의와 무분별하고 소비재중심의 대한원조 정책을 수정하면서 나타났다. 그리하여 남북간 체제경쟁은 미소간에 남방 삼각동맹과 북방 삼각동맹의 체제경쟁이 되었던 것이다. 이에 따라 미국은 자기부담을 덜기 위해 일본에 대해서 남한의 개발을 후원하도록 압력을 가하면서, 자신의 이해를 남한의 개발에 밀착시켰다. 박정권은 미국의 후원 아래 한일간의 '과거사청산'과제, 일본의 식민지배와 침략전쟁의 과오에 대한 사죄와 배상 요구를 실종시키는 '역사실패'를 대가로 치르고, 서둘러 한일협정을 강행했다.[16]

그렇지만 한일국교 재개는 한국의 베트남참전과 밀접히 연계되었다. 미국이 일본에 압력을 넣은 것도 참전국으로 한국의 전쟁수행능력을 높이기 위한 것이었다. 박정권 또한 나라 안에서나 대미관계에서나 취약한 자신의 입지를 강화하기 위해 미국의 요구를 적극 활용했고 이를 통해 '강한 국가'로 거듭날 수 있었다. 한강의 기적에는 이처럼 '역사실패'와 '용병국가'라는 야만의 자국이 새겨져 있다.[17]

3. 모순과 균열: '한강의 기적'의 딜레마

산업화의 시기는 분명히 하나의 기적이, 한국경제사는 물론 세계경제사에서도 보기 드문 경제기적이 일어난 시기이다. 그렇지만 이 시기는 기적의 건설을 위한 국민통합의 시기인 동시에 새로운 국민분열의 시기다. 그것은 국민들이 헌신하고 열정을 불태운 시기인 동시에 억압과 폭력, 부조리

---

16) 더구나 박정권이 일본기업으로부터 6600만 달러(이는 무상차관 3억 달러의 1/5이 넘는 거액이다) 불법정치자금을 수수하는 뒷거래까지 했다는 사실이 밝혀졌다.
17) 개인청구권을 개발자금으로 전용한 사안에서 성장성과의 혜택을 입은 일반국민들은 피해자에 대해 역사적 부채를 지고 있다. 뿐만 아니라 '한강의 기적'의 혜택을 입은 대한민국인 모두가 거기에 새겨져 있는 야만의 자국에 대해 자기성찰과 정화가 필요하다.

그리고 이에 대한 분노, 저항, 그리하여 재균열의 시기가 되었다. '반공
조국'과 안보위협을 뛰어나게 개발과 독재의 전략변수로 활용한 '기적의
역사'에 중첩되고 그것에 항거한 또 하나의 역사가, 냉전반공국가주의,
남북대결주의, 재벌중심 성장제일주의에 대항하고 대안을 추구한 다른
역사가 있다.

왜 산업화의 시기는 단지 국민통합의 시기가 아니라 재균열의 시기가
되었는가. 센(A. K. Sen)이 말한 바 과연 '무엇이 발전인가', 그리고 '무엇의
평등인가' 하는 문제를 생각해야 한다.[18] 같은 노벨상의 경제학자이지만
포겔(R. W. Fogel)에 대한 센의 비판은 매우 교훈적이다.[19] 포겔은 남북전
쟁 이전 남부 노예의 경제생활 수준이 당시 북부 도시노동자들보다 높았다
고 주장하여 학계에 충격을 준 바 있다.[20] 이에 대해 센은 아무리 그것이
사실이라 해도 노예 제도라는 기본적인 박탈이 존재했다면서 "고용을
선택할 기회의 부재와 폭력적인 근로 형태에서 자유의 상실은 그 자체로
중요한 박탈이다"고 통박했다. '배부른 돼지'는 아무리 배가 불러도 여전히
돼지라는 이야기다.

이는 단지 미국의 이야기가 아니라 우리의 이야기가 된다. 성장이 자유의
박탈을 정당화하지는 못한다. '반공조국'의 근대화를 위해서라면 남북대결
도 부추기고, 아픈 역사의 왜곡도 감수하고, 근린국가 침략전쟁에도 가담
해야 한다는 그 냉전반공국가주의와 성장제일주의에 사람들은 동의하지
못한다. 오로지 대한민국을 재벌공화국과 서울공화국으로 만들기 위해
나라의 인적·물적 자원을 다 부어넣고 숨 가쁘게 몰아낸 그 부정의(不正
義)하고 불안정한 동원주의에 대해 사람들은 승복하지 못했다. 우선 불평
등하고 부자유하고 빵을 키우면 나중에 갈라줄 것이고 민주화도 이루어질

---

18) A. K. Sen, *Development as Freedom*, Oxford University Press, 1999.
19) 이정우, 「개발독재와 빈부격차」, 이병천 편, 『개발독재와 박정희 시대』, 2003, 224쪽.
20) 포겔의 견해는 식민지 근대화론을 주장하는 이영훈도 지지하고 있다(「한국 초대석-서울대
    경제학과 이영훈 교수」, 『주간 한국』, 2005. 5. 19).

것이며, 다 잘살게 될 것이라는 그 약속을 믿지 못했다. 이하에서는 국내 정치경제체제를 중심으로 한강의 기적에 내재된 딜레마에 대해 말해 보고 자 한다.

(1) 첫번째 딜레마: 산업화 대 민주화, 강한 성장능력 대 약한 감시능력

민주주의의 발전을 위해서는 사회경제적 요건이 필요하며 현대 거대사회에서 그 기본요건은 산업화라는 데는 대체적인 동의가 있다. 산업화 없는 민주주의와 산업화 있는 민주주의는 분명 다르다. 이는 한국의 경우도 마찬가지며, 현대한국의 민주주의는 확실히 산업화를 전환점으로 새 단계로 진입했다고 할 것이다.

그러나 사회경제적 요건을 갖추되, 어떤 방식과 어떤 내용으로 갖추느냐 하는 것은 여전히 큰 쟁점이다. 또한 산업화를 이루었다고 해서 그것이 곧 민주화를 낳는 것은 아니며 산업화의 방식과 내용이 민주화의 운명과 그 내용을 크게 좌우한다. 나아가 우리는 명백히 다른 두 개의 포지션이 존재함을 알고 있다. 하나는 산업화시대는 물론이고 지금도 뿌리 깊은 관념인데, 이는 한 나라의 '발전'을 약육강식의 세계질서에서 '선진국' 추격과 지위상승, 이를 위한 부국강병으로 보는 사회진화론적 국익민족주의이다.[21] 이 이념에서 중요한 것은 민주주의, 시민적 자유와 평화보다는 이른바 '규율'이며, 민주주의는 오히려 무규율과 무질서를 낳고 '발전'을 저해한다고 생각한다(A). 다른 하나는 민주주의, 자율적 주체로서의 인간 및 시민으로서의 능력신장이야말로 자기목적적 가치라는 것, 산업화과정은 이를 위한 잠정적 수단이며 민주주의는 그 감시와 유인효과에 의해 더욱 질 높은 경제발전을 가져올 수 있다는 주장이다(B). 산업화시기 한국의 민주화세력이 단지 저항이 아니라 건설적인 그 무엇을 지향했는지

---

21) 이와 관련 개화기 한국 근대화 담론의 문제점을 파헤친 연구로는 박노자, 「우승 열패의 신화」, 한겨레신문사, 2005.

는 여전히 더 탐구되어야 하는 주제다. 민주연합세력의 내부는 이질적이었고 저항 연합은 저항적 자유주의와 민중적 민족주의로 분화되어 있었다. 또 반공냉전체제의 혹독한 억압 아래 민중적 민족주의의 **독자적** 정치세력화의 시도는 제도정치에서 배제되고 지하에서 숨을 죽일 수밖에 없었다. 그러나 적어도 정치적 자유의 억압과 탈정치화, 공화국의 재벌화를 통한 발전이냐, 그것이 아니라 정치적 자유의 신장과 분배적 정의가 실현되는 발전이냐 하는 기본쟁점이 형성되었던 것만큼은 분명하다. 그리고 산업화 대 민주화의 쟁점은 남북 대결 대 공존, 냉전반공동맹 대 탈냉전자존의 대립선과 중첩되었고 그리하여 개발독재 대 저항연합의 중심 대항구도로 집약되고 응축되었다.

이 때문에 한국에서는 동아시아 여타국가와 달리 유별나게, 산업화와 민주화는 이분법적인 진화의 단계로 단순화되지 않고 중첩되었으며 개발독재는 제도적으로 불안정하였다. 개발독재의 정당성은 잠정적이고 불안정한 정당성, 다시 말해 역사적 과정 속에서 부단히 시험받는 **쟁투적 정당성**[22]에 걸려 있었고 산업화는 사회의 쟁투적 성격[23]에 기반한 **쟁투적 산업화**(contentious industrialization)의 과정으로 되었다.

한국에서 냉전개발독재는 개발제일주의 정당성 아래 사회를 관리하고 '규율'한다는 발전관과 강한 국가-강한 재벌의 보수적 공생연합 자체에 퇴행의 씨앗을 갖고 있었다. 높은 성장능력을 지녔지만 자기 반성력과 감시력이 취약하다고 하는 바로 거기에서 이 체제의 근본딜레마가 존재한다. 개발독재는 후발산업화 이행을 위한 역사적 조건상 요청되는 과도기 정치적 권위의 형태를 넘어 개발을 담보로 하면서 이를 자기목적화하는 독재, 이를 위해 국민의 삶을 '반공조국'의 '국익'과 국가장치 속으로 동원하

---

22) 이병천, 「개발독재의 정치경제학과 한국의 경험」, 『개발독재와 박정희시대』, 창비사, 2003.
23) Koo Hagen, "Strong state and Contentious Society," *State and Society in Contemporary Korea*, Cornell Univ. Press, 1993; 구해근, 앞의 책.

고 회수해 들이는 국가물신 독재로 변질·타락했다. 성장으로 독재를 정당화한다고 하는 그 재량적 성장정당성과 발전방식은 민주적 정당성의 도전 앞에 균열되고 위기에 빠지고 지속 불가능하게 되었으며, 마침내 파국으로 치달았다. 반공-반북 냉전개발독재의 성장제일주의 정당성에 도전하면서 민주주의와 시민사회를 발전시키는 데 기여한 데서 한국 민주민족운동의 문명화 역할이 존재한다.

(2) 두번째 딜레마: 성장 대 분배, 또는 비용의 사회화 대 이익의 재벌화, 재벌은 길들이기에는 너무 큰 괴물(too big to discipline)

한국의 개발독재모델은 반공민족주의와 반공 소유적 자유주의라는 이름 아래 대자본의 축적과 사적 이익을 위해 거대한 특혜와 특권을 제공하고 비용과 위험을 사회화함으로써 산업화이행을 달성하는, 고특권과 고집중의 발전양식이었다. 고성장의 비밀은 재벌편향적인 고특권의 계급적 유인구조와 이익의 재벌화에 있었다. 재벌의 특권은 금융재정적 특혜, 외자배분, 진입제한, 국내시장의 보호와 독과점, 소유=경영자의 재량적 통제권과 무책임 불투명, 노동자와 소비자대중의 참여와 분배균점에 대한 억압, 지역간·부문간·기업간 불평등 그리고 대대적인 환경파괴 등으로 광범하게 걸쳐 있다. 따라서 한강의 기적은 대자본이 거대한 폭리를 향유한 반면, 대중은 근대화 비용을 가장 무겁고 힘겹게 짊어졌다는 데 그 비밀이 있다 할 것이며, 이같은 재벌의 거대한 특권과 대중의 희생 간의 비대칭성은 한강의 기적에 내재된 근본딜레마다.

베링턴 무어는 그의 유명한 저서 『독재와 민주주의의 사회적 기원』에서 이렇게 말한 바 있다. "문제의 비극적 사실은 가난한 사람들이 사회주의 후원체제와 자본주의 후원체제 모두에서 근대화의 비용을 가장 무겁게 짊어진다는 것이다. 가난한 사람들에게 비용을 그렇게 부담지우는 것을 정당화하는 유일한 대답이 있다면 그것은 근대화를 하지 않고는 그들의 사정이 지속적으로 더 악화될 것이라고 하는 것이다."[24] 무어의 이 테제는 우리의 경우를 포함하여 근대화역사에 내재된 모순에 대해 아주 중요한 비밀을 일러주고 있다. 즉 그것은 경제근대화과정 자체가 '분배적 정의'의 원리에서 볼 때 근본적으로 정당성을 갖고 있지 못하다고 하는 것이다. 이 이행과정의 정당성 위기와 부조리는 대중의 불만(discontents)을 누적시킬 수밖에 없다. 이 불만은 물론 한편으로 폭력에 의해 통제된다. 그렇지만 또 다른 한편으로는 이념적, 문화적으로 순치된다. 그 이념이 바로 냉전반공민족주의 및 선성장 후분배주의 그리고 소유적 자유주의라는 것이다. 한입으로는 민족의 이익, '반공조국'을 위해 우선 빵과 경쟁력을 키워야 한다고 하고 그런 후에 나누어갖자고 하는 것이다. 또 다른 입으로는 사적 소유와 시장경제가 곧 정의라고 주입하는 것이다. 자본주의 산업화이행기 '분배적 부정의'에 대한 대중의 각성과 정의의 요구는 이같은 국가와 자본의 권력동맹에 의한 억압과 이데올로기의 양 날개 통제전략을 어떻게 타파하는가에 의존한다.

한국의 산업화에 대해 널리 알려진 세계은행의 '분배를 동반한 성장' 담론에 대해서 우리는 세 가지 점을 지적할 수 있다. 첫째, 이 담론은 고도성장의 초기 조건이 평등했다는 점에서 오해다. 둘째, 자료가 부동산 투기이익과 사채이익 등 여러 불평등요인들을 빠트리고 있다는 점에서도 오해다. 셋째, 그렇지만 거대한 특권에도 불구하고 순수익이 낮고, 배당과 이자수익이 낮은 성장지향 고부채-고투자 경제의 특성을 표현하고 있다는 점으로 보면 일정한 진실을 담고 있기도 하다. 그런데 우리가 강조하여 제기하고자 하는 것은 한국경제성장에서 분배정의문제는 산업화시기의 이른바 '동반성장'으로 결코 종료된 것이 아니라는 것, 오히려 '후분배'의 과제로 이월되었다고 하는 것이다. 비교적 평등한 분배 때문에 계급갈등이 완화되고 사회적 통합력을 높일 수 있었다고 보는 것은 매우 부분적인

---

24) B. Moore, *Social Origins of Dictatorship and Democracy*, Beacon Press, 1966, p. 410.

설명이라고 해야 한다. 오히려 비용 및 위험의 거대한 사회화, 이를 통한 이익의 재벌화 대 대중의 희생 간의 모순을 내포한 성장제일주의 경제는 '반공조국'의 근대화와 남북체제경쟁의 이념주입, 폭력적 억압, 이른바 '연복지'로 불리는 사회복지를 대체하는 가족 등 공동체적 유대의 기반[25] 그리고 내일의 후분배에 대한 약속과 기대 없이는 정당성 위기를 극복하기 어려웠을 것이라고 생각한다.

그런데 '선성장' 이후 무슨 힘으로, 어떻게 분배정의가 실현되도록, 함께 키운 '빵'을 나누어 주도록 할 것인가. 우리는 민주화 곧 경제적 자유화와 국가후퇴 이후 재벌은 '길들이기에는 너무 큰' 괴물(leviathan too big to discipline) 임을 알게 되었다. 오히려 후분배가 아니라, '양극화'로 이야기되는 빈곤과 다차원적인 불평등 고착화의 위험과 마주하고 있다. 이것이야말로 지난날 한국형 돌진적 산업화모델에 내재된 근본딜레마가 아닐까. 분배정의를 실현시킬 수 있는 노동운동과 사회민주세력의 정치적 진출과 성장을 봉쇄하고 있는, 노동배제적인 반공국가주의 독재와 재벌의 동맹 바로 거기에 한국모델의 근본딜레마가 존재한다. 그리고 또한 이 점에서 우리는 한국식 냉전반공자본주의가 사회민주운동이 조기에 성장했던 19세기 독일식, 스웨덴식 자본주의와 기본적 차이를 갖는다고 생각한다.[26]

(3) 세번째 딜레마: 성장 대 제도적 책임규율의 결핍, 제도억압적 국가개입

국가-은행-재벌의 파트너십과 연계망은 한국모델에 특유한 고도성장

---

25) 홍경준, 『한국의 사회복지 체제 연구』, 나남, 1999.
26) 또 여기에 한국의 역사적 민주화 운동의 한계지점이 존재한다. 임지현의 대중독재론에 대한 조희연의 비판은 이 점까지는 시야에 넣지 않고 있는 것으로 보인다(조희연, 「박정희 시대 재평가 논의의 인식론적 성격과 쟁점들」, 학술단체협의회 편, 『해방 60년의 한국사회』, 한울, 2005).

을 가능케 한 협력과 헌신의 제도 시스템이다. 총수가 독점적 소유=통제권을 행사하면서 계열사의 교차소유로 연결된, 다각화된 재벌집단 그리고 국가의 은행통제와 산업투자의 유도방식은 시장의 근시안적 단기주의와 집단행동의 딜레마를 극복하고 성장지향적 고투자–고성장을 가져온 한국식 '재량적 관계기반 자본주의' 제도형태의 핵심구성요소였다. 그러나 이 제도형태는 고성장능력만큼이나 민간부문의 자생적인 감시 및 책임규율과 제도적 조절능력이 취약한 제도왜곡 모델 나아가 제도억압 모델이기도 하다.

재벌체제의 문제점은 물론 앞서 지적한 것처럼, 거시적 차원에서 경제권력집중의 위험, 그에 따라 국민경제 나아가 시민사회와 정치사회로까지 뻗치는 가공할 지배력이 민주화에 근본장애가 된다는 데 있다. 그렇지만 미시적인 기업소유지배구조 차원에서 책임규율 또한 매우 취약했다. 국가는 몇 차례 기업공개 촉진과 자본시장 육성 등 재벌경영을 감시하기 위한 조치를 취하기도 했지만 그 효과는 미미했다. 은행을 자금할당수단으로 하는 국가의 감시 그리고 재화시장에서 세계시장경쟁의 감시방식을 제외하고는 총수의 재량적·자의적 판단과 경영실패를 감시하고 책임을 물을 수 있는 효과적인 제도적 조절방식은 재벌 외부와 내부 모두 결여되어 있었다. 문제는 그 실패비용이 채권자와 예금자, 주주, 노동자 그리고 사회 전체로 전가되어, 국민들의 경제적 삶이 재벌의 볼모로 저당 잡히게 된다는 데 있다. 그리하여 비용과 위험의 사회화는 성장지원을 위해서만이 아니라 실패의 뒤처리를 위해서도 이루어졌던 것이다(이익의 재벌화와 손실의 사회화). 이런 취약한 감시구조에서 국가가 뒤로 물러나 그 감시역할마저 사라질 때, 어떤 결과가 빚어질지는 충분히 예상되고, 또 실제 알게 되었다.

민간부문에 의한 자발적인 재벌감시력의 취약성, 그에 따른 연성예산제약과 도덕적 해이의 악순환은 이른바 '관치금융' 문제와 직결되어 있다. 금융이 단기수익이 아니라 산업을 지원하고 헌신토록 하는, '금융억압'에

의존하는 은행기반 자본주의는 역사적으로 어디서나 기업측의 고부채,
그에 따른 파산의 도덕적 해이가 은행측에 전가될 위험을 안고 있다.
이 위험 자체는 다양한 형태로 나타나는 모든 은행기반 자본주의에 고유한
'연성예산제약'(soft budget constraints)으로서 일정 정도 불가피한 '딜레
마'의 성격을 갖고 있다고 해야 할 것이다. 그러나 한국모델만큼 은행이
경영자율성과 자생력을 상실하고 기형화된 경우는 흔치 않다. 그리고
거의 대출업무에만 집중한 경우도 보기 쉽지 않다. 은행——국영이든 민영
이든——이 경영자율성을 갖지 못하는 금융억압(financial repression) 모델
과 자율성을 갖는 금융제한(financial restraint)[27] 모델은 구분되어야 한다.

한국 '관치금융'의 문제점은 은행 스스로 감당하기 어려운 부실채권규모
에서 집중적으로 표현된다. 거대한 기업부실이 은행부실이 되고 은행이
이를 감당하기 어렵게 되자 중앙은행이 발권력을 동원하거나 국채발행
및 조세를 통해 손실과 부실부담이 일반국민에 전가되는 현상도 우리는
보아왔다. 그리고 이는 97년 이후에는 금융구조조정에서 천문학적 규모의
공적 자금이 투입되는 현상으로 이어졌다. 독일이나 일본의 대표적인
사례에서 보는 바와 같이, 개발연대 이후 한국금융이 가야 할 자율화의
개혁방향은 자본시장 육성과 더불어, 은행이 자율경영능력을 갖고 여신기
능과 증권인수 등 투자은행기능을 겸하면서 '인내자본' 역할을 수행하는
주거래은행제도——이는 반드시 민영화될 필요는 없다——의 병행발전이
었다고 할 수 있다.[28] 그러나 성장 기적만큼이나 골이 깊게 멍든 '관치금융'
의 부정적 유산과 금융의 낙후상은 이를 지난한 과제로 만들었고, 오도된
자유화와 개방화는 한국금융체계를 거의 붕괴상태로 탈주시키기에 이르
렀다.

우리가 말하고자 하는 것은 한강의 기적 모델의 중핵이었던 국가와

<hr>

27) T. Hellmann, K. Murdock, J. Stiglitz, "Financial Restraint." M. Aoki et al., *The Role
of Government in East Asian Economic Development*, World Bank, 1996.
28) 조영철, 「국가후퇴와 한국경제 발전모델의 전환」, 『위기 그리고 대전환』, 당대, 170쪽.

재벌의 동맹은 민간의 자율적 책임규율과 제도적 조절능력을 배양하는 '제도증진적'(institution-enhancing) 구조가 아니라, 그것을 가로막고 왜곡하는 '제도억압적'(institution-repressing) 구조를 가지고 있었다는 것, 이 약점은 당대뿐만 아니라 포스트개발주의시대 대안경제 모색에도 심각한 제약을 부과했다고 하는 것이다.

4. 맺음말: 산업화 이후 민주주의, 자본의 정치적 해방과 민주화의 깨어진 약속

원초적 폭력을 내장한 뒤틀린 건국, 분단, 그리고 전쟁의 폐허 위에 한강의 기적이 일어나 대한민국은 오랜 가난에서 해방되었다. 나라경제는 세계10위를 다투는 경제대국 대열로 발돋움하고 기아의 동토가 된 휴전선 이북도 도와줄 능력까지 갖게 되었다. 그렇지만 사회경제적 시민권이 보장되는 분배와 복지, 참여와 연대의 민주주의에 대한 기대는 배반당한 것으로 보인다.

립셋(Lipset)[29]이 말한 대로 민주주의를 하려면 사회경제적 요건이 필요하다. 이 말은 아주 평균적으로 그리고 아주 장기적으로는 맞는 말이다. 소크라테스 정도라면 배가 고파도 자유와 민주주의를 원하겠지만 거대 사회의 보통사람은 어렵다. 그러나 사회경제적 요건을 갖추되 어떤 식으로 갖추느냐가 문제다. 또 그 사회경제적 발전방식은 민주화의 운명과 내용을 좌우한다. 립셋은 민주주의의 사회경제적 요건을 말할 때 아리스토텔레스를 들먹이면서도 단지 절차적 민주주의만 말할 뿐 공화주의적 자유와 사회경제적 민주주의에 대해서는 말하지 않는다. 한국에서 개발독재는 산업화성공의 효과로서 민주화를 가져온 측면이 있음을 부인하지 않지만

---

29) S. M. Lipset, *Political Man*, London, Heinemann, 1960.

그것은 칼과 돈의 동맹으로 민주화를 억압·봉쇄했다. 뿐만 아니라 개발독재는 민주화의 주도세력과 그 보수적 코스도 규정했다. 우리는 박정희 독재없는 전두환 독재를 상상하기 어렵다. 한국의 민주화 시대는 사회민주 세력이 발육 부진한 채 저항적 자유주의 세력에 의해 주도되었는데 이는 냉전반공개발독재와 재벌공화국의 역사적 무게에 짓눌린 바 크다.[30]

지금 우리는 산업화 이후 민주화의 시대에 들어와 있다. 그런데 오늘날 대한민국호를 이끄는 최고책임을 맡고 있는 노무현은 이렇게 말하고 있다. "이미 권력이 시장으로 넘어간 것 같다. 우리 사회를 움직이고 있는 힘의 원천이 시장에서 비롯되고 있고, 시장의 여러 경쟁과 협상에 의해 결정되는 것 같다. 정부는 시장을 공정하게 잘 관리하는 것이 중요하다."다른 한편 그는 이렇게도 말했다. "시장에서 실패한 것은 국가가 정책으로 시장의 실패를 보완해줘야 한다. …국민생활을 위해 시장이 존재하는 것이지, 시장을 위해 국민이 존재하는 것이 아니다." 이는 부동산분야가 시장이 완전히 실패한 영역이라면서 한 말이다. 우리는 1987년을 전환점으로 한 개발독재로부터 민주주의로의 이행에 환호했다. 그리고 민주주의와 시장경제가 병행발전하는 길로 가자는 말에 한때는 귀가 솔깃하기도 했다. 그렇지만 어떤 민주주의, 어떤 시장경제인가, 시장의 포로가 되고 시장에 길들여지는 공화국인가, 공화국이 길들이는 시장경제인가 하는 것이 문제 다. 불행히도 산업화 이후 민주주의 시대는 "국민생활을 위해 시장이 존재하는" 시대가 아니라 "권력이 시장으로 넘어간" 시대가 되었다. 권력이 시장으로 넘어가서 자본이 국가 안팎으로 민주적·민족적 책임에서 해방 된 자유를 마음껏 누리고 국가는 이를 '공정하게' 관리하는 일밖에 달리 할 일을 찾지 못하는 상황, 우리는 이를 족히 '자본의 정치적 해방'의

---

30) 이와 관련하여 필자는 임혁백과 의견을 교환한 적이 있다(김형기 편, 『21세기 한국의 대안적 발전모델』, 75~76쪽) 이러한 문제의식에서 산업화와 민주화시기를 통합적으로 파악한 글로는 이병천, 「한국형 발전모델의 역사와 전망」(학술단체협의회, 『전환시대의 한국사회』, 세명서관, 2000) 참조.

사태라고 불러도 좋을 것이다. 이 '자본의 정치적 해방'의 시대에 우리가 목격하고 있는 것은 무엇인가.

• 증시는 호황임에도 불구하고, 아니 그 때문에 투자부진과 양극화가 지속되고 있다.

• 천문학적 공적 자금을 투입하여 금융구조조정을 단행하고서 은행을 헐가로 외국투기펀드에 처분하였다. 은행의 기업금융은 붕괴되었다.

• 수출과 내수의 양극화가 심화되고, 국내산업연관이 얕은, 변형된 가공조립형 성장방식이 재생산되고 있다.

• 한강의 기적과 세계 속의 한국경제를 일구는 데 가장 무거운 부담을 져온 근로대중은 고용불안과 생존권위기 상황에 내몰려 있다.

• 재벌의 부는 근로대중의 생활향상으로 확산·균점되는 것이 아니라 주로 국제금융자본이 뜯어먹고 있다.

• 삼성과 같은 슈퍼재벌의 무법·무책임의 횡포가 국가권력의 비호 아래 자행되고 있다.

• 세계 속의 경제대국과 복지후진국의 비대칭구조가 지속되고 있다.

냉전반공의 분단국가 건설과 개발독재시대에 이어 이른바 '정상국가'로 가는 탈냉전 '자유민주화'의 시대는 통합의 시대인 동시에 다시금 재균열의 시대, '제3의 갈등'의 시대가 되고 있다. 후분배의 약속은 깨어졌다.

87년체제 초기 10년의 최대의 과실은 산업화시대 온갖 특혜와 특권으로 성장한 바로 그 재벌에게로 돌아갔다. 97년위기와 구조조정 이후 경제권력의 '공'(ball)은 다시 국제금융자본과 재벌연합의 수중으로 옮아갔다. 이는 지난날 국민대중이 경제근대화의 비용을 가장 무겁게 떠안았던 사실에 이어서 해방 60년 한국현대경제사상 최대의 구조적 모순으로 손꼽아야 할 사건이다. 우리가 강조하고자 하는 것은 민주화의 시대 정당성의 위기에 는 산업화시대로부터 물려받은 정당성의 위기가 중첩되어 있다는 것이다. 민주화의 사회경제적 실체를 채워넣은 자유화·양극화 시대 무책임자본 에 대한 국민대중의 분노와 저항의 뿌리에는 이 중첩되고 누적된 모순이

존재한다.[31]

오늘의 탈냉전 민주화 이후 민주주의는 '당신들의 대한민국'을 '우리들의 대한민국'으로 만들어야 할 과제, 국제금융자본과 재벌 동맹의 수중으로 넘어간 민주공화국을 탈환하여 분배와 복지, 참여와 생태, 평화의 새로운 대한민국을 세워야 할 과제를 안고 있다.

이병천(Lee, Byung-Cheon) lbch@cc.kangwon.ac.kr
강원대학교 경제무역학부 교수, 『시민과 세계』 공동편집인.
주요 저서 및 논문으로는 『개발독재와 박정희 시대』(공저), 『한국경제, 재생의 길은 있는가』(공저), 「한국의 경제위기와 IMF 체제」, 「다시 민족경제론을 생각한다」, 「참여정부의 경제정책: 한국형 '제3의 길'의 난관, 동요, 가능성」 등이 있고 『스티글리츠의 경제학』 등 다수의 번역서가 있다.

---

31) 이병천, 「양극화의 함정과 민주화의 깨어진 약속」, 『시민과세계』 제7호, 2005년 상반기; 「자유화, 양극화 시대와 무책임자본주의」, 『아세아연구』, 제48권 3호, 2005년.

'87년체제'와 민주개혁운동의 전환적 위기: 그 원인과 대안의 탐색

조희연

1. 머리말

그람시는 다음과 같이 쓴 바 있다. "사회집단들은 그 역사적 과정의 일정 시점에서 전통적으로 지지해온 정당으로부터 유리된다. 즉 그 당은 기존의 조직형태로 보나 또한 그 당을 구성하고 대표하고 지도하는 일정한 구성원으로 보나, 이제 그 계급 혹은 계급분파를 대표한다고는 인정되지 않게 된다. 이와 같은 위기가 발생하면, 그 시점의 정세는 불안정하고 위협적인 것이 된다…. 이와 같은 대립적 정세는 어떻게 형성되는가? 그 과정은 나라에 따라 다르지만, 그 내용은 동일하다. 지도계급의 헤게모니의 위기가 그 내용을 이룬다."[1] 20세기 전반기 서유럽과 이탈리아가 직면한 역동적 상황과 우리의 87년 이후의 상황은 곧바로 동일시될 수는

---

1) Gramsci, A. *Selection from Prison Note Book*, NY: International, 1983, p. 1602(G. 제시니 외, 박동진 옮김, 『그람쉬, 어떻게 읽을 것인가?』, 백두, 1992, 122쪽에서 재인용).

없다. 그리고 헤게모니와 그 위기를 이야기하는 지형과 수준이 다르며 그의 헤게모니의 위기는 지배의 위기를 상징한다. 그러나 87년 이후 민주주의를 지도적 담론으로 하는, 그리하여 민주개혁을 민주진보세력이 선도하여오던 어떤 상황은 전환기를 맞고 있다. 어떤 의미에서 80년대를 거쳐서 존재해오던 민주진보세력의 '헤게모니의 위기'적 정세라고도 표현할 수 있을 것이다. 87년 이후 시대정신이라고 할 수 있는 민주개혁은 그 자체가 미래적 비전——한국사회의 발전 방향 등——을 내포한 개념이었다. 그러나 민주개혁이 성취되어가고 그 결과 민주개혁 자체가 '과거의 의제'가 되어감에도 불구하고 미래적 비전을 담은 새로운 담론과 실천을 민주진보세력이 개척하지 못함으로써 이러한 위기가 강화되고 있다고 생각한다.[2]

이 글에서는 바로 이러한 점을 전제로 하여, 현재의 상황을 '87년체제'의 전환적 위기상황으로 규정하고 이러한 상황의 성격과 동학을 분석함으로써 적극적 극복의 전략적 가능성들을 탐색하고자 한다.

---

2) 논의의 출발점으로서 나는 현단계 민주개혁운동, 민주진보운동의 '위기'와 관련하여, 먼저 위기라는 인식이 존재할 수 있고 위기가 아니라는 인식이 존재할 수 있다고 본다. 위기라고 할 때는 왜 위기인지, 위기의 성격은 무엇인지를 논의해야 한다. 이와 관련해서 다음과 같은 '이념형적' 해석들이 가능하다고 생각한다. ① 위기는 민주진보운동이 이미 '과거지향적 운동'이 되었고 미래지향적 운동이 되고 있지 못하기 때문이다. ② 위기는 시민사회의 전반적인 보수화에 원인이 있으며 민주진보운동이 이에 적극적으로 대응하지 못했기 때문이다. 특히 중앙중심의 권력구조의 일정한 민주화는 이루어졌으나 지역 및 풀뿌리 수준에서의 보수성은 지금도 강력하게 존속하고 있다. ③ 현재의 위기는 기본적으로 리버럴(liberal) 세력의 위기이지 리버럴을 뛰어넘는 급진주의 내지는 진보주의의 위기는 아니다. ④ 87년체제하에서 민주진보세력이 기득권집단이 되고 있고 내부적으로 관료화·관성화되고 있는 데 최대의 위기요인들이 있다. ⑤ 정치적 의제를 중심으로 하는 개혁의 시대에서 사회적 의제를 중심으로 하는 시대로 이행하고 있는 민주진보운동의 신속한 전환이 지체되었기 때문에 위기가 초래되었다. ⑥ 위기의 최대의원인은 참여정부에 있다. 사회운동은 참여정부와 과감히 단절하고 독립성을 명확히 해야 한다. ⑦ 위기는 민주진보운동이 구호중심의 운동에서 풍부한 정책적 운동으로, 풍부한 정책적 대안을 가진 운동이 되지 못하고 있기 때문이다. ⑧ 운동의 최대위기는 '세대간 단절'이다. 위기는 감수성의 위기이다. ⑨ 위기는 신자유주의적 지구화에 의해서 주어지고 있는데 민주정부와 시민운동이 이에 대결하지 못하고 있음으로 해서 발생한다. 이러한 위기론들은 상호 대립하는 것도 아니며 많은 경우 명확한 논리로 정식화되어 있는 것도 아니다. 이 글은 이러한 다양한 위기론들을 염두에 두면서 나름대로의 분석을 시도하고자 하는 것이다.

2. '87년체제'의 전환적 위기의 성격 : 민주개혁의 '병목지점'에서 제기되는 위기와 도전

주지하다시피 87년 6월 민주항쟁을 분기점으로 하여 한국사회는 개발독재시기에서 본격적인 민주화의 시기(민주주의 이행 혹은 민주개혁의 시기)로 전환되었다. 이 87년시기를 통해서 형성된 체제를 통상 '87년체제'라 부른다. '87년체제'[3]라고 했을 때 그것은 87년 6월 민주항쟁 이후 현재까지의 정치적 · 사회적 행위와 관계, 갈등을 규정하는 일정한 상호작용의 틀이라고 할 수 있다. 87년체제는 다양한 각도에서 규정될 수 있는데, 여기서 분석하는 민주개혁의 관점에서 볼 때 이 87년체제는 한편에서 민주개혁이 시대적 · 국민적 과제가 되어 있는 체제이고 다른 한편에서는 구(舊)체제의 프레임이 일정하게 구속력을 가진 형태로 작용하면서 민주개혁의 철저한 전개를 제약하는 체제라고 할 수 있다. 그런 점에서 87년체제는 시대적 · 국민적 과제가 된 민주개혁을 추동하기 위한 아래로부터의 힘과 그것을 제약하고 구체제의 붕괴가 아니라 타협적 재편으로 귀결되도록 하는 힘이 각축하는 체제라고 할 수 있다. 전자가 6월 민주항쟁으로 상징된다면, 후자는 6 · 29선언으로 상징된다. 그런 점에서 87년체제는

---

3) 박명림은 헌정체제의 관점에서 87년체제를 "대통령제 권력구조 및 3권분립과 선거주기의 불일치(교착상태 및 분할정부 지속), 법치국가관념의 강화(사법국가로의 진행예측 결여와 정치의 사법화 강화), 대의민주주의의 강화와 직접민주주의의 폭발적 발전 예측 결여(참여와 대의의 충돌 빈발), 사회국가관념의 결여(노동 · 복지), 탈냉전 및 세계화 상황에의 대비 전무(영토조항 및 국가보안법체제 지속, 이주노동자 문제)"로 정리하고 있다("한국헌법과 민주주의: 무엇을, 왜, 어떻게 바꿀 것인가?", 창비-시민행동 공동심포지엄, 2005. 7. 15, 프레스센터). 이러한 규정은 헌법질서의 성격에 초점을 맞춘 것이고, 진보적 시민사회론의 입장에서 보면, 87년체제는 구권위주의체제의 지속성과 연속성이 결합되어 있는, '개혁의 공간'과 개혁의 한계를 동시에 내장한 체제였다고 할 수 있고, 87년 이후 민주개혁운동의 프레임이 설정한 체제라고 할 수 있다. 노동의 입장에서 87년체제는 87년 개정노동법에서 표현되는 바와 같이 민주노조운동의 형식적 권리와 공간을 합법적으로 부여받았으면서도, 복수노조 금지, 노조의 정치활동 금지 등의 규제적 장치들이 공존하는 불완전한 체제를 의미한다(이에 관해서는 노중기, 「한국의 노동체제 변동, 1987-1997년」, 『경제와사회』 36호, 1997/겨울호; 임영일, 『한국의 노동운동과 계급정치, 1987-1995』, 경남대출판부, 1998 참조).

6월 민주항쟁과 6·29선언으로 교직(交織)된 체제라고 할 수 있다.

이러한 87년체제는 다양한 영역에서 다양한 방식으로 작동하였다. 예컨대 노동체제의 관점에서의 87년체제는, 노동운동을 제약하고 있던 독재적 억압체제가 결정적으로 약화되어 노동운동이 조직적·정치적으로 발전할 수 있는 조건이 마련되었으나 이것이 노조의 정치활동 금지, 기업별노조, 제3자개입 금지 등의 구체제의 프레임 속에서 이와 갈등하면서 진행된다.

이 글에서 주로 다루게 되는 민주개혁운동의 전환적 위기는 민주정부시기를 통과하면서 조성된 상황이라고 볼 수 있다. 물론 문민정부에서 김영삼 전대통령이 민주화운동 출신으로서 가지는 상징성이 있어서 그가 추진했던 민주개혁 자체도 광의로 해당될 수 있겠지만 여기서의 핵심적인 대상은 민주정부를 통과하면서 진행되어온 민주개혁의 전환적 상황을 주로 의미한다. 즉 반독재민주세력의 집권기라고 할 수 있는 국민정부와 참여정부를 포괄하는 이른바 '민주정부'시대를 거치면서 추진되다가 일정한 병목지점에 돌입하면서 87년 이후의 흐름을 '역류'(逆流)하는 것처럼 보이는 상황이 나타나고 있다고 생각된다.[4] 이를 나는 87년체제의 병목지점에 도달한 것으로 보고, 바로 '포스트-87년체제'로의 이행을 둘러싼 진통과 위기라고 생각한다. 이러한 시대적 상황을 물론 '민주화 이후'의 시기 혹은 '포스트-민주화'[5]로의 이행기로 표현할 수도 있을 것이다.

포스트-민주화시대의 시대정신을 둘러싼 갈등

돌이켜보면 87년 이후 한국사회에서 민주주의 혹은 민주개혁은 하나의 '시대정신'으로 존재해왔다고 생각된다. 87년을 분기점으로 개발독재시대에서 민주주의 이행의 시대로 넘어간 이후, 아무도 심지어 반독재세력조차

---

4) 여기서는 주로 참여정부시기의 상황을 근거로 이야기한다. 그러나 본질적으로 국민정부시기도 동일한 흐름 위에 서 있었다고 나는 판단하고 있다.
5) '민주화 이후' 개념을 통해서 민주주의 이행의 새로운 전환점을 개념화하기 위한 시도로서의 개념적 설정에 대해서는 최장집, 『민주화 이후의 민주주의: 한국보수주의의 보수적 기원과 위기』(후마니타스, 2002) 참조.

도 이를 부정하지는 않았다. 그러나 바로 한 시대를 풍미했던 시대정신에 도전이 나타나고 있는 것이다. 이것은 기본적으로 민주화의 병목지점에서 나타나는 위기에 의해 촉발되어 포스트-민주화시기의 시대정신이 과연 무엇일까를 둘러싸고 나타난 각축이라고 할 수 있다.[6]

그런데 이러한 위기와 진통을 역진(逆進)으로 이해할 필요는 없다. 이것은 현재의 진통은 단순히 퇴행적 진통만이 아니라, 87년체제에 주어져 있었던 시대적인 민주개혁과제의 일정한 진전과 새로운 단계로의 병목지점에서 나타나는 적극적 진통일 수도 있기 때문이다. 우리 사회에는 87년 6월 민주항쟁이 설정해준 '민주주의의 마지노선' 같은 것이 엄존하고 있다고 생각된다. 즉 탄핵사건에서 볼 수 있듯이, 민주주의에 반해서 이를 역진시키려고 하는 흐름에 대해서는 광범위한 국민적 저항이 나타나게 된다. 그러나 물론 전진을 둘러싸고는 분열과 혼란이 존재한다.

이행의 병목지점에서 제기되는 두 가지 위기적 요인: 87년체제의 전환적 위기요인들

이런 점에서 우리는 한국민주주의 발전의 병목지점에 서 있다고 말할 수 있다. 더 정확하게는 민주주의이행국면에서 초기 민주개혁국면(이를 민주화국면이라고 한다면)에서 포스트-민주화국면으로의 이행하는 병목지점에 서 있다고 할 수 있다. 이것을 87년체제의 전환적 위기라고 표현하는 것이다.

현단계 민주주의 발전, 민주개혁국면에서 이른바 포스트-민주화국면으로의 이행의 병목지점에는 두 가지 측면의 위기적 요인이 혼재되어 있다고 본다. 87년체제의 전환적 위기의 첫째는 민주개혁의 수평적 확산이 한계에 봉착함으로써 나타나는 위기적 요인이고, 둘째는 민주개혁 자체의

---

6) 87년 이후 각 국면별 지배적 담론과 '시대정신'의 추이에 관해서는 조희연, 『비정상성에 대한 저항에서 정상성에 대한 저항으로』(아르케, 2004, 11장 '87년 이후 민주개혁의 전개와 사회운동' 참조).

내적인 한계에서 비롯되는 위기적 요인이라고 할 수 있다. 이러한 위기적 요인은 87년체제가 전제했던 민주주의라는 시대정신 혹은 반독재민주세력의 '헤게모니'의 위기라고 할 수 있다.

민주개혁이라고 할 때 그것은 개발독재하에서 고착화된 독재적 질서의 민주주의적 질서로의 전환을 의미한다. 이때 개발독재하에서 고착화된 질서의 민주개혁은 국가민주화, 국가-사회관계의 민주화, 국가-경제관계의 민주화 등을 포함하는 과정이 된다. 국가민주화에는 국가기구와 국가요원들의 교체, 국가운영양식의 민주화 등이 포함된다. 국가-사회관계의 민주화는, 독재하에서 시민사회는 억압되어 있었고 시민사회의 많은 기구들이 국가행정기구의 일부——많은 관변단체들의 예를 보자——로 편제되어 있었기 때문에 시민사회에 대한 억압의 해소, 행정화된 시민사회의 자율화 등이 포함된다. 국가-경제관계의 민주화는 독재하에서의 각종 유착관계의 청산과 재벌민주화, 시장의 민주화, 시장에 대한 관치적 통제의 극복과 자율확대 등이 포함된다.

(1) 민주개혁의 '수평적 확산'의 성과와 그 한계

첫째는, 반독재민주세력이 집권세력으로 추진하는 민주개혁이 한계에 봉착함으로써 나타나는 위기이다. 일차적으로 이는 민주개혁의 '수평적 확산'이 한계지점에 도달함으로써 나타나는 위기이다.

수평적 확산의 한계봉착과 관련해서는, 먼저 국민적 합의가 광범하게 존재하는 개혁이 종결되고 민주개혁의 국민적 합의의 '경계'가 치열한 갈등의 대상이 되는 현상을 들 수 있다. 민주개혁의 의제와 관련해서는, 87년체제하에서 시대적 과제로 주어졌던 민주개혁의 내용과 87년 6월 민주항쟁이나 반독재민주화투쟁 속에 직접적으로 정식화되어 요구되었던 '국민적 합의'사항들이 있고 반대로 반독재민주화투쟁의 '해석적' 확장과 독재적 보수세력과 갈등하면서 실현해가야 하는 사항들이 존재한다.

이를 둘러싼 긴장과 갈등을 이해하는 데는 민주개혁의 1차적 합의영역과 2차적 영역을 구분해보는 것도 하나의 방법일 것이다. 전자는 누구나 쉽게 공감하면서, 반독재투쟁과정에서 자연스럽게 국민적 합의사항이 된 주제들이어서 개혁을 추동하기가 용이하고 또한 보수세력의 저항도 치열하지 않은——보수세력도 동의하지 않을 수 없는——의제들이라고 할 수 있다. 전자를 1차적 개혁의제라고 한다면, 후자는 2차적 개혁의제라고 할 수 있다. 물론 사안에 따라서는 후자가 더욱 본질적인 이슈일 수 있다. 전자로는 기본적인 정치적·시민적 권리, 예컨대 언론의 자유, 양심수 석방 등을 들 수 있고 검찰과 국정원 개혁, 한국은행 독립 등과 같은 이슈를 들 수 있을 것이다. 후자로는 국보법 폐지, 양심적 병역거부 허용, 호주제 폐지, 수도이전 등의 이슈를 들 수 있을 것이다.

현재의 병목지점은, 국민적 합의가 광범하게 존재하는 1차적인 개혁의제들을 중심으로 한 민주개혁이 진전되는 데서 더 나아가 2차적 개혁의제들을 중심으로 한 민주개혁이 추진되고 이에 대한 우리 사회의 보수세력과의 갈등이 고조됨으로써 나타나는 위기라고 할 수 있다. 현재의 위기는 반부패나 재벌개혁 등과 같이 민주개혁의 국민적 합의가 상대적으로 용이한 영역이 소멸해가면서 나타나는 위기이다. 그런 점에서 현재의 위기는 개혁부재의 위기라기보다, 개혁의 '심화'를 둘러싼 위기라고 할 수 있다. 이것이 포스트-민주화국면으로의 이행의 한 측면을 구성한다.

2차적 개혁의제들의 경우는 그 자체가 민주개혁의 국민적 합의의 '경계' 내에 있는가 하는 점이 쟁점으로 된다. 예컨대 과거청산이나 국가보안법 철폐 같은 이슈들을 들 수 있다. 이러한 2차적 개혁의제들은 보수세력과 민주세력의 각축이 치열한 영역이라고 할 수 있다. 이러한 각축과정에서 민주개혁에 저항하는 보수세력의 입장에서는 이를 국민적 합의를 넘는 개혁의 '과잉'이라고 주장하게 되며, 민주세력은 민주개혁의 '철저화'로 이해하게 된다.

또한 2차적 개혁영역은 보수언론이 정략적으로 쟁점화하기 용이한 영역이라고 할 수 있다.[7] 실제로 보수세력의 저항은——다른 여러 가지 요인들과 결합되었지만——행정수도 이전을 좌절시켰다. 나아가 국보법 철폐를 좌절시켰고, 그것도 열린우리당 자체의 내적 분열을 수반하는 형태를 띠었다. 국가보안법은 53년체제의 핵심적인 제도적 프레임이라고 할 수 있고 그런 의미에서 국가보안법 폐지는 87년체제의 민주개혁이 확산됨으로써 53년체제의 균열에까지 이를 것인가 그렇지 못할 것인가 하는 시금석 같은 이슈였다고 생각된다. 국가보안법 폐지는 87년체제하에서 진행되는 민주개혁의 한계지점을 보여주는 이슈라고 할 수 있을 것인데, '2004년 12월의 좌절'은 87년체제의 민주개혁이 53년체제의 한계를 뛰어넘지 못했으며 또한 국회 다수당이 된 한국의 개혁자유주의정당이 주도하는 민주개혁의 한계를 동시에 보여주는 것이라고 할 수 있다.

민주개혁이 한계에 봉착함으로써 발생한 위기는, 이처럼 국민적 합의가 광범위하게 존재하는 1차적 개혁의제 영역을 넘어 2차적 개혁의제로 이행하면서 나타나는 위기라고 할 수 있다. 이런 점에서 한국사회는 87년 이후 시대정신화해서 진행되어오던 민주개혁의 '긍정적' 병목지점에 처해 있다고 할 수 있다.

시민사회운동의 민주개혁운동에서 '의도하지 않은' 효과

다음으로, 민주진보세력의 헤게모니 위기와 균열은 시민사회운동 자체의 실천 내부에서도 그 원인을 찾을 수 있다. 먼저 87년체제하에서 민중운

---

7) 이 점에서 개혁자유주의 집권세력의 헤게모니 균열이 발생하게 된다. 이 때문에 한편에서는 비타협적 대결의 자세도 필요하지만 설득적 능력을 동반하는 정치력도 요구된다. 민주개혁 영역의 급진적 확장에서는, 민주노동당을 비롯한 제도권 진보정치세력이 선도할 수 있는 영역이 존재하는 셈이다. 민주노동당과 같은 제도권 진보정치세력은 자유주의세력의 한계를 비판하면서 정책적 선도를 해야 하는 과제를 안고 있다. 진보적 개혁세력이 민주개혁의 심화와 확장이라는 점에서 자유주의적 개혁세력에 대해 이니시어티브를 발휘할 수 있는 것이다. 이런 점에서 보면, 자유주의적 개혁세력과 급진적 개혁세력이 분기하는 지점이 존재한다. 전자가 보수세력을 주변화하고 포섭하면서 새로운 헤게모니세력으로 재정립해야 하는 과제를 안고 있다면, 후자는 새로운 의제지형을 만들고 급진적이면서도 국민적인 새로운 개혁의제를 가지고 국민적 개혁세력으로 부상하는 것이 될 것이다.

동과 시민운동은 아래로부터 다양한 민주개혁운동을 추동하여왔다. 이것
은 민주개혁의 수평적 확산의 동력이었다. 그런데 1차적 개혁의제를 둘러
싼 운동에서 2차적 개혁의제를 둘러싼 운동에서 민주개혁운동의 헤게모니
를 균열시키는 많은 '의도하지 않은' 결과들이 발생하였다고 생각된다.
어떤 요인들은 불가피한 것도 있고 어떤 것은 보수적 미디어에 의해서
부정적인 방향으로 증폭된 것도 있다.

　1차적 개혁의제들은 87년 6월 민주항쟁 속에 그 극복의 당위성이 내재해
있었다고 한다면, 2차적 개혁의제들은 새로운 국민적 설득을 필요로 하는
지점들이 존재했다고 생각된다. 그러나 어떤 의미에서 시민사회운동이
'결과 지향적인' 운동으로 전개되는 경우가 많았고 그 운동의 과정에서
충분히 대중들을 설득하고 동원하는 데 성공하지 못한 경우가 많았다.

　맥아더동상 철거운동 같은 것도 예로 들 수 있다. 맥아더동상 철거운동을
통하여 우리 사회의 친미적 의식과 '관습적 인식'을 쟁점화하려는 노력은
충분히 긍정적이다. 그러나 이러한 의제들은 앞서 서술한 바와 같은 2차적
개혁의제에 속한다고 할 수 있고 1차적 개혁의제를 추동하는 것과는 다른
훨씬 폭넓은 대중적 '계몽'의 노력을 병행하는 전략이 필요했고, 지금도
이 운동이 끝나지 않았다고 할 때 그러한 노력이 필요하다. 2차적 개혁의제
에서는 '결과의 성취'보다는, 대중설득의 과정 자체가 중시되는 방향으로
운동이 전개되어야 한다. 이것은 1993년 문익환 목사의 방북처럼 특정
단계의 인식을 뛰어넘는 선도적 행동이 곧바로 권력의 탄압에 직면하게
되는 상황은 사실 권력의 탄압에 대항하는 과정 속에서 투쟁의 선도성과
대중성의 괴리가 극복되어 간다는 점 때문이다. 문익환 목사의 구속과
그에 반대하는 투쟁과정 자체에 대중에 대한 설득과 계몽이 내포되어
있었던 것이다. 더구나 권력의 탄압은 저항의 도덕성을 일정하게 담보해주
기 때문이다. 그러나 문제는 민주화가 되고 '민주정부'가 들어서면서 보수
와 진보의 투쟁이 '탄압하는 권력 대 탄압을 뚫고 대의를 위해서 투쟁하는
운동'의 구도로만 인식되지 않는다는 점이다. 이런 점에서 운동이 탄압

대 저항의 관계만이 아니라 확장된 공론영역에서의 설득투쟁을 더욱 많이 내포해야 하는 상황을 인식하고 다면적인 원숙한 실천을 조직화하는 노력이 부족했다고 생각된다.

1차적 개혁의제의 경우는 87년 6월 민주항쟁 속에 그 해결의 당위성이 내재해 있었다고 할 수 있고 이는 기득권의 저항을 압도하는 투쟁의 조직화가 중요한 해결의 관건이었다. 그러나 2차적 개혁의제의 경우에는 해결의 장애물이 시민사회 자체에, 그리고 시민들의 의식 속에 내재해 있기 때문에 운동의 전략이 결과적인 목표의 성취 자체보다는 그것이 가능해지는 국민적 의식화와 새로운 진보적 의식의 형성이 중요하다는 점이 강조될 필요가 있었다. 2차적 개혁의제를 국민적·민족적 합의의제로 만들어가는 '헤게모니적 실천'의 부재는 개별사안의 '전투'에서는 성공하지만 보수와 민주진보의 헤게모니 경쟁이라는 큰 '전쟁'에서는 역으로 민주진보세력의 헤게모니를 약화시키는 결과를 가져오고 있음을 인식할 필요가 있다 하겠다. 이러한 '의도하지 않은' 결과는 운동의 발전과정에서 어떤 점에서는 불가피하며 더욱 확대될 것이다. 문제는 2차적 개혁의제를 둘러싼 새로운 실천 속에서 이러한 '의도하지 않은' 결과들을 인식하면서 더욱 복합적인 헤게모니적 실천이 무엇인가를 고민해야 한다는 것이다.

또한 87년체제의 전환적 위기와 민주진보세력의 헤게모니 위기는 민주화의 진전 자체가 과거 반독재세력의 독점물이었던 '권력과 명예, 돈'이 반독재세력도 향유하는 자원이 된 상황에 의해서도 조성되고 있다. 반독재민주세력을 대표하는 '재야'세력이 제도정치권에 광범하게 진입하는 현상, 국민정부와 참여정부로 이어지는 민주정부하에서의 국가권력의 최상층이 민주세력에 의해서 장악되는 현상, 낙선운동의 주역이었던 시민사회운동의 지도자 중의 일부가 정부 및 정당에 진출하는 현상, 민주화운동명예회복 관련법이나 광주민주화유공자법 등에 의하여 반독재민주세력의 희생에 대한 물질적·상징적 보상이 주어지는 현상 등이 어우러지면서, 자기희생과 헌신의 운동으로서의 민주진보운동의 이미지가 퇴색해가게 되었다.

과거청산도 그것이 일정 측면에서는 '의도하지 않게' 민주화운동 희생자들에게 '훈장'을 달아주는 식으로 인식되기도 하였다.[8] 물론 이러한 현상들은 사실 민주화과정에서 당연히 실현되어야 하고 쟁취해야 할 과제이다. 그러나 이러한 과정 자체의 '의도하지 않은 결과'가 나타나게 된 것이다. 여기에 보수언론이 이러한 현상들을 부정적인 방향에서 규정하고 쟁점화하게 되고 그것이 때로 국민적 담론으로 변화하는 과정에서——반독재민주화운동의 헌신과 희생 속에서 축적되었던——민주진보세력의 도덕성이 퇴색된 것으로 투영되는 결과가 생긴 것이다. 여기에 이러한 의도하지 않은 결과를 상쇄하는 보완적 노력들과 민주진보세력의 도덕성을 새롭게 창출하는 새로운 자기희생적인 실천들이 결여됨으로써, 민주진보세력에 대한 부정적인 인식이——일부에서나마——고착화되는 현상이 나타나게 된 것이다. 최근 제기된 노조지도자들의 이른바 '수뢰'사건들이나 민주노총의 회의장 '폭력'사태 등도 넓은 의미에서의 민주진보세력의 도덕적 이미지를 균열시키는 계기로 작용하였다. 이러한 사건들은——내부적 시각에서는 여러 가지 변론이 가능하다고 하지만——국민적 과제를 위하여 자기를 희생하는 노동운동의 이미지 혹은 국가권력의 폭압의 최전선에서 헌신적인 투쟁을 통해서 자신의 계급적 이해를 실현해갈 뿐 아니라 국민적 권리를 증진시켜가는 '국민적' 세력으로서의 노동운동의 이미지를 약화시키면서 새로운 부정적 이미지——예컨대 노동조합운동 지도부가 권력화될 수 있고 이권에 개입할 수 있는 권력화된 행위자가 될 수 있다고 하는 이미지——를 보수미디어가 확산시킬 수 있는 계기를 제공하였다. 이와 같은 여러 가지

---

8) 민주화운동명예회복 및 과거청산 과정의 이러한 측면은 사실 이미 쟁점화된 바 있다. '동의대사태'로 투옥되고 제적된 학생들이 민주화운동가로 명예회복 되는 것이나 광주민주화운동 관련자가 국가유공자가 되고 5·18묘역이 국립묘지가 되는 것에 대하여, 문부식이 '기억의 국가화'라는 견지에서 비판하였고 이를 둘러싼 논쟁이 전개된 바 있다(문부식, 『잃어버린 기억을 찾아서』, 2002, 삼인: 조희연, 「'과잉'과거청산인가 '과소'과거청산인가」, 『경제와사회』, 2002/가을호2:『황해문화』, 2002/겨울호 특집 등). 문부식 시인의 문제제기와 논쟁은 과거청산의 '의도하지 않은' 민주세력의 헤게모니 균열효과와 관련해서도 파악될 필요가 있겠다.

요인들은 87년체제의 전환적 위기를 구성하는 시민사회운동의 내부적 요인들이라고 할 수 있다.

민주개혁의 성과가 주어진 것으로 인식

민주개혁의 수평적 확산의 한계봉착이 위기로 이어지는 것은, 민주정부에 의해서 '어렵게 진행된' 개혁 자체도 민중들은 '주어진'(given) 것으로 인식하기 때문이다. 국민들은 '성취된' 개혁에 만족하지 않고 한층 높은 개혁을 요구하게 된다. 이는 87년체제의 전환적 위기는 87년체제가 안고 있는 과제가 일정하게 성취된 데서 비롯된다는 것을 의미한다.

민주개혁을 추진하는 집권세력의 입장에서는 '어렵게 진행된' 민주개혁의 성과에 만족하고자 하지만, 민중들은 곧바로 이러한 성과들을 주어진 것으로 받아들이게 되고 이러한 성과만으로 민주정부에 자발적 정당성을 부여하지 않는다는 점이다. 이는 독재에 대립하는 민주주의의 '일상화'를 의미한다. 마치 개발독재시대에 농촌배후지 생활과의 비교에서 만족을 얻던 '여공'(女工)에게 도시산업생활이 '주어진' 것이 되면서 스스로 저항적 존재로 되어갔고, 이러한 여공들의 새로운 요구를 받아들이지 못한 개발독재정권이 위기에 처했듯이 말이다.

집권세력의 국정운영상의 문제점들: '저항의 미덕'과 '통치의 미덕'

이러한 수평적 확산의 한계지점에서 나타나는 위기는, 민주개혁주체들의 국정운영과정에서 나타나는 많은 문제점들에 의해 증폭된다. 이러한 문제로는 집권세력화된 반독재민주세력들의 국정운영상의 오류와 부패, 행정적 미숙 등이 거론될 수 있다. 물론 이런 문제점이 국민정부와 참여정부에서는 다르게 표현되고 있기는 하다. 즉 국민정부의 집권세력은 오랫동안 독재적 구질서 속에서 일종의 부패의 공생구조에——주변적이기는 하지만——몸담고 있었기 때문에 국정운영상의 문제가 부패사건 같은 형태로 표현되었다. 국민정부의 국정운영과정에서의 각종 부패사건들이 이를 말해준다. 참여정부는 상대적으로 과거와 단절되어 성립하였기 때문에 국민정부의 부패사건 같은 형태보다는 행정적 오류나 절차적 오류, 행정미숙, 국정운영의 미숙, 정책적 구체성의 결여 등의 형태로 나타나는 경우가 상대적으로 많다.

다음으로 개혁의 병목지점에서 나타나는 위기는 이른바 민주정부 주도세력——개혁자유주의세력——의 '통치의 미덕'이 부재함으로써 가속화된다. 특히 참여정부의 정책추진과정에서의 비(非)헤게모니적 행태들, 일종의 미숙성, 원숙함의 부재 등도 위기를 촉진하는 요인이 된다. 미국방문기간 동안의 수용소에 관한 발언, 재신임 논란이나 대연정 제안 등에서 이러한 측면들이 표출된다고 생각된다. 국정운영과정에서 나타나는 이른바 '아마추어적' 행태들은 순수성의 발로이기도 하지만 반대로 미숙성의 발현으로 충분히 해석될 수 있다. 특히『조선일보』등 보수언론이 참여정부의 개혁위기를 증폭시킨 지점도 있지만, 참여정부의 현 위기적 상황은 보수언론의 여론왜곡 등으로만 환원될 수 없는 여러 요인들에 의해 촉진되고 있다고 생각된다.

이런 점에서 참여정부 주도세력들이 저항의 미덕과 통치의 미덕을 혼동하는 면이 많은 것 같다. 참여정부 주도세력의 성격은 구조적으로 본다면, 반독재민주세력 내부의 자유주의적 분파들, 그중에서 비타협적인 개혁분파들이라고 할 수 있다. 즉 자유주의적 반독재세력이 저항세력에서 집권세력으로 전환한 셈인데, 여기에 국가운영세력으로서의 한계들이 결합되면서 위기적 상황이 가속화된다. 그 한 측면으로 저항의 미덕과 다른 '통치의 미덕'을 충분히 발휘하지 못하는 것도 포함된다. 이는 통치자의 위치에서도 '저항의 미덕'을 보존하고 견지한다는 것의 긍정성도 있지만 다른 한편에서 저항의 미덕을 넘는 통치의 미덕의 공백지역도 존재한다는 것을 의미한다.[9]

---

9) 나는 이 점에서, 강준만의 유시민에 대한 평가는 고민해야 하는 지점을 적절히 제시하고 있다고 생각한다. 물론 비타협성과 타협성, 돌파적 자세와 원숙함이 갈등을 일으키는

이런 비(非)헤게모니적 행태들은 민주개혁의 1차적 개혁의제에서 2차적 개혁의제로 이행하는 과정에서의 위기를 증폭시켰다. 행정수도 이전의 위헌판결은 기본적으로 헌법재판소의 구성에 내재된 한국사회의 권력관계를 반영하는 것이기는 하지만 여러 지점에서 위헌판결을 막으면서 행정수도 이전을 추진할 수 있는 '헤게모니적 전략'의 가능성도 있었다고 생각된다. 행정수도의 이전을 둘러싼 과정에서 헌법재판소의 위헌판결 이전에 다양한 가능성들이 있었음에도 불구하고, 지방분권화라는 대의(大儀)의 정당성에만 집착한 나머지 2차적 합의영역의 추진과정에서 요구되는 설득적 노력이 부족했었던 것으로 보인다. 수도이전 위헌판결 같은 경우도 훨씬 다양한 방식으로 제도정치 내의 보수적 저항과 시민사회의 보수적 저항의 결합, 헌법재판소와 같은 국가기구 내의 보수적 저항을 약화시키는 방향으로 갈 수 있었다고 생각된다. 이런 점에서 보면, '비타협적 정면돌파'의 자세도 필요하지만 국민적 합의의 경계 외부에 존재하는 중간층대중들을 새로운 합의지대로 이동시키기 위한 '통치의 미덕'도 필요했다. 한마디로 국정운영의 미숙성과 통치의 미덕 부재가 이러한 점을 촉진시켰다고 할 수 있다. 그 결과 반독재민주세력에 공감하였던 많은 중간층들이 이탈하고 또 이것이 참여정부의 사회적 기반을 약화시키고 있는 것이다.

통치의 미덕과 저항의 미덕의 차이를 언급하기 위해서는 단서가 필요하다. 여기서 내가 이야기하고자 하는 것은 타협적으로 통치해야 한다는

지점이 존재하기 때문에 일률적으로 말할 수는 없고 또한 통치세력으로서의 포섭성과 비타협적 개혁자유주의세력으로서의 비타협성 간의 긴장과 갈등이 존재한다는 점도 인정할 수 있다. 그러나 『조선일보』를 포함한 왜곡된 언론이 문제를 악화시키기는 하지만, 그것으로 참여정부의 문제가 환원될 수 있는 것은 아니다. 재신임이나 대연정 등을 제시하는 참여정부의 정세인식에는 기본적으로 "보수적 야당이나 언론의 반대로 개혁을 못한다"는 인식이 전제되어 있다. 재경부관료를 포함한 거대한 관료집단을 고려할 때 이 점은 일말의 진실을 가지고 있다. 그러나 오히려 시민사회와 민중들의 지지를 촉발하는 국민적 선도성을 오히려 개혁의 확장과 관련해서 참여정부가 발휘하지 못한 데 큰 원인이 있다고 생각한다. 국정운영세력으로서의 타협적 유연성과 개혁자유주의세력으로서의 비타협성 간의 긴장과 갈등이 존재하기는 하지만, 참여정부 주도세력들이 '통치의 미덕'이라는 점에서 많은 문제를 드러내온 것이 사실이다. 이러한 통치의 미덕 부재는 반독재민주세력 전반의 헤게모니의 균열이라는 결과로 나아가고 있다고 나는 판단한다.

것이 아니라, 개혁자유주의 정부의 상대적으로 개혁적인 요소와 시민사회(혹은 국민적 개혁요구)의 역동성을 결합시키는 방식으로 제도정치의 공간을 확장하고 제도정치 내의 보수적 저항의 '국민화'를 막는 방식으로 나갔어야 한다는 의미다. 사실 그러한 요소들을 보수적 미디어와 지식인담론은 '민중주의'나 조합주의라는 식으로 공격했지만, 나는 오히려 제도정치 내의 보수적 저항을 넘어서기 위해서는 국민적 역동성이 제도정치공간의 보수성을 제약할 수 있게 하는 노력이 필요하다고 생각한다. 어떤 의미에서 통치의 미덕을 발휘하지 못함으로써 제도정치공간에서의 보수적 저항과 시민사회 내의 보수적 저항이 결합하는 공간을 제공한 측면이 있다고 생각된다.

여기서 나는 '주체적' 관점에서 87년체제의 위기요인을 접근하고 있기 때문에, 민주개혁의 굴절과 위기의 중요한 요인을 이루는 기타 여러 요인들을 충분히 언급하지 못하고 있다. 즉 공론장을 왜곡시키고 보다 직접적으로는 '국민들의 여론' 자체를 왜곡시킴으로써 개혁을 굴절시키고 있는 『조선일보』를 포함한 반개혁적·계급적인——이에 관해서는 뒤에서 설명한다——미디어의 문제——제한된 개혁정책 자체도——나 그 개혁성을 약화·굴절시키는 방향으로 작동하는 관료집단의 문제 등도 예로 들 수 있다. 반개혁적 미디어의 문제는 상대적으로 쟁점화가 되었으나, 관료집단의 개혁문제는 핵심적인 개혁의제임에도 불구하고 상대적으로 쟁점화되지 못했다. 또한 보수적 관료집단의 '현실론'을 뛰어넘어 개혁적 정책을 '실현가능한' 정책으로 관철시킬 수 있는 정책역량의 취약성 등도 들 수 있을 것이다.[10] 이러한 여러 가지 민주개혁 자체의 수평적 확산과정에서 나타나는 문제점들이 위기적 상황을 조성하고 있다고 생각한다.

---

10) 이에 관해서는 조희연, 앞의 책(2004, 15장 사회운동과 정책역량) 참조. 시민운동의 경우도 '문제제기형' 운동으로서의 프리미엄이 점차 약화되고 있는 조건에서 싱크탱크의 대폭적인 강화가 필요해지고 있다.

(2) 민주개혁 자체의 내재적 한계

둘째, 민주개혁 자체의 내재적 한계에서 발생하는 위기이다. 민주개혁에도 불구하고 혹은 민주개혁을 추진하는 주체의 현실적 · 인식적 · 계급적 한계에서 기인하는 위기를 의미한다. 이것은 두 가지 측면에서 조명할수 있는데, 우선 87년 이후 국가민주화의 진전에도 불구하고 한국자본주의의 가혹한 축적구조가 규율되지 않은 채로 작동하였고 이는 97년 경제위기와 이른바 지구화의 신자유주의적 영향에 매개되면서 한국사회의 양극분해와 시민사회의 계급적 양극화가 촉진되었다는 점을 들 수 있다. 이러한양극화는 한국사회의 투기적 질서가 규율되지 않음으로 해서 더욱 가속화되었다. 또한 한국사회는 산업자본이나 금융자본의 운동에 의해서 주어지는 계급적 양극화뿐만 아니라 토지 및 주택 등 부동산소유 및 부동산거래시장에서의 불평등한 지위를 통하여 계급적 차이가 증폭되고 고착화되는상황에 놓여 있다. 이는 인플레이션과 같이 생산외적인 투기적 요소를성장의 중요한 동력으로 삼았던 초기산업화단계의 한국자본주의의 천민성이 지구화시대에 변형된 형태로 재생산되고 있음을 의미한다.

87년 이후의 과정은, 한편에서 과거 독재질서의 유산을 개혁하는 차원에서 시장부문에서 다양한 규제와 개혁이 이루어졌음에도 불구하고 또 한편에서는 그보다 더 빠른 속도로 우리 사회의 계급양극화가 진행되고, 자본부문이 개혁의 일환으로 정경유착 등에 대해 개혁을 강요당하면서도 동시에국제경쟁력 강화와 자율이라는 민주화시대의 새로운 담론들에 도움을받으면서 더 빠른 속도로 자신을 강화해왔다는 것이 하나의 결과이기도하다. 이에 따라 한국사회에서 자본의 논리와 힘, 그 경제적 힘과 담론의힘은 더욱 강화되었다고 할 수 있다.

국가권력의 민주화속도에 비해 시장권력의 강화속도는 훨씬 빨랐다.자본 내에서 과점적 우위를 누리고 있던 삼성의 자본은 97년 경제위기를거치면서 거의 독점적 지위를 갖게 되었고 이러한 시장에서의 독점적 지위를 근거로 하여 국가권력에 대해 다시 영향을 미치게 되었다. 또한 시장권력이 강화되어 정부의 사회정책이나 경제정책의 '상대적 진보화'를 저지하는 힘은 커졌고, 시장권력의 강화에 따른 시민사회의 계급적 양극화는 더욱 진전되어왔다. 역설적이지만 한국사회는 전두환정권 때보다도 훨씬 계급적으로 양극화되고 있다고 해도 무방할 것이다. 비정규직노동자의 입장이나 도시빈민의 입장에서 민주화란 도대체 무슨 의미를 갖는가를 반문하지 않을 수 없게 되는 것이다.

멀리는 문민정부에서의 국제경쟁력 강화를 위한 각종 '세계화'정책들, 국민정부하에서의 IMF긴급구제금융체제를 극복하기 위한 각종 개방화조치 및 기업규제정책의 철폐로부터 이러한 양극화는 예비되어 왔다고 할 수 있다. 특히 97년 경제위기를 거치면서 시민사회의 계급적 양극화가 급진전됨으로써 국가민주화의 의미가 퇴색되고 있다고 생각된다.

이것은 시민사회의 자율이 허구화되고 민주주의와 시민사회의 존재가 자본주의의 정치적 외피로 전락해간다는 마르크스의 경고를 되새기게 하는 대목이다. 부르주아혁명을 통해서 주어진 시민사회의 자율성과 근대적 민주주의가 자본주의의 정치적 외피(shell)로 전락해가는 과정을 상기해보자. 어떤 의미에서 87년 이후의 민주개혁과정을 통해서, 그 일부로서의 국가민주화를 통하여 한국 '국가의 자유민주주의적 정상화'[11]가 실현되어왔다. 개발독재적 '예외'국가 혹은 '비정상'국가가 민주개혁을 통해서 정상국가로 전환되어온 것이다. 그럼에도 불구하고 자유민주주의적 국가가 자본주의의 축적구조의 민주화를 동반하지 않음으로써, 자유민주주의적 정상국가는 가혹한 천민적 자본주의의 화려한 외피로 작동하는 역설적 상황이 출현하게 되는 것이다.

---

11) 조희연, 앞의 책, 서장.

적극적인 사회정책의 부재에 말미암은 위기적 요인

다음으로는 참여정부하에서 이러한 양극화에 대응하는 적극적인 사회정책을 구사하지 못함으로써 위기적 요인은 더욱 확대되었다. 국가민주화의 속도에 비해 시장권력의 강화와 시민사회의 계급적 양극화가 훨씬 급진전되는 것에 대응하여, 이를 상쇄하는 적극적인 사회정책을 구사하지 못함으로써 민주정부와 시민사회의 역설적인 괴리가 확대된 데서 그 원인을 찾을 수 있다.

민주개혁의 '대상'은 구 독재세력 내지는 독재체제이지만 이를 둘러싼 민주개혁의 과정에는 두 가지 상반된 힘이 작용하게 된다. 즉 한편에서는 철저한 민주개혁을 요구하는 시민사회와 민중부문의 힘이며, 다른 한편에서는 민주개혁을 우회하고 민주개혁의 흐름을 '시장친화적'인 방향으로 나아가게 하거나 자기합리화적 개혁으로 제한하고자 하는 자본과 시장부문의 힘이다. 이는 87년 6월 민주항쟁을 통해서 개발독재체제가 붕괴하면서 개발독재하에서 독재적 국가에 의해 억압되고 있었던 두 가지 힘이 동시에 '해방'되었기 때문이다. 즉 개발독재에 저항하면서 활성화된 시민사회와 민중 부문 그리고 개발독재의 후원을 받으면서 강화된 자본과 시장(특히 대자본) 부문이다. 이 두 가지 힘이 각축하는 속에서 민주정부는 정치적·사회적 영역에서 과거의 독재적 질서를 민주화하기 위한 다양한 개혁들을 전개해왔다. 동시에 이러한 개혁을 시민사회와 민중 부문이 아래로부터의 투쟁을 통해서 촉진하여왔다. 민주개혁이라는 이름으로 진행된 국가권력의 민주화는 기본적으로 독재하에서 저항적으로 활성화된 시민사회와 그를 선도했던 민중부문의 아래로부터의 압력에 의해서 촉진되었다고 할 수 있다. 시장과 자본부문은 한편에서는 독재하에서의 유착관계, 왜곡된 축적양식이 민주개혁의 일환으로 개혁대상이 되면서 동시에 자율이라는 민주화담론의 도움을 받으면서——과거의 국가-자본동맹양식을 벗어나서——자율적인 축적양식을 확립하고 역으로 시장권력에 부응하는 방식으로 국가가 작동하게 하는 압력을 역으로 행사하게 된다.[12] 전자가 민주개혁의 이름으로 시장과 자본의 사회적·공적 규제를 지향한다면, 후자는 민주개혁을 시장과 자본을 위협하는 것이 아니라 '정합'적인 것으로 만들고 국가권력을 친시장적으로 견인하면서 기존의 축적과정의 지속을 지향한다고 할 수 있다.

20세기 서구역사에서 나타나는 자본주의와 민주주의는 긴장도 바로 이를 반영한다. 자본주의는 민주주의에도 불구하고 이를 형식화하고 자본주의적 질서를 침식하지 않는 정치적 외피로 치환하려고 하는 반면에, 저항적 시민사회와 민중들의 저항은 민주주의를 급진적으로 확장함으로써 자본주의를 사회적으로 규율하려고 하게 된다. 여기서 '민주주의와 자본주의의 모순적 결합'이 출현한다. 어떤 점에서 이러한 긴장지점에 한국민주주의가 접근하고 있다고 생각된다.[13]

물론 계급적 양극화라는 결과적 상황은 이른바 신자유주의적 지구화의 '초국민국가적' 요인이 근저에 작용하고 있었다. 사실 한국의 민주화는 지구화와 동시적으로 진행되었고 이러한 '민주화와 지구화의 이중적 진행'은 한국민주개혁의 정책적 한계를 지극히 친시장적으로 제한하는 결과를 가져왔다. 이를 '지구화의 민주화 제한효과'라고 표현할 수 있을 것이다.

---

12) 민주화는 시장에 대한 국가의 통제로부터의 '자율'을 분명히 내포하는 것이지만, 공적 규율과 시장의 가혹성의 사회적 보완이라고 하는 적극적인 내용이 포함된다. 시민사회의 입장에서 보더라도, 국가의 관치적 통제의 극복과 자율회복이 한편에 존재하지만 다른 한편에는 시민사회의 사회적 요구의 적극적인 실현이라는 차원이 존재한다. 개혁은 단순히 정치적 차원만 존재하는 것이 아니라, 사회경제적 차원이 존재한다.

13) E. M. Wood 같은 마르크스주의자는 자본주의에 대한 최대의 도전은 바로 이러한 민주주의의 협소화와 형식화를 넘어서서 민주주의를 급진적으로 확장하는 것이라고 말한다. 심지어 이렇게 급진적으로 확장된 '민주주의는 사회주의와 동의어가 될 수도 있다'고도 말한다 (*Democracy against Capitalism: Renewing Historical Materialism*, Cambridge: Cambridge Univ. Press, 1995, p. 15). 시민권의 입장에서 민주주의와 자본주의의 긴장관계를 T. H. 마셜은 시민권으로부터 정치권·사회권으로의 확장을 통해 자본주의가 규율되었다고 보고 있다. 마셜이 볼 때, 사회계급은 불평등의 체계이고 시민권은 평등의 체계인데, 그는 "20세기에 시민권과 자본주의 계급체계는 전쟁상태에 있었다"(p. 84)고 말한다. 그러면서——다소 낙관적으로——"시민권개념 속에 내재된 평등성은 비록 그 내용이 제한되기는 하지만 원칙적으로 전면적인 불평등을 특징으로 하는 계급체계의 불평등을 붕괴시켰다"(p. 85)고 말한다(T. H. Marshall, "Citizenship and Social Class," *Class, Citizenship, and Social Development*, NY: Doubleday and Company Inc., 1964).

나아가 지구화의 신자유주의적 효과, 이에 편승하여 국가권력을 친시장적으로 견인하려는 시장권력의 힘은 민주개혁을 이른바 신자유주의적 개혁에 유폐되어 진행되게 하는 방향으로 작동하였다.

민주개혁의 진정한 한계지점은 바로 여기에 있다. 자유민주주의적 개혁의 전진을 위해서도, 개혁자유주의가 기존의 극우반공주의적으로 규정된 자유주의적 임계지점을 넘어서야 하는 지점에 이르렀다고 나는 생각한다. 물론 민주개혁의 지평확대 혹은 자유주의적 정책프레임의 지평전환은 기존의 반공주의적 제약이나 신자유주의적 지구화의 영향하에서의 시장주의담론이나 자율주의담론 등에 의해 제약당하고 있기 때문에, 대단히 어려운 과정이고 고통과 혼란의 과정이 될 것임은 분명하다.[14]

민주개혁의 위기에 의해 촉진되는 보수의 능동화

이처럼 민주개혁의 병목지점에서 민주개혁의 위기요인들이 노출되고 이로써 87년 이후 우리 사회를 지배해오던 민주주의담론의 헤게모니적 성격이 균열되는 데서 다양한 도전들이 나타나게 된다. 이는 다양한 현상을 띠게 되는데, 예컨대 박정희에 대한 재평가도 바로 이러한 전환적 위기의 지적 표출이라고 할 수 있을 것이다. 민주개혁의 이러한 위기에 대응하여 나타나는 여러 가지 현상들 가운데 가장 직접적인 것으로는 '보수세력의 능동화'를 들 수 있다. 보수세력의 능동화로, 개발독재시기에는 관변단체들의 능동화가 있었으나 이는 단순히 위로부터 동원된 것에 불과하였다. 87년 이후의 개혁국면에서는 보수세력이 민주개혁이라는 시대정신에 압도되어서 적극적인 공세를 취하지 못하였다. 그러나 민주개혁국면에서

---

14) 또한 민주정부가 추동하는 개혁의 한계성은 지구화가 가져오는 변화에 의해서 증폭된다. 이제 일국적인 해결만으로 해소될 수 없는 지점이 존재한다. 포스트-민주화국면으로의 이행은 민주개혁의 지평을 확장하지 않으면 안 되는 도전을 담고 있다. 특히 이는 지구화를 통해서 주어지게 된다. 왜냐하면 일국적 수준에서의 철저한 민주개혁만으로 민주개혁의 목표가 달성될 수 없기 때문이다. 또한 지구화의 맥락에서 그것은 민족주의적 해결방안에 다름 아닌 것이 되어버리기 때문이다.

포스트-민주개혁국면으로의 이행과정에서는 앞의 두 가지 위기요소에 의해 촉매가 되면서 보수세력의 능동화가 나타나게 된다. 탈권력화의식을 가지면서 더 이상 물러설 수 없다는 위기의식 속에서, 적극적으로 보수를 동원하고 보수적 메시지를 전달하고자 하는 집단행동이 출현하는 것을 의미한다.

이러한 보수의 능동화는 시민사회에 대한 국가의 억압과 통제가 민주개혁과정에서 완화되면서 더욱 촉진되었다. 저항적 시민사회의 저항효과가 보수세력의 '자유'확대에도 '보편적으로' 적용되는 셈이다. 민주개혁의 위기에 대응하는 '보수세력의 능동화'는 현상적으로 민주개혁의 병목지점을 치열한 갈등으로 특징짓게 만들었다고 생각된다.

흥미로운 것은 보수세력이 처해 있는 야당적 지위, 민주개혁의 전진과 한계 모두에서 발생하는 문제점을 계기로 보수의 능동화가 전개되고 있고, 이는 '비판자'적 지위가 갖는 역의 프리미엄에 의해서 '도덕성'을 갖는 것으로 투영되기도 한다는 점이다. 보수세력의 능동화는 첫째의 위기요인과 관련해서는 현재의 민주정부의 민주개혁의 '과잉'을 공격하는 형태로 전개되지만, 둘째의 위기요인과 관련해서는 과거 개발독재의 현재적 부활과 긍정적 평가, 각종 정책들의 더욱 적극적인 신자유주의적 선회를 추동하려는 노력으로 나타나게 된다. 민주개혁의 첫번째 위기와 관련해서 보수세력의 능동화는 민주개혁의 확산과 심화를 저지하는 집단적 저항으로 나타나고 있으며, 두번째 위기와 관련해서는 민주개혁의 정책들을 더욱더 '자율'에 치중케 하거나 국가의 친시장적인 정책구사 혹은 신자유주의적 선회를 주문하는 형태로 나타나기도 한다.

이러한 보수의 능동화과정에서, 87년 이후 민주주의 내지는 민주개혁이라는 시대정신에 압도당해서 쟁점화되지 못했던 쟁점들도 제기된다. 어떤 점에서는 이런 쟁점들을 부각시키려는 보수언론의 의도가 과거 독재의 잔재를 유지하려는 퇴행적 행태로서 규정당함으로써 '도덕적' 공간이 없었던 반면에, 이제는 민주개혁의 위기와 진통 속에서 87년 이후 민주진보담론에 의해서 주변화되었던 쟁점들이 부각될 수 있는 '도덕적' 공간이 출현하면서 현재의 박정희시대 재평가논란이 나타나게 되었다고 생각된다. 이것이 바로 과거의 보수세력의 저항과 구별되는 점이다. 즉 과거 보수세력의 저항은 구질서의 유지를 위한 퇴행적 성격이 강했던 데 반해 현재의 보수적 저항은 민주세력의 국정운영의 문제점——권력집단으로서의 문제점——을 '전향적으로' 비판하는 것처럼 나타나기도 하며, 현재의 민주개혁의 한계지점에 대한 신보수적 대안을 중심으로 공세를 취하는 형국으로 출현하기도 한다.

3. 민주개혁의 '전환'과 '심화'

앞절에서 나는 87년체제의 전환적 위기와 관련하여 두 가지를 제기하였는데, 응전전략의 측면에서 볼 때 첫째의 위기요인과 관련해서는 민주개혁의 병목지점을 돌파하기 위해 민주개혁을 '심화'시켜야 하는 과제가 존재하고 둘째의 위기요인과 관련해서는 개혁의 정책적 프레임 자체를 전환해야 하는 과제가 존재한다고 할 수 있다. 이 절에서는 먼저 민주개혁의 전환에 대해 서술하고 그에 기초하여 민주개혁의 심화를 살펴보고자 한다.

(1) 정치적 자유주의의 '사회적 자유주의'로의 전환

앞서 서술하였듯이 나는 포스트-87년체제 그리고 포스트-민주개혁국면에서 민주진보세력의 헤게모니적 선도성을 어떻게 발휘할 것인가 하는 문제의식을 가지고 있다. 이런 점에서 민주개혁의 전환을 위해서 민주개혁의 지평이 정치적 자유주의에서 '사회적 자유주의'로 확장될 필요가 있다. 그동안 반부패, 정치개혁 등에 집중하던 민주개혁의 지평을 사회경제적 양극화, 사회계급적 불평등의 심화에 응전하는 사회경제적 개혁의 차원으

로 전환해가야 한다.[15]

　민주개혁 자체의 진전에도 불구하고 혹은 민주개혁의 신자유주의적 유폐로 인하여 새로운 문제들이 무수히 제기되고 있고——그 과정에서 민중의 새로운 주체화가 진전되고 지구화에 따른 새로운 문제들도 드러남으로써——보수세력과 공유하고 있는 정책적 프레임을 넘어설 것인가 아닌가 하는 선택에 직면해 있다. 87년 이후 민주주의가 시대정신이 됨으로써 보수세력이나 독재세력도 거부할 수 없는 민주개혁의 공통지점들이 존재한다. 사실 민주개혁은 바로 이러한 공통의 지점들——앞서 서술한 국민적 합의가 광범위한 1차적인 개혁의제들——을 중심으로 진행되었다. 그러나 보수세력과 차별화되는 개혁의 차원으로 이행해야 하는 과제를 가지고 있다. 이것은 더욱 어려운 개혁의 지대가 될 것이다. 특히 민주개혁의 경제적 위기는 반독재민주세력의 일부로서의 개혁자유주의정부로 하여금 보수적 구집권세력과 동일한 정책프레임으로 정착해갈 것인가 아니면 그들의 정책프레임과 단절해가면서 새로운 실험을 할 것인가 하는 지점에 접근해가고 있다. 민주개혁의 한계지점은 민주주의의 이름으로——민주주의를 급진적으로 확장함으로써——시장과 자본주의에 대해서 공적·사회적 규율을 할 것이냐, 시장과 자본주의의 '허울'로 민주주의가 전락해갈 것인가 하는 선택지점에 다름 아니다. 87년체제하에서의 민주개혁이 민주주의를 실현하는 데 초점을 맞추었다고 한다면, 이제 민주주의와 자본주

---

15) 여기서 '사회적 자유주의'는 독일의 사회적 시장경제와 같은 특정한 현실적 형태를 지칭하지는 않는다. 단지 시장경제나 자유민주주의 같은 근대자유주의의 핵심들을 견지하면서도 사회경제적 정책 면에서 사회민주주의나 유로코뮤니즘에서 보이는 바와 같은 시장경제에 대한 공적·정치적 규율을 내포하는 방향으로 자기확장을 한 자유주의를 의미한다. 이런 점에서 보면, 자유주의 범주 내에 존재하면서도 사회경제적 내용에서는 넓은 스펙트럼이 존재한다고 할 수 있다. 사회민주주의를 혁명적 공산주의와 구별하는 맥락에서 사회적 '자유주의'로 개념화하는 경우도 그래서 나타나게 된다(이런 의미에서 사회민주주의는 '좌파자유주의'가 된다). 한국에서는 자유주의적 제경향들이 반공주의의 제약 속에서 대단히 우익화된 자유주의로 존재하였고 그 결과 사회경제적 정책에서 대단히 친기업적인 경향이 강하였다고 생각된다. 이런 점에서 명확한 내포와 외연을 가진 개념으로 이해하기보다는, 사회적 성격이 강화된 자유주의라는 의미에서 사회적 자유주의를 이해하면 좋을 것이다.

의 관계에서 민주개혁을 인식하고 민주주의를 확장함으로써 자본주의를 규율하는 데 초점을 맞추어야 한다.[16] 우리는 바로 이러한 민주개혁의 전환 및 비월지점에 서 있다고 해야 할 것이다.

여기서 개혁자유주의정부가 보수적 구집권세력에 접근해간다고 하면, 이른바 민주정부가 과거 독재적 보수세력과 일정한 민주개혁영역에서는 대결적 입장을 갖게 되지만, 다른 정책영역에서는 본질적으로 동일한 성격을 가질 것이다. 보수적 구집권세력이 '개혁을 수반하지 않는 공세적인 친기업적 세계화전략'을 추진한다면, 반독재민주집권세력은 '일정한 개혁을 동반하는 친기업적 세계화정책'을 추진하게 될 것이다. 다른 경로는 물론 개혁자유주의세력들이 민주개혁을 추구함에 있어 사회민주주의적 요소를 내재화하면서 '사회적 자유주의' 정책프레임으로 전환해가는 것이다.

이는 현재의 개혁자유주의세력이 민중운동의 진보적 의제들에 얼마나 개방성을 가질 것인가, 신자유주의 반대투쟁이나 반세계화운동, 비정규직 철폐운동 등에서 제기되는 이슈들을 자기화할 것인가 하는 문제와 연관되어 있다.

자유주의세력의 분화

이것은 자연스럽게 87년체제하에서 민주개혁의 추동세력이었던 중도자유주의세력이 포스트-87년체제하에서 분화되어야 함을 의미한다. 즉 포스트-87년체제의 쟁점을 수용하면서 이를 새롭게 쟁점화하려는 사회적 자유주의세력과 87년체제의 정치적 자유주의세력의 의제의 지평 위에 머무르는 정치적 자유주의세력으로 분화될 것이다.[17] 물론 자유주의는

---

16) 87년체제하에서 사회운동에 의한 민주개혁운동은 '국가의 자유민주주의적 정상화'(조희연, 앞의 책, 2004, 서장)에 기여하였다고 생각된다. 그러나 그렇게 정상화된 자유민주주의적 국가가 가혹한 자본주의적 현실의 '정치적 외피'로 작동한다면 87년체제의 사회운동의 역할은 자본주의의 정치적 합리화운동으로서의 의미밖에 지니지 못할 것이다.

17) 이 점은 한국현대사에서도 잘 드러난다. 한국전쟁 이후 극우반공주의적 조건에서 한국의

기본적으로 시장자유주의를 내적인 성격으로 가진다는 점에서 일정한 한계를 가질 수밖에 없다. 그러나 만일 자유주의세력들의 적극적인 분화가 나타나게 된다면, 사회적 자유주의와 사회민주주의, 급진적 세력의 연합을 통한 국민적 전선을 유지하는 것이 가능할 것이라고 생각된다.

이런 점에서 공공성——국내적·국제적 전선 내포——을 중심에 놓는 새로운 전선을 구축하는 것이 필요하다. 이 전선의 한쪽에는 정치적 자유주의에 머무르는 자유주의세력과 합리화된 보수세력이 포진할 것이며, 다른 한편에는 사회적 자유주의로 자신을 확장하는 사회적 자유주의세력과 급진주의세력이 포진하게 될 것이다. 이런 점에서 보면, 이미 일국적 차원에서 강력한 시장주의자들과 반대로 공공성론자들이 대립하게 될 것이다. 이러한 전선의 형성여부는, 그람시적 의미에서의 민주진보세력의 헤게모니가 지속될 것인가, 보수적 헤게모니로 전환될 것인가 하는 기로를 결정할 것이다.

따라서 민주진보세력이 신자유주의적 지구화의 국면에서 공공성을 둘러싼 국민적 전선을 형성할 수 있느냐 여부는 개혁자유주의세력의 전환과 분화가 중요한 관건이다. 여기서 개혁자유주의의 사회적 자유주의로의 전환이 중요해진다. 나는 한국의 개혁자유주의정부가 구 보수적 세력에 근접하여 보수화하든지 아니면 개혁자유주의의 정책지평을 사회(민주주의)적 방향으로 확장함으로써 현재의 정치경제적 문제점을 다른 지평에서 해결하도록 시도할 것인가 하는 선택의 기로에 서 있다고 생각된다. 이는 개혁자유주의세력의 중요한 부분을 구성하고 있는 이른바 '386정치인'들

중도자유주의세력은 보수주의의 영향력 아래 놓였다. 그러나 개발독재의 후반기에 자유주의가 저항적 성격을 갖게 되면서——어용적 자유주의와 저항적 자유주의가 분화되면서——저항적 자유주의와 급진적·진보적 세력의 연합에 의해 국민적 반독재전선이 형성되었던 것이다(자유주의의 변화에 관해서는 조희연, 「정치사회적 담론의 구조변화와 민주주의의 동학: 한국현대사 속에서의 지배담론과 저항담론의 상호작용을 중심으로」, 조희연 편, 『한국의 정치사회적 지배담론 변화와 민주주의의 동학: 한국 사회운동과 민주주의의 동학(3)』, 함께읽는책, 2003 참조). 현재의 포스트-87년체제하에서 공공성을 중심으로 자유주의가 분화되어 사회적 자유주의세력과 진보세력의 새로운 연대가 형성될 때 비로소 국민적 전선이 유지될 수 있다고 나는 생각한다.

이 자신들의 '정치주의'적 한계를 넘어서는 것을 의미하는 것이기도 하다.

사회적 자유주의의 구체적 정책지점들

현단계 반독재민주정부——그 일부로서의 참여정부——의 위기적 상황은 민주정부로 하여금 구 보수적 집권세력과 동일한 이념지형 내에서는 더 이상 아무것도 할 수 없는 지점으로 내몰고 있다. 예컨대 부동산정책 같은 경우도 이러한 딜레마를 잘 보여준다. 판교신도시 개발 이후 주택가격의 상승은 단순히 공급확대정책이나 보유세 강화 등으로 해결될 수 없다는 것을 잘 보여주고 있다. 참여정부가 기존의 개발주의적이고 중상층 위주의 정책들——예컨대 무기명채권을 발행하여 유동자금을 흡수하는 것이나 일방적인 공급확대정책 등——을 채택하지 '않는' 소극적인 측면에서는 일정한 긍정성이 있다고 할 수 있을지 몰라도, 적극적인 부동산정책은 찾아볼 수 없다. 공공성을 중심으로 토지와 주택의 '탈상품화'를 지향하는 진보적인 부동산정책은 '위헌논란' 등 보수적 저항에 눌려 폭넓은 정책적 선택을 스스로 제한당하고 있다. 이미 한국의 부동산문제는 영구임대주택의 확대 혹은 중산층 주거물량의 증가 같은 기존의 개발주의적 프레임 내에서의 보완정책만으로도 해결할 수 없는 상태에 놓여 있다. 결국 자유주의정부의 정책적 프레임 자체를 사회(민주주의)적으로 확장함으로써 위기를 해결해가는 수밖에 없다. 1가구1주택 이상의 주택소유를 사회적으로 규율하는 적극적인 정책으로 나아가야 한다고 생각한다. 토지와 주택을 투기와 축적의 수단으로 삼는 기득권층의 저항을 뛰어넘어 보다 적극적인 사회적 자유주의 정책수단들을 개발하지 않는 한, 이미 현재의 주택·토지 투기를 통한 양극화를 막을 수 없다. 사유재산 절대주의와 공급확대를 중심으로 한 구 정책프레임을 넘어서서 공공재로서의 토지개념에 근거한 적극적인 토지공개념정책이나 토지와 주택의 적극적인 탈상품화전략 차원으로 나아가야 한다.

또한 교육문제——더욱 복잡한 요인들이 작용하지만——역시 '3불정책'

의 유지 여부나 내신반영비율을 높일 것인가 아닌가 차원에서 해결될 수 없는 지점에 이르렀다. 이미 시민사회의 계급적 양극화로 인하여 60년대 이후 지속된 '평준화정책'의 현상유지만으로는 거대한 계급적 불평등의 압력을 버티어낼 수 없게 된 것이다. 구조화된 계급적 불평등에 조응하는 형태——그마나 개발독재하에서 교육평등의 기제로 작용해오던 평준화정책 등——로 교육체제를 불평등하게 변화시킬 것을 요구하고 있는 것이 현재의 평준화정책을 둘러싼 갈등의 본질이다.

이를 위해서는 현재와 같은 시장만능주의와 사유재산 절대주의에 대한 성찰이 필요하다. 서울대 문제 등 교육문제에서도 현재와 같은 '자율 대 관치(官治)의 구도'를 넘어서려는 적극적인 돌파의 자세가 필요할 것이다. '자율 대 관치'의 대립구도의 이면에는 사실 본질적으로 학벌유지와 교육불평등의 구조화 대 그것의 타파의 갈등이 내재해 있다. 이런 점에서 앞서 서술하였듯이 자율이라는 명분 속에서 계급적 양극화에 조응하는 불평등한 교육질서——계급적 질서의 재생산의 한 기구로서의 교육체제——의 고착으로 나아가지 않고, 계급적 불평등 자체에 대한 적극적인 정책구사 및 계급적 불평등을 상쇄하는 평등화기제로서의 교육체제의 재정비로 나아가야 할 것이다. 재벌개혁에서도 마찬가지의 선택에 직면하게 된다. 박정희시대와 달리 '시장자율 대 관치'의 대립구도를 친시장적 매체들이 국민적 여론으로 만들고 있다. 그러나 타락한 자율 대 더 큰 자율을 위한 적절한 사회적 시장규율의 대립도 존재하며, 공적 규율 없는 폭력적 자본주의 대 사회적 민주주의의 대립구도도 존재한다.

앞서도 서술하였듯이, 이미 한국 반독재민주세력이 주도하는 민주개혁은 자유주의적 민주정부가 집권세력으로서의 한계성을 뛰어넘어, 극우반공주의와 시민사회의 뿌리 깊은 성장주의, 신자유주의적 세계화가 부여하는 한계를 뛰어넘어 스스로 자기지평을 확장할 수 있느냐 없느냐 하는 것이 관건이 된다. 여기서는 중도자유주의적 개혁정부가 민주주의의 사회적 요소를 자기화하는 방식을 통해서, 현재의 정책선택의 지형을 뛰어넘는 것이 필요할 것이다.

민주개혁을 통해서 진행된 국가민주화, 그 일부로서의 시장개혁이나 경제개혁에도 불구하고, 한국자본주의의 가혹한 축적의 진행은 한국사회의 양극분해와 시민사회의 계급적 양극화를 막을 수 없었고 그 결과 민주개혁이 한국자본주의의 형식적 합리화에 기여할 뿐 한국자본주의에 대한 적절한 사회적 규제를 할 수 없었다. 민주개혁이 가져온 '국가의 자유민주주의적 정상화'를 뛰어넘어 그 자유민주주의를 사회적 혹은 사회민주주의적으로 확장하지 않는 한 이러한 상황은 더욱 악화될 것이다.[18]

시민사회진영의 비판과 감시 역시 '정치적 자유주의' 지형을 넘어야
이러한 사회적 자유주의로의 전환은 시민사회 내의 자유주의적 운동세력, 그 일부로서의 시민운동에도 적용되어야 한다.

사실 87년 이후 민주개혁을 선도한 시민운동 같은 경우 기본적으로 이러한 제한된 개혁자유주의의 프레임을 공유해왔다. 투명성이나 공정성의 가치에 집중해왔지 공공성과 사회성의 가치에 대한 적극적인 고민이 결여되어 있었다. 부패방지법이 설치되어 투명성이 증대된다고 하더라도 그것이 곧 시민사회의 계급적 양극화와 양극분해를 해결해주는 것은 아니다. 단지 부패한 지배에서 투명한 지배로 이행하는 것일 따름이다. 이런 점에서 민주주의를 절차적 투명성과 참여라고 하는 민주주의의 방법론적 측면에 집중해 왔다고 할 수 있다. 자본에 대한 비판과 감시도 기본적으로 시장자유주의적 프레임을 전제로 하였다. 이것은 한국의 시민사회진영마

---

18) 2005년 7월 노대통령의 '대연정'제안은 이러한 복합적 현실을 지역주의 극복이라고 하는 국가민주화를 왜곡하는 한 변수를 중심으로 파악하고 있음을 보여주고 있다. 사실 경제정책이라는 점에서는 한나라당과 열린우리당, 민주당이 큰 차별성이 없다. 열린우리당의 경우 대연정과 같은 형태로 한나라당과 근접하는 방식으로 가기보다는 오히려 정반대로 한나라당의 보수주의와 구별되는 방식으로 자신의 사회성을 강화하는 방향에서 '사회적 자유주의'정당으로 정체성을 재구성해가고 그 관점에서 정책지평을 확장해가는 것이 필요하다. 현재와 같은 대연정 방식은 오히려 열린우리당의 정체성의 혼란과 포스트-87년 체제로의 이행과정에서의 민주개혁운동의 약화를 초래할 수 있다.

저도 53년체제의 한계 내에——최소한 공식적 담론의 영역에서는——유폐되어 있음을 의미한다. 이런 점에서 민주주의의 사회적 확장을 통한 자본주의의 사회적 규제라고 하는 '공공성'의 가치에 더욱 시선이 가야 한다. 현재 시민운동이 '공공성담론'을 급진주의담론으로 생각하는 경향이 강하게 존재하고 있다. 이는 87년체제의 초기국면을 전제로 할 때 일정하게 공감되는 측면도 있다. 그러나 시민운동이 개혁하고자 했던 정치가 점차 '민주적 계급사회'의 외피로 전락해가는 지금, 시민운동이 전개하는 정치개혁운동도 이러한 공공성실현 투쟁과 결합되지 않는다면, 보수주의적 함의를 가지지 않을 수 없다. 이런 점에서 시민운동의 내부적 분화가 더욱 진전되고 있고,[19] 더욱 진전되어야 한다. 현재의 정책선택의 프레임이 우익화된 자유주의의 지형이 있음을 인식하고 이를 확장하기 위한 아래로부터의 노력이 적극적으로 필요하다.

이러한 노력은 시민운동이 실현하고자 했던 개혁'정치'의 구조적 의미가 달라지는 데서도 그 필요성이 주어진다. 87년체제하에서 정치개혁은 구체제의 민주적 개혁의 핵심적 사항이었고 그 자체가 진보적 의제였다. 그러나 '민주적 계급사회' 속에서 정치개혁은 계급사회의 정치적 '형식'을 개혁하는 것이며, 그러한 정치적 형식에 담기는 사회경제적 내용에 대한 개혁을 직접적으로 동반하는 것이 아니다. 시장개혁이나 기업개혁에 임하는 시민운동의 접근법도 이와 유사하다.

어떤 의미에서 "투명한 민주적 '계급사회'"의 현실 속에서 계급사회적 현실에 대결하지 않고 투명성과 민주성에 매달리는 것은 '진보'가 아니라고까지 이야기할 수 있다. 또한 신자유주의와 어떤 형태로든 대결하지 않는

---

19) 강정구 교수 불구속수사 지휘와 관련하여 '천정배 장관 퇴진운동'을 결의하는 기독교사회책임, 선진화정책운동, 시민과함께하는변호사 등도 바로 이러한 분화를 잘 보여주고 있다(『조선일보』 2005. 10. 17). 과거의 우익적 관변단체들이나 2000년대 이후——참여자치네티즌연대와 같은——이른바 '신우익'단체와 달리, 중도를 표방한 단체들의 '신보수화'현상들은 민주진보세력의 헤게모니의 위기에 따른 시민사회의 '우경화'현상을 보여주는 것이기도 하다.

시민운동은 운동으로서의 성격이 약화된다고 생각된다. 시민운동의 '정치적 중립성'의 위기도 바로 여기에서 나오게 된다. 정치적 중립성의 퇴색이라는 비판이 제기되는 것은 정당들과 거리를 두고 '불편부당한' 위치를 견지하지 못하였기 때문만이 아니라, 개혁자유주의 집권당과 동일한 이념지형 위에 서 있기 때문이다. 정치적 자유주의세력의 정책지평을 뛰어넘지 못하는 시민사회 자유주의세력의 진보성의 고갈에 기인한다는 것이다. 이런 의미에서 정치적 중립성은 단순히 수단적 의미에서 파악되어서는 안 된다.

따라서 제도권 진보주의 정치세력은 현재의 정책지형을 사회적 민주주의 혹은 그 이상의 지평으로 확장하려는 선도역할을 해야 한다고 생각된다. 다행스러운 것은 포스트-민주화국면으로 이행과정에서 반독재민주세력의 급진주의적 분파가 제도정치 내에서 제3당으로 자리잡았다는 점이다. 단순히 사회세력이 아니라 정치세력으로서 포스트-민주화국면에 개입할 수 있다는 것을 의미한다. 민주개혁과정에서의 개혁자유주의의 한계성은 급진진보의 국민적 기반을 확장하고 있다. 이런 점에서 급진진보는 새로운 지형을 선도하는 방식으로 노력해야 하고(보수와 개혁자유주의의 대립에서 후자의 견인), 반대로 개혁자유주의는 사회성을 강화하는 방향으로 자기확장을 하는 것이 필요하다.[20] 이렇게 될 때 비로소 포스트-87년체제 하에서 헤게모니를 가지는 국민적 전선이 가능하다.

(2) 민주개혁의 '심화'의 방향

다음으로 이러한 포스트-87년체제하에서의 민주개혁의 전환과 함께, 민주개혁의 '심화'라는 과제가 존재한다. 그것은 민주개혁이 종결된 것이

---

20) 여기서 한국의 보수정당 역시 자유민주주의의 성격을 확장하는 방식으로 사고해야 한다. 이러한 과정은 한국의 보수정당이 반북주의와 극우반공주의에 안주하던 상태를 극복하는 과정과 함께 가는 것이다. 자유민주주의라는 이름의 보수정당에 값하는 바가 될 것이다.

아니며 민주개혁의 정신을 확장할 영역이 남아 있기 때문이다. 나는 포스트
-민주화국면에서 과도기적으로 민주개혁의 '전환'전략과 민주개혁의 '심
화'전략이 동시에 진행될 수 있다고 생각한다. 앞서 민주개혁의 전환이라는
점을 서술하였으므로, 여기에서는 민주개혁의 심화전략에 대해서 살펴보
기로 하자.

미완의 개혁의제들

민주개혁의 심화와 관련하여, 첫째 '최후의 개혁영역'에 대한 노력이
필요하다. 여전히 민주개혁의 흐름이 거쳐 가지 못한 여러 영역들이 남아
있다. 공론장을 왜곡하는 '반개혁적인' 미디어에 대한 민주개혁의 과제가
1차적으로 제기될 수 있다. 미디어 개혁영역은 시민운동이나 민중운동
모두 심각한 대응을 하지 못하고 있는 영역이다.[21] 또한 여전히 국방의
영역은 시민사회의 감시의 외곽에 놓여 있다. 극우적이고 보수적인 구집단
들이 독점적 영향력을 가진 영역들도 있다. 새로운 민주적 재향군인회라고
할 수 있는 평화향군회의 출현 자체가 억압되는 퇴역군인들의 결사영역도
존재한다. 관료집단의 개혁문제——향후 개혁이 제도적 영역과 더욱 폭넓
게 대결관계를 가지면서 이루어질 수밖에 없는 점을 고려할 때——는 대단
히 중요한 문제로 제기되어야 할 것이다. 10·29부동산정책의 '원안'이

---

21) 이른바 '조·중·동'으로 상징되는 미디어의 개혁 과제는 여전히 미완의 과제이다. 사실
현재의 위기상황은 다양한 구성을 가진 보수세력——정치적·시민사회적·시장적 보수
세력 등——중에서 최선두에 서 있는 미디어 (반개혁)보수세력에 의해서 매일매일 '구성'되
는 측면도 강하다. 이런 점에서 언론, 특히 신문언론들 내부에서 상대적으로 비판적
성격을 가진 미디어종사자들에 의한 자정운동이 확대될 수 있는 공간을 만들면서 동시에
'권력기관에서 보도기관으로' 만들기 위한 운동(조희연, 앞의 책, 2004, 13장)이 대중조직
들의 연합운동에 의해 추진될 필요가 있다. 사실 "조선일보의 구독자가 200만에 100만이
되는 시점에 민주개혁의 미완의 과제가 종결될 것이다" 하는 표현도 이런 맥락에서 주목할
필요가 있다. 그런데 포스트-87년체제로의 이행 속에서 반개혁의 대상들, 예컨대 반개혁
적 미디어집단들의 구조적 성격들이 변화해간다는 점이 지적되어야 한다. 예컨대『조선일
보』의 경우, 친일이나 독재적 유산 척결에 반대하고 공론의 장을 극우반공주의적 왜곡하는
'반개혁적' 신문이기도 하지만 이제는 '민주적 계급사회'라는 현실변화에 대응하여 점차——
상층계급과 자본가계급의 이해를 대변하는——'보수적 계급지'로서의 성격이 강화되어
간다.

8·31부동산정책과 거의 유사했었다는 점은, 관료적 절차를 거치면서 개혁이 어떻게 굴절되는가 하는 점 혹은 국민적 공분과 시민사회의 강력한 추동력이 있어야 관료집단의 굴절을 뚫고 제한된 개혁정책조차도 수행된다는 점을 시사한다. 삼성이 기업경영을 넘어 국가'경영'을 하고 있는 현상황에서 민중들의 경제적 요구는 정책적 차원에 반영되기가 더욱 어려워지는 반면, 삼성을 포함한 대자본의 요구는——재경부 등 정부부서들의——고위관료들의 '능동적'인 행위를 통하여 더욱 비가시적이면서 더욱 체계적으로 관철될 가능성이 커갈 것이다. 최근의 금산법 파동은 시민사회적 감시와 압력이 행사될 때만이 제한적으로나마 '관료적 통로를 통한 반개혁적 이해와 계급적 이해의 관철'이 통제될 수 있을 것이다. 나아가 교계에서 반독재세력의 헤게모니와 선도성이 고갈되면서 보수적 대형교회가 대중에 대한 영향력을 오히려 민주개혁의 큰 흐름과 달리 확대해가고 있다.[22] 대형교회들이나 보수교단들이 오히려 일정한 민주성——특히 정치적 민주성——을 수용하면서 기존의 기득권적 교회질서가 유지되는 경우들도 있다. 이상과 같은 예들은, 민주개혁운동이 확산되어가야 하는 영역들이 여전히 광범하게 존재하고 있음을 말해준다.

중앙정치 차원을 넘어 풀뿌리보수성을 극복하기 위한 운동으로

미완의 개혁은 단순히 '의제' 차원을 넘어서서, 시민사회의 뿌리 깊은 '보수성'을 극복해가기 위한 노력으로 구체화되어야 한다. 87년체제하에서 진행된 민주개혁의 최대의 한계는 그것이 중앙정치를 중심으로 한 개혁운동이었던 데 기인한다. 2000년 낙선운동에서 표현된 시민사회의 개혁적 동력은 풀뿌리 수준으로, 그리고 지역적 수준으로 위력적으로 확산되어갔어야 했다. 그러나 시민운동, 사회운동, 시민사회의 영향력이 커졌음에도

---

22) 이에 관해서는 90년대 이후 개신교지형을 '보수와 진보의 수렴'이라기보다는 '보수세력의 헤게모니 확장'으로 분석하고 있는 강인철, 「수렴 혹은 헤게모니?: 1990년대 이후 개신교 지형의 변화」(『경제와사회』 62호, 2004/여름호) 참조.

불구하고 그것은 중앙정치와 중앙 수준의 경제권력에만 과도하게 집중된 한계를 가지고 있었다. 그 결과 지역사회나 풀뿌리 수준에서 진행되는 민주진보운동에 큰 관심이 기울여지지 않았다. 우리가 느끼다시피, 지역사회 수준에서는 여전히 지역토호들과 보수세력들이 여전히 강력한 영향력과 힘을 가지고 있다. 물론 지역 및 풀뿌리 수준에서의 보수의 강고함은 민주개혁운동의 확산과정에서 일정하게 도전을 받은 것이 사실이다. 그러나 앞서 서술한 바와 같은 민주진보운동의 헤게모니의 위기——보수적 미디어들의 대대적인 공세와 결합되면서——속에서 지역에 따라서는 다시금 지역시민사회의 보수성이 강화되는 조짐마저 보이고 있다. 이는 지역과 풀뿌리 수준으로 민주진보운동이 확산되는 것으로 민주개혁운동이 심화되어야 함을 우리에게 가르쳐주고 있다.

이와 함께 앞서 서술한 바와 같이, 민주진보세력의 국민적 헤게모니를 균열시키는 요인들을 성찰적으로 재검토하면서 새로운 보완적 실천들을 고민해야 할 것이다. 민주개혁의 성취가 가져오는 '의도하지 않은' 결과들, 민주진보세력들의 헤게모니를 가능케 하는 새로운 자기희생적이고 헌신적인 실천영역들의 확보와 실험들이 필요하다고 생각된다.

민주개혁정신의 초국경적 일반화: 아시아에서 민주주의와 인권으로 존경받는 나라로

둘째로, 87년체제하에서의 민주개혁의 적극적인 측면들을 보편화하려고 하는 노력을 들 수 있다. 나는 우리의 민주개혁, 과거청산, 인권발전과 그를 둘러싼 진통의 적극적인 측면을 보다 보편적인 시각에서 파악하면서 국경을 넘어서——특히 아시아 차원으로——이러한 보편적 측면을 확장하려는 노력이 필요하다고 본다.

87년 6월항쟁과 같은 '민주적 항쟁'을 경험하고 민주주의이행을 경험하고 있는 아시아의 많은 후발민주화국가들과 비교해볼 때 한국의 민주개혁은 상대적으로 진일보한 측면을 가지고 있고 아시아의 많은 나라들이 비교준거할 수 있는 내용들을 가지고 있다. 이런 점에서 우리의 민주개혁안에서의 보편성을 적극적으로 파악하면서 이러한 보편적 시각에서 아시아의 많은 후발민주화국가들의 반민주적·반인권적 주제들을 우리의 문제로 수용하면서 협력하고 지원하는 초국경적 연대노력을 해야 한다. 이는 물론 아시아의 후발민주화국가들의 민주주의와 인권에 기여하는 것이지만 어떤 면에서는 우리의 민주개혁의 정당화와 확산을 위한 근거가 된다.

이를 나는 '아시아에서 민주주의와 인권을 선도하는 적극적인 노력'으로 표현하고 싶다. 이러한 노력의 전제는, 현재 민주개혁의 병목지점에서 87년체제하에서의 민주개혁을 둘러싼 갈등구도를 어떤 관점에서 넘어설 것인가 하는 문제와 연관되어 있다. 보수세력은 87년체제하에서의 민주개혁의 위기 속에서 과거 독재체제의 '국가주의적' 측면——예컨대 박정희 신드롬으로 상징되는 개발독재국가의 성장을 위한 이니시어티브——을 긍정하려는 태도를 보이고 있다.

여기에 '부정적' 시각만으로 민주개혁의 심화가 어려운 지점이 있다. 어떤 의미에서 '긍정적' 시각이 필요하다. 예를 들어보자. 87년체제하에서의 민주개혁을 둘러싼 진통을 부정적으로 보는 것이 아니라 긍정적으로 볼 때, 우리는 위로부터의 지배의 저항이나 기득권세력의 저항에도 불구하고 아래로부터의 민중의 주체화에 의해서 균열이 일어나고 과거청산을 위한 노력이 일정한 성공을 거둔 예로 볼 수 있다. 우리의 과거청산모델은 남아프리카의 '타협적인' 진실과화해위원회 모델보다도 더 진일보한 것이라고 생각한다. 특히 87년 6월민주항쟁이 구독재체제를 '불철저하게' 타파했음에도 불구하고 그 이후 끊이지 않는 아래로부터의 투쟁을 통해서 현재와 같은 수준의 과거청산 법제화가 이루어졌다. 이에는 400여 일이 넘는 유가협 부모님들의 고통어린 투쟁과 인권운동단체들의 불굴의 노력들이 있었다. 우리의 내부적인 사회관계 속에 불철저함과 한계를 명백히 가지고 있지만, 우리의 과거청산 투쟁과정은 다른 많은 아시아국가들이 전범으로 삼을 수 있는 '보편적인' 요소들을 가지고 있다. 이런 점에서 우리의 헌신적이고 치열한 민주화투쟁, 87년 6월민주항쟁, 87년 이후의 치열한 민주개혁투쟁을 통해서 성취해온 민주주의와 인권발전의 적극적인 측면들을 긍정하려는 노력이 가능하다. 이러한 노력은, 우리의 특수한 쟁점들과 다른 많은 국민국가들의 특수한 사례들을 관통하는 초국경적인 보편성을 통찰하는 노력 위에서 비로소 가능할 것이다. 우리의 문제를 특수적 시각이 아니라 보다 보편적인 시각에서 접근하려는 노력이다.

이처럼 우리 사회의 민주개혁과정의 진보적 측면들을 더욱 긍정하고 발전시키고 동일한 아시아사회의 문제에 헌신적인 연대자가 됨으로써, '아시아에서 도덕적으로 존경받는 나라'로 나아갈 수도 있다. 일본의 경우에서 보듯이, 경제적 성장을 통해서——우리 사회의 보수세력이 주장하듯이——도덕적으로 존경받는 나라가 되는 것은 아니다. 오히려 이러한 민주주의와 인권 발전의 선도성을 통해서 아시아에서 존경받는 나라가 될 수 있는 가능성이 존재한다. 이런 점에서 이런 노력 자체가 민주개혁의 심화의 한 계기인 것이다.

이러한 정신을 구현하는 '아시아프로젝트'가 다양하게 고민될 필요가 있다. 예컨대——이미 노력이 경주되고 있지만——광주항쟁의 정신을 보편화함으로써, 아시아의 많은 학살사건의 진상을 규명하는 범아시아적 노력을 지원하고 선도할 수도 있을 것이다. 과거청산을 '친일파'청산으로만 보거나 광주학살의 진상규명을 신군부세력이나 구집권세력의 처벌의 관점으로만 볼 것이 아니라, 아시아의 많은 나라에서 전개되었던 식민주의의 유산이나 포스트-식민주의적인 폭력적 국가범죄를 극복하기 위한 보편적인 운동으로 파악해낼 수도 있을 것이다. 이런 관점에서 보면, 광주가 아시아 '망명자의 피난처' 도시로 되기 위한 노력도 가능할 것이며, 아시아의 많은 나라들에서 국가폭력에 의해 죽음의 위협을 받거나 살해된 시민사회운동가들을 지원하는 한국운동공동체 전체의 공동연대활동도 가능할 것이다. 버마의 독재정권과 유착된 코카콜라의 대학 내 판매를 금지하기 위한 캠페인이 미국대학가에서 일어났던 것처럼, 한국에서도 버마 독재정권과 유착하여 대형이권사업에 끼여든 국내기업들에 대한 규탄운동을 전개할 수 있을 것이다. 아시아에서 최초로 인권외교를 수행하는 나라가 되고, 원내 자유무역을 증진하기 방안이 토의되는 아펙회의장에서 아시아의 민주주의와 인권 발전을 위한 프로그램 개발을 주창하는 나라가 되는 것도 상상해볼 수 있다.

이러한 노력은 단순히 국제 연대나 협력 활동을 넘어서서, 아시아 차원의 민주주의와 인권의 규범과 구속력 있는 초국경적 규범과 레짐(regime)을 만드는 노력으로도 나타날 수 있다. 전세계의 여러 지역 중에서 최소한의 지역적인 인권규범이 존재하지 않는 곳은 아시아밖에 없다.[23] 한국의 내부적 인권발전을 넘어서서 아시아적인 인권규범을 만들려는 노력을 국가·시민사회 차원에서 진행하고 이를 구속력 있는 것으로 만들려는 노력도 진행할 수 있다. 나는 한국의 국가인권위원회가——조사권이나 법적 구속력의 면에서 제한성이 있다고 하더라도——전세계적으로 모범적인 위원회라고 생각된다. 사실 시민사회의 인권발전 노력이 제도화되고 국가화되는 우려가 생길 정도로 상대적으로 국가인권위원회가 인권발전에 긍정적인 역할을 하고 있다. 아시아 차원에서 국가인권위원회 설립을 촉진하기 위한 초국경적 캠페인도 가능하고 국가인권위원회의 협력모델을 만들 수도 있을 것이다.[24] 이러한 활동들을 통하여, 아시아의 많은

---

23) 유럽은 말할 것도 없고 아메리카대륙, 아프리카대륙 등에서도 비록 구속성의 수준은 다르더라도 일정한 지역적 인권규범이 존재한다(J. Donnelly, "International Human Rights: A Regime Analysis," *International Organization* 40/3, 1986/Summer, pp. 592~642). Donnelly는 인권규범을 선언적 체제(declaratory regime), 증진적 체제(promotional regime), 수행적 혹은 시행적 체제(implementation or enforcement regime)로 구분하면서 아시아에서는 최소한의 선언적 체제도 존재하지 않는다고 말한다. 그의 연구에서 흥미로운 점은, 유럽인권체제의 초기정착과정에서 남유럽 등 당시의 신생민주국가들이 적극적이었다는 점이다. 국내 보수세력의 저항 속에서 민주주의와 인권을 진척시키고자 하는 신생민주국가들의 신집권층이 자신들의 기반을 강화하기 위해서 또한 자신들의 국내적 기반에 대한 국제적인 정당화를 위해서도 지역적 인권체제의 구축에 적극적이었다는 것이다.

24) 예컨대 국가인권위원회의 설치 같은 경우도 마찬가지이다. 국가인권위원회를 국가기구로

신생민주국가들에 대하여 민주주의와 인권발전을 위한 기술적·경제적·정치적 지원을 할 수 있을 것이다. 한국은 아시아의 '도덕외교'를 선도하는 나라가 될 수도 있다. 민주노총이 한국의 노동문제만이 아니라 범아시아 차원의 노동규범과 사회규약을 위한 초국경적인 주체자가 될 수도 있을 것이다. 이러한 민주주의와 인권발전을 위한 노력을 초국경적으로, 아시아 차원으로 확장하려는 노력은 우리 현실의 적극적 긍정이자 그것을 초월하려는 노력이라고 할 수 있다.

물론 이처럼 우리의 민주주의와 인권 발전의 역사적·현재적 긍정은 그러한 발전에도 불구하고 그 이면에 존재하는 반민주적이고 반인권적인 측면을 성찰적으로 극복해가는 노력과 함께 진행되지 않는다면 허구적인 것이 될 것이다. 외국인노동자의 문제를 한국기업의 저임금동원의 문제가 아니라 아시아의 민주주의와 인권선도국가의 문제로 파악하고, 외국인노동자에 대한 우리의 태도에 변화가 나타날 때 비로소 이러한 노력은 의미를 가질 것이다. 일본인의 재일교포 차별에 대해서는 분노하면서 우리 사회의 외국인노동자나 정주외국인에 대한 배타적 태도가 지속되는 이중성에 대한 성찰이 없는 한, 또한 일본이 60~70년대 경제성장의 풍요 속에서——일본문화의 아시아화 현상이 존재하였음에도 불구하고(한류를 연상해보자)——'경제적 동물'로 혹은 추잡한 기생관광의 나라로 비난받았던 것을 회상해보면, 현재의 한국이 60~70년대 일본의 전철을 그대로 밟고 있을지 모른다는 성찰이 없는 한 아시아에서 도덕적으로 존경받는 나라가 되기는 어려울 것임에 틀림없다. 한국 민주개혁정신의 심화는 바로 이러한 점까지를 개혁대상으로 함으로써 이루어질 것이다.

할 것인가 민간기구로 할 것인가 하는 '지루한' 투쟁들이 있었다. 검찰과 반개혁세력들의 저항에도 불구하고 인권운동들의 오랜 고투로 인하여 국가기구로 설립되었고 우리의 인권운동의 성과 위에서 국가기구는 예컨대 조사권이 없다는 한계에도 불구하고 여타의 국가기구에 대해서 '도덕적 규정력'과 일정한 구속력을 갖는 기관으로 정착해 있다.

사회문화 · 생활세계 운동으로 민주개혁의 확대

셋째, 민주개혁의 병목지점에서 민주개혁이 지향하는 억압적 권력관계에 저항하고 정치적 자유, 자율, 평등을 실현하려는 적극적인 지향은 정치적 · 경제적 영역을 뛰어넘어 사회문화 · 생활세계 영역에서 급진적으로 관철되게 하는 노력으로 나타나야 한다. 나는 민주개혁의 병목지점을 돌파하는 여러 지점들 중의 하나가 민주주의를 단순히 정치경제적 차원이 아니라, 사회문화 · 생활세계 차원으로 확장해내는 것이라고 생각된다.

이러한 민주개혁의 확산은 여러 가지 의미를 띠고 있는데, 먼저 정치경제적 개혁 자체가 문화 · 생활세계의 토양을 바꾸지 않고는 전진할 수 없다는 점에서 기인한다. 정치경제적 차원에서의 개혁조차도 시민사회의 뿌리 깊은 보수성과 천민자본주의적 성격, 신자유주의의 영향에 의한 개발주의적 패러다임의 지속 등 생활세계 · 사회문화적 차원의 개혁이 없으면 진전될 수 없는 단계로 가고 있다. 이제 한국의 민주개혁과정은 외적 권력과의 싸움만으로 해결될 수 없는, 권력의 문화 · 생활세계 · 시민사회의 토양 자체를 급진적으로 민주화하지 않고서는 전진할 수 없는 지점에 도달해 있다고 생각된다. '국가의 자유민주주의적 정상화' 속에서 이제 사회운동은 바로 이러한 사회문화 · 생활세계 이슈와 더욱더 많이 대면하면서 시민사회의 역동성을 급진적으로 끌어내지 않으면 안 된다. 권력은 곧 지식이라고 하는 푸코의 말을 원용하지 않더라도, 시민운동이 대항해왔던 우리 사회의 권위주의와 보수주의는 단순히 외재화된 억압력만으로 존재하는 것이 아니라 국민들 속에서 내면화되어 있는 보수적인 지식 및 생활세계의 관행과 관계 속에서 존재하고 있다. 이는 구조개혁운동에서 문화개혁운동으로의 전환을 주창하는 것이 아니다. 오히려 구조개혁을 더욱 진전시키기 위해서도 그 문화 · 생활세계의 '전제'들에 메스를 대야 한다는 것이다. 이제 우리 문화와 생활세계에 내재화되어 있는 성장주의, 권위주의, 폐쇄적 가족주의, 연고주의, 지역주의 등의 측면들을 극복하지 않는다면, 구조개혁운동 자체도 진일보할 수 없는 지점에 있다. 이런 점에서 정치경제적 차원의 민주주의를 생활세계·사회문화적 차원으로까지 확장하려는 노력이 필요하다.

다음으로, 민주개혁운동이 구세대의 운동이 아니라 신세대의 운동으로까지 확산되기 위해서도 사회문화영역으로의 민주개혁의 확산이 필요하다고 생각된다. 이미 정치개혁이나 경제개혁을 중심으로 한 민주개혁과정은 새로운 세대들의 삶의 세계에 핵심적인 사안들로 자리잡고 있지 않다. 정치경제적 이슈 차원에서의 민주화가 진전되면서, 이는 역설적으로 이러한 문제들을 중심으로 한 젊은 세대들의 비판성이 발현될 수 없는 것을 의미한다.

이제 민주주의가 의미를 가지려면, 특히 민주주의를 향유하면서 성장한 젊은 세대들에게 의미를 가지려면, 그것은 '상대적으로 합리적인' 정치경제 체제의 이면에서 작동하는 억압적 사회문화와 생활세계를 쟁점화해야 한다. 이런 점에서 한국의 사회운동이 사회문화·생활세계 운동영역에서 선도성을 유지할 수 있느냐 하는 도전에 직면해 있다고 나는 표현하고 싶다. 따라서 새로운 세대들의 삶의 세계의 자율과 자유를 급진적으로 신장시키기 위한 급진적 자율담론이 필요하다. 다양한 사회·문화·생활세계 영역에서 이미 나타나고 있는 새로운 역동성과 비판성을 다양한 진보의 다차원성으로 끌어안으려고 하는 노력이 필요하다.

다음으로, 이러한 사회문화적 민주개혁의 과제는 민주개혁을 선도한 민주진보세력들이 새로운 생활문화와 대안적 윤리를 자신의 삶 속에서 구체화할 수 있느냐 하는 문제로 연결된다. 구독재세력의 가족주의를 반독재민주세력을 자임하는 세력들이 넘어설 수 있는가, 반독재투쟁의 선봉에 있었던 386세대들이 자신들이 가진 재산을 구독재세력과 다른 방식으로 사회에 환원할 수 있는가, 87년 6월민주항쟁에서 민주적 세례를 받은 민주적 세대들 중에서 기업가가 된 세대들이 유일한씨가 유한양행에서 보인 것보다도 더 공공적 기업으로서의 전형을 만들 수 있는가, 그리고 민주화세대들이 가정에서 이전의 독재시대보다 더 민주적인 양성평등적인 가정을 만들 수 있는가 하는 점에 달려 있다. 이런 점에서 보면, 민주개혁은 어느 지점에서인가 외재적 권력에 대한 투쟁일 뿐만 아니라 자신에 대한 투쟁이라고 인식되어야 한다.

'87년체제'하에서 사실 정당개혁 등 정치개혁과 경제개혁은 쟁점화되었음에도 불구하고 사회문화·생활세계 차원에서의 반민주성과 억압은 충분히 쟁점화되지 못하였다. 이는 87년 6월민주항쟁이 정치혁명이었지 생활세계혁명은 아니었던 데 기인하다. 그렇기 때문에 87년 6월민주항쟁이 마련한 87년체제하에서 정치적·경제적 비민주성과 부패, 비효율은 쟁점화되었지만 생활세계의 많은 억압과 통제는 크게 쟁점화되지 못하였다. 이런 점에서 민주주의를 이러한 차원으로 확장하는 것은, 정치혁명이었을 뿐 사회·문화·생활세계 혁명이 아니었던 6월민주항쟁을 다양한 삶의 세계로 급진적으로 확장하는 것이 된다.

이처럼 정치경제적 개혁을 넘어 민주개혁이 생활세계로 확산되는 것은, 시민과 민중들의 '탈정치화'가 확산되는 것을 의미하는 것이 아니라 오히려 이전보다 더 넓은 삶의 영역에서 주제화가 진전되고 있음을 의미한다. 87년체제하에서 개혁 대 반개혁의 대치선이 주로 정치개혁이나——재벌개혁 등——경제개혁으로 설정되었던 데서 더 나아가 포스트-87년체제하에서는 다양한 생활세계영역, 사회문화영역을 중심으로 하여 다층적으로 설정된다는 것은 노동자와 민중, 시민 들이 더욱 주체화되고 지배적 질서의 헤게모니하에서 현존질서에 묵종하던 다양한 소수자들이 다양한 생활세계영역에서의 권력관계와 억압을 쟁점화하게 된 데서 연유한다.

이러한 과정은 물론 과거 지배적 정체성 속에서 억압되어 있던 주변적·소수자적 정체성이 여러 측면에서 현재화하게 되었음을 의미한다. 다양한 소수자들의 정체성을 주장하는 흐름들이 나타난 것도 이와 연관된다. 성적 소수자, 인종적·지역적 소수자들이 지배집단이 주도하는 기존질서를 거부하고 비판적으로 응시하는 식으로 변화한 것이다. 모든 생활세계의 차별과 억압은 약자와 희생자의 지위에 있는 사람들이 그것들을 쟁점화하지 않는다면 공론의 장에서 의제화되지 않는다. 다행스럽게도 87년체제하에서의 다양한 민주개혁운동의 확산과정에서 이전에는 쟁점화되지 않고 주어진 것으로 받아들여지던 차별과 억압, 권력관계가 사회운동의 의제로 설정되어온 것이다. 이는 사실 진보의 다차원화를 의미한다.

이러한 민주개혁운동의 확대는 정치개혁이나 경제개혁을 주도하던 운동들이 자기이슈를 전환하여 생활세계·사회문화적 운동으로 전환하는 것을 의미하는 것이 아니다. 문제는 정치개혁이나 경제개혁을 주도하는 운동들이 사회문화·생활세계 개혁운동과 만날 수 있느냐 하는 것이다. 후자가 전자에 반하는 운동으로서가 아니라 전자의 확장으로서 만날 수 있느냐 하는 것이다. 이 점에서 전자를 선도하는 운동들이 후자를 주도하는 운동과 연대성을 발휘할 수 있느냐가 관건이다.

민주개혁의 '심화'를 위한 경계 허물기

새로운 생활세계·사회문화적 영역에서의 의제형성과 쟁점화는 기존의 민주개혁운동전선의 경계에 머무르지 않고, 보다 폭넓은 전선을 형성하려는 노력을 경주하여야 한다. 87년 이후의 민주개혁운동과정에서 민주개혁을 둘러싼 전선의 경계가 상당히 고착된 것이 사실이다. 그러나 정치경제적 이슈를 둘러싼 전선경계는 생활세계의 이슈를 중심으로 하는 전선의 경계와 달라질 수 있다. 이런 점에서 고정화된 전선의 경계를 허물면서 민주개혁운동의 범위를 확장하기 위한 '경계 허물기'의 노력이 필요하다.

경계 허물기는 사회문화적 개혁영역뿐 아니라 민주개혁의 심화를 위한 추진과정 일반에 대해서도 적용되어야 한다. 반독재세력의 폐쇄적 연대성이나 개혁세력의 고정화된 경계에 머물러서는 안 된다. 87년 이후 대중들의 정치의식과 민주의식, 권리의식이 확산되어가면서, 더 많은 참여의 잠재력이 생겨났다. 사실 전투적인 반독재민주화운동과 시민운동 등의 민주개혁운동으로 인하여, 제도적 공간이 확장되고 또한 새로운 민주적 참여자들의 풀이 확장되었음에도 불구하고 많은 부문운동영역에서 운동이 관성적으로 전개되거나 기존의 경계를 고집하는 폐쇄성을 보이는 경우가 많다. 87년 이후의 민주개혁을 선도했던 운동들이 87년 이래의 전선과 네트워크를 고착적으로 가지고 있는 경우가 많다. 그래서 많은 운동영역에서 87년 이후 격렬했던 시기의 선도적 참여자들의 '동호인'조직으로 위축되어가는 경향들이 보이고 있다. 일부 영역에서는 바로 이러한 자기개방화와 경계허물기와 새로운 전선형성을 통하여, 역동성과 확장성을 경험하는 운동들도 있다. 이런 점에서 새로운 민주적 참여자들의 참여를 촉발하는 경계를 허물어야 한다.

하나의 예를 들어보자. 과거에는 독재에 침묵하던 보수적 교회와 독재에 항거하여 고백하고 증언하고 행동하는 진보적 교회운동이 나누어져 있었다. 그러나 역설적으로 87년체제하에서 진행되는 민주개혁 속에서 교회 내의 이러한 독재 대 반독재의 구도와 그 변형으로서의 개혁 대 반개혁의 구도는 해체되어 버렸다. 그것은 많은 진보적 교회들의 재생산이 어렵게 되었기 때문이기도 하며, 독재에 반대하는 민주주의가 '형식적으로는' 보수교회들도 수긍하는 일반적인 이념이 되었기 때문이다. 더구나 반독재의 상징성을 가지는 인사들이 친정부화하면서 과거와 같은 대치선을 유지하기가 어렵게 되었다. 그러나 교회 내부개혁이나 교회세습반대와 같은 이슈들에서는, 과거에 저항적 입장에 서지 않았던 많은 개인이나 집단들이 급진적인 교회개혁운동에 동참할 수 있다. 과거 반독재적인 저항운동에 적극적으로 참여하지 않았거나 복음주의적 입장에 서 있었던 사람들 중에서도 교회세습문제 등에 대해서 더욱 철저한 비판적 시각을 가진 인사들이 다수 존재한다. 이미 그러한 잠재력은 교회개혁운동으로 전개되고 있기도 한다. 이런 점에서 기존에 교계 내부에 존재하던 보수 대 진보의 구도를 허물면서——혹은 그것을 발전적으로 확장하면서——중간지대에 존재하는 양심적인 복음주의적 개혁주의자들이 참여하는 광범한 전선을 재구성해낼 수도 있을 것이다. 그러한 전선 속에서 반독재적 개혁주의자와 교회의 다양한 내부문제들에 비판적 의식을 가진 새로운 개혁주의자들이 만날 수 있게 된다. 언제나 그러하듯이 새로운 대치선을 중심으로 한 전선에서, 새로운 충원자가 나타날 수 있다. 민주개혁의 심화노력 속에는 바로 이러한 87년체제하에서 고착된 '경계 허물기'의 노력이 내포되어야 한다고 나는 믿는다.

87년으로부터 18여 년이 흐름 지금 87년체제의 전환적 위기와 그러한 위기의 일부로서 운동의 '위기'를 이야기해야 하는 지점에 도달해 있다. 민주진보세력을 구성하는 여러 집단들과 세력들에서 이러한 위기는 다른 양상과 성격으로 나타나고 있다. 그러나 87년체제가 보장하고 있던——즉 87년 6월민주항쟁에서 정점에 이른 국민들의 아래로부터의 투쟁이 보장하고 있던——민주진보운동의 헤게모니는 균열의 조짐을 보이고 있다. 헤게모니는 주도적 집단이 여타의 집단에 대해서 가지는 정치적·지적·도덕적 리더십을 의미하며 그러한 리더십은 여타의 사회집단이나 세력들의 이해와 열망을 수렴시켜내는 '세계관'적 비전을 중요한 근거로 한다. 이런 의미에서 민주진보운동이 가지는 리더십은 고갈되고 있다. 과거를 향한 선도성은 있으되 미래를 향한 선도성은 부재한 상황이다. 이러한 위기가 보수헤게모니의 계기가 될지 민주진보세력의 새로운 혁신의 계기가 될지는 미지수이다. 그러나 한 가지 분명한 것은 87년체제의 전환적 위기를 성찰적으로 보고 새로운 시대적 과제를 자신의 담론·현실적 실천 속에 담아내고자 하는 노력이 이 결과를 좌우할 것이라는 점이다.

조희연(Cho, Hee-Yeon) chohy@skhu.ac.kr
성공회대 사회과학부 겸 NGO대학원 교수, 학술단체협의회 공동대표, 성공회대 '민주주의와 사회운동 연구소' 소장.
주요 저서 및 논문으로는 『한국의 민주주의와 사회운동』, 『한국의 국가, 민주주의, 정치변동』, 『계급과 빈곤』 등이 있다.

해방 60년, 한국사회에서 노동과 민주주의

이광일

1. 노동, 민주주의의 시금석

한국사회에서 노동[1]이란 무엇인가라는 질문은 노동의 내용과 형식을 틀짓는 다음과 같은 구조적 문제 안에서 검토될 수밖에 없다.

첫째, 자본주의사회에서 노동이란 무엇인가. 둘째, 한국자본주의가 세계체제 안에서 점하는 종속적 위상은 노동을 어떤 모습으로 구조화시켰는가. 셋째, 반공분단체제는 노동을 어떻게 개별화시켰는가. 넷째, 지금 신자유주의는 노동을 어떻게 재구성하는가.

먼저, 자본주의의 가장 본질적 특징은 인간의 노동력조차도 상품으로 만든다는 것이다. 이것은 노동력의 소유자가 자신의 노동을 통제할 수 없음을 뜻한다. 생산수단을 소유하지 못한 노동자는 생존하기 위해 노동력을 시장에서 자본에 팔아야 한다. 그것만이 자신과 가족의 재생산을 가능하

---

1) 이 글에서 '노동'은 문맥에 따라 노동자 혹은 노동자계급, 구상을 외화시키는 작업으로서의 노동, 노동운동 등 다양한 의미로 사용하고자 한다.

게 하는 유일한 수단이다. 이런 의미에서 자본은 노동자의 '생사여탈권'을 쥐고 있다. 따라서 근대 자본주의사회가 성립한 이후 노동의 역사는 결국 노동력의 지배를 둘러싼 자본과 노동의 대립, 긴장과 갈등의 역사라 해도 과언이 아니다. 따라서 그 궤적은 노동운동, 나아가 노동정치를 다른 한 축으로 하여 구성된다.

다음으로, 이러한 역사는 해당사회의 자본주의 산업화의 본격적 추진시기(timing), '자본주의 세계체제'에서 점하는 위상에 따라 상이한 양상을 보인다. 세계시장을 선점할 수 있었던 선발자본주의국가들과 달리 후발(late), 후후발(late-late) 자본주의사회는 상품가치의 실현을 위해 선발국가들과 치열하게 경쟁해야 했고 이것은 노동통제를 둘러싼 자본과 국가, 노동자계급 사이의 긴장을 더욱 첨예하게 만들었다. 특히 2차세계대전 이후 등장한 탈식민지사회에서는 '해외자본'——혹은 과두적인 봉건지주——과 '국내자본'의 이윤을 보장해야 하는 이중구조로 인하여 노동착취의 강도가 심화되었다. 이른바 '유혈적 테일러주의'가 바로 그것이며 이것을 매개한 것이 '관료권위주의' 혹은 공개적 독재체제로서의 파시스트권력이었다.[2] 해외시장에서의 가치실현을 주목표로 했던 한국사회 또한 이러한 궤적으로부터 자유롭지 않다.

마지막으로, 비교사의 차원에서 한국사회는 여타 사회들과 달리 노동을 손쉽게 통제할 수 있는, 또는 노동운동을 취약하게 만든 하나의 견고한 층(layer)을 지니고 있는데, 한국전쟁을 경과하며 구축된 반공분단체제가 그것이다. 이것은 단지 국가권력의 억압을 정당화하는 배경(background)으로서만 작용하는 아니라, 반공규율사회(anti-communism regimented society)라는 규정이 보여주듯 파시스트권력의 효율적 작동을 극대화시키

---

2) 이들 사회에서는 자본의 헤게모니가 취약하여 국가가 이를 대체하며 투자은행가로, 자원의 분배자로서 역할을 수행한다. 이에 관해서는 A. Gerschenkron, *Economic Backwardness in Historical Perspective*(New York: Frederick A. Praeger, 1965); P. Evans, *Embedded Autonomy*(Princeton: Princeton Univ. Press, 1995) 등을 참조.

는 시민사회 안의 미시적 자기통제기제를 포괄한다. 반공규율사회는 사회구성원에게 반공을 '자기검열의 척도'로 내면화시켰으며, 특히 노동자계급의 경우, '최소한의 사회경제적 요구'조차도 '외부의 적'을 이롭게 하는 '정치적 행위'로 간주되었다. 이렇게 하여 노동은 개별화·파편화되었고 이에 비례하여 종속적 자본주의는 노동 억압과 배제 속에서 지속적으로 성장할 수 있었다.[3]

그런데 21세기 초 해방 60년을 맞은 한국사회라는 시공간의 좌표에서 볼 때, 이러한 특징들은 결코 고정되어 있는 그 어떤 사물(thing)이 아님을 확인할 수 있다. 이러한 특징들은 각 영역에서 나타난 비대칭적이고 억압적인 사회관계들의 변화에 따라 새로이 재구성되고 있다. 따라서 노동력의 상품화양식, 자본주의세계체제에서 점하는 위상, 반공규율사회에서 작동되는 자기검열의 기제 등 또한 불균등하지만, 일국적·국제적(혹은 지구적) 수준에서 나타나는 사회관계들의 변화의 폭, 그 깊이와 맞물려 변화되고 있다.

그렇다면 한국전쟁 직후 거의 세계 최하위의 빈곤국에서 탈출하여 이른바 '2만 달러 시대의 선진국'을 꿈꾸는 단계에 이른 지금, 이 글로벌 신자유주의시대에 과연 한국사회에서 노동은 어떤 모습으로 현존하는가. '인간소외', '억압과 수탈'의 상징이었던 노동은 이제 먼 과거의 것이 되었는가, 아니면 신자유주의가 지배적으로 작동하는 지구화시대에 새로운 양상으로 여전히 재생산되고 있는가. 또한 그와 맞물려 진행된 노동운동은 어떤 궤적을 거쳐 오늘에 이르고 있는가. 이 질문들은 "노동 없이 민주주의 없다"라는 언술에 주목할 때, '민주화이행'에도 불구하고 여전히 지체되어 있다는 한국사회의 민주주의가 어느 지점에 와 있는가에 대한 우회적 문제제기이기도 하다.

---

3) 여기에서 '종속적 자본주의'는 과거 사회구성체논쟁에서의 종속자본주의, 중위자본주의, 국가독점자본주의처럼 자본주의 발전과정의 특정단계를 지칭하는 개념이 아니라 자본주의 세계체제에서 점하는 일반적인 위상을 지적하는 '관형적 의미'로 사용한 것이다.

2. '한강의 기적'과 IMF위기: 노동의 궤적과 그 의미의 재구성

모든 노동자는 생산현장에서 노동을 통해 자아를 실현하고 싶어 한다. 하지만 자본주의 사회에서 노동의 결과물은 노동자들과 적대적인 관계를 형성한다. 이미 마르크스(K. Marx)가 오래 전에 갈파했듯이 그들은 생산물을 만드는 노동을 할 때가 아니라 공장의 문을 나설 때 비로소 자유를 느낀다.[4] 한국사회의 노동자들 또한 예외가 아니다. 여기에서는 1971년 전태일의 분신과 유신체제의 등장, 80년 5·18민중항쟁 이후 급진노동운동의 출현, 87년 노동자투쟁 이후 신자유주의 세계화의 진전과 97년 IMF관리체제의 도래 등을 기점으로 하여 재구성된 노동에 대한 인식, 노동운동의 양상과 위상이 어떻게 변화되어 왔는지 그 특징에 관해 살펴보고자 한다.

(1) 유신체제 전후: '인종(忍從)의 대상'에서 '기본권리'로서의 노동의 재구성

한국전쟁을 경과하며 제거되거나 잠복된 진보운동과 반공이라는 자기검열의 기제 속에서 개별화된 대중들의 존재상태는 이들이 일회성을 넘어 집단적으로 국가권력 혹은 자본에 대항하여 자신들의 권리를 요구하는 것을 불가능하게 만들었다. 이승만정권의 초대 농림부장관을 지녔으며 57년 대통령선거에서 진보당후보로 나서 200여만 표나 획득한 조봉암이 대중의 이렇다 할 항의 한번 없이 죽임을 당한 진보당사건의 궤적은 당시 사회관계들의 비대칭성, 억압성의 심도가 어느 정도인지 상징적으로 보여준다. 그 시기에 '시민사회는 죽어 있었다.' 사정이 이러한데, 개별화된 평범한 대중들이 반공이라는 자기검열의 준거에 이의를 제기하는 것은 곧 자신의 삶을 포기하는 것과 다름없었다.

---

4) 이링 페처, 『마르크스에서 소비에트 이데올로기로』, 중원문화, 1985, 28~33쪽 참조.

이러한 사회구조 속에서 특히 계급으로서의 노동은 시민권을 지닐 수 없었다. 이른바 공산주의운동이 노동자계급을 '혁명의 주체'로 호명함으로써 그 진위 여부와 무관하게 노동운동은 공산주의운동의 전위대로 인식되었으며 이러한 발상은 한국전쟁을 경과하며 극대화된 극우반공의 정치적·이데올로기적인 효과와 맞물리며 증폭되었다. 노동자들은 언제 이 사회를 혼란으로 몰고 갈지 모를 '예비적인 사회전복세력'으로 간주되었다. 따라서 노동운동은 의사국가기구로 되는 한에서만 그 존재 자체가 허용되었다.[5] 노동자들은 계급으로서가 아닌 개별자로서만 존재할 수 있었다. 이렇게 하여 해방과 더불어 한국사회에서 가장 강력한 정치적 행위주체로 등장했던 '노동자계급'은 단지 생산력의 일부로 간주되는 '근로자'로 재구성되었다.

'예비반역자'로서 낙인찍힌 노동자들이 이러한 사회관계를 넘어나갈 수 없는 주객관적 상황에서 그 낙인을 '부정'할 수 있는 유일한 방법은 국가, 자본이 설정한 가이드라인을 따라 오로지 노동에 복무하고 생산성을 배가시키는 것이었다. 거기에 반하는 어떤 발상과 행태도 용인, 통용될 수 없었다. 근대 자본주의사회에서 '신의 소명(calling)'으로 인식된 직업, 그것을 구체적으로 드러내 보이는 기제로서의 노동은 한국사회에서 신으로 상징된 반공에 철저히 종속되었다. 따라서 거기에서는 반공에 대한 이의제기나 의심은 불경이었고 오직 묵종, 혹은 광신만이 사회구성원으로서 시민권을 누릴 수 있게 해주는 '면죄부'였다.

구조적인 장벽을 넘어설 수 없을 때, 그것은 숙명론으로 나아가기 쉬어진다. 특히 이 숙명론은 삶을 이어가기 어려운 조건, 즉 노동시장에서의 일자리부족으로 인한 고용기회의 희소성과 맞물리면서 더욱 강하게 내면

---

5) 자유당의 등장과 함께 출범한 대한노총(한국노총의 전신)의 형성과정과 이후의 활동은 이를 적나라하게 보여주는데 이들은 노동자의 이해를 대변하는 조직으로서가 아니라 노동통제를 위한 의사국가기구로 작동하였다. 이에 관해서는 임송자, 「한국노총연구(1946-1961)」(성균관대 박사학위논문, 2004) 참조.

화되었다. 이런 상황에서 고용의 형태가 어떠하든 특정한 작업장에서 '노동을 한다'는 것은 '삶을 보장받는 인증서'였으며 그 자체로 사회적 지위상승을 의미하는 것이기도 했다. 따라서 개별자본의 화신인 사장은 직업을 내려준 '신의 대리자'였고 '선택된 노동자'에게 그는 거역할 수 없는 존재로 인식되었다. 물론 이러한 인식형성의 자발성 여부를 밝히는 것은 향후 나타날 수 있는 억압적 노동현실에 대한 이의제기 및 그것의 거부와 관련하여 매우 중요한 사안이다. 그렇지만 이 지점에서 확인해두어야 할 것은 상대적이지만 취업이 노동자와 그 가족의 여유 있는 삶을 보장하는 거의 전적인 수단이었다는 점이다.

따라서 생산현장에서 강제되고 있는 억압적이고 비대칭적인 관계를 인식하게 되었을지라도 그것에 이의를 제기하고 거기서 한발 더 나아가 저항할 때, 그것은 곧 삶의 물적 기초, 자신의 미래를 포기하는 것이었다. 특히 그 저항이 '집단적인 양상'을 보일 때, 그것은 신의 계율과도 같은 반공을 부정하는 행위라는 점에서 스스로의 존재 자체를 부정하는 것이었다. 왜냐하면 그러한 행위는 자기검열기제로서 작동하는 반공을 넘어설 수 없는 개별화된 개인들이 집단적 힘을 통해 그것을 넘고자 한다는 점에서 그 의미의 인지 여부와 무관하게 '억압적 사회관계를 문제시하는 적극적인 정치적 행위'를 구성하기 때문이다.

바로 이런 맥락에서 노동자계급 1세대가 보여준 '노동에 대한 인종'을 이해할 수 있다.[6] 물론 그 '인종'은 작업장에서 차지하는 이들의 위치와 보상에 따라 상이하게 해석되곤 했다. 즉 기존의 권위구조와 보상체계 안에서 자신의 지위와 역할을 상승시킬 수 있었던 노동자들에게 노동은 '고통'이라기보다 '자기발전을 위한 계기'로 인식되었고 따라서 이 경우 노동은 매우 자발적이고 적극적인 것으로 묘사된다. 즉 자신과 회사는

---

6) 노동자들에 대한 세대론적 구분은 차이가 있을 수 있으나, 여기에서는 한국전쟁 이후 60년대까지의 노동자들을 1세대로, 70년 전태일 분신 이후 활동한, 그와 연배가 비슷하거나 적은 노동자들을 2세대로 구분하고자 한다.

하나이며 회사의 발전은 곧 자신의 발전인 것이다. 물론 이것은 대기업과 중소기업, 자본집약적 중공업과 노동집약적 경공업, 노동자의 성별 등에 따라 차별성을 지닌다.

그렇지만 대부분의 노동자에게 노동은 생존을 위한 수단으로 인식되었다. 작업장에서 가해지는 억압과 수탈 또한 이런 차원에서 인종의 대상이었다. 가족과 함께 먹고살자니 '어쩔 수 없이 하는 노동', 더 심하게는 '죽지 못해 하는 노동'으로까지 인식되었다. 이러한 현실을 인식하더라도 이들을 생산현장에서 저항하거나 그로부터 뛰쳐나올 수 없게 만든 것은 이미 지적했듯이 지위상승의 수단으로까지 인식되었던 취업노동의 현실적 힘이었다.

이에 반비례하여 실업은 '원초적 고통'이었다. 그리고 설령 노동현실의 부당함에 대해 알게 되었다 하더라도 회사 뒤에는 파편화된 노동자로서는 어찌할 수 없는 거대한 권력이 버티고 있었다. 특히 사회적 저변에 위치한 이들의 처지를 이해하고 대변해줄 수 있는 사회정치세력이 거의 존재하지 않는 상황에서 그와 같은 부당한 현실은 외견상 자연스러운 것이었고 결국 문제는 개별노동자 자신의 능력문제로 치환되어 버리곤 하였다. 따라서 작업장에서 부딪히는 그러한 현실을 넘고자 하는 이들의 욕망은 우회로를 찾게 되고, 그것은 2세교육에 대한 강한 집착으로 표출되었다. 결국 이러한 우회로는 생산현장을 지배하는 노·자간의 억압적이고 비대칭적인 사회관계와 대결하기보다 그것을 묵인하거나 승인하는 가운데, 재생산영역에서의 경쟁을 통해 그 속에서 살아남자는 또 다른 발상의 표현이었다. 그 경쟁에 지연, 학연, 각종 연고가 개입됨은 물론이다. 이런 상황에서 '인종으로서의 노동'을 재생산하는 억압적 사회관계에 대한 의미 있는 이의제기를 기대할 수는 없었다.

71년 평화시장 재단사 전태일의 분신은 바로 이 '인종으로서의 노동'에 대한 충격적인 문제제기였다. 그것은 개별화된 노동자들의 수동성을 일깨우고 노동을 실천을 통해 획득해야 할 권리로서 인식하게 만든 중요한 계기가 되었다. 여전히 노동을 억압·배제하고 수탈하는 관계구조가 견고하게 재생산되고 있었다는 점에서 볼 때, 전태일의 분신은 기존 관계들의 문제점을 인식하면서도 그것을 대중적으로 공유하고 그것의 극복을 위해 실천할 수 없었던 딜레마의 반영이었다.

하지만 그의 인식과 무관하게 "노동자는 기계가 아니다", "근로기준법을 준수하라"는 외침과 요구는 정책적인 변화의 문제로 해소될 성질의 것이 아니었다. 그것은 일개 노동청이 결정할 수 있는 것이 아닌 자본의 축적전략(accumulation strategy)과 연관되어 있다. 이러한 의미에서 그것은 '유혈적 테일러리즘'에 근거한 수출주도형 경제발전전략이 더 이상 용인될 수 없음을 선언한 것이었고 그러한 억압구조를 재생산하는 데 핵심적인 기능을 한, 당시 반동화경향을 노골적으로 드러내기 시작한 정치권력에 대한 이의제기이기도 하였다. 따라서 전태일의 항의는 이후 빵을 키우는 성장전략에 대응하여 상대적으로 소홀히 하였던 분배문제의 강조, 노동자들의 기본권 보장 등에 대한 관심제고로 이어졌고 이것은 사회비판적 자유주의정치세력이 형성되는 중요한 계기가 되었다. 즉 자유주의세력 가운데 일부가 민중의 삶에 대해 관심을 갖게 되고 그것을 사회정치적인 이슈로 삼기 시작한 것이다. 이들 정치세력의 발상은 결국 공개적 독재체제인 유신체제가 등장함으로써 구체화되지 못했지만, 이후 반독재 저항세력의 저항담론에서 핵심내용을 구성하게 되었다.

이에 따라 국가권력의 노동에 대한 개입도 조직적·목적의식적인 방향으로 선회였다. 방향선회를 추동한 객관적인 배경은 1970년을 전후로 한 구조적인 경제불황이었지만, 그와 맞물린 노동자들의 의식변화, 점증하는 저항 또한 중요한 요인이었다. 유신체제가 등장하기 직전인 70년을 전후로 빈발한 노동쟁의에 대응하여 71년 12월 이후 노동통제를 핵심으로 하는 '국가보위에 관한 특별조치법' 등 각종 노동관련법의 제정·개악이 이루어진 것은 이러한 현실을 반영한 정치적 대응이었다.

유신체제라는 공개적 독재체제 아래에서 조합주의적 자본은 노동과의 대화와 타협을 통해 문제를 해결할 의도를 전혀 가지고 있지 않았다. 그들은 파시스트 유신체제를 자신들의 전면에 내세웠다. 물론 그 대가로 자신들이 누려야 할 자유와 이윤의 일부를 포기하였지만, 그들에게 중요한 것은 왕관이 아니라 지갑이었다. 따라서 노동자들의 생존권을 위한 요구는 결국 생산현장의 울타리를 넘어 경찰, 중앙정보부, 노동청 등으로 상징되는 억압적 관료, 권력기구와의 직접적인 대결로 발전하였다. 따라서 노동자들이 '정치적 요구'를 실제 내걸었는지 여부와 무관하게 이미 노동현장은 정치의 한가운데 자리잡게 되었다. 자본의 헤게모니 빈곤은 생산현장에서 일어난 노자간의 '사소한 일'(trivial)이 국가와의 극단적인 갈등으로 나아가게 하는 구조를 내재화시켰다. 70년 11월 전태일의 분신이 던져준 사회경제적·정치적 의미를 내리누르며 등장한 유신체제가 79년 YH노동조합의 신민당사농성투쟁을 계기로 붕괴된 역사적 궤적은 유신체제시기에 노동운동이 어떤 사회정치적 의미와 위상을 지니고 있었는지를 상징적으로 보여주는 것이라 하겠다.

이러한 과정을 통해 '인종의 대상으로서의 노동'은 '권리로서의 노동'이라는 인식에 그 자리를 내주게 되었다. 그리고 그 실천의 중심에 70년대 '민주노조운동'이 있었다.[7] '선성장 후분배'라는 오랜 선전은 경제위기와 파시스트권력의 억압이 가중되면서 지배이데올로기로서의 모습을 확연히 드러내었다. 노동자들 사이에 숙명론은 여전히 건재하였지만, 2세대노동자들은 그 현실을 그대로 수용하지 않았다. 이렇게 하여 민주노조들이 형성되었고 이들에 의해 자유주의적 노동운동이 실질적으로 자기모습을 드러내게 되었다. 그것은 자본과의 적대를 내세우는 것이 아니라 계약당사자로서의 '자본과 노동의 협력과 조화'를 강조하였다. 근로기준법 등은 자본과 노동의 갈등을 부추기는 것이 아니라 약자인 노동자의 권리를 보호함으로써 조화와 균형을 통해 자본을 순조로이 재생산시키는 제도적

---

7) 70년대에 전개된 민주노조운동에 대한 자세한 내용은 이옥지, 『한국여성노동자운동사 1』(한울, 2001, 제7장) 참조.

기제로 인식되었다. 그리고 바로 이것이 '외부 공산주의의 위협'으로부터 이 사회를 수호하는 가장 적절한 방안으로 간주되었다.

바로 이 지점에서 70년대 전개된 민주노조운동이 사상·이론의 수준에서 자유주의적인 기독교노동운동세력에 거의 전적으로 의존하고 있었다는 사실을 상기하는 것은 매우 중요하다. 교회를 중심으로 하는 재야와 제도 내의 자유주의정치세력을 한 축으로, 자본과 파시스트세력을 다른 한 축으로 하는 긴장과 갈등관계 속에서 민주노조운동은 자유주의사회정치세력들의 후미에서 자신들의 정체성을 모색해나갔다.

(2) 5·18민중항쟁 이후: '역사특수적 노동'에 대한 인식, 변혁의 주체로서의 노동계급의 복원

1979년 10·26사태 이후 80년 5·18민중항쟁의 좌절을 매개로 한 신군부파시스트의 집권과정은 70년대 반독재운동을 주도한 자유주의정치세력의 위약성을 확인시켜주었다. 이들은 신군부의 집권기도가 구체화되는 가운데서도 '최대다수자 저항연합'의 구성에 소극적이었으며 대중동원력이 가장 컸던 학생운동 또한 '서울역 회군'으로 결국 이에 호응하였다. 이러한 흐름은 5·18민중항쟁시기 광주에서도 신군부와의 '타협론'의 형태로 나타났지만, 그것은 자발적인 대중투쟁과 '투쟁론'에 의해 해소되었는데, 전국수준과 다르게 진행된 바로 이러한 대응의 차이가 신군부의 학살을 가능케 한 결정적인 조건이 되었다.[8]

이 와중에서 70년대 민주노조운동을 지지·후원하였던 자유주의적 기독교노동운동 또한 위축·보수화되었다. 그 이유 가운데 하나는 유신체제 말 이후 지속된 파시스트권력의 산업선교, 노동선교에 대한 이데올로기 공세였고, 다른 하나는 노동운동의 급진화경향 때문이었다. 산업선교에

---

8) 이광일, 「지구화시대 한국의 진보운동과 5·18민중항쟁의 현재적 재구성」, 『민주주의와 인권』 제5권 2호, 2005, 116~17쪽.

대한 용공시비가 본격화되면서, 교회는 자신들이 체제전복세력이 아님을 되풀이하여 고해성사해야만 했고 그 와중에서 공개적 독재체제와의 대결은 무디어졌다. 특히 광주에서 자행된 신군부의 잔인한 폭력성은 이들을 위축시켰다.

하지만 교회의 위축은 단순히 국가권력의 이데올로기 공세와 억압에 규정된 것만은 아니었다. 79년 크리스찬아카데미사건과 전국민주노동자연맹의 활동에서 확인할 수 있듯이 노동운동 또한 이미 자유주의적인 교회의 틀을 넘어서는 방향으로 분화되고 있었다. 물론 반공분단체제가 조성한 극우이데올로기의 지형에서 교회는 이들 노동운동에게 여전히 중요한 안전판으로 기능하였다. 결국 교회는 '3자개입금지조치'로 상징되는 파시스트권력의 압력과 교회의 틀로 통제할 수 없을 만큼 성장한 노동운동이 이후 대중화·급진화 경향을 강화시키는 것에 직면하여 보수화되면서 노동운동과 선택적 협조관계를 맺기 시작하였다.[9]

이에 대응하여 노동운동 또한 교회와 분리하여 독자적인 세력으로서의 자기정체성을 확보하고자 하였다. 원풍모방노동조합과 영등포산업선교회 사이의 오랜 친교관계가 균열을 일으키며 긴장과 갈등, 결별의 수순을 밟게 된 것은 이러한 흐름들을 집약적으로 보여주었다. 특히 부산미문화원 방화사건 이후 보수적인 교회의 상층부는 이 사건을 '자신들의 조국에 대한 공격'으로 간주하면서 산업선교에 대한 그 동안의 지지와 지원을 급속히 철회하였다. 바로 이 지점에서 기독교노동운동이 자본주의사회에 고유한 역사특수적인 노동을 인정하지 않았다는 점을 기억하는 것은 중요하다. 이들의 노동운동에 대한 지원과 지지는 '역사특수적으로 분열된 존재로서의 구체적 인간', 즉 계급으로서의 노동자에 대한 인식 위에서 이루어진 것은 아니었다.

이러한 조건 속에서 노동에 대한 새로운 인식의 구성은 노동자대중들

---

9) 이광일, 「한국의 민주주의와 노동정치: 급진노동운동의 이론과 실천을 중심으로」, 성균관 대학교 박사학위논문, 1999 참조.

안에서 자생적으로 이루어졌다기보다 이들과 결합된 급진적 지식인활동
가들에 의해 이루어졌다. 이것을 추동한 요인으로는 이미 지적한 바 있는
70년대식 명망가적 재야운동과 자유주의정치세력들의 타협적인 정치적
태도, 마르크스주의를 비롯한 급진이론의 소개와 확산, 명망가운동과
대비되는 대중운동의 성장 등이었다. 특히 이러한 변화의 흐름은 지식인들
의 급진화, 이들의 노동현장으로의 투신을 매개로 촉진되었다. 이들에
의해 노동자들은 하나의 개별자, ‘주변계급’으로서가 아니라 점차 중심적인
계급으로서 호명되었다. 노동자들에게는 자본주의적 소유구조로부터 도
출되는 혁명의식이 내장되어 있으며 따라서 이들의 지위는 단지 작업장에
서 ‘근로’하는 경제적 존재가 아닌 정치적 존재로 격상되었다. 노동자들은
더 이상 수동적인 존재가 아니라, 즉 자유주의정치세력의 후미에서 그들을
추종하는 세력이 아니라 한때 자신들이 따랐던 그들의 물적 토대를 이루는
자본주의적 사회관계를 문제시하고 그것을 폐지하여 새로운 사회로의
이행을 담보하는 핵심주체로 설정되었다. 이러한 발상은 파시스트지배체
제와의 대결 속에서 계속 강조되었으며 이것은 다수의 노동자들을 사로잡
고 있는 ‘권리로서의 노동’이라는 인식을 넘어서고자 하는 것이었다. 이들
에게 노동운동의 역사적 과제는 단순히 자본주의사회 안에서 권리를 보장
받기 위한 것에 그치는 것이 아니라 그 구조 자체를 폐지하는 것으로
확장되었다. 그리고 이러한 발상의 적실성, 그 실현가능성은 신군부에
의해 여전히 재생산되고 있던 억압적 노동현실에 의해 뒷받침되었다.

　　설은 세 그릇 짬밥으로/기름투성이 체력전을/전력을 다 짜내어 바둥치는/이
전쟁 같은 노동일을/오래 못가도/끝내 못가도/어쩔 수 없지/탈출할 수만 있다
면,/진이 빠져, 허깨비 같은/스물아홉의 내 운명을 날아 빠질 수만 있다면/아
그러나/ 어쩔 수 없지/어쩔 수 없지/죽음이 아니라면 어쩔 수 없지/이 질긴
목숨을,/가난의 멍에를,/이 운명을 어쩔 수 없지/…
　　어쩔 수 없는 이 절망의 벽을/기어코 깨뜨려 솟구칠/거치른 땀방울, 피눈물

속에/새근새근 숨쉬며 자라는/우리들의 사랑/우리들의 분노/우리들의 희망과 단결을 위해/새벽 쓰린 가슴 위로/차거운 소줏잔을/돌리며 돌리며 붓는다/노동자의 햇새벽이/솟아오를 때까지.[10]

이렇게 하여 '전쟁과 같은 노동' '죽음과 같은 노동' 속에 존재하는 노동자들은 한국전쟁 이후 상실한 '계급으로서의 자신의 정치적 모습'을 되찾게 되었다. 이제 노동자들에게는 '권리로서의 노동'을 찾는 것에 멈추는 것이 아니라, 자본이 강제하는 모든 억압을 넘어나가야 하는, 즉 노동해방을 넘어 인간해방을 실현시켜야 하는 역사적 과제가 부과되었다. 신군부파시즘에 대한 투쟁은 그 미래사회를 열기 위한 투쟁의 출발이었다. 그리고 억압과 수탈 속에서 이루어지는 그들의 노동은 평등한 미래를 위한 물적 토대의 원천으로 간주되었다.

그런데 이 지점에서 반드시 짚고 넘어가야 할 문제가 하나 있다. 그것은 이러한 발상과 실천이 70년대 이래 요구된 '권리로서의 노동'을 압도하였는가의 문제로 집약된다. 분명히 80년대는 양자가 긴장을 일으키며 노동의 사회경제적, 정치적 이해를 위해 국가와 자본에 대항했던 것이 사실이다. 그럼에도 불구하고 놓치지 말아야 할 것은 급진적인 노동운동에게 '노동해방', '인간해방'이 근본목표인 것은 사실이었지만, 80년대 노동자들이 생산현장에서 혹은 정치적으로 줄곧 요구한 것은 '최대강령'이 아니라 바로 '권리로서의 노동'이었다는 점이다. 이런 측면에서 오히려 급진적 노동운동은 '권리로서의 노동'을 구현시키기 위해 가장 전위에 섰던 운동정치세력이라고 평가할 수도 있다. 따라서 운동의 실질적 헤게모니는 자유주의정치세력과 자유주의적 노동운동의 저변에서 재생산되고 있었다. 바로 이러한 해석은 유례를 찾아보기 힘들 정도로 전투적 양상을 보였던 87년 7~8월 노동자투쟁이 자유주의적 요구 수준에 머물게 되고, 급진노동정치가 기존

---

10) 박노해, 〈노동의 새벽〉, 『노동의 새벽』, 풀빛, 1984 참조.

보수정치의 틀을 넘어나가지 못하게 되는 상황의 도래를 이해하는 데 매우 중요하다.

(3) 87년 '민주화' 이후: 계급의 '해체'와 노동의 '차별적 제도화'

87년 6월항쟁과 7~8월 노동자투쟁을 거치면서 강화된 정치적 자유화, 89년 사회주의 동유럽블록이 붕괴되면서 노동, 그 가운데 80년대 내내 전투적으로 투쟁해왔던 급진적 노동운동은 커다란 장애에 봉착하였다. 내적으로 자유주의정치세력과 신군부가 '6·29협약(pact)'을 통해 급진적 운동정치세력을 배제함으로써, 그리고 무엇보다 기존 사회주의블록의 붕괴로 운동의 구체적 상이 시야에서 사라지고 여기에 대안부재의 상황이 맞물리면서 급진운동은 위축되기에 이르렀다. 이 시기 노동운동의 주요한 흐름은 전투적인 투쟁을 전개하는 것과 무관하게 '권리로서의 노동'을 확장·실현하는 것에 그 목표를 두고 있었으며 더 이상 자본을 거스르고자 하지 않았다. 이미 소비에트체제가 붕괴된 상황에서 이들에게 자본주의 세계체제의 밖은 없었다. 그것의 변화는 오직 그 내부에서의 개혁을 통해 진행시킬 수밖에 없는 것으로 간주되었다.

이러한 과정에서 급진적인 지식인, 노동운동에 의해 노동해방·인간해방의 중심주체로 호명되었던 노동자계급의 정치적 위상은 그 어느 때보다도 혹독한 비판에 직면하였다. 여전히 대중을 사로잡고 있던 자유주의적 논의에 더하여 마르크스·레닌주의에 대항한 각종 포스트주의가 도입·소개되면서 '계급'은 점차 '해체'되어갔다. 이들은 생산수단의 소유 여부에 따른 전통적 계급구획, 자본주의사회에서 노동과 자본의 모순이 가장 근본적이기에 노동운동이 사회운동의 중심이 되어야 한다는 당위는 주체의 다차원적 위상을 간과한, 선험적인 것이라고 비판하였다.[11] 노동자라는

---

11) 당시 이러한 발상에 자극을 준 대표적 논의로는 어네스토 라클라우·샹탈 무페,『사회변혁과 헤게모니』(도서출판 터, 1990) 참조.

호명은 한 개인이 맺을 수 있는 다양한 사회관계들 가운데 하나이다. 집에서는 아들, 딸, 남편, 처, 가장, 아버지, 어머니일 수 있고 또 친목회의 회원일 수 있는데 개별주체를 노동자라는 호명으로 독점하는 것은 이러한 다차원적 위상을 부정하는 것이라고 비판하였다.

따라서 노동운동 또한 선험적으로 운동들의 중심을 담보할 수 없으며 그것은 실천의 과정에서 재구성될 수밖에 없다는 것이다. 물론 이러한 논의에 대해 다양한 비판과 이견들이 제시되었으나, 생산수단의 소유 여부에 따라 노동자계급을 구획하는 것의 규범적 판단 여부와 무관하게 운동의 헤게모니가 특정계급에 선험적으로 부여되는 것이 아니라는 점은 광범위하게 수용되었다. 이러한 발상에 근거하여 80년대 급진운동세력이 노동자계급에 부여했던 혁명적 성격과 과제는 현실 속에서 균열을 일으키게 되었고 이것은 이론·실천의 측면에서 급진노동운동이 지녔던 이른바 '정통적 권위'를 약화시켰다.

'계급의 해체'는 90년 전국노동조합협의회(전노협)의 출범을 전후로 하여 제기된 '노동운동위기론'과 특히 97년 IMF관리체제의 도래를 계기로 신자유주의가 전면화되면서 더욱 심화되었다. 이 과정에서 민중지향적인 자유주의 정치세력(이른바 '자유주의 좌파')은 집권이후 점차 자신들을 신자유주의와 동일시하면서, '발전국가'(development state)를 비판하였다.[12] 이들은 자신들의 물적 기반이기도 한 '한강의 기적'을 추동한 발전국가의 성과를 부정하지는 않았지만, 다른 한편 이 국가는 그들에 대한 '정치적 탄압자'였다는 점에서 원래의 자리로 돌려보내져야 할 대상이었다. 이런 맥락에서 이 국가는 위기의 진원지로 인식되기도 하였다. 그리고 재구성되어야 할 국가의 상은 신자유주의가 요구하는 '시장개입 불가,

---

12) 발전국가의 역할은 "국내기업을 해외경쟁으로부터 보호하고 생산적 투자를 위해 그들에게 저금리의 자본을 제공하며 국내투자를 위해 필요한 자본이 해외로 빠져나가지 못하게 막고 어떻게든 노동비용을 낮추어 국민적 자본이 세계시장에서 경쟁하는 것을 도와주는 것"으로 요약된다(윌리엄 K. 탭, 『반세계화의 논리』, 말, 2001, 156쪽).

작은 국가'와 동일시되었다. 이러한 맥락에서 '시장의 축소와 국가개입의 민중적 성격 강화'를 요구하며 노동자계급의 사회경제적·정치적 이해를 대변하고자 했던 급진노동운동들은 사회변혁을 위한 중심주체라는 위상으로부터 오히려 사회를 분열시키고 국가경쟁력을 훼손하는 대상으로 지목되기조차 하였다.

그런데 간과하지 말아야 할 것은 이와 같은 공세가 정도의 차이에도 불구하고 급진노동운동뿐만 아니라 노동운동 일반에 대해 지속적으로 가해졌다는 점이다. 이른바 '워싱턴 컨센서스'(Washington Consensus)로 상징되는 신자유주의는 긴축정책과 함께 노동의 유연화를 핵심으로 하는 구조조정을 강제하였다. 이러한 조치들은 특히 비정규직노동자의 급속한 증대로 나타났는데, 이것은 단지 경제위기를 극복하기 위한 조치에 그치는 것이 아니었다. 반실업자와 비정규직의 증대는 노동운동의 인적·물적 기반을 약화시키기 위한 자본과 '신자유주의 경쟁국가'(neo-liberal competitive state)의 정치적 조치였다.[13] 이미 전투적이고 급진적인 노동운동이 약화된 상황에서, 노동조합운동 일반에 대한 공세는 노동자들의 노동과 삶의 조건을 불안정하게 만들고 이러한 구조가 법·제도적으로 구체화되면서 다시 노동운동의 조건을 더 약화시키는 악순환의 고리를 만들었다. 이렇게 하여 노동운동은 그 내부에 존재하는 미래사회에 대한 상이한 전망들과는 무관하게 어떻게 보면 계급으로서의 정체성이 가장 요구되는 시기에 오히려 그것을 거세당하는 상황으로 빠져들게 되었다.

노동에 대한 인식과 관련하여 IMF관리체제를 경과하면서 중요한 인식의 변화가 눈에 띄는데, 그 특징은 '노동의 차이'를 제도화시킨다는 것이다. 물론 이전에도 학력, 성별 등을 매개로 노동에 대한 차별이 없었던 것은 아니다. 따라서 산업별 수준의 '동일노동 동일임금'의 관철은 노동운동의

---

13) 제섭은 이를 '슘페테리안 근로국가'(Schumpeterian Workfare State)로 일반화시키고 있는데, 경쟁국가의 목표에 관서는 B. Jessop, *The Future of the Capitalist State*(Cambridge: Polity Press, 2002, p. 96) 참조.

중요한 목표였다. 그런데 글로벌 신자유주의의 강제는 이러한 차별에 더하여, 하나의 사업장 안에서 같은 자격과 능력, 숙련도 등을 지니고 동일한 노동에 종사하더라도 고용형태의 정규직·비정규직 여부에 따라 상이한 가치가 부여되는 것을 제도화시켰다. 바로 이런 점에서 신자유주의 는 가장 반노동적이다. 이제 노동은 사회경제적·정치적으로 정규직·비 정규직이라는 형태를 매개로 더욱 분절되었다. 그리고 그 하위에는 노동자 로서의 지위는 별로 다를 것이 없으나 민족적 편견의 피해자인 이주노동자 들이 자리잡고 있다.

이런 상황으로 인해 그 어느 시기보다도 노동 그 자체에 대한 인식은 천양지차이다. 신자유주의가 시장의 힘을 강제하면 할수록 노동은 고통스 럽지만, 상대적으로 정규직노동자들에게 그 고통은 참을 만한 것, 아니 참아야 하는 것으로 인식된다. 물론 다수 비정규직·이주 노동자에게도 노동은 여전히 참아야 할 대상이다. 하지만 그것은 노동자에 대한, 아니 최소한의 인간에 대한 모멸의 감수를 그 대가로 지불해야 한다. 그렇기 때문에 그것은 참을 수 없는 고통이며, 온몸을 살라서라도 고발하고 극복해 야 할 차별의 징표이기도 하다. 바로 그렇기에 지금 비정규직노동자들의 죽음이 끊이지 않고 있다.

3. 글로벌 신자유주의, '노동 없는 민주주의'

해방 60년을 맞은 지금, 이른바 '민주화 이후 민주주의'에 노동은 없다. '노동 없이 민주주의 없다'는 테제에 주목한다면 이것은 당연한 결과이다.

87년 6월항쟁 이후 민주화이행과 자유주의정치세력의 집권을 통해 민주 주의가 진척되었다는 일반적 평가와는 달리 노동은 여전히 국가와 자본의 억압·배제의 대상이 되고 있다. 물론 민주노총, 민주노동당 등 노동자들 의 이해를 직·간접적으로 표출시킬 수 있는 제도적 기제들을 만드는 데 성공하였으나 그것으로 노동의 실질적 참여를 보장하기에는 여전히 한계가 크다. 제도가 주는 이점을 간과할 필요는 없지만, 법·제도는 그것이 만들어지는 순간 여타 다양한 영역에서 작동할 수 있는 '민주적 기제들'을 자신의 아래에 복속시키려 한다는 점에서 또 다른 억압기제로 전화되기 일쑤이다. 이른바 제도의 이율배반성인데, 이러한 특징은 제도 그 자체에 내장되어 있는 것처럼 보이지만, 실은 그것을 추동하는 사회관계들의 모순과 갈등을 반영하는 것이다. 이른바 '문민정부' 시기의 노사개혁위원회, '국민의 정부'와 지금 '참여정부' 시기에 노사정위원회가 존재했었고, 존재하고 있으나 노동은 여전히 실질적인 파트너로 인정받지 못하고 있다. 노동은 더 이상 들러리가 될 수는 없다고 항의하며 이 협의조직을 떠나버렸다. 이와 대조적으로 '민주화 이후'가 화두가 되고 있는 지금, '삼성공화국'이라는 상징적 표현에서 확인할 수 있듯 자본은 공화국을 비웃으며 그 어느 때보다도 많은 독점적 자유를 누리고 있다.

그렇다면 왜 노동에게 민주주의는 이렇게 요원한가. 이 문제에 대한 접근은 국민국가적 조망으로는 한계가 있으며 또 다른 화두인 글로벌 신자유주의를 고려하지 않으면 설명될 수 없다. 전후 냉전체제를 떠받쳤던 브레턴우즈체제에서 그것이 복지국가이든 발전국가이든, 이들 국민국가들은 자신의 국경 안에서는 거시경제를 다루는 데 있어 상대적 자율성을 지니고 있었다. 그리고 이 과정에서 노동은 현재 혹은 미래에 배제할 수 없는 중요한 사회경제적·정치적 행위주체였다. 이런 맥락에서 노동을 배제·억압했던 발전국가도 노동에게 언젠가 권리와 빵이 적절히 분배될 수 있을 것이라는 사실 자체를 부정하지는 않았다.

그렇지만 신자유주의 경쟁국가는 노동의 이러한 미래조차도 애초 부정한다. 왜냐하면 이들에게 자유시장질서는 세상사가 존재하는 방식이고 또 존재해야만 하는 방식이며 현실 속에서 이 이외의 다른 대안은 없기 때문이다. 따라서 이 국가의 목표는 자신의 국경 안에 국적을 두고 있는 자본(국민자본 혹은 민족자본)의 이해를 보호·확장시키는 것을 넘어

지구적 경쟁에서의 승리와 성장을 위해 하이에나처럼 이윤을 찾아 헤매는 글로벌자본을 자신의 영토 안에 더 많이, 더 오래 고정시키는(fixed) 데 목표를 두고 있다.[14] 그것을 위해 노동은 사실상 인간이고자 하는 욕망을 박탈당한 채 또다시 '성실한 근로자'로 살 것을 강요받는다. 바로 이런 차원에서 노동, 특히 '저항하는 노동'은 현실의 구체적인 존재양태와는 무관하게 더 이상 사회통합의 대상이 아니다. 물론 과거 국민국가들이 내세운 사회통합의 담론은 여전히 제기되지만, 그것은 이데올로기로서의 정치적 효과를 산출할 뿐, 실제 국가는 그 어느 때보다 계급성을 노골적으로 드러내고 있다. 오히려 민족, 국가라는 담론은 무한경쟁에서 승리하기 위한 동원의 기제로, 따라서 그 어느 때보다 심화된 내부의 차이──사회적 양극구조──를 은폐하고 더 많은 착취를 가리기 위한 담론으로 사용되고 있다. 그 이면에서 자본은 환호한다. 거기에서 언젠가 늘어날 빵을 노동자, 사회적 약자들과 나눌 것이라는 '사회통합적 담론'은 존재의미를 상실한다. 왜냐하면 극단적 경쟁을 통해 이윤을 추구하는 글로벌 신자유주의의 탐욕은 경계가 없기 때문이다.

지금 이러한 자본의 욕망은 비정규직노동자와 이주노동자의 모습에 집약되어 있다. '지배자와 피지배자의 동일성'을 향한 민주적이고 진보적인 노동운동의 움직임은 후퇴하고 오히려 노동은 시장과 자본의 힘에 위계적으로 재편성되고 있다. 따라서 이들에게 시민권은 주어지지 않고 있다. 한편으로 다른 국가의 일로만 알던 '하나의 국가 안에 두 국민이 존재하는 상황'이 한국사회에도 도래하였다. 2등국민에는 이들 노동자들뿐만 아니라 몰락한 자영업자, 중간층 등도 포진되어 있다. 다른 한편 '지구는 하나다'라는 모토가 온갖 매체를 수놓지만, 그것은 훨훨 날 수 있는 자본의 이야기일 뿐, 이주노동자들은 여전히 외부로부터 이입된 이물질로 취급받고 있다. 이들이 자유롭기엔 국경이 너무 높다. 이러한 공간적 자유로움의

---

14) 이에 대해서는 존 할러웨이, 「지구적 자본과 민족국가」(『신자유주의와 화폐의 정치』, 갈무리, 1999) 참조.

차이가 오히려 노동조건을 더 악화시키기 위한 자본의 위협효과(threat effect)와 협상력을 더 증대시키고 있다.[15] 국가주의, 민족주의라는 거대한 장벽에 막혀 있는 이들에게 노동기본권, 보편적 인권은 먼 나라의 이야기일 뿐이다. '권리로서의 노동'이라는 70년대 이래 끊임없이 제기된 노동자들의 염원은 해방 60년을 맞은 지금, 그 '부끄럽던 한국'을 '자랑스런 대한민국'으로 연호하는 지금 글로벌 신자유주의가 사회 곳곳에 내면화되면서 오히려 더욱 요원한 것이 되고 있다.

그런데 애석하게도 이러한 관계들의 극복은 그 자랑스러운 대한민국, 그것을 상징하는 국가로부터 주어지지 않는다. 지금 유지되고 있는 민주주의조차도 오랫동안 아래로부터 진행된 운동의 산물일 뿐이다. 하지만 자본을 문제시하고 그것을 넘어서기 위한 노동운동 내부의 급진적 발상들, 급진적 생태주의를 포함한 사회운동의 흐름은 여전히 미약하다.

이런 맥락에서 자본주의사회에서 노동의 중심성이 선험적으로 주어질 수 없다고 그렇게 비판하면서도 결국 신자유주의 문제가 노동이 우선적으로 고민해야 하는 사안으로 남겨지는 이유에 대해 그 누구도 속 시원한 답을 주지 않고 있는 현실은 역설적이다. 신자유주의는 노동에만 해당되는 문제인가. 그렇기 때문에 노동 이외의 다수의 시민사회운동들은 '더불어 사는 삶'을 강조하면서도 그러한 고민으로부터 한발 떨어져 관조하는가. 그렇다면 그들에게 그렇게 할 권리는 선험적으로 주어지는가. 진정 다양한 영역에서 재생산되는 비대칭적이고 억압적인 사회관계들을 극복하고자 한다면, 더불어 살고자 한다면, 그리고 거기에 노동의 문제가 포함된다면 이제 이에 대해 진지하게 고민하고 대답해야 할 차례이다. '꿈꾸는 미래사회에 대한 상'이 무엇이든 민주적이고 진보적인 운동들이라고 한다면, '사회구성원 모두의 삶을 규정하는 유일척도이고자 하는 자본'을 문제시하지 않고는 단 한발도 전진할 수 없음을 고백해야 한다. 그것이 진정한

---

15) 이강국, 『다보스, 포르투 알레그레 그리고 서울: 세계화의 두 경제학』, 후마니타스, 2005, 173~74쪽 참조.

'차이의 정치'이다.[16] 이런 맥락에서 과거에 '노동운동이여 안녕'이라고 인사하였다면, 이제 자본으로부터 벗어날 수 없는 스스로의 삶, 자신이 맺고 있는 여타 사회관계들에 대한 진지한 성찰이 필요한 시기임을 인정해야 한다.

그렇다면 글로벌 신자유주의시대의 이러한 분열된 삶의 현실과 관련하여, 기우에서이지만 '해방 60년'이라는 표현에 담겨 있는 '국가(민족)주의적 담론'이 산출해낼 또 다른 정치적 효과는 무엇인가. 혹시 그것은 지금 엄혹하게 관철되는 억압과 배제, 그것을 외면하기 위한 또 다른 하나의 이데올로기는 아닌가. '민주화 이후' 민주주의의 불균등 발전 속에서 '당신들의 대한민국'이 '우리들의 대한민국'과 겹쳐지는 지금, 여전히 노동은 고통스러우며, 그 운동은 글로벌 신자유주의라는 극단의 조합주의적 발상 및 프로젝트와 대결해야 하는 고단함으로부터 헤어 나오지 못하고 있다.

이광일(Lee, Kwang-Il) nanjangi@orgio.net
성공회대학교 사회문화연구원 연구교수.
주요 저서 및 논문으로는 『한국의 정치사회적 저항담론과 민주주의의 동학』(공저), 「지구화시대 한국의 진보운동과 5·18민중항쟁의 재구성」 등이 있다.

---

16) 포스트주의와 연관되어 있기도 한 '차이의 정치(학)'가 의미를 지니기 위해서는 유일척도를 거부하는 원칙에 입각하여 급진노동노동을 비판만한 지금까지의 수동적 태도에서 벗어나 실질적으로 유일척도를 강제하는 '자본에 대한 거부'를 구체화시키는 능동적 실천이 요구된다. 차이의 정치에 관해서는 이진경, 「맑스주의에서의 차이와 적대 문제」(『맑스, 왜 희망인가』, 메이데이, 2005) 참조.

해방 60년, 지연된 정의와 한국의 과거청산

김동춘

1. 해방 60주년과 과거청산

올해는 일제가 패망한 지 60년이 되는 해이고, 그것은 곧 한국이 해방된 지 60년이 되었다는 것을 의미한다. 60년, 환갑은 한국인에게는 특별한 의미가 있다. 태어난 해의 간지가 다시 돌아오는 것을 의미하기 때문이다. 그렇다면 지난 60년 동안 우리는 과연 일제식민지 과거를 완전히 정리하고 새 국가로 태어났으며, 일본과 한국의 관계는 이제 우호적 이웃으로 거듭났으며, 동아시아에서는 이제 새로운 평화공동체가 구축되었는가? 그 대답은 부정적이다. 아직 일본은 과거사의 잘못을 제대로 인정하지 않고 있으며 고이즈미 총리가 신사참배를 하는 등 노골적으로 우경화되고 있고, 중국과 한국에서는 이러한 일본의 태도를 비판하는 대규모 반일시위가 발생하였다. 한편 일제식민지지배의 한 귀결로서 남북한은 분단되어 적대하고 있으며, 중국과 대만의 적대도 계속되고 있다. 중국의 군비강화와 대만해협의 불안, 북한 핵문제로 인해 동아시아는 현재 세계에서 전쟁발발 위험성이 가장 높은 지역으로 지목된다. 그래서 독일과 프랑스가 과거사를 정리해서 유럽통합의 발걸음을 내디딘 것과는 반대로 동아시아에서는 아직도 과거가 미래의 발목을 잡고 있다.

그런데 구 제국주의국가 일본에게 과거청산은 인근 식민지국가를 침략했던 과거사에 대한 철저한 반성의 문제라면, 한국에게 과거청산문제는 자체 내의 과거 친일세력과의 단절만을 의미하는 것이 아니라 대만이 그러하듯이 냉전체제 수립과정과 이후 이루어진 전쟁과 국가폭력 희생자의 명예회복과 진상규명 문제이며, 오키나와와 마찬가지로 일본이 물러가고 미국이 진주하는 과정에서 발생했던 각종 민간인희생의 청산의 문제이기도 하다. 즉 중국, 대만, 한국은 일본에게 철저한 반성을 요구하는 만큼 국가 내부의 과거청산문제도 안고 있다. 어쩌면 일본에 의해 저질러진 피해보다, 일본으로부터 해방이 곧 미국의 점령으로 이어지는 과정에서 발생했던 폭력과 상처 그리고 일본에 협력했던 세력에 의해 만들어진 지배구조와 제도가 가져온 부정적 유산이 그것 못지않게 크다고도 볼 수 있다. 한국을 비롯한 동아시아국가에게 해방 60년은 일본과의 관계문제를 재점검할 수 있는 환갑 해이기도 하지만, 60세가 된 근대국민국가의 오늘을 재점검하여 국가와 정체성을 세우고 그것을 통해 동아시아질서를 새롭게 만들어갈 비전을 만들 기회이기도 한 것이다.

특히 2004년 광복절 이후 한국은 과거청산정국이 계속되었다고 해도 과언이 아니다. 2003년 8월 15일 경축사에서 노무현 대통령이 '포괄적 과거청산'의 필요성을 밝힌 뒤로 한국정치사회에서는 과거청산문제가 큰 화두가 되었다. 가장 뜨거운 논란이 된 것은 친일진상규명 문제였다. 2003년 2월, 한나라당이 다수의석을 점하던 16대국회에서 통과된 친일진상규명법이 진상규명작업을 제대로 할 수 없는 누더기 법이라는 비판이 제기되고 17대국회에서 다수당이 된 열린우리당이 이를 개정하기로 방침을 정한 이후 한나라당 박근혜 대표의 부친이자 전 대통령인 박정희의 친일경력이 크게 논란이 되었으며, 과거청산작업이 야당을 무력화시키기 위한 정치공세가 아닌가 하는 비판이 제기되었다. 결국 친일진상규명법 개정안은 2004년 가을 국회에 다시 상정되어 이제 본격적인 활동에 들어갔고, 한국전쟁 전후 민간인학살 진상규명문제가 본격적으로 거론되어 군사정권하의 의문사 진상규명을 포함한 과거사법(진실·화해를 위한 과거사 정리기본법안)이 지난 5월 3일 국회를 통과했다. 그리고 이와는 별도로 국정원, 경찰, 군 등 정부기관은 자체의 과거사위원회를 구성하여 지난 군사정권하에서 저질러진 공권력남용과 탈법 사례를 진상조사하기에 이르렀다. 그래서 한국은 동아시아국가 중에서 자체의 과거사를 정면으로 돌아보는 작업을 게을리 하지 않는 선두주자가 되었고, 그 작업이 한국, 남북한관계, 한미관계 그리고 동아시아국가간의 관계에 미치는 파장 또한 적지 않을 것이다.

2. 과거청산의 의의

정부수립 후 시도되었던 반민특위활동의 실패 이후 아직 한국에서 제대로 과거 친일파 처벌과 강제동원피해자 보상 및 대한민국정부 수립 이후 벌어진 각종 국가폭력의 피해와 의문사건에 대한 철저한 진상규명과 관련자처벌, 피해자명예회복 등 과거청산작업을 수행해 보지 못했다. 물론 90년대 들어서 관련피해자와 사회운동단체들이 줄기차게 제기하여 입법화된 5·18특별법은 법률적·제도적 수단을 통해 과거의 반인륜적 범죄나 학살범죄를 청산하려는 모범적인 시도로 평가를 받고 있지만, 피해당사자는 물론 일반국민의 입장에서 보더라도 여전히 미흡한 점이 많다. 그래서 지난 한국현대사는 과거청산의 실패의 역사라 볼 수 있지만, 정확히 말하면 청산되어야 할 세력이 권력을 잡아서 거꾸로 양심세력을 완전히 거세하고 역사를 왜곡하고 정의의 수립을 방해하고 집단적 기억을 조작해온 역사라 불러도 과언이 아니다. 이 점에서 역대 한국 정부와 지배엘리트는 사실

일본의 과거사에 대한 반성의 결여 그리고 반복되는 역사왜곡과 망언에 대해 강력한 시정을 요구할 수 있는 도덕적 명분을 결여하고 있다고도 볼 수 있다.

"과거는 흘러갔다"는 담론은 과거청산작업의 현재, 미래적 의미를 계속 폄훼한다. "과거는 해석의 대상이지 진실규명의 대상이 아니다"라는 일부 학자들의 비판 역시 일면의 타당성을 갖고 있는 것은 사실이다. 그러나 신영복이 주장하듯이 시간은 객관적인 것이 아니라 존재의 형식이다. 과거·현재·미래는 하나의 통일체이다.[1] 미래는 현재 혹은 과거와 무관한 그 무엇도 아니고 또 완전히 새것도 아니다. 현재 혹은 과거를 거론하지 않은 채 밀레니엄을 운운하는 한국사회의 담론들이 상당 부분 진정성이 결여되어 있는 것처럼, 미래를 들먹이며 과거청산을 거부하는 논리 역시 단지 과거에 대한 입장의 차이가 아니라 현재 혹은 미래에 대한 입장 및 이해관계를 반영하는 것이라는 것을 분명히 알 수 있다. 동아시아의 미래와 공동체구성에서도 최대의 걸림돌은 바로 일본과 여타 국가 간의 과거청산 그리고 자국역사에 대한 객관적인 서술이다. 특히 일본과 중국, 한국의 관계가 우호적인 관계로 변하지 못한 가장 중요한 이유도 일본의 침략과거사 은폐에 기인한다.

우리가 과거를 다시 끄집어내는 것은 과거 국가권력에 의한 반인륜적인 범죄행위 그리고 그것을 통한 부당한 권력장악과 지위획득을 들추어냄으로써 굴절된 정의를 바로잡기 위함이다. 그리고 그것을 통해 우리가 기대하는 것은 민주주의를 공고히 하고 사회정의를 세우고 나아가 사회통합을 이룩할 수 있을 것이라는 점이다. 즉 과거청산이 만병통치약은 아니고, 많은 부작용을 낳을 위험성을 배제할 수 없지만, 과거를 제대로 대면하거나 청산하지 않고 법과 정의를 말할 수는 없는 것이고, 또 화해와 용서에 대해서는 더더욱 말할 수 없는 것이다. 과거 반인권·반인륜 범죄를 저지른

---

1) 신영복, 『강의』, 돌베개, 2004, 149쪽

세력은 페어플레이라는 정신을 모르는 집단이기 때문에, 이들의 잘못에 대한 공개와 확인이 이루어지지 않을 경우 절차적 민주주의라는 것도 언제나 위협에 처할 것이다. 구 제3세계국가에서 민주주의 공고화 문제는 언제나 과거청산의 성공 여부에 달려 있었다. 마찬가지로 한국의 민주화가 질적으로 심화·발전되는가 하는 문제는 이 과거청산작업의 성공 여부에 달려 있을 것이다. 동북아시아 3국 그리고 동아시아 여러 나라가 과거사문 제에 대해 허심탄회하게 이야기하고 화해단계로 나아갈 수 있기 위해서는 한국이 이 점에서 모범국가가 되어야 할 것이다.

3. 한국에서 '미해결된 과거사'의 내용과 그 해결방안

일본제국주의 지배, 냉전과 분단, 전쟁, 군사정권 등으로 점철된 한국 근현대사과정에서 수많은 국가폭력과 인권유린이 자행되었고, 그 피해자 의 수만 해도 수백만을 넘을 것이다. 중국, 대만, 필리핀 등의 나라와도 같은 처지에 있는 일제시기의 강제동원과 종군위안부 문제는 모두 일본의 책임영역 속에 있고, 국가수립 이후의 극우반공주의체제 수립과정에서 발생했던 백색테러와 반인권 사태는 일단 1차적으로는 대한민국의 책임영 역 안에 있으나 그 역시 유사한 고통을 겪은 대만과 마찬가지로 미국의 동아시아질서 재편이라는 미국주도의 정치적 우산 속에서 일어났기 때문 에 한국에서 8·15 이후 미해결된 과거사 역시 단순히 대한민국의 책임영 역에만 있지 않다는 특성이 있으며, 그 해결 역시 현재의 국가권력이나 정치권의 의지만으로 충분히 감당할 성질의 것이 아니다.

우선 식민지시기 일제에 의한 조선인강제동원 그리고 한국인 중 친일분 자 진상규명 문제가 과거청산의 범위에 포함되는 이유를 살펴볼 필요가 있다. 일제식민지하 조선백성들의 고통은 식민지상황, 주권의 상실, 책임 있는 공권력의 부재라는 상황이 초래한 것으로서, 식민지체제를 극복·청산하려는 이후의 독립된 국민국가의 입장에서는 당연히 과거 국가를 수립하지 못한 데서 초래한 자기 민족구성원의 고통, 그 실태와 규모 그리고 그러한 피해와 손실에 대해 인근 침략국가에 대해 응분의 사과와 배상의 청구를 해야 할 의무를 갖고 있다. 그러나 그동안 남북의 분단, 국민의 지지를 받지 못한 군사정권의 등장 그리고 경제성장 지상주의와 국민동원의 역사를 반세기 겪어오면서 대한민국은 이러한 임무를 제대로 수행하지 못했다. 최근 확인된 것처럼 1965년 한일국교정상화 과정에서 일제하 강제동원 이후 사망 혹은 피해를 입은 조선인의 고통을 몇 푼의 청구권자금으로 무마했으며, 오히려 한국정부는 추후 한국인 개인이 일본 정부나 기업을 상대로 보상을 청구할 수 있는 길까지 막았으며, 피해 실태와 규모에 대한 기초조사조차 게을리하였다. 이것은 그동안 국가가 국민의 국가로서의 기본임무를 방기했다는 것을 말해준다. 따라서 만시지탄의 감이 있지만, 일제하 강제동원 문제에 대한 진상규명작업이 필요해진 것이다.

친일파·부일협력자 규명문제는 그들이 반공을 무기로 이후 지배층이 되면서 사실 60년이 지난 지금까지도 미완상태에 있는 핵심 과거청산과제이다. 제국주의와 파시즘에 협력하여 동족을 죽음과 고통으로 내몬 죄과에 대해서는 해방 당시의 시점이라면 당연히 처벌대상이지만 지금의 시점에서는 이미 당사자가 거의 사망하였으며, 그들에 의한 피해 역시 특정 사회구성원 개개인에 국한되지 않고 국가·민족 전체에 관한 것이므로 단지 누가 어떤 상황에서 적극적으로 반민주·반인권적 일제의 파시즘적 지배정책에 부역했는지 밝히고, 그러한 행위의 내용을 철저하게 밝혀내고, 그들을 단죄하지 않음으로써 지난 60년 동안 한국역사에 어떤 해로운 결과가 나타났는지를 규명하는 선에 머물러야 할 것이다. 그래서 지금 이 시점에 친일경력이 있는 구체적 개인에 대해 OX식의 판정을 내리는 것은 적절치 않고, 식민지협력의 양상을 보여주고 '생계형 친일'과 '출세형 친일'을 구분하여 국민들에게 판단을 맡기는 것이 바람직하다.[2] 특히 그들의 당시 역할과 이후의 모습 등을 추적하여 역사적 평가를 함으로써 이후 세대들에게 교육자료로 활용하는 것이 좋을 것이다. 60년 이상 지난 과거사이지만 한국에서는 사실 친일파문제가 언제나 뜨거운 쟁점이 되는데, 그것은 언론이나 정치권이 박정희와 관련지어 사안을 정치화시켰기 때문이기도 하지만, 한국인들에게는 민주주의, 인권 등의 가치와 관련된 국가폭력사태들보다는 이러한 반민족인사에 대한 도덕적 비판이 훨씬 더 쉽게 공감을 얻을 수 있기 때문일 것이다.

지난 16대국회에서부터 그러했지만 한나라당과 일부 언론이 친일진상규명법에 대해 여러 가지 명분을 들이대며 격렬하게 반대한 것을 보더라도 친일진상규명 문제가 여전히 한국에서 단순히 '과거사'가 아닌 현실정치적 의미를 지닌 사안임을 거꾸로 보여주고 있다. 즉 친일진상규명작업이 지나치게 정치화되는 우려의 표시일 수도 있지만, 동시에 지난 50여 년간의 기득권세력인 반공주의세력과 그 뿌리인 친일세력의 저항이 결코 만만치 않다는 것을 보여주고 있다. 결국 '친일진상규명법' 개정안은 2003년 9월 통과되었는데, 친일 여부 판정과정에서 핵심적인 내용은 모두 빠졌다.

한국전쟁 전후의 학살은 전세계적 냉전체제 수립과정에서의 극우정권이 수립된 경험을 공유하고 있는 대만, 그리스, 베트남에서 발생한 학살과 가장 유사하다. 한국전쟁과정에서의 학살은 미국의 전후 동아시아전략 속에서 일본의 전범에 대한 사면과 자본주의 성장지원전략, 남한에서의 일제식민지 지배체제의 유지존속과 직결되어 있다고 볼 수 있다. 결국 미국이 그리스 등에서 그러하였듯이 대(對)소련 반공전선구축을 위해 구 파시즘세력을 재등장시키게 되자, 민족주의세력 및 민중들이 이들에게 저항하고, 이들 구 기득권세력이 저항세력의 공격에 직면하여 강대국의

---

2) 물론 생계형 친일과 출세형 친일의 구분은 대단히 어려울 것이다. 일차적으로는 당시의 직급에 따라 구분하는 방법이 있을 수 있으나 그 역시 충분하지는 않다. 말단 경찰이나 군인이라고 하더라도 필요 이상으로 자신의 권력을 행사하여 동포를 고통에 빠트린 경우가 있기 때문이다.

지원을 받아서 정치적 반대세력을 진압하는 과정에서 대량학살이 발생했다고 볼 수 있다. 물론 미국이 이러한 학살의 전과정을 지휘했다고는 볼 수 없다. 그러나 미국의 냉전전략 그 자체가 이미 냉전체제 구축과정에서의 피비린내 나는 학살을 예비하고 있었다. 스페인, 그리스와 베트남에서는 모두 전선이 계속 이동하여 누가 적인지 아군인지 불분명한 내전적 상황 혹은 국내 정치폭력과정에서 학살이 발생했다는 점에서 한국전의 경우와 대단히 유사하다.

5 · 18광주학살의 경우 군부의 재집권을 위해 특정 지역민, '불순분자'를 희생양으로 삼았다는 점에서 인도네시아 수하르토정권 등장기의 학살, 니카라과 소모사정권 등장 이후의 우익 테러와 학살, 과테말라의 학살, 남아공화국의 인종 차별과 학살 등과 유사한 성격을 지니고 있다. 전쟁상황이 아니라는 점만 제외한다면 이 역시 한국전쟁기의 학살과 마찬가지로 극우반공주의체제의 유지라는 정치적 환경의 산물이라고 볼 수 있다. 4 · 19발포와 광주학살을 제외한다면 60년대 이후 한국 군사정권하에서의 국가폭력과 학살은 제3세계 여러 나라에 비해서는 상대적으로 피해규모가 작았다고 볼 수도 있다. 그러나 이것은 한국의 군부정권이 다른 나라의 극우독재정권에 비해 더 민주적이었거나 인권옹호적이었기 때문이라기보다는 한국전쟁이라는 큰 산을 넘으면서 제거해야 할 내부의 적은 거의 제거했기 때문일 것이다. 즉 극우세력과 저항세력 간의 갈등이 내전형태를 띠면서 45년 이후 수십 년간 지속된 다른 제3세계 국가와 달리, 한국은 한국전쟁을 거치면서 이미 내부의 적을 거의 완벽하게 청소하였고 그 이후 백색정권을 수립하는 데 성공하였다. 따라서 이후의 학살은 사실상 새롭게 태어난 젊은이들을 대상으로 한 것이었으며 고문, 구타, 전향공작 등의 국가폭력의 형태로 80년대 말까지 유지되었다.

무장한 군인들이 상대방 군인만을 적으로 삼지 않고, 주민 전체를 적으로 간주하여 사냥하듯이 학살하거나 '초토화'시키는 집단살상이 과연 근대제국주의 일반 혹은 바우만(Z. Bauman)이 말하는 것처럼 근대합리주의와 동전의 다른 면을 이루면서 근대국가에서 일반적으로 나타나는 것인지,[3] 그렇지 않으면 일본의 군국주의와 일본제국주의 지배체제에 독특한 것인지에 대해서 향후에 보다 깊은 연구가 필요하다. 대체로 알제리, 베트남, 중국 등 제국주의의 식민지 저항세력에 대한 탄압이나 게릴라전 진압과정에서 이러한 유형의 학살의 방법이 빈번히 나타나는 것을 확인할 수 있다. 분명한 사실은 극우반공주의를 내세운 제국주의 지배체제 자체에 이러한 학살의 개연성이 잠복되어 있으며, 구 파시즘세력이 위기에 처했을 때 반공주의, 인종주의 담론과 더불어 이러한 집단살상의 방법이 동원된다는 점이다. 한국전쟁 당시 한국정부의 사상범통제와 이후의 처형작업, 제주 4·3 그리고 전쟁발발 후 한국군에 의한 학살은 '극우반공주의'하에서 저질러지고 정당화되었지만 사실상 한국에서는 유사(類似)인종주의('빨갱이' 담론)적 성격을 갖고 있었으며, 내전이라는 전쟁 자체의 물리적 성격과 더불어, 일본과 한국에서의 냉전구축과정에서 구 파시즘세력이 부활하는 것과 같은 맥락에 있다.

한국전쟁 전후 민간인학살 문제는 전쟁상황에서 발생한 군·경·준군사조직의 민간인살상 혹은 여타의 반인도적인 가해사실을 밝히는 데 초점을 두어야 한다. 이미 거창, 노근리, 제주4·3 관련 명예회복·진상규명 작업이 어느 정도 마무리되어 있기 때문에 이번에는 이것을 아우르는 총제적인 전쟁피해진상규명 사업이 되어야 할 것이다. 물론 현재 북측의 협력 없이 남측에서 작업을 진행하는 데 한계가 있기는 하나, 당시 좌익·인민군에 의한 피해사실도 조사되어야 한다. 한국전쟁에 대한 해석은 남북간의 분단 및 대한민국의 존립의 기초가 되어왔기 때문에 이데올로기적으로 가장 민감한 영역 중의 하나이다. 그러나 전쟁중 한국측 공권력에 의해 저질러진 학살, 폭력, 반인권적인 사태 역시 21세기 인권국가를 지향하는 한국이 그냥 미루고 넘어갈 수는 없는 사안이다. 전쟁이라는

---

3) Zygmunt Bauman, *Modernity and the Holocaust*, Ithaca: Cornell University Press, 1991.

특수상황이 있기 때문에 가해책임자 규명문제는 대단히 신중해야 하지만 육하원칙에 따라 억울한 피해의 모든 정황을 밝혀내고 한반도에서 또 다른 전쟁이나 유사 전쟁상황이 도래할 경우 이러한 일이 재발하지 않도록 안전장치를 마련하는 일에 초점을 두어야 할 것이다.

군사정권 이후의 공권력에 의한 피해문제는 대단히 복잡한 양상을 지니고 있지만 이미 의문사진상규명위원회에서 진행한바 국가권력에 의해 발생한 각종 의문사·피해 사건을 축으로 하여, 각종 간첩조작으로 의심되는 사건, 법살(法殺) 즉 법적인 절차를 거쳤으나 그 수사 및 형집행과정이 극히 심각한 의혹을 갖는 사건 들이 모두 포함될 수 있을 것이다. 이전시기의 과거사문제와 달리 여기서는 군사정권 등장 이후 본격적으로 민간인 사찰활동을 한 각종 공안기구의 활동에 초점이 맞추어질 가능성이 높고 부차적으로는 군과 경찰의 역할을 밝히는 데 관심이 집중될 것이다. 이중에서 광주5·18학살사건은 특별법을 통해서 어느 정도 과거청산작업이 이루어졌기 때문에 차후 추가적인 진상조사가 이루어질 수 있을지는 다소 논란이 예상되고, 지난 의문사위원회를 통해 진상규명작업이 시도된 80년대 민주화관련 의문사사건 역시 미진한 부분에 대해 추가조사가 이루어져야 할 것이고, 민주화와 무관한 각종 의문사로 범위를 넓혀야 할 것이다. 군사정권하에서의 국가폭력문제는 현재의 권력구조 및 지배질서와도 직결되어 있는 사안이며 가해자가 대부분 생존해 있거나 현직에 있기 때문에 조사에 대한 저항도 만만치 않을 것이다. 그러나 과거 억압기구로 군림해왔던 공안기구가 진정으로 국민의 보호자로 거듭나고, 민주주의를 역전불가능한 것으로 만들기 위해서는 이러한 절차가 반드시 필요하다.

정리해보면 한국에서 과거청산의 대상과 범위는 우선 정부수립 이후 공권력의 반인권적·반인륜적 행사로 인한 국민피해사실에 초점을 두어야 한다. 따라서 역사해석이나 학술적 성격규명 논란이 요구되는 과거의 모든 사건 그리고 군사정권하의 각종 의문사건 등 미제사건이 모두 과거청산에 포함되어서는 안 될 것이고 공권력에 의한 국민피해의 사실이 분명하고 가해의 정황이 어느 정도 드러난 사건부터 시작해야 할 것이다. 대상시기는 일제강점기부터 권위주의정권의 붕괴기인 90년대 초까지 잡아야 할 것이다. 92년 문민정권 이후의 군의문사문제 등은 현재 통과된 과거사법 개정을 통해서 조사되거나 별도의 특별법을 통해서 조사되어야 할 것이다. 그러나 각종 의혹사건, 예를 들면 1987년의 KAL858기 폭파사건 등이 과거사진상규명작업에 포함되어야 하는지에 대해서는 논란이 있다.

그러나 20세기 한국현대사과정에서 발생한 반인권사태가 일본제국주의 그리고 미국의 개입과 극우파부활의 역사를 고려하지 않고서는 설명될 수 없기 때문에 일제강점하 강제동원이나 친일진상규명작업 같은 경우 일본의 협조를 얻지 않을 수 없고, 한국전쟁기 학살사건에 대해서는 미국측의 협조가 불가피하다. 특히 미군정기의 경우는 한국의 국가주권이 존재하지 않았던 시기이기 때문에 이 시기에 발생한 공권력피해문제를 어떻게 처리할 것인지는 숙제로 남는다. 그리고 한국전쟁시기처럼 중국군에 의한 한국인피해문제 역시 과거사진상조사 대상에 포함될 수는 있으나 일제시기·미군정기처럼 대한민국의 국가권력이 그에 관한 자료를 갖지 않고 있으며 또 일차적으로는 책임영역 밖에 있기 때문에 우선 국내 가용자료나 생존자들을 통해서 피해의 규모나 피해실태를 조사하고 관련자료 조사는 이후 해당국가와의 협조하에서 진행해야 할 것이다.

한편 한국은 지난 세기 일본·미국과의 관계처럼 단지 피해자로만 존재하는 것은 아니고, 베트남과의 관계에서는 가해자로서의 관계도 맺고 있다. 베트남전쟁 참전이 한국의 독자적인 판단과 결정으로 이루어진 것은 아니지만, 참전 한국군인들이 작전과정에서 베트남양민들을 학살한 사례가 있다. 그래서 민간 차원에서 베트남양민학살에 대한 참회와 사회운동이 90년대 후반 이후 한국에서 활발하게 이루어지고 있다. 이것이 보다 진전되기 위해서는 참전군인과 정부 차원에서의 진상조사와 필요시 사과조치가 수반되어야 할 것이다.

4. 과거청산과 한국의 민주주의

80년대 이후 한국의 민주화운동은 일종의 과거청산운동이었다고 볼
수 있고, 그것은 87년 이후 본격화되었다. 과거 반인권·반민주 전력자들
의 낙선과 낙천을 주장했던, 2000년과 2004년 시민단체가 주도한 낙천낙선
운동 역시 일종의 과거청산운동이었다. 제국주의, 독재의 억압, 반민주·
반인권 정책에 협력했던 인사들을 공직에서 추방하거나 사회적으로 그
죄과를 들추어내는 것은 민주주의 공고화와 사회정의 수립을 위한 출발점
이다. 그래서 80년대 후반 이후 독재에서 민주정부로의 이행하는 시기에
거의 모든 나라에서 과거청산이 가장 중요한 화두가 되었다. 그것은 일차적
으로는 독재·권위주의 시대의 주역을 정치무대에서 몰아내는 효과를
갖기 때문이고, 이차적으로는 민주주의와 인권의 가치를 부각시켜서 국가
운영의 표준으로 삼고 사회정의를 세움으로써 법의 지배와 대중의 자발적
인 정치참여를 촉진시켜주기 때문일 것이다. 반대로 과거 국가폭력의
주역을 처벌하거나 그 죄악을 밝히지 않는다면, 그러한 일이 재발할 가능성
이 있고 대중들은 여전히 도덕적 허무주의에서 벗어나지 못할 위험성이
있다. 이런 이유 때문에 제2차대전 전범처벌에서부터 시작된 과거청산은
각 나라에서 구세력의 저항으로 격렬한 정치투쟁의 일환이기도 했고,
또 과거청산을 주도하는 세력은 그것을 일종의 국민정치교육의 장으로
활용하기도 했다.

그러나 각 나라의 사례를 보면 여러 형태의 진실위원회를 통한 과거청산
이 만족스럽게 추진되어 민주주의가 공고화되고 사회통합이 달성된 예를
찾아보기는 쉽지 않다. 오히려 90년대 이후의 인도네시아, 필리핀, 태국,
대만, 아르헨티나의 사례를 보면 구세력의 집요한 저항으로 과거청산이
중도에 좌초되거나 굴절되고, 구세력이 변형된 형태로 집권하거나 국론이
양분되는 일도 있었다. 특히 과거 한국의 반민특위의 좌절처럼 경제불안이
지속될 경우 이들 구세력은 그것을 빌미로 하여 과거청산작업 자체에

대해 격렬하게 저항을 하기도 한다.[4] 그래서 아시아 여러 나라는 아직 민주화이행(transition problem)을 만족스럽게 해결하지 못하고 있다. 한국 역시 외국인들의 눈에는 두 전직대통령을 감옥에 보냈다는 이유만으로 성공한 사례로 평가되고 있으나, 우리의 시각으로 보면 반드시 그렇지도 않다. 오히려 작년 이후 친일진상규명법과 과거사법 제정과정에서 '국가정통성 수호' '친일불가피론'이 줄기차게 제기된 것처럼 구세력의 집요한 방해와 재 뿌리기는 끈질기다.

한국의 민주화는 여타 제3세계국가와 마찬가지로 사회운동의 동력에 의한 민주화로 볼 수 있고, 군부독재정권의 몰락 역시 사회운동의 힘이 그 일차적인 동력이었다. 그런데 이 민주화운동은 그 자체만으로는 군부독재뿐 아니라 그를 지탱하는 정치경제질서를 붕괴시킬 수 없었기 때문에 군부정권의 몰락은 한국의 6·29와 같은 형태의 위로부터의 양보에 의해 가능했다. 그것이 바로 양김의 분열과 87년 대선에서의 노태우의 당선이라는 결과를 가져오게 되었다. 즉 운동은 민주화정국을 주도할 수 있는 역량을 갖지는 못했고, 이러한 한계가 이후의 과거청산에도 그대로 연결되었다. 90년대의 과거청산은 분명히 사회운동의 항의와 문제제기에 의해 가능했지만, 그것을 입법화하는 당사자는 청산해야 할 세력이 다수를 점하고 있는 국회 그리고 구세력과 연합한 민주화세력이었다. 이러한 한계 때문에 각종 과거청산법은 여타 아시아국가에서 과거청산작업이 방해를 받은 것과 유사하게 언제나 철저한 진상조사를 통한 진실의 규명에 대단히 미흡한 법안이 되고 만다. 그래서 구세력은 결정적인 타격을 입지 않은 채 살아남게 되고, 청산과정이 제도의 개혁과 국민들의 의식변화에 미치는 효과 역시 미미했다.

청산되어야 할 세력이 청산을 위한 입법의 주체가 된 이 딜레마는 해방 직후 반민특위활동의 좌절처럼 실제로는 과거청산작업을 기존의 권력구

---

4) 이내영·박은홍, 『동아시아 민주화와 과거청산』, 아연출판부, 2004, 21쪽.

조의 변동에 영향을 주지 않는 방향으로, 즉 철저한 민주화를 차단하는 방향으로 진행되도록 유도하였다. '화해'를 거론하고 실행해야 할 주체는 사실상 피해자이고, 그 전제는 가해자가 누구인지에 대한 명확한 진상규명과 피해자에 대한 사과임에도 불구하고 가해자들이 먼저 화해를 앞세우는 역설이 여기서 나온다. 87년 대선 당시 대통령후보였던 노태우는 '민주화합추진위원회'를 설치하여 광주문제를 화합문제로 접근하였으며, 그것은 이후 노태우와 민자당이 1990년 8월 6일 단독 처리한 '광주보상법'의 바탕이 된다. 이러한 화합과 보상의 논리는 국가폭력행사의 정당성은 그대로 인정하고 가해자의 처벌과 진상규명 등은 포기하거나 묻어둔 채 사태를 봉합하자는 취지에서 진행된다.[5] 이처럼 사태에 대한 철저한 진상규명이 없는 '위로부터의 과거청산'은 가해자의 행위를 정당화하고 운동진영을 분열시킴과 동시에, 사건에 대한 재해석을 어렵게 만들어 결국 국민정치교육의 효과도 달성하지 못한다. 5·18진상규명이 5공정치세력과 그들에 의해 만들어진 법과 제도를 철저하게 청산하지 못하고 5·18을 전국적인 민주화운동으로 기념하지 못하는 이유가 여기에 있다.

과거청산작업이 분명히 운동의 형태로 진행되었다고 하더라도 그것이 과거의 가해세력에 의해 굴절될 경우, 운동세력의 동력이 분산되는 효과가 발생하고 그것은 과거청산을 더욱 뒤틀린 형태로 나타나게 만든다. 제일 심각한 것은 바로 피해 '당사자'와 '대변자'의 분열, 혹은 '당사자' 내부에서의 분열이다. 과거청산운동은 언제나 피해자와 대변자라는 양 주체에 의해 진행되는데, 피해자의 아픔이 없이는 운동의 동력이 형성되지 않고 피해자들만으로는 운동을 성공적으로 이끌 수 없다. 피해자의 고통은 객관적으로 파시즘, 군부독재, 반민주·반인권 정치세력에 의한 것이기 때문에, 그러한 피해자가 재발하지 않기 위해서는 그러한 정치질서의 유제를 청산하고 확실한 민주화를 이루어야 하지만 피해자들은 대체로

---

5) 이영재, 「과거청산과 민주주의」, 5·18연구소, 『민주주의와 인권』 제4권 2호, 2004, 249쪽.

민주화운동가가 아니기 때문에 자신의 고통의 해결을 재발방지장치 마련 즉 정치적 민주화라는 큰 대의와 직접 연결시키지 못한 채 당장의 억울함을 풀거나 경제적 고통으로부터 벗어나는 데 관심을 갖는 경향이 있다. 그런데 피해자의 상처와 고통이 사실상 운동의 중요한 출발점이 되기 때문에, 수와 관계없이 이들의 목소리는 운동을 주도하게 된다. 이 경우 구세력이 던지는 미끼, 즉 '보상 혹은 명예회복을 통한 화합'을 '철저한 진상규명을 통한 민주화'보다 앞세우는 경향이 나타나게 되고, 이 경우 과거청산작업이 뒤틀리게 된다.

물론 여기서 대변자들의 역할과 도덕성이 대단히 중요하다. 대변자들은 당사자가 아니기 때문에 문제를 일반화·보편화할 수 있는 위치에 있고 과거청산을 통해 구세력을 청산하고 제도개혁을 통해 민주주의 공고화작업에 나설 수 있는 위치에 있다. 그러나 문제는 이들이 피해당사자가 아니기 때문에 과거청산을 운동을 위한 수단으로 삼을 위험성이 있고, 또 때로는 과거청산작업이 제도화되고 그 기구가 정부기구의 하나가 될 경우 애초의 운동의 목표를 포기하고 관료적 접근에 안주하게 될 위험성이 있다. 이들 대변자들은 진상조사작업, 기념사업 등의 담당세력이 되는 경우가 많은데 이들의 활동이 제도화되는 순간 그들은 피해자들과 마찬가지로 '철저한 진상규명을 통한 민주화'보다는 '사업의 성공적 완수'라는 관료적 목표의 포로가 되기 쉽다. 그중 일부는 자신의 과거청산운동의 경력을 바탕으로 개인적인 출세와 기득권 확보에 나서는 경우도 있다. 이처럼 과거청산작업이 운동에서 출발했다고 하더라도 구 가해세력이 주도권을 쥐고 있는 상황에서는 정치사회적 민주화운동으로 나아가기보다는 변질될 위험성이 상존하고 있다.

과거청산이 민주주의의 철저화로 나아가지 못한 한계는 과거청산운동의 주역들이 그것을 주로 입법화의 문제로 고정시킨 데서 초래되기도 한다. 즉 과거청산은 과거의 국가폭력의 진상규명과 당사자 처벌에서 끝나는 것이 아니라, 법·제도 개혁으로 완수되어야 하기 때문에 사실

진상규명작업은 출발점에 불과하다. 왜냐하면 그러한 폭력은 정도의 차이는 있지만 관료기구, 언론, 지식인 그리고 수동적이고 복종적인 시민의 무언의 지지 없이는 발생하지 않았을 것이기 때문이다. 따라서 입법은 하나의 수단에 불과한 것이고, 입법 이후에는 곧바로 독재 혹은 권위주의 지배의 억압기구의 개혁 그리고 이데올로기적·사회적 기반의 극복에 나서야 한다. 과거의 국가폭력의 대행자이자 사법판단을 권력의 의지에 종속시켰던 각종 공안기구, 검찰, 법원 등의 변화가 제도적 차원에서 민주주의 공고화의 가장 중요한 과제임은 분명하다.[6] 그러나 앞에서 의문사위 핵심권고안을 각 정부부처가 거의 수용하지 않은 사실들에서 확인할 수 있듯이, 90년대 이후 문민정권의 등장과 절차적 민주주의의 완성에도 불구하고 이러한 국가기구의 민주화, 국가정보의 공개는 여전히 지난한 과제다. 이러한 제도영역에서의 민주화가 제대로 진척되지 않은 이유 중의 하나도 바로 과거청산작업이 보다 철저하게 진행되지 못한 데 기인한 것이며, 동시에 가해자 징벌이라는 개인적 청산에서 그러한 국가폭력과 반인권을 가능하게 했던 제도의 청산으로 관심의 축을 이동시키지 못한 운동세력 내부의 역량한계도 지적할 수 있다.

그중에서도 가장 중요한 역할을 해온 것은 역시 지식인과 언론이었기 때문에 언론개혁은 과거청산과 민주주의 공고화의 핵심영역에 속한다. 다른 나라에서도 그러하듯이 한국에서도 과거의 일제식민지지배, 군사정권의 등장 그리고 5·18 당시의 학살과 이후의 반인권범죄에 동조하였던 언론이 자기반성을 전혀 하지 않고 있으며, 그러한 방식으로 현재의 과거청산을 방해하고 있다는 점이다. 『조선일보』는 5·18 당시 사설을 통해 "국군이 선량한 절대다수 광주시민 곧 국민의 일부를 보호하기 위해 취한 이번의 행동에 어려움이 따를 수밖에 없었음은 당연한 일이었을 것이다…

---

6) 5·18 당시 그리고 전두환정권하에서 폭력과 고문으로 억지자백을 받아내고 그것에 기초해서 내란 및 내란목적 살인 그리고 국가보안법 위반 등을 이끌어낸 사법부가 이에 대한 공식 해명과 사과를 하지 않았다는 점을 주목해볼 필요가 있다.

신중을 거듭했던 군의 노고를 우리는 잊지 않는다"[7]고 학살을 은폐하고 군의 진압작전을 찬양한 바 있으며, '김대중내란음모'를 모두 기정사실화하여 보도하였다. 『조선일보』는 군의 정치개입을 일관되게 지지하고 또 부추겼으며 전두환 등극의 '사기극의 홍보병' 역할을 충실하게 했기 때문에[8] 사실상 5·18학살의 방조자이자, 적극적인 가해자의 일원이라고 볼 수 있다. 그런데 전두환과 주변의 신군부세력은 비록 형식적이나 구속까지 되었으나 『조선일보』는 아무런 법적·사회적 처벌을 받지 않았으며, '김대중내란음모' 사건이 무혐의로 판정 난 이후에도 잘못된 보도에 대한 정정조치조차 없었다. 바로 이 『조선일보』가 2004년 이후 친일청산 및 여타 과거사법 제정에 가장 앞장서서 반대하고 나선 것은 우연한 일이 아닌 셈이다.

과거청산이 제대로 이루어지지 않을 경우, 과거청산의 시도는 구 가해세력을 결집·자극시켜, 그들에 의한 복수를 초래하기도 한다. 5·16쿠데타도 4·19 직후 비등했던 한국전쟁 피학살유족회 활동에 위기의식을 느낀 구 가해세력의 반작용 혹은 반격의 측면이 있기 때문이다.[9] 어쨌든 과거청산이 민주주의 공고화에 실질적인 기여를 하기 위해서는 법적 청산을 넘어서서 사회적 청산으로 나아가야 한다. 그러기 위해서는 법을 통한 과거청산을 넘어서 시민사회가 이를 완수해야 할 의무가 있고, 이 점에서 시민사회는 국가라는 틀을 넘어서서 동아시아 시민사회 구축의 전망 속에서 과거청산작업을 추진할 수 있다.

---

7) 김삼웅, 『독필로 본 대한민국 50년』, 한울, 1995.
8) 최영태, 「1980년도 기사를 통해 본 조선일보의 정체성」, 『민주주의와 인권』 제4권 2호, 2004.
9) 4·19 직후 경남·북 지역을 중심으로 각지에서 피학살유족들이 유족회를 결성하여 억울함을 풀어줄 것을 호소하였다. 60년 10월 20일 전국피학살자유족회가 결성되기에 이르렀다. 그러나 이듬해 발생한 5·16 쿠데타세력은 유족을 빨갱이로 몰았고, 혁명재판의 이름으로 관련자들을 처벌하였다.

5. 한국의 과거청산과 동아시아공동체 건설

　동아시아에서 일제의 죄악상을 충분히 공개하고 일본의 사과를 받아낼
수 없었던 최대의 요인은 냉전이었으며, 직접적으로 말하면 미국의 새로운
개입 때문이었다.[10] 일본에서의 전범의 부활, 한국에서의 친일파의 집권,
미군의 오키나와점령, 한국·대만에서의 대량학살, 대만과 한국에서의
군부독재의 지속과 계속되는 국가폭력과 반인권 사태들, 한국에서의 5·
18학살, 이 모든 것은 동아시아에 미국의 반공기지 건설전략과 직접 연관되
어 있다. 간접적인 효과라 볼 수 있으나 중국에서의 사회주의혁명 후의
우익처벌과 문화혁명의 광기 역시 이에 대한 대응과정에서 중국 사회주의
국가가 국민들을 폭력의 희생양으로 만든 사건들이다. 그런데 미국의
우산 속에서 경제도약을 이루고 세계 경제대국으로 부상한 일본이 자신의
죄과를 반성하지 않거나 과거사를 왜곡·은폐하고서 또다시 군비강화를
서두르고 있는 것은 미 청산된 과거가 어떻게 새로운 청산의 과제를 남김과
동시에 현재와 미래의 발목을 잡고 있는지를 보여주는 대표적인 사례라
할 수 있다.

　이처럼 과거가 현재를 규정해온 동아시아에서 국가 차원에서 과거청산
에 가장 적극적이고 선도적인 자세를 취해온 나라가 한국이다. 그것은
한국의 강한 민주화운동이 과거청산의 동력을 제공해주었기 때문이다.
한국의 과거청산은 가장 가까운 과거, 즉 광주5·18진상규명작업에서
시작되어 군사정권하의 각종 의문사와 의문 사건에 대한 진상규명요구로
나아갔고, 곧이어 한국전쟁 전후 국군과 미군에 의한 학살 진상규명요구,
그리고 일제하 강제동원 진상규명과 친일파 진상규명 요구로 확대되었다.
즉 과거청산은 권위주의정권에 대한 책임추궁문제에서 시작되어 곧바로
그러한 정권을 지탱시켜준 반공국가형성과 전쟁 그리고 그러한 정권을

---

10) Bix, Herbert, "War Crimes Law and American Wars in the Twentieth Century Asia,"
　　Hitotsubashi Journal of Social Studies 33, 2001.

수립하도록 만들어준 미국과 과거 제국주의일본의 책임문제로 발전되었다. 일제하 강제동원 진상규명문제는 곧바로 1964년 한일국교정상화 논의 과정에서 한·일 대표가 비밀리에 이들에 대한 보상·배상 문제를 밀실에서 타협한 것에 대한 진상규명요구로 발전되었으며, 노근리학살사건은 단지 미군의 우연한 실수에 의한 민간인피해에 대한 책임추궁문제에서 머문 것이 아니라 전쟁중 미군이 저지른 다른 수많은 형태의 학살과 전쟁을 빌미로 한 한국인 인명살상에 대한 관심을 제고시켰다. 일본·중국과 달리 한국은 국가가 앞장서서 이러한 문제를 제기했다는 점에서 가장 모범적인 모습을 보여주고 있다고 해도 과언이 아니다.[11]

1945년 이후 미청산된 과거사를 끄집어내기 시작하면 마치 고구마줄기에서 고구마가 줄줄 매달려 올라오듯이 미국과 일본의 직·간접적 개입문제가 확인된다. 우선은 한국에서의 식민지·분단 시기 역사의 재구성은 일본의 과거사왜곡에 대한 시정의 압력으로 작용할 수 있을 것이다. 일본은 만천하에 드러난 난징대학살의 사실을 부인하고 있으며[12] 조선인 성노예 동원도 부인으로 일관하고 있다. 그런데 현재 한국에서 활동이 시작된 일제하 조선인강제동원의 규모와 과정이 밝혀진다면 일본은 국제사회에서 더 이상 이 문제에 대해 부인으로 일관하기 어려울 것이며, 만주에서의 조선인대학살과 난징대학살의 사실을 통해 일본제국주의의 야만성과 폭력성이 정리되어 일본 우익파시즘에 대한 경각심을 높이고 현재 반복되고 있는 일본의 우경화를 막을 수 있는 힘으로 작용할 수 있을 것이다.

그리고 한국전쟁 전후의 민간인학살사건 진상규명은 특히 중요하다. 한국전쟁 전후의 민간인학살은 냉전적 시각으로만 포장되어온 기존의 미국주도의 한국전쟁에 대한 시각을 교정해서 동아시아에서 한국전쟁이

---

11) "모택동이 일본이 죽인 수보다 더 많은 중국인을 죽였다"는 일부 반체제중국인들의 비판은 이러한 판단에 기초하고 있다(*International Herald Tribune* 2005. 6. 8).
12) 쥬청산, 「난징대학살사건의 왜곡의 역사」, 동아시아평화인권 한국위원회, 『동아시아 근대의 폭력2: 국가폭력과 트라우마』, 삼인, 2001.

과연 무엇이었는지를 밝히는 데 결정적으로 기여할 수 있을 것이다. 우선 미국이 한반도전쟁에 개입한 결과 남한 이승만반공체제는 기사회생할 수 있었지만 수십만의 민간인학살이라는 대가를 지불해야 했다는 사실을 부각시킬 수 있을 것이다. 북한의 침략을 빌미로 한 남한에서의 학살과 백색테러는 대만에서의 백색테러의 명분으로 작용했고, 중국 사회주의권력의 급격한 좌경화와 이후 문화대혁명의 광기를 가져온 배경이 되기도 했기 때문에 한국전쟁은 동아시아에서 일본의 식민지지배와 미국의 동북아지역에서의 국가주의, 우익독재의 수립과 맞물려 있다. 특히 한국전쟁기 미군의 폭격과 국군에 의한 민간인희생은 1965년 이후 베트남전쟁에서의 미군의 무차별적인 폭격과 미군·한국군에 의한 민간인살상의 전사를 이루고 있어서 별개의 이 두 사건이 어떻게 하나의 고리를 이루고 있는지를 밝힐 수 있을 것이다.

한국의 70년대 이후 각종 인권유린과 학살·의문사 사건 등은 인도네시아·대만 등지에서 발생한 백색테러와 같은 궤도에 있는 것이기 때문에, 이러한 과거사에 대한 진상규명작업이 보다 철저하게 이루어진다면 90년대 이후 진행되고 있는 동아시아 각 나라의 민주주의 공고화에 기여할 것이다. 이미 한국의 광주민주화운동이 동아시아 각 나라의 민주화운동가들에게 큰 자극을 준 것이 사실이고, 광주5·18 과거청산작업 역시 이들 국가의 사회운동가들에게 큰 격려가 된 것이 사실이지만, 이번에 통과된 과거사법에 의해 80년대 각종 의문사사건이 좀더 철저하게 진상규명된다면 그것의 국제적 파장 역시 대단히 클 것이다. 특히 군부독재하의 인권유린 사태에 대한 진상규명이 아직 지지부진한 대만과 인도네시아 등에게 자극이 되어 동아시아에서 극우파시즘세력을 약화시키는 데 기여할 수 있을 것이고, 나아가 일본사회의 우경화를 막는 제동장치의 역할을 할 수도 있다. 특히 현재 중국에서는 급속한 시장경제 도입과정에서 각종 탄압과 인권유린 사태가 빈발하고 있는데, 중국인들이 과거 한국과 같은 개발독재 시기의 반민주·반인권 사태를 반복하지 않고 동아시아에서 민주적 리더로서 역할을 하기 위해서는 여타 국가의 과거사를 반추할 필요가 있을 것이다. 중국이 일본의 과거 전쟁범죄는 비판하면서도 현재 자국의 국민들에게 저지르고 있는 반인권정책을 정당화한다면 결코 중국은 아시아의 리더가 될 수 없을 것이다.

어쨌든 한국에서 과거청산작업이 진행되는 것과 더불어 지금 학계·시민사회 일각에서 추진하고 있는 한중일 공동교과서편찬사업 그리고 공동기념사업, 평화공원과 기념관조성 사업 등도 더 적극적으로 활기를 띨 수 있을 것이다. 한국은 일본의 교과서왜곡을 비판하지만 한국의 교과서가 일본의 대다수 교과서보다 훨씬 더 일국주의적이고 민족중심적이며 냉전적 시각을 갖고 있다.[13] 그래서 우선은 한국교과서의 전면적인 개편작업부터 시작하는 것이 중요하다. 그 다음에는 한중일 공동교과서작업에 적극적으로 참여하는 것이 필요하다. 대다수의 기념관 역시 한국은 훨씬 일국중심적이다. 현재 한국의 나눔의 집 등을 모델로 하여 대만에서 위안부테마전시관 건립을 시도하는 것처럼 한국에서 한국전쟁피해자기념관 그리고 군사독재하의 각종 반인권사건기념관 등을 만든다면 이것이 현재 오키나와 대만·인도네시아 등 유사사건을 경험했고, 한국의 사건과 사실상 동일한 맥락 속에 있는 나라들의 기념관건립을 촉발하거나 기존의 기념관과 교류하면서 동아시아 평화·인권 질서를 모색하는 산 역사교육의 장이 될 수 있을 것이다.

향후 모색될 동아시아공동체는 일차적인 경제적인 동기와 필요에 의해 추동되겠지만, 그것의 진전속도와 심화가능성은 오직 기억의 공유, 정체성의 확립에 달려 있을 것이고, 기억과 정체성은 바로 과거청산작업이 없이는 불가능하다. 가장 큰 걸림돌은 일본의 오만한 자세 그리고 미국의 대리자로서의 역할을 충실하게 수행하고 있는 일본의 적극적인 보상조치와 전후의 국가정체성일지 모른다. 그러나 타이완과 중국의 긴장문제, 남북한 통일문

---

13) 김성보, 「한국·일본 교과서의 현대사 서술비교」, 일본교과서바로잡기운동본부·역사문제연구소 엮음, 『화해와 반성을 위한 동아시아 역사인식』, 역사비평사, 2002.

제 등은 이들 지역에서 '정상국가'가 만들어지는 것이므로 그 자체가 과거청
산작업의 일환이고, 일본이 과거의 잘못을 사죄하고 피해자에 대한 응분의
보상조치를 실시하는 등 진정한 의미의 '보통국가'가 되는 것과 더불어
동아시아에서 과거청산작업은 마무리될 수 있는 실마리를 찾을 수 있을
것이다. 그리고 과거청산작업은 바로 20세기 동아시아를 비극으로 몰아넣
었던 제국주의, 국가주의, 서구주의의 미망에서 벗어나 동아시아 여러
나라가 새로운 공동체를 모색하면서 새롭게 태어날 수 있는 하나의 중요한
과제다.

김동춘(Kim, Dong-Choon) dckim@mail.skhu.ac.kr
참여연대 정책위원장, 참여사회연구소 소장 역임, 성공회대학교 사회학과 교수.
주요 저서 및 논문으로는 『근대의 그늘』, 『전쟁과 사회』, 『미국의 엔진』 등이 있다.

지구화 국면의 세계화와 21세기 대한민국

홍윤기

1. 지구화에 대한 표준적 개념화의 한 시도: 변환론의 입장에서

데이비드 헬드를 대표로 3인의 영국 사회과학자들이 1999년 발간한 『전지구적 변환』은 20세기 종반까지 진행된 구미의 지구화 연구와 담론들을 총괄하면서 지구화 현상에 관해 과학적으로 고도의 추상도를 가진 일반적 이해를 얻으려고 했던 세기말의 기념비적 연구성과로 평가된다.[1] 그들의 지적에 따르면 '지구화'라는 용어 자체는 "1960년대 프랑스와 미국의 저술들에서 희미하게 그 모습을 드러냈지만", 20세기 말에 이르러서는 "우리 시대의 상투어(cliché)가 될 위험에 처해 있다." 그들이 지구화라는 용어가 '위험'하다고 한 이유는 그것이 "지구적 금융시장에서 인터넷에

---

1) David Held · Anthony McGrew · David Goldblatt · Jonathan Perraton, *Global Transformation: politics, economics, and culture*(Stanford, CA: Stanford University Press, 1999). 학술적으로 역시 기념비적 가치를 지니는 것으로 필자가 높이 평가하는 이 책의 우리말 번역은 조효제 선생에 의해 성취되었다. 데이비드 헬드 · 앤터니 맥그루 · 데이비드 골드블라트 · 조너선 페라턴, 『전지구적 변환』, 조효제 옮김, 창작과비평사, 2002 참조.

이르는 모든 것을 포괄하는 거대담론이긴 하지만 오늘날의 인간조건에 대한 실질적인 통찰력을 갖지는 못한다"는[2] 생각 때문이었다. 다시 말해 지구화—또는 우리나라에서 통상적으로 쓰이는 대로 '세계화'—라는 말을 쓴다고 하더라도 그것으로 더 새롭거나 아니면 더 잘 알 수 있는 것이 별로 없다는 뜻이었다.

이런 우려는 지구화 논쟁에 나타난 대립적 입장들을 보면 납득할 수도 있다. 헬드 공동연구팀의 파악에 따르면, 지구화 논쟁에는 크게 두 입장이 대립한다. 그 하나는 이미 전세계가 거의 전면적으로 지구화되어 국민국가는 더 이상 아무런 의미가 없는 새로운 세상이 확실하게 도래했다고 주장하는 '지구화 과장론'이다. 그와 대립되는 다른 입장은 현재의 지구화란 국민국가들의 상호연관이 확대해가는 국제화의 심화일 뿐 결코 역사상 새로운 현상이 아니라는 '지구화 회의론'이다.[3] 이 사이에서 변환론은 "현재의 지구적 경제·군사·기술·생태·이주·정치·문화적 흐름이 역사적으로 전례 없는 대격변"임을 인정하면서도 이런 지구화의 향후 궤적에 관해서는 긍정이든 부정이든 확언을 삼가는 입장에 선다.[4]

자신들을 이 가운데 '변환론자'(transformationist)로 분류한 헬드팀은 "상투어가 흔히 한 시대의 생생한 경험적 요소들을 포착"해낸다는 점을 근거로 이 상투어에 담긴 경험들의 핵심을 다음과 같이 정리하였다. 즉, 지구화는 "여러 경제·기술 세력들에 의해 전세계가 급속히 **하나의 공유된 사회공간**으로 만들어지고 있다는 폭넓은 인식", 그리고 "세계의 **어느 한 지역**의 발전이 **지구 반대편**의 개인이나 공동체의 삶에 **심대한 결과**를 가져올 수 있다는 폭넓은 인식"을 반영한다.[5] 그런데 분명한 것은 지구화, 그것도 20세기 말에 개념화되기 시작한 그런 양상의 지구화를 이렇게

---

2) 이상의 인용은 같은 책, 〈서론〉, 13쪽.
3) 같은 책, 17~23쪽 참조.
4) 같은 책, 23~24쪽.
5) 같은 책, 13쪽. 강조 필자.

서로 다른 공간이 연결되고 통합되어 '상호연결성'이 증대되는 과정으로 파악한다고 하면 그것은 "결코 새로운 현상이 아니라는" 것이다.[6]

바로 이 지점에서 헬드 연구팀은 일종의 개념 도약을 감행한다. 즉 이들은 지구라는 혹성 위에서 각종 추동력(대표적으로 군사적 정복 및 세계종교)을 바탕으로 인류 문명사 전반에 걸쳐 각 지역의 인간들 사이에 상호연결성이 증대하는 각종 과정들을 일단 '지구화'의 역사적 진전으로 간주한다. 이렇게 되면 지구화는 단지 20세기 말에 나타난 특수한 현상이 아니라 인류 문명사 진행 전반을 관통하는 문명화의 기축 코드가 된다. 그리고 이렇게 통시적 관점에서 지구화는 가장 추상적으로 일반화된 차원에서 다음과 같이 규정된다. 즉 지구화란, "그 **범위**(extensity), **강도**(intensity), **속도**(velocity) 및 **영향**(influence)으로 평가하였을 때, (인간들의) 활동, 상호작용 및 권력행사에 있어서 **초대륙적·초지역간 흐름**(flow)과 **연결망**(network)을 만들어내는 사회적 관계 및 사회적 교류가 공간적 조직방식에 큰 변화가 발생하였음을 구체적으로 보여주는 일련의 과정(들)"이다. 이때 "'흐름'은 물리적 가공물, 인간, 상징, 표식, 정보가 시간과 공간을 가로질러 이동하는 것을 지칭하며, '연결망'(네트워크)은 독자적 행위주체, 활동의 접속점, 또는 권력의 소재지 사이에 규칙화되거나 유형화된 상호작용들이 발생하여 작동하는 것을 지칭한다."[7]

그리고 바로 이런 개념구도에 입각하면 단지 이 시대의 지구화뿐만 아니라 여러 시대의 각기 다른 지구화를 운위할 수 있게 되며, 공시적 측면과 통시적 측면에서 지구화를 입체적으로 정식화시킬 수 있는 '지구화 형태들'(forms of globalization)이라는 분석틀이 도출된다.[8] 그러면서 역사적으로 그 특징이 다른 지구화의 각종 모양(shape), 즉 '전근대적 지구화', '근대 초기 지구화(1500~1850년경)', '근대의 지구화(1850~

---

6) 같은 책, 38쪽.
7) 같은 책, 37~38쪽의 번역을 필자가 약간 변경시킴.
8) 같은 책, 38쪽.

1945)' 및 바로 현재 우리가 살고 있는 20세기 후반부의 '동시대 지구화'(the contemporary globalization. 1945년 이후)를 각기 별도의 유형으로 특징지어 거론할 수 있는 틀이 생긴다.[9]

2. '지구화'와 '세계화'에 대한 개념조정: 보편사적 목적론을 경계하여 시대사적 개성을 중시하는 입장에서

세계사를 거시적으로 놓고 보면 별개의 지역권들 사이의 상호연결성이 증대하는 현상은 역사시대 이래 일관되게 관찰되는 일종의 장기발전(長期 發展 long-term development)이다. 문제는 이 장기발전의 경로나 궤적이 단일 원인이나 단독 주체에 의해 목적론적으로 추구되는 것이 아니라는 점이다. 헬드팀이 정확하게 통찰하고 있는 것처럼, 20세기 말에 와서 비로소 개념적 수준으로 언명되기 시작한 '지구화'는, 비록 결과적으로는 그렇게 귀착되기는 했지만, 그렇게 되기 이전까지는 누구도 그렇게 되리라고 실증적으로 단언하거나 예언하지 않았던. "본질적으로 우발적이며 모순으로 가득 찬 역사과정"이었다.[10] 인류의 통합이나 궁극적 통일에 대한 종교적 예언이나 철학적 희망 또는 역사철학적 예감이 현대에 들어오면서 점차 빈발해졌고 그에 따른 구체적 실천프로그램이 다양한 방향에서 실행되었던 것은 사실이지만 20세기 말과 21세기 초의 인류가 겪고 있는 것과 같은 그런 형태로 경험되는 상태로 발전한 것은 결코 그 어떤 단일 구상이나 원인체의 필연적 현실화가 아니었다. 바로 이 때문에 나는 인류사 전체에 존립하고 소멸했던 수십 개의 문화권 안에서 진행되었던 '상호연결성의 증대'를 일의적으로 globalization으로 포착하고자 하는 헬드팀의

---

9) 같은 책, 645~704쪽. 이 책의 676~78쪽에는 각 시대 지구화의 특징을 지구화의 정의를 구성하는 요소 개념들에 따라 축약적으로 정리한 탁월한 도표가 실려 있다.
10) 같은 책, 24쪽.

어법이 적절한지에 대해서 큰 의구심을 가지고 있다. 또 한국에서 globalization이 '세계화'라고 번역되는 것에 관해서도 마찬가지이다.

'세계'(世界, world, monde, Welt)는 문화연관적 개념으로서 특정 시대 특정 지역의 인간이 자기 삶의 가장 포괄적 지평으로 설정한 인식권(認識圈)을 의미한다. 동아시아 문명권에서 '세계'는 보통 '천하'(天下)로 표현되었고, 서구 문명권에서는 '우주'(cosmos)로 지칭되었다. '세계'는 다분히 형이상학적 내용이 뼈대를 이룬 천하나 우주 개념이 초월적인 것으로 간주되어 상승분리되면서 세속화된 의미를 가지게끔 현대화된 표현이다. 따라서 그 옛날 이 지구에는 여러 개의 '세계들'이 명멸하였다. 이에 반해 '지구'(地球, the globe, Globus)는 태양계에서 인간종이 거주하는 혹성(planet)인 이 대지(the earth)로서 천문지리적 개념이다.

'세계'의 지리적 범위와 물리적 크기 및 인식적 내용물은 문화마다 다르며, '세계화'(mondialization)는 모든 시대의 세계문명이 추구하는 정치적·문화적·경제적 확장 사업의 궁극적인 최종상태이다(프랑스어에서는 mondialisation이 필자가 의미하는 지구화의 단어로 쓰인다). 과거문명에서 세계화의 추동력은 주로 군사적 정복이나 보편종교였으며, 이런 의미에서 세계화와 관련된 수많은 사업들을 역사적으로 확인할 수 있다. 헬드는 이 단계를 전근대적 지구화라고 부르고 있지만, 근대 이후 세계화 국면에 와서야 '지구'는 인간적 생활세계의 최종적인 물리적 지평으로 인식된다. 따라서 필자의 소견으로는 지구가 물리적으로 유일한 문명세계의 최종지평으로(세계=지구) 인식된 현대에 와서야 세계화=지구화가 된다. 이런 개념구도에 따르면 진정한 의미의 '지구화'는 탈냉전 이후 현대문명의 '세계' 범주가 지정학적으로 '지구' 하나로 단일화되고 나서 비로소 나타난 최현대판 세계화로서 '전지구적 규모의 세계화'를 의미한다.

대륙간 이동이 유라시아 지역 전반에 걸쳐 가장 처음 인상적으로 가동된 것은 몽고제국의 성립기였다. 그러나 인간 이동이 의식적으로 전지구적 차원을 염두에 두고 기획된 것은 15세기 초 명나라 영락제 때의 정화원정이 최초였으며,[11] 15세기 말 콜럼버스의 스페인 원정대 이래 서유럽에서부터 지속적인 흐름으로 정착되었다. 따라서 필자의 개념틀에 따르면 '지구화'는, 인간 세계의 지리적 지평이 지구혹성 전체로 확장될 수 있다는 인식이 동서양 전반에 걸쳐 거의 동시에 확인되기 시작하는 14세기 이후, 대륙간 이동이 활성화되는 인간적 활동능력의 전세계적 고양이 시작되면서 본격적으로 진행되기 시작하는 **현대적** 세계인식의 중요한 한 특징이다.

이렇게 되면 앞에서 헬드팀이 내린 지구화의 정의는 다음과 같이 현대에 맞게 재규정되어야 한다, 즉 지구화란, "(인간들의) 활동, 상호작용 및 권력행사가 **현대 시기에 들어와** 그 범위(extensity), 강도(intensity), 속도(velocity) 및 영향(influence)에 있어서 **전지구적 차원의** 흐름(flow)과 연결망(network)을 만들어내는 사회적 관계 및 사회적 교류가 공간적 조직방식에 큰 변화가 발생하였음을 구체적으로 보여주는 일련의 과정(들)"이다.

3. 지구화에 대한 한국의 역사적 경험: 현대 초기, 현대 전기, 현대

이런 인식의 결론은 더 이상 일국 차원의 접근법에 입각한 사태파악만으로는 한 국가나 사회의 현상이나 변화를 이해하거나 설명할 수 없다는 것이다. 한 나라 안에서 일상적으로 관찰되는 '사회적 사실이나 사건'을 설명할 때 그것들을 '지구화'의 조건과 연관시키지 않으면 온전한 설명이 불가능할 경우, 그리고 이런 경우가 점점 더 빈번하게 발생할 경우, 우리는 그 나라의 '지구화 정도'가 상당할 정도로 높아지고 있다고 판정할 수

---

11) 콜럼버스의 아메리카 대륙 도착 이전에 이미 지구가 둥글다는 전제 아래 전세계 해양을 탐사한 명나라 정화함대의 원정에 관해서는 개빈 멘지스, 『1421 중국, 세계를 발견하다』, 조행복 역, 사계절, 2004 참조.

있을 것이다. 그리고 어떤 나라에 형성된 사회 안에서 생활하는 각 개개인들의 행위와 행태가 평균적으로 지구화의 조건에 의해 동기화되거나 아니면 현실화되는 양상과 빈도가 높아질 경우, 우리는 그 나라에 사는 생활인들의 '체질적 지구화 정도'가 상당할 정도로 높아지고 있다고 판정할 수 있을 것이다.

일단 헬드팀의 지구화 연구성과를 수용하여 현대에 들어와 지구상에 진행된 지구화의 세 국면을 한국 현대사와 연관시켜 보면 한국의 지구화 체험은 서유럽이 현대에 진입하기 시작한 시점과 거의 동일 시점에 시작되었다고 보여진다.

(1) 현대 초기(1500~1850년)에 서구는 정치적·군사적으로 팽창하고, 신세계를 상대로 인구와 환경과 질병에 걸쳐 활발한 교류관계에 들어가면서, 각 국가들은 대서양, 태평양, 인도양 등 대양 항해권을 바탕으로 지구적 제국으로 발전하기 시작한다.[12] 이 시기에 조선왕조는 여전히 전현대적 왕조국가 시기였지만, 서양세력의 동진이 주는 충격점 맨 끝에서 조·일(朝日)전쟁(임진왜란)과 조·청(朝淸)전쟁(병자호란)을 치렀다. 전쟁은 조선왕조 내부의 각종 사회적 관계나 문화적 표상을 변화시키고자 하는 각종 개혁적 시도에 원인을 제공했다. 하지만 이런 원인을 극복할 수 있는 인적·물적 자원이나 조직, 그리고 활동의 비전이 동아시아 차원에서 전개되기 시작한 지구화 맥락으로부터 조달되지는 않았다. 이 당시 가해진 지구화의 충격은 강력했지만 지속적이지는 않았기 때문에 조선의 국가질서를 전면적으로 변화시키는 정도까지는 나아가지 못했다.[13] 따라서 그에 대한 대응은 전적으로 원상회복 또는 기존 질서요인들의 재강화에 집중된 복구적(restorative) 성격의 것이거나, 아니면 여기에서 조금 더 나아가 부분적 개선으로 기존질서의 문제점을——그나마 불완전하게——

---

12) 헬드 외(2002), 앞의 책, 676쪽.
13) 서양 현대 초기의 지구화에 대한 조선 국가의 단편적 접촉을 볼 수 있는 것으로는 임기중, 『연행록 연구』, 일지사, 2002 참조.

고치는 정도에 그친 지극히 수선적(repairing) 성격의 것이었다. 봉건체제로서 조선 왕조국가체제는 영·정조 때까지는 유교적 관료시스템을 모범적으로 운용하고 있었는데, 역설적으로 바로 이 때문에 대안체제에 대한 구상이 '사회적으로' 활성화되지 못하고 '왕조국가기구'의 압도적 우세 속에서 장기적인 체제경색 상태에 빠져 들었다.

(2) 본격적인 현대 전기(1850~1945)에 들어 서구에서는 현대가 완전히 정착되고 유럽, 미국 그리고 일본이 전지구적 차원에서 제국주의적 국민국가를 구축하였다. 당시 이들 제국주의 세력들로부터 조선왕조와 한반도에 가해진 지구화의 충격은 근본적으로 파괴적(fundamentally destructive)이고 숨쉴 여지를 갖지 못할 정도로 파상적(undulating)이었다. 이때 한민족이 문화적 정체성을 유지한 민족으로서 억압당하기는 했지만 소멸당하지는 않은 가장 중요한 원인은 일차적으로 일본제국주의 강점기 자체가 다행스럽게도 비교적 단기간에 종료되었다는 데 있다고 보인다. 그와 동시에 일본제국체제는 그보다 훨씬 압도적인 미국세력과 부딪치면서 한반도에 그 어떤 영향력을 유지할 여력이 없을 정도로 정치적·군사적·정신적 방면에 걸쳐 단기간에 심각한 파국을 맞아 붕괴하였다. 그러나 일본제국체제의 실체적 위력은 종식되었지만 그것이 한민족에게 강제한 **식민주의적 현대화**가 남긴 정치적 허약성과 정신적 부실성은 해방 이후 한민족의 정치적 독립성을 한민족 자력으로 구축할 수 없게 만들 정도로 심각한 것이었다.

(3) 1945년 이후 진행된 현대적 지구화의 가장 큰 특징은 냉전과 탈냉전의 변화 속에서 지구적 차원에서 대치하는 양진영의 이데올로기적·군사적 편제가 지구세계를 양분하면서 각 국가와 사회에 강도 높은 영향력을 행사했다는 것이다.[14]

(3-1) 우선 1945년부터 1989년까지 전세계적으로 전개된 **냉전적 지구**

---

14) 헬드 외, 앞의 책, 같은 쪽.

화는 그 초기에 정치능력이 허약한 우리 민족사회 내부의 분열요인을 전쟁으로 폭발시켜 내·외국인 및 군인/민간인을 합쳐 총 4백만 가량의 인명희생을 유혈적 토대로 하여 두 개의 **분단국가를 건국**시켰다(1953년).

(3-2) 한국전쟁이 끝난 이후 지구차원에서 고착된 국제적 진영정치를 뼈대로 진행된 **냉전적 지구화 과정의 절정기**에 한국은 반공전선국가로서 미국의 엄호 아래 상시적인 전시동원체제를 유지하였다. 그러면서도 한국은 전쟁중에 대규모로 농촌에서 분리된 인력을 1950년대 내내 지속된 교육혁명을 통해 고도의 능력을 가진 도시노동력으로 전화시켰다. 1960년대에서 1980년대까지 대한민국은 미국의 지휘 아래 '대규모 병력'을 유지하면서 역시 '대규모 노동력'을 산업혁명에 동원하여 '고도의 질적 구성도를 가진 대규모 생산력'을 창출하고, 미국이 선도한 '국제전쟁'과 미국이 개방해준 '세계시장'을 통해 **군산복합의 '군사/통상대국'**으로 성장하는 데 성공하였다. 병력과 노동력의 국가총동원체제를 근간으로 하면서도 한국은 내부적으로 국내시장과 시민사회를 구축하여 민주화혁명의 물적·인적 토대를 구축하기에 이르렀다.

(3-3) 동구권 소멸의 결정적 신호탄이 된 1989년 11월 9일의 베를린장벽 붕괴에서부터 지구화는 가장 고전적인 표상으로 진행되었다. **탈냉전 국면의 지구화**는 지구를 두 세계로 양분하던 진영체제가 현존사회주의권의 자체 붕괴로 해체되고 지구 위에 '오직 하나의 지구세계'(only one global world)만 존립하면서 시작되었다. 1988년의 서울올림픽, 1989년 11월 9일의 베를린장벽 붕괴, 그리고 1991년 12월의 소비에트연방의 자진해산 등으로 도래한 세계적 규모의 탈냉전 상황은 대한민국 민주주의를 공고화시키는 외적인 조건이 되는 동시에 세계시장이 지구적 차원에서 명실상부하게 단일화되는 계기가 되었다. 이로써 지리적 차원에서 지구 그 자체가 세계관념의 최대 지평이 되었다. 헬드팀은 20세기 후반기까지의 지구화를 '동시대 지구화의 모양새'(the shape of contemporary globalization)라는 표제 아래 8가지 측면에서 입체적으로 조망하였다.

① 영토국가와 지구정치(the territorial state and global politics)

② 조직화된 폭력의 확산 범위(the expanding reach of organized violence)

③ 지구무역, 지구시장(global trade, global markets)

④ 지구적 금융의 기축이동 유형(shifting patterns of global finance)

⑤ 법인체 권력과 지구적 생산망(corporate power and global production networks)

⑥ 이주 흐름을 탄 인민들(people on the move)

⑦ 지구화, 문화 그리고 민족들의 운명(globalization, culture and the fate of nations)

⑧ 만들어지는 중에 있는 파탄: 지구화와 환경(catastrophe in the making: globalization and the environment)[15]

필자는 헬드팀의 연구성과를 더욱 추상화시켜 세기말 지구화 현상을 총 6개 층위로 중첩된 '지구구성체'로 재정식화시켰다. 이때 지구구성체의 6개 구조층위는 지구환경과 지구단위 사이에서 진행되는 생태적 지구화를 최저층으로 하여, 지구경제망, 지구사회망, 지구정치체제, 지구적 문화교류망, 그리고 지구적 지평 안에 놓인 자아행위체이다.[16]

이 규정에 따라 제2차 세계대전 종전부터 20세기 말까지 진행된 지구화의 양상은 환경에서부터 시작하여 경제, 사회, 정치, 문화 및 개인생활에 이르기까지 넓은 범위에 걸쳐(고범위), 높은 강도를 갖고(고강도), 엄청나게 빠른 속도에 따라(고속도), 전례 없이 큰 영향을 미치는(고영향) '밀집형 지구화'(thick globalization)로 판정된다.[17] 헬드의 연구팀은 세기

---

15) 같은 책, 〈차례〉 참조.
16) 홍윤기,『글로벌 네트워크 시대의 국가와 민족. 21세기 한국 메가트렌드 시리즈 Ⅱ 05-08』, 정보통신정책연구원, 2005, 75쪽.
17) 헬드 외, 앞의 책, 48쪽.

〈표 1〉 지구구성체(Global Formation)

실행층위 stratifications of practices	각종 행위체 agents	구성위상 constitutive status		가치 지향점 value-telos
지구적 지평의 자아 행위체	■ 공(共)주관적 혼성자아	'나'의 생활세계	인생	▶ 지상의 행복
	−가상공간	정보적 삶 vita informativa		▶ 실시간 의사소통
지구적 문화 교류망	■ 학문 ■ 교육 ■ 대중문화 ■ 민중문화	세계문화		▶ 다양한 정체성
지구적 정치운용체	■ 국민국가 −군사조직 ■ 국제기구 ■ 비정부기구 ■ 비국가기구	세계정치	상부 구조	▶ 평화와 인권의 신질서 ▶ 지구적 시민민주주의
일국적 사회들의 지구연결망	■ 세계 공적영역 −인터넷 −세계 네티즌 −글로벌 미디어 ■ 콜럼버스 계급 ■ 이주 노동자군 ■ 다중(多衆)	세계사회		▶ 세계 공론장 ▶ 지구적 시민사회
지구적 경제연결망	■ 국민국가 재정 ■ 세계 금융권 ■ 다국적기업 연결망 ■ 무역망 −일국적 기업군	세계시장	토대	▶ 생존과 건강
지구적 생태체계	■ 대기층 ■ 기후층 ■ 유기적 생명층 ■ 지질층	세계환경	[자연]	▶ 우주적 균형

말까지의 동시대 지구화의 모양새를 다음과 같이 아주 표준적으로 요약하였다.[18]

<표 2> 20세기 말 당대 지구화 양상

지구적 흐름 및 네트워크	• 냉전과 탈냉전의 지구적 군사관계, 지역적·지구적 공치 시스템, 국제법의 형성 • 브레튼우즈 이전과 이후의 경제적 기구화 　: 무역·금융시장·다국적 생산과 투자·기술 이전 • 새로운 지구적 이주유형 • 다국적 미디어기업, 서구대중문화 및 담론의 지구적 확산 • 통신·운송의 새로운 지구적 네트워크 • 지구적 환경위협: 지구적 공유물·환경적 상호의존·초경제적 공해
국가·국경·영토	• 국민국가가 지배적인 정치적 단위 • 지역적 (정치)단위의 출현 • 다층적 공치
범위	• 대다수 핵심 영역이 지구적 차원을 획득. 지구온난화 등 몇몇 네트워크, 관계는 명실상부한 지구적 차원을 획득. 무역 등 일부 네트워크, 관계는 거의 지구적 차원을 획득
강도	• 경제적·환경적 측면에서 매우 높음 • 공공영역에서 문화적으로 더욱 강력하게 널리 퍼져 있음 • 이주의 강도가 그 이전 시기보다는 약하나 그와 비견할 정도로 증가함
속도	• 운송과 통신에서 높음. 일부는 즉각적이고 실시간대(텔레비전·금융시장)
하부 구조	• 비행기 • 컴퓨터, 디지털과 결합된 전화 • 지구적 케이블 매설 • 지구적 인공위성 • 인터넷 • 텔레비전, 라디오의 확산
제도화	• 높음—모든 영역에서 다양한 형태
계층화	• 서로 다른 지구화 영역에서 특유한 계층화 유형 • 정치·군사영역—이 시기 대부분을 미·소 냉전이 지배했으며 권력의 현격한 위계구조 존재. 탈냉전시기에는 다극성 계층화 출현 • 각 사회들 내에서, 그리고 그들 간에 경제적 계층화. OECD국가들이 경제적 연계와 통제를 지배함. 경제적 권력균형이 미국에서 다른 국가들로 이동함. 신흥공업국의 부상 • 미국의 문화산업과 영어가 대중문화의 지구적 확산을 지배함으로써 문화적 계층화가 더욱 불평등해짐 • 소비수준으로 보아 북반구—남반구 간의 환경적 계층화가 극심함. 그러나 환경 위협·리스크의 생산과 그것에 대한 노출도는 불균질하게 확산
양식	• 경쟁적 • 협력적 • 이념적·문화적

---

18) 같은 책, 676~78쪽의 지구화의 시대별 특징 가운데 1945년 이후의 현대 부분만 별도로 분리하여 작성.

4. 지구화의 수혜국으로서 대한민국 총결산: 11·9에서 9·11 사이를 정점으로 본 긍정적 성과와 부정적 맹아들

지구화의 세기말적 양상을 위와 같이 요약하면, 지구화가 전례 없이 고강도로 각 국가의 정치적 위상과 그 안의 사회편제에 계층화를 비롯해 다양한 압박을 가한 것이 분명하게 부각된다. 세기말까지의 지구화 맥락 속에서 대한민국은 피식민지 전근대국가에서 탈식민지 현대국가로 그 체제와 성격을 바꾸었고, 지구화를 추진했던 대부분의 동력과 성과를 상당부분 공유하기에 이르렀다. 앞에서 제시한 '지구구성체' 관점을 바탕으로 대한민국이 20세기 말까지 축적한 지구화 성과의 긍정적 양상을 요약하면 다음과 같다.

(4-1) 지구적 생태체계에 있어서 대한민국의 위치는 1989년 현재 전세계에서 16번째로 많은 탄산가스 배출량을 기록하는 국가라는 데서 짐작된다. 1989년의 경우 미국이 가장 많은 탄산가스를 배출했으며 중국, 러시아, 일본, 독일, 우크라이나, 인도, 영국, 캐나다, 이탈리아, 프랑스, 폴란드, 남아공, 멕시코, 호주가 뒤를 잇고 있다. 아래 표에서 확인할 수 있듯이 일본, 중국, 인도를 제외하면 유럽에 집중되어 있다.[19]

<표 3> 연간 탄산가스 순배출량 비율[20]

(1990년대 초. 출처: OECD)

	미국	유럽 내 OECD국	일본	그 밖의 OECD국	구소련	브라질	중국	인도	그 밖의 지역
탄산가스	18%	12%	4%	3%	12%	10%	7%	4%	34%

---

19) 대외경제정책연구원, 『環境關聯 經濟的 手段의 活用 現況 및 展望』, 1993, 100쪽.
20) 헬드 외, 앞의 책, 619쪽.

이와 동시에 한국은 석유와 천연가스 소비에 있어서 전세계 6위 또는 7위를 기록하고 있다. 한국은 소아마비나 천연두 등과 같이 국제화된 질병들과의 싸움에서 과거 상당한 성공을 거두었고, 전통적인 의미에서 치산치수에도 상당히 효율적으로 대처하였다.

(4-2) 지구적 경제연결망에 있어서 한국은 20세기 지구화 맥락에서 인상적인 수혜자였으며 그 위상은 결정적으로 제고되었다. 벌어서 쌓아 놓은 돈으로 따지면 우리 대한민국은 세계 최상위권 알부자이며, 국가의 생산력으로는 상위권 부자요, 국민소득으로는 이 지구의 중산층이다. 그것은 통계적으로 입증된다.

2005년 12월 15일 현재 우리나라의 외환보유액은 2,100억 달러로[21] 2004년의 1,990억 6,600만 달러에서 약 109억 달러 증가하여[22] 세계 4위 수준이다.

박정희 이래 경제발전의 중심지표인 수출은 **참여정부 집권 이래 매월 기록을 경신**하다가 2004년 드디어 2천억 달러를 돌파하였고(정확하게 수출은 2,538억 달러이며, 수입은 2,245억 달러이므로 무역흑자는 293억 달러, 약 35조 원 규모이다), 2005년에는 3천억 달러에 육박할 전망이다. 2004년을 기준으로 했을 때 우리나라 경제는 수출로는 세계 12위(세계

---

21) 한국은행, 「보도자료. 2005년 12월 15일 현재 외환보유액」(공보 2005-12-25). 참고로 같은 보도자료에 제시된 다른 나라의 외환보유액은 다음과 같다.

주요국의 외환보유액 동향(2005년 현재)	
• 일본 8,433억 달러	• 인도 1,422억 달러
• 중국 7,690억 달러(9월말)	• 홍콩 1,224억 달러
• 대만 2,518억 달러	• 싱가포르 1,156억 달러(10월말)
• 한국 2,082억 달러	• 독일 992억 달러(10월말)
• 러시아 1,684억 달러	• 말레이시아 767억 달러(10월말)

22) 이것은 2003년에 비해 28.1%(1,437억 1,400만 달러) 증가한 수준이었다. 당시에도 세계 최대 외환보유국은 일본(8,352억 2,800만 달러)으로 우리의 4배이며 이어서 중국, 대만, 한국, 인도, 러시아, 홍콩 등의 순이다.

총수출액의 2.8% 점유), 수입으로는 세계 13위 규모의 무역대국이다.

나라의 경제규모를 나타내는 국내총생산액(GDP)은 2004년 현재 전년보다 11.9% 증가한 6,801억 달러로 세계 11위인데 2003년과 비교해보면, 인도에는 추월당하고 멕시코는 추월한 상태이다(GDP가 가장 큰 나라는 미국(11조 7,349억 달러)으로 우리나라의 17배이며, 이어서 일본(4조 6,734억 달러), 독일(2조 6,920억 달러), 영국(2조 1,326억 달러) 순이다).

국민 개개인의 부유함을 나타내는 우리나라 1인당 국민총소득(GNI)은 2004년 현재 전년보다 11.3% 증가한 14,162 달러로 세계 30위인데, 예전에는 세계 31위 수준이었다가, 2003년부터 대만을 앞지르고 격차를 벌려나가고 있다(2004년 현재 세계에서 GNI가 가장 높은 나라는 룩셈부르크(52,091달러, 2003년)이고, 노르웨이(54,703달러, 2004년), 스위스(39,800달러, 2002년), 덴마크(38,785달러, 2003년), 아이슬란드(41,042달러, 2004년), 미국(39,765달러, 2004년) 등의 순이다).

무엇보다 한국은 더 이상 자본빈국이 아니며, 단지 상품수출국일 뿐만 아니라, 해외직접투자국이고 미국 국가채권의 주요 고객이기도 하다. 1980년부터 2005년까지 25년 동안 한국은 총 22,440건, 402억 달러의 순투자를 행하였는데, 신고건수를 기준으로 하면 그 액수는 709억 달러로 상승한다.[23] 세계 4위 외환보유국가로서 한국은 미국이 한국은행의 외환정책에 신경쓸 정도로 성장한 국제금융의 주요 세력 가운데 하나로 부상중이다.

(4-3) 사회성격에 있어서 한국은 해방 이래 60년간 진행된 지구화 속에서 농촌사회에서 도시사회로 급격하게 변모하였고, 더 이상 단일인종 순혈사회를 유지하기 힘들다는 전망이 나올 정도로 급속하게 사회적 혼성화가 진행되는 중이다. 2005년 현재 대한민국에는 2만 정도의 미국 주둔군

---

23) 출처: 한국수출입은행 해외투자통계 http://www.koreaexim.go.kr/kr/oeis/m03/s01_01.jsp(2005. 2) 〈한국의 연도별 해외투자현황〉

뿐만 아니라 합법·불법을 망라하여 약 78만 명의 이주노동자가 추방이 불가능할 정도로 안착하고 있다. 국민의 65%가 여권을 갖고 있으며, 약 635만 명의 해외동포를 두고 있다. 매년 700만 명 이상이 해외여행을 나가고 300만 명 정도의 외국인이 우리나라를 찾는다.

(4-4) 한국은 지구상에 현존하는 거의 모든 나라와 외교관계를 맺어 '국제정치에서의 개방'을 사실상 거의 완수하였다. 2003년과 2004년에 걸쳐 총 186개국과 수교하고, 99개 국제기구에 가입하였으며, 2,083건의 조약을 체결하였다. 국제인권규약을 국내적으로 관철시키기 위해 2001년 '국가인권위원회'가 설치되면서 이른바 국제기준에 합당한 국가가치가 직접 한국 내 사회과정에서 실현될 수 있게 되었다. 그와 동시에 한국은 군사적 차원에서도 지구화의 물결을 능동적으로 타게 되는데, 유엔평화유지군 활동에의 참여는 그 대표적 사례라 할 수 있다. 그럼에도 불구하고 한국의 국가구성은 여전히 민족 내부 냉전의 지속을 청산하지 못하고 남북한 양국체제라는 조건이 여전히 중요한 영향력을 행사하는 분단국가라는 한계를 벗어나지 못하고 있다.

(4-5) 대한민국의 문화인프라는 여전히 탈식민주의와 사회적 내실화의 과제를 안고 있으면서도 민주화가 조성한 사회적 자유화의 조건 안에서 문화역량의 비약적 성장을 기할 수 있는 단계로 진입하고 있다. 1950년대는 국민들의 자발적 투자에 힘입어 거의 교육혁명이라고 할 수 있는 학교교육의 급성장이 있었다. 그 이후 대한민국의 공교육체계는 대학입시를 핵심으로 하는 학벌체제에 교육적 생동성을 압살당하는 부정적 조건 안에서도 지구화의 압력과 기준에 대처하는 국민기본능력의 훈련과 발전에 일정 정도 기여하였다.

(4-6) 대한민국 국민 개개인의 행위반경과 선택가능성은 지구화 맥락을

시야 안에 둘 정도로 넓어지고 다양화된 것은 사실이다. 동시에 민주화와 자유화, 그리고 상대적인 부유화를 토대로 실생활에서나 문화적 차원에서 개인의 개인화는 급속하게 진행되었다. 그럼에도 불구하고 변화난측한 지구화의 모든 국면에 아주 자유롭고 유연하게 대처하면서도 자기중심성을 잃지 않는 가운데 창조적 자기실현을 능동적으로 주도하는 '발전된 개인'의 존재는 아직 완전하게 개발되지 않았다.

1945년 이래 한국은 지구화의 맥락에 능동적으로 접속함으로써 '일단 결과적으로는' 부정적 폐해보다는 긍정적 성과를 많이 거둔 가운데 21세기를 맞고 있다. 중요한 것은 20세기 후반기 동안 진행되었던 지구화에서 대한민국이 경제적 불평등의 심화, 사회적 계급화의 진전 등과 같이 부정적 폐해를 적지 않게 받고 한국전쟁이나 외환외채동란 같은 치명적 위기국면을 여러 번 맞았음에도 불구하고 참으로 다행하게도 더 고차적인 발전동인을 얻어왔다는 것이다. 여기에서 한국형 발전은 '하나의 위기가 보다 고차적인 다음 발전의 계기가 되면서, 지금의 발전은 보다 심화된 다음 위기의 조건으로 끊임없이 전화되는' 위기동반형 발전으로 요약된다. 이때 위기요인은 지구화 맥락에서 외적으로 조성되는 반면, 발전역량은 지구화 조건을 보다 포괄적이고도 능동적으로 체질화시키면서 형성된다. 따라서 지구화는 한국에 끊임없는 위기요인을 던지면서 그것을 극복할 발전역량의 공급원이기도 했다. 그러면 현단계 한국이 처한 지구화의 보다 특정한 형태는 무엇일까? 21세기 대한민국이 일단 극복하고 넘어가야 할, 회피할 수 없는 지구화의 동시대적 양상은 어떻게 파악될까?

5. 9·11 이후 세기초 지구화의 국면변화: '아메리카 권력' 변수와 미국멸망론

(1) 9·11 이후 지구화 국면변화의 체감 양상

세기말과 세기초에 걸쳐 서구에서 나온 지구화 담론들의 내용을 면밀히 추적해보면 그 기조가 현격하게 변화했다는 것을 눈치챌 수 있다. 1990년대 초 현존사회주의권이 자진해산하면서 20세기 말까지 나온 대부분의 지구화 담론은 미소 양극체제 해체 이후 적어도 국제정치 차원의 신세계질서(the new world order)만은 전세계의 모든 국가가 평등한 참여권을 행사하는 '세계평화체제'나 아니면 적어도 각 지역별로 세력균형이 이루어진 '다극체제'가 될 것으로 예상하고 있었다. 그리고 국제적 냉전체제에 근거했던 한반도 분단체제도 그에 맞추어 자동해체될 것으로 기대되었다. 분명히 국제금융시장의 급격한 재편이 연쇄반응을 일으키면서 다국적기업의 신자유주의적 경영→세계노동시장의 대규모 교란→일국산업체제의 파행성→일국 내 중산층 소멸→국가의 무력화→20 대 80 사회의 도래라는 '세계화의 덫'에 대한 강력하고도 인상적인 경고가 없었던 것은 아니었다.[24] 1997년 11월에 닥친 한국의 외환외채 위기는 1989년 11월 9일 베를린장벽 붕괴 이후 명실상부하게 지구일원론적으로 통합된 세계시장에서 전지구를 상대로 운동할 수 있는 세력의 위력을 보여주는 서막의 가장 장려한 종막일 뿐이었다. 그러나 구미 선진국들의 입장에서 볼 때, 2001년 9월 11일까지 지구화는 적어도 국제정치적으로는 어떤 격변의 원인도 되지 않고 완만하게 제 갈 길을 가는 듯이 보였다. 그러나 9·11 이후 무엇보다 일상적인 체감이 완전히 변하였다. 즉 생각보다 훨씬 빨리 "세계는 평평해"졌다. 거의 전세계를 여행하면서 지구화의 현장들을 아주

---

24) 한스 페터 마르틴·하랄트 슈만, 『세계화의 덫—민주주의와 삶의 질에 대한 공격』, 강수돌 옮김, 영림카디널, 1997.

정확하게 보도하고 그에 대한 고급의 의견을 공급해 세 차례나 퓰리처상을 수상했던 『뉴욕 타임스』 칼럼니스트 토머스 프리드먼은 2005년 『세계는 평평하다』라는 책을 펴냈다. 이 책을 우리말로 번역 출판한 출판사가 '출판사리뷰'에서 지구화에 대한 프리드먼의 시각변화를 언급한 다음 구절이 대단히 흥미롭다.

토마스 프리드먼은 1999년 『렉서스와 올리브나무』에서 렉서스로 상징할 수 있는 경제적 통합의 힘과 올리브나무로 상징할 수 있는 민족주의와 주체성 간의 긴장감에 집중했었다.[25] 하지만 9 · 11 이후 올리브나무에 사로잡힌 그는 아랍세계와 이슬람국가들을 방문하고 취재하느라 대부분의 시간을 보냈다. 그러던 2004년 2월, 인도 방갈로르를 여행하던 프리드먼은 몇 년 사이 세상이 급변했으며 글로벌 경쟁무대에서는 누구나 평등하다는 사실을, 미국을 비롯한 여러 나라의 일을 아웃소싱하고 있는 인도기업들을 통해 절실히 깨닫게 된다. 그리고 『세계는 평평하다』를[26] 쓰기 시작했다. 『렉서스와 올리브나무』가 지구화라고 부르는 현상이 막 도약을 시작할 때 그런 현상을 구조적으로 이해해보려는 초기의 시도였다면, 『세계는 평평하다』는 지구화라는 현상에 기초한 세계의 진화에 맞추어 논의를 좀더 진전시키겠다는 목적으로 쓴 것이다.[27]

1999년에 출간된 『렉서스와 올리브나무』에서 프리드먼이 '막 도약을 시작한' 것으로 감지한 지구화 현상의 핵심사건은 베를린장벽의 붕괴, 그리고 고르바초프에서 옐친으로의 권력이동을 핵심으로 하는 소비에트

---

25) 토머스 프리드먼, 『렉서스와 올리브나무—세계화는 덫인가 기회인가?』 1 · 2, 신동욱 옮김, 창해, 2000.
26) 토머스 프리드먼, 『세계는 평평하다』, 김상철 · 이윤섭 공역, 창해, 2005.
27) 세계를 평평하게 하는 10가지 동력으로 꼽힌 것은 베를린장벽 붕괴, 윈도즈 출현, 넷스케이프 출시, 워크플로 소프트웨어, 오픈소싱(open-sourcing), 아웃소싱, 오프쇼어링(off-shoring), 공급사슬(supply-chaining), 인소싱(insourcing), 인포밍(In-forming), 그리고 이들을 확대하는 근육강화제(Steroids)이다. 이상 http://www.yes24.com/Goods/FT GoodsView.aspx?goodsNo=1811549&CategoryNumber=001001025009005

연방의 붕괴였다.[28] 이것은 지구화를 특정 시간에 나타난 사건 또는 현상이라기보다 인류사 전체에서 진행된 문명사의 과정으로 본 헬드팀의 학문적 통찰과는 또 다른 차원에서 지구화를 관찰할 수 있는 입지점을 제공한다. 즉 과거역사에 관해 어떤 분석틀이 투사되었든지간에 어쨌든 분명한 것은, 현재 우리를 직접적으로 고민하고 신경쓰게 만드는 그런 감지가능한 종류의 '지구화'란, 길게 잡아야 국제적 차원의 냉전이 종식되는 것을 상징하는 1989년의 11월 9일 베를린장벽 붕괴를 전후하여 본격적으로 전개되다가, 21세기에 들어가면서 2001년의 9·11 테러를 계기로 질적으로 다른 국면을 보이기 시작했다는 것이다.

(2) 9·11 이후 아메리카 권력에 대한 관심과 전망의 스펙트럼: 제국, 세력균형, 집단안보, 지구적 민주주의 아니면 현상유지

그런데 11·9에서 시작된 지구화의 국면을 9·11을 기점으로 확연하게 가름에 있어서 가장 결정적인 변수는 특히 소비에트연방 해산 이후 이 지구상에서 유일한 초강국이 되어 지구화 추동요인 중 가장 중요한 것으로 자타가 공인하는 '미합중국'의 국가적 행위 추이이다. 보다 분명하게 말하자면 9·11과 그에 대한 반응, 그리고 아프가니스탄과 이라크에서의 두 차례 전쟁을 거치면서 "아메리카 권력(American power)의 본성과 그 전망"에 대한 집중적 관심이 두드러진 것이다.[29] 이것을 주제로 하여 데이

---

28) 토머스 프리드먼, 『렉서스와 올리브나무』 1, 37~56쪽. 프리드먼은 원래 저널리스트이지만 지구화에 대한 역사적 시야도 갖추고 있다. 그에 따르면 지구화의 첫 번째 시기는 콜럼버스가 대서양을 항해해 구세계와 신세계의 장벽을 허문 1492년에서 1800년 전후까지이다. 이때를 프리드먼은 지구화 1.0시기라고 부르고 변화의 동력은 국가에서 나왔다고 본다. 그 다음 지구화 2.0시기는 1800년 무렵에서 대공황과 1, 2차 세계대전에 의해 잠시 방해를 받긴 했지만 대략 2000년까지로 보는데, 이때 변화의 동력은 기업이라고 본다. 마지막으로 지구화 3.0시기는 2000년 이후의 현재로서 그 추진 동력은 비서구,비백인들로 다양하게 이루어진 개인들의 그룹으로 보고 있다.(프리드먼, 2005, 앞의 책)

29) David Held · Mathias Koenig-Archibugi, "Introduction: Whither American Power?", in: David Held & Mathias Koenig-Archibugi(eds.), *American Power in the 21st Century*

비드 헬드가 2003년 런던경제학교(LSE)에서 개최한 〈랄프 밀리밴드 강연〉에서 9명의 구미인 연사들과 한 명의 중국인 연사는 21세기 아메리카 권력이 보유한 강압력(coercive power)의 작동 형태에 관해 다음과 같이 정리될 수 있는 5가지 시나리오를 제출하였다.[30]

〈표 4〉 아메리카 권력의 강압력 발휘 예상 시나리오

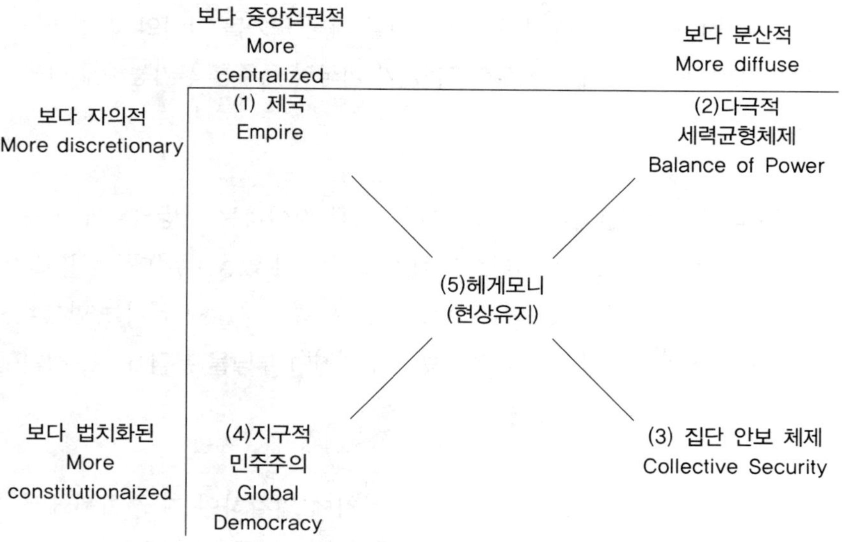

위의 스펙트럼이 보여주는 아메리카 권력의 21세기 작동 내용은 다음과 같이 요약된다.

[시나리오 1: "21세기 미국은 제국이 될 것이다."] 21세기 미국은 합중국 정부에 각종 강압력, 특히 군사력을 집중시켜 전세계를 실시간대

(Cambridge/Malden: Polity Press, 2004), 1쪽.
30) 같은 글, 3쪽.

작전구역으로 하는 군사제국을 구축할 것이며, 지구상의 어떤 세력이나 제도도 미국의 그런 의지를 제압하거나 억제시킬 능력이 없다. 특히 미국 네오콘들이 이런 입장을 강하게 암시한다.

〔시나리오 2: "21세기 미국은 다극적 세력균형체제 안에서 안정을 취할 수밖에 없을 것이다."〕 냉전 종식 직후에 미국에게 허용되었던 일방적인 지위는 일시적인 것으로서 설혹 미국이 제국주의적 야망을 갖고 있다고 하더라도 미국에 대해 견제심리를 가진 **국가들 사이의 세력 연합** 및 무엇보다 **국제경제적 상호의존관계**가 미국의 독주를 불가능하게 만들 것이다.

〔시나리오 3: "21세기 미국은 이해관계를 같이하는 서방세계와 결속 하여 비서방권의 도전에 집단으로 대처할 수밖에 없을 것이다."〕 무엇보 다 미국은 전세계에서 제기되는 도전에 단독으로 대처할 수 없다는 현실적 이고도 합리적인 판단 아래 서방동맹을 결성하여 **부담을 분담시키는** 것이 최선의 방책이다.

〔시나리오 4: "미국은 법치주의적 원칙에 입각하여 지구 차원에서 민주주의적 협치를 추구하는 것이 가장 바람직할 것이다."〕 지구적 차원의 민주주의는 국가간 분쟁을 해결하고 공동의 이익을 추구할 수 있는 제도와 원칙을 "지구적 차원의 법치주의"에 입각하여 국제법화시키면 서, 개별 국민국가가 보유하는 군사력을 대륙적 또는 지구적 차원의 제도기 구에 영구적으로 이관시키는 것을 전제한다. 이렇게 법적 힘에 의해 국가간 관계를 순치시키고 군사력이 지구에서 단일하게 존립하는 정치체에 이관 될 때 아메리카 권력은 그 자체가 존립할 근거와 의미가 없을 것이다.

〔시나리오 5: "미국은 자신의 헤게모니가 유지되고 인정되는 현상황

을 크게 바꿀 필요 없이 그저 유지하는 것이 가장 바람직하다."] 이
시나리오에 따르면 미국은 현재 보유하고 있는 군사력이나 정치적 의미만
으로도 각종 국제관계에서 헤게모니를 확보하고 있다. 따라서 제국을
구축하려고 할 동기나 의지를 굳이 창출할 필요 없이 필요할 때마다,
경우에 따라서는 일방적으로, 대항세력을 군사적으로 제압해가면 비록
많은 논란과 분노를 야기하겠지만 미국의 헤게모니 유지에는 별반 지장이
없다.

헬드가 주관한 강연에서는 이상의 논의들 가운데 어느 것이 가장 있음직
한지에 대한 결론을 내리지 않았다. 그런데 2005년에 접어들면서 아메리카
권력의 향배에 대해 경고적 메시지를 보내는 성격의 보고물들이 계속
올라오고 있다. 이 보고물들은 하나같이 미국이 제국의 꿈을 추구할 경우,
그것을 추구할 능력이 곧바로 고갈될 것이며, 그에 따라 21세기는 애초의
꿈과는 달리, 20세기 거대제국 소련이 추락한 것과 같이 21세기 미국
역시 파탄에 빠질 것이라는 불길한 예측을 내용으로 한다.

(3) 미국에 대한 카산드라적 예언: "아메리카 권력은 허구다. 미국은 망한다"

토마스 프리드먼은 인도의 IT기업들을 가보고 깊은 충격을 받았다.
『세계는 평평하다』에 관한 출판사리뷰는 그 충격을 다음과 같이 소개하고
있다.

흔히 지구화는 강대국들 위주의 접근방식이며 가난한 국가는 더욱 가난하게
만든다고 비판받는다. 프리드먼 역시 어느 정도 그 점에 공감한다. 세계가 평평해
짐에 따라 자유무역의 기본원칙에 충실한 것이 무역장벽을 높일 때보다 전체적으
로 미국의 이익에 부합된다고 말이다. 하지만 그는 또한 애국적인 미국시민으로서

다음과 같이 고민한다. "세계가 아주 평평해져서 수많은 사람들이 나중에 미국 아이들과 협력하고 경쟁하게 되면, 그래도 자유무역은 전체적으로 미국에 이득이 된다고 이야기할 수 있을까? 만약 미국정부가 무역장벽을 높이고 오프쇼어링이나 아웃소싱을 못하게 하면 미국인들에게 더 도움이 되지 않을까? 수많은 인도인들이 미국 젊은이들이 받는 월급의 몇 분의 일을 받으면서도 똑같은 일을 하는데, 어떻게 내 딸과 수백만 미국 젊은이들에게 좋을 수 있을까?" 그리고 그는 자신의 딸들에게 다음과 같이 충고한다. "얘들아, 내가 어렸을 때 부모님은 이렇게 말씀하셨다. '밥은 남기지 말고 먹어야지. 지금 중국이나 인도에는 굶주리는 사람들이 많단다.' 하지만 나의 충고는 다르다. '얘들아, 숙제는 끝내야지. 중국과 인도에는 네 일자리를 가져가려고 열심히 공부하는 사람들이 많단다.'"[31]

신자유주의 모델을 아메리칸 스탠더드로 해서 추진되는 세기초 지구화 양상이 결국은 미국에 부메랑 효과를 낼 것이라고 직관적으로 감지하는 저널리스트의 불안감은 세계시장 최전선에서 아주 보수적인 입장에 서서 미국의 국익을 관철하기 위해 진력한 경제전략가에 의해 좀더 일반화 정도가 높은 데이터와 명제로 정리된다. 프리드먼보다 약간 늦었지만 역시 인도, 그리고 중국을 대상으로 2005년에 『부와 권력의 대이동』을 쓴 클라이드 프레스토위치는 지구화 현재 국면에서 미국이 처한 문제상황을 다음과 같이 부각시킨다.

미국은 세계인구의 5%밖에 안 되는 인구로 현재 세계 생산의 30%, 소비의 40%를 차지하고 있다. 11조 달러에 달하는 미국의 국내총생산(GDP) 규모는 제2위국 GDP의 2배를 웃돌고, 실질적 1인당소득은 세계의 모든 주요 국가들의 수준을 단연 앞선다. 미국 영어는 전세계 통상언어요, 미국 달러는 세계 기축통화다. 세계 1000대 기업 가운데 432개 업체가 미국 기업이고, 뉴욕 및 나스닥

31) http://www.yes24.com/Goods/FTGoodsView/aspx?goodsNo=1811549&Category Number=0010010250090 05

증권거래소가 전세계 모든 주식가치의 44%를 차지하고 있다. 또한 미국은 세계 최고 대학들과 연구센터들 절반의 본거지요, 미국의 뒤를 잇는 선진 5개국의 투자액을 모두 합한 금액보다 더 많은 돈을 연구개발비로 쓰고 있다. 간단히 말해, 미국이라는 나라는 지금까지 인류역사에 존재해 온 나라 중 최대의 부국이자 강국이다. 이 강력한 미국에 적어도 한 세대 동안은 도전장을 내밀 만한 세력이 없으리라는 게 오늘날 미국지도층의 전반적인 믿음이다. 하지만 과연 미국의 세계지배는 지속될 수 있을 것인가? 인텔의 전(前)회장인 앤디 그로브(Andy Grove)는 "미국은 지금 유럽을 따라 도산으로 치달아가는 위험에 처해 있으나, 더욱 심각한 것은 이 사실을 아무도 모른다는 점이다. 마치 타이타닉호가 최고 속력으로 빙산을 향해 질주해나가듯, 모두들 스스로 만족해하며 현실을 부정하고 있다."라고 말했다.[32]

세계적 통상 전문가이자 워싱턴의 경제전략연구소(ESI) 소장인 클라이드 프레스토위츠는 그와 같은 믿음이 신기루에 지나지 않는 이유를 조목조목 분석하여 반박하고 있다.

1. 미국 국가경제 펀더멘탈의 잠식 우선 첫째, 미국의 소비와 부채는 계속 늘어나고, 제조와 서비스 부문의 생산역량은 점점 빠른 속도로 해외로 옮아가고 있다. 달러가치는 하락하고 무역적자도 계속 불어난다. 미국 무역적자는 현재 6,000억 달러로, 연간 GDP의 약 6% 수준이다. 이에 따라 미국은 세계 주 채권국에서 최고 채무국으로 바뀌었으며, 부채 규모는 3조 달러에 달한다.

2. 인적 자원의 부실 1960년대와 1970년대에는 미국 GDP의 평균 6% 이상을 차지하던 물적 자본, R&D, 교육, 훈련에 대한 연방정부 지출이 이제는 GDP의 3%를 한참 밑돈다. 이는 1965년 총 연방지출의 32%를 차지하던 미래지향적 지출액이 오늘날에는 14%로 떨어졌음을 말한다.

---

32) http://www.yes24.com/Goods/FTGoodsView.aspx?goodsNo=1937894&Category
    Number=0010010250070 04 〈출판사리뷰〉

민간 인프라에 대한 투자 역시 없었다. 아시아와 유럽의 신설 연구실이나 시설들과 비교하면 세계적 수준의 대학이라는 곳의 연구실과 시설들이 이제 낡아 보이기 시작한다. 또한 수학 및 과학 지식을 평가하는 다양한 국제시험에서 미국 학생들이 받아오는 낮은 성적은 미국의 교육현실을 적나라하게 시사한다.

3. 달러체제의 붕괴 가능성 임박 세계 기축통화로서 달러가 차지하는 특별한 지위로 말미암아 미국은 모든 경제규율에서 면제되고 다른 나라들은 통화조작이 가능했다. 이 점이 바로 현 세계경제 시스템이 안고 있는 중대한 결함이고 이 결함은 결코 지속될 수 없다. 전 연방준비위원회 의장이었던 폴 볼커는 앞으로 5년 안에 달러붕괴가 일어날 가능성을 75%로 내다본다. 이는 조지 소로스의 큰 두려움이기도 하다. 소로스는 시장은 자기 조정 능력이 있기는커녕 과잉으로 흐르는 경향이 있다고 강조한다. 만일 달러가 붕괴되기 시작하면 결과는 참으로 참담할 것이다. 1930년대식 세계대공황의 가능성도 배제할 수 없다.

4. 달러 대안통화의 대두 달러 대안의 부재는 그동안 달러가 대하락을 겪지 않을 수 있었던 유일한 이유였다. 하지만 이제 대안들이 부상하고 있다. 아직 완벽하지는 않지만 유로화는 점점 매력을 더해 간다. 러시아 외에도 다른 나라들 역시 유로화를 몰래 사들이고 있으며, 이는 유로화가 최근 그런 강세를 띠게 된 까닭이다. 아시아에서도 유로화 이전의 유럽단일 통화인 ECU를 본떠 아시아 단일통화, 즉 아쿠(ACU)를 만들자는 논의가 심각하게 진행중이다.

5. 중국과 인도의 자본주의 경쟁체제로의 편입 및 세계시장에서의 경쟁력 급상승 1989년 베를린장벽 붕괴, 1991년 12월 25일 소련 붕괴 이후 중국, 인도 및 옛 소련 국가들은 모두 현존사회주의를 포기하고 한때 경멸해 마지않던 자본주의의 길을 걷기로 결정했다. 이로써 30억 신경제인이 새롭게 세계 자본주의 경제시스템에 들어왔다. 중국은 제조업 분야에 거대한 투자를 행했고, 인도는 미국인보다 뛰어난 인적 자원을

길러내고 있다. 이에 따라 이들의 성장력은 그동안 항공특송과 인터넷으로 거의 무의미해진 시간과 거리의 격차를 순식간에 뛰어넘어 미국시장에 직접 압박을 가할 정도가 되었다. 중국은 제조업에서(Made in China), 인도는 서비스업에서(Service in India) 매년 비약적인 성장을 하고 있다. 이처럼 양질의 노동력에 기술, 저비용, 품질보장, 신속한 커뮤니케이션 등의 조건이 결합한다면 그 결과는 명백하다. 이제 앞으로 서비스 부문이 대거 인도로 아웃소싱됨으로써 미국인들의 거의 모든 생활 부분이 그 영향 아래 놓일 것이다. 중국이 세계 제조업의 중심거점이 됐듯이 인도는 세계 소프트웨어 및 정보 기술 서비스의 중심거점이 된 것이다.[33]

그러나 2005년에 나온 지구화 담론에서 아메리카 권력의 현재적 비중과 그 미래적 향방에 관해 가장 급진적인 분석과 전망을 내놓은 것은 한국 금융업에서 실물경제와 직접 대면하는 증시분석가이다. 대우증권 투자분석부의 홍성국 부장은 2005년 연말을 며칠 안 남긴 시점에 현시기 '아메리카 권력'의 체제와 활동방식을 '독점 시스템'이라는 개념 아래 분석하고 전망한 보고서를 출간하였다. 홍성국 부장이 '독점시스템'이라고 부르는 것은 "미국이 자국만의 독점적 이익을 취하기 위해 세계를 경영"하는[34] 데 투입한 "미국만이 행사하는 세계지배 시스템"이다. 이 독점시스템은 전통적인 자유주의와 극단적으로 대립되어 국가나 개인의 자유에 있어 "독점시스템 유지가 유일한 국가목표"가 되며, 다국적 기업과 같이 "세계를 대상으로 자유롭게 이익을 쟁취"한다. 하지만 다국적 기업과는 전혀 달리 독점시스템은 타국에 대해 "강력한 무력으로 시스템 참여를 강제할 수 있고, 이익은 기업의 주주가 아니라 미국 전체의 것"이 된다. 따라서 독점시스템에 의해 좌우되는 이 세계는 미국의 이 "전체주의적이고도 독점적인 특권"에[35]

---

33) 위의 글 및 클라이드 프레스토위치, 『부와 권력의 대이동―30억 아시아 신경제인의 부흥과 세계 경제의 미래』, 이문희 옮김, 지식의 숲, 2006 참조.
34) 홍성국, 『세계 경제의 그림자, 미국―디플레이션 시대의 미국과 한국에 대한 미래학』, 해넘, 2005, 12쪽.
35) 같은 책, 18쪽.

완전히 종속되어 있으며, "공생이나 평화보다는 미국의 이익이 모든 것을 규정한다."

그런데 홍성국 부장이 가장 핵심적으로 문제삼는 것은 이 '미국의 이익'이라는 것의 파행적 성격이다. 그것을 한마디로 표현하면, "미국이 자신들의 경제력에 비해서 많이 소비하는(=초과소비) 동시에, 국제 질서 속에서 우월한 지위를 유지하는(=독점적 지위)" 것이다. 미국의 '경제력' 부족으로 홍성국 부장이 지목하는 것은 "303년 전부터 제조업은 몰락하고 서비스업 중심으로 바뀐 경제구조"와 "미래를 위한 투자가 불가능할 정도인 '제로(0)'에 가까운 국내저축률"이다.[36] 다시 말해서 미국은 돈을 벌기 위해 내다팔 것을 만들 능력도 부족하고 저축해 놓은 것도 거의 없는데 쓰는 것은 다른 나라의 몇 배나 쓰고 있다는 것이다(대표적으로 미국인구는 전세계 인구의 5%에 불과하지만 에너지는 20% 이상 소비한다).

국가 전체가 자기 능력보다 많이 쓰기 때문에 결국 국가 차원의 적자는 불가피하다. 이 적자를 줄이려면 쓰는 것을 줄여야 한다. 그러나 홍 부장의 견해에 따르면 미국은 절대 자기가 쓰는 것을 줄이지 못한다. "미국이 소비를 줄이지 않는 한 수입이 수출을 지속적으로 초과하면서 경상수지 적자가 한없이 불어날 수밖에 없다. 그리고 미국은 이를 해소할 능력과 의지가 없어 보이는데, 정치인·관료·개인 할 것 없이 미국 전체는 무한한 소비를 유지시켜 주는 독점시스템 유지에만 관심이 있다."[37] 따라서 미국은 쓰는 것을 줄이지 않으면서도, 아니 오히려 점점 더 많이 쓰면서도, 적자가 곧바로 미국에 대한 재정적·경제적·국가적 압박이 되지 못하도록 지금의 적자를 더 많은 적자로 메우고, 바로 그렇게 불어나는 적자에서 오는 위협요인을 무력으로 제압하는 방식을 취한다는 것이다. 그러므로 홍성국 부장이 말하는 독점시스템의 관건구조는 지구경제의 기축통화로서 "미국 화폐인 달러의 안정"과 그것을 보위하는 압도적 군사력을 계속

---

36) 같은 책, 20쪽.
37) 같은 책, 20~21쪽.

유지하고 발전시키는 것이다.[38]

사실 경제학적으로 미국의 이런 존립방식은 결코 온당한 것이 아니다. 달러를 무한히 발행하여 계속 소비를 행한다면 당연히 달러는 약세가 되어야 할 것이며 최악의 경우 국가가 파산하는 것도 당연하다. "그러나 미국에서는 아무 일도 일어나지 않고 있다. 지금 미국의 경상수지적자는 GDP의 6%대이지만 해외에서 이보다 더 많은 자금이 미국으로 유입되고 있다. 즉, 미국에 원자재와 공산품을 수출한 국가의 무역흑자 금액은 그대로 해당 국가의 중앙은행을 통해 다시 미국으로 보내진다. 그리고 이 자금은 미국 국채를 비롯해 주식, 회사채, 부동산 등을 마구 사들이면서 2차 자금순환이 발생한다. 실증적으로 1990년대 초반 미국에 대해 경상수지 흑자를 기록한 국가의 자본 중 20%가 미국으로 재유입되었다. 그러나 1990년대 후반에는 70%로 증가됐고, 약 6조 5천억 달러에 이르는 금융상의 권리를 갖게 되었다."[39] 게다가 경제영역에서 국가간의 상호의존성이 증대되면서 대부분의 나라들은 이 독점시스템을 자발적으로 받아들이고 있다. "이기적인 미국인들이 경제력에 비해 초과소비하는 것이 당장의 세계경제에는 도움이 되기 때문이다."[40] 그런데 "만일 이런 상황이 영원히 지속된다면 미국과 달러가치는 장기적으로 안정될 수 있겠지만, 이런 현상을 경제학적으로 어떻게 설명할 수 있겠는가?"[41]

홍성국 부장이 말하는 미국의 독점시스템은 바로 이렇게 경제학적으로는 전혀 터무니없는 것을 현실적으로 가능하게 만드는 것이다. 국제질서 속에서 독점적 이익의 추구는 당연히 세계의 참가국들에 대한 착취를 전제한다. 따라서 독점시스템은 각종 경제외적 장치를 정교하게 내장시키고, 체제구성원들이 자발적으로 참여해야 하며, 시스템으로부터의 이탈을

---

38) 같은 책, 21쪽.
39) 같은 책, 21~22쪽. "미국의 경상수지 적자와 이를 상쇄하는 해외자본의 미국 유입을 '공포의 균형'이라고 부른다."(같은 책, 22쪽)
40) 같은 책, 8쪽.
41) 같은 책, 21~22쪽(강조 필자).

막아야 독점적 이익을 유지할 뿐만 아니라 그 크기를 극대화할 수 있다. 만일 단 한 국가라도 이탈하면 나머지 국가들은 도미노식으로 미국으로부터의 독립을 추구할 것이다. 이럴 경우 기존의 국제질서는 단번에 붕괴할 수 있다.[42]

현재 "미국의 세계 지배수단인 독점시스템은 거의 완벽한 상태를 유지하고 있다." 그러나 "이 시스템의 구조적 모순 때문에 이 시스템에 조금씩 균열이 나타나고 있다." 보편적인 것이 통용되어야 하는 세계를 상대로 "미국이라는 특정 국가를 위해 독점시스템을 유지한다는 것은 궁극적으로 모순"이다. 그리고 홍성국 부장은 이 모순의 충격적 귀결을 예언한다. 즉, "독점시스템의 한계는 결국 미국의 한계다. 미국이 한계상황에 도달함에 따라 독점시스템은 서서히 균열의 위기를 맞고 있다. 20세기가 미국의 시대였다면, 아마 21세기는 미국과 독점시스템의 붕괴, 그리고 새로운 질서를 만들어가는 과도기가 될 전망이다."[43]

쉽게 말해서 이것은 21세기에 미국은 망한다는 것이다. 마치 소련과 동유럽 공산권이 20세기를 못 넘기고 망했듯이. 왜냐하면 역시 소련체제도 그랬지만 미국에 내재된 모순과 그로 인한 세계경제의 불균형 문제에는 "대안이 없기" 때문이다.[44] 물론 미국은 계속 제한적으로 자체 정비를 시도할 것이다. 이미 미국이 초과소비한 금액이 5조 달러이긴 하지만 미국이 군사력으로 달러를 기축통화로 유지한다면 미국은 현재의 위상을 유지할 것이다. 하지만 "미국은 자체 모순(인종·종교 갈등, 빈부격차 확대, 사회안전망 붕괴 등) 때문에 시간문제일 뿐 미국의 붕괴는 역사적 필연으로 판단된다."[45] 다음은 홍성국 부장으로 하여금 이렇게 아찔한 전망을 하게 만든 독점시스템의 구조 요인과 그 문제점들을 정리한 것이다.[46]

---

42) 이 단락의 서술은 같은 책, 25쪽.
43) 같은 책, 74쪽.
44) 같은 책, 302쪽.
45) 같은 책 307쪽.
46) 같은 책, 73~292쪽(제1부 미국의 독점 시스템, 제2부 흔들리는 거인, 제3부 저항과

〈표 5〉미국 독점시스템

◆ 국력
　군사력, 경제력, 문화적 수준, 교육 수준, 민주주의 완성도, 국민통합정도

◆ 미국 경제의 모순
■ (1970년대) 노동자배제적 이익추구→제조업 포기→서비스중심 경제, 저축률 0→세금감축(재정적자)→소비(경상수지 적자)→미래투자 여력 소진→자생력 소멸
■ 달러보유고 역전→부채국가로의 전락
■ 투자와 자산 보유의 불균형
■ 해외 리스크 노출 심화
■ 대안추구의 한계: 재정적자 축소 추구→군사력 약화→독점시스템 붕괴 유발

	구조	작동 방식	구조 모순
1	강력한 군사력과 신보수주의	- 미국에 대한 안보 종속 - 저항세력의 애매한 온존/미국 국가주의 강화용 - 직접 도전의 사전 분쇄	- 과도한 국방비 부담/재래식 전력의 효율화 및 미사일 방어체제 등 고비용 시스템 - 150만의 미군 유지 위한 고급 인적 자원 조달의 한계/백인 지원자의 감소와 비백인 구성비의 급증/해외주둔 미군의 저질적 만행 급증
2	지정학적 고려에 입각한 지구경제 통제체제	- 미국·영국·일본의 신3각동맹 - 중국의 지정학적 포위 - 고유가를 매개로 한 러시아의 포섭	- 대항세력 등장('불량국가' 및 중국과 러시아) - 신3각동맹의 취약점/일본의 중국 경제력에의 흡인가능성과 배신의 여지/영국 국민의 반발 - 남아시아와 중앙아시아 관리의 난맥상
3	지구화와 신자유주의 확산	- 정보화를 통한 타국의 의사결정 과정에의 신속한 개입 - 당사국 정부의 경제개입 배제, 미국 기업의 자유를 철저하게 보장 - 제조업 포기 대신 해외 아웃소싱 전폭 가동	- 신자유주의로 인한 자본주의 주도권이 각 국가→미국→미국 내 거대초국적기업으로 이동 - 공급과잉상태에서 살인적인 원가절감 및 마케팅 노력→임금 삭감→노동량과 노동강도 증대 - 경제이익의 주주 독점→사회양극화 가속 - 제조업 상호연결성 증대로 위험 발생시 '나비효과' 전파력 급증 - 생산비 절감 압박 아래 후발국에 의한 미국 경쟁력 추월/지구화의 부메랑 효과
4	금융자본의 완벽한 통제	- 채권매입, 직접대출, 주식투자 등을 통한 미국 금융자본의 국가 금융시장 장악 - 미국산업자본과 보조, 초과이익 창출 - 전세계 주요금융기관의 소유권 장악 - 국제금융기구 지배	**독점적 금융자본의 해체가능성** - 미국산업의 회생전망 불투명으로 미국 국내 자본의 해외 탈출/달러의 재유입 고리 둔화 - 국제이동자본 규모의 비대, 미국 자체가 국제투기자본에 노출 - 국제금융자본 소유자의 다양화/유태계, 동아시아계, 중동계 등의 혼성 - 미국 금융자본에 대한 저항/헤지펀드의 규제 - 신자유주의에 대응개혁으로 투기자본에 내성

배신) 압축 요약.

	구조	작동 방식	구조 모순
5	자원 독점	- 중동 석유, 중앙아시아 천연가스 지배를 위한 미군주둔 강행	자원전쟁의 격화 - 카스피해 유전과 천연가스를 사이에 둔 러시아와의 전쟁 - 중국의 급부상 - 이슬람권의 반미주의 - 중남미의 자원민족주의
6	민주주의의 전략무기화	- 민주주의국가라는 이미지 극대 활용 - 도덕적 명분의 선점	미국민주주의의 편의적 적용과 이중성 - 냉전하에서 독재정권 지원 - 미국 국내 민주주의의 변질과 타락 - 국제관계에서의 민주주의 무시/일방주의 - 미국을 겨냥한 국제민주주의의 공격
7	과학기술의 우월성	- 신기술개발의 압도적 우수성과 우월성/새로운 수요의 창출 - 특허권의 관리	
8	소프트파워	- 대중문화(영화, 음악), 영어의 세계적 공용, 미국 음식문화의 보편화, 우월한 교육시스템, 브랜드 파워 - 전세계인의 지성, 감성, 취향의 지배와 자발적 동화 유도	미국의 정신적 리더십의 급속한 약화와 악화 - 미국인들의 지적 수준 열악화 - 반미주의 세계화/미국의 일방주의에 대한 전세계 지식인의 비판과 이념적 대항세력 등장 - 미국과 미국문화의 위선에 대한 혐오와 저항의 증대/상업주의에 대한 반란 - 미국획일주의로 인한 다양성 상실 - 신보수주의 득세로 유학생 감소
9	정경유착	- 공황에 따른 기업의 파산과 희생 과정에 금융기관과 정부의 상시적 개입, 정경유착 관례화 - 거대자본과 정치권의 결합	- 신보수주의와 신자유주의의 모순/국가이익과 기업이익의 상충점 증가/기업과 금융자본의 배신 가능성
10	미국 내부 지지	- 민주주의의 순탄한 가동 - 국민 안전과 안정을 최우선시하는 정부, 국가적 희생장에 대한 철저한 논공행상, 정부에 대한 신뢰/자발적 애국주의의 고양	신인종주의의 임박과 배신의 토양 - 미국 내부 양극화의 가속적 진행 - 아메리칸 드림의 상실 - 미국 이민자들의 본국과의 연계성 강화 - 다양성의 혼합이 아닌 다양한 분열요인의 방치와 격화 - 종교갈등/기독교 근본주의와 타종교의 갈등 고령화와 사회안전망 붕괴
타국	자발적 복종	- 미국 안전보장망에 편입 - 미국 주도의 기술개발에 따른 신규 수요 창출에 편승 - 미국 주도의 전쟁에서 온 신규 수요 편승 - 미국의 초과소비에 대한 경제적 의존(동아시아의 의존도가 높음) - 대안시스템의 부재	▼ 격발물은 미국 내부 모순 ↓ 〈대안이 없다: 미국 붕괴〉 ↑ 독점시스템 수명은 당분간 지속

6. 대한민국의 응전: '분단된 국민국가'에서 '아시아 시민국가'
   로의 도약, '유라시아의 영혼'으로서 미국 뒤를 보기

9·11 이후 '미국 일방주의' 또는 '아메리카 권력'에 의해 완전히 압도되는
것으로 그 국면이 전변된 세기초 지구화 맥락에서 대한민국이 만약 국가로
서의 존립을 포기하지 않는다고 한다면 현존하는 한 국가로서의 안정된
정체성과 역동적 활동성을 어떻게 확보할 것인가 하는 문제가 당장에
제기된다. 그렇다면 우선 할 작업은 아메리카 권력의 부속물로 된 세기초
지구화 맥락에서 우리가 당면한 생존 조건들을 지구구성체 요건(〈표 1〉
참조)에 맞게 다시 한번 정리해 보는 일이다.

(1) 가장 먼저 우리는 지구적 생태체계 안에서 어떤 일이 벌어지고
있는가를 짚어볼 필요가 있다.

• 2000년 미국에서 아들 부시가 집권한 후 전지구적 환경문제에 대한
전지구적 대응력은 일시에 큰 타격을 받았다. 그가 집권하자마자 리우기후
협약을 바로 폐기하였고, 일본이 그 뒤를 따랐기 때문이다.

• 이런 상태에서 에너지자원 특히 석유는 2050년을 전후한 시점에
고갈되는 것으로 날을 받아놓은 것이나 마찬가지인데 미국은 9·11 이후
두 번의 전쟁을 벌이면서 군사력에 기대 전세계를 상대로 석유확보망을
구축하는 데 나섰다. 분명한 것은 우리가 미국방식으로, 그리고 미국에만
기대어 에너지자원을 조달할 수는 없다는 것이다.

• 대안에너지에 대한 진지하고도 지속적인 관심과 탐색은 이제 국가의
주권과 경제력 발전을 위한 가장 필수적인 일이 되어 간다.

• 그와 마찬가지로 미국과 한국을 포함하여 전세계에 이상기후와 지질
변동이 거의 정상적인 것처럼 반복되고, 새로운 질병(에이즈, 조류독감
등)의 지구화로 인한 바이러스 방역체계의 취약화 등이 빈번하게 발생하였
다. 따라서 국가가 주목해야 할 생태계 교란 현상이 그동안 구축해 놓은

방재인프라로 감당할 수 없는 수준을 보이고 있다. 과연 한국은 이상기후, 자연재해, 신종 질병, 그리고 자원부족이라는 생태계 안에서의 변란에 충분히 대처할 수 있을 만큼 '안전 국가'인가를 자문해야 할 때가 박두하고 있다.

• 그와 동시에 유엔은 한국이 21세기 전반 중간기를 넘으면 물부족 국가가 될 것이라고 경고하고 있다. 물이나 공기는 더 이상 우리에게 자연적으로 당연하게 주어지는 자유재화가 아닌 것이다. 경제적 이익을 위한 어떤 개발도 물과 공기를 비가역적으로 고갈시키거나 오염시키지 않을지 염두에 두면서 행해져야 한다.

• 적어도 한국은 재난이나 변란 등 예상밖의 돌발사태가 발생함으로써 상당 기간 외국과의 교역관계가 차단당할 때를 대비하여 바로 한국의 산림지역과 농촌지역 및 해안지대로부터 최소한의 자급적 생존자원을 확보할 수 있도록 준비해야 할 것이다. 농수산업과 임업은 폐기될 것이 아니라 생태적 성장을 가능하게 만드는 생태산업으로서 그 가치가 재조명 되어야 한다.

(2) 지구구성체의 미국화 과정을 점검하면서 우리는 참으로 충격적으로 바로 경제적 지구화의 맥락에서 미국 내부의 치유할 수 없는 모순을 목격하게 되었다. 물론 통상대국으로서 대한민국의 대미 교역의 양적 규모는 21세기 들어 중국 다음 두 번째 순위로 밀려갔지만 아직도 그 비중은 만만치 않다.

• 무엇보다 미국계 자본은 외환외채위기 이후 한국 금융과 주식 시장에서 가장 많은 자본투자를 행한 국가이다.

• 또 미국 변수와 나란히 한국경제는 이웃에 당장 교역을 지속시켜 나가야 할 세계 정상급 대국들을 세 나라나 갖고 있다. 이들 국가들과의 각 관계에 대한 우리의 관심은 똑같을 수가 없을 것이다. 우선 중국과의 관계에서 대한민국은 국내 제조업을 어느 정도 중국으로 이관시켜야 할지, 중국 농산물에는 어느 정도 의존해야 할지를 정확하게 정해 놓고 교역을 해야 할 것이다. 대일 무역에 있어 우리는 거의 50년 동안 누적된 약

2,300억 달러 가량의 적자를 대체할 수 있는 수입대체 신경제망을 국내에 구축할 필요가 있을 것이다. 러시아와의 관계에서 한국은 그들의 광대한 에너지 및 자연 자원에 어떻게 접근할지를 고민하면서 러시아에 제공할 수 있는 매력적인 제품이나 서비스를 형상화시켜야 할 것이다.

• 미국의 붕괴까지는 아니더라도 미국 경제의 부조를 내다보면서도 비교적 장기간 유지될 것으로 보이는 아메리카 권력체제로부터 순탄하게 이익을 취하려고 할 경우 가장 중요한 것은 미국자본이 유입되면서도 산업적으로 순치될 수 있는 '동아시아 시장권'을 주도적으로 조성하는 일일 것이다. 대한민국이 동아시아 시장권을 주도적으로 경영하려고 한다면 한반도 3면에 걸친 연안지역을 **총체적 물류기지**로 개편하면서 일본, 한반도, 동북3성, 시베리아, 중앙아시아를 관통하는 **육로교통망**(해저터널, 철도 및 고속도로)과 **항공교통망**이 한반도 안에 집중적으로 위치할 수 있도록 최대한의 노력을 경주해야 한다.

• 북한에 대해서도 한반도 내에 동아시아 시장권을 조성하는 사업의 관점에 입각하여 연변과 연해주 지역까지 일관되게 연결되는 운송과 제품 공급 및 서비스 제공의 중간기지로 북한이 자연스럽게 접속되는 방안을 강구하는 것이 통일 후 공동의 민족경제를 구축하고 운용하는 데 유익할 것이다.

(3) 1990년대 이후 지구화 국면에서 대한민국 국가는 단지 국가기구뿐만 아니라 대한민국 시민이 국가와는 비교적 독립된 위치에서 다른 나라의 시민사회나 국가 및 국제기구와 관계하는 것이 훨씬 좋은 결과를 산출하는 많은 경우를 목격하게 되었다. 그리고 지나치게 국가주의에 사로잡힌 애국주의가 도리어 국가의 품위와 국익을 저해하는 경우도 적지 않게 체험되었다. 그리고 지구화 국면에서 우리 사회가 더 이상 순수단일혈통사회임을 주장할 수 없는 혼성화 과정을 경과하고 있음도 인정해야 한다. 하지만 가장 중요한 문제는 1997년의 외환외채위기 이래 우리 사회를 인간적으로 병들게 하고 경제의 성장동력을 잠식하는 '사회 양극화' 현상에

대해 아직 우리가 별다른 대응책을 내놓지 못하고 있다는 것이다.

• 우선 발전적인 측면에서 보자면 일국적 맥락을 충분히 체득하면서도 지구적 현장을 놓고 사고하고 자신의 활동을 기획할 수 있는 '세계시민적 교양과 행위능력'의 개발이 절실하게 필요하게 되었다.

• 내부적으로 우리 사회는 이주노동자, 탈북자, 연변동포 등과 같이 예전과는 이질적인 요인들과 통합을 기할 수 있는 사회적·제도적 기반을 시급히 마련하지 않으면 안 되는 국면에 진입하고 있다.

• 우리 국가와 사회가 내부적으로 붕괴하지 않으려면 사회친화적 시장을 구축할 필요가 있다. 국가가 국가로서 인적 기반을 확보하고 정신적 품위를 지키면서 국가적 생동성을 유지, 발전시킬 수 있는 인간적 생활을 보전하려면 생존과 생활에 필요한 기본 재화와 서비스(식품, 의류, 주택, 의료)를 총체적으로 제공하여 유통시키고, 고급의 활동능력을 항상적으로 확보하고 업그레이드시킬 수 있는 시민평생교육체계를 자생적으로 운용할 인적 자원과 가동자본을 대량 투자하여 일종의 사회시장(societal market)을 조성할 필요가 있다.

(4) 참으로 불행하게도 세기초 지구화 맥락에서 동아시아 국가들 사이의 관계는 유럽연합 수준의 국가간 통합을 기대하기에는 각기 다른 양상의 민족주의와 국가주의가 너무나 득세하고 있는 처지이다. 중국의 중화주의는 고구려사 문제를 계기로 그 마각의 일단이 드러났으며, 일본의 신우익은 제국의 과거 영광을 현재의 군비확장과 연관시키면서 그 위험성을 이웃국가들이 당장 체감할 수 있는 영토에의 욕구를 표출하였다. 따라서 동아시아 공동체나 어떤 형태의 동북아 중심국가 구상도 현재로서는 그 근거가 없다.

• 바로 이 때문에 한국은 동아시아에서 가장 역동적인 민주주의와 시민사회를 보유하고 있다는 장점을 살려 아시아 민주화의 평화수도로서의 역할을 정립하여 어떤 국가를 막론하고 아시아국가들의 시민들에 직접 접근하는 유연성과 개방성을 정치적으로 구현할 광장적 거점을 우리 국가

안에 마련할 수 있을 것이다. 이런 관점에서 우리는 아예 서울을 아시아 평화수도로 전면 개방하여 '충청 특별시'가 내부적으로 지원하는 '서울 국제시'로 설정해 볼 수도 있을 것이다. 이 평화수도권은 범아시아적 시민 연대의 맥락 안에서 탈북자문제와 연변동포, 그리고 나아가 북한 인민도 자연스럽게 접속시킬 수 있는 정신적 개활지로 발전할 수 있을 것이다. 이 평화수도권이 개성공단과 연결되면 휴전선 비무장지대와 북방한계선 지역은 자연스럽게 아시아 평화지대로 전화될 수 있을 것이다.

• 앞에서 집중적으로 제기된 바와 같은 미국세력의 점진적 노화 및 약화를 염두에 둘 경우 대한민국의 안보를 미국에만 의존하는 것은 참으로 불안할 것이다. 대한민국 국가가 한반도 안에서 자주적 전쟁억제력을 확보한다는 것을 기본원칙으로 하고, 우선 북한과 분단체제를 평화적으로 관리할 '민족내부조약을 입법화'시켜 '민족평화체제'를 구축하면서, 서로의 군사력과 그 움직임에 대한 정기적 사찰을 실시하여 돌발적인 충돌사태를 사전에 철저하게 예방할 장치를 마련해야 할 것이다.

(5) 대한민국은 모든 것이 파괴당한 한국전쟁 직후인 1950년대 초부터 1960년대 초반까지 내내 교육혁명을 통해 교육적 성장을 추구함으로써 그 뒤의 경제성장과 정치성장을 위한 인적 훈련과 정신적 토대를 마련하였 다. 이제 반백년이 지난 현재의 조건에서는 새로운 차원의 교육혁명이 필요하게 되었다. 그리고 대한민국의 학술정책도 중대한 기로에 서 있다. 그동안 대한민국의 학문은 인문, 사회, 이공계를 막론하고 원천지식 생산 의 자생적 거점이라기보다 수입지식의 중개상 정도에 지나지 않았다.

• 대한민국의 학문체계는 막강한 공교육을 바탕으로 자립적 지식생산 을 할 수 있을 정도로 재정비되지 않으면 안 된다.

• 대한민국 교육에서 '학교'는 이제 더 이상 특정 연령대의 학생들이 일정 기간 동안 오직 특정 학습만 수동적으로 받아가는 중간경과지가 아니라 요람에서 무덤까지, 보육에서 성인교육을 총망라하면서, 모든 아동과 청소년의 기본 생존이 유지되도록 생활능력을 총체적으로 관리하

고 육성하며, 고차원의 활동능력과 지식능력을 끊임없이 공급하여 순환시키고 재충전하는 '평생생활단위체'로 재편되어야 한다. 누구든 학교에서 식량이나 지식이 없어 육체적으로나 정신적으로 굶어서는 안 된다. 학교는 지구화의 충격에 근본적으로 대응하여 새로운 활동 의욕과 능력을 공급받는 곳이 되지 않으면 안 된다.

　• 지상에서 나타나는 모든 문화적 욕구가 대한민국에서 검토되고, 시험되고, 가능하면 모두 충족될 수 있어야 할 것이다. 한류의 경험은 대한민국에 정신적 의지처를 둔 수많은 아시아의 영혼들이 자발적으로 생성되었음을 알려준다. 우리는 그들의 소망과 소통하고 그 갈구함을 충족시킬 공동의 노력을 겸손하게 해보임으로써 '유라시아의 영혼'(anima eurasia)으로 우리 자신을 진화시켜야 할 것이다.

　이미 우리의 생활토대는 낙관적이든 비관적이든 압도적으로 지구화 환경 안에서 형성되었다. 과연 우리는 '한 나라의 백성'(國民)이기만 한가? 우리는 이미 지구화된 생활조건 안에서 지구화의 맥락 없이 생활할 수 없는 그런 상태에 와 있지나 않을까? 따라서 21세기의 대한민국은 단지 한국 사람들만의 국민국가가 아니라 아시아의 시민국가로서 지구시민 모두의 조국이 될 수 있는 그런 위치에서 스러져가는 미국까지 구원할 수 있는 서원과 비전을 품어볼 수 있지 않을까? 대한민국 땅에만 오면 생명, 생활, 생산, 그리고 생태적 삶까지 모두 보장되는 그런 사생(四生)의 지구시민국가로 22세기를 맞을 수는 없을까?

　홍윤기(Hong, Yun-Gi) hyg57@chol.com
　동국대학교 철학과 교수, 『시민과 세계』 공동편집인, 참여사회연구소 운영위원, '사회와 철학 연구회' 회장, '철학연구회' 편집이사.
　본지를 통해 「시민민주주의론」(1호), 「이 시대의 국가주의와 시민적 자율성」(2호), 「테러 시대에 철학하기」(4호), 「시민은 어떻게 애국하는가」(5호), 「공화국의 육신」(6호) 등을 발표하고 기타 다수의 학술 논문 및 시평, 공동 저술, 역서가 있다.

미국과 대한민국

김민웅

1. 식민지체제의 완전한 청산을 위하여

우리의 현대사적 진실은 해방의 진정한 성과물이 외세에 의해 몰수된 채 미국의 새로운 식민지체제로부터 출발했다는 점이다. 이는 마치 패전국가에 대한 승전국가의 관리방식에 다름이 아니었으며, 대한민국의 정치적 기초는 이와 분리해서 생각할 수 없다. 다만 대한민국이라는 이름을 걸고 나온 제1공화국의 역사적 정통성의 결여가 곧 대한민국 자체의 역사적 정통성의 결여로 직결될 수 있는가는 다른 차원의 문제임을 직시해야 할 것이다. 새로운 식민지체제를 이룬 권력의 성격과 대한민국이라는 공동체 내부의 구성원들이 지향했던 바가 반드시 일치했던 것도 아니고, 도리어 이러한 식민지적 상황을 끊임없이 극복하면서 대한민국의 진정한 정통성이 확보되어왔기 때문이다.

이는 다시 말해서 일제식민지 잔존세력과 새로운 식민지 지지세력 간의 반동적 동맹으로 성립시켰던 '저들의 나라'를 자주적이고 민주적인 '우리들의 나라'로 만들기 위한 치열한 쟁투가 지속되어온 결과라고 할 수 있다. 이 작업에는 우리의 현대사를 압도적으로 규정한 미국의 문제를 어떻게 해결해야 할 것인가가 그 근본에 가로놓여 있다. 우리는 아직도 식민지의 역사를 완전히 청산한 처지가 아니기 때문이다. 실로 제2차대전의 세계사적 결론 가운데 하나는 더 이상의 식민지체제는 유지될 수 없다는 것이었다. '탈식민지'가 당대의 과제였으며 제국주의는 이제 통용될 수 없는 세계경영 방식이었다. 그러나 현실에서 제국주의는 아메리카합중국의 주도권 아래 새롭게 확장되어 갔으며 우리는 바로 그 영향권 속에서 식민지형 정치경제적 재편의 과정에 굴복해 들어갔다. 우리의 이후 민주화, 통일 그리고 오늘날 한반도의 평화를 이루어내는 것은, 종국적으로 이러한 현대사의 경로를 역전시키면서 참된 독립국가로서 인류보편적 기여를 할 수 있는 세계적 역할을 감당해나가는 것에 있을 것이다.

여기서 무엇보다도 일차적으로 요구되는 바는, 냉전시기로부터 강화되어왔던 전쟁시스템을 해체하고 평화를 보장하는 국제적 장치를 마련하는 것이다. 전쟁시스템을 강화하는 일과 평화를 보장하는 일은 결코 양립하거나 병존할 수 없는 모순관계이다. 그런데 미국은 한반도 남쪽에 자신의 전쟁시스템을 보다 강화시키는 전략을 지속적으로 구사하면서 다른 한편으로는 한반도평화의 진행과정에 제동을 걸고 있다. 더군다나 일본의 군사대국화는 이러한 미국의 동북아사령부 설치에 중대한 조건이 되고 있음은 자명하다. 따라서 미국이 추진하는 전쟁시스템 구상에 우리가 무력하게 끌려들어갈 수 없다는 점을 최우선적으로 인식해야 할 것이다. 당장에 미사일방어망 설치를 비롯하여 주한미군의 역할확대를 의미하는 이른바 '유연화전략'은 우리의 한반도적 과제를 좌절시키게 될 요소이다. 그것은 냉전체제의 해체를 가속화하고 남북간 평화를 국제적으로 보장하는 문제, 민족경제를 바로 세우기 위한 군비축소 등의 사안은 물 건너가게 되고 우리는 미국과 일본의 극우적 군사전략에 보조축으로서 역할하는 것밖에 다른 선택이 없게 됨을 뜻한다. 이렇게 되면 한반도는 동북아에서

미국이 원하는 전쟁시스템의 근거지가 되고, 미국에 의한 한국의 식민지정
책은 이로써 최종적으로 완성된다. 군사기지의 지위를 확보하게 되는
이상, 한국은 미국에게 주권국가로서 자주적일 수 있는 가능성은 사라지게
된다.

오늘날 미국은 기본적으로 우리 민족의 통일과 경제적 자주 그리고
동북아시아평화체제의 수립을 가로막고 나서는 가장 막대한 장애로 존재
하고 있다. 여기에 덧붙여 자신들의 전쟁시스템 고착과 강화에 우리를
동원하기 위한 노력을 집중적으로 기울이고 있다. 물론 이를 극복하자는
것은 미국과의 관계에서 우리가 나름으로 누려온 여러 가지 경제적·문화
적·교육적 성과를 단절시켜야 한다는 의미가 아니다. 한미관계가 식민지
적 관성에서 벗어나지 못하는 한, 이러한 성과들은 도리어 우리를 더더욱
미국에게 종속시키는 고리가 될 뿐이며 따라서 근본적 관계의 변화가
이루어질 때 그 성과도 진정한 의미를 가질 수 있게 된다는 점을 주목할
필요가 있다는 것이다. 그 '진정한 의미'란 세계사적 주체로서 서로 존중하
고 협력하면서 인류의 문제를 함께 풀어나가는 데 더불어 공헌할 수 있는
길을 모색하자는 뜻이라고 하겠다. 식민지형 지배를 기초로 한 전쟁을
위한 동맹체제는 소멸되어야 하며 자주와 평화의 협력체제로의 전환은
실현되어야 하는 것이다.

2. 대미인식의 중대한 변화

미국에 대한 우리 사회의 인식은 최근 들어 그야말로 상전벽해의 변화를
겪었다. 성역에 속해 있던 미국은 이제 거리낌없는 공개적 지탄의 대상이
되고 있기조차 하다.

돌아보면 지난 반세기의 한미관계는 이른바 '혈맹'이라는 개념으로 포장
되어 왔었다. 이 개념은 한때 거의 신성불가침적 위상에 가까운 권세를

누리기도 했다. 이는 냉전시대의 기본구조였다. 우리와 미국의 관계에 대한 이와 같은 기존의 생각에 의문을 품거나 문제를 제기하는 사람은 이념적으로도 파문당했으며, 실정법적으로 자유를 박탈해도 마땅한 존재처럼 취급받았다. 미국이라는 나라는 선의를 가진 강대국이기에 약한 나라들의 민주주의와 경제성장을 도와주는 고마운 나라로 인식되었기 때문이다. 이러한 인식에 도전하는 것은 따라서 민주주의와 경제성장을 저해하는 자인 것처럼 규정당하지 않을 수 없었다.

또한 미국은 우리에게 있어서 혈맹적 우방을 넘어, 우리 자신의 또 다른 자아이기조차 했다. 우리는 미국과 자신을 동일시하는 것으로서 세상을 바라보았고 이로써 미래가 보장된다고 확신했던 것이다. 미국 없이는 우리의 생존과 안위가 지켜질 수 없다는 생각은 냉전의 상식이었고, 그것은 식민지적 사고라고 지목되기 어려웠다. 이러한 상황에서 한미관계란 때로 우리에게 불리한 주권침해가 있다 해도 그것은 실리를 위해서 받아들여야 하는 숙명처럼 인식되었다. 힘의 관계에서도 미국에게 저항한다는 것은 생각할 수 없는 일이었을 뿐만 아니라, 그것은 자해적 행위라고 여겨진 것이었다. 1945년 이래 이 땅의 정치와 경제 그리고 군사와 문화 전반에 걸쳐 막대한 영향력을 발휘해온 미국은 이렇게 해서 우리에게 대본영(大本營)의 지휘관이었다.

이 지휘관의 명령에 누가 따르는가에 의해 국내의 정치적 역학은 결정되었으며, 민족적 이익을 앞세우는 사람은 정치적으로는 제거의 대상이 되고 말았다. 해방공간과 미군정시기의 정치는 이러한 판도를 기본적으로 결정했으며, 이후 한국정치지형에서 기득권세력이 된 정치지도자들은 거의 모두 미국과 주종의 관계를 잘 유지하는 '식민정권의 총독부적 기능'을 수행했다고 하지 않을 수 없었다. 따라서 우리와 미국 간에 현실적으로 분명하게 존재하는 식민지적 관계라든가 또는 이를 가능하게 하고 있는 미국의 제국주의적 본질에 대한 논의는 불가능했다. 이러한 조건 위에서 미국의 요구와 압박은 우리 사회에서 일방통행의 권한을 발휘했으며 우리

민족의 이해를 제대로 실현하는 길은 봉쇄되었다. 이에 대하여 문제를 제기하거나 미국의 정책과 전략을 비판하는 것은 한국사회에서 이단자의 신세가 되는 것을 자초하는 일이 되었다. 미국은 제국주의 국가라는 것, 그런 국가의 대외정책과 전략이라는 것이 자신의 영향권 내에 있는 약소국을 계속해서 영원히 식민지로 묶어두고자 한다는 것을 논란의 대상으로 삼는 것은 위험한 선택이었다.

사실 우리와 미국 간의 굴종적 현실을 받아들이는 것은 역대정권의 기득권을 보장해주는 기능을 해왔고, 그런 연유로 해서 미국에 대한 비판적 인식은 권력안보에 중대한 타격이 될 수 있는 사안이었다. 미국 또는 미국의 정책에 대한 비판적 이해와 발언이 국가보안법의 처벌대상이 된 것은, 이러한 역학관계에서 권력안보와 직결되는 일이었기 때문이다. 미국이 지켜주고 보호해 주는 권력, 그로써 유지되는 체제의 문제를 제기하는 것은 우선적으로 내부의 권력기반과 정면으로 충돌하는 일이 될 수밖에 없는 일이었다.

그러나 이러한 상황은 80년대에 들어서면서 변화하기 시작했다. 우선 80년 광주학살사태의 현실을 규명하는 과정에서 우리는 미국이 우리에게 어떤 존재인가를 새롭게 인식할 수 있게 되었었다. 70년대 민주화운동의 과정에서 가졌던 "미국은 민주주의에 대한 지원세력이다"라는 기대는 붕괴되었다. 냉전파시즘체제의 지원세력이라는 사실이 드러났기 때문이었다. 그러나 이 과정에서 대중들에게 직접적인 폭력을 휘두른 세력은 당시의 신군부였다는 점에서 미국의 역할은 뚜렷하게 각인되지 못했으며 미국의 본질에 대한 이해는 소수의 지식인과 운동권에 한정되었다. 냉전파시즘의 진정한 배후에 대한 이해가 깊어지기 위해서는 우리의 현대사를 관통하는 일련의 한미관계를 적나라하게 파악하는 과정이 요구되었던 것이다. 이러한 인식을 바탕으로 미군정이 지배한 해방정국에 대한 역사적 인식이 달라지기 시작한 것은 매우 중요한 역사인식의 진전이었다고 하겠다.

이후 미국의 패권적 본질에 대한 이해가 보다 전면적으로 확산될 수 있었던 것은 1997년 IMF관리체제를 겪으면서였다. 외환위기의 와중에서 우리는 미국이 신자유주의적 지배체제를 어떻게 우리에게 강요하는가를 직접 체험하고 목격할 수 있었던 것이다. 이로써 우리의 민족경제적 기반은 대대적으로 와해되었으며, 노동자들의 삶은 피폐해졌고 사회적 양극화의 기초는 굳건해졌다. 미국의 지배는 한국의 정치경제분야에서 보다 철저하게 관철되어가는 것을 보게 되었던 것이다. 이로써 우리는 우리와 미국과의 관계가 식민지적 주종관계에서 벗어나지 못했음을 목격했고, 이에서 벗어나지 못하는 한 근대적 단계에서 요구되는 자주적 민족국가의 완성은 불가능하다는 것을 깨닫게 되었다. 뿐만 아니라 이후 남북관계의 진전도 미국의 패권적 개입으로 인해 얼마나 심각하게 좌절당할 수 있는지를 경험하면서, 우리의 통일을 가로막고 민족적 자주를 훼손하는 실체가 무엇인지 명확하게 직시할 수 있는 환경이 만들어진 것이었다.

이러한 상황과 함께, 6·25전쟁시기에 미군에 의한 노근리양민학살사건, 미군의 매향리폭격훈련장으로 인한 주민생활의 위협, 강간·살인강도 등 무수한 미군범죄와 이에 대한 우리의 사법권부재, SOFA협정 개정에 임하는 미국의 오만한 태도, 독극물 무단방류 등 우리에 대한 미국의 자세를 보다 깊이 알게 되면서 미국에 대한 대중들의 생각은 점차 바뀌어가기 시작했다. 즉 미국이라는 나라는 더 이상 선량하고 고마운 강대국이 아니라, 자신의 이익을 위해서라면 약소국을 언제라도 희생시킬 수 있는 나라이며 그에 저항하면 보복조처를 취하는 무섭고 야만적인 강대국으로 우리에게 다가오게 된 것이다. 이것은 미국이라는 나라의 제국주의적 실체를 파악하는 일에는 일정한 진전이 있도록 했다. 그리고 보다 결정적으로는 이라크침략전쟁의 개시, 북한에 대한 전쟁경고와 고강도의 압박정책을 경험하면서 인류적 차원에서나 한반도의 평화를 위해서나 미국은 대한민국의 장래를 위협할 수 있는 국가로 지목되어 갔던 것이다.

3. 미국, 그 제국의 성립사

기존의 한미관계에 대한 비판적인 인식은 주로 우리와 미국의 관계를 중심으로 전개되었다. 그러나 이러한 인식은 한계가 있다. 우리와 미국의 관계를 특수화시키기 쉽고, 미국이라는 나라의 본질에 대한 이해가 제한될 수 있는 것이다. 한미관계는 미국의 제국주의발달사의 연장선에서 이루어진 결과이다.

제국으로서의 성립역사를 파악하지 않으면 우리는, 미국이 우리를 통해서 관철하려는 바에 대한 이해가 분명해지지 못한다. 그것은 일부 정파나 권력의 정책이 아니라 미국이라는 나라의 제국주의적 본질과 깊은 관련을 가지기 때문이다. 대한민국은 이러한 미국의 제국주의발달사와 맞닿아 있는 역사적 실체인 것이다. 따라서 미국의 제국 성립과 발전의 경로를 이해하는 것은 대한민국이 미국과의 관계에서 빚어지는 문제를 어떻게 인식할 것인가를 결정한다.

미국은 1776년 최초의 근대적 식민지해방투쟁에 성공한다. 그러나 미국의 국가성립 이전의 역사는 1776년의 과정에 이르기까지 서구제국주의 열강의 아메리카대륙 지배전략이 관철되었던 것이라는 점을 주목한다면 이는 식민지해방투쟁이라기보다는 유럽의 아메리카대륙에 대한 식민지전쟁의 제1단계 완성이라고 볼 수 있다. 아메리카대륙에 대한 침략사와 원주민 학살 및 토벌의 과정 그리고 야만적인 노예제도의 유지에서 미국의 이른바 독립전쟁은 백인지배체제를 공고히 다지기 위한 절차였다. 미국이라는 나라의 민주주의란 백인 자신들만의 민주주의였을 뿐, 약소민족과 종족에 대해서는 가차없는 잔혹성을 발휘하는 체제였으며, 그로써 "최초의 근대적 민주국가라는 문명성과 잔혹한 학살자로서의 야만성이 공존하는 기이한 현실이 존재"했던 것이다. 결국 미국은 이후 제국주의발달과정에서 자신의 문명(민주주의와 자본주의)을 앞세워 자신의 야만(제국주의적 지배)을 성취하는 길을 걷게 된다.

미국은 이른바 국가연합을 기초로 한 연방국가의 성립을 영국에 대한 식민지저항전쟁의 과정에서 완결짓는다. 이것은 미국이라는 신흥국가의 국가적 역량을 극대화하는 구조를 만들어냈다. 이러한 국가건설의 측면만 주목해본다면, 이는 부르주아체제의 탁월한 정치철학적 소산이었고, 근대국가의 경영방식에 일대 혁명적 기초를 세운 것이었다고 하겠다. 그만큼 미국은 국가건설의 작업에 당대의 정치철학적 열매를 총집결시켰으며 이러한 과정은 이후 미국이 자신의 역량을 제국경영에 동원하는 데 있어서 그토록 강력한 힘을 과시할 수 있는 기반이 되었다. 미국이라는 나라가 가지고 있는 힘의 요소 가운데 이 대목은 깊이 주시할 대목이다. 즉 백인부르주아체제의 건설과 유지·강화를 위해서 이들이 전개한 각종 정치적 결정과 논의는 자신의 이익을 지켜내는 신흥국가공동체의 미래를 위해서 얼마나 치열하고 깊이 있게 진력했는가를 알 수 있게 한다.

아무튼 이 연방국가의 유지에는 노예제도가 요구되었다. 그러나 흑인노예노동을 기반으로 한 대농장경영 중심의 남부와 자본주의적 생산시스템을 근간으로 한 북부의 공존관계는 19세기 중반에 이르면 파괴되고 만다. 경제체제의 차별성과 갈등, 노동력 확보를 둘러싼 주도권경쟁으로 인해 내전이 발발한 것이었다. 남북전쟁으로 보다 널리 알려진 이 내전의 본질은 남부가 장악하고 있던 노예노동력을 북부가 자신의 자본주의체제 유지를 위한 값싼 임금노동력으로 흡수하기 위한 정치경제적 헤게모니투쟁이었다. 북부의 승리로 종식된 이 내전으로 미국은 자본주의적 발전의 길로 급속하게 이행하게 되며, 이를 계기로 미국은 동·서부를 잇는 철도건설에 주력하고 미국 전체의 자본주의체제 강화에 나서게 된다. 이 단계에 이르게 되면, 연방정부의 중앙집권적 기능이 강화되고 독점자본이 출현하면서 미국은 대외팽창정책의 내부적 기초를 마련하게 된다. 자본주의체제가 전면화되고, 이를 바탕으로 미국은 라틴아메리카에 대한 미국의 지배적 영향권을 행사하기 시작하며 아시아지역으로 뻗어나가는 시도를 하게 되었다. 이것은 미국이 이제 바야흐로 제국주의국가로서의 길을 걷게 되는 것을 의미하였다. 1823년 먼로독트린 이래 지향해왔던 제국의 건설에 실질적으로 박차를 가할 수 있게 된 것이었다. 제국의 건설은 기본적으로 정복전쟁을 요구했다. 이른바 이 시기 미국의 대외팽창정책을 뒷받침했던 '함포외교'(gun boat policy)는 바로 이러한 정복 내지 침략 전쟁의 성격을 드러내주고 있다. 이는 또한 미국 자본주의체제 내부에 전쟁경제적 요소가 구조화되는 과정을 뜻하기도 하였다.

이와 같은 대외팽창기를 거쳐 미국은 제국주의열강의 주도적 일원으로 위상을 정비하게 된다. 세계자본주의체제의 발전과정에서 이제 영국에 이어 미국의 역량은 결코 무시할 수 없는 것이 되었으며, 영국제국주의의 절정기 이후에 대한 국제적 헤게모니투쟁은 두 차례의 대전으로 나타나게 된다. 이러한 상황에서 미국은 대전의 과정에 직접적인 피해를 입지 않고 초강대국으로서의 역량을 축적하게 되고, 다른 제국주의열강의 도전이 거의 전무해진 2차대전 종료 이후 본격적으로 세계경영의 제국주의적 전략을 추진하게 된다. 오늘날 우리가 '세계화'라고 일컫는 현실은 사실 2차대전이 종식된 이후 미국이 꾸준히 추구해온 세계경영전략의 결과이자 애초부터의 목표였다. 미국은 영국의 제국주의가 달성하는 데 일정한 한계를 보였던 '전지구적 제국의 건설'에서 실질적인 역량을 갖춘 인류역사 상 최초의 나라인 동시에, 이를 국가적 목표로 삼은 거대한 체제인 것이다. 따라서 이후 미국의 대외정책은 전지구적 제국의 건설에 기본목표가 있는 것이며 이에 저항하는 세력에 대해서는 봉쇄 내지는 진압의 방식으로 나갈 수밖에 없었던 것이다.

냉전의 시기는 이러한 전지구적 제국의 건설 내지는 세계자본주의 확대 과정이 일정한 견제에 직면했던 시기였다. 그리하여 이 시기의 당장의 관심은 일단 자신의 영향권 내에 속한 지역에 대하여서는 최대한의 지배권 을 행사하는 일이었다. 그리고 자신의 영향권 밖의 체제나 세력에 대해서는 이른바 봉쇄정책(containment policy)을 밀고 나간 것이었다. 이것은 소위 진영대립으로 나타났고, 민족해방투쟁세력에 대한 진압전략으로 구체화되었다. 우리에게, 해방공간의 미군정이 수행한 역할은 바로 이렇게 한반도 내부에 제국의 질서를 장치하고 이를 작동하기 위해 동원할 식민지 내부의 세력을 집결시키는 동시에, 이에 저항하는 세력은 토벌의 대상으로 삼은 과정이었다. 그 결과는 구 파시스트세력의 복원과 좌파민족진영의 궤멸이었으며, 이로써 냉전파시즘은 이 땅에서 미국의 제국경영을 위해 봉사하는 권력구조가 되었던 것이다.

미국은 이들 구 식민지국가 내부의 민족해방혁명세력이 정국을 주도하지 않도록 이들을 정치적으로 무력화시키는 작업을 진행하면서 이들에 대한 무자비한 폭력과 학살을 저질렀다. 그리고 이러한 일을 내부의 파시스트 세력에게 맡겼다. 내부의 적을 만들어 이들을 궤멸시키는 대리통치의 방식을 선택했던 것이다. 미국의 영향권 내에 편입된 구 식민지지역이던 대한민국을 비롯한 제3세계국가에서 군부정권이 오랫동안 권력을 장악할 수 있었던 것은 바로 이러한 미국의 제국주의유지전략의 산물이었다. 2차대전 이후 과거 제국주의의 지배하에 있던 무수한 나라들이 다시 식민지 해방투쟁으로 나서지 않으면 안 되는 상황에 처하게 된 까닭이 바로 여기에 있었다. 그리고 이러한 상황에 대한 대응으로 미국은 군사쿠데타, CIA의 비밀활동, 민족해방투쟁 진압작전, 군사적 개입, 경제지원 등 다양한 방식으로 자신의 제국주의체제 유지를 위한 정책을 추진했던 것이다.

따라서 우리는 미국이 유지한 냉전전략에 내장된 제국주의적 면모에 대해서도 직시해야 한다. 즉 우리에게 냉전의 극복은 거의 언제나 이 미국의 제국주의적 지배체제에 대한 저항을 내포하고 있는 것이며 내부적으로는 이를 둘러싼 지지와 반대의 쟁투를 불가피하게 요구하고 있는 것이다. 그렇지 않으면, 탈냉전의 과정에서 새롭게 포장된 제국주의의 전략도 갈파하지 못하고 마는 상태에 이를 수 있는 것이다.

한편 이러한 미국의 전후정책에 대한 미국 내부의 비판세력을 제거하기 위해 지배층은 이데올로기적 공세를 추진하게 되는데 이것이 바로 매카시즘으로 나타나고 비미국인조사위원회의 설치로 구체화되었던 것이다.

이같은 미국의 이데올로기공세는 제3세계국가 내에서 그대로 복제되어 무수한 희생자들을 낳았다. 이러한 각도에서 볼 때, 이 땅의 냉전이데올로기가 휘둘렀던 폭력의 원천적 근거지는 바로 미국이었으며 따라서 냉전이데올로기의 완전한 청산은 미국이 유지하고 있는 제국주의체제에 대한 비판적 극복과 직결되는 일인 것이다.

　냉전시대 이후 전개된 '세계화'는 제국주의 확대전략의 다른 이름이다. 이것은 미국의 제국주의적 패권전략에 대한 진영대립의 제동이 사라지면서 가능해진 상황의 산물이다. 이것은 과거 군사적 지배를 위주로 이룩해온 냉전시스템에 대하여 자본의 직접적인 지배를 우선적으로 결합한 전략의 결과라고 하겠다. 따라서 냉전과 세계화는 미국의 제국주의 관철과정에서 단계만 달리하는 현상일 뿐 그 본질은 동일하다. 이 시기에 미국이 강조한 '세계적 신질서'는 다름 아닌 미국에 근거를 둔 초국적자본의 전지구적 지배를 보다 노골적으로 가능하게 하는 논리였다. 이 시기에 이르면 미국은 사회주의권과 대결하고 내부시장을 일정하게 통제하면서 발전시켜오는 역할을 했던 제3세계국가의 기능을 약화시킨다. 그리고 '자본이 직접 개입하고 관리'하는 방식으로 전환한다. 이 단계의 미국의 자본주의체제를 주도하는 세력은 투기적 금융자본이며 이들의 영향권 내에 일체의 자본분파가 독점적으로 포섭된다. 이 작업을 위해 국제적으로는 국제통화기금 IMF와 세계은행을 동원하고, 이른바 '구조조정'(structural adjustment plan)이라는 방식으로 대상국가의 시장을 강제적으로 개방하여 자신의 이해를 관철시킬 조건을 확보하는 것이다. 이 미국의 세계자본주의체제의 지배를 위해 요구된 충격적 과정이 바로 외환위기였으며, 미국은 이 과정을 통해 이들 나라의 경제를 직접적으로 접수하는 절차를 밟았다.

　이렇게 보면 미국은 자신의 제국주의 체제를 유지확대하기 위해 ① 냉전시기에는 자본주의적 영향권 방어를 위한 군사주의적 요소를 강화했고 ② 탈냉전시기의 세계화정책을 추진하는 단계에서는 자본의 직접적인 지배를 본격화했다고 할 수 있다. 그러나 탈냉전시기의 세계화정책 추진과정에서 군사주의적 요소를 청산하거나 포기한 것은 결코 아니다. 제국주의적 단계에서 전개되고 있는 미국자본주의의 내부에는 전쟁경제적 요소가 구조적으로 설치되어 있기 때문이다. 한편 자본의 직접지배인 신자유주의 세계화가 세계적 반발과 저항으로 더 이상 위력을 발휘할 수 없게 되면서 신보수주의 세력의 군사전략이 제국의 수호를 위해 전면에 다시 나서고 이를 추진하는 세력이 부시정권으로 나타나게 되었다. 전쟁은 제국의 수호와 확대를 위해 진행되었다. 그러나 오늘날 아메리카제국은 바로 그 전쟁으로 자신의 위력을 강화하려 들면 들수록 궁지에 처하는 역설에 직면하고 있다. 이라크 침략전쟁은 아메리카 제국의 위력을 과시한 것이기도 했으나 그 결과는 아메리카 제국의 역량을 소진시키는 것으로 나타나고 있다. 제국은 지금 쇠퇴의 기미를 드러내고 있는 것이다.

결론적으로 미국은 본질상 제국주의국가이며 우리는 이 제국주의지배 아래 완전히 이탈하지 못한 처지라는 사실 그리고 이러한 식민지적 주종관계를 청산하기 전까지는 우리 민족의 장래는 언제나 제국의 의도에서 벗어나기 어렵다는 점이다. 제국의 지배 아래 있는 민족의 제1차적 과제는 따라서 민족공동체의 자주적 건설을 위한 역량의 강화이다. 이것이 바로 다름 아닌 대한민국의 미래적 지위를 격상시키는 중대한 근거가 될 것이다. 때마침 미국은 제국으로서의 위력을 차츰 상실해가고 있는 단계에 있지 않은가?

4. 대한민국은 어느 정도로 독립국인가?

그렇다면 미국은 대한민국과의 관계를 구체적으로 어떤 의지와 목표를 가지고 맺어나갔는가를 보자. 필자의 『보이지 않는 식민지』(2001)의 일부 대목을 그대로 인용해 보겠다.

해방정국에서 미군정이 추진했던 정책의 정치적 목표와 경제적 지향점은 기본적으로 민족해방의 완결을 향한 진로를 가로막은 남한사회의 재식민지화 과정이었으며, 이후의 정국은 바로 이에 토대를 둔 연장선에서 파악될 수 있는 사태라고 하겠다.

2차대전이 종결되고 민족해방의 열기로 가득 찬 조선반도에 진주한 미군은 곧바로 '점령정책'을 실시한다. 미군정의 점령정책은 맥아더사령부가 일본에서 관철한 점령정책의 복사판이었다. 해방정국에 선포된 미국의 점령정책은 당시 조선민족의 자주적 권리를 일체 부인한 맥아더포고령 제1호에 그대로 드러났던 것이다. 미국은 해방된 식민지에 걸맞은 방식으로 우리에게 접근해온 것이 아니라, 우리를 어디까지나 자신의 제국주의적 지배체제에 봉사하도록 하기 위한 근거지로 재편하는 것이 목적이었으며 그로 인해 우리는 엄청난 희생을 강요당하게 되었던 것이다.

따라서 민족자주와 함께 정치경제적 차원에서 민주주의적 근거를 가진 새로운 정치를 지향하려 했던 민족 내부의 절실한 요구는 무시될 수밖에 없었으며 이 요구를 감당하려 했던 세력은 미국의 재식민지화 점령정책의 진압대상이 되고 말았다. 그리고 그 진압의 기구는 일본제국주의의 지배기구를 고스란히 동원하는 방식이었다는 점에서 미국의 전후 점령정책은 친일세력의 정치적 복원과 파시스트적 군사체제 성립의 기초를 필연적으로 결과했던 것이다.

'국민'(國民)이라고 하는 일제하의 식민통치국가가 규정한 제도로서의 인간이 아니라, 인간 그 자체로서의 자율적 존재인 인민(人民, people)을 주체로 한 인민민주주의를 지향했던 역사적 실험은 이로써 궤멸되었다. 해방정국의 공간을 발판으로 한 민중의 자치조직이자 민족해방투쟁의 맥락 속에서 형성되었던 인민위원회의 미군정에 의한 해체는 전승국의 전리품 관리에 다름없는 '영향권 분할정책'에 따른 분단정권수립을 위한 시발이었으며, 이후 역대정권이 미국의 압도적 지배 아래 놓이게 되는 역사적 전제라고 할 수 있다.

이러한 과정을 통해 형성된 이승만정권은 미국의 냉전정책을 관철하는 작업에 충실하였다. 제1공화국 성립과정에서 미국의 영향력은 절대적이었다는 점은 누구도 부인할 수 없는 사실(史實)이며, 이로써 우리의 대미의존은 건국의 기반에 구조적으로 내장되고 만 것이었다. 6·25전쟁의 과정에서 이루어진 미국의 재개입은 한미관계의 종속성을 보다 심화시키는 결과로 이어졌고, 민족분단의 극복을 더욱 어렵게 만들고 말았다.

역사의 가정이 허용되는 것이 불가능하겠으나, 미국의 대대적이고도 전면적인 개입이 없었다면 희생자들이 일정하게 제한되는 민족 내부의 내전양상으로 그쳤을 전쟁이 제2차대전시기를 능가하는 미국의 가공할 화력으로 수백만 명이 죽는 '민족대학살'로 증폭됨으로써 두고두고 민족분열과 대립의 비극을 연장하는 사태로 되고 말았다. 이것은 일본에 대한 소련의 영향력을 제한하기 위한 목적으로 결정된 원폭투하로 히로시마와 나가사키에서 희생되었던 일본인들의 수를 훨씬 넘는 수라는 점을 주목한다면 미국의 전쟁개입이 우리 민족의 운명에 어떤 의미를 지니는 것인지 좀더 깊이 되짚어보지 않을 수 없는 것이다.

초기의 내전에서 국제전으로, 그리고 미국의 제국주의적 지배체제의 안정을 위해 중국을 겨냥한 침략전쟁의 면모로까지 발전했던 6·25전쟁은 미국의 지배체제를 우리 민족 내부에 보다 뿌리 깊게 장치하는 계기로 작용하였고, 이 전쟁에서의 미국의 역할은 이후 한미관계의 개념을 근본적으로 규정하는 요인이 되었다. 즉 미국이 우리에게 압도적인 영향력을 행사하는 것은 마땅하고 정당하며 필연적이라는 인식이 요지부동으로 확립되었던 것이다.

이승만체제의 내적 모순에 의한 붕괴는 우리에게 미국의 패권적 지배에서 벗어날 수 있는 중요한 기회를 제공해주었으나 대미인식의 한계로 말미암아 도리어 대미의존을 통한 정국변화를 꾀하는 종속적 선택을 하고 만다. 4·19학생혁명으로 인한 자유의 공간은 분단문제와 미국문제를 혁신적으로 접근할 수 있는 상황을 만들어주었으나, 당시 제3세계 민족해방투쟁의 확산을 경계하고 있던 미국의 대응으로 인해 사태는 급변하였다. 즉 군부정권수립이라는 방식으로 쿠바혁명을 비롯한 제3세계 민족해방운동에 대한 대응을 강구하고 있던 미국 케네디정권의 노선에 따라 박정희 군사정권체제의 성립은 저항 없이 진행될 수 있었던 것이다.

박정희체제는 미국에게 있어서 동북아시아지역의 냉전정책 관철과, 미국 자본주의체제의 안정적 발전 및 확대를 위한 세계적 거점의 하나가 되었다. 따라서 박정희체제는 기본적으로 미국의 요구에 순응할 수밖에 없었으며 냉전체제의 극복은 기대할 수 없었던 것이다. 이러한 상황은 이후에도 계속되었으며 탈냉전시기에 해당하는 김대중정부에 이르러서는 자본의 직접적인 지배가 보다 노골화하는 국면이 전개되었고, 김대중정부의 '신자유주의적 세계화 추종노선'은 민족경제의 방어망을 해체하고 미국의 세계자본주의체제 확대과정에 보다 심각하게 종속되는 단계에 진입하게 된 것이다.

뿐만 아니라 주한미군의 존재를 비롯하여 SOFA협정 개정의 부진 등 미국의 군사적 지배체제의 극복도 여전히 이루어지지 못하고 있음으로 해서, 이중의 굴레를 쓰고 있다고 하겠다. 1945년에서 출발한 한미관계의 식민지적 지배의 본질은 그 양상만 변화했을 뿐 근본적인 해결에는 여전히 이르지 못하고 있는 것이다.

이러한 현실은 노무현정권에 들어서서도 본질적으로 변화하지 않는다. 이라크침략전쟁에 대한 파병 결정과 연장은 대한민국의 자주적 정체성에 중대한 의문을 제기토록 했으며 그로 말미암아 내부적으로 격렬한 논쟁을 촉발했다. 물론 대한민국에 대한 미국의 지배력은 상대적으로 약화되어가는 경향을 보이고 있다. 우리의 국력변화가 맞물려 있기 때문이다. 그러나 이 또한 정확한 관측은 아니다. 자본과 군사적 차원에서 그 종속의 심도는 도리어 깊어가고 있는 면모도 있음을 간과할 수 없기 때문이다.

5. 새로운 민족주체세력의 육성

그렇다면 어떻게 할 것인가? 이러한 현실을 분명히 인식하고 이를 위해 정치적 의지를 강력하게 관철할 새로운 민족주체세력을 길러내는 것이다. 식민지근성에 찌들고, 미국에 대한 노예적 처신에 능한 세력들이 한국의 정치무대를 장악하는 사태를 종식시켜야 하는 것이다. 미국의 부당한 요구와 식민지관리체제의 강화에 맞서서 민족의 복리와 평화 그리고 자존을 지켜내고, 세계사적 차원에서 우리 현실을 인식하는 가운데 인류적 가치에 봉사하려는 세력이 정치적 주도권을 갖도록 하는 것이 대한민국의 새로운 정통성을 굳건히 하는 중대사이다.

우리는 현재 사실상 따지고 보면 통일된 근대적 민족국가의 성립조차 완성하지 못한 상태에 있다. 이러한 현실은 우리가 국제적으로도 가지고 있는 잠재적 역량을 발휘하는 데 근본적 장애에 처해 있음을 의미한다. 그러나 다행스럽게도 최근 우리의 주변정세는 우리에게 매우 중대한 기회를 제공해 주고 있다. 우리의 역량도 변화되었다. 미국과의 단선적 외교에서부터 다자간협력체제가 요구되는 외교가 전개되고 있고, 한반도가 완충적 중립지대로서의 지정학적 가치를 높여가고 있기 때문이다. 대한민국의 국제적 지위는 이로써 미국의 식민지가 아니라 자주적이고 독립적이며 다채로운 대외관계를 구축해 나갈 수 힘이 있는 나라로 달라지는 지점에 도달해 있다. 이에 더하여 한반도의 평화와 안정, 그리고 남북간의 역량결합은 동북아시아 지역에서 새로운 성장 동력의 공급처로서의 의미를 구체화해 나갈 수 있는 것이다.

우리에게 재앙일 뿐인 미국 또는 아메리카제국의 폭력적 전쟁시스템을 거부하고 주변열강들의 이해관계를 조절하는 완충적 평화지대를 건설하는 동시에, 이를 기초로 대한민국의 역동적인 성장동력을 통일과 동북아시아 지역번영을 위해 쏟을 수 있는 그런 국가로 발전시켜나가는 것, 그리고 이를 보다 확대하여 아시아적 공동체의 새로운 근거를 건설해 나가는 것, 그러한 작업이 이제 우리에게 맡겨진 과제이다. 이로써 미국은 자신의 의도에 다른 나라가 공동보조를 취해주는 것이 아니라, 이러한 시대적 물결에 자신이 맞추어가야 하는 도전에 직면하게 될 것이다.

대한민국은 실로 잘만 하면 세계사의 진로를 바꾸는 중대한 전환점에서 있다. 그야말로 역사가 내리는 흔치 않은 은총이 아닌가? 100년의 식민지역사가 해체되고, 자주적 평화와 인류적 번영의 새로운 근거지로 대한민국은 지금 태어나고 있는 중이다.

김민웅(Kim, Min-Woong) minwkim@att.net
성공회대학교 NGO 대학원 교수, 프레시안 기획위원, EBS 라디오 〈김민웅의 월드 센터〉 현재 진행.
　　주요 저서 및 논문으로는 『패권시대의 논리』, 『콜럼버스의 달걀에 대한 문명사적 반론』, 『보이지 않는 식민지』, 『밀실의 제국』, 『물 위에 던진 떡』, 『사랑이여, 바람을 가르고』, "A Struggle Against the Ethics of Empire(제국의 윤리에 대한 투쟁)" 등이 있다.

북한과 대한민국

김근식

1. 남북관계: 분단의 지속과 관계속성의 변화

참여사회연구소가 필자에게 요청한 '북한과 대한민국'이라는 글제목부터가 우리 현대사의 복잡미묘한 역사를 상징하고 있다. 우리가 북을 언급하거나 혹은 남과 북을 함께 거론하는 명칭만으로도 사실은 지난 시기 남북관계를 웅변적으로 대변한다고 할 수 있다. 분단 직후 한참 동안 북쪽은 '북괴'로 불려야만 했다. 한반도 북쪽에 수립된 조선민주주의인민공화국은 태어나서는 안 될 정부였고 따라서 실체로 존재하는 국가가 아니라 소련과 공산주의진영의 '괴뢰'에 다름 아니었다. 남북간 극단적 대결이 일정하게 완화되고 한국의 체제우위가 일정하게 확인될 즈음에 이제 북쪽은 '북한'이라는 호칭으로 자리잡았다. 한반도의 유일정통성은 대한민국, 약칭 한국에 있는 만큼 북쪽정부는 공식명칭을 쓸 수 없고 따라서 북한일 뿐이었다. 다만 최근에 남북관계가 개선되고 민족화해가 증진되면서 남북간 장기평화공존의 필요성을 대세로 인식하는 분위기가 확산되면서 남측과 북측이라는 다소 중립적인 표현이 등장하고 있기는 하다. 그러나 이 역시 남북의 당국이 회담하는 자리나 직접 북쪽인사를 대하는 자리에서 상대방을 의식적으로 존중하려는 측면이 강하고 여전히 우리에게 조선민주주의인민공화국은 북한이라는 호칭이 훨씬 익숙하다. 이런 고로 이 글의 제목은 아직까지 '북한과 대한민국'이고 필자 역시 우리의 지배적 현실을 반영하여 북한으로 부르고자 한다. 그러나 왠지 북한이라는 단어가 북쪽에게 초라해 보이고 대한민국이라는 단어가 남쪽에게 화려해 보이는 건 부인할 수 없다.

어찌 보면 남북관계는 분단의 동의어일지 모른다. 남과 북이 분단되어 있기에 남북관계라는 용어가 가능하기 때문이다. 분단 반세기가 훌쩍 넘은 지금, 한반도는 아직도 둘로 나뉘어 있고 남북관계는 아직도 유효한 개념이다. 그러나 그동안 남과 북은 조금씩은 다른 관계설정을 해왔고 상대방의 존재 또한 조금은 다른 의미로 다가왔다. 즉 남북관계가 분단을 전제로 한 것이라는 점에서는 여전히 변화가 없지만 지난 역사 동안 분단의 남북관계사가 보여준 구체적 상호작용은 일정한 변화를 보인 것이 사실이다. 따라서 이 글은 지금까지의 남북관계를 전제하면서 기본적으로 한국의 입장에서 북한이 어떤 존재적 의미였고 그에 기초하여 남과 북이 어떤 관계설정을 해왔는지에 집중하고자 한다. 한국중심으로 북한의 존재와 남북관계를 회고적으로 반추하고 앞으로의 방향을 고민해보고자 하는 것이다.

2. 반공과 승공: 적대와 경쟁의 대상으로서 북한

1945년의 광복은 우리에게 기쁨과 환호의 대상이었다. 악랄한 일제로부터 우리 민족의 자주권과 주권을 회복했다는 그 사실 자체만으로도 분명 축복이었던 것이다. 그러나 일제로부터의 해방은 우울한 그림자와 함께 찾아왔다. 1945년의 해방은 '갈라진' 해방이었다. 우리는 일제식민지배로부터 벗어났다는 기쁨과 남북이 서로 갈라지는 설움을 동시에 맞아야만 했다. '일본군 무장해제'라는 군사적 명분으로 시작된 분단은 우리 내부의 좌우익 갈등과 미소간의 냉전적 대결이 상호 상승작용을 일으킴으로써 일시적 '갈라짐'이 아니라 남과 북에 각기 다른 체제와 정부가 수립되는 정치적 '분단'으로 귀결되고 말았다. 숱한 비극과 유혈사태를 뒤로 한 채 1948년 8월 남쪽에는 대한민국이 건국되었고 곧 이어 같은 해 9월 북쪽에는 조선민주주의인민공화국이 수립되었다. 남과 북의 공식적 분단인 것이었다.

분단 이후 남북간의 극단적 대결상황은 상대방을 정식으로 인정하지 않고 상대방의 부인으로부터 자신의 존재정당성을 인정받는 데서부터 기인했다. 대한민국은 조선민주주의인민공화국을 부인하고 그 체제원리인 공산주의를 반대함으로써 자신의 정체성을 확인하고자 했다. 빨갱이나라 북한을 반대하는 '반공'이 국시인 것은 바로 그런 이유였다. 북한 역시 대한민국은 태어나서는 안 될 부도덕한 역사적 산물로 간주되었다. 따라서 북한에게 남측은 혁명의 대상이자 적화의 대상이었다. 북한이 분단 직후부터 대남전략으로 유지해오던 '민주기지론'은 민주화된 북한지역을 튼튼한 기지로 삼아 혁명대상인 남쪽을 하루빨리 적화시켜야 한다는 자신감의 논리였다. 그리고 한국은 이같은 북한의 적화야욕에 대항하여 '반공'이라는 수세적 자세로 자신의 체제를 보존하려 애썼던 것이다. 물론 이승만이 주도하는 제1공화국이 수사적으로는 '북진통일'을 외쳐댔지만 그것이 허장성세였음은 누구보다 이승만 자신이 잘 알고 있던 것이었다.

1948년의 정치적 분단은 단순히 한 민족이 두 정부를 구성했다는 것에 그치지 않고 급기야 1950년의 동족상잔으로까지 증폭되면서 남과 북은 서로를 미워하고 적대하는 무차별적 대결관계를 형성하고 말았다. 남과 북이 서로 상대방을 전면 부인하면서 상대방의 '제거'가 곧 자신의 '정당성'이라는 극단적 대결이 지속되는 가운데 급기야 남북은 전쟁이라는 가장 처참한 형태의 상황을 빚어낸 것이다. 1948년 남과 북에 서로 다른 공화국이 수립됨으로써 남북이 공식적으로 분단되었다면 1950~53년 3년간의 한국전쟁은 남북분단을 사실적·실질적으로 확고히 하는 계기가 되었다. 이제 '국토'의 분단을 넘어 '민족'의 분단으로 확대되기 시작한 것이다. 1953년 휴전 이후 남과 북은 분단체제의 공고화 단계로 접어들었다. 남에게 북은 언젠가는 점령해야 할 실지(失地)로 인식되었고 북에게 남은 기어이 완수해야 할 혁명의 대상지역으로 간주되었다. 분단 직후 북한으로부터 불어오는 '남풍'에 수세적 입장으로 대했던 한국은 전쟁을 겪으면서 체제보전의 일정한 자신감을 회복하는 역설을 맛보았다. 즉 토지개혁과 친일파청산 등 북한의 혁명공세와 이후 전쟁으로 극단화된 무력공세에도 불구하고 대한민국을 어렵사리 지켜낸 남쪽은 이제 북한반대, 빨갱이반대의 반공과 더불어 북한을 이겨내겠다는 승공의 의욕이 나서기 시작한 것이다.

물론 여전히 남북관계는 적대와 대결의 연속이었다. 남북의 정권에게 상대방은 도저히 상종 못할 불구대천의 원수였고 남북은 모든 면에서 단절된 채 적대관계만을 유지해왔다. 간헐적으로 존재했던 당국간 회담과 접촉은 성사 이후 결렬과 무산을 반복적으로 거치면서 오히려 상호 적대관계를 확인하는 해프닝에 불과했을 뿐이었다. 1972년 극적인 공동성명에도 불구하고 1973년 남북조절위원회가 무산되면서 남북관계가 다시 적대관계로 환원된 것이 대표적인 사례이다.

그러나 전쟁 이후 남북관계에서 한국에게 북한은 적대의 대상이자 경쟁의 대상으로 자리매김되었다. 북한에 대한 반대와 수세적 대응으로만 일관하던 한국이 이제는 본격적인 체제대결을 선언하고 공산당에게 승리하고 북한을 앞지름으로써 정당성을 찾겠다는 것이었다. 이승만정권이 붕괴되고 수립된 제2공화국이 '선건설 후통일'을 내세우고 곧이어 집권한 박정희 쿠데타세력 역시 승공에 입각한 북한과의 경쟁노선은 계승되었다. 분단 직후 몇 차례의 내전성격의 유혈사태를 겪고 심지어 전쟁까지 경험하면서 대한민국을 지켜냈던 남쪽으로서는 이제 북한의 공세적 대응에 무조건 겁먹고 반대만 할 것이 아니라 북한과 정정당당하게 대결해서 이기자는 체제경쟁을 선택한 것이다. 박정희정권이 본격적으로 내세운 '조국근대화'가 국가주도의 급속한 산업화를 통해 대외지향적인 경제발전을 추구한 것은 가장 대표적인 체제경쟁의 전략이었다. 1972년 7·4공동성명으로 탄생한 남북조절위원회 회담차 평양을 방문한 남측대표단이 북한의 지하철을 보고 감탄을 했고 이를 전해들은 박정희 대통령이 경쟁적으로 서울에 1호선 지하철을 무리하게 건설했다는 이야기는 당시의 치열한 체제경쟁을 짐작케 하는 믿거나 말거나 식의 대표적 사례였다.

통일정책에서도 북한은 이제 자신만만하던 '민주기지론'을 포기하고 남쪽 내부에서 혁명세력이 등장하여 스스로 지역혁명을 성공함으로써 통일을 이루는 이른바 '지역혁명론'(남조선혁명론)을 채택하고 북한이 밀고 내려가는 식의 통일이 아니라 남쪽 자체에서 혁명성공을 지원하는 것으로 변화했다. 박정희정권의 통일정책 역시 선건설 후통일의 경제성장에 주력하면서 70년대 들어서는 나름의 경제발전을 토대로 불가침과 교류협력을 통해 분단의 현실적 인정을 강조하는 것이었다. 즉 핵심은 남과 북의 분단현실을 인정하고 체제경쟁을 벌이자는 논리였다. 1973년에 박정희정부가 발표한 6·23선언이[1] 내정불간섭, 상호불가침, 유엔동시가입 등을 주장하면서 분단의 현실인정에 토대한 남북의 평화공존에 강조점을 둔 것은 바로 그것을 증명한다.

전쟁 이후 분단의 공고화와 본격적인 체제경쟁의 가속화는 남한의 자본주의체제가 더욱 강고해지는 한편 북한 역시 사회주의체제가 보다 강화되는 방향으로 나아갔음을 의미한다. 남과 북은 서로가 상이한 체제로 더욱 멀어져갔고 남한의 반공국시에 입각한 권위주의체제와 북한의 주체사상에 입각한 유일체제는 서로가 서로를 적대하면서 이를 통해 자기 체제의 정당성을 강화시켜주는 이른바 '적대적 의존관계'로 고착되어 갔다. 이제

---

1) 1973년 6월 23일 북한이 평화통일 5대강령을 발표하는 바로 그날 박정희정부가 6·23선언을 서둘러 발표한 것 역시 믿거나 말거나 식의 당시 체제경쟁사례로 언급된다.

남북의 구성원은 잠재의식 속에서조차 상대방을 적대하는 데 익숙해야 했다. 적화통일과 승공통일의 구호 속에서 남북은 그 어디서도 절충점을 찾을 수 없었다. 뿔 달린 괴물이미지와 미제의 괴뢰이미지가 상호 교차하면서 남과 북의 사람들은 상대방을 민족이라기보다 타도해야 할 적으로 간주하는 데 익숙했다. 남북한 당국은 상대방과의 적대관계를 내부의 정권유지와 정적 탄압에 유용한 전가의 보도로 활용하기도 했다. 정권에 반대하는 세력과 체제불만 세력들은 곧바로 적대하고 있는 상대방과 내통한 세력으로 매도되었고 이는 곧 반체제세력으로 낙인찍혀 정치적 탄압을 받기 일쑤였다. 결국 분단은 양측의 적대적 대결을 보다 첨예화시켰고 냉전은 이를 더욱 확대재생산하는 데 기여했다.

또한 분단의 공고화가 진전되면서 불완전한 반쪽은 자기 반쪽이 아닌 다른 한쪽에 의존하는 종속적 국제관계를 결과함으로써 외세의 영향력을 확대해가야만 했다. 자본주의와 사회주의의 가장 첨예한 대결장이 되어버린 한반도는 남과 북 공히 민족의 협력과 단합이 아니라 각 진영의 첨병역할을 충실히 수행해왔다. 남측은 미국을 필두로 한 자본주의진영의 이해관계를 추종해야 했고 북측 역시 소련을 필두로 한 사회주의진영의 요구를 충족시켜야만 했던 것이다. 남과 북 모두 적대적인 다른 반쪽을 압도하기 위해 전혀 다른 한쪽에 전적으로 종속되어버린 탓에 동북아에서 한반도는 대결적 동맹관계에 좌우되는 피동적인 지위였을 뿐 한번도 주도적 입장에 서지 못했다.

이처럼 분단이 고착화되고 그로 인한 각종의 폐해가 확산되었지만, 한국은 북한과의 질 수 없는 체제경쟁을 통해 역설적으로 근대화와 경제발전이라는 성과를 거두게 된 것도 사실이었다. 군사독재하에서 비록 저임금과 저곡가를 바탕으로 노동자·농민의 희생을 지불하고 이룬 것이었지만 세계경제에 편입되어 수출지향형 공업화전략을 선택한 것은 분명 남북의 체제경쟁에서 한국의 우위를 확고히 하는 데 결정적으로 기여했다. 공교롭게도 70년대 이후 북한의 사회주의건설은 정체기를 맞게 되고 경제상황

역시 정점을 지나 하강국면에 들어서기 시작했다.

3. 화해와 협력: 공존과 관리의 대상으로서 북한

1990년대 사회주의권 붕괴와 탈냉전 이후 남북의 체제경쟁이 무의미해지고 사실상 남측의 승리로 귀결되면서 남북관계는 전환점을 맞게 된다. 한국은 체제경쟁에서의 승리를 바탕으로 자신이 원하는 바람직한 통일을 구현하고자 했다. 한때 한국에선 북한의 위기를 기회로 삼아 북한의 조기붕괴에 의한 급격한 흡수통일을 시도해야 한다는 흐름이 존재하기도 했다. 김영삼정부시절 대북압박을 추진하던 시기가 대표적인 경우였다. 그러나 북한붕괴에 의한 흡수통일은 현실적으로 당장 가능하지도 않았고 바람직하지도 않음이 입증되었다. 김일성 사망으로 위기의 극한까지 갔던 북한이지만 대규모 자연재해와 아사사태에도 불구하고 체제가 붕괴되는 지경으로 악화되지는 않았다. 오히려 김정일로의 권력승계 이후 이른바 '고난의 행군'을 끝내고 상대적으로 체제안정에 진입하는 형국이었다. 금세 붕괴한다던 주위의 기대와 달리 북한은 '그럭저럭 버티기'(muddling through)에 성공했던 것이다.

또한 북한의 급속붕괴는 한반도의 안정과 관련해서도 결코 바람직한 것이 아니었다. 북한급변 사태시 정작 우려스러운 것은 권력공백에 따른 걷잡을 수 없는 혼란과 대규모 난민의 발생 등이었고 그 상황이 남쪽과 일본, 중국 등으로 확산되었을 때 겪어야 하는 문제를 생각해보면, 북한붕괴는 그 자체로 끝나는 것이 아니라 한반도와 동북아의 심각한 불안정요인이 되는 것이었다. 이른바 고장 난 비행기가 민가에 떨어지는 것은 오히려 비행기의 추락을 즐기는 것이 아니라 그 추락한 비행기로 인해 애꿎은 민간인이 큰 곤욕을 치러야 하는 상황인 셈이었다. 미국의 클린턴행정부와 한국의 김대중정부가 이른바 '대북포용정책'(engagement policy)에 입각해 북한붕괴에 의한 흡수통일 대신 화해협력 증대에 의한 평화공존을 추진하게 된 것도 바로 이 '고장난 비행기론'에 입각한 '연착륙'(soft-landing)정책이었다. 남북이 관계개선과 화해협력을 통해 상호체제를 인정하고 평화공존함으로써 장기적으로 평화통일을 이루어가는 것이 오히려 한반도의 안정에도 바람직하고 추후 통일과정에도 유리한 것임을 자각하게 된 것이었다.

전쟁방지와 한반도 평화유지라는 측면에서도 90년대 이후 한국은 북한을 화해협력의 대상으로 자리매김해야 했다. 그동안 한국이 이룩한 눈부신 경제성과는 역설적으로 한반도에서 무력사용이나 전쟁이 발발할 경우 상상할 수 없는 파국을 감수해야 함을 의미하는 것이다. 따라서 북한의 체제위기가 지속되어 절망적인 상황으로 떨어질 경우, 만의 하나 북한이 군사적 도발을 감행할 수 있음은 분명 한국에겐 경제적 풍요로움과 안정을 한순간에 포기해야 하는 것이 되기 때문에 이제 한국은 북한이 파국으로 치닫지 않도록 적절하게 관리하고 지원해야 했던 것이다. 북한 내부의 위기가 심화되어 체제붕괴 가능성이 높아지는 상황에서 대북강경정책은 남북의 긴장을 고조시키고 결국 북한으로 하여금 최악의 극단적인 선택을 강요하는 것이 된다는 점에서 한반도의 평화를 선택해야 하는 한국정부로서는 대북화해협력이 올바른 정책기조로 자리잡게 된 것이다.

체제경쟁에 패하고 상시적인 위시상황에 직면한 북한으로서는 체제유지와 생존을 위해 상호 체제인정과 공존의 노선을 불가불 선택할 수밖에 없었다. 북한은 이미 1991년에 신년사를 통해 '잠정적으로 연방공화국의 지역자치정부에 더 많은 권한을 부여하는' 느슨한 연방제를 주장함으로써 기존 대남적화통일노선으로서가 아니라 체제유지를 위한 대남방어용으로서의 연방제 의도를 드러내기 시작했다. 체제위기가 심화되는 조건에서 이제 남쪽으로부터 불어오는 '북풍'을 막고 자신의 체제유지와 생존을 달성하기 위해 연방제라는 방식이 의미를 갖기 시작한 것이었다. 북한은 적화통일은커녕 자신의 체제유지도 버거워진 상황에서 이제 남북관계

개선을 통해 장기공존을 도모함으로써 남한의 흡수통일 의도를 막아내려 했다. 탈냉전이라는 변화된 환경을 맞아 북한이 1992년 상호 체제인정과 평화공존을 의미하는 '불가침과 화해 및 교류협력에 관한 남북기본합의서' 채택에 동의한 것도 같은 맥락에서였다. 90년대 이후 유엔동시가입 수용 (1991), 전민족대단결 10대강령 발표(1993) 등 대남통일정책에서 기존노 선의 변화도 여실히 드러났다. 한국 역시 체제우위의 자신감을 바탕으로 1989년 한민족공동체통일방안에 따라 역사상 처음으로 남북이 완전통일 이전에 상호 공존하는 과도기로서 '남북연합'을 설정함으로써 전면대결이 아닌 화해협력의 틈새를 열어놓았다.

90년대 이후 남과 북의 화해협력과정이 그렇다고 순탄하게 진행된 것만 은 아니었다. 1992년 어렵게 '남북기본합의서'를 합의채택되었으나 상호간 동상이몽으로 실제적 성과는 결여된 채 1993년 북핵위기의 부각과 함께 '휴지조각'이 되어버렸다. 우여곡절 끝에 1994년 북핵문제 해결 이후 남북 한간 대화와 접촉이 조금씩 늘기 시작하고 남북경협도 느린 속도지만 점차 늘어나는 추세를 보였다. 그러다가 남북관계에서 적대와 대결보다 화해와 협력이 더 우위를 점하게 된 것은 1998년 국민의 정부 출범 이후 이른바 '햇볕정책'이 지속적으로 추진되면서부터였다. 북한에 대한 흡수통 일 배제와 화해협력의 지속적 증대를 대북정책의 주요목표로 설정한 김대 중정부는 북한에 대한 식량 및 비료 지원을 확대하고 다양한 사회문화교류 를 활성화했으며 북미관계 개선을 적극지지 후원했다. 뿐만 아니라 2000년 6월에는 역사적인 남북정상회담이 개최됨으로써 반세기 동안 지속되었던 남북당국의 적대적 대결관계는 이제 화해적 협력관계로의 전환을 시작할 수 있게 되었다. 북한의 혁명대상인 대한민국의 군통수권자인 김대중 대통령과 남한의 주적인 조선민주주의인민공화국의 김정일 국방위원장이 함께 인민군 육해공군 의장대를 공동사열한 것은 역사적 상징성을 가지는 것이 아닐 수 없다. 상대방을 흡수통일과 적화통일의 대상으로 간주하던 과거의 관계를 감안하면 남북정상회담의 성사와 여기에서 합의된 6·15공동선언은 남북당국의 상호인정과 평화공존의 시작을 알리는 역사적 계기가 되기에 충분한 것이었다. 남북정상회담 이후 남북당국간 관계는 급속히 개선·발전했고 장관급회담, 국방장관회담, 경제협력추진위 회의, 장성급회담, 이산가족상봉을 위한 적십자회담, 기타 경제관련 실무협의 등이 지속적으로 개최되면서 활발한 협력관계를 구가했다. 당국간 관계의 발전뿐 아니라 체육, 문화, 학술, 방송, 종교 등 다양한 분야와 여성, 청년, 농민, 노동 등 다양한 부문간 교류협력도 활발히 진행되었으며 민간차원의 대북지원사업도 지속적으로 이루어졌다.

그러나 보다 공고해진 남북간 화해협력관계에도 불구하고 남북의 대결관계가 근본적으로 해소된 것은 아니었다. 금강산관광을 떠나는 유람선이 동해에서 출항하는 바로 그 바다에, 서해안에서는 남북이 총칼을 맞대며 유혈사태가 벌어지기도 했다. 아직도 북핵문제는 한반도의 안보위기를 지속시키고 있다. 남북관계는 아직도 불안정한 유동성을 갖고 있고 조성된 대내외 상황에 의해 언제든지 북한은 약속을 깨고 대화를 무산시킬 수 있으며 이로 인해 남북관계가 소강국면에 돌입한 경우를 우리는 정상회담 이후에도 쉽게 발견할 수 있다. 아직은 안정적이고 제도화된 남북관계에 안착하지 못했지만 과거 냉전시기 상황에 비한다면 탈냉전 이후 평화공존의 필요에 의해 남북의 화해협력이 현저한 발전을 이룬 것은 사실이고 특히 정상회담 이후 남북간 대화진전과 교류협력의 발전은 괄목상대할 만한 것임에 분명하다.

화해협력시기 북한은 평화공존의 대상이기도 하지만, 다른 차원에서는 급속하게 붕괴되지 않고 스스로 경제회복에 나서서 개혁개방에 나서도록 함으로써 우리가 기대하는 바람직한 평화통일과정을 준비해야 한다는 점에서 북한을 잘 관리해야 하는 측면도 존재한다. 이는 곧 일정 기간 동안 한국이 북한을 적절히 관리해야 하고 특히 경제회생과 체제유지를 위해 때로는 적잖은 부담을 감수해야 함을 의미한다. 실제로도 한국은 대북화해협력 정책추진 이후 식량지원과 비료지원을 해마다 아끼지 않고 있다. 이외에도 금강산사업을 통해 북한에 관광대가를 제공하고 철도도로 연결을 통해 북한의 인프라건설을 지원하기도 한다. 앞으로 북핵이 해결되는 과정에서 한국은 전력송전과 경수로 제공 등 에너지지원을 해야 한다. 정부가 향후 중장기적 차원에서 준비하고 있는 '포괄적이고 구체적인 경협' 계획과 '7대 신동력사업' 등은 사실상 북한의 경제를 재건하는 대규모 마셜 플랜의 성격을 부인할 수 없다. 체제경쟁에서 승리한 한국이 북한이라는 고장 난 비행기를 연착륙시키고 북한의 절망적인 대남도발을 막기 위해 화해협력에 나서야 함은 분명하지만 그것이 일정하게는 북한관리의 비용을 지불해야 한다는 점에서 한국사회는 여전히 '밑 빠진 독에 물 붓기'라는 대북 퍼주기 논란을 겪고 있는 것이다.

4. 기회의 창으로서 북한

이런 점에서 이제 향후 북한이 한국에게 지출의 의무만을 요구하는 존재인지 아니면 언젠가는 한국이 큰 혜택을 얻을 수 있는 기회의 대상인지 곰곰이 생각해볼 시기가 되었다. 이를 감안할 때 미래의 어느 시점에 북한은 공존과 관리의 대상으로서 돈만 먹는 애물단지가 아니라 한반도의 미래에 발전의 계기를 제공하는 기회의 창이 될 것이다.

당장 북한과의 화해협력을 통해 남북이 평화공존하는 것이 한국에게 적잖은 경제적 이익을 예상케 한다. 무엇보다 개성공단으로 대표되는 남북경협이 한국의 중소기업에겐 절실한 위기탈출구이자 새로운 활로가 되고 있다. 인건비와 원가 상승을 못 이겨 한국을 버리고 중국과 동남아로 옮겨야 했던 중소기업이 수도권과 인접한 개성공단에서 고도로 숙련된 북한노동자를 고용해서 저렴한 가격에 높은 생산성으로 활용하게 된다면 이는 사실상 '거저먹는' 장사라는 것이 업계의 일반적 기대이다. 물론 아직은 시범단계이고 법제도 미비나 미국주도의 바세나르체제 및 해외수출문제 등 넘어야 할 산은 많지만 여전히 개성공단은 한국경제에 큰 이익을 보장해주는 기대주로 자리잡고 있다. 금강산관광도 지금은 기업이 초기투자비용을 감당하기 힘든 어려움이 있지만 남북관계의 안정화 이후 북한경제가 전면적인 개혁개방에 돌입하면서 대대적인 개발상황에 돌입하면 사실상 그 지역의 관광독점권만으로도 한국기업은 충분한 이익을 챙길 수 있게 된다. 경의선과 동해선의 철도-도로연결사업 역시 지금은 정부가 주도하는 대북지출의 성격이 크지만 완공되어 사람과 물자의 자유로운 통행이 정착된다면 그야말로 한국경제의 대유럽 물류문제는 커다란 비용절감효과를 보게 될 것이다. 이외에도 '부산에서 파리까지' 가는 대륙횡단철도의 가시화는 그 자체로도 한반도의 대륙진출을 의미하고 그로부터 파생되는 각종 경제적 효과를 충분히 예상해볼 수 있다.

분단된 한반도에 군사적 긴장완화 대신 평화와 화해의 유무상통 관계가 정착된다면 당연히 한국경제의 안정성은 높아지고 나라의 대외신인도 역시 상승할 수밖에 없다. 2005년 9·19북핵합의가 6개국 대표에 의해 합의도출되었을 때 곧장 북핵문제 해결가능성을 이유로 한국의 신용등급이 상향조정된 것은 대표적 사례일 것이다. 북한이슈가 한국경제에 직·간접의 영향을 미치는 주요 변수가 되고 있는 게 지금의 현실인 것이다.

민족화해의 기류가 비가역적인 대세로 자리잡으면서 한반도는 전혀 다른 새로운 객관구조를 갖게 되었다. 상호 봉쇄된 분단상황으로 인해 남과 북이 각각 대륙과 해양으로 진출할 수 없었던 지정학적 입지가 이제 화해협력의 남북관계로 태평양과 유럽을 연결하는 물류와 비즈니스의 허브로서 한반도가 각광받기 시작할 것이다. 사람과 물자의 소통을 막았던 휴전선이 뚫리고 남북이 유무상통으로 자유롭게 오가는 상황이 된다면 그것만으로 이미 한반도는 대륙으로도, 해양으로도 뻗어나갈 수 있는 웅비의 기회를 맞게 되는 것이다. 그동안 한반도가 주변에 대한 피동적 객체로서 대륙과 해양 양대세력으로부터 침탈과 압박을 감수해야 했다면 이제 남과 북의 화해로 마련된 한반도주도권의 강화는 주변을 이끄는 능동적 주체로서 대륙과 해양을 아우르고 소통시키는 반도대국으로 우뚝 설 수 있을 것이다. 21세기 한반도가 유럽과 지중해를 호령했던 제2의 '로마'로 거듭날 수 있음이 단순한 바람으로만 그치지 않는 상황인 것이다.

화해협력의 남북관계가 비단 경제적 직접효과만 결과하는 것은 아니다. 북한문제를 잘 관리하고 한반도에 평화가 정착됨으로써 동북아 전체의 안정과 평화에 기여하게 된다면 그 자체로도 한국은 동북아질서에서 나름의 입지와 발언권을 확보하게 된다. 탈냉전 이후 냉전의 동북아질서는 해체되었지만 새로운 동북아질서는 아직 확립되지 않았다. 따라서 동북아는 경제적 협력 증대와 인적 교류 확대로 아주 안정적인 지역으로 성장하는 한편 다른 측면에서는 여전히 영토문제와 역사문제 등 근대국가적 기초이 슈도 정리되지 못한 채 각국이 갈등하고 있으며 가장 중요한 지역안정의 토대인 군사안보적 협력은 아직 시작도 못하고 있는 상황이다. 결국 구조적 안정성과 불안정성을 동시에 내포하고 있는 동북아에서 향후 평화지향의 노력은 군사력과 경제력 못지않게 이 지역 내 소프트 파워를 보장하는 주요한 토대가 된다. 이를 감안할 때 한국이 북한문제를 잘 다루고 화해협력을 통해 평화공존과 북한관리에 성공하게 된다면 이는 곧 동북아에서 한국의 평화지향의 연성권력을 보장하는 주요한 기회가 될 것이다.

또한 화해협력을 넘어 사실상의 통일상황이 도래하고 한반도경제공동체가 실제로 형성되는 경우에도 한국은 또 한번 경제적 도약의 모티브를 제공받게 된다. 일본이 장기침체의 수렁에서 헤어나올 수 있는 극적 돌파구가 결여되었던 것에 비한다면 지금 선진국과 후발국의 사이에 끼여 있는 한국에게 한반도통일이라는 사건은 21세기 경제도약을 위해 분명 상상할 수 없는 기회를 제공할 것이다. 북한이라는 시장과 풍부한 자원 및 고숙련의 노동력이 한반도 통일경제에 포함되고 이를 통해 대륙과 해양을 넘나드는 반도강국으로서 경제적 입지를 갖게 된다면 분명 한반도통일은 한국에게 포기하기에 너무 아까운 환상의 기회가 될 것이다.

일각에선 여전히 통일비용이라는 단어를 통해 국민들에게 허황된 위협을 지속하고 있다. 그러나 그들이 주입하는 통일비용은 실제로 동서독의 경우처럼 일방이 급격하게 붕괴됨으로써 다른 일방이 급속한 흡수통합의 비용을 단기간에 부담해야 하는 데서 연유한 것이다. 따라서 앞서 우리가 정리한 것처럼 장기간의 평화공존기간을 거치고 그 과정에서 북한 스스로 경제회복과 발전의 기회를 갖게 하는 분단의 평화적 관리, 뒤집어 이야기하면 통일의 점진적 준비과정을 경유하게 된다면 우리가 예상하는 한반도 통일과정에서 독일식의 막대한 통일비용은 큰 걱정거리가 될 수 없다.

5. 맺음말: 기회의 창을 더욱 가까이

분단 직후 북한은 한국에게 두려움과 공포의 대상이었다. 북쪽에서 불어오는 혁명의 바람을 무조건 피해야 했고 수세적으로 한국은 체제를 지키는 데만 급급했다. 그런데 전쟁을 겪으면서도 한국은 북한에게 적화되지 않았고 오히려 전쟁 이후 한국은 체제유지에 자신감을 가질 수 있게 되었다. 그후 한국은 북한과 경쟁을 하게 되었다. 이제 적대와 함께 경쟁의 대상으로 북한이 다가온 것이었고 이는 역설적으로 한국의 경제성장과 산업화를 추동하는 계기가 되기도 했다. 북한이라는 존재 자체가 남쪽체제의 경제발전을 추동한 분단의 아이러니였던 것이다.

군사독재하에서 경제적 성공을 이룬 한국은 80년대 이후 운 좋게도 사회주의권 붕괴와 함께 사실상 북한과의 경쟁을 승리로 마감했다. 그리고 한국은 북한과의 화해협력에 나섰다. 북한도 자신의 체제유지를 위해 남쪽과 공존해야 할 필요성을 느꼈고 한국도 북한위기의 연착륙과 한반도 평화유지를 위해 대북포용정책을 채택해야 했다. 이제 북한은 한국에게 공존과 관리의 대상이 된 것이다. 그런데 평화공존을 위해 한국이 지불해야 할 '비용'도 만만치 않을 뿐 아니라 분단의 안정적 관리와 북한 스스로의 발전과 개혁을 지원하기 위한 '비용' 역시 적잖게 필요했다. 이를 두고 한국에서는 손익계산이 치열하게 진행될 수밖에 없었다. 그리고 이제 북한은 한국에게 경제적 효과와 혜택을 제공하는 기회의 창이 될 것으로 간주되고 있다. 비용만 먹는 애물단지가 아니라 향후 진전된 남북관계에서 그리고 미래의 통일과정에서 북한이 한국의 기회의 창으로 다가오고 있는 것이다.

이제 북한은 공포의 대상도, 경쟁의 상대도 그렇다고 단순한 관리의 대상이거나 공존을 위해 한국이 터무니없는 손해만을 부담해야 하는 애물단지가 아니다. 시간이 지날수록 북한은 화해협력의 남북관계 진전에 따라 한국에게 무한한 기회를 제공하는 희망의 땅으로 다가올 것이다. 남북관계의 개선과 민족화해의 증진에 따라 북한이 조금씩 변화하고 발전하면서 한반도의 미래는 윈윈의 모범을 창출할 수 있을 것이다. 따라서 아직은 미래에 머물고 있는 북한이라는 기회의 창을 지금의 현실적 이익으로 더욱 가까이 끌어오기 위해서는 지금 유지하고 있는 화해협력과 평화공존의 남북관계를 좀더 진전시키고 아직도 남아 있는 남북관계의 불안정요인들을 하루 빨리 구조적으로 해소해야 한다.

6·15 5주년이 지난 지금 남북관계가 아무 문제없이 희망적 방향으로 진행되고 있는 것만은 아니다. 화해협력이 진전되다가도 주변정세와 당면한 현안으로 인해 남북관계는 좌초되고 결렬되고 중단되기도 했다. 즉 전반적으로는 발전하면서도 작용과 반작용의 내홍을 겪고 있는 것이다. 이처럼 남북관계가 진전 속 답보상태를 거의 주기적으로 반복하는 이유는 무엇보다 남북간 신뢰가 아직은 확고하게 제도화된 단계로 정착되지 못한 데서 기인한다. 그동안 당국간 회담이 중단된 표면적 이유를 보면 대부분 남북간 신뢰부족에서 비롯된 몇 가지 실수들이 북측에 의해 과대포장된 측면이 강하다. 서로 믿는 신뢰관계가 탄탄하게 조성되어 있다면 큰 오해 없이 넘어갈 수 있을 만한 것이었다. 남북관계를 제약하는 또 하나의 요인은 여전히 한반도 국제질서가 과거의 힘과 새로운 힘이 맞부딪치는 과도기에 놓여 있다는 점이다. 남북화해라는 탈냉전의 힘이 강화되기도

했지만 아직 한반도는 북미간 적대관계라는 냉전적 구조가 온존하고 있다. 따라서 남북관계의 의미 있는 진전에도 불구하고 2차 북핵위기와 같은 첨예한 북미갈등이 진행되면 당연히 남북관계는 상당한 제한을 받을 수밖에 없다.

6·15 이후 남북관계가 진전되면서도 우여곡절을 겪었지만 큰 틀에서는 여전히 발전의 방향으로 나아가고 있고 또 그 방향으로 나아가도록 노력해야 한다. 북핵위기에도 불구하고 한반도의 긴장을 막고 위기를 관리하는 데서 지금까지 남북관계는 적잖은 긍정적 기여를 했다. 때론 갈등이 있었지만 결국 남북은 당국간 대화재개에 나섬으로써 관계복원을 이루어 내곤 했다.

이제 남북간 신뢰를 보다 확고히 하기 위해 한국은 보다 진전된 형태로 남북관계 자체의 동력을 재충전하는 것이 시급하다. 6·15공동선언 이후 민족화해 2기를 맞이한다는 입장에서 남북관계의 업그레이드를 위한 새로운 대화수요를 창출하고 이를 통해 남북당국간 정치적 신뢰뿐 아니라 민족적 차원의 화해협력이 전면화되어 시대의 대세로 자리잡게 해야 한다. 그래야만 북핵위기라는 외적 요인이 남북관계를 제약하는 구조적 한계를 넘어 남북이 주도하는 한반도 평화프로세스를 진전시킴으로써 남북관계가 북핵문제를 압도할 수 있을 것이다. 아직도 남북간 군사적 대치의 상황이 온존하고 북핵문제의 유동성이 존재하는 이상, 확고한 화해협력단계의 남북관계가 정착되었다고 보기는 힘들다. 오히려 '돌이킬 수 없는' (point of no return) 남북관계 진전이야말로 북핵문제 해결을 넘어 기회의 창, 북한을 더욱 우리에게 가까이 끌어오는 효과적인 방법이 될 것이다.

김근식(Kim, Keun-Sik) kimosung@kyungnam.ac.kr
경남대 정치외교학과 교수, 경남대 극동문제연구소 산학교류실장.
　　주요 저서와 논문으로는 『북한의 체제전망과 남북경협』(공저), 「주체사상: 북한의 체제이데올로기」, 「연합과 연방: 통일방안의 폐쇄성과 통일과정의 개방성―6·15 공동선언 2항을 중심으로」, 「김정일 시대 북한의 신발전전략: 실리사회주의를 중심으로」 등이 있다.

해방 60년, 다시 대한민국을 묻는다

모두를 위한 나라는 어떻게 가능한가?: 공화국의 이념에 대한 철학적 성찰

김상봉

1. 공화국의 이념

대한민국 헌법 1조에 따르면 대한민국은 민주공화국이다. 건국 이후 여러 번의 헌법개정이 있었지만 한국의 국체를 규정한 이 조항은 한번도 바뀐 적이 없었다. 그만큼 이 조항은 한국사회에서 자명하고도 당연한 것으로 인식되어 왔다고 할 수 있다. 하지만 여기서 공화국이란 무엇을 의미하는 말인가? '민주'라는 용어에 관해서 보자면, 이 개념이 우리의 전통에서 비롯된 것이 아니라 서양으로부터 이식된 것이라 할지라도 우리는 수십 년 동안의 반독재투쟁을 통해 민주주의가 무엇인지를 이제는 어느 정도 체득했다고 생각된다. 이런 의미에서 대한민국이 민주국가라는 데 대해서는 국민들 사이에 실질적인 합의가 이루어졌다고 말할 수 있을 것이다. 하지만 공화국이 무엇인지 우리는 이해하고 있는가? 이 개념 역시 우리의 정치적 전통 속에 뿌리내린 것이 아니라 전적으로 서양적 개념을 번역한 것이므로 우리에겐 지극히 낯선 개념이다. 그렇다고 해서 우리가 현대사의 진행 속에서 공화국의 시민으로서 대접받은 것도 아니고, 명확한 목적의식을 가지고 공화국을 건설하기 위해 싸운 것도 아니다. 반독재투쟁의 역사 속에서 나부낀 깃발은 민주주의의 이상과 민족해방의 대의였지 공화국의 이상은 아니었다. 그런 의미에서 우리는 공화국이 무엇인지 모른다. 우리는 그것을 우리의 전통역사 속에서 배운 적도 없고 민주화운동의 역사를 통해 체험한 적도 없기 때문이다.[1]

헌법을 다루는 법학자들이 설명하는 것을 보면 그들 역시 공화국에 대해 명확한 개념을 가지고 있지 않은 것은 마찬가지인 것으로 보인다. 더러는 공화국을 군주국의 반대개념으로 단순화시켜 설명하기도 하고[2] 더러는 공화국의 내용을 장황하게 열거하기도 하지만,[3] 어떤 경우이든 공화국이 단순히 민주국가와 그 내실에 있어서 어떻게 다른가 하는 것은 그다지 명확하게 설명되지 않기 때문이다. 그처럼 법학자들조차 아는 시늉을 낼 뿐 실제로는 명확히 인식하지 못하는 공화국을 일반시민들이 어떻게 알 수 있겠는가?

생각하면 이런 사정이 법학자들의 무지 때문이라 말할 수는 없다. 왜냐하

---

1) 공화국에 대한 아무런 역사적 체험도 없는 상황에서 관념적인 방식으로나마 공화국이 무엇인지를 생각하도록 해준 사람이 홍세화이다. 그는 『나는 빠리의 택시운전사』(창작과 비평사, 1995) 이후 일련의 저작들 속에서 프랑스사회에서 공화국이 뜻하는 것이 무엇인지를 우리에게 구체적으로 알려줌으로써 한국사회에서 공화주의의 결여를 깨닫게 해주었다.
2) 이를테면 김철수, 『헌법학개론』, 박영사, 2005, 127쪽.
3) 권영성은 『헌법학원론』(법문사, 2005, 114쪽)에서 민주공화국의 공화국을 설명하면서 이렇게 말한다. "공화국이라 함은 비군주국가라는 의미뿐만 아니라 자유국가·국민국가· 반독재국가라는 의미도 아울러 가지고 있다. 따라서 우리 헌법의 공화국조항은 소극적으로 는 대한민국에서는 전체주의적 내지 독재적 국가형태가 존재할 수 없다는 것을 뜻하고, 적극적으로는 대한민국의 국가적 질서가 자유국가적·국민국가적 질서라야 한다는 것을 뜻한다." 이런 설명에 따르면 공화국과 민주국가 사이에 특별한 차이를 발견할 수 없다. 그러면서도 권영성은 현실적으로 민주공화국이 아닌 공화국도 있으므로 공화국을 민주국 가와 동일시할 수는 없다고 한다. 그러면서 그는 헌법 1조 1항의 공화국조항을 그 자체로서 설명하지 않고 민주공화국으로 뭉뚱그려, 그 조항이 "우리나라의 국가적 형태가 전제·독 재·전체주의·인민공화국 등을 부정하는 민주주의적 공화국이어야 한다는 것"을 뜻한다 고 설명한다(같은 곳). 결과적으로 공화국이란 그 자체로서 이해되기보다는 민주국가라는 이름에 내용 없이 부착된 장식물처럼 보인다.

면 공화국의 개념 자체가 역사 속에서 너무도 많이 변해왔기 때문에 그
개념에 대해 고정된 정의를 내리는 것이 불가능하기 때문이다. 공화국이란
로마인들이 사용했던 레스 푸블리카(res publica)라는 말의 번역어이다.
이 말을 영어로 직역하면 public thing이지만, 우리가 잘 아는 대로 서양에서
는 이런 식으로 자기말로 옮기기보다는 저 말을 아예 한 낱말로 만들어——
republic, Republik, republique 등——자기들의 언어로 받아들였다. 아마
도 그것은 저 말을 자기말로 옮기는 것이 거의 불가능한 일이었기 때문일
것이다.

문자 그대로 보자면 레스 푸블리카란 말은 공공적인 일 또는 공동체라는
말로서 사사로운 일(res privata)에 대립되는 말이다. 여기서 푸블리카라는
말은 인민을 뜻하는 포풀루스(populus)라는 명사에서 비롯된 형용사이다.
그러니까 공화국이란 그 어원에서 보자면 인민의 일이요, 인민의 공동체,
함석헌의 표현으로 하자면 씨올공동체라 할 수 있겠다. 그리스인들은
레스 푸블리카와 레스 프리바타를 구별하기 위해 폴리스(polis)와 오이코
스(oikos)라는 표현을 썼는데, 단순하게 말해 폴리스는 국가이고 오이코스
는 가정이었다. 비슷하게 로마인들의 경우에도 레스 푸블리카는 국가공동
체 또는 국가의 일로서 가정일과 구분되는 것으로 이해되었던 것이다.

이런 의미에서 레스 푸블리카의 고전적인 정의는 키케로의 같은 제목의
책(*Res publica*)에서 볼 수 있는데, 그에 따르면, "공화국이란 인민의 일로서,
인민이란 어떤 식으로든 사람들이 모이기만 하면 이루어지는 집단이 아니
라 법(또는 정의)에 대한 합의와 공동의 이익에 의해 결속된 다중의 공동체
를 일컫는다."[4] 그러니까 공화국이란 가장 고전적인 정의에 따르면, 그
정치체제가 어떠하냐와 관계없이 공동의 이익과 공동의 법에 의해 결속된
인민공동체(coetus populi)로서의 국가를 가리키는 말이었던 것이다. 이

---

4) M. T. Cicero, *Res publica*, I 25 ; 39. Est igitur...res publica res populi, populus autem
　　non omnis hominum coetus quoquo modo congregatus, sed coetus multitudinis iuris
　　consensu et utilitatis communione sociatus.

정의에 따를 때 공화국에서 배제되는 첫번째 정치체제는 폭군(tyrannus)이 지배하는 독재국가인데,[5] 그 까닭은 독재국가에서는 독재자 또는 전제군주의 자의가 법을 대신하기 때문이다.

서양 고대사회에서는 폭군의 독재국가를 제외한다면 원칙적으로 모든 정치체제가 공화국의 범주에 포섭되었다. 그리스인들의 경우에 폴리스의 여러 형태 가운데 왕정(basileia)과 귀족정(aristokratia) 그리고 민주정(demokratia)이 모두 포함되었는데, 마찬가지로 로마인들 역시 공화국의 테두리 속에 저 세 가지 정치체제가 다 포함되는 것으로 이해했던 것이다. 하지만 제정시대 이후에는 황제가 지배하는 로마제국을 로마공화정과 구분하기 위하여, 공화국을 황제국가 곧 군주국의 대립개념으로 쓰기도 했으니, 이미 이때부터 공화국의 개념 속에는 두 가지 다른 의미가 들어 있었던 셈이다. 즉 한편에서 그것은·공동의 법과 이익에 의해 결속된 모든 종류의 법치국가를 의미하는가 하면, 다른 한편에서는 단지 소극적이고 부정적인 의미에서 황제나라나 임금나라에 반대되는 의미로 사용되었던 것이다.

그러나 아우구스티누스(A. Augustinus) 이후 중세에 와서 공화국은 다시 국가 일반을 의미하는 말로 쓰였다. 아우구스티누스는 공화국을 두 가지 의미로 사용하는데, 하나는 다소 포괄적인 규정이고 다른 하나는 엄밀한 규정이다. 포괄적으로 보자면 크든 작든 공적인 일에 대하여 통치권(imperia)을 가진 모든 민족들의 국가가 다 공화국이라 불릴 수 있다.[6] 그의 다른 정의에 따르면, "사랑하는 것에 대한 합의된 공통성에 의해 결속된, 이성적 대중의 모든 공동체"(qualiscumque rationalis multitudinis coetus, rerum quas diligit concordi communione sociatus)가 공화국이라

---

5) 같은 책, III, 31:43. Ergo ubi tyrannus est, ibi non vitiosam ut heri dicebam, sed, ut nunc ratio cogit, dicendum est plane nullam esse rem publicam. 그러므로 폭군이 존재하는 곳에서는 우리가 어제 말했던 것처럼 나쁜 공화국이 존재하는 것이 아니라, 지금 이성이 명하는 것처럼 공화국이 전혀 존재하지 않는다고 말해야 할 것이다.

6) A. Augustinus, *De Civitate Dei*, 19:24.

불릴 수 있다.[7] 이 경우 공화국은 임금나라에 반대되는 것도 아닐 뿐더러, 굳이 법치국가만을 뜻하는 것도 아니다. 아우구스티누스가 공화국을 법치국가라고 이해하지 않은 까닭은 그가 키케로가 말했던 법에 대한 합의(iuris consensus)라는 공화국의 요건에서 법을 실정법으로 이해하지 않고 이상적인 정의(正義)로 이해했기 때문이다. 그래서 그는 엄밀하게 말하자면 이교도국가에서 정의란 결코 실현될 수 없는 것이므로, 공동의 정의에 입각한 나라가 공화국이라면, 어떤 세속적 국가도 공화국이었던 적이 없었다고 주장하게 된다.[8] 정의는 오직 기독교국가에서만 온전히 실현될 수 있기 때문이라는 것이다. 이것이 아우구스티누스에게서 좁은 의미 또는 엄밀한 의미에서 이해된 공화국의 개념이다.

물론 이런 식의 기독교근본주의는 곧 수정되었다. 기독교가 유럽사회의 지배적인 종교가 되면서, 기독교는 세속적 권력과 타협하지 않을 수 없게 되었다. 그리하여 교황 그레고리우스 1세(Papa Gregorius I)는 공화국을 다른 종류의 나라들과 구별하기 위해 이렇게 말했다. "뭇 민족의 왕들과 공화국의 지배자들 사이에는 다음과 같은 차이가 있다. 즉 뭇 민족의 왕들은 노예들의 지배자일 뿐이지만, 공화국의 통치자들은 자유인들의 지배자인 것이다."[9] 이렇게 하여 이제 공화국은 아리스토텔레스가 이해했던 폴리스와 같은 것이 되었다. 그에 따르면 "폴리스란 시민들의 공동체이다."[10] 쉽게 말해 그것은 노예가 아니라 자유인들의 공동체인바, 자유인들의 공동체는 지배자의 자의가 아니라 객관적으로 규정된 법에 의해 통치되는 나라이다. 이리하여 인민을 노예상태에서 지배하는 모든 야만적인 전제국가를 제외한 법치국가가 공화국으로 규정되었다.

---

7) 같은 곳. 번역문은 성염 교수의 번역서에 따름(아우구스티누스, 성염 옮김, 『신국론』, 분도출판사, 2004, 2243쪽).

8) 같은 책, 19:21.

9) J. Ritter, K. Gründer hrsg., *Historisches Wörterbuch der Philosophie* Bd. 8, S. 859. Hoc inter reges gentium et reipublicae imperatores distat, quod reges gentium domini servorum sunt, imperatores vero reipublicae domini liberorum.

10) Aristoteles, *Politica*, 1275 a 1.

공화국의 개념에 대한 세세한 차이에도 불구하고, 넓은 의미에서 보자면 공화국의 개념은 지금까지 살펴본 대로 한편에서는 정치체제와 무관하게 자유시민들의 공동체로 이해되거나, 아니면 소극적인 의미에서 황제나라나 임금나라에 반대되는 의미로 이해되었다. 이를테면 마키아벨리(N. Machiavelli)는 "인류를 지배했거나 지배해온 모든 국가나 통치권력은 공화국이거나 군주국이라"고 구분하면서, 공화국을 군주국가의 반대개념으로 규정했다.[11] 이에 반해 루소(J. J. Rousseau)는 『사회계약론』(*Du contrat social*)에서 이렇게 말한다. "나는 어떠한 정부형태를 취하든지간에, 법률에 의해 지배되는 모든 국가를 공화국이라고 부른다. 왜냐하면 국가가 법률에 따라 지배될 경우에만, 공공의 이익이 우위를 차지하고 공공의 것이 중요성을 지닐 수가 있기 때문이다. 합법적인 정부는 모두 공화적이다."[12] 그러면서 그는 "여기서 공화적이라는 말을 귀족정이나 민주정으로만 이해하는 것이 아니라, 그 자체가 법률인 일반의지의 지도를 받는 모든 정부로 이해하고 있다"[13]고 다시 한번 명확하게 부연하고 있다. 루소가 이렇게 할 수 있었던 것은 그가 입법권과 집행권(곧 통치권)을 구분했기 때문인데, 그는 입법권을 인민에게 귀속시키고 집행권을 인민의 대리인에게 맡겼다. 그런데 누가 인민의 대리인 노릇을 하느냐는 그에게는 부차적인 문제에 지나지 않았다. 그 대리인이 인민이 제정한 법에 충실하기만 하다면, 그가 한 사람이든 여러 사람이든 상관없는 일이었기 때문이다. 그런 까닭에 그에게는 국가권력의 집행자가 한 사람이냐 소수냐 아니면 다수냐 하는 것이 문제되지 않았던 것이다.[14]

---

11) 마키아벨리, 백상건 옮김, 『군주론』, 박영사, 1985, 28쪽.

12) 루소, 이태일 옮김, 『사회계약론』, 범우사, 1994, 55쪽.

13) 같은 곳.

14) 개인적으로 루소는 통치자가 소수인 귀족정을 선호했다. 이에 대해서는 『사회계약론』(3장 5절) 참조. "요컨대 가장 현명한 사람들이 그들 자신의 이익을 위해서가 아니라 대중을 위해서 정치를 한다는 것만 보장되면, 가장 현명한 사람들이 대중을 지배하는 것이 가장 좋고 가장 자랑스러운 일이다."(이태일 옮김, 『사회계약론』, 92쪽) 그러나 루소가 말하는 민주정이란 직접민주정을 말하는 것으로 보이므로 그가 말한 귀족정이란 오늘날의 대의민

이처럼 공화정을 정부형태로서 민주정에 국한시키거나 군주정에 대립시키지 않고 모든 종류의 법치국가로 간주하는 입장은 칸트(I. Kant)에게 계승되었다. 그는 모든 정부형태를 공화정체와 전제정체로 나누었는데, 여기서 공화정체란 루소의 입장을 계승하여, "입법부로부터 집행권(행정권)을 분리시키는 정치적 원리이다."[15] 칸트는 이처럼 입법권과 집행권이 분리된 체제를 대의제라고 불렀다. 요컨대 국민의 대표가 국민의 뜻을 받들어 통치하는 정치형태가 대의제인 것이다. 그런 까닭에 임금나라라 하더라도 임금이 인민에 의해 제정된 법에 따라 통치할 경우에는 공화국이라 할 수 있다. 임금이 인민의 뜻인 법률에 따라 통치할 경우에는 폭군이 아니라 인민의 대표로서 나라를 다스리는 것이기 때문이다. 칸트는 여기서 더 나아가 민주정이야말로 도리어 전제정체라고 주장했는데, 왜냐하면 여기서는 모든 사람이 지배자가 되기를 원하기 때문에 입법권과 집행권이 전혀 분리되지 않기 때문이다. 물론 우리는 칸트가 말하는 민주정이란 절대적인 직접민주정을 말하는 것이며 오늘날의 대의민주정이 아니라고 보아야 할 것이다. 하지만 칸트는 직접민주정의 폐해를 지적하는 데 그치지 않고 보다 과격한 일반이론을 내세웠는데, 그에 따르면, "국가권력[여기서 국가권력이란 권력의 집행권을 의미한다]을 쥐는 사람의 수가 적으면 적을수록(다시 말해 지배자의 수가 적을수록), 그 대의성은 점점 커지며, 그래서 그 체제는 공화정체에 가까이 갈 가능성이 커진다."[16] 이런 일반원리에 따라 칸트는 참된 공화정체에 도달하는 것은 "군주제에서보다는 귀족제에서 더 어려우며, 민주제에서는 폭력혁명에 의한 경우를 제외하고는 불가능하다"[17]는 괴이한 결론에 도달하게 된다. 한마디로 말해 진정한 공화국은 오직 임금나라에서만 가능하다는 것이다.

주주의 정치체제와 크게 다르지는 않다고 해야 할 것이다.

15) 임마누엘 칸트, 이한구 옮김, 『영원한 평화를 위하여』, 서광사, 1992, 28쪽.
16) 같은 책, 29쪽.
17) 같은 곳.

그러나 이런 용어법은 오늘날 더 이상 통용되지 않는다. 프랑스대혁명 이후 공화국은 임금나라와는 양립할 수 없는 반대개념이 되었다. 그리하여 오늘날에 와서는 다시 공화국(republic)은 군주국 또는 왕국(kingdom)과 대립되는 개념으로 사용된다.

2. 모두를 위한 나라로서의 공화국

이런 개념사적 배경에 따라 이해하자면, 대한민국이 민주공화국이라는 헌법 1조 1항은 프랑스대혁명 이후 통용되는 공화국의 근대적 개념에 입각하여 사용된 것으로 보인다. 표현방식에 차이는 있지만 헌법학자들은 공화국조항을 왕정이나 모든 종류의 전제정치에 반대하고 법치주의를 국가체제의 기본원리로서 천명한 것이라 설명하고 있기 때문이다. 하지만 이런 식으로 공화국을 이해할 경우 우리는 아직 공화국의 참뜻을 이해할 수 없다.

서양에서 들여온 학술개념을 이해할 때, 우리는 으레 한 개념의 근대적 용어법에 따라 그것을 이해한다. 공화국의 경우도 마찬가지이다. 그러나 이 경우 우리가 공화국의 참뜻에 다가갈 수 없는 까닭은 이 개념의 근대적 용어법이 잘못되어서라기보다는, 다만 결과적이고 표면적인 의미만을 우리에게 전달해주기 때문이다. 공화국의 숨겨진 본질은 근대 이후 서양적 사유에서조차 잊혀진 것처럼 보인다. 왜냐하면 그것이 말해지지 않기 때문이다. 하지만 그것이 말해지지 않는 까닭은 공화국의 본래적 진리가 포기되었거나 잊혀졌기 때문이 아니라 도리어 그것이 애써 말할 필요가 없을 만큼 자명하기 때문이다. 그러나 우리처럼 오직 공화국의 근대적 용어법만을 전부로 받아들이는 이방인들에게 표현되지 않는 공화국의 본래적 의미는 포착되지 않는다. 그리하여 일상적인 의미에서 보자면 공화국이란 막연한 의미에서 나라의 주권이 인민에게 귀속하는 나라로 이해되고 실질적으로 민주국가와 다르지 않은 것으로 사용되는 것이다.

그렇다면 그 본래적 의미에서 볼 때 공화국이란 과연 무엇인가? 때때로 어떤 개념의 의미를 규정하기 위해 그것의 반대개념이 무엇인지를 기억하는 것이 크게 도움이 되는 경우가 있다. 공화국의 경우도 마찬가지이다. 오늘날 우리가 이 개념의 참뜻을 이해하기 어려운 까닭은 우리가 공화국의 반대개념을 군주국으로 이해하기 때문이다. 그러나 사태의 시원에서 살펴보자면, 공화국의 반대말은 군주국이 아니라 레스 프리바타(res privata), 사사로운 일 곧 가정일이었다. 따라서 공화국이란 참된 의미에서는 나라의 공공성을 표현하는 말이다. 여기서 나라의 공공성이란 한마디로 말하자면 나라가 모두의 것이라는 것을 의미한다. 그 모두란 인민(populus)이다. 키케로의 정의에 따르면, 공화국은 '인민의 것'(res populi) 곧 인민의 소유물이다. 여기서 소유물은 국가이다. 그리고 그것의 주인은 인민이다. 키케로는 이 관계를 명확히 하기 위해 인민을 소유격(populi)으로 사물(res)에 결합시켰다. 나라는 인민에게 귀속하며, 인민은 나라의 주인인 것이다.

이처럼 나라가 모든 인민에게 속하는 한에서 그것이 수행하는 모든 활동은 특정한 개인이나 집단이 아니라 나라를 구성하는 모두를 위한 것이다. 나라의 일은 이 사람 또는 저 사람의 일이 아니라 모두의 일이다. 그리고 그것이 추구하는 목적에 관해서 보자면 나라일은 모두를 위한 일이다. 이것을 소박하게 표현해 키케로는 공화국의 존립조건으로 '공동의 이익'(utilitatis communio)을 내세웠다. 사람의 모든 의미 있는 활동은 자기의 유익을 구하는 것이니, 공화국이 모두의 것이라면 공화국의 모든 일도 모두의 이익 곧 공동의 이익을 위해 수행되는 것이다.

그러나 우리는 여기서 공화국이 추구하는 공동의 이익이 오늘날 많은 사람들이 생각하듯이 단순히 경제적인 이익만을 뜻하는 것이라 생각하지는 말아야 한다. 경제적 이익의 추구는 전형적으로 가정의 일이다. 오늘날 우리가 경제학이라는 의미로 사용하는 오이코노미아(oikonomia)라는 그리스말이 가정관리를 의미하는 말이었다는 것은 단순한 우연이 아니다. 오늘날 국가의 가장 중요한 일로 간주되는 경제의 문제가 고대사회에서는 가정일이었다면, 한나 아렌트(Hannah Arendt)가 정확하게 지적했듯이[18] 고대사회에서 나라는 단순한 경제적 이익이 아니라 인간의 자유의 실현을 궁극목적으로 삼는다는 점에서 가정과 구별되었다. 가정은 자연적 공동체이다. 우리 모두는 가정을 통해 세상에 태어난다. 그런 의미에서 가정은 누구도 피할 수 없는 필연적 공동체이기도 하다. 더 나아가 가정은 그 존립목적에서 역시 자연적이고 필연적인 욕구의 충족을 일차적 목표로 삼는다. 그것이 바로 경제적 욕구의 해결이다. 그러니까 가정은 그 존립근거에서나 그 지향하는 목적에서나 모두 필연성에 매여 있는 공동체인 것이다.

이에 반해 나라는 인간의 자유의 실현을 위해 결속한 자유로운 공동체이다. 또한 그것은 플라톤이 생각했듯이 정의와 선을 실현하기 위한 공동체이기도 하다. 물론 국가가 배려해야 할 선에는 경제적 선 역시 포함된다. 하지만 경제적 욕구의 충족은 자유의 실현을 위한 전제이기는 하나 그것 자신이 자유의 적극적 내용을 이루는 것은 아니다. 자유란 자연적 욕구와 필연성의 충족에 바탕을 두면서도 그것을 넘어가는 문화적이고 인간적인 활동에 존립하는바, 공화국이든 폴리스이든 나라는 그런 자유로운 활동이 이루어지는 마당이며, 정치란 바로 그런 나라를 주체적으로 형성하는 활동이다. 아리스토텔레스는 이런 국가의 이상을 "폴리스는 자족적이지만, 노예상태는 자족적이지 않다"[19]고 요약하였다. 국가는 노예상태에 대립하는 자유로운 시민들의 공동체이다. 자유는 자족성(autarkeia)에서 실현된다. 여기서 자족적이라 함은 경제적 자족성을 의미하는 것이기도 하지만 동시에 삶의 모든 영역에서의 주체성을 의미하는 것이기도 하다. 이것을 분명히 하기 위해 아리스토텔레스는 경제적 결핍상태가 아니라

---

18) 아렌트, 이진우·태정호 옮김, 『인간의 조건』, 한길사, 1997.
19) 아리스토텔레스, 같은 책, 1291 a 10.

노예상태를 자족적인 폴리스의 대립개념으로 제시하는 것이다. 폴리스의 이념은 모든 노예상태의 극복에 존립한다. 즉 그것은 자연에 의한 노예적 속박은 물론 타인에 의한 사회적 속박과 의존을 벗어나 자신의 삶을 스스로 형성하는 자족성에 존립한다.

공화국의 이념은 그 시원에서 보자면 이처럼 가정의 경계를 넘어서 추구되어야 할 자유로운 삶이 오직 나라를 통해서만 실현될 수 있으며, 그 자유가 국가를 구성하는 인민 모두에 의해 오직 공공적으로만 실현되고 지탱될 수 있다는 통찰에 뿌리박고 있다. 누구도 자기의 자유를 자기 혼자 지킬 수는 없다. 어렵게 말할 것 없이 나라를 외국의 침략에서 지키는 것부터가 혼자 할 수 있는 일이 아닌 것이다. 나라를 형성하고 지키는 것은 언제나 모두의 일이어야 한다. 바로 이러한 공공성이 공화국의 개념의 뿌리에 놓여 있는 자명한 전제이다. 한 나라가 공화적으로 다스려진다는 것은 법치주의나 대의주의라는 구체적 사항을 따지기 이전에 그 나라가 국민 모두에 의해 지탱되고 국민 모두를 위해 존재하는 국민 모두의 것임을 의미한다. 이런 공공성이야말로 공화국의 본질적 진리인바, 굳이 공화국이라는 이름을 내걸지 않는다 하더라도 서양사회에서 모든 국가는 그 공공성을 국가의 가장 근원적인 존립근거로 삼는 것이다.[20]

---

20) 서양 고대사회에서 국가의 공공성이라는 공화주의적 이상을 페리클레스처럼 소박하고도 명료하게 표현한 경우도 아마 없을 것이다. 투퀴디데스가 우리에게 전하는 바에 따르면, 펠로폰네소스전쟁중에 국가의 정책에 불만을 품은 시민들에게 페리클레스는 이렇게 말했다고 한다. "요컨대 내 생각은 한 나라 전체로서 번영하는 쪽이 전체를 희생시키고 시민의 사리사욕을 꾀하는 것보다 개인에게 이득이 크다는 것입니다. 개인적으로 성공한 사람이라도 국가가 멸망하면 자신도 파멸할 게 틀림없습니다. 그러나 불운한 사람이라도 번영하는 국가 속에 있으면 구원받을 기회가 훨씬 더 많아집니다. 국가는 개인의 불행을 감당할 수 있지만, 개인은 국가의 멸망을 감당할 수 없습니다. 그러므로 모든 사람이 협력해 국가를 지키는 이외에 다른 길은 있을 수 없습니다."(투퀴디데스, 박광순 옮김, 『펠로폰네소스전쟁사』 상, 범우사, 1993, 191쪽).

3. 한국사회와 공화주의의 결핍

그러나 이런 공화국의 개념은 우리에게 너무도 낯선 개념이다. 왜냐하면 우리는 역사 속에서 아직 온전한 의미에서 공화국을 가져보지 못한 민족이기 때문이다. 먼저 우리의 전통 속에서는 국가와 가정이 본질적으로 구분되지 않았다. 도리어 국가는 그 이름에서 보듯 큰 가정이었다. 특히 유교적 정신에 의해 지배된 조선사회에서 국가의 구성원리는 가정의 구성원리와 분리될 수 없었는데, 그 까닭은 유교가 국가를 하나의 가정으로 만듦으로써 나라의 안정과 평화를 얻으려 했기 때문이다.

다른 한편 한국의 전통사회에서 국가가 모두의 것이 아니었다는 점에서도 우리는 공화국을 가져본 적이 없었다. 이 땅에서 국가는 양반귀족의 나라였지 평민을 포함한 전체 인민의 나라가 아니었다. 이 땅에서 대다수 인민은 정치적 삶으로부터 소외되어 나라를 능동적으로 형성하는 데 참여할 수 없었던 까닭에, 나라의 일이 모든 인민을 위한 일이 되지 못하고 국가는 소수 지배계급의 이익을 지키는 기관이 되지 않을 수 없었다. 그럼에도 불구하고 나라가 나랏일에 참여할 수 없는 인민들에게 이러저런 의무는 빼놓지 않고 부과할 때 국가는 합법적인 수탈기관으로 전락하게 되는 것이다.

생각하면 고대 그리스와 로마 사회에서도 처음부터 하층계급이 정치에 참여할 수 있는 권리를 보장받았던 것은 아니었다. 로마에는 같은 시민이라도 평민은 처음에는 '투표권 없는 시민'(cives sine suffragio)이었다. 이런 사정은 그리스의 경우도 마찬가지이다. 거기서도 정치가 처음부터 모든 시민의 일은 아니었던 것이다. 그리스와 로마 모두 처음에는 부유한 귀족들이 나랏일을 좌우하고 있었다. 하지만 고대 그리스와 로마의 경우 평민들은 오랜 투쟁을 통해 참정권을 획득하였으며, 귀족들 역시 이런 변화에 타협하지 않을 수 없었다. 그 까닭은 다른 무엇보다 평민들의 도움 없이는 효과적으로 전쟁을 수행할 수 없고 나라를 외적의 침입으로부터 방어할 수 없었기 때문이다. 페르시아전쟁이나 한니발전쟁은 각각 그리스와 로마의 역사에서 평민들의 정치적 지위를 획기적으로 높인 계기가 되었는데, 전쟁 앞에서 귀족들은 전쟁에 패배하여 이민족의 노예가 되는 것보다는 평민들과 권력을 나누어가지는 것이 현명하다고 판단했기 때문이다.

그러나 우리의 전통 속에서 지배계급은 민중과 권력을 나누어가짐으로써 나라를 지키고 강하게 하기보다는 차라리 외세와 결탁하여 나라 안에서 자기들의 지위를 지키는 것을 선호했다. 조선시대 수많은 농민반란은 평민들의 정치적 자의식의 성장을 보여주지만, 때마다 그것은 가혹하게 진압되었다. 그 가운데서도 농민반란에 맞서 지배계급의 권력을 지키기 위해 외국군대를 끌어들였던 동학농민전쟁의 경우는 조선왕조가 어떻게 몰락할 수밖에 없었는지를 보여주는 가장 비극적인 실례이다. 이 땅의 지배계급은 차라리 외세의 하수인이 될지언정 이 땅에서 권력을 평민들과 나누어가지려 하지는 않았다. 그리하여 모든 인민의 나라를 건설하려는 이상은 좌절되고 나라는 외세의 지배 아래 떨어지게 되었던 것이다.

어디 조선시대뿐이었겠는가? 우리에게 국가는 한번도 모든 인민의 공동체(res populi)였던 적이 없었다. 조선시대에 왕이 다스리고 양반이 지배하는 나라가 모두를 위한 나라일 수는 없었던 것처럼, 마찬가지로 일제식민통치 아래 온 민족이 노예화되어 있는 상황에서 나라가 모두를 위한 것일 수는 더욱 없었다. 그리고 식민통치에서 해방이 되었다지만 이름만 민주공화국일 뿐 실질적으로는 군사독재정권이 지배하는 국가가 모두를 위한 공화국일 수 없었던 것은 너무도 당연한 일인 것이다.

공화국에 대한 경험이 전혀 없었던 까닭에 국가가 인민을 위해 존재한다는 공화주의적 인식도 우리 사회에는 없었다. 우리는 국민이 국가를 위해 충성을 바쳐야 한다는 것을 배우기는 하였으나 단 한번도 국가가 국민을 위해 자기의 임무를 다해야 한다는 것을 배운 적이 없다. 다시 말해 국가의 존재이유는 인민을 공연히 수탈하고 지배하는 데 있는 것도 아니고, 단순히 사람들이 모여 사는 곳에서 질서를 유지하는 데 있는 것도 아니며, 국민 모두를 위해 어떤 좋은 일을 적극적으로 실현하는 데 있다는 인식은 이 땅에서는 낯설고 비현실적인 것이었다. 의무는 언제나 일방적으로 국민에게만 지워졌고 국가는 요구와 권리와 명령의 거대주체로서 국민 위에 군림하기만 했던 것이다. 이런 사회에서 국가의 공공성이란 아무런 내용을 갖지 못하는 구호 이상의 의미를 얻을 수 없다.

이처럼 국가의 공공성이 정치적 전통으로 확립되지 못한 나라에서는 국가가 사적 이익 추구를 위한 싸움터로 전락한다.[21] 국가는 모두가 더불어 형성하는 공동주체 및 모두를 위하여 좋은 것을 더불어 추구하는 공공적 기관이 되지 못하고 사사로운 이익을 추구하기 위한 도구와 수단으로 간주되거나, 아예 유명론적으로 개인이나 가족이 각자의 이익을 위해 각축하는 싸움터가 될 뿐이다. 이렇게 개인들 사이의 야수적인 경쟁이 국가의 공공성을 지양해버린 곳에서 볼 수 있는 가장 두드러진 특징은 국가가 사회적 약자에 대해 아무런 책임도 지지 않고 그런 까닭에 그들의 고통과 어려움을 덜어주기 위한 아무런 대책도 가지고 있지 않다는 것이다. 2500년 전 아테네의 장군이자 정치가였던 페리클레스는 펠로폰네소스전쟁에서 죽어간 전몰장병을 추도하는 연설을 이런 약속으로 끝맺었다. "그리고 여기 묻힌 자들의 자녀들을 지금부터 그들이 성인이 될 때까지 나라가 공공재원을 통해 양육할 것입니다. 그리하여 전몰자들과 그들의 유족에게 그 명예로운 행위에 대해 나라가 값진 관을 씌워줄 것입니다.[22]

---

21) 오직 예외적으로 국가의 외부와의 관계가 문제가 되는 경우에만 국가는 우리 모두의 것으로 받아들여지지만, 이런 의미의 민족주의나 국가주의는 국가 내부의 공동체구성 원리를 공공적으로 만들어주는 힘을 행사하지는 못한다. 어차피 긴장이 다른 나라와의 관계에서 발생하는 까닭에, 그 긴장이 국가 내부의 일에 관한 비판적 반성을 일깨우지 못하기 때문이다. 타자적 공동체와의 긴장은 자기 공동체의 구성원들을 맹목적으로 결속시켜 도리어 자기 공동체 내부의 문제에 대해서는 무관심하게 만드는 것이다.
22) 투퀴디데스, 같은 책, 180쪽 아래.

나라를 위해 죽어간 사람들의 자식들을 나라가 책임진다는 생각은 이 땅에서는 아직도 비현실적인 꿈에 지나지 않는다. 하물며 경쟁에서 뒤처지거나 낙오한 사람을 나라가 배려하고 보호해야 한다는 생각이야 더 말해 무엇 하겠는가?

이처럼 국가가 아무런 공공성도 갖지 못할 때, 국가는 허약하고 불안정해질 수밖에 없다. 전체 인민을 위해 아무것도 배려하지 않는 국가를 위해 헌신하려는 사람은 없을 것이기 때문이다. 이런 나라에서 사람들은 서로 고립되어 자기만의 이익을 추구하게 마련인데, 이처럼 모래알처럼 흩어져 있는 사람들이 다만 공간적으로 같은 나라에 산다 해서 그들이 참된 의미에서 하나의 나라를 이루는 것은 아니다. 그리하여 국가는 내적으로 분열되고 허약해져, 금이 간 건물이 무너지듯 안으로부터 무너지기 시작하는 것이다.

4. 현대사회와 공화국의 위기

그런데 오늘날 우리가 참된 의미에서 공화국을 건설하는 것이 어려운 것은 우리의 역사 속에 공화주의적 전통이 결여되어 있기 때문만은 아니다. 공화주의적 전통이 전혀 없었음에도 불구하고 어떤 의미에서 이 땅의 민중들은 본능적으로 공화주의적 이상을 추구해왔다고도 할 수 있다. 이를테면 임진왜란 때 왕과 양반들이 왜군을 피해 서울을 버리고 도망쳤을 때, 임금의 궁궐에 불을 지른 것도 평민들이었지만, 의병을 조직해 싸운 것도 그들이었다. 아마도 그것은 그들이 이 나라를 떠나서는 어디서도 자기의 삶을 뿌리내릴 수 있는 땅을 발견할 수 없다는 것을 깨닫고 있었기 때문일 것이다. 이런 자각은 누가 가르쳐주지 않아도 앞에서 우리가 인용했던 페리클레스적 지혜를 체득하게 했으니, 이 나라를 모두를 위한 나라로 만들지 않는 한, 우리가 어디서도 뿌리내리고 살 수 있는 고향을 찾을 수 없으리라는 자각이 우리로 하여금 목숨을 걸고 민주적이고 공화적인 나라를 만들기 위해 싸울 수 있는 용기를 주었을 것이다.

하지만 우리가 공화주의적 국가관을 가지고 있든 아니든지 간에, 그와 무관하게 오늘날 우리는 공화국의 존립을 위해 보다 보편적이고 근본적인 도전에 직면해 있다. 다시 말해 한국사회의 특수성과 무관하게 오늘날 세계사의 보편적인 흐름 속에서 발생하는 시대적 변화가 공화국의 건설을 근본에서부터 위협하고 있는 것이다. 그것은 다른 무엇보다 경제적 요소에 의한 정치공동체의 해체이다. 앞에서 말했듯이 고대 그리스·로마 사회에서 나라는 가정의 대립개념이었다.[23] 그리고 경제적 문제는 그 자체로서는 가정의 문제였다. 처음에 국가는 경제의 문제를 스스로 해결한 사람들이 보다 더 높은 문화적 가치를 실현하기 위해 결속한 공동체였던 것이다. 그런데 오늘날 경제는 가장 중요한 나랏일로 간주된다.

이것은 어제오늘의 일이 아니라 근대적 민족국가가 성립된 이래 보편화된 현상으로서 근대 이후 새로이 등장한 자본주의적 생산양식은 인간의 경제활동을 더 이상 가정의 한계 내에 머물지 못하게 한다. 오늘날 일반화된 대규모 공장생산과 분업체계 그리고 전지구적으로 확장된 시장이라는 경제적 환경 속에서 개인이나 가정이 경제적 주체가 된다는 것은 불가능한 일이다. 자본주의경제학의 교과서라 할 수 있는 아담 스미스(Adam Smith)의 고전적 저서의 이름(*The Wealth of Nations*)이 암시하듯이 근대 이후 부의 문제는 언제나 국가적 단위의 문제였으며, 경제적 활동의 가장 중요한 주체는 이제 가정이 아니라 국가가 되었다. 법률과 제도 그리고 구체적인 정책을 통해 국가경제를 바람직한 방향으로 관리하는 것은 이제 근대적 국가의 가장 중요한 일이 된 것이다.

그러나 경제가 아무리 가장 중요한 나랏일로 여겨진다고 하더라도 그것이 본질적으로 사사로운 가정일일 수밖에 없다는 근원적 진리가 바뀌는

---

23) 이 시대 문학작품에서 가정의 질서와 국가의 질서 사이의 대립이 가장 전형적으로 표현된 것이 소포클레스의 비극 『안티고네』이다.

것은 아니다. 공화국에서 정치가 추구하는 자유는 오직 공공적인 활동으로서만 실현될 수 있지만, 재산의 소유는 그에 비하면 상대적으로 사적인 방식으로 이루어질 수 있는 것이다. 그리하여 우리 시대에서처럼 경제적 풍요를 국가가 추구해야 할 가장 중요한 공공적 가치로 받아들이게 되면, 국가는 본래적 의미의 공화국으로 존립하지 못하고 개인이나 가정의 경제적 복리를 증진시키기 위한 수단으로 간주될 뿐이다. 그 결과 국가는 그 고유한 주체성을 상실하고 경제에 종속적인 도구로 전락하게 된다. 다시 말해 국가는 모두를 위한 좋은 것을 추구하는 기관이 아니라 나만의 좋은 것을 타자의 침탈로부터 지켜주는 금고와 경비원이 되어버리는 것이다.

하지만 국가가 공공성을 상실할 때 그것이 안으로부터 붕괴할 수밖에 없다는 것은 서양사람들에게는 이미 고대로부터 전승된 확고한 문화적 전통이었으므로, 근대 이후 서양에서는 변화된 사회적 조건 아래서 국가의 공공성을 유지하려는 시도가 이론과 실천 분야에서 모두 활발하게 전개되었다. 경제가 나랏일이 되었다는 것은 한편에서 보자면 나랏일이 사사로운 관심에 휘둘릴 가능성에 맡겨진다는 것을 뜻하겠지만, 다른 한편으로는 경제가 또한 공공적인 일이 되어야 한다는 요구를 함의하는 것이기도 하다. 나라의 일이 공공성을 담보하는 한에서만 한 나라는 온전히 유지될 수 있기 때문이다. 생각하면 근대 이후 생겨난 정치경제학(political economy)이라는 학문의 가장 중요한 물음은 어떻게 하면 국가가 국민경제를 공공적으로 관리하고 운영할 수 있겠는가 하는 것이었다.

그러나 오늘날 우리가 목격하는 신자유주의나 경쟁지상주의는 과연 경제와 공공성을 양립시키려는 근대적 정치경제학의 노력이 얼마나 실현하기 어려운 것인지 되돌아보게 한다. 신자유주의는 순수이 경제학적인 관점에서 보자면 자본의 무제한적 자유를 주장하는 주의주장을 말한다. 이런 점에서 그것은 인격적 주체의 자유에 초점을 맞추었던 고전적 자유주의와 구별된다. 신자유주의는 겉으로는 모든 경제주체의 자유를 표방하고 있지만 여기서 경제주체란 실제로는 자본의 대리인이다. 그런데 자본의 유일한 관심은 맹목적인 자기증식이다. 그리하여 신자유주의가 말하는 자유를 지키는 것은 자본의 자기증식에 어떠한 인위적 개입도 반대하는 것으로 나타난다. 다시 말해 신자유주의의 자유란 국가가 원칙적으로 경제문제에 개입하지 않고 경제를 오로지 시장에 맡길 때 이루어진다. 신자유주의의 기본주장 가운데 하나인 이른바 작은 정부이론이란 경제에 대한 국가의 개입을 최소화하라는 주장이다. 신자유주의가 이처럼 경제문제에 국가의 역할을 최소화하겠다는 것은 경제문제로부터 공공성을 배제하겠다는 것과 같다. 국가의 역할이 자본의 자유를 지키기 위해 필요한 한에서만 요구되고, 그 이외의 모든 공공적 활동이 부적합하고 비효율적인 것이라 배척되는 곳에서 공화국은 존립할 수 없다.

철학적으로 보자면 신자유주의는 경제적 욕구를 모든 다른 욕구들보다 상위에 두고 경제적 이익이 다른 어떤 공공적 이익보다 더 가치 있는 것이라 믿는 세계관을 그 바탕에 두고 있다. 이에 따르면 인간의 모든 활동은 그것이 경제에 얼마나 보탬이 되느냐에 따라 그 가치가 평가된다. 이를테면 학문이나 예술 또는 문화의 가치조차 그것이 얼마나 많은 경제적 이익을 가져다주느냐에 달려 있는 것이다. 고대그리스적 세계관과 비교하면 이런 세상은 물구나무 선 세계이다. 고대인들이 인간만이 추구할 수 있는 문화적 활동을 위해 경제적 안정을 필요로 했던 데 반해, 우리는 거꾸로 모든 고귀한 활동이 돈을 벌기 위한 수단으로 전락한 세상에서 살기 때문이다. 학문과 예술 그리고 다른 모든 문화적 활동은 보편적 향유를 위해 추구되는 것으로서 그 자체로서 공공적인 활동이다. 그러나 재산은 남과 나누기 위해서가 아니라 자기만을 위해 축적되는 것이다. 그런 까닭에 돈을 버는 것이 삶의 목적이 되어버린 사회에서는 나라의 공공성이 온전히 관철될 수 없다. 그때 국가의 모든 기관과 그 활동은 개인의 사사로운 경제적 이익을 지켜주기 위한 수단으로 전락한다. 이런 상황에서 국가가 추구해야 할 공공적 과제가 잊혀지고 소홀히 다루어지는 것은 너무도 당연한 일이다.

예를 들면 교육은 국가가 책임져야 할 가장 중요한 과제이다. 그러나 신자유주의는 공공재의 축소를 핵심적인 실천과제로 삼는데, 교육 역시 예외가 아니다. 원래 고전적 자본주의 경제이론은 교육을 공공재(public goods)로 분류하여, 국가가 책임져야 할 과제로 보았다.[24] 하지만 고전적 자유주의 경제학이 교육을 공공재로 간주하고 정부가 책임져야 할 일로 설정한 것은 엄밀하게 말하자면 교육의 전 과정이 아니라 대개 초등교육을 두고 한 말이었다. 자본주의가 교육을 염려하는 것은 인간의 자기실현이 아니라 양질의 노동력의 공급에 대한 관심 때문인데, 초창기 자유주의 경제학자들은 이를 위해서는 초등학교 교육으로 충분하다고 생각했던 것이다.[25] 아담 스미스는 초등교육이 정부에 의해 공공적으로 운영되어야 한다는 것을 어쩔 수 없이 인정하면서도, 그것이 교육을 필요로 하는 사람들의 자발적인 기부에 의해 운영되는 것이 온당하고 유리하기까지 하다고 말한다.[26] 이처럼 할 수 있는 한 공공재를 위한 지출을 줄이려는 것이 자본주의경제학의 본래적 경향성인데, 오늘날의 신자유주의는 그것의 가장 극단적인 형태라 할 수 있다. 그것은 자본의

---

24) "공공재란 행정, 국방, 치안, 무료의 사회간접자본(도로, 항만, 학교 등)과 같이 공동으로 생산하여 공동으로 소비하는 재화를 말한다. 공공재는 시장에서 개별소비자들에게 일일이 돈을 받고 파는 것이 곤란하므로 시장에만 맡기면 공급부족이 발생하기 때문에 일반적으로 정부에 의한 생산이 불가피한 재화이다. 스미스도 공공재란 말을 사용하지 않았으나 공공재를 국가가 공급해야 한다고 지적하였다."(이근식, 『자유주의 사회경제사상』, 한길사, 1999, 157쪽). 일반적으로 경제학교과서에는 어김없이 교육이 공공재의 하나로 제시된다. 예를 들어 조순, 『경제학원론』(법문사, 1987, 6, 379, 451쪽) 참조.

25) 아담 스미스와 존 스튜어트 밀(John Stuart Mill)은 모두 교육이 공공재임을 인정했으나, 국가가 책임져야 할 교육은 초등교육만이라고 생각했다. 이에 대해서는 애덤 스미스, 『국부론』(하권, 최호진·정해동 옮김, 범우사, 2003, 336쪽 이하); 이근식, 『자유주의 사회경제사상』(한길사, 1999, 296쪽 이하) 참조.

26) 아담 스미스, 같은 책, 403쪽. "교육 및 종교상의 교화를 위한 제시설의 경비도 물론 마찬가지로 전사회에 유익하므로 이를 전사회의 일반적 공납에 의해서 조달하는 것은 말할 나위도 없이 부당하지 않을 것이다. 그러나 이 경비도 또한 그러한 교육 또는 교화에 의하여 직접으로 이익을 받는 사람들, 즉 이 교육과 교화의 어떤 것을 받을 필요가 있다고 생각하는 사람들의 자발적 공납에 의해서 조달하는 것이 아마도… 온당하고 유리하기까지 할 것이다."

자기증식 이외에는 어떤 가치도 인정하지 않으려는 순수한 자본주의 또는 절대자본주의인 것이다. 자본은 그 자체로서는 자기증식 이외에는 노동하는 인간에 대한 아무런 배려나 관심도 가지고 있지 않으며, 그런 까닭에 노동의 재생산에 필요한 필수경비 이외에는 사람을 위해 아무것도 더 지불하지 않으려 한다. 그런 자본의 입장에서 보자면 보편적 공교육을 위한 공공적 지출은 공연한 낭비일 뿐이다. 그리하여 자본은 할 수 있는 한 교육에 투입되어야 할 재원을 줄이려 하는데, 현재 노무현정부는 그나마 얼마 되지 않는 국공립 중등 및 고등 교육기관을 신자유주의의 원칙에 충실하게 민간에 떠넘기는 것을 일관된 교육정책으로 삼고 있다.

그리고 그것이 경쟁력과 효율성이라는 경제주의 이데올로기에 의해 뒷받침되고 있다는 것은 결코 우연한 일이 아니다. 하지만 자본주의에서 말하는 경쟁력과 효율성이란, 아무리 고상한 외관을 띠고 나타난다 하더라도 그 본질에서 보자면 자본증식의 효율성 이외에 다른 것일 수 없다. 그리하여 자본이 교육의 효율성을 말한다면 그것은 교육을 통한 직접·간접적인 자본증식 또는 이윤추구를 고상하게 에둘러 표현한 것에 지나지 않는 것이다. 정부는 경쟁력과 효율성의 이름으로 교육기관을 가능한 한 민간에 맡기려 하지만 교육기관을 인수한 개인은 교육기관이 자기 개인에게 경제적 이윤을 창출하지 않는다면 그것에 대해 관심을 가질 까닭이 아무것도 없다. 유럽이나 미국에서는 교육기관이 민간에 의해 운영된다 하더라도 시민사회의 공공성의 전통이 교육기관이 영리법인으로 타락하는 것을 막아줄 수 있었으나 한국처럼 처음부터 공공성의 정신이 결여된 나라에서 경제적 효율성과 경쟁력의 이름으로 교육기관을 민간에 맡기기 시작하면, 교육사업이란 문자 그대로 오직 이윤추구를 위한 사업이 될 뿐이다. 이미 자본주의경제학이 충실하게 가르쳐왔듯이 모든 재화는 공공재가 아니면 사유재이다. 만약 교육이 공공재일 수 없다면 그것은 더도 덜도 아니고 사유재일 뿐이다. 하지만 사유재가 그것을 소유한 개인에게 사사로운 이익을 가져다주지 않는다면 그것이 무슨 가치를 가질 수 있겠는가? 그런즉 오늘날 신자유주의가 공공재의 축소를 목표로 삼는다는 것은 가능한 한 모든 재화를 사유재로 만들고 싶다는 것이요, 그것은 재화의 분배에서 일체의 공공성을 배제하고 싶다는 욕망의 표현 이외에 다른 아무것도 아닌 것이다.

교육의 예에서 볼 수 있듯이 경제적 욕망이 국가운영의 근본원리가 되어버리면, 그것은 어김없이 나라의 공공성을 파괴한다. 그 까닭은 경제적 욕망이 본질적으로 공공성과 대립되는 것이기 때문이다. 경제적 욕망이 인정하고 요구하는 나라의 공공성은 국가가 개인의 사유재산을 지키기 위해 필요한 울타리가 되어주어야 한다는 것이 전부이다. 그 이외의 모든 일에 관해서는 국가가 나서지 않아도 된다. 왜냐하면 돈만 있으면 다른 모든 일이 다 해결되기 때문이다. 이리하여 오늘날 보편화된 절대경제주의 또는 절대자본주의는 공화국으로서의 나라(polis)를 안으로부터 해체하여 가족(oikos)들의 연립체로 해체한다. 어차피 공화국은 없었고 가족 또는 씨족들의 연립체로 존재해온 한국사회에서[27] 이것은 가장 어울리는 국가형태일 것이다.

그런데 이런 경제지상주의의 더 나쁜 점은 경제적 재화의 산출을 다른 사람에게 전가시킨다는 데 있다. 경제적 관심은 노동이나 재화의 산출활동 그 자체에 있는 것이 아니라 오로지 자본의 증식에 있을 뿐이다. 경제적 관심은 공공재를 가능한 한 사유재로 전유하기 원하듯이 마찬가지로 그 사유재의 산출을 위한 모든 수고와 노동을 타자에게 전가시키려 한다. 고대 가정경제에서 이것은 노예경제로 나타났다. 자유인들이 경제적 문제를 가정 단위에서 해결했던 것은 엄밀히 말하자면 자기 스스로 경제문제를 해결했다는 것을 의미하는 것이 아니라 가내노예에게 경제문제를 위탁했다는 것을 의미한다. 그런데 근대 이후 경제문제가 가정일이 아니라 나랏일

___

27) 이 점에 관해서는 김상봉, 『학벌사회: 사회적 주체성에 대한 철학적 탐구』(한길사, 2004, 165쪽 이하) 참조.

이 된 뒤에는 노예경제 역시 국가적 차원에서 관리되었다. 다시 말해 노예를 부리는 일이 이제는 가정의 일이 아니라 전체 국가의 일이 된 것이다. 그리하여 누가 노예가 되든지간에 근대국가는 어떤 식으로든 노예를 조달하지 않으면 안 된다. 구체적으로 말해 노예는 아예 과거 미국의 경우처럼 인간사냥을 통해 조달할 수도 있고, 근대유럽의 경우처럼 제3세계나라들을 통째로 식민지로 만듦으로써 얻어질 수도 있고, 오늘날 우리가 보듯이 이주노동자들을 통해 조달될 수도 있으며, 그도 저도 아닌 경우에는 내부의 약자들을 식민지 또는 노예로 만듦으로써 조달될 수도 있다. 그 방식이 어떠하든 국가가 경제의 주체가 되고 나면, 그것은 어떤 식으로든 노예를 조달하는 것을 가장 중요한 과제로 떠맡게 되는 것이다. 특히 국가가 외부에서 노예를 조달할 수 없을 경우에 제도적으로 내부에 식민지를 만드는 것은 경제적 이익의 추구가 국가의 최고가치가 되어 있는 나라에서는 어김없이 발생하는 현상인바, 바로 이것이 오늘날 한국의 경우라 할 것이다.

5. 에필로그

이런 현실에서 공화국을 위해 무엇을 할 수 있겠는가? 우리는 답을 알지 못한다. 그러나 한 가지 분명한 것은 우리 시대의 절대적 자본주의 또는 경제지상주의가 인간의 사회·정치적 삶의 공공성 또는 공화국과 결코 양립할 수 없는 모순대립관계에 있다는 것을 우리가 명확하게 깨닫지 않는 한, 현재의 파국적 상황을 극복할 수 있는 길을 우리가 찾을 수 없으리라는 것이다. 그러나 무엇을 통해 우리는 그것을 깨닫고 의식할 수 있겠는가? 오직 교육을 통해서일 뿐이다. 하지만 오늘날 한국의 교육은 온통 학벌경쟁에 사로잡혀 있는데, 이것이야말로 모든 학생들을 오로지 자기의 사적 이익만을 추구하는 이기적 인간 곧 순수한 경제적 인간으로

기르는 제도적 장치이다. 그렇다면 우리는 어디서 현재의 경제지상주의에 저항하는 공공적 인간을 길러낼 수 있겠는가?[28]

김상봉(Kim, Sang-Bong) oudeis@hanmail.net
민예총 문예아카데미 교장, 전남대 철학과 교수.
　주요 저서 및 논문으로는 『자기의식과 존재사유』, 『나르시스의 꿈』, 『학벌사회』, 『도덕교육의 파시즘』 등이 있다.

---

28) 한국사회에서 나라와 사회를 염려하는 사람들이 교육에 대해 무관심한 것은 참으로 이해하기 어려운 일이다. 플라톤의 이상국가론이 펼쳐져 있는 그의 대화편 『국가』는 정치철학의 고전이지만 또한 서양 최초의 체계적인 교육철학저서이기도 하다. 이것은 그가 한 나라를 정의롭고 건강하게 세우기 위해서는 다른 무엇보다 먼저 교육제도를 바르게 세워야 한다는 것을 명확하게 의식하고 있었다는 것을 보여준다. 나라를 바르게 세우기 위해서는 나라를 세우는 인간의 정신을 바르게 세우지 않으면 안 된다. 그런데 오늘날 한국의 사회과학자와 지식인들은 바람직한 나라의 형상에 대해서는 고민하면서도, 강준만이나 김경근, 김덕영, 김동춘, 정진상, 홍세화 또는 홍훈 등 소수의 예외적인 경우를 제외하면 정작 그런 이상적인 나라를 만들 주체를 길러내는 교육제도에 대해서는 아무런 고민도 하지 않는다. 이것은 참여사회연구소 주최의 바로 이 토론회가 다른 사회・정치적인 주제는 다루면서 교육문제는 도외시하는 것에서도 확인할 수 있는 일이다. 우리가 정말로 한국사회를 염려한다면 다른 무엇보다 해방 이후 교육제도가 현대 한국사회에 어떤 그림자를 드리웠는지를 먼저 물었어야 했을 것이다. 하지만 아직도 한국의 지식인사회에서는 교육에 대해 말하는 것이 정치・경제적 문제에 비해서는 사소한 일로 치부된다.

민주주의와 한국사회, 1945~2005

김호기

1. 문제제기

이 글의 목적은 해방 이후 지난 60년간 우리 사회에서 민주주의의 변화를 탐색하는 데 있다. 해방 이후 우리 역사를 건국(분단국가의 형성), 경제적 산업화, 정치적 민주화의 과정으로 보았을 때 민주주의는 정치적 민주화와 직접적으로 연관되어 있다. 하지만 민주주의는 건국, 산업화, 민주화를 포괄하는 상위개념인 바, 건국의 목표가 근대민주주의의 형성에 있었다면, 산업화가 갖는 목표 중 하나도 민주주의를 확장하고 심화하는 물적 토대를 제공하는 데 있었다고 볼 수 있기 때문이다. 이런 점들을 고려할 때 우리 민주주의의 역사를 접근하는 방식은 두 가지이다. 먼저 민주주의 이념의 역사를 다루는 방식이 그 하나라면, 민주주의를 산업화와 민주화의 관련 속에서 검토하는 것이 다른 하나의 방식이다. 이 글은 후자의 방식으로 우리 민주주의의 역사를 살펴보고자 한다.

민주주의의 역사를 검토하기 위해 먼저 생각해 보아야 할 것은 민주주의란 무엇인가의 문제다. 사전적인 의미에서 민주주의란 그리스어(語)의 'demokratia'에서 그 기원을 찾을 수 있다. demo(국민)와 kratos(지배)의 두 말이 결합된 민주주의는 '국민의 지배'를 뜻한다. 통상적으로 가장 빈번히 쓰이는 민주주의의 대표적인 유형은 직접민주주의와 대의민주주의이다. 직접민주주의가 모든 국민이 다수결의 원칙 아래 정치적 결정에 직접 권한을 행사하는 방식을 지칭한다면, 대의민주주의는 국민 개개인이 직접 정치결정과정에 참여하지는 않고 국민이 선출한 대표들을 통하여 정치결정 권한을 대리하게 하는 방식을 의미한다. 이외에도 민주주의의 하위유형은 자유민주주의, 사회민주주의, 경제민주주의, 풀뿌리민주주의 등 매우 다양하다. 이런 점들을 고려할 때 어떤 유형에 초점을 맞출 것인가에 따라 해방 60년 동안 한국 민주주의에 대한 평가는 사뭇 달라질 수 있다.

이 글은 기본적으로 한국사회에서의 대의민주주의와 직접민주주의의 발전을 주목하고자 하며, 특히 이 민주주의가 산업화 및 시민사회와 어떤 관련을 맺고 발전해 왔는가에 대한 탐색에 초점을 맞추고자 한다. 민주주의의 역사에서 산업화가 갖는 의미는 이중적이다. 산업화는 장기적으로 민주주의 발전의 물적 토대를 제공하는 동시에 단기적으로는 민주화를 유보하는 경향을 보일 수도 있다. 한편 시민사회는 민주화의 요구가 배태되는 주체이자 공간의 의미를 갖고 있다. 국가와 시민사회가 어떤 관련을 맺느냐에 따라 민주화의 경로에서 대의민주주의와 참여민주주의의 관계가 다양해진다.

우리 사회에서 민주주의의 제도적 도입은 1948년 제1공화국의 등장과 함께 시작되었다. 5월 10일 총선거와 7월 18일 헌법제정을 거쳐 8월 15일 출범한 제1공화국은 대의민주주의가 우리 사회에서 본격화되었다는 점을 상징한다. 흔히 건국이라 칭해지는 민주주의의 제도적 도입은 하지만 제1공화국 출범 이후 숱한 우여곡절을 겪어왔다. 이른바 사사오입개헌을 포함해 일련의 헌법개정이 진행되었고, 1960년 4월혁명 이후에는 잠시

내각책임제가 실시되었으며, 1972년 10월 유신부터 1987년 12월 대통령선거 전까지는 대통령 직선제가 유보되기도 했다. 한국 민주주의의 역사는 한마디로 계속되는 좌절 속에서도 희망을 잉태해온 역사였다고 할 수 있다. 이런 민주주의의 역사에서 필자가 주목하고 싶은 것은 두 가지다.

첫째, 우리의 대의민주주의의 역사적 기원이 자율에 의해서라기보다 오히려 타율에 의해 이식되었다는 점을 주목할 필요가 있다. 서구의 경우에는 민주주의는 시민혁명과 보통선거권 쟁취를 위한 사회운동에서 볼 수 있듯이 국민국가 안에서 민주주의를 발전시켜고자 하는 집합의지의 결과였다. 하지만 우리의 경우에는 그 열망이 대단히 컸음에도 불구하고 해방 이후 외부로부터 민주주의가 이식된 특징을 아울러 갖고 있었다. 민주주의의 이런 이식된 특징은 한국 민주주의의 발전에 지속적인 영향을 미쳐왔는데, 특히 전후 미국에 의해 주도된 자본주의 세계경제는 한국 민주주의의 향방을 결정하는 주요 외생변수를 이루어 왔다. 1987년 민주화 과정 이후에 외생변수가 한국 민주주의에 미치는 영향력은 점차 감소되어 왔지만, 자본주의 세계경제는 여전히 한국 민주주의의 주요한 외적 조건을 형성하고 있다.

둘째, 민주주의의 역사가 제도화와 사회운동의 이중적 과정이라면, 한국 민주주의에서 특히 큰 영향을 미친 것은 사회운동이다. 여기에는 특히 4월혁명과 6월민주화운동이 결정적이었다. 먼저 4월혁명은 이승만 독재정권에 대항하여 민주주의를 요구했으며, 이어 6월민주화운동은 전두환 군사정권의 퇴진과 대통령 직선제를 요구했다. 이런 사회운동의 요구는 민주주의의 제도적 변화를 가져왔으며, 이런 제도적 환경의 변화에 따라 사회운동은 자신의 목표를 재조정해 왔다. '사회운동을 통한 민주주의'라 부를 수 있는 한국 민주주의의 이와 같은 특징은 특히 1987년 이후 민주화 과정에서 두드러졌다. 국가와 시민사회의 관계에서의 한국적 특수성이 주목되는 것도 바로 이런 맥락이다.

2. 산업화와 민주주의

한국 민주주의의 역사에서 산업화와 민주주의의 관계를 잘 보여준 것은 박정희시대였다. 산업화와 민주주의의 관계를 어떻게 볼 것인가에 대해서는 크게 두 가지 시각이 대립해 왔다. 그 하나가 박정희정권이 경제성장에는 성공했지만 정치적 민주주의에는 실패했다는 시각이라면, 정치적 민주주의를 희생시켰기 때문에 경제성장에 성공했다는 시각이 다른 하나이다. 개발독재론이라 부를 수 있는 후자의 시각은 다시 박정희시대 고도성장의 원인이 박정권의 리더십과 현명한 정책에 있다고 보는 견해와 박정권의 친독점자본적 민중배제성·민중억압성이 고도성장을 가능케 했다는 견해로 나누어진다.[1] 이런 여러 견해 가운데 마지막 견해가 적실성이 높지만, 박정권의 경제성장의 원동력은 앞서 지적했듯이 세계자본주의의 국제적 환경, 토지개혁과 냉전분단체제의 역사적 조건, 그리고 강력한 국가의 역할과 풍부한 노동력 등 내외 요인들의 복합적인 결합에서 찾을 수 있다.

경제성장과 민주주의의 관계를 둘러싼 핵심적인 이슈는 민주주의 정치체제로는 경제성장을 달성할 수 없었는가의 반사실적(counter-factual) 가정, 다시 말해 초기 자본주의 산업화에 권위주의 정치체제가 불가피한 것인가의 문제이다. 사실판단의 수준에서 볼 때 이 문제에 대한 역사적 근대화의 다양한 경험은 비관적이다. 세계시장으로부터 가해지는 주변화 압력을 극복하고 추격 발전을 성취하기 위해서는 재분배 압력으로부터 자율성을 부여하고 단기적 이익을 희생시킬 수 있는 고도의 중앙집권적인 국가기구가 불가피했으며, 이러한 권위주의 국가는 정치적 민주주의를 유보시키는 경향을 보여왔기 때문이다. 독일과 일본으로 대표되는 후발자본주의의 발전이 그러했으며, 구소련과 중국으로 대표되는 국가사회주의 발전도 예외는 아니었다는 점은 그 역사적 증거사례가 되고 있다.[2] 요컨대

---

1) 손호철, 『해방 50년의 한국정치』, 새길, 1995, 147~48쪽.
2) Menzel, U. and D. Senghaas, *Europas Entwicklung und die dritte Welt*, Frankfurt: Suhrkamp,

저임금 장시간 노동에 기반한 외연적 축적체제가 계급타협적인 국가보다
는 폭력적이고 억압적인 국가와 양립할 수 있는 '선택적 친화성'이 높은
것처럼 보인다.

여기서 필자는 경제성장과 민주주의의 관계에 대한 사실과 규범의 긴장
을 주목한다. 그것은 권위주의가 민주주의보다 경제성장에 효율적이라고
해서 민주주의를 유보하고 권위주의를 선택해야 하는가, 다시 말해 경제성
장, 질서와 안정이 인권, 정치적 자유 및 시민적 권리보다 중요한 것인가의
문제이다. 역사해석이 간단하지 않은 것은 그것을 판단하는 시점(時點)에
있다. 1967년에 지식인을 대상으로 이루어진 한 사회조사는 흥미로운
결과를 제시한다.[3] 한국의 실정을 보아 근대화에서 가장 중요하다고 생각
되는 것은 무엇인가라는 질문에 '공업화 내지 산업화'(29.6%)와 '국민
생활수준의 향상'(22.6%)이 압도적인 비중을 차지하고 있는 반면에, '정치
제도의 민주화'(7.1%)와 '생활의 합리화 및 과학화'(13.0%)는 그 중요성이
낮게 평가되고 있다. 더욱이 '경제발전을 위해서 개인의 자유를 희생시킬
수 있다'(60.7%)는 점을 다수가 인정하고 있는 조사결과는 당시 근대화에
대한 인식을 단적으로 보여준다.

이것이 의미하는 바는 다름 아닌 60년대 당시 산업화가 압도적인 중요성
을 갖고 있었다는 점이다. 한국전쟁에 대한 생생한 기억은 질서와 안정에
대한 희망을, 보릿고개의 암울한 현실은 경제성장에 대한 간절한 열망을
낳았으며, 이러한 희망과 열망은 위로부터의 국가적 동원을 통한 산업화에
유리한 정신적 토양을 제공한 것으로 보인다. 그러나 경제성장에 성공했다
고 해서 박정권의 권위주의에 일방적인 면죄부를 주기는 어렵다. 정치적
권위주의와 초기 자본주의 산업화 사이에 베버가 말한 바 있는 '선택적
친화성'이 있고 다수가 경제성장을 열망했다고 해서 우리가 모든 권위주의

1986.
3) 홍승직, 『지식인과 근대화』, 고려대 사회조사연구소, 1967, 161, 176쪽. 이 조사는 대학교수
   761명과 기자 754명을 대상으로 이루어졌다.

를 사후 정당화할 수 있는 것은 아니다. 그것은 현재의 시점에서 과거의 역사를 쉽게 재단해버리는, '경제성장이냐 민주주의냐'의 양자택일적 사고의 오류이며, 또한 결과론적 역사해석이다. 지나간 '역사적 현재'는 죽어 있는 시간이 아니라 열려 있는 선택의 공간, 부르디외가 말하는 '가능성의 공간'이기 때문이다. 중요한 것은 과연 박정권이 경제적 효율성과 민주적 자율성을 결합시키는 데 얼마나 노력을 경주했는가에 있다. 3선개헌에서 10월유신에 이르는 절차적 민주주의마저도 부정되는 일련의 정치변동과 70년대 유신체제의 암울한 권위주의는 박정권이 얼마나 비민주적이었는 가를 단적으로 보여준다.

한 걸음 물러서서 볼 때 산업화와 민주주의의 이슈는 경험적 문제이기도 하지만 이론적 쟁점이기도 하다. 그것은 경제가 발전하면 민주주의를 실현할 가능성이 높아진다는 근대화론의 기본 가설에 연관된 문제이다.[4] 거시적인 시각에서 경제성장과 민주주의는 정합적인 상관관계를 보여주고 있으나, 두 요인 사이에는 여러 매개변수들이 존재한다. 다시 말해, 자본주의 산업화는 점차로 시민사회의 밀도를 증대시키는 바, 시민사회의 이러한 성장은 피지배계급들의 정치적 조직화를 위한 기반을 형성할 뿐만 아니라 노동자계급을 국가의 압도적 권력에 대한 하나의 견제세력으로 등장시킨다.[5] 이러한 역사적 경험이 의미하는 바는 경제성장과 민주주의

---

4) Lipset, S., *Political Man: The Social Bases of Politics*, Baltimore: Johns Hopkins University Press, 1980.

5) Ruschemeyer, D., E. Stephens and J. Stephens, *Capitalist Development and Democracy*, Chicago: The University of Chicago Press, 1992(박명림 · 조찬수 · 권혁용 옮김, 『자본주의 발전과 민주주의』, 나남). 시민사회의 역사적 형성과정을 국가, 자본주의, 계급구조와의 관련 속에서 검토하고 있는 것은 루쉬마이어, 스티븐스, 스티븐스의 기여이다. 이들은 시민사회를 "그 특성이 반드시 엄밀하게 생산연관적이거나 정부 혹은 가족과 연관된 것이 아닌, 공식적이고 비공식적인 사회적 제도들과 결사체들의 총체"라고 정의하고 (Ruschemeyer, Stephens and Stephens, 1992, p. 30), 거시적인 비교연구에 기반하여 그 역사적 형성과정을 분석하고 있다. 이들에 따르면, 자본주의 발전은 도시화를 낳고 노동자들을 공장으로 집결시킬 뿐만 아니라 의사소통과 운송수단을 발전시키며 문자해독률을 증대시킴으로써 시민사회를 성장시킨다. 다시 말해, 자본주의 발전은 이중적인 사회적 결과를 낳는데, 그 하나는 노동자계급과 중간계급의 조직 및 조직적 능력을 강화함으로써 계급역량의 균형을 변형시키며, 다른 하나는 시민사회의 밀도(이차집단의 강도)가

의 관계에는 그 매개변수로서 시민사회의 성장과 노동자계급의 형성이라
는 주체적인 조건이 중요하다는 점이다.

그 장기적인 추세에도 불구하고 중기적이고 단기적인 민주화의 경로는
개별국가에 따라 역전되고 후퇴할 가능성이 존재한다. 그것은 기존의
지배체제가 위기에 직면한 특정국면에서 지배블록과 피지배블록의 세력
관계의 균형에 따라 민주화의 방향이 결정되기 때문이다. 박정권하에서
시민사회와 노동자계급의 피지배블록은 여러 사회운동을 지속적으로 전
개해왔음에도 불구하고 지배블록에 필적할 정도로 아직 성숙되어 있지
않았다. 또한 한국 부르주아지 계급은 민주주의에 친화적이지도 않았으며,
오히려 권위주의 정권의 가장 충실한 동맹세력이었다.[6] 이 점에서 '부르주
아지 없이 민주주의는 없다'는 무어의 가정은 적어도 한국의 경우 적실성이
없으며, 동시에 경제성장이 민주주의의 발전에 기여한다는 근대화론의
가정도 시민사회와 노동자계급의 성장을 매개변수로 전제할 때 타당하
다.[7] 1960~70년대 박정권이 추진한 산업화의 내부 동학에는 민주화의
씨앗이 배양되고 있었다.[8] 이렇게 배양된 시민사회의 민주주의에 대한
열망은 또 하나의 억압적 권위주의 지배를 거친 다음 1987년 6월 민주항쟁

증가하여 국가권력의 대항축을 형성함으로써 민주주의를 발전시킨다는 것이다. 이러한
이론화는 자본주의와 민주주의의 정합적 상관관계를 강조하는 립셋(Lipset, 1980)의
논의나 경제구조에 상응하는 계급연합이 민주주의 관건이라는 무어(Moore, B., *The Social
Origins of Dictatorship and Democracy*, Boston: Beacon Press, 1966)의 논의를 계승하는
것이지만, 민주주의 발전에서 노동자계급의 역할을 부각시키고 다양한 변수들의 복합적
상호작용을 강조한다는 점에서 립셋과 무어의 논의를 넘어서고 있다. 이들에 따르면,
국가, 시민사회, 자본주의, 민주주의의 상호관계에서 주목할 것은 국가-시민사회와 사회계
급 사이의 상호관계는 매우 복합적이며, 그것이 민주주의에 반드시 유리한 조건만을
형성하는 것은 아니라는 점이다. 국가가 처음부터 노동자계급을 통제하거나 제한하려고
시도했던 라틴아메리카 농업수출경제의 경우 산업화의 정치·사회적 결과가 약한 노동운
동과 민주화에 압력을 행사할 수 없는 무기력한 시민사회로 나타났던 것은 그 대표적인
사례라고 볼 수 있다(Ruschemeyer, Stephens and Stephens, 1992, p. 286).
6) 신광영, 「시민사회 개념과 시민사회 형성」, 유팔무·김호기 편, 『시민사회와 시민운동』,
한울, 1995, 115쪽.
7) 정상호, 「한국의 산업화와 민주주의: 1961-1979」, 『정치비평』 제1호, 1996.
8) 김호기, 『현대 자본주의와 한국사회』, 사회비평사, 1995.

으로 분출했다.

3. 시민사회와 민주주의

주지하듯이 근대 민주주의는 정치적 결정에 대한 통제를 선거나 투표를 통해 다른 사람에게 양도하는, 즉 권력을 위임하는 대의민주주의를 근간하고 있다. 하지만 대의민주주의 아래에서 정치권력에 대한 통제는 제한적으로만 행사되기 때문에 시민들의 자율성이 침해당할 가능성이 상존한다. 또한 대의민주주의에 내재되어 있는 권력의 집중화와 관료제의 심화 경향은 상향적 의사결정 구조를 약화시켜 왔다. 이 때문에 민주적 자율성을 실현하기 위해서는 평등한 구성원으로서 집단적 의사결정에 참여할 수 있는 권리가 보장되어야 하는데, 참여민주주의는 그 구체적인 방법이라고 할 수 있다.[9] 더욱이 참여민주주의는 그 참여과정을 통해 시민들을 책임감 있는 정치적 주체로 만드는 교육적 가치를 갖고 있을 뿐만 아니라, 자신이 속한 공동체에의 결속의식을 높이는 사회통합의 효과를 낳는 장점을 갖고 있다.[10]

---

9) Pateman, C., *Participation and Democratic Theory*, Cambridge: Cambridge University Press, 1970.

10) 그러나 참여민주주의에 대한 이런 강조가 직접민주주의의 일방적인 확산만을 의미하는 것은 아니다. 직접민주주의는 현대사회에서 제한된 중요성을 가질 수밖에 없는데, 모든 국민들이 자신에게 영향을 미칠 결정을 내리는 데 능동적으로 참여하기란 불가능한 경우가 많기 때문이다. 오히려 시민사회에 기반한 다양한 참여민주주의 실천이 정치 · 경제 영역의 제도적 민주화와 병행할 때 민주주의는 한층 심화되고 확장될 수 있다. 국가와 시민사회의 관계에 대한 이중민주화(double democratization)는 바로 이것을 말한다 (Held, D., *Models of Democracy*, Cambridge: Polity, 1987; Keane, J., *Democracy and Civil Society*, London: Verso, 1988; Cohen, J. and A. Arato, *Civil Society and Political Theory*, Cambridge: The MIT Press, 1992). 이중민주화 기획에 따르면, 국가의 과도한 개입에 대항하기 위해서는, 한편에서 새로운 정체성 · 규범 · 연대를 위한 아래로부터의 광범위하고 자발적인 사회운동이 활성화되어야 하며, 다른 한편에서 현대사회의 복합성과 국가 · 경제에 대한 직접적인 통제 불가능성을 고려하여 제도적 차원의 개혁 또한 필수불가결하다. 여기서 특히 현대 국가와 경제를 시민사회의 통제 아래에 둘 수 있는 직접적인

　사회운동은 바로 이 참여민주주의의 구체적인 방법이며, 특히 민주주의가 유보되거나 후퇴되었을 때 민주화운동으로 분출하게 된다. 시민사회는 바로 이 사회운동이 일어나고 진행되는 공간이다. 한국 민주주의의 역사에서 주목할 것은 사회운동이 민주주의 발전의 주요 원동력이 되어 왔으며, 그것은 대의민주주의를 부정한 독재권력에 대항하는 민주화운동, 다시 말해 국가에 저항하는 시민사회로 나타났다는 점이다.

　해방 이후 지난 60년간 민주화 역사를 돌이켜보아도 한국 민주주의를 이끌어왔던 주요 축은 엘리트와 준(準)엘리트의 갈등이 아니라 국가와 시민사회의 대립이었다. 1960년 4월혁명, 1987년 6월민주항쟁, 2000년 낙천·낙선운동(이하 낙선운동) 그리고 2004년 탄핵사태와 촛불시위에 이르기까지 국가에 대한 시민사회의 저항은 한국 민주주의의 보루이자 주체로서의 역할을 담당해 왔다. 4월혁명과 6월민주항쟁이 독재를 거부하고 민주주의를 열망했던 시민사회의 '폭발'이었다면, 낙선운동은 10년이 넘게 지체돼왔던 민주주의 공고화를 위한 시민사회의 '부활'이었다. 이 가운데 특히 6월민주항쟁은 오랜 군사독재를 종식시키고 민주주의로의 이행을 열었다는 점에서 한국 민주주의의 최대의 전환점으로 평가할 수 있다. 그렇다면 우리 사회 민주화 과정에서의 국가와 시민사회의 관계를 어떻게 볼 수 있는가.

　6월민주항쟁 이후 우리 사회 민주화 과정의 방향과 성격에 지대한 영향을 미친 것은 국가와 시민사회의 관계이다. 먼저 거시적인 맥락에서 보면, 우리의 현대사에서 국가와 시민사회의 관계는 이른바 '국민투표제적 민주주의'의 성격을 강하게 드러내왔다.[11] 국민투표제적 민주주의란 상이한 계층적·기능적·직업적 이해관계를 인정하지 않고 국가와 국민을 직접 연결하려는 정치체제를 말하는데, 무엇보다 국가와 시민사회를 매개하는

　사회적 행위는 없다는 점을 고려해 볼 때 국가와 경제의 민주화는 바람직한 시민사회의
　형성과 안정화에 중요한 전제조건이 된다고 볼 수 있다.
11) 최장집, 『한국 민주주의의 조건과 전망』, 나남, 1996.

정치사회 곧 정당정치의 빈곤으로 특징지어진다. 이러한 국민투표제적 민주주의하에서 국가권력은 자연 거대해지고 권위주의적 통치경향이 두드러질 수밖에 없었으며, 그 귀결점이 1987년까지 이어진 군사독재였다.

1987년 6월민주화운동은 이러한 권위주의 정치체제를 민주화할 수 있는 중대한 전환점이었다. 시민사회의 민주화 요구 앞에 국가권력은 굴복할 수밖에 없었으며, 이에 국가는 지배의 정당성과 통치력을 회복하기 위해 시민사회의 동의를 구하는 전략으로 선회하였다. 그러나 6월민주항쟁 이후 정치개혁에 대한 시민사회의 지속적인 요구에도 불구하고 정치민주화는 지체되어 왔는데, 우리사회의 특수한 역사·사회적 조건, 지역주의적 정치행태, 그리고 민주화세력의 점진적인 약화 등이 그 주요원인이었다. 따라서 위로부터 추진된 정치민주화란 1980년대와 1990년대 라틴아메리카 국가들에서 볼 수 있는 '위임민주주의'와 '초대통령주의'와 같은 새로운 형태의 권위주의 정치체제에 머물러 있었다.[12] 6월민주항쟁 이후 시민운동이 성공할 수 있었던 주요 배경의 하나도 바로 여기에 있는데, 곧 국가와 시민사회를 매개할 수 있는 정당정치가 낙후되어 시민단체가 오히려 기존 정당을 대신, 이른바 준(準)정당으로서의 역할을 담당해온 것으로 볼 수 있다.

더불어 단중기적으로 6월민주화운동 이후 진행된 시민사회의 분화 또한 시민운동의 부상에 커다란 영향을 미쳤다.[13] 1987년 이전의 사회운동은 군부독재에 대항하는 민주화운동이라는 큰 목표 때문에 민중운동과 시민운동 또는 급진노선과 온건노선간의 차이가 명확하게 부각되지 않았다. 하지만 시민사회의 '폭발' 이후 민주주의 절차들이 제한적으로 도입되면서

---

12) O'Donnell, G., "Delegative Democracy," *Journal of Democracy*, Vol. 5 No. 1, 1994; Oxhorn, P. and G. Ducatenzeiler, "Economic Reform and Democratization in Latin America," in P. Oxhorn and G. Ducatenzeiler(eds.), *What Kind of Democracy? What Kind of Market?*, University Park: Pennylvania State University Press, 1998.
13) 조희연, 『한국의 민주주의와 사회운동』, 당대, 1998; 김호기, 『한국 시민사회의 성찰』, 아르케, 2006(근간).

기존의 사회운동 세력 사이에 운동의 주체, 목표, 방식, 정세에 대한 평가의 차이가 나타났으며, 이에 따라 민중운동과 시민운동간의 노선분화가 진행되었다. 민주주의 이행을 경험하는 제3세계 국가들에서 빈번히 관찰되는 이러한 분화경향은 일반적으로 시민사회 내의 온건파와 급진파 간의 분화로 나타나며, 우리 사회의 경우 급진파는 기존의 민중운동을 고수한 반면에 온건파는 시민운동을 선호하는 것으로 나타났다.

이와 함께, 1980년대 중·후반 한국 자본주의의 구조변화 또한 시민사회의 변동에 중대한 영향을 미쳤다. 곧 주변부 포드주의 축적체제의 확립은 6월민주화운동에 따른 정치적 개방 속에서 이제까지 사회운동에서 간과되어온 환경, 교육, 여성, 지방자치, 의료, 교통, 인권 등 새로운 이슈들에 대한 관심을 증대시켰으며, 이에 따라 이러한 이슈들을 담당하는 다양한 시민단체들이 대거 결성되었다. 국가와 시민사회의 이러한 새로운 다층적인 구도형성은 우리의 정치현실에서 매우 중요하다고 볼 수 있는데, 시민사회의 분화와 이와 연관된 사회운동의 분화는 민주주의 이슈를 시민사회 내 다양한 영역으로 확산시키는 계기를 제공하고 민주주의의 사회적 기반을 확대해 왔기 때문이다.

우리 사회 민주화 과정에서 국가 대 시민사회의 구도가 다시 한번 크게 영향을 미친 것은 2004년 탄핵사태이다. 한마디로 탄핵사태는 '1987년 협약'의 위기라 할 수 있는데, '1987년 협약'이란 보수세력과 진보세력 간에 맺어진 민주화에 대한 일종의 약속이며, 이 약속의 핵심은 민주주의 절차와 규칙에 대한 존중에 있었다. 탄핵사태의 본질은 2002년 대통령선거 결과에 대한 민주적 승복이 제대로 이루어지지 않았으며, 한나라당을 포함한 야당들이 이를 정략적으로 이용했다는 데 있다. 문제의 발단이 된 대통령 발언에 대한 논란이 없지 않았다 하더라도 그것이 탄핵사유가 되기 어렵다는 것은 국민 대다수, 다시 말해 시민사회의 중론(衆論)이었다. 탄핵사태가 4월총선에서 어떤 결과를 낳았는지는 정치사회에 대한 시민사회의 대항을 상징적으로 보여주었다.

여기서 주목할 것은 이런 시민사회를 이루고 있는 것은 엘리트집단이 아니라 시민으로 대표되는 다양한 사회집단들이라는 점이다. 생산현장의 노동자계급과 '넥타이부대'의 중간계급은 물론 여성·노인·청소년 등을 포함한 다양한 사회적 약자들이 이 시민사회 안에 포괄되어 있다. 민주주의의 핵심이 소수가 아닌 다수에 의한 의사결정의 제도화에 있다면, 4월혁명, 6월민주항쟁, 낙선운동, 그리고 탄핵에 대항하는 촛불시위는 이런 시민사회의 구성원들이 절차적 민주주의를 성취하기 위해 벌였던 최소한의 행동이기도 했다. 비록 군사쿠데타로 좌절되었다 하더라도 제2공화국을 등장시키고, 노태우정권을 거쳐 두 번에 걸친 문민정부를 출범시킨 기본 원동력은 바로 이런 시민사회에서의 광범위한 사회운동에 있었다고 볼 수 있다.

'사회운동을 통한 민주주의'라고 부를 수 있는 이런 민주화 과정은 명암을 갖고 있다. 먼저 이런 민주화의 경로는 대의민주주의의 문제점을 시민사회의 정치적 참여를 통해 해결하고자 했다는 점에서 참여민주주의의 발전을 가져왔다. 오늘날 참여민주주의의 중요성이 새삼 강조되는 점을 고려할 때 시민사회를 정치화하고 참여민주주의를 활성화하는 데 크게 기여해 온 우리 사회운동은 민주주의 발전의 중요한 사회적 자산을 이루고 있다. 하지만 다른 한편, 한국 민주주의는 사회운동을 통해 제기된 정치적 이슈들이 정당정치의 저발전으로 인해 제대로 반영되지 못하는 제도화의 문제를 안고 있다. 2004년 4월총선을 통해 정치사회가 해방 이후 처음으로 보수, 중도, 진보로 삼분구도를 이루었지만, 시민사회와 정치사회의 조응관계는 정치사회의 진보영역이 취약한 비대칭적인 특성을 보여준다. 87년민주항쟁 이후 냉전분단체제가 빠른 속도로 변화되어 왔지만, 여전히 정치사회에는 상당한 영향을 미치고 있으며, 이는 민주주의 공고화에 주요한 걸림돌의 하나가 되고 있다.

4. 결론

최근 한국 민주화 과정에 대한 평가는 긍정적인 부분보다는 부정적인 측면이 두드러진다.[14] 1987년 이후 민주화가 진행되어 왔음에도 불구하고 절차적 민주주의에서 실질적 민주주의로의 심화가 제대로 이루어지지 않고 있기 때문이다. 민주화는 군사독재에 대한 투쟁에서 시작되었지만, 그 과정에서 민주화는 세계화라는 새로운 변수와 대면해 국민 다수의 삶의 질을 정체시키거나 악화시켜온 것으로 보인다. 세계화와 민주주의의 관계는 간단치 않다. 세계화는 한편으로 시장의 원리와 이에 기반한 신자유주의적 정책들을 강제함으로써 민주주의의 이상인 평등성을 훼손시키는 동시에 다른 한편으로는 보편주의와 이에 기반한 코스모폴리타니즘을 강화함으로써 지구적 민주주의를 확산시키기도 한다. 다만 이런 두 가지 경향에서 후자의 흐름보다는 전자의 흐름이 두드러지며, 그 결과 민주주의는 더딘 발전을 경험하지 않을 수 없게 된다. 우리사회 민주주의는 바로 이런 새로운 시험대 위에 올라서 있다고 볼 수 있다.

더불어 주목할 것은 세계화의 또 다른 측면인 정보화가 민주주의에 미치는 영향이다. 정보사회의 도래는 온라인 시민사회와 공론장을 창출해 왔으며, 이 온라인 공간의 등장은 새로운 참여민주주의의 공간을 이루어 왔다. 우리 사회에서 2002년 대선과 2004년 탄핵시위에서 온라인 공간은 위력을 떨친 바 있다. 온라인 공간에서의 참여민주주의의 확장이 미치는 영향은 이중적이다. 그것은 한편에서 '영향력의 정치'[15]의 새로운 수단으로써 대의민주주의의 한계를 보완하는 동시에 다른 한편에서는 대의민주주의의 영역을 경우에 따라서는 침범할 가능성을 보여주기도 한다. 특히 경제적 세계화가 강화시키는 민족주의적 경향은 온라인 공론장에서 국수주의적 흐름으로 나타날 수 있으며, 이미 그런 징후들은 발견돼 오기도

---

14) 최장집, 『민주화 이후의 민주주의』, 후마니타스, 2002.
15) Cohen, J. and A. Arato, 앞의 책.

했다. 아직까지는 온라인 공론장이 참여민주주의 확장에 기여해온 부분이 매우 크지만, 세계화의 진행과 함께 온라인 공론장이 민주주의에 어떤 영향을 미칠지는 예단하기 어렵다. 우리 사회 민주주의는 정보사회의 도래라는 또 하나의 시험대 위에 올라 있는 셈이다.

김호기（Kim, Ho-Ki） kimhoki@yonsei.ac.kr
연세대학교 사회학과 교수.
주요 저서와 논문으로는 『한국의 현대성과 사회변동』, 『말, 권력, 지식인』 등이 있다.

해방 60년과 한국사회의 자유주의

정태욱

1. 머리말

광복 60주년을 지나며 자유주의를 생각하면 착잡한 느낌을 지울 수
없다. 명색이 자유주의적 헌정질서를 천명하며 시작한 현대사이지만,
우리의 자유주의는 한편으로는 너무 퇴행적이고 또 한편으로는 너무 홀대
받고 있기 때문이다. 자유주의에 대한 정치적 활용과 왜곡이 만연해 있는가
하면,[1] 그에 따른 반작용으로 자유주의에 대한 불신과 편견이 널리 퍼져,
기실 자유주의의 정신은 희소할 뿐이다.[2] 다시 말하면 우리 자유주의는
한편에서는 재벌옹호의 자유경제기업원에서 '자유주의' 시리즈를 내는가

---

1) 한국우익의 행동논리로서의 반공자유주의에 대한 대표적인 비판으로는 김동춘, 「한국의
   우익, 한국의 '자유주의자': 상처받은 자유주의」(『사회비평』 통권30호, 2001/겨울, 11~
   27쪽)를 들 수 있다. '자유주의의자들'의 폭력성을 그 반민족행위와 좌익경력에 따른
   열등의식의 발로이자 그 결함을 상쇄하고자 하는 반작용으로 보는 것이 흥미롭다.
2) 민주주의와 자유주의를 구분하여 자유주의를 비판하는 지식인 사회의 흐름에 대하여는
   문지영, 「한국에서의 자유주의와 자유주의 연구: 문제와 대안적 시각의 모색」(『한국정치
   학회보』 제38집/2호, 2004/여름, 73~94쪽) 참조. 문지영은 이 글에서 한국사회의 자유주
   의는 공식지배이념인 동시에 저항이념도 됨을 지적하고 있다.

하면, 반공과 개발독재에 기댄『조선일보』가 '자유민주주의'를 전가의
보도로 삼는 데서 알 수 있듯 반공숭미주의 및 정실자본주의와 동일시되고
있으며, 다른 한편에서는 우리 사회의 보수우익의 저속함과 폭력성에
환멸을 느끼는 많은 이들 그리고 사회주의를 염원하는 지식인들에 의하여
자유주의는 비민주적인 부르주아이데올로기이자 기득권의 논리로 간단하
게 타기되고 있다.

이처럼 안팎곱사등이의 상황에서 저성장하고 미발달한 우리의 자유주
의의 현실은 광복 60주년을 지난 우리 역사의 큰 결손이며, 미래 우리
사회의 전망을 음울하게 만드는 요인이라고 생각한다. 다종다기하고 착종
되어 있는 자유주의의 이념이지만 그 합리적 본질을 폭력과 천대로부터의
해방이라고 할 때, 자유주의의 결핍은 우리 사회가 아직 폭력과 천대와의
단절이라는 수준에 이르지 못했음을 뜻한다고 보기 때문이다.

이 글은 그런 점에서 우선 우리 사회에서 자유주의의 복권을 시도하고자
한다.[3] 자유주의가 단순히 반공이나 자본주의의 이념에 그치는 것이 아니
라 국가폭력을 비롯한 모든 의심스러운 권위로부터의 해방을 요구하며
단순한 개인의 자유가 아니라 개인의 역량을 위한 사회적 조건까지 생각하
는 원리임을 그리고 반민주적이고 강자의 편에 서 있기보다 평등한 정치적
참여를 염원하며 모든 차별과 멸시로부터 약자의 진실과 존엄을 지키고자
하는 원리로 해석될 수 있음을 주장하고자 한다.[4]

---

3) 우리 사회에서 자유주의의 논의 특히 자유주의에 헌신을 표하는 논의들은 많지 않다.
실제로 자유주의에 우호적이고 친한 이들도 자유주의자임을 공개적으로 천명하는 경우는
드물다. 그러한 여건에서 이미 오래 전부터 자유주의의 덕목을 선명하게 부각하며 자유주의
자로서의 외로움을 감내하여 온 고종석은 신선한 존재라고 할 것이다.『자유의 무늬』(개마
고원, 2002);『서얼단상』(개마고원, 2002) 같은 그의 저술들은 자유주의적 감수성을
접할 수 있는 좋은 통로라고 생각한다.
4) 자유주의의 개념과 역사에 대한 국내외의 저술들은 헤아릴 수 없이 많으나, 자유주의
일반에 대한 논의를 담은 국내의 저작들만 보면, 우선 자유주의의 개념과 역사에 관해서는
노명식,『자유주의의 원리와 역사: 그 비판적 연구』(민음사, 1991); 이근식,『자유주의
사회경제사상』(한길사, 1999); 이근식·황경식 편,『자유주의의 원류: 18세기 이전의
자유주의』(철학과 현실사, 2003)가 있으며, 신자유주의를 넘어서는 자유주의의 가능성에
대하여는 김균 외,『자유주의 비판』(풀빛, 1997); 이근식·황경식 편,『자유주의란 무엇인

사실 광복 60년의 세월 동안 우리 사회는 자유주의적 측면에서도 많은 발전을 이룩했다고 할 수 있다. 그러나 그에 안주할 수 없음은 자명하다. 오히려 그 자유주의 성과라고 할 수 있는 것도 그 속은 빈약하고 부실하다. 즉 우리 사회는 아직 권위주의, 집단의 논리, 힘의 논리, 폭력과 차별의 만연 등 자유주의와 반대되는 문화가 지배하고 있으며 그로 인해 그 자유주의적 성과라는 것도 언제 어떻게 다시 반자유주의적인 질서에 자리를 내어줄지 모른다는 의구심마저 든다. 그리하여 이 글은 자유주의의 이념적 복권만을 위한 것이 아니라, 오히려 우리 시대 자유주의의 문화의 정착에 대한 염원이기도 하다. 특히 자유주의의 근본이랄 수 있는 자율적이고 충만한 개인, 언제나 진실과 인권에 관해 떳떳함을 잃지 않는 그런 개인들 그리고 그러한 개인들의 연대와 의사소통에 의한 정치질서에 대한 소망의 표현이기도 하다.

2. 자유주의의 개념과 역사

현재 자유주의의 개념에는 여러 다양성이 존재하지만, 필자는 존 롤즈,[5] 로널드 드워킨,[6] 아마티야 센,[7] 주디스 슈클라[8] 등의 자유주의가 서구자유

가: 자유주의의 의미, 역사, 한계와 비판』(삼성경제연구소, 2001)가 있다.

5) 존 롤즈의 자유주의의 3부작은 『정의론』(황경식 옮김, 이학사, 2003);『정치적 자유주의』 (장동진 옮김, 동명사, 1998);『만민법』(장동진 외 옮김, 이끌리오, 2000). 한편 이 3부작을 포괄하는 롤즈의 자유주의에 대한 해설서로는 염수균,『롤즈의 민주적 자유주의』 (천지, 2002); 김만권,『불평등의 패러독스: 존 롤스를 통해 본 정치와 분배정의』(개마고 원, 2004).

6) 로널드 드워킨,『자유주의적 평등』, 염수균 옮김, 한길사, 2005.

7) 센,『자유로서의 발전』, 박우희 옮김, 세종연구원, 2001;『윤리학과 경제학』, 박순성·강신 욱 옮김, 한울아카데미, 1999;『불평등의 재검토』, 이상호·이덕재 옮김, 한울아카데미, 1999.

8) 국내에 번역된 슈클라의 저술은 아직 없다. 그 대표적인 논문으로는 J. N. Shklar, "Liberalism of Fear," Stanley Hoffman ed., *Political Thought and Political Thinkers*, Chicago, London: The Univ. of Chicago Press. 1998, pp. 3~20. 슈클라의 자유주의에 대한 국내의 연구로는 정태욱, 「주디스 슈클라의 자유주의에 대한 연구」(『법철학연구』 제7권/제1호, 2004,

주의의 역사적 정점에 근접해 있다고 본다.[9] 또 이들은 한결같이 노직이나 하이에크 유의 자유지상주의에 반대하고 있으며, 따라서 자유주의 좌파로 분류되고 있다. 그리하여 필자는 이들의 자유주의를 고찰함으로써 우리 사회에 팽배해 있는 '반공자유주의' '자본가자유주의'의 헤게모니와 그 대항규정인 '반민주적 자유주의' '기득권의 논리로서의 자유주의'라는 오용과 불신을 동시에 극복할 수 있기를 기대한다. 그에 따라 필자는 자유주의의 논점을 공포로부터의 자유, 선택과 역량으로서의 자유, 배제의 배제로 정리해보고자 한다.

(1) 공포로부터의 자유

자유주의의 최소한이자 그 정수를 무엇이라고 말할 수 있을까? 슈클라는 그것을 잔혹함과 공포로부터의 자유라고 말한다. 소위 '공포로부터의 자유주의'(liberalism of fear)가 그것이다. 이는 집단 그리고 권위의 이름으로 개개인들에 가해지는 가혹함 혹은 강요된 희생으로부터의 자유를 의미한다. 그 가운데 가장 중요한 것은 바로 국가권력의 문제이다. 정의의 실현을 위하여 공권력을 행사하지만, 그 법적 강제력은 언제 어떻게 폭력으로 돌변할지 모른다는 것이다. 슈클라는 특히 어떤 이상국가와 도덕적 체제를 지향하는 국가 혹은 공동체일수록 그러한 강제와 희생의 정도가 클 수 있음을 경계한다.

공포로부터의 자유라는 소극적 요청을 적극적으로 담아내게 되면 이는 곧 법치주의가 된다. 법을 집행하는 이들이나 법을 따르는 이들이나 모두 같은 법에 복종한다는 원리, 즉 명령자와 수명자 모두 보편적인 원칙인 법 아래 있다는 원리가 그것이다. 이는 법적 강제가 사적인 권력행사로

65~98쪽).

9) 현재 서구의 여러 자유주의들의 지형도에 대하여는 김비환, 『자유지상주의자들, 자유주의자들 그리고 민주주의자들』(성균관대학교출판부, 2005) 참조.

되어 인간적 모욕이나 굴종을 수반하는 것을 거부한다. 이러한 법치주의의 정신은 비단 국가권력에 대한 것만 아니라 자유롭고 평등한 사회질서의 보편적 원리로 확대될 수 있다.

유토피아적 열정을 경계한 슈클라와 마찬가지로 롤즈의 정치적 자유주의(political liberalism)는 모든 근본주의에 대한 반대를 천명한다. 각 사회적 부문들이 나름대로의 세계관을 추구할 수 있지만, 공공질서 혹은 국가는 그러한 세계관의 연장선이 아니라 그러한 세계관이 다른 영역을 침범하는 것을 막아주는 방벽으로 이해되어야 한다는 것이다. 국가는 모든 사상이 공존하는 장이어야지, 특정의 사상을 강요하고 그와 다른 사상과 양심을 배제하는 곳이 되어서는 안 된다는 것이 롤즈의 정의의 제1의 원칙이다.

자유주의의 역사적 기원에 관하여 다툼이 많지만, 롤즈나 슈클라는 근대서구의 종교전쟁의 참상에 대한 반성에서 비롯하였다고 말한다. 내편과 신조가 다르다고 다른 편을 인간으로 취급하지 않는 야만성, 내 편과 네 편의 구분을 존재론적 진리의 구분으로 보아 결국 "to be or not to be"의 싸움으로 몰고 가는 극단주의의 참혹함에 대한 반성이 자유주의의 정신의 원류라는 것이다.[10]

이후 자유주의는 절대주의 국가권력으로부터 개인의 자유를 보호하는 명예혁명, 구시대의 신분제적 멍에로부터 시민을 해방시키는 프랑스혁명 등을 거치며 역사의 주인공으로 등장한다. 그런데 이렇게 서구의 주류사상이 된 고전적 자유주의는 '자유주의'국가들의 제국주의적 침탈과 민족국가 상호간의 적대를 막지 못하였고 결국 두 차례 세계대전을 경험한다. 종교만이 아니라 국가와 민족의 이름으로 개인들을 무참하게 희생시킬 수 있다는 이 불행한 경험은 자유주의에 새로운 각성을 불러일으키고, 마침내 국민국

---

10) 이러한 정신은 일찍이 르네상스와 종교개혁 시대의 자유주의자인 에라스무스에서 절실하게 표현된 바 있다. 에라스무스와 루터의 대립과 논쟁에 대한 생생한 묘사로는 슈테판 츠바이크, 『에라스무스: 위대한 인문주의자의 승리와 비극』(정민영 옮김, 자작나무, 1997) 참조.

가의 영역을 넘는 보편적인 자유와 인권의 개념을 국제적으로 정립하게
된다.

다른 한편 인류의 해방과 자유의 완성을 목표로 진행된 공산주의의
거대한 혁명은 자유주의에 대한 중대한 도전이었다. 공산주의혁명은 사회
의 총체적 개조이자 도덕적 인간형성을 위한 운동이었으며 수많은 이상주
의자들을 열광시켰지만, 결국 그것도 광범위한 국가폭력으로 귀결되고
말았다. 공산주의의 이상의 파탄 위에서 자유주의는 그 존재의의를 다시
확인하였으니, 자유와 인권은 어떤 이념이나 체제의 부속물이 아니라
오히려 모든 체제와 이념에 한계를 설정하는 것으로 보아야 한다는 새로운
성찰이 그것이다.

(2) 선택과 역량으로서의 자유

국가의 폭력을 두려워하는 자유주의는 국가의 간섭에 대해 항상 의심의
눈길을 보내지 않을 수 없다. 윤리적 국가가 되려고 하는 후견적 간섭주의
(paternalism)는 자유주의에서 거부된다. 개인의 인생을 기본적으로 개인
에게 맡기고 국가는 단지 그러한 개인들의 삶이 공존하고 협력할 수 있는
공적 조건만을 다루고자 한다. 공사(公私)의 구분, 국가의 중립성의 명제
가 그것이다. 이런 점에서 개인의 선택을 존중하는 것은 자유주의의 지당한
요청이다.

드워킨도 동의하듯 자유주의는 설사 개인의 선택에 따라 사회경제적
차별이 결과한다고 하여도 그 선택의 자유를 제한하고 국가가 간섭하는
것에 반대한다. 그런데 선택의 자유는 기본적 소유권의 보장과 그 행사(계
약과 같은)의 자유를 의미하는 것이며 따라서 자유주의에서는 그러한
선택의 장으로서 시장의 존재가 불가결한 것이 된다. 시장에서의 선택행위
는 그것이 단지 '분업의 이익' '소비자 잉여' 혹은 '발견의 과정'에서의
이익이라는 공리적인 차원에서만 중요한 것이 아니다. 자유주의는 그것보

다 개인의 존엄이라는 차원에서 그 중요성을 생각한다. 센이 잘 지적하였듯이 시장에서의 자유로운 행위는 곧 신분과 차별로부터의 해방을 뜻할 수도 있고, 개인의 자아실현의 과정으로 이해할 수 있다.

그러나 일찍이 마르크스가 그 자유를 신분에서의 해방이자 재산의 결여라는 의미에서 '이중의 자유'라고 불렀듯이, 공동체로부터의 노동자의 해방은 사적 자본에 의한 예속노동으로 귀결될 수도 있다. 하이에크 같은 이들은 신체적 강제가 수반되지 않으면 그것을 예속으로 보지 않지만, 앞서 말한 우리의 자유주의자들은 그에 동의하지 않는다. 예컨대 센은 노동을 선택할 기회의 부재와 폭력적인 근로형태에서의 자유의 상실을 심각하게 본다. 또한 경제적 자유를 내세워 생명과 건강, 교육 등의 자유를 무시하는 데 찬성하지 않는다. 센은 능력(capabilities)으로서의 자유라는 개념으로 자유의 개념을 아예 수정할 것을 제안한다. 또한 최소수혜자들에게 이익이 될 수 있을 때만 사회경제적 차별이 허용된다는 롤즈의 정의론이나 자원(resources)의 평등을 추구하는 드워킨의 정의론은 자유 자체가 아니라 '자유의 평등'이 자유주의의 이상임을 말해준다.[11]

역사적으로 개인의 선택과 교환의 자유를 시장의 원리로서 체계화한 이는 아담 스미스이다. 그러나 더 거슬러 올라가면 명예혁명기의 이데올로그였던 로크의 노동설에서부터 시작하였는지 모른다. 그는 사소유권을 정당화하였을 뿐 아니라, 화폐를 매개로 한 그 행사의 자유까지도 설파하였기 때문이다. 그런데 그의 소유권론은 원래 개인의 고유성(property)의 차원에서 나온 것으로서 인격의 자유와 연결되어 있다. 또한 몽테스키외도 상업과 교환이 인간성과 평화를 증진시켜줄 것이라고 보았으며, 아담

---

11) 이러한 자유주의가 어떤 사회경제체제를 낳을 수 있을지는 논란거리이다. 롤즈는 재산분유적 민주주의(property-owning democracy)라고 하여 놀라울 정도로 평등주의적 경제체제를 상정한다. 이는 소득재분배를 통하여 결과적인 차원에서 복지의 평등을 지향하는 체제가 아니라 생산자본과 인간자본의 고르고 평등한 소유를 통한 사회적 협력체계를 도모하는 것이다(롤즈, 『정의론』, 21쪽). 하지만 이를 자유주의의 현실로 생각할 수는 없을 것이다. 오히려 롤즈의 정의론 자체도 그렇듯이 자유주의경제체제에 관한 규제적 이념, 즉 현실에 대한 비판의 척도로 보아야 할 것이다.

스미스가 자유시장의 가장 큰 장애로 생각한 것도 다름 아닌 봉건적 구속과 제한이었다고 한다.[12] 그러나 주지하듯이 이러한 자유시장의 논리는 시장의 자유 그리고 결국 자본가의 지배의 자유로 치달았다. 자본의 질주는 사회진화론과 신의 섭리론으로 도그마화되었으며, 스펜서에 오면 정부의 역할이란 소유권과 계약만 보증하는 것에 그칠 뿐 나머지 모든 공적 임무는 부정되어 버린다. 폴라니가 얘기하였듯이 마침내 시장이 사회적 지반으로부터 뛰쳐나가 독립하였음은 물론 오히려 사회를 장악하게 된 것이다.

그러나 그러한 자유방임주의가 자유주의의 종국적 형태는 아니었다. 자유주의 외부에서 자유주의를 부정하는 사회주의가 일어났지만, 자유주의 내부에서도 그 시정을 위한 개혁적 자유주의 나타났다. 존 스튜어트 밀을 연원으로 하는 자유주의의 평등적 재구성은 마침내 19세기 말 신자유주의(New Liberalism)[13]을 형성하기에 이르렀으며, 그것은 이후 영국복지국가의 이념적 연원이 된다. 미국에서도 오랫동안 스펜서와 같은 자유방임주의가 지속되었지만, 루스벨트 대통령 시절의 뉴딜정책을 기점으로 개혁적 자유주의로 이행하였다. 한편 전후독일의 사회적 시장경제질서의 한 축을 이룬 오이켄의 질서자유주의도 자유방임주의와 구분되는 규제적 원칙들을 강조하였다.[14]

(3) 배제의 배제

자유주의는 민주주의와 같은 것은 아니다. 자유주의의 입장에서 민주주의란 개인의 자유와 인권을 보장하기 위한 것이지, 거꾸로 개인의 자유와

---

12) 한편 박순성은 아담 스미스의 자유주의를 자유방임주의와 구분하여 '절제된 자유주의'로 보고 있다(박순성, 『아담 스미스와 자유주의』, 풀빛, 2003).
13) 영국의 신자유주의(new liberalism)에 대하여는 박우룡, 『전환시대의 자유주의: 영국의 신자유주의와 지식인의 사회개혁』(신서원, 2003) 참조.
14) 오이켄의 자유주의와 하이에크의 자유주의의 차이에 관해서는 황준성, 「한국경제에서 하이에키안 자유주의와 오이케니안 자유주의의 비교」(한국경제학회 공동학술대회, 2005) 참조.

인권이 민주주의에 종속될 수 없다고 본다. 자유주의는 설사 민주적인 권력이라고 해도 그 오남용의 위험성을 항상 경계하며, 인권과 자유를 모든 체제와 권력의 한계로 놓고자 한다.

그렇다고 자유주의와 민주주의의 거리를 과장할 필요는 전혀 없다. 고전적 자유주의와는 달리 현재 자유주의에서 민주주의적 권리, 즉 정치적 참여의 권리는 개인의 존엄에 직결된 본질적 권리로 인정되기 때문이다. 롤즈도 고전적 자유주의에서는 양심의 자유나 신체의 자유에 비하여 정치적 자유에 비중을 적게 두었음을 지적한다. 그러나 롤즈는 권력의 자유주의적 정당성은 시민들의 이성적 동의에서 나올 수밖에 없다고 보며, 참여의 원칙을 정의로운 사회의 불가결한 원리로 본다. 롤즈는 나아가 그러한 정치적 자유가 실질적인 것이 될 수 있도록 선거공영제는 물론이고 사회경제적 평등까지도 요구하고 있다. 한편 롤즈에서 정치적 자유는 단지 수단에 불과한 것이 아니고, 사회의 동등한 구성원으로서의 평등한 발언권, 즉 자존감(self-respect)과 관계됨을 기억할 필요가 있다. 슈클라도 미국의 역사에서 선거권은 시민의 자격(standing)으로 이해되었음을 지적한다. 정치적 참여의 권리는 민주주의에 기여한다는 도구적인 차원이 아니라 시민의 자격에서 배제되지 않는다는 인간의 존엄의 차원에서 이해되는 것이다.

이러한 배제의 배제[15]의 논리는 자유주의의 중요한 특성으로서 단지 정치적 영역만이 아니라 모든 사회적 영역에서 차별과 천대를 몰아낼 것을 요구하게 된다. 롤즈의 정의론은 바로 차별이 없는 사회를 염두에 둔 것이다. 롤즈의 정의론은 능력에 따른 사회구성을 추구하는 업적주의를 거부하며, 그의 방법론인 무지의 베일(veil of ignorance)이란 모든 사회적·자연적 특성을 무효화시켜 그것이 차별의 근거로 작용할 수 없도록 하는 기제이다. 슈클라의 자유주의도 낮은 곳으로 임하여 작은 목소리를

---

15) 이 용어는 문성원, 『배제의 배제와 환대: 현대와 탈현대의 사회철학』(동녘, 2000)에서 따온 것이다.

청취하려는 노력이라고 할 수 있다. 슈클라의 자유주의는 '패배자들: 가난한 이들, 버려진 이들, 노예들, 미국흑인들, 난민들, 부정의와 무관심의 모든 희생자들의 관점'으로 평가되며, 그 스스로 '상시적 소수자들의 자유주의'라고 부르기도 하였다. 로크의 강자의 개인주의와 루소의 약자의 개인주의를 구분할 수 있다면, 슈클라의 자유주의는 후자와 친하다.[16]

자유주의의 역사는 사실 배제와 차별로 얼룩져 있다. 이는 무엇보다 가난한 이들에게 정치적 자유를 배제하였던 비민주성에서 잘 드러난다. 로크나 몽테스키외의 자유주의는 민주주의와는 거리가 있었다. 명예혁명이나 프랑스혁명은 모두 자유주의의 승리로 기록되지만, 재산의 차이로 능동적 시민과 수동적 시민을 구분하여 유산자에게만 참정권을 부여하였다는 점에서 민주주의와는 다른 것이었다. 이러한 측면은 개혁적 자유주의자 밀에게서도 나타난다. 그는 여성에게까지 참정권을 인정해야 한다는 점에서는 획기적인 민주주의자였지만, 지적으로 우수한 이들에게 복수투표권을 부여할 것을 생각했다는 점에서 귀족주의를 탈피하지는 못하였다.

그러나 앞서 롤즈의 자유주의적 정당성에서 언급하였듯이, 어떤 권위도 시민들의 이성적 승인을 넘어설 수 없다는 점에서 자유주의는 불가불 민주주의를 요구하게 된다고 보아야 할 것이다. 따라서 자유주의 여명기의 영국 청교도혁명의 수평파와 프랑스혁명의 로베스피에르[17]의 산악당에서 보통선거의 이념이 대두되었던 것은 이상한 일이 아니다. 이후 영국에서의 선거법개정운동과 보통선거를 최초로 실시한 프랑스의 2월혁명 등 서구자유주의의 역사는 민주주의적 발전과 그 궤를 같이하였다. 보통선거권은 처음에는 남성시민들의 전유물로 여겨졌지만, 이후 그 범위가 여성 및 흑인들에로 확장되었고, 이러한 평등의 요구는 정치적 영역에 그치지 않고 여권의 신장과 흑인민권운동 그리고 동성애자의 권리보호 및 낙태권

---

16) 이에 관하여는 정태욱, 앞의 글(90쪽) 참조.
17) 로베스피에르의 민주주의 사상에 대해서는 민석홍, 「맥시밀리안 로베스피에르의 정치사상연구」(『서양근대사연구』, 일조각, 1995, 212~317쪽) 참조.

등 사회의 모든 부문에서 차별의 철폐와 소수자의 자유의 확대로 이어졌음은 주지의 사실이다.

3. 한국사회의 발전과 자유주의적 성취들

자유주의는 민중과 친할 수 없다고 비판들 하지만, 폭력과 천대로부터 벗어나서 소박하나마 자신의 삶을 살고자 하는 요구가 민중의 것이라고 못 볼 바 없을 것이다. 광복 후 60여 년 동안 우리 사회는 많은 발전과 성취를 보았다. 물론 우리 사회를 이끌어온 주력은 자유주의라기보다 오히려 가족주의, 국가주의, 민주주의, 개발주의(새마을운동과 같은) 등속일지 모른다. 그러나 자유'주의'라고까지 내세울 것은 없었을지언정 보통사람들의 '자유주의적' 소망들은 우리 현대사의 성취와 발전에 함께 하였으리라고 본다.

첫째로 우리 현대사는 분단과 전쟁 그리고 군사독재라는 공포로 점철된 시대였음을 상기해 보자. 자유주의의 제1의 가치를 공포로부터의 해방이라고 할 때, 자유주의는 도리어 우리 현대사에 딱 맞는 논리라는 생각이 들 정도이다.[18] 필자는 무엇보다 그러한 공포의 와중에 공포에 맞서 자유의 저항이 승리하고 공포를 극복해낸 전통을 세웠다는 점에서 4·19를 단지 민주주의만이 아니라 자유주의적인 차원에서 위대한 성취로 평가하고자 한다.[19] 물론 그러한 동력은 바로 5·16군사쿠데타에 의하여 제압당하기는 하였지만, 박정희정부시절 반독재민주화투쟁으로 계속되었고, 이어서 신군부의 군사독재의 연장에 맞선 광주항쟁까지 이어졌다고 생각한다.

---

18) 그에 대한 투쟁과 희생의 역사에 관한 자세한 설명은 조희연 편, 『국가폭력, 민주주의 투쟁 그리고 희생: 한국민주주의와 사회운동의 동학(2)』(함께읽는책, 2002) 참조.

19) 김동춘도 4·19를 계기로 과거와는 다른 진정한 자유주의자들이 탄생하였다고 평가한다 (김동춘, 「레토릭으로 남은 한국의 자유주의」, 『독립된 지성은 존재하는가』, 삼인, 2005, 126쪽).

80년대 이후 우리의 저항운동은 해방전후사의 재인식과 사회주의에 대한 기대로써 자못 급진적인 이념이 개재되기도 하였지만, 직선제쟁취 등 6공화국으로의 이행과 문민정부, 국민의 정부로 이어지는 민주화과정에 대한 국민적 지지는 여전히 민주주의와 자유주의적 이념에 따른 것으로 보아야 할 것이다. 특히 군에 대한 문민통제, 안기부 및 국정원의 쇄신과 개혁, 검찰과 사법의 개혁 그리고 정부의 부정부패에 대한 지속적 감시와 처벌은 국가권력의 오남용에 대한 법치주의의 확립이라는 자유주의적 원리에 의한 것으로 볼 수 있다. 우리의 자유주의는 반공자유주의에 그치는 것이 아니라 오히려 반공자유주의의 공포로부터 벗어나기 위한 자유주의로 기능해온 것이다.

둘째로, 정치의 민주화와 더불어 진전된 경제의 민주화에 있어서도 일부 사회주의적 경향에도 불구하고 자유주의적 요청이 주조를 이루었다고 판단된다. 부정부패로 점철된 정경유착에 대한 계속된 처벌, 독점규제와 공정거래법 등 시장의 건전성을 위한 제도들의 꾸준한 발전 그리고 재벌의 소유구조에 대한 지속적인 비판과 감시 및 소비자보호운동의 강화 등 자유주의적인 개혁이 현재도 진행되고 있다. 다른 한편 정부권력의 비호 아래 자행되었던 노동자에 대한 폭력적 착취와 탄압은 더 이상 일반적이지 않으며, 민주노총이 합법화되는 등 노동의 자율성이 신장되었고, 산업재해와 고용안전의 문제에서도 발전을 보이고 있으며, 의료보험, 실업보험, 국민연금 및 생활보호 등 사회보장제도도 발전하고 있다. 물론 이러한 성과들은 사회주의 혹은 사회민주주의적인 차원에서 이해될 수도 있지만, 지금까지의 우리 현대사의 맥락에서 볼 때 자유주의적 평등 혹은 '능력으로서의 자유'의 개념으로 접근하는 것이 보다 타당해 보인다. 어떤 입장을 취하든 사회보장을 '도덕적 해이'와 동일시하거나 사회경제적 기본권을 단지 국가의 시혜, 즉 국가의 재량사항으로 보는 인식을 불식하는 것이 중요할 것이다. 이는 현재 신자유주의(neo-liberalism)의 파고가 높아져 비정규직이 양산되고 사회안전망이 다시 위기를 맞고 있는 상황에서 더욱 그렇다. 이에 관하여 노동인권과 사회적 인권이라는 자유주의적 접근은, 비록 사회복지와 노동자의 권익에서 더 높은 수준을 달성하는 데는 한계가 있을지 모르지만, 그 최소한의 저지선 확보에는 기여를 할 수 있을 것으로 본다. 요컨대 우리의 자유주의가 단지 자본가의 자유주의에 머물며 사회적·경제적 인권은 아예 배제하는 것으로 오해될 필요는 없는 것이다.

셋째로, 우리 사회의 자유주의적 발전은 무엇보다 개인의 개성과 평등적 가치의 고양에서 찾을 수 있다고 본다. 특히 지난 대선 때부터 네티즌들 중심으로 착상되고 조직된 자발적인 정치참여와 촛불시위들은 자유주의적 정치의식의 발전이자 우리 민주주의의 질적 수준을 높인 것으로 평가하고 싶다. 이러한 개인의 존엄과 독립성에 대한 각성은 사회영역에서도 각종 차별을 재검토하도록 만들고 있으며, 금년 3월에 마침내 호주제가 폐지되는 등 사회의 제반 영역에서 사회적 소수자들의 인권이 신장되고 있다.[20] 우리의 자유주의는 더 이상 기득권자들의 전유물이 아니라 그 혜택이 오히려 약자와 소수자의 몫이 될 수 있음을 실증하고 있는 것이다.

4. 자유주의적 성취의 실상과 허상

(1) 박정희시대의 반(反)자유주의적 유산

앞서 본 대로 우리는 광복 후 지금까지 국가, 사회, 개인의 재건을

---

20) 국가인권위원회법 제2조에서는 "합리적인 이유 없이 성별, 종교, 장애, 나이, 사회적 신분, 출신지역, 출신국가, 출신민족, 용모 등 신체조건, 혼인여부, 임신 또는 출산, 가족상황, 인종, 피부색, 사상 또는 정치적 의견, 형의 효력이 실효된 전과, 성적(性的) 지향, 병력(病歷)을 이유로" 한 차별을 금하고 있다. 이는 우리 헌법에서의 차별금지사유로 적시된 "성별·종교 또는 사회적 신분"과 비교할 때 획기적인 발전이라고 평가할 만하다.

위하여 많은 노력을 하여왔으며 자유주의적인 차원에서도 성취가 적지 않았다고 본다. 하지만 우리는 그에 안주할 수 없으며 그러한 발전을 과대평가할 이유도 없다. 우리의 자유주의가 정치, 경제, 사회 각 영역에서 전근대적인 제약들로부터 얼마나 벗어나 있는지, 또 신자유주의의 압력에 맞설 수 있는 고유한 원칙과 문화들을 얼마나 정착시켜왔는지는 의문이기 때문이다.

우리 현대사의 자유주의의 한계는 무엇보다 박정희시대의 군사문화와 개발독재를 떠올리면 뚜렷해진다. 이는 우리의 자유주의적 발전이 개발독재의 결과로 가능해졌다는 의존성을 뜻하는 것이 아니다. 그 의존성의 명제가 사실인지도 의심스럽지만, 더 큰 문제는 그 개발독재가 정신문화적으로 우리의 자유주의적 성취들에 깊은 상처를 안겨 미래를 어둡게 한다는 점이다.[21]

우리 사회의 자유주의의 결핍과 반자유주의적 치부에 대한 박노자의 비판을 보자.[22] 위계질서상의 서열화, 집단주의의 만연과 소수자에 대한 폭력성, 내 편과 네 편의 편 가르기와 내 편의 미화와 네 편의 적대시 등등 우리 사회의 반자유주의적 뿌리는 깊고도 넓다. 그러한 문화는 물론 조선의 반상차별과 파벌대립의 봉건질서, 일제식민지배의 억압과 굴종, 분단과 전쟁의 극단주의와 공포라는 장기지속의 것일 테지만,[23] 여기서는 박정희시대의 문제에 초점을 맞추고자 한다.[24]

---

21) 박정희시대의 개발독재에 대한 종합적 평가로서는 이병천 엮음, 『개발독재와 박정희시대: 우리 시대의 정치경제적 기원』(창비, 2005) 참조.

22) 박노자, 『당신들의 대한민국』, 한겨레신문사, 2002. 이 책의 부제인 "서로 잡아먹기를 탐내는 사회, 전근대와 국가주의를 넘어서"라는 구절은 우리 자유주의의 남루한 자화상을 집약적으로 표현해주고 있다.

23) 이와 관련하여 우리 사회의 차별과 억압의 원인으로 존비어체계를 지목한 최봉영의 논의와 우리 학교에서의 도덕교육이 노예근성과 파시즘을 가르쳐왔다는 김상봉의 비판은 주목할 만하다(최봉영, 『한국사회의 차별과 억압: 존비어체계와 형식적 권위주의』, 지식산업사, 2005; 김상봉, 『도덕교육의 파시즘: 노예도덕을 넘어서』, 길, 2005).

24) 일제하, 분단, 반공독재 시기에 걸친 우리 자유주의의 사상적 불구성에 대한 간명한 조명으로는 김동춘, 앞의 글 참조.

이병천은 박정희시대의 개발독재의 반자유주의적 적폐를 '무책임한 개인의 탄생'이라고 적절하게 집약하고 있다. "룰이 마비되고 사회질서가 구성원들에게 자유와 공평한 기회를 제공해 주지 못할 때 개인이 주체로서 성장할 것을 기대하기는 어려울 것이다. …비단 개발연대뿐만 아니라 오늘날까지 우리 사회 전반에 만연된 고질적인 부정·부패와 부실, 무책임, 저신뢰의 문화 그리고 후진위험사회 양상 등 각종 사회적 병리와 광범한 생태파괴현상은 근본적으로 발전국가모델에 내재된 위로부터의 국민동원, 국가의 취약한 규율과 사회적 기강이완, 권위주의적 성장지상주의 그리고 비주체적인 개인의 성장에 뿌리를 두고 있다고 할 수 있다."[25]

더욱 심각한 것은 이른바 민주화세력들조차 그러한 박정희시대의 군사문화와 개발독재의 구습에 전염되어버렸다는 사실이다. 권인숙은『대한민국은 군대다』라는 도전적 문제제기에서, "반공주의적 실천 속에서 일상화되고 상식화되었던 강한 애국주의를 전제로 하는 국가주의, 적대성을 중심으로 한 군사주의, 전체를 하나의 생존권 단위로 이해하는 국가적 집단주의, 물리적 힘의 우위를 통한 해결만이 진정한 평화를 가져올 것이라는 군사화된 평화논리 등"을 반공주의의 영향이라는 관점에서 재검토할 것을 주문하고 있다.[26] 그리하여 권인숙은 80년대 후반 학생전투조직의 형성과 학생운동의 과격화를 군사문화의 폐해에서 비롯한 것으로 본다.

문제는 비슷한 사정이 전투적 학생운동에만 국한되는 것이 아니라 진보진영 전체에서 두루 목격되고 있다는 점이다. 그간의 민주주의적 성취는 자랑스러운 것이지만, 그것이 승리제일주의와 집단적 파당주의에서 맴돌고 있다면 그 승리의 지반은 오히려 취약한 것이다. 정치권으로 들어간 민주화세력은 물론이고 학생운동 그리고 노동운동이 억압에 대한 저항을

---

25) 이병천, 「발전국가체제와 발전딜레마: 국가주의적 발전동원체제의 재조명」, 『경제사학』 제28호, 2000/6, 128쪽.
26) 권인숙, 『대한민국은 군대다: 여성학적 시각에서 본 평화, 군사주의 남성성』, 청년사, 2005, 85쪽.

넘어서 상시적으로 세력다툼에 집착하며, 내 편과 네 편을 나누고 내 편은 전적으로 옳아야 하며 네 편은 완전히 틀린 것이고, 설사 내 편이 잘못된 것이 있어도 그것은 마땅히 감싸고 쉬쉬하여야 하며 네 편의 그릇된 것은 철저히 응징하고 짓밟아야 한다는 인식이 퍼져 있다면 이는 심각한 방향상실이다.

민주화를 통하여 국가폭력은 감소하고, 개인의 자유가 신장되고, 사회적 차별이 시정되고 있다고 하지만, 무책임한 개인들이 양산되고 보편적 사고와 원칙론이 결핍된 사회문화 속에서의 자유주의가 건강할 수 없다. 자유주의는 민주적 세력이 권력을 장악하였다는 것만으로 충분치 않다. 자유주의는 민주주의적 권리가 특정세력이 아니라 모든 개개인들의 것이 되기를 희망하며, 민주주의의 원리가 보편적인 자유와 인권에 기여할 것을 기대한다. 그러한 자유주의적 성숙이 없다면 민주주의 또한 지속시키기는 힘들다.

(2) 우리 시대 자유주의의 패배

이렇듯 우리 사회의 자유주의적 발전은 심각한 결함을 안고 있다. 더 나아가 우리 자유주의의 근본문제는 반자유주의적 벽이 높고 세력이 강하다는 것에만 그치는 것이 아니라, 자유주의의 추동력 자체가 상당 부분 반자유주의적 질서에 오염되고 그 헤게모니 속에 흡수되어버렸다는 점에서 찾아야 할 것 같다.

첫째로 당파성의 승리지상주의는 공포로부터의 해방이라는 자유주의의 핵심을 침식한다. 진보 진영 내에서도 내재되어 있는 내 편과 네 편의 준별은 곧 칼 슈미트의 전체주의적 정치철학임을 상기하자. 슈클라가 지적하듯이 자유주의의 정치철학의 근본은 '적과 동지의 구분'이 아니라 '강자와 약자의 구분'에 있다. 적과 동지의 구분은 곧 힘의 논리이다. 힘의 논리가 원래 군사문화의 것임은 당연하나, 그와 싸우는 저항세력에도 그것이 전염되었으니, 군사독재가 민주화세력에게 자리를 내어주었다고 하지만 자유주의의 원칙론 대신 힘의 논리를 뚜렷하게 각인시켰다는 점에서 그들은 패배하지 않았는지도 모른다. 지금 정부권력은 민주화세력을 계승하는 측에 있다고 하지만, 우리 사회의 주류는 여전히 힘의 논리를 숭배하는 쪽이다. 힘의 논리로 무장하는 한 우리 자유주의는 반공자유주의와 자본가자유주의를 당해낼 재간은 없어 보인다.

진실과 원칙에 대한 충실이라는 자유주의적 법치의 원리가 아니라 강자에 대한 굴종과 약자에 대한 위세가 지배하는 문화에서 폭력은 쉽게 발생하고 또 이전된다. 자존감의 자리를 사디즘적 쾌락이 대신하고, 그에 따른 상처와 피해의식은 또 다른 희생양을 찾게 된다. 그것이 편 가르기의 집단문화와 결부되면 폭력은 사회적 소수자들에게 쉽사리 확산된다. 국가폭력은 감소하였다지만 학교폭력이나 가정폭력 등 사회적 영역에서 폭력적 문화는 줄어들지 않고 있는 것도 그러한 연유가 아닐까 한다. 또 하나 첨가하자면, 우리 사회의 유력신문들이 선정적 상술이나 정치적 선동을 위해 집단따돌림의 수법을 종종 동원하는 것도 그들이 바로 그러한 반자유주의적 문화를 너무 잘 알고 또 익숙하기 때문일지 모른다.

둘째로, 집단주의적 서열문화와 개발제일주의는 원칙주의를 약화시켜 개인의 자율성에 기초한 자유주의적 경제질서의 형성을 저해한다. 우리 현대사의 집단주의와 개발지상주의는 한편에서는 집단에 의해 희생당하고 있다는 피해의식을, 다른 한편에서는 공동체의 기회를 이용하여 이익을 취하려는 이기주의를 키웠으니, 결국 개인의 자율성에 기초한 수평적 연대의 공동체는 창출하지 못한 채, 도리어 개발의 원동력이 되었던 공동체의 사회적 자본 즉 협력과 헌신의 덕목만을 파괴해버린 셈이다. 그러한 미덕이 사라진 공동체는 이제 집단의 구속성과 배타성이라는 부정적 기능만 커져 더 이상 공공재가 아니라 오히려 공공의 해악으로 작용하게 될 것이다.[27]

또한 남과의 비교와 체면을 중시하는 전근대적 태도는 박정희시대의 서열주의적 군사문화와 개발의 문화에 의해 강화되어 만족을 모르는 개인들을 양산하였다. 자존감이 없는 개인들의 서열구조에서는 오직 일등만 만족을 누리고 나머지 모든 이들은 욕구불만에 빠질 수밖에 없다. 그러한 상황에서 과시소비는 단지 유한계급의 유한성의 과시에 그치는 것이 아니라 모든 계층에서 서열징표를 위한 강박증이 되어버린다. 또한 서열적 경쟁체제에서는 승자독식의 구조가 안성맞춤이 되며 상대적 빈곤은 곧 절대적 박탈로 이어지게 된다. 위계질서상에 열등의식과 우월의식이 난무하는 가운데 '자존감에 기초한 평등'은 실종되어버리고 복지비용은 계속하여 치솟게 된다. 이런 상황에서 기득권자들의 차별 짓기를 위한 진입장벽은 도리어 당연시될 것이므로 결국 주류집단은 계속 이기는 싸움을 할 수 있게 된다.

셋째로, 보편적 사고의 결여, 편 가르기, 서열에의 집착이 지배하는 곳에서 배타성과 차별성은 해소되기 어렵다. 우리 사회에서 배타적인 파벌의 형성과 소수자에 대한 천시가 온존하고 있는 것은 당연한 일인지도 모른다. 서로가 서로를 의심하고 서로를 이용하려는 홉스적인 자연상태에서 더 우월한 파벌에 속하려는 욕망, 현재 속한 파벌에서 최대한의 이익을 누리려는 영악한 이해타산, 서열구조에서 받은 상처와 굴욕감을 다른 약자들에 대한 우월감으로 해소하려는 욕구 등이 팽배한 상황이라면 타자에 대한 관용과 소수자의 인권을 위한 공간은 아주 협소할 뿐이다.

정치민주화가 지역주의의 볼모로 잡힌 것도 반자유주의적인 집단문화의 귀결인지 모른다. 다른 지역들이 이기적으로 움직인다면, 우리 지역도 이기적으로 움직일 수밖에 없으며, 우리 지역은 한편으로 통일이 되어야 한다는 논리는 편 가르기 문화에서 당연한 전략적 선택인지 모른다. 이런

---

27) 사회적 자본의 이중적 측면에 대하여는 한성안, 「사회적 자본, 경제성장, 혁신」(『경제학연구』 제53집/제1호, 2005/3, 5~31쪽) 참조. 부정적인 사회적 자본의 특성으로 배타적 결속(exclusive bonding), 집단구성원에 대한 과잉요구(overdemand), 자유를 제약하는 순응(conformity)요구 그리고 배타적이고 폐쇄적인 사익단체화가 지적되고 있다.

상황에서 설사 원칙론과 진실에 입각한 것이라도 저쪽의 손을 들어주는 것은 일종의 '이적행위'가 되며, 연줄의 네트워크로 구성된 사회구조에서 그것은 기대하기 힘든 무모한 선택일 따름이다.

5. 자유주의의 근원으로 돌아가기

사정이 이렇다면 자유주의에 관한 패배주의가 생기는 것은 당연한 일인지 모른다. 최장집은 『민주화 이후의 민주주의』의 개정판에서 우리 민주주의의 미래에 관해 자유주의적 해법을 포기한다.[28] 그는 현재 민주주의의 위기는 자유주의가 아니라, 사회적으로 통합되어 있지 않고 정치적으로 대표되어 있지 않은 서민층이나 노동이 정치과정으로 들어오게 하는 민주주의의 확장으로써만 치유될 수 있을 것이라고 한다. 우리 사회의 '자유주의'는 도리어 "과도한 신자유주의적 '소유적 개인주의'를 담지하고 실천하는 개인들의 사회를 만들어"버렸을 뿐이라고 한다. 정말 신자유주의에 맞서는 개혁적 자유주의에 대한 기대는 공허하고 유치한 것인지 모른다. 그러나 우리 사회에서는 아직 한번도 자유주의가 본궤도에 올라본 적이 없다. 현재의 신자유주의도 차라리 정실과 연고 그리고 국가주의와 집단주의적인, 요컨대 '반자유주의적인 신자유주의'라고 보아야 할 것이다. 그렇다면 아직 본격적으로 등단하지도 않은 자유주의 현상태의 결함과 왜곡만을 보고 그 잠재력마저 부인하는 것은 성급한 일은 아닐까? 필자는 우리의 문제를 자유주의의 미숙일지언정 자유주의의 불능으로 규정하고 싶지 않다. 자유주의에 대한 희망을 놓을 수 없는 것이다.

그러면 어떻게 해야 할까? 최장집은 대안은 구체적이어야 한다고 하지만, 필자는 먼저 근원으로 돌아가고 싶다. 앞서 자유주의의 특성들을

---

28) 최장집, 『민주화 이후의 민주주의: 한국민주주의의 보수적 기원과 위기』, 후마니타스, 제2판, 2005, 293쪽 이하 "자유주의와 공화주의를 삭제한 이유" 참조.

몇 가지로 얘기하였지만, 거기에서 빠진 것이 바로 자유주의의 근원. 즉 충만하고도 주체적인 개인이다. 모든 권위를 넘어 절대자와 직접 마주할 수 있는 개인 그리고 이후 그 종교적 틀도 넘어선 관용적이며 자율적인 개인, 그러한 개인이 자유주의의 이상이다. 그러한 개인은 자주적이지만 오만하지 않다. 인간의 유한성을 잊지 않으며, 하늘 아래 인간들의 차이는 태양 앞에 그 밝기를 다투는 촛불들의 차이와 다르지 않음을 안다. 이러한 개인은 현실의 모든 권위를 비판적 성찰에 부친다는 점에서 당당하지만, 진실과 진리를 존중하고 타인을 무시하지 않는다는 점에서 겸허하다. 이러한 개인은 이기주의와 특권의식과는 친하지 않다. 루소가 말한 대로 타인과의 비교에서 오는 자만심(amour propre)이 아니라 자신의 진실에 충실한 자기애(amour de soi)의 소유자일 뿐이다. 이러한 자기애는 동시에 타인에 대한 연민으로 이어져 모든 상처받은 인간들의 고통을 공감할 수 있게 한다. 그리하여 그러한 개인들의 결합은 잠정적 타협(modus vivendi)에 머물지 않고, 결사(association)까지 지향하게 된다.

이러한 개인은 네가 원치 않는 것은 남에게도 요구하지 말라는 소극적 황금률을 준칙으로 삼는다. 진실과 원칙에는 충실하고 단호하지만 인적인 굴종과 강압은 거절한다. 이러한 개인은 부당한 권위의 사디즘을 용인치 않으며 자신의 인권을 스스로 지켜 폭력의 전이와 확산을 막는다. 진실의 당파성과 진실의 승리를 추구할 뿐, 당파의 진실을 전체화하거나 당파의 승리지상주의에 투항하지 않는다. 이들은 충만한 개인들로서 집단의 울타리가 없어도 용기 있게 살아갈 줄 안다. 에머슨의 말대로 자기 자신이 자기 운명의 별임을 알며, 영합주의(conformity)를 거부한다. 허영에 따른 소모적 경쟁을 하지 않는다. 이들에게 과시소비란 낯선 용어일 따름이며, 복지와 부는 타인과의 비교가 아니라 자신의 삶의 진실에서 측정된다. 이들은 개인의 존엄을 소중히 여겨 그 침해와 상처의 아픔을 이해한다. 따라서 이들은 소수자들의 양심과 희생자의 목소리에 민감하다. 예컨대 양심적 병역거부자들을 애국의 잣대로 폄훼하고 모욕하는 것은 이들의 취향이 아니다. 정상적인 국민 혹은 정상적인 인간이라는 범주를 만들고 그로부터 배제를 일삼는 것을 거부한다. 배제의 배제와 타자에 대한 연민이 이들의 정서이다.

이러한 이상적인 자유주의적 개인상은 엘리트주의로 오해될 수도 있다. 물론 로망 롤랑의 베토벤이나 장 지오노의 '나무 심는 노인'처럼 인간의 경지가 어디까지 이를 수 있는지 보여주는 개인들은 자유주의의 보물들이다. 하지만 자유주의는 이상적 개인만을 염두에 두지 않는다. 오히려 개인들의 통속성과 일상성을 전제한다. 타인의 삶을 해치는 것이 아닌 한 개개인의 삶의 진실을 모두 긍정한다. 변변치 않고 대단치 않더라도 각자 모두 자신의 삶의 주인이기를 기대한다. 에머슨의 얘기대로 남의 일이나 시선에 신경 쓰지 않고 나름의 진실로써 자신의 길을 가는 것이 자유주의적 개인의 일상적 모습이리라.[29] 자유주의는 박애주의에 미치지 못하지만, 자신에게 충실함으로써 타인에 대한 책임을 다하고자 하며, 희생적 헌신이 아닐지라도 평등한 협력은 중히 여기고, 자신의 고통만큼 타인의 고통에도 공감할 줄 안다.

반복하지만 필자는 우리 자유주의의 근본문제는 그러한 자유주의적 개인성이 희소한 데 있다고 본다. 그리고 현재 자유주의의 중요과제는 그러한 개인성의 격려와 발양이 아닌가 한다. 이런 점에서 최근에 양심적 병역거부가 공론화되고 대체입법의 논의도 있으며, 양심적 병역거부를

---

29) 주체적이고도 충만한 개인을 위한 철학은 여럿일 수 있다. 기독교의 '신 앞에 홀로 선 개인', 불교의 '법에 의지하고 자신에 의지하는 개인', 유교에서의 '도를 터득하고 맡아야 하는 개인' 등에서도 가능할 것이며, 칸트의 '목적적 존재로서의 개인', 밀의 '진보하는 존재로서의 개인' 등과 같은 자유주의 철학에서도 가능할 것이다. 자유주의의 원리는 개인성 자체만을 요구할 뿐 그 기원이 무엇인지 묻지 않는다. 현대 자유주의의 특징은 오히려 하나의 세계관이 개인성에 관해 배타적 주인이 되려는 것을 거부하는 데에 있다. 한편 필자가 랄프 왈도 에머슨의 개인주의를 부각한 까닭은 흔히 초절주의자 혹은 보수주의자로만 알려져 있는 그의 사상은 자유주의의 관점에서 재조명될 필요가 있다고 보았기 때문이다. 그의 개인주의에 관한 대표적인 에세이인 "Self-Reliance"가 번역되어 있는 책으로는 에머슨, 『에머슨 수상록: 사회는 결코 진보하지 않는다』(이창배 옮김, 황금두뇌, 1999)가 있다.

금하는 병역법에 대한 위헌제청을 한 전직법관이 마침내 대법관의 지위에
오른 것은 고무적인 일이다. 그러나 아직 애국심과 군사문화에 토대한
우리 사회의 집단주의는 '국민'이라는 잣대로서 그 평화의 양심과 진실을
괴이한 것으로 치부하고 있으니 갈 길이 먼 것이다.

6. 맺음말

필자는 우리 사회가 그 출범부터 지금까지 적어도 형식적이나마 자유민
주주의를 기본질서로 정하였고 자유주의가 자유와 인권의 고향일 수 있다
면 자유주의는 포기될 수 없는 기획이라고 본다. 원래 우리 모두의 것이었으
며 그 가능성 또한 매우 풍부한 자유주의를 반공자유주의나 자본가자유주
의자들에게 찬탈당할 이유는 없다고 생각한다. 다른 한편 현재 민주주의와
시민사회의 위기가 얘기되고 있는 상황에서 자유주의의 재인식은 더욱
필요하다고 본다. 민주주의와 시민사회의 위기가 우리 사회의 자유주의의
저성장과 저평가에 기인하는바 크다고 생각하기 때문이다. 필자는 무엇보
다 국가권력의 퇴행에 대한 방벽으로서의 자유주의에 대한 기대를 접을
수 없다.

한편 자유주의에 대하여 규범적으로 훌륭할지언정 개혁의 동력과 실천
적 방안이 부재하다는 비판이 있다.[30] 그렇다. 자유주의는 어떤 사회적
운동을 전반적으로 조직화해 나가는 것에 찬성하지 않는다. 왜냐하면
전체사회를 의도적으로 변경시켜나가려는 시도는 자유주의에 맞지 않기
때문이다. 그것이 자유주의의 실천적 약점일지 모른다. 하지만 자유주의는
진실과 양심에 기한 정치적 사회적 발언을 철저히 존중하며, 그러한 충만하
고 독립적인 개인들의 모임과 활동을 열렬히 환영한다.

---

30) 롤즈의 자유주의에 대한 박순성의 지적이기도 하다(박순성, 「정치적 자유주의와 사회정
　의」, 『자유주의 비판』, 174쪽).

자유주의는 어떤 사회 혹은 체제가 옳은지에 대한 궁극적 판관이 되고자 하지 않는다. 그러나 개개인들의 진실과 양심이 약동하는 곳이라면 체제의 오류와 부정에 의한 희생자들의 목소리가 공명과 반향을 얻을 것이다. 자유주의는 개인의 자유와 인권으로써 체제의 압력과 질주에 한계를 설정 하려는 것임을 상기하자. 자유주의로부터 어떤 이상적인 공동체의 비전을 얻을 수 없을지 모르지만, 기존의 체제가 진실과 인권을 유린하는 상황으로 떨어지는 것을 막아줄 수 있으리라. 우리 시대 여전히 취약한 민주주의를 자유주의로써 부축할 수 있기를 기대한다.[31]

정태욱(Chung, Tai-Uk) tuchung@yu.ac.kr
영남대학교 법학부 부교수.
주요 저서 및 논문으로는 『정치와 법치』, 「민주적 헌정질서와 진보의 정치적 의미」, 「위기의 한반도와 전쟁과의 단절」, 「쥬디스 슈클라의 자유주의에 대한 연구」 등이 있다.

---

31) 최장집도 비록 현재상황에서는 "사적 영역과 시장에 더 가까이 있고 엘리트와 기득권이 강하게 뿌리내리고 있기 때문에 우리 민주화의 과제는 시민사회보다 오히려 국가에게 맡겨져야 한다"며 시민사회보다 국가영역에 더 큰 비중을 두고 있지만, 그도 원래 자유주의 가 "시민사회의 이념이요 철학"임을 긍정하며 "어떤 비(반)민주적 힘의 도전이나 제약 때문에 민주주의의 존립이 위협되고 위기에 처할 때, 이를 극복할 수 있는 힘의 동력은 시민사회로부터 나"온다는 점을 긍정한다(최장집, 앞의 책, 297쪽).

보수주의의 뒤틀린 역사와 전망

정해구

1. 머리말

2005년 올해로 우리는 해방 60주년을 맞게 된다. 역사의 긴 흐름으로 볼 때 60년은 그리 길지 않은 기간인지도 모른다. 그러나 이 기간은 한국의 역사에서 변화의 폭과 속도가 가장 컸던 격동의 시기임에 틀림없다. 우선 일제의 식민지배로부터 벗어나자마자 우리는 국제적 냉전의 심화 속에서 분단과 전쟁에 휩쓸리지 않을 수 없었고, 그러한 격변 속에서 남북의 분단국가가 건설되었다. 이에 뒤이어 남한에서는 압축적 산업화가 이루어졌는데, 서구에서 오랜 시간에 걸쳐 이루어졌던 그것이 한국에서는 불과 몇십 년 만에 이루어졌다. 그러나 사태는 이에 그치지 않았다. 권위주의적 통치에 대한 아래로부터의 민주화저항은 마침내 1987년 6월항쟁과 이를 통한 민주화이행을 가능하게 만들었기 때문이다. 그런 점에서 해방 60년은 가장 고통스러운 환경에서도 국가건설과 산업화 그리고 민주화 등 한국근대화의 주요과제들을 완성시킨 기간이라 할 수 있다.

　　그러나 해방 60년의 이와 같은 근대적 성취에도 불구하고, 한국사회의 이데올로기 갈등은 매우 컸다. 그것은 한국의 이데올로기적 흐름이 국가권력을 장악한 지배세력과 이에 저항한 반대세력 간의 갈등을 반영하고 있었기 때문이다. 즉 국가권력을 장악한 지배세력은 자신의 통치를 정당화하기 위해 지배이데올로기를 발전시킨 반면, 저항세력은 이에 대항하여 자신의 저항이데올로기를 발전시켰던 것이다. 그런 점에서 한국의 이데올로기 흐름은 국가중심의 지배이데올로기와 사회의 저항이데올로기가 서로 충돌한 양극적 특징을 보여준다.

　　한국이데올로기 흐름의 이같은 양극화에서 한 축을 차지했던 지배이데올로기는 적어도 권위주의시기 동안에는 보수주의적인 성격을 띠지 않을 수 없었다. 그것은 국가권력을 장악했지만 역사적 또는 절차적인 측면에서 그 정당성 부족에 직면한 지배세력이 자신의 정당성을 보완하기 위해 기존의 정치질서를 정당화하는 이데올로기를 발전시켰기 때문이다. 이에 대해 저항세력 역시 현상타파의 저항이데올로기를 발전시켰다. 그러나 이같이 양극화된 한국의 이데올로기적 흐름을 분석할 때 우리가 염두에 두어야 할 것은 지배이데올로기와 저항이데올로기 각각은 그 내부에 다양한 하위이데올로기적 요소들이 수용하고 있다는 점이다. 그것은 지배세력과 저항세력이 자신의 정당성 강화를 위해 시대적 상황에 따라 다양한 하위이데올로기적 요소들을 받아들였기 때문이다.

　　그렇다면 지배이데올로기의 주된 내용을 채웠던 한국보수주의는 역사적으로 어떻게 형성·전개되었고, 그것은 어떤 특징과 문제점을 지녔는가? 이 글은 한국보수주의의 그런 점들을 살펴보기 위한 것이다. 이를 위해 이 글은 우선 전제적 논의로서 서구보수주의에 대해 간략하게 살펴볼 것이다. 서구보수주의와의 비교를 통해 한국보수주의의 특징을 보다 잘 살펴볼 수 있을 것이기 때문이다. 다음으로는 역사적인 차원에서 한국보수주의의 형성과 전개과정을 살펴보고자 한다. 그것은 한국보수주의가 나름의 연속성을 가지면서도 시대적 상황에 따라 그 내용을 어떻게 변화시켜나갔는지를 보여주리라 기대되기 때문이다. 마지막으로, 현재의 시점에서 그동안 전개된 한국보수주의에 대해 나름의 평가를 해보는 한편, 한국보수주의의 향후전망에 대해서도 살펴보고자 한다.

한국보수주의에 대한 검토에서 한 가지 덧붙일 것은 한국에 논리와 체계를 갖춘 이데올로기로서의 보수주의, 즉 정치철학으로서의 보수주의가 과연 존재하는가 하는 문제이다. 한국에는 정치철학적 수준의 논리와 체계를 갖춘 보수주의가 존재하지 않는다는 점에서 논자에 따라서는 한국에 보수세력은 있어도 보수주의는 없다고 언급되기도 한다. 만일 한국에 보수주의가 있다면, 그것은 집권세력과 기득권세력의 정치적 구호로서의 보수주의 또는 기존 정치질서를 옹호하기 위한 집권세력의 '상황적 보수주의'[1]만이 있을 뿐이라는 것이다.[2]

그러나 논리가 취약하고 체계성이 없다 하여, 즉 정치철학적 내용을 갖추지 못했다 하여 한국에 보수주의가 없다고 말하기는 어렵다. 논리와 체계가 부족한 상태라 할지라도 그것이 보수세력의 세계관을 보여주고 보수세력을 정당화시켜 주는 이데올로기적 기능을 수행하는 한, 우리는 그것은 보수주의라 할 수 있을 것이다. 뿐만 아니라 한국보수세력이 끼친 영향이 엄청나게 크다는 점을 감안할 때, 그 논리성과 체계성의 결여만을 근거로 한국에 보수주의가 없다고 말하기는 더더욱 어렵다. 문제는 논리성과 체계성의 결여로 한국보수주의의 내포와 외연을 명확하게 잡아내기 어렵다는 점인데, 이는 각 시대적 상황 속에서 보수세력이 지배를 구축하는 과정에서 그것을 정당화하기 위해 기존질서 옹호의 보수주의적 이데올로기를 어떻게 만들어냈고 이를 어떻게 활용했는지를 살펴봄으로써 일정 정도 해결할 수 있을 것이다.

---

1) 여기에서 '상황적 보수주의'는 지배세력 또는 집권세력이 자신이 부과한 기존의 정치질서를 옹호하기 위해 그 내용이 무엇이든 현상유지의 다양한 이데올로기적 입장을 수용하는 몰가치적 의미의 보수주의를 의미한다(강정인, 「보수와 진보」, R. 니스벳 & C. B. 맥퍼슨, 강정인·김상우 옮김, 『에드먼드 버크와 보수주의』, 문학과지성사, 1997, 32~36쪽).
2) 같은 글, 32~38, 52쪽; 김병국 외, 『한국의 보수주의』, 인간사랑, 1999. 46~47쪽.

2. 서구의 보수주의

서구에서 보수주의는 서구사회의 급속한 근대적 변동과정에서 이에 따른 변화의 압력에 대항하여 전통적 사회질서를 방어하기 위한 이념과 교리로서, 18세기 후반과 19세기 초에 모습을 드러냈다. 특히 보수주의가 보다 분명하게 대두된 것은 계몽사상을 바탕으로 급진적인 사회변동을 추구했던 프랑스혁명에 대한 반발을 통해서였다. 영국의 버크(E. Burke)는 그런 맥락에서 보수주의이론을 체계화한 대표적인 인물이라 할 수 있는데, 그는 자유·평등·박애와 같은 추상적인 원칙에 의거하여 기존질서를 전면적으로 재편하고자 한 프랑스혁명에 반대하여 『프랑스혁명에 대한 고찰』(1890)을 저술했다. 그에 의하면 사회는 오랜 역사에 걸쳐 인간경험에 의해 만들어진 역사적 산물로서, 이를 통해 형성된 관행·전통 등은 한 세대나 한 개인이 사용할 수 있는 이성보다 훨씬 깊은 지혜와 통찰력을 가진다. 따라서 추상적인 원리를 바탕으로 한 혁명을 통해 사회질서를 전면적으로 개편한다는 것은 사실상 불가능하며, 그것은 회복할 수 없는 질서의 파괴만을 가져온다는 것이다.[3]

이성보다는 인간경험을 중시하는 이같은 보수주의는 통상 다음의 요소들을 강조한다. 전통에 대한 존중, 추상적인 원칙보다는 인간경험에 의한 실용주의의 강조, 인간의 불완전성을 전제하는 비관주의적 인간관, 유기체적 사회관, 사회유지를 위한 위계조직과 권위의 불가피성, 재산에 대한 존중 등이 그것이다.[4] 그런 점에서 기존질서의 유지와 보존을 강조한 서구의 보수주의는 급진적인 사회변동의 사상인 자유주의, 사회주의 등의 이념에 대해 기존질서의 유지를 강조하는 그 반대의 정점에 위치해 있다고 할 수 있다. 그렇다고 서구의 보수주의가 변화를 완전히 부정한 것은

---

3) 버크의 보수주의 정치사상에 대해서는 R. 니스벳 & C. B. 맥퍼슨, 『에드먼드 버크와 보수주의』(문학과지성사, 1997) 참조.

4) 앤드류 헤이우드, 조현수 옮김, 『정치학』, 성균관대학교출판부, 2004, 100~102쪽.

아니다. 오히려 기존의 질서를 바탕으로 한 점진적 변화를 원한다고 할 수 있다.

서구보수주의의 이같은 흐름은 이후 서구의 정당정치의 전개에 반영되었는데 영국의 보수당이 그 대표적인 사례라 할 수 있다. 특히 영국의 보수주의는 19세기 후반 보수당의 디즈레일리(B. Disraeli)에 의해 '온정적 보수주의'로 발전했는데, 당시 '토리민주주의'(Torz Democracy)로 불리었던 그것은 부자와 빈자로 나뉜 두 개의 국민(two nations)을 하나의 국민(one nation)으로 통합할 것을 강조했다. 그러나 토리민주주의는 그러한 통합의 근거를 평등주의가 아니라, 사회유기체적인 관점에서 공동체를 유지해야 할 필요성에서 찾았다. 즉 그 사회의 공동체성을 유지하기 위해 귀족층이나 엘리트층은 가난한 자를 도울 도덕적 의무를 가져야 한다는 것이다.[5]

서구의 보수주의는 비록 기성의 질서유지를 강조하고 정당화함으로써 기득권층의 이해를 대표하는 역할을 수행했다 할지라도, 이렇듯 일반대중들의 지지를 획득하기 위해 그 외연을 확대해왔다. 특히 제2차세계대전 이후 복지정책이 강조되는 상황에서 서구의 보수주의정당 역시 복지정책의 상당 내용을 받아들였다. 이와 관련, 독일의 기독교민주연합은 보수주의를 '사회적 시장경제'(social market economy)의 철학과 결합시켰다. 즉 사회적 시장경제의 철학은 사기업과 경쟁의 미덕을 강조하지만 사기업과 경쟁의 원칙 속에서 획득된 번영이 사회의 전반적인 이익을 위해 사용되어야 한다는 점을 강조하고 있다.

그러나 '황금시대'로 불렸던 전후 번영의 시기가 끝나면서 80년대부터 신자유주의(neoliberalism)와 신보수주의(neoconservatism) 등 신우파적 경향이 본격적으로 등장했다. 신자유주의는 케인스주의에 기반을 둔 국가의 개입과 복지정책에 반대하여 등장한 것으로서, 국가의 개입 없는 개인중

---

5) 박지향, 『영국사』, 까치, 1997, 419~21쪽.

심의 시장자본주의가 효율성, 성장 그리고 번영을 가져다줄 것이라는
믿음을 의미한다. 이처럼 신우파의 경제적인 측면이 주로 신자유주의로
나타난다면, 그것의 정치적인 측면은 주로 신보수주의로 나타나고 있다.
신보수주의는 권위의 복구, 가족·종교·민족과 연관된 전통적 가치의
회복을 주장하며, 특히 법과 질서의 준수를 통한 권위회복을 추구하고자
한다. 이와 같은 신우파적 경향은 영국의 대처리즘과 미국의 레이거노믹스
그리고 미국의 현재 부시정권의 정책 등으로 나타나고 있다.[6]

　　이상과 같이 서구의 보수주의는 근대적 사회변동에 대해, 특히 프랑스혁
명과 같은 급진적인 사회변동에 대한 반발로서 등장했지만, 그럼에도
불구하고 그것은 점차 공동체 전체를 위한 온정주의 등을 받아들였고
나아가 그런 연장선상에서 복지정책의 상당 부분도 받아들였다. 서구의
보수주의는 기본적으로 전통의 이름 아래 기존질서와 기득권을 옹호하는
측면을 가지고 있으면서도, 동시에 공동체 전체를 위한 사고 역시 발전시켜
왔다고 할 수 있다. 물론 80년대 이후 신자유주의 및 신보수주의 등의
신우파적 경향의 등장으로 전통적 보수주의가 가지고 있는 공동체적 측면
은 상당히 약화되고 대신 시장주의의적 자유와 법과 질서의 준수가 보다
강조되고 있는 것은 사실이다. 그러나 보수주의가 근래에 들어 이렇게
신우파적 경향과 결합하고 있다 할지라도, 서구보수주의는 여전히 전통적
보수주의의 측면을 유지시켜오고 있다고 할 수 있다.

3. 한국보수주의의 전개

　　서구보수주의의 형성과 전개 그리고 그 특징과 비교해볼 때, 한국의
보수주의는 전혀 다른 환경에서 출발했다고 할 수 있다. 그것은 일제에

---

6) 앤드류 헤이우드, 앞의 책, 100~107쪽.

의한 식민화과정 그리고 해방 이후 남북 분단국가 형성 및 압축적 산업화과
정에서 등장하고 전개되었던 것으로, 국가권력을 장악한 보수세력의 존재
와 긴밀한 관계가 있다. 구체적으로 그 과정을 살펴보면 다음과 같다.

(1) 남한 분단국가 건설과 냉전반공주의

1945년 일제로부터 해방이 된 상황에서 가장 당면한 과제는 새로운
국가건설의 문제였다. 그러나 미소에 의한 분할점령으로 한반도는 분단되
어야 했고, 국제적 냉전의 심화와 함께 남북한에는 분단국가가 건설되었
다. 남한에서의 분단국가 건설과정에서 냉전반공주의는 국가권력을 장악
한 반공세력의 핵심적인 지배이데올로기로 등장했다. 그러나 반공세력의
이데올로기로 내세워진 그것이 처음부터 아래로부터 쉽게 받아들여진
것은 아니다. 오히려 국가권력을 배경으로 위로부터 강제적으로 부과된
이데올로기였다. 그러나 남한 분단국가의 반공체제의 지배이데올로기로
선택된 냉전반공주의는 새로운 질서를 수립하고자 한 좌파세력에 대해
반공체제의 기존질서를 지키고자 했다는 점에서 초기단계 한국보수주의
의 근간을 이루게 되었다.

냉전반공주의가 해방 후 한국사회의 핵심적인 지배이데올로기로 정착
되어간 구체적인 과정을 보기에 앞서, 우리는 해방 후 냉전반공주의의
등장을 가능하게 했던 한국보수주의의 역사적 배경이 무엇이었는지 잠시
살펴볼 필요가 있을 것이다. 해방 후 냉전반공주의는 미군에 의해 외부로부
터 수입된 것이기도 하지만, 동시에 국가주의적 반공주의는 일제식민통치
의 유산에서 비롯된 것이기도 하기 때문이다. 그렇다면 일제의 식민통치가
남긴 보수주의적 유산은 무엇인가?[7] 여러 가지가 있겠지만 그중 가장

---

7) 이와 관련, 혹자는 한국보수주의의 기원을 근대 이전의 전통적 질서의 이데올로기, 이를테면
   유교적 이데올로기에서 찾을지도 모른다. 그러나 전근대로부터 유래된 한국의 전통적
   질서와 그 세계관은 외세의 침탈과 일제의 식민지배로 인해 일단 이데올로기로서는 단절되

중요한 것은 일제의 행정적·군국주의적 국가주의 전통이라 할 수 있다. 한국에서 근대적 사회가 제대로 발전하기도 전에, 일제는 식민통치를 위해 일본이 메이지유신으로부터 기원하는 강력한 국가주의의 전통을 한국에 구축해놓았다. 뿐만 아니라 그것은 반자유주의적·반공주의적 성격 또한 내포하고 있었다.

한편 우리는 이런 국가주의적 전통의 반대편에 이에 저항한 민족주의의 강한 저항이데올로기가 자리잡고 있었다는 점도 기억할 필요가 있다. 식민통치하에서 자주독립과 민족해방의 민족주의가 광범위하게 확산될 수밖에 없었기 때문이다. 그러나 저항이데올로기로서의 민족주의는 제1차 세계대전 직후 윌슨의 민족자결주의의 영향과 러시아혁명 이후의 레닌의 민족해방주의의 영향 속에서 점차 좌우의 민족주의로 분화될 수밖에 없었다. 전자는 주로 우파의 독립운동진영에 의해 수용되었고 후자는 주로 좌파진영에 의해 수용되었다.

아무튼 1945년 일제 식민통치로부터의 해방은 그동안 억눌려오던 아래로부터의 각종 요구와 주장을 폭발시켰다. 그리고 그러한 분위기 속에서 각 정치세력들의 이념과 사상들이 분출, 해방정국은 일종의 이데올로기적 전시장처럼 되었다. 그 이데올로기적 스펙트럼에 따라 해방정국의 정치세력을 분류해본다면 좌파세력(박헌영), 온건좌파세력(여운형), 온건우파세력(김규식), 민족주의우파세력(김구), 극우파세력(한민당 및 이승만) 등으로, 나아가 더 큰 범주로는 좌파세력, 민족주의세력, 극우세력 등으로 구분해볼 수 있다. 물론 해방정국에서 이와 같이 다양한 이데올로기적 지향을 가진 정치세력이 등장할 수 있었던 것은 해방과 더불어 남북한에 미·소군이 진주하면서 한반도가 냉전적 이데올로기 갈등의 중심이 된 탓이기도 하지만, 여기에 일제 식민통치가 남긴 역사적 유산이 중첩되었기

여다고 보는 것이 보다 타당할 것이다. 그런 점에서 반공주의적 한국보수주의의 기원은 전근대의 전통적인 질서와 그 세계관이 아니라, 일제식민통치의 지배이데올로기에서 찾는 것이 더 자연스럽다고 할 수 있을 것이다.

때문이기도 하다.

해방정국의 과정은 정부수립과 사회개혁 문제를 둘러싸고 이상과 같은 이데올로기적 지향을 가진 정치세력들의 경쟁과 갈등의 과정이었다. 그러나 결과적으로 국가권력 장악의 최종승리는 미군정의 지원에 힘입어 극우세력의 한민당과 이승만세력, 특히 이승만세력에게 돌아갔다. 반면 남한 단선단정을 정면으로 거부한 좌파세력은 해방정국을 거쳐 이후 한국전쟁에 이르기까지 그 존재를 거의 박멸당했으며, 단선단정 반대와 남북통일정부 수립을 주장한 민족주의세력 역시 약화되지 않을 수 없었다.

그러나 극우세력의 승리는 아래로부터의 국민의 동의에 의한 것이 아니라 국가권력을 장악한 미군정과 반공세력의 물리력에 의한 것이었다. 따라서 이 기간 동안 냉전반공주의가 아래로부터 자발적으로 수용되었다고 보기는 어렵고, 그것은 위로부터 부과된 것이었다. 그러나 대한민국정부의 수립을 통해 국가권력이 국내의 반공세력에게 이양되고 대안적 정치세력이 약화되고 소멸되어간 상황에서 위로부터 부과된 냉전반공주의는 점차 아래로 침투해 들어갈 수 있었다. 특히 한국전쟁의 경험은 아래로부터의 냉전반공주의의 수용에 큰 영향을 미쳤다. 우선 전시상황에서 국가권력에 의해 강요된 반공주의는 국민들의 체념에 의해 그리고 생존을 위한 방편으로 점차 수용되었다. 뿐만 아니라 한국전쟁의 책임이 전적으로 북한에 돌려지는 상황에서 개인의 생사를 좌우했던 전쟁의 경험은 국민들로 하여금 공산주의의 침략성과 호전성을 두려워하게 만들었고 따라서 점차 반공주의를 받아들이게 만들었다.

그런 점에서 한국전쟁의 영향이 농후하게 남아 있었고 그 영향이 이승만 반공독재의 지배의 원천으로 활용된 전후 50년대 한국사회는 일종의 '반공규율사회'라고도 할 수 있다. 반공규율사회란 반공에 대한 국민적 의사(疑似)합의가 존재하는 가운데 반공주의가 국민을 규율·통제하는 사회를 의미한다. 그러나 그렇다 할지라도 전후 50년대 한국사회가, 반공주의에 의해 숨쉴 틈도 없이 철저하게 지배당한 그러한 사회였는지는 의문이다.

어떤 점에서 전후 50년대 한국사회는 반공규율 속에서도 새로운 사고와 저항이 성장할 수 있었던 사회이기도 하다. 이승만의 반공독재가 약화되기 시작한 50년대 후반 반공주의에서 민주주의가 본격적으로 분화되고, 민주주의에 대한 논의가 급속히 증대되었던 것이 바로 그 점을 보여주고 있었다.

그렇다면 냉전반공주의가 일방적인 영향력을 가졌던 해방 후의 상황에도 불구하고 민주주의가 성장할 수 있었던 공간은 어떻게 가능했는가? '미국의 한계선'(American Boundary) 개념이 그것을 설명해준다. 미국은 대한정책에 있어 다음과 같은 이중적인 과제를 추진할 수밖에 없었는데, 하나는 냉전대치의 최전선인 한반도의 남한에서 강력한 반공국가를 수립하는 과제이며. 또 하나는 세계적 냉전의 전시장으로서 남한에서 적어도 외면적으로는 민주주의체제를 유지시켜야 하는 과제였다.[8] 여기에서 바로 후자의 요소가 해방 후 남한민주주의가 가능한 공간을 제공했다고 할 수 있다. 본격적인 산업화 이전에 한국에서 '조숙한 민주주의[9]'가 가능했던 것은 바로 이 때문이었다.

50년대 후반에 들어 이런 조숙한 민주주의에 근거하여 반공독재에 대한 민주주의의 요구와 그 논의는 본격화되기 시작했다. 1955년 민주당의 등장으로 인한 반공주의와 민주주의의 분리, 1956년 대통령선거의 결과 조봉암이 상당한 지지를 얻을 수 있었던 점, 진보당 등 혁신정당의 등장 그리고 언론 등에 의한 민주주의논의의 확산 등이 그것이다. 물론 조봉암과 진보당은 이승만독재정권의 탄압에 의해 억압되었지만, 민주주의에 대한 요구는 학생과 도시중산층 등 새로운 세대와 계층의 동력을 얻으면서 마침내 4·19혁명으로 이어질 수 있었다. 그 결과 외부로부터 그리고 위로부터 주어진 조숙한 민주주의는 4·19혁명을 통해 내화된 민주주의,

---

8) 최장집, 『한국민주주의 조건과 전망』, 나남출판, 1996, 22쪽.
9) '조숙한 민주주의'와 관련하여, 최장집은 해방 직후 민주주의가 발전할 수 있는 조건이 제대로 이루어지지 않았음에도 불구하고 미군정에 의해 보통교육제도의 도입, 보통선거권의 부여 등 민주주의의 제도와 절차가 한꺼번에 주어졌다는 점을 들고 있다(같은 책, 20~23쪽).

아래로부터의 민주주의로 전환될 수 있었다.

　이상에서 살펴본 바와 같이, 냉전반공주의는 일제식민통치로부터 유래된 국가주의전통을 역사적 배경으로 해서 등장하기도 했지만, 기본적으로 국제적 냉전의 심화 속에서 이루어진 분단과 전쟁의 남한 분단국가 건설과정에서 외부로부터 그리고 위로부터 강제적으로 부과된 것이었다. 그런 점에서 냉전반공주의는 해방 후 남한에 새롭게 등장한 분단국가의 반공체제를 정당화시켜준 보수주의적 지배이데올로기로 기능했지만, 그것이 처음부터 아래로부터 쉽게 수용된 것은 아니었다. 그럼에도 불구하고 냉전반공주의는 다른 선택의 여지가 없던 상황에서 국가권력에 의해 그 수용이 강요되고 여기에 전쟁의 경험이 더해졌을 때, 점차 아래로부터 수용될 수 있었다. 그러나 조숙한 민주주의를 바탕으로 하여 전후 50년대 후반에 들면서 민주주의에 대한 요구는 새롭게 제기되고, 그것이 학생과 도시중산층 등 새로운 동력에 의해 4·19혁명으로 나타났을 때, 기존정치질서 유지의 보수주의적 이데올로기로서의 냉전반공주의는 다시 위기에 빠져들 수밖에 없었다.

(2) 압축적 산업화와 개발주의

　4·19혁명은 민주주의를 결여한 냉전반공주의가 기존질서 정당화의 보수주의적 이데올로기로서 그 기능을 제대로 수행하기 어렵다는 사실을 보여주었다. 그러나 이후 등장한 민주당의 장면정권은 4·19혁명을 통해 등장한 민주주의체제를 제대로 정착시키지 못했다. 보수적 민주주의만을 대표했던 그들은 4·19혁명을 통해 분출한 시민사회의 민주적 에너지를 제대로 결집시키지 못했고, 따라서 혁명 이후 민주주의체제의 정착에 대한 국민적 합의를 만들어내지 못했던 것이다. 1961년 군부세력에 의해 5·16군사쿠데타가 발생한 것은 바로 이같은 상황에서였다. 민주당정부의 무능과 혼란을 이유로 쿠데타를 일으킨 그들은 "부패하고 무능한 현정권

과 기성정치인들에게 이 이상 국가와 민족의 운명을 맡겨둘 수 없다고 단정하고 백척간두에서 방황하는 조국의 위기를 극복"하기 위해 쿠데타에 나섰음을 선언했다.[10]

그러나 쿠데타를 통해 집권한 그들 역시 정당성의 부족에서 자유스러울 수는 없었다. 그에 따라 그들은 당시 시대적 요청이라 할 수 있었던 민주주의의 진전과 경제발전 중 후자만을 선택하여, 집중적으로 추진함으로써 자신들의 정당성 결여를 보완하고자 했다. 그들은 경제발전계획을 추진했고 수차례에 걸친 성공적인 성과는 한국의 압축적 산업화의 결과로 이어졌다. 압축적 산업화의 추진에 있어 그들은 광범위한 동원전략을 행사했다. 박정희정권의 압축적 산업화기간 동안 가장 핵심적인 동원이데올로기는 개발주의였고, 여기에 경제적 민족주의와 안보주의 등의 이데올로기가 결합되었다. 한편 그들은 비판세력 또는 반대세력에 대해서는 강력한 억압력을 행사했다.

구체적으로 박정희정권의 산업화정책 추진과정을 살펴보면 다음과 같다. 우선 군부세력은 쿠데타 직후 '국가재건'의 명분을 내세웠는데, 이는 그들 스스로가 쿠데타 거사의 명분으로 '조국의 위기' 극복을 내세웠던 만큼 이 위기를 극복하기 위한 조치로서 나온 것이었다. 그리하여 재건국민운동을 실시하는 한편 각종 정화조치들을 시행했다. 그러나 박정희정권의 성공은 국가재건이 아니라 경제개발계획의 성공적 결과에 의해 보장되었다. 1962~66년의 제1차경제개발계획은 대외지향적 수출공업화전략을 추진함으로써 연평균성장률이 8.3%에 달할 만큼 성공적인 결과로 이어졌던 것이다. 제1차경제개발계획의 추진과정에서 박정희정권은 '조국근대화' '민족중흥'을 집중적으로 강조했는데, 이는 경제발전에 대한 국민의

---

10) 당시 군부세력은 혁명공약으로 ① 반공태세의 재정비 ② 미국 등 자유우방과의 유대 공고화 ③ 부패와 구악 일소 및 국민도의와 민족정기 확립 ④ 민생고의 시급한 해결과 국가자주경제의 재건 ⑤ 국토통일을 위한 실력 배양 ⑥ 과업성취 후 민정복귀 등을 내걸었다(한국군사혁명편찬위원회, 『한국군사혁명사』 하, 1963, 7쪽).

지지동원을 위한 경제적 민족주의의 언술이었다. 또 박정권은 조국근대화의 구체적인 정책목표로서 증산, 수출, 건설을 지속적으로 강조했다.[11] 결국 제1차개발계획의 성공과 이에 따른 경제민족주주의적 지지동원에 힘입어 박정희 대통령은 1967년 제6대 대통령선거에서 여유 있게 승리할 수 있었다. 그런 점에서 볼 때, 60년대 후반 무렵 박정권은 도시민중부문, 농민부문, 도시중간계급과 기업가를 포괄하는 일종의 '발전주의연합'(developmental coalition)의 구축에 성공하고 있었다.[12]

그러나 60년대 말~70년대 초에 접어들면서 박정희정권은 점차 경직되는 모습을 보였다. 그것은 우선 3선개헌 등 내외의 반대를 무릅쓰고 추진되었던 박정권의 장기집권시도 때문이었다. 박정권 경직화의 또 다른 원인은 당시 대외환경의 변화 때문이었다. 1968년에는 북한의 1·21청와대습격사건이 발생하는 등 남북간의 긴장은 급속히 증대되었다. 뿐만 아니라 60년대 말 미·중, 미·일 화해를 통한 데탕트 분위기 속에서 닉슨독트린에 따른 일부 주한미군의 철수는 안보에 대한 박정희정권의 위기의식을 증대시켰다. 이런 상황에서 박정희정권은 이제까지의 개발주의에 더하여, 치안의 중요성과 국방의 강화를 강조하는 등 안보주의를 적극 동원하기 시작했다. 결국 박정희정권의 이같은 경직화는 1972년 유신체제의 수립으로 이어졌다. 유신체제 등장의 공개적인 원인은 데탕트에 따른 한반도 주변정세의 변화 그리고 이런 상황 속에서 추진된 남북대화에 대한 대처 때문에 국내적 단결과 통합이 필요하다는 논리로 설명되었다. 그러나 유신체제 등장의 공개되지 않은 또 하나의 원인은 박정권의 영구적인 장기집권 의도 자체였다. 박정권은 임시적이 아니라 영구적인 장기집권을 도모하고자 했고, 이를 위해 제도적으로 보장되는 장기집권체제를 구축하고자 했던 것이다.

---

11) 전재호, 「박정희체제의 민족주의 연구」, 서강대 대학원 정치외교학과박사논문, 1997, 53~56쪽.
12) 최장집, 앞의 책, 164쪽.

유신체제 출범 이후 박정희정권이 집중적으로 추진한 산업화정책은 이제까지의 경공업중심의 대외지향적 수출공업화전략을 넘어 강철, 화학, 자동차, 조선, 공작기계, 전자 등을 중심으로 하는 중화학공업화정책이었다. 그리고 또 하나의 정책은 자주국방을 위한 국방력 강화정책이었다. 한편 박정권은 이 무렵을 전후하여 근면·자조·협동의 새마을운동을 본격적으로 추진했는데, 농촌에서부터 시작된 새마을운동은 점차 도시로 확대되었다. 유신체제 출범 이후 이같은 정책들이 추진되면서 박정권이 내세운 구호도 변화되었는데, 60년대의 '조국근대화' '민족중흥' 등의 구호는 70년대에 들어 '국민총화' '총력안보' '총화단결' 등의 구호로 바뀌었다.[13]

그러나 박정희정권의 압축적 산업화정책이 추진되고 그 결과 경제발전의 급속한 성과가 이루어졌다 할지라도, 시간이 흐를수록 더욱더 독재화되어갔던 박정권에 대한 반대는 증대했다. 4·19혁명의 연장선상에서 한일국교 반대투쟁, 3선개헌 반대투쟁으로 이어진 민주화운동은 70년대에 들어 보다 지속적이고 확대된 민주화운동으로 발전했다. 그 결과 70년대에 들어 민주화운동에 대한 박정권의 탄압은 급속히 증대되었고, 역으로 박정권에 대한 민주화운동의 저항 또한 급속히 증대되었다. 특히 압축적 산업화의 불평등한 결과가 본격적으로 나타나기 시작한 70년대에 들어 민주화운동은 점차 사회운동으로까지 영역을 확대해나갔다.

이상과 같이 박정희정권의 압축적 산업화정책은 적어도 양적인 측면에서는 대성공을 거두었다고 할 수 있다. 이를 통해 한국은 제3세계의 저개발국에서 개발도상의 중진국으로 도약할 수 있었고, 이후 지속적인 발전의 기반을 마련할 수 있었기 때문이다. 이 과정에서 박정희정권이 핵심적인 동원이데올로기로 제시한 것이 개발주의였다. 그러나 우리가 주목해야할 것은 박정권이 여기에 경제적 민족주의와 안보주의를 결합시켰다는 점이다.

---

13) 전재호, 앞의 글, 56~59쪽.

우선 개발주의에 민족주의와 안보주의가 결합된 박정권의 동원이데올로기는 60년대에 다음과 같이 나타났다. 즉 조국의 발전과 민족의 중흥을 위해, 그리고 북한과의 경쟁에서 승리하기 위해 국민 모두가 단결하여 성공적인 경제발전을 이룩해야 한다는 것이다. 이와 같은 동원이데올로기는 적어도 경제개발계획의 가시적인 성과와 더불어 상당 정도 국민의 지지를 결집시키는 결과를 만들어냈던 것으로 보인다. 앞에서 언급한 60년대 후반의 발전주의연합의 구축은 바로 그 결과이다. 그러나 박정권의 장기집권과 더불어 개발주의에 더욱 결합되었던 것은 경제적 민족주의라기보다 오히려 안보주의였다. 그것은 주로 국제정세상의 불안정이나 남북관계상의 문제를 이유로 들어 내부체제를 강화시켜야 한다는 논리로 나타났는데, 결국 이 논리는 70년대 유신체제의 구축으로 전면화되었다. 유신체제기간 동안 강조된 '국민총화' '총력안보' '총화단결' 등의 구호도 바로 이 논리를 반영하고 있었다. 따라서 여기에서 우리는 개발주의와 결합된 안보주의의 강화가 박정권의 독재화와 관련이 있음을 확인할 수 있다. 또한 안보주의가 경제발전을 위한 동원화의 역할보다, 점차 비판세력이나 반대세력을 억압하기 위한 명분으로 더욱 활용되었다는 점도 확인할 수 있다.

결국 경제적 민족주의와 안보주의 등과 결합된 개발주의는 박정희정권에 의한 압축적 산업화의 성공적인 추진에 있어 가장 중요한 동원이데올로기로서의 역할을 수행했다고 할 수 있다. 그럼에도 불구하고 그것은 정권의 등장과정 그리고 장기집권 추진과정에서 박정권의 정당성 부족을 메워주는 역할을 했다는 점에서 지배이데올로기의 역할을 충실히 수행했다. 뿐만 아니라 70년대에 들어서면서 강화된 안보주의는 박정희독재정권의 억압력 행사를 정당화시켜주는 역할을 했다. 따라서 경제적 민족주의와 안보주의 등과 결합된 개발주의는 경제개발의 동원이데올로기로서 한국의 압축적 산업화의 성공에 큰 기여를 했지만, 그럼에도 불구하고 민주주의와 결합하지 못한 그것은 박정희정권의 장기집권과 그 억압을 정당화시켜

주는 역할 또한 했다는 점에서, 결국 현존질서의 유지를 정당화하는 보수주의 이데올로기의 한계를 넘어서지 못했다고 할 수 있다.

(3) 민주화, 탈냉전 이후의 한국보수주의

이상에서 살펴본 것처럼 한국의 보수주의는 사실 국가권력을 장악한 보수세력과 결부되어 있었다. 따라서 그것은 국가권력을 장악한 보수세력의 이데올로기인 동시에 국가의 이데올로기이기도 했다. 또한 한국의 보수주의는 시대적 상황과 밀접한 관계를 지니고 있었다. 남한 분단국가 건설의 시기에 한국의 보수주의는 냉전반공주의로 나타났고, 압축적 산업화의 시기에는 경제적 민족주의와 안보주의 등과 결합된 개발주의로 나타났다. 그러나 민주화는 한국의 보수주의와 결부되어 있던 이런 조건과 환경에 커다란 변화를 초래했다. 뿐만 아니라 민주화 이후 도래한 탈냉전 역시 한국보수주의에 과거와는 또 다른 환경을 가져다주었다.

그렇다면 이런 조건과 환경의 변화 속에서 민주화 이후 한국보수주의는 어떠한 모습으로 나타나고 있는가? 우선 민주화와 탈냉전 이후 한국보수주의의 모습은 주로 민주개혁 및 남북관계 진전에 대한 거부로 나타났다. 민주개혁의 진전이 보수세력의 기득권과 영향력을 훼손할 가능성이 컸고, 남북관계의 진전은 남북대립의 상황에서 보다 강한 정당성을 가질 수 있었던 그들의 지위와 주장을 약화시킬 가능성이 컸기 때문이다. 즉 과거의 관념에 머물러 있던 한국의 보수세력은 민주화와 탈냉전에 따른 변화와 개혁을 수용하지 않으려 했던 것이다. 민주화와 탈냉전 이후 그들이 보수세력보다는 '수구보수세력' '수구냉전세력'으로 불리었던 것은 변화와 개혁을 받아들이지 않으려 했던 바로 이같은 태도 때문이었다.

뿐만 아니라 민주화와 탈냉전에 따른 변화와 개혁을 거부한 그들의 태도는 빈번하게 공안정국의 조성이나 색깔론으로 나타나기도 했다. 우선 공안정국 조성의 대표적 사례로는 노태우정부시기 일련의 방북사건으로

야기된 1989년의 공안정국과 1994년 김일성의 사망으로 야기된 '조문파동'에 따른 신공안정국을 들 수 있다. 전자의 공안정국은 문익환 목사 일행의 방북사건, 서경원 의원 방북사건, 임수경 전대협대표의 평양축전 참가 등에 의한 것인데, 그것은 당시 노태우정권 중간평가를 둘러싼 야당공조체제의 붕괴 및 독재청산의 요구를 무산시키기 위한 것이었다. 또한 김일성 사망 직후의 '조문파동'에서 비롯된 후자의 공안정국 역시 아래로부터의 민주개혁 요구를 약화시키기 위한 것이었다. 그리고 색깔론의 대표적 사례로는 1998년 말 김대중정부의 대통령자문정책기획위원장이던 최장집 교수에 대한 『조선일보』의 사상검증을 들 수 있다. 당시 『조선일보』는 한국사회에서 이데올로기적으로 가장 예민한 주제인 한국전쟁에 대한 최장집 교수의 학술논문을 자의적으로 해석, 이에 대한 매카시즘적 공격을 퍼부었다. 극우적 세계관을 가진 수구보수세력의 마녀사냥 식 사상검증의 전형을 보여주었는데, 이는 국가권력을 배경으로 행해졌던 보수세력의 이데올로기적 공세가 이제는 정권교체가 이루어진 새로운 상황에서 사회의 보수언론에 의해 대행되고 있음을 말해주고 있었다.

한편 민주화 이후 한국보수주의의 또 다른 모습은 박정희신드롬 현상으로도 나타났다. 김영삼정권 말기인 1997년 초·중반 각종 여론매체를 통해 전사회적 현상으로 떠오른 박정희신드롬은 김영삼정부의 실정에 따른 반발로서 박정희 식의 강력한 리더십에 대한 복고주의적 분위기를 반영하고 있었다. 그러나 그것 역시 아래로부터 만들어진 자연스러운 것이라기보다는, 보수언론의 적극적인 노력에 의해 전파·확산된 현상이었다. 그런 점에서 박정희신드롬 현상은 우리 사회의 수구적 보수세력이 민주개혁 실패의 실망에서 야기된 일시적 복고화 또는 보수화의 분위기를 활용, 그 확산을 기도한 반개혁적 사보타지의 대표적인 사례라 할 수 있었다.[14]

---

14) 한국정치연구회, 『박정희를 넘어서』, 1998, 푸른숲.

이상에서 살펴본 것처럼, 민주화 이후 한국의 보수세력은 민주화와 탈냉전에 따른 민주개혁과 남북관계의 진전에 대해 거부와 사보타지로 임했을 뿐 아니라, 때때로 공안정국과 색깔론을 통해 변화와 개혁의 요구를 억압하고 공격하고자 했다. 뿐만 아니라 박정희를 끌어내 과거를 미화하고 정당화함으로써 현재의 자신들의 존재와 주장을 정당화하려 했다. 따라서 민주화와 탈냉전 이후 한국보수주의는 매우 '네거티브'한 모습을 보여줄 수밖에 없었는데, 그것은 과거의 관념에 머물러 있던 그들이 민주화와 탈냉전에 따른 변화와 개혁을 수용치 않으려 한 데 따른 결과였다. 그 결과 민주화 이후 한국보수주의의 내용적 발전은 거의 이루어지지 않았고, 따라서 이론적 빈곤에 직면하지 않을 수 없었다.

그럼에도 불구하고 우리가 염두에 두어야 할 것은 한국의 수구적 보수세력과 그들의 보수주의는 여전히 강력하다는 사실이다. 냉전반공주의와 개발주의 등 보수주의적 이데올로기는 보수언론 등 우리 사회의 기득권세력에 의해 강력하게 지지되고 있고, 또한 일반국민의 상당 부분도 이같은 의식에서 크게 벗어나지 못하고 있기 때문이다. 다른 한편 민주화 이후 한국의 수구적 보수세력과 그들의 보수주의가 쉽사리 약화되지 않았던 것은, 그것이 대내적으로는 영남지역주의 등 지역주의와 결부되어 있고 또 대외적으로는 탈냉전에도 불구하고 남북대치의 현실이 여전히 유지되고 있기 때문이다.

4. 한국보수주의의 평가와 전망

이상과 같이 한국의 보수주의는 일제통치의 국가주의적 배경 속에서 해방 후에는 냉전반공주의 형태로, 5·16쿠데타 이후에는 경제적 민족주의 및 안보주의와 결합된 개발주의 형태로 나타났다. 이런 내용을 가진 한국보수주의가 그 힘과 영향력을 행사할 수 있었던 것은 기본적으로 보수세력이 국가권력을 장악할 수 있었고, 따라서 그것이 국가의 이데올로기로서 강제되고 확산될 수 있었던 데 기인한다. 그러나 우리는 위로부터 부과된 보수주의적 이데올로기가 시간이 흐름에 따라 상당 정도 아래로부터도 수용되었다는 점을 간과해서는 안 된다. 그것은 남한 분단국가의 수립과 압축적 산업화의 과정에서, 특히 후자의 과정에서 박정권의 경제개발의 성공으로 상당 정도 아래로부터 수용될 수 있었기 때문이다. 즉 국가권력을 장악한 한국의 보수세력은 단지 자신들의 정치질서를 옹호하는 데 그치지 않았고 정당성 강화를 위한 일종의 수동혁명을 추진함으로써 자신들의 이데올로기를 하부수준에까지 침투시킬 수 있었던 것이다.

그럼에도 불구하고 한국보수주의가 가진 결정적인 약점은 민주주의와 결합되지 못했다는 점이며, 나아가 한반도 전체의 민족주의와 결합되지 못했다는 점이다. 따라서 한국 권위주의체제에 대해 민주화를 요구한 민주화세력은 민주주의와 남북의 자주적 민족주의를 바탕으로 자신들의 저항이데올로기를 발전시킬 수 있었다. 민주화와 탈냉전 이후의 상황은 바로 그런 점들을 보다 분명하게 보여주고 있다. 민주화 이후에도 보수세력과 더불어 한국의 보수주의, 즉 냉전반공주의와 개발주의는 여전히 강력하게 존재하지만, 이제 국가권력으로부터도 점차 멀어져갔던 그것은 우리 사회 기득권층 중심의 수구적 반공세력 또는 수구적 냉전세력의 이데올로기로 가능했다. 그리고 구체적으로 민주개혁과 남북관계 진전에 대한 거부와 사보타지로, 때로는 공안정국 및 색깔론 등으로 나타날 수밖에 없었다.

이와 같은 모습의 한국보수주의를 서구의 그것과 비교해본다면 한국보수주의는 다음과 같은 특징을 보여주고 있다고 할 수 있다. 우선 한국의 보수주의는 서구보수주의가 전통과 역사의 경험으로부터 끌어내고 있는 보수주의의 자연스러움과 그 정당성을 가지지 못하고 있다는 점이다. 한국보수주의의 역사적 배경은 일제의 국가주의에서 비롯되었으며 그것은 한국보수주의의 역사적 정당성을 강화시켜주기보다 오히려 약화시키는 측면이 컸다. 다음으로 한국의 보수주의는 서구의 그것이 가지고 있는 공동체성을 결여하고 있다는 점이다. 한국의 보수주의는 공동체에 대한 책임보다는 기득권 수호에 더 집중한다는 점에서 사회의 타집단에 대해 매우 배타적이다. 셋째는, 서구의 보수주의는 상당 정도 자유주의를 흡수하고 나아가 복지정책까지 받아들인 경험을 가지고 있다. 그러나 강한 국가주의와 반공주의적 특성을 가진 한국의 보수주의는 자유주의와 복지정책 수용의 여지가 매우 적다.

아무튼 민주화와 탈냉전 등 시대적 상황변화와 더불어 한국의 보수주의는 현재 기로에 직면해 있는 것으로 보인다. 과거의 관념에 머물면서 수구적 보수주의에 머물 것인지, 아니면 보다 합리화시키고 시대적 상황의 변화에 맞추어 새로운 내용과 모습을 갖출 것인지의 기로이다. 전자의 경우에는 한국보수주의의 '합리화' 문제라 할 수 있는데, 그것은 한국의 보수주의가 서구의 보수주의가 가졌던 공동체성과 자유주의 및 민주주의의 수용과 관계가 있다. 후자는 한국보수주의 역시 신자유주의적 세계화의 영향 속에서 신자유주의와 신보수주의 등 신우파적인 요소를 받아들일 것인가, 받아들인다면 어떻게 받아들일 것인가와 관련이 있다.[15]

정해구(Jung, Hae-Gu) hgjung@mail.skhu.ac.kr
성공회대 사회과학부 교수, 한국정치연구회 연구위원.
　주요 저서와 논문으로는 『탈냉전 10년(1988-1997)의 남북관계』, 『박정희를 넘어서』, 『대안은 없는가?: 21세기 한국정치의 진로』, 『광주민중항쟁연구』, 『10월 인민항쟁연구』가 있으며, 번역서로는 『국가형성론의 역사』(공편역) 등이 있다.

---

15) 이와 관련하여 현재 보수세력의 새로운 세대에 의한 '뉴라이트'운동이 전개되고 있는데, 그것이 구체적으로 무엇을 지향하는지는 분명치 않다. 그 이름과는 다르게 과거의 한국보수주의를 추종할 수도, 서구의 전통적 보수주의를 지향할 수도, 또는 신자유주의적 지향을 추구할 수도, 아니면 이들 사이의 그 어떤 절충적 지향을 추구할 수도 있을 것이다.

사회민주주의의 역사와 한국사회에서의 착근 가능성

신정완

1. 사회민주주의란 어떤 이념인가?

사회민주주의(social democracy, 이하 '사민주의'로 약칭)는 19세기 서유럽 노동운동의 풍토에서 형성되어 20세기를 거치며 상당한 변모를 경험한 이념이다. 러시아혁명 이전에는 사민주의란 용어는 영국의 개량주의적 노동조합주의로부터 독일의 마르크스주의, 라살레주의 또 프랑스 등의 아나키즘에 이르기까지 주로 노동자계급의 관점에서 자본주의체제를 비판적으로 보는 이념조류들을 통칭하는 용어로 사용되어 사실상 '사회주의'(socialism)와 별로 구별되지 않는 용어였다. 19세기 말에 이르러 영국을 제외한 유럽대륙국들에서는 마르크스주의가 사회주의운동의 지배적 이념으로 정착되었고 특히 독일사회민주당(SPD, 이하 '독일사민당'으로 약칭)이 마르크스주의적 이념노선을 대표하였다.

독일사민당은 당의 규모와 정비정도, 전국적 지지율 그리고 이념적 논의수준에서 유럽 사민주의정당들의 모범이자 선도자 역할을 담당하였는데, 1890년대에 들어 독일사민당 내에서 유명한 '수정주의논쟁'이 전개되었다. 당시 독일사민당은 자본주의체제의 역사적 위상과 작동원리 또 사회주의로의 이행과정에 대한 이해에서 주로 마르크스주의에 의존하고 있었으나 일상적 실천에서는 노동조합의 경제투쟁과 의회민주주의제도를 활용한 합법적 정치투쟁에 전념하고 있었다.

이러한 사정으로부터 자연스레 독일사민당의 이념적 정체성을 둘러싼 논쟁이 전개되었다. 수정주의논쟁을 발단시킨 베른슈타인(Eduard Bernstein)은 그간의 개량주의적 또는 개혁주의적 실천이 거둔 성과에 대한 긍정적 평가와 이러한 실천의 향후 발전가능성에 대한 낙관적 전망에 기초하여 마르크스의 이론체계에 대한 전면적 재평가를 시도하였다. 그리하여 그는 변증법을 부정하고 역사유물론과 잉여가치론을 상대화시키며, 계급양극화와 자본주의의 파국에 관한 마르크스의 이론에 대해 회의적 입장을 표명하였다. 이제 마르크스주의는 독일사민당의 발전을 지도해갈 이념이라기보다는 순탄한 발전에 장애가 되기 쉬운 이념이라고 선언한 것이다. 향후 독일사민당은 의회민주주의제도를 통해 집권함으로써 점진적으로 독일사회의 사회주의적 개조를 이루어갈 수 있다고 본 것이다.

또 독일사민당은 마르크스의 역사유물론과 같은 특정한 역사철학이나 잉여가치론과 같은 특정한 경제이론 대신 자유, 평등과 같은 지향가치를 중심으로 한 윤리주의적 사회주의를 지도이념으로 삼아야 한다는 입장을 표명하였다. 이러한 베른슈타인의 문제제기는 당내에 큰 파장을 일으켜 카우츠키(Karl Kautsky), 룩셈부르크(Rosa Luxemburg) 등 당대의 일급 마르크스주의자들이 참여한 가운데 수정주의논쟁이 격렬하게 전개되었다. 그러나 당의 분열을 우려한 당지도부는 이 논쟁을 적당한 수준에서 봉합하여 이론적으로는 마르크스주의에 의존하되 실천은 개량주의적으로 전개하는 종래의 패턴이 지속되었고, 유럽대륙의 여타 사민주의정당들의 경우에도 대동소이한 모습을 보였다.

국제사회주의운동에 결정적 균열을 가져온 계기로 작용한 사건은 제1차 세계대전과 러시아혁명이었다. 서유럽 사민주의자들은 대부분 자국정부의 전쟁참여를 승인하였지만 러시아 볼셰비키는 '혁명적 패배주의'를 내세우며 전쟁을 사회주의혁명을 위한 조건으로 활용하였다. 서유럽 사민주의자들은 대부분 러시아혁명에 대해 부정적 입장을 취했다. 러시아사회는 사회주의혁명을 추진할 만한 발전단계에 이르지 않았다고 보았으며, 혁명과정의 폭력성 및 볼셰비키독재를 규탄하였다. 러시아혁명의 지도자인 레닌(V. I. Lenin)은 서유럽 사민주의자들이 마르크스주의의 혁명적 대의를 사실상 완전히 포기하였다고 판단하고, 자신이 보기에 이미 개량주의적으로 오염된 용어인 사민주의와 구별하여 볼셰비키가 대표하는 혁명적 마르크스주의를 표현하는 용어로서 '공산주의'(communism)란 용어를 사용하기 시작했다. 이후 국제사회주의운동은 서유럽을 중심으로 한 사민주의운동과 러시아혁명을 통해 탄생한 국가인 소련을 중심으로 한 공산주의운동으로 분열되었다.[1]

1차대전과 2차대전 사이의 전간기(戰間期)에 독일, 스웨덴 등 서유럽 몇 개 나라에서 사민당정부가 수립되었다. 그러나 사민당정부들은 그동안 약속해왔던 생산수단 소유의 사회화와 계획경제를 단행할 만한 능력과 의지가 부족하여 주로 노동과 사회복지 문제 등에서 부분적인 개혁을 추진하는 데 주력하였다. 또 전간기의 불황 및 공황과 대량실업에 효과적으로 대응하지 못했다. 다만 스웨덴사민당은 케인스(J. M. Keynes)의 『일반이론』이 출간되기 전인 1930년대 초부터 케인스주의적 수요부양정책을 집행하여 좋은 성과를 거두는 등 비교적 폭넓은 사회개혁에 성공하여, 이미 30년대 중반부터 국제적으로 스웨덴 사민주의세력의 노선이 자본주의와 공산주의 사이의 '중간의 길'(the middle way)이라고 불리기도 했다.

2차대전의 종결은 서유럽 사민주의세력에게 유리한 정세를 조성하였다.

---

1) 신정완, 「사회주의의 어제, 오늘 그리고 내일」, 김수행·신정완 편, 『현대 마르크스경제학의 쟁점들』, 서울대학교출판부, 2002, 306~307쪽.

파시즘세력의 몰락은 우파세력의 도덕적 위신을 추락시킨 반면에 파시즘 세력으로부터 탄압받았던 사민주의 및 공산주의 세력의 도덕적 위신을 고양시켰고 민주주의를 거스를 수 없는 대세로 정착시켰다. 또한 전쟁에 동원되어 많은 희생을 감수했던 노동자계급은 전쟁기간에 억눌려왔던 사회경제적 욕구를 분출시켰다. 그리하여 영국에서는 노동당정부가 수립 되어 기간산업의 광범위한 국유화와 국민의료체계(NHS, national health system) 도입 등 사회복지제도의 정비를 이루어냈다. 또한 1932~76년까 지 연속 집권한 스웨덴사민당은 세계 최고수준의 사회복지제도를 정비하 고, 원활한 경제성장과 관대한 사회복지제도의 발전을 양립시킨 종합적인 경제-사회 운영모델인 '스웨덴모델'(the Swedish model)을 형성·발전시 킬 수 있었다. 서독사민당도 제1야당으로서 평등주의적 사회개혁을 정력 적으로 추진하여 서독의 '사회적 시장경제(the social market economy) 모델'에서 '사회적인 것'(the social)의 비중을 높이는 데 크게 기여하였다. 또 1966년에는 자신의 주도하에 그동안 여당이었던 기민당과 연립정부를 구성하여 전후 최초로 집권에 성공하였으며, 집권에 기초하여 평등주의적 사회경제정책을 강화하고 '동방정책'을 추진하여 동서독 통일의 기반을 조성하였다.

이러한 과정에서 서유럽 사민주의세력은 마르크스주의로부터 더욱 멀 어져가, 사민주의자들은 점차 자신들의 이념적 정체성을 자유, 정의, 평등, 연대와 같은 지향가치에 의해 규정하게 되었고 이념적 다원주의를 분명하게 표명하게 되었다. 경제이론과 경제정책 차원에서는 케인스경제 학에 크게 의존하였다. 또 2차대전 이후 조성된 냉전체제하에서 서방진영 의 일원이라는 자기정체성을 분명히 하고 반공주의적 입장을 더욱 분명히 했다. 2차대전 이후 서유럽 사민주의세력이 많이 사용한 '민주사회주의' (democratic socialism)란 용어는 소련 등의 국가사회주의 또는 전체주의 적 사회주의와 자신을 구별하기 위한 것이었다.[2] 그러나 서유럽 사민주의 자들이 마르크스주의의 이론체계 모두를 거부한 것은 아니었다. 이들은 레닌주의 및 스탈린주의를 마르크스주의의 왜곡사례로 보며 오히려 자신들이 마르크스사상의 합리적 핵심을 제대로 계승하고 있다고 보았다. 그러나 동시에 현대자본주의의 경제구조 및 정치질서를 이해하는 데 있어 마르크스주의가 많은 한계를 보이고 있다는 점을 언급하는 것을 잊지 않았다.

서유럽 사민주의의 전성기는 2차대전 이후 1960년대 말까지의 기간이었다. '자본주의의 황금기'로 불리는 이 기간에 이루어진 고도경제성장에 힘입어 사민주의자들은 케인스주의적 거시경제정책과 적극적인 사회복지정책을 중심으로 광범위한 사회개혁을 이루어낼 수 있었다. 서유럽 사민주의세력의 정책에서 발견되는 핵심적인 특징으로는 다음과 같은 점들을 들 수 있다. 첫째, 자본주의경제의 기본골격을 인정한다는 점이다. 즉 생산수단의 사적 소유와 시장에 의한 자원배분을 인정하고 사실상 존중한다는 점이다. 다만 자유주의자들에 비해 생산수단의 공적 소유의 비중을 좀더 높은 수준에서 유지하려 하며, '시장실패'의 범위를 좀더 넓게 잡아 국가와 노동조합에 의한 경제 개입과 규제의 필요성을 좀더 적극적으로 인정해왔다. 또 예외적 사례로서 70년대 중반에 사민주의세력인 스웨덴의 노동조합총연맹(LO)이 제출한 '임노동자기금안'이 있는데, 이것은 노동조합이 점진적이고 합법적으로 대부분의 민간대기업의 소유권을 장악하려 한 매우 급진적인 구상이었지만 부르주아진영의 격렬한 반대 등으로 인해 결국 무산된 바 있다.

둘째, 조세정책과 사회복지정책을 통한 소득과 소비의 재분배에 치중한다는 점이다. 주로 누진소득세와 국가중심의 사회복지제도를 통해 온 국민을 사회안전망의 틀 안으로 포용해내려 노력하였으며, 또 상당 부분 성공하였다. 이를 두고 '생산의 사회화' 대신에 '소비의 사회화'를 선택한 셈이라고 이야기하기도 한다. 셋째, 사회주의의 정의·평등·연대의 정

---

2) 같은 글, 307쪽.

신에 따라 다양한 사회적 약자층의 경제적·사회적 권리를 신장시키는 데 노력한다는 점이다.[3] 특히 사민주의운동의 핵심지지층인 노동자계급의 사회경제적 지위를 향상시키는 데 가장 주력하였다.

국제사민주의운동은 특히 분배영역에서 괄목할 만한 성과를 이루었지만 많은 한계를 드러내기도 했다. 첫째, 자본주의경제의 기본구조를 바꾸지는 못했고, 바꾸려는 의지 자체도 점차 희박해졌다. 적어도 사민주의적 개혁의 축적을 통해 장기적으로는 자본주의 경제체제를 지양할 수 있으리라는 초기 좌파사민주의자들의 희망은 실현될 수 없다는 점을 보여주었다고 할 수 있다. 사민주의적 개혁의 축적을 통한 점진적 체제이행을 어렵게 하는 요인은 매우 다양하다. 의회주의노선에 내재한 '선거의 딜레마',[4] 자본가계급의 저항, 사민주의적 개혁정책과 자본주의 경제원리 사이의 마찰, 성공한 사민주의운동의 자본주의체제 내로의 포섭효과 즉 '개량의 딜레마', 또 경기순환으로 인해 개혁정책의 비가역적 누적이 어렵다는 점 등 수많은 것을 들 수 있다. 따라서 적어도 현국면에서 사민주의이념을 선택한다는 것은 자본주의의 극복이 아니라 자본주의와의 장기공존을 선택하는 길이라는 점이 분명해졌다.[5]

둘째, 사민주의적 정책이 상당한 성공을 거둔 지역은 서유럽에 국한되었다. 비유럽지역에서 활동한 사민주의정당들은 대체로 힘도 미약했고 성과도 좋지 못했다. 다만 최근에 브라질의 PT당이 집권함으로써 제3세계에서 사민주의운동의 가능성을 보여주는 사례로, 특히 풀뿌리대중에 의한 참여민주주의가 한결 강화된 급진적 사민주의운동의 가능성을 보여주는 사례로 큰 기대를 모았다. 그러나 브라질의 과중한 외채상환부담으로 인해 집권 이후 대체로 신자유주의적 기조의 경제정책을 추진해온 것으로 평가

---

3) 같은 글, 307~308쪽.
4) 여기에서 말하는 '선거의 딜레마'란 좌파정당이 다수 유권자의 지지를 받아 선거에서 승리하려면 이념노선을 온건화해야 한다는 문제를 가리킨다.
5) 같은 글, 309~10쪽; 신정완, 「스웨덴 사회민주주의운동의 경험이 한국 사회민주주의운동에 주는 함의」, 『스칸디나비아연구』 제5호, 2004, 210쪽.

받고 있다.[6] 이러한 사정들은 사민주의가 국제적으로 보편타당성을 가질 수 있는 이념이자 운동이라는 점이 아직 입증되지 않았다는 것을 의미한다.[7] 사민주의이념은 거의 예외 없이 대체로 산업화가 이미 상당 수준 이루어지고 정치적 민주주의가 잘 뿌리내린 사회에서 착근될 수 있었고 좋은 성과를 가져올 수 있었다.

1980년대 이후 진행된 신자유주의적 세계화는 각국의 사민주의세력에게 크나큰 도전으로 다가왔다. 특히 금융세계화로 인해 '이탈선택'(exit option)의 기회를 크게 갖게 된 자본은 노동과 국가에 대한 교섭력을 현저히 강화시켰다. 각국 정부는 자국자본의 해외이탈 방지와 외자유치를 위해 자본축적에 유리한 조건을 경쟁적으로 내놓아야 할 상황에 처하게 되었는데 이는 사민당정부의 경우에도 해당된다. 영국노동당이 전통적인 사민주의와 신자유주의 사이의 중간의 길인 '제3의 길'(the third way)을 사민주의의 활로로 제시한 것도 이러한 사정을 배경으로 한다.[8] 글로벌(global)자본주의라는 환경 속에서 생명력을 보일 수 있는 글로벌 사민주의 전략을 형성하는 일이야말로 현재 국제사민주의운동이 직면한 최대의 과제라 할 수 있을 것이다.

서유럽 사민주의운동의 역사를 살펴볼 때, 사민주의 이념 및 그 구현형태인 사민주의정치란 결국 자본주의체제로부터의 이탈을 지향하는 사회주의이념이 발휘하는 원심력과 현존 경제체제인 자본주의로부터 나오는 중력이 결합되어 나온 혼성물이라고 평가할 수 있다. 19세기의 사민주의는 대체로 자본주의체제의 극복을 지향하는 급진적 이념이었다고 할 수 있으나, 20세기를 거치면서 그것이 거둔 부분적 성공과 자본주의체제가 부과하

---

6) 조돈문(「룰라정부의 사회정책과 계급정체성: 경제적 불평등 문제를 중심으로」, 『동향과전망』 제65호, 2005, 215쪽)은 룰라를 수반으로 하는 PT당정부가 긴축재정정책의 기조 속에서도 적어도 사회정책영역에서는 상당히 진보적인 정책을 추진해온 것으로 평가하고 있다.

7) 신정완, 앞의 글, 2002, 309쪽.

8) 같은 글, 311쪽.

는 강한 제약으로 인해 2차대전 이후에는 대체로 보다 평등주의적인 방향의 체제 내 개혁을 지향하는 이념으로 정착되었다고 할 수 있다. 만일 사회주의 이념이라는 것을 자본주의와는 원리적으로 다른 경제체제를 지향하는 이념이라고 다소 엄격하게 규정한다면, 현재의 사민주의는 사회주의의 우파라기보다는 오히려 자유주의의 좌파에 가까운 이념이라고 볼 수 있을 것이다.

이렇듯 사민주의이념 속에는 사회주의와 자유주의의 요소가 혼재되어 있는 관계로, 사민주의는 그 주요 경쟁이념인 자유주의나 마르크스주의에 비해 이념적 완결성과 체계성이 약하다. 실제로 사민주의 우파의 이념은 자유주의 좌파의 이념과 크게 구별되지 않고, 사민주의 좌파의 이념은 마르크스주의의 요소를 많이 포함하고 있는 실정이다. 사민주의는 근대 사회의 지배이념으로 기능해온 자유주의가 보유한 두터운 지성의 퇴적물 을 갖고 있지 못하며, 인류역사의 발전과정과 전망을 일관된 논리로 설명하 는 마르크스주의가 보여주는 이념적 체계성과 선명성을 보이지 못한다. 그러나 사민주의이념의 이러한 혼성적 성격과 비체계적 성격은 사민주의 운동에 유연성을 제공하는 측면도 있다. 또한 어떤 사회이념이라는 것이 비록 비교적 일관되고 체계적으로 보인다 하더라도 결국 근본적으로 불완 전할 수밖에 없다는 점을 인정한다면, 이렇게 불완전한 사회이념의 논리를 극한까지 추구할 때 초래될 수 있는 거대한 실패나 비극의 위험을 피하게 해주는 측면도 있다. 사민주의이념은 주로 노동자계급의 절박한 현실적 이해관계와 평균적 정서를 반영하여 형성되고 진화해온 이념으로서, 정교 하게 조직된 지적 구성물이라기보다는 경험에 기초한 양식(良識)에 가까 운 질박한 이념이라 할 수 있다.

2. 한국사회에서 사회민주주의 이념의 궤적과 현황

한국사회는 사민주의이념이 뿌리내리기에는 너무 척박한 토양이었다. 해방 이후에 한정하여 이야기하자면 우선 해방공간의 중도좌파 정치인 여운형이 이끈 조선인민당(이후 사회로동당으로, 또 근로인민당으로 개명)이 사민주의에 가까운 이념을 가졌던 정치세력이라 할 수 있을 것이다. 여운형을 중심으로 한 정치세력은 서유럽 사민주의 이념과 운동경험에 대한 지식을 많이 가졌던 것은 아니었겠으나, 당시 극렬한 좌우대립 속에서 중도좌파적 통합을 지향하였고 민주주의와 민족주의 그리고 사회주의의 요소를 포함한 이념노선을 견지한 정치세력이었다고 볼 수 있다.[9]

한국전쟁 이후에는, 일제강점기에 공산주의자로 활동했던 조봉암이 이끈 진보당이 사민주의적 정당이었다고 할 수 있다. 사회경제정책 측면에서 평등주의적 정책과 남북관계와 관련하여 평화통일노선을 내세웠던 진보당은 이승만정권에 의한 조봉암의 법살(法殺)로 인해 막을 내렸다. 4·19 직후에 우후죽순처럼 생겼던 여러 혁신계 정치세력들도 대체로 진보당의 노선을 계승하는 사민주의세력이었다고 볼 수 있을 것이다. 그러나 이러한 세력들도 5·16쿠데타를 통해 거의 모두 압살되었다. 1960년대에서 80년대에 걸쳐 통일사회당(이후 사회당, 또 사회민주당으로 개명)을 이끌며 한국 사민주의운동의 명맥을 이어간 김철 같은 진지한 사민주의자도 있었으나, 그가 이끈 정당은 노동자계급에 뿌리내린 것도 아니었고 정치적 영향력도 거의 전무했다고 볼 수 있다.

80년대에 전개된 민주화운동세력의 이념적 급진화는 소련이나 북한을 지향사회모델로 삼는 급진적 사회주의이념을 대두시켰다. 그리하여 대체로 러시아혁명과 소련체제를 모델로 삼았던 PD(민중민주주의)와 북한체

---

9) 정태영·오유석, 「한국 사회민주주의적 진보정당의 역사적 전개: 해방 이후 1961년 5·16까지」, 한국사회민주주의연구회, 『자유와 평등과 연대를 향한 21세기 한국 사회민주주의 선언』, 사회와 연대, 2001, 263~72쪽.

제와 주체사상을 지지·신봉했던 NL(민족해방주의)을 중심으로 하는 좌파 내 이념구도가 형성되었다.[10] 광주학살을 자행한 잔혹한 군사정권의 억압이 유지되는 정치상황은 서구식 사민주의가 자리잡을 수 있는 공간이 아니었다.

80년대 말에서 90년대 초에 전개된 소련·동유럽 사회주의권의 전면붕괴와 한국에서 정치적 민주주의의 진전은 급진혁명노선보다는 온건개혁노선을 더욱 설득력 있는 운동노선으로 대두시켰다. 그리하여 서구 사민주의 경험이 의미 있는 연구대상으로 떠오르게 되었다.[11] 그러나 사민주의를 대안적 이념으로 분명하게 천명한 사례는 극히 드물었는데, 이는 사민주의에 대한 지식의 부족과 전통적인 급진사회주의 이념노선의 여전한 영향력 등에 기인했다고 볼 수 있다.[12] 90년대에 들어 서구 사민주의이념에 관한 소개서도 몇 개 나왔지만 사민주의연구의 주된 흐름은 스웨덴, 독일 등 사민주의세력이 강한 사회의 노동관련 제도나 정책 또 사회복지관련 제도나 정책 등을 긍정적 입장에서 소개하는 '지역연구'였다. 그러다 2001년 말에 사민주의지향을 분명히 하는 연구자들의 연구·교육 모임으로서 '한국사회민주주의연구회'가 결성되었고 이 단체의 지도부 일부가 2003년

---

10) 그러나 통상 NL이라 불린 정치세력 대부분이 북한체제를 지지하고 주체사상을 신봉했다고 할 수는 없다. 특히 '대중노선'을 강조한 NL의 운동노선으로 인해, NL계열 운동세력의 이념적 정체성은 상당히 모호하기도 했다. 대체로 남한체제에 비판적인 사회운동세력 중에서 중단기적으로는 사회주의적 과제를 덜 중요하게 생각하고 민족자주와 반미를 무엇보다 강조하는 세력 전체가 NL이라 불려왔다. 국내정치 차원에서는 NL세력은 상당 기간 독자적인 노동자정당 또는 민중정당 건설보다는 평화통일 지향적 중도우파 정치세력에 대한 '비판적 지지'와 광범위한 '민족·민중 세력'을 포괄하는 '전선운동'을 지지하는 입장을 견지하였다. 그러나 주체사상에 명확히 입각한 NL세력도 일부 있었다. 한편 최근에는 소련·동유럽 사회주의권의 붕괴경험과 신자유주의적 세계화의 전개, 이라크전쟁 등을 계기로 트로츠키주의에 입각한 IS(국제사회주의) 조류도 젊은 층을 중심으로 상당히 확산되었는데, 80년대에 트로츠키주의는 정치적 영향력은 거의 전무했으나 이론적으로는 이미 대안적 급진이념으로서 소개된 바 있다.
11) 신정완, 『임노동자기금 논쟁과 스웨덴 사회민주주의』, 여강, 2000, 24쪽.
12) 그러나 지금은 거의 잊혀졌지만 이미 1990년에 김수길(「사회민주주의의 재평가와 민주적 대안」, 『사상문예운동』 제4호, 1990/여름호)이 한국의 진보세력이 지향해야 할 사회이념으로서 사민주의를 분명하게 천명한 바 있다는 점은 기억할 만하다.

에 한국노총이 결성한 '한국사회민주당'에 참여하기도 했다.[13]

  현재 한국의 정치세력 및 사회운동세력 중에서 대체로 사민주의이념을 지향하고 있다고 볼 수 있으며 향후 사민주의운동의 중심세력 역할을 담당할 것으로 보이는 조직은 민주노동당과 민주노총이다. 그동안 여러 차례 거듭된 진보정당실험의 실패를 딛고 2004년 4월 총선에서 의회에 진출한 민주노동당의 이념적 성격은 복잡하다. NL적 조류와 PD적 조류가 중심을 차지하는 가운데, 서구식 사민주의적 조류도 비중 있게 자리를 잡아가고 있고, IS(국제사회주의) 조류, 또 어느 정도는 탈근대적 조류도 발견할 수 있다. 그런데 여기에서 말하는 PD적 조류는 80년대의 PD와는 성격이 크게 다르다는 점을 인식할 필요가 있다. 현재의 PD적 조류란 민족문제를 강조하는 NL적 조류와 대비되게 계급문제 또는 사회경제적 문제를 중시하는 입장을 의미하며, 80년대의 PD이념과는 달리 의회민주주의제도를 통한 집권과 점진적 사회개혁을 추구하는 입장이다. 다만 구체적 목표라기보다는 일종의 에토스로서 자본주의와 근본적으로 구별되는 모종의 사회주의체제에 대한 지향을 잃지 않고 있다는 점에서 전형적인 서구적 사민주의와 구별되는 정도이다. 따라서 적어도 현국면에서는 PD와 사민주의를 구별하는 것은 거의 무의미하다고 해도 과언이 아닐 것이고 앞으로는 그 차이가 더 작아질 것으로 생각된다.

  민주노동당은 당 강령에서 국가사회주의의 오류와 사민주의의 한계를 동시에 극복하겠다며 사민주의에 대해 유보적 입장을 취하고 있지만, 필자가 보기에는 지난 총선에서의 선거공약의 내용이나 그간의 정치행태를 통해 판단할 때 민주노동당은 이미 실질적으로 사민주의정당으로서의 성격을 분명히 하고 있다고 보아도 무리가 아닐 것 같다.[14] 그리고 필자는

---

13) 한국사회민주당은 사민주의와 생태주의의 결합을 지향하는 '녹색사민주의' 노선을 천명하였으나 이념정비와 조직화를 위한 오랜 준비 없이 선거를 앞두고 급조되어 2004년 총선에서 극히 낮은 지지율을 얻고 해산되었다.
14) 신정완, 앞의 글, 2004, 197~98쪽.

민주노동당이 사민주의정당으로서의 성격을 강화시켜가는 것이 바람직하다고 생각한다. 민주노동당의 최대 조직적 기반이기도 한 민주노총의 경우 국민파, 중앙파, 현장파 등의 정파로 나누어져 있고 명확한 이념노선을 표명하고 있지는 않지만, 그간의 노동조합운동노선에 비추어볼 때 사민주의적 노동조합세력이라고 판단하는 데 무리가 없을 것 같다. 또한 1987년 6월시민항쟁 이후 우후죽순처럼 생겨난 많은 진보성향의 시민운동단체들도 사민주의이념과 친화력을 갖는 사회운동세력으로 볼 수 있을 것이다.

3. 사회민주주의 이념이 한국사회에 뿌리내리려면

필자는 사민주의이념이 한국사회에 뿌리내려 사회구성원들의 복지증진에 크게 기여할 수 있기를 기대한다. 또 우리 사회의 진보세력이 향후 추구해야 할 이념으로서 사민주의가 가장 바람직하다고 생각한다. 이렇게 생각하는 근거는 다음과 같다. 첫째, 국가사회주의체제의 거대한 붕괴 이후 국제적으로 상당한 세력을 유지하고 있는 동시에 역사를 통해 그 성과와 한계가 검증된 사회주의적 이념으로서는 사민주의가 유일하다. 따라서 현시점에서 사민주의이념을 구현하려 노력한다는 것은 미지의 세계를 모험적으로 탐험하는 것과는 전혀 다르다. 사민주의는 의존할 수 있는 주된 정책수단과 운동방식, 또 이를 뒷받침할 지적 자원이 잘 알려져 있어 너무 많은 시행착오와 큰 위험을 감수할 필요 없이 구현을 시도할 수 있는 이념이다.

둘째, 서구 사민주의운동은 대체로 긍정적인 성과를 가져왔다. 사민주의운동은 공산주의운동과는 달리 사회구성원에 대한 정치적·이데올로기적 억압이나 거대한 경제적 실패를 가져온 바 없다. 사민주의가 뿌리내려 사회의 중요한 이념이자 제도·정책으로 자리잡은 사회들에서는 시민적 자유가 보장되었으며 노동자계급 등 사회적 약자층의 사회경제적 지위도 크게 개선되어왔다. 물론 이는 사민주의운동이 자본주의경제의 성과에 얹혀갈 수 있었던 데도 기인하겠으나, 사민주의운동이 자본주의경제의 체질과 작동방식을 변화시킬 수 있었던 데도 크게 기인한다.

셋째, 한국사회는 사민주의정치가 작동할 수 있는 첫 문턱을 이미 넘은 사회라 볼 수 있다. 세계 11위 정도를 차지하는 경제규모나 상당히 고도화된 산업구조 그리고 늦긴 했지만 힘겹게 성취한 정치적 민주주의 등으로 볼 때 한국사회는 제3세계보다는 제1세계적 특질을 한결 많이 가진 사회라 할 수 있다. 서유럽에서 사민주의운동이 태동하던 시기는 말할 것도 없고 사민주의운동의 전성기였던 2차대전 이후 60년대까지의 기간에 서유럽자본주의의 발전수준이 현재의 한국자본주의의 발전수준보다 높지는 않았다.[15]

넷째, 한국사회의 현실은 사민주의적 개혁정책을 절실히 필요로 하고 있다. 한국사회는 지금도 빈곤으로 인한 가족동반자살이 그리 드물지 않게 발생하는 사회이다. 경제대국, 무역대국의 이면에는 빈곤과 차별로 신음하는 수많은 서민대중이 자리잡고 있다. 특히 외환위기 이후 급속히 진행되어온 사회양극화는 사민주의적 재분배정책을 절실히 필요로 한다. 사민주의는 정치적 민주주의의 정착 이후 자연스레 핵심과제로 떠오른 사회경제적 민주주의의 진전에 충실히 기여할 수 있는 이념이다.

다섯째, 사민주의는 현재 한국의 다양한 개혁·진보적 사회운동세력이 보이고 있는 이념적 스펙트럼에서 대체로 중간적 위치에 놓인 이념이라 볼 수 있다. 보다 투명하고 합리적인 자본주의를 지향하는 개혁적 자유주의 이념과 근본적인 사회변혁을 지향하는 급진사회주의 이념 사이의 중간위치에 있는 사민주의는 다양한 이념조류들이 잠정적으로 합의할 수 있는 수준의 이념이라 할 수 있다. 따라서 사민주의를 중심으로 사회개혁을

---

15) 같은 글, 210쪽.

추진할 수 있는 가능성도 그만큼 크다고 볼 수 있다.

사민주의는 개혁적 자유주의자들이 추구하는 보다 투명하고 합리화된 자본주의질서 형성에 힘을 보탤 수 있다. 또한 사민주의는 북한체제를 지지하는 극단적 NL노선과는 길을 같이 갈 수 없으나, 민족자주와 남북화해협력을 통한 평화통일의 중요성을 강조하는 광의의 NL노선 또는 민족주의이념의 대의는 유보 없이 수용할 수 있다. 사민주의는 급진적 사회혁명을 추구하는 급진사회주의 이념과는 철학을 달리 하지만, 급진사회주의자들의 가슴 깊은 곳에 있는 사회적 약자에 대한 연대감과 평등주의를 공유한다. 급진사회주의자들도 중단기적으로는 자본주의체제의 틀 내에서 사회복지 제도를 확충하고 노동권을 신장하는 데 반대하지는 않을 것이므로 사민주의는 급진사회주의와도 상당 기간 동행할 수 있다.

사민주의는 생태주의 등 탈근대적 이념과는 이념적 뿌리와 주관심사에서 큰 차이를 보이고 근본주의적 생태주의와는 철학을 달리 하지만, 생태주의 등 탈근대적 이념을 무시하지 않고 오히려 이들의 주장을 상당 정도 겸허하게 수용할 수 있다. 실제로 서구의 사민주의정당들은 자유주의정당들에 비해 생태적 가치를 더 중시해왔으며, 독일이나 스웨덴에서처럼 생태주의정당들과 연립정부를 수립하거나 정책연합을 형성한 경험도 많다. 또 사민주의는 극단적 페미니즘과는 잘 어울리지 않겠지만 각국의 사민주의세력은 거의 모두 여권신장을 위해 적극적으로 노력해왔다. 특히 사민주의세력의 주관심사인 복지국가의 발전은 여성의 사회경제적 지위를 개선하는 데 결정적으로 중요한 사안이다. 여성의 사회적 지위와 관련하여 가장 앞선 사회들로 정평이 나 있는 북유럽사회들은 모두 사민주의이념이 강력하게 뿌리내린 사회들이다.

그러나 물론 사민주의에 대한 비판논리도 만만치 않다. 우선 급진사회주의자들은 사민주의가 자본주의체제 내에 안주하는 '체제 내 좌파' 이념이라고 비판할 수 있을 것이다. 사소한 개혁을 위해 큰 해방의 가능성을 차단하는 세력이라고 비판할 것이다. 그러나 자신의 노선이 옳다는 점을 입증해야 할 '거증책임'을 더 많이 지고 있는 쪽은, 오랜 기간을 통해 그 성과와 한계를 많이 드러내 보인 사민주의라기보다는 아직은 막연하기만 한 '해방사회'를 꿈꾸는 급진사회주의 이념이라고 보아야 할 것이다. 한편 신자유주의적 세계화가 지배하는 시대에 사민주의정치가 성공할 수 있겠느냐, 서구에서도 고전을 면치 못하고 있는 사민주의가 경제발전 수준에서 서구에 한참 못 미치는 한국에서 성공할 수 있겠느냐는 비판도 중요하게 제기될 수 있다.

세계화로 인해 사민주의정치가 작동할 수 있는 정치적 공간인 국민국가와, 자본이 운동하는 공간인 세계경제 간에 공간적 간극이 크게 벌어졌고, 이로 인해 사민주의정치의 운신의 폭이 좁아진 것은 사실이다. 그러나 세계화가 각국의 정치에 미치는 영향은 다양하고 복잡한 경로를 통해 작용한다. 그리고 세계화에 의해 사민주의정치가 단단히 포박되어 있다는 논의들은 많은 경우 지나치게 단순화되어 있고 과장되어 있기도 하다. 예컨대 한국에서 사회복지제도의 확충을 위해 소득세누진율을 높인다고 해서 국내자본이 해외로 이탈하고 외자유치가 어려워질 것 같지는 않다. 노동자의 권익증진 조치는 자본이동에 영향을 미칠 수도 있겠으나 자본이동에 영향을 미치는 변수는 너무 많아 노동자의 권익증진 조치가 바로 자본이탈과 산업공동화를 낳는 것은 아니다. 어떤 면에서는 아직 조세부담률이 낮고 사회복지제도의 정비수준과 노동권 보호수준이 낮은 한국사회는 서구사회에 비해 향후 사민주의적 개혁추진의 여지가 더 넓다고 볼 수 있다. 그리고 신자유주의적 세계화 자체가 국제사민주의운동이 제동을 걸고 순치시켜야 할 대상이기도 하다.

필자가 보기에 한국에서 사민주의운동의 성패를 가름할 핵심변수는 세계화와 같은 환경적 변수라기보다는 운동주체의 역량정도라 판단된다. 사민주의세력의 역량을 강화하기 위해 필요한 일은 매우 많겠지만 여기에서는 다음 세 가지만 강조하기로 한다. 첫째, 지적 역량을 강화하는 일이 결정적으로 중요하다. 사민주의는 그 경쟁이념인 자유주의나 마르크스주의와 비교해볼 때, 개별사안에 대한 해결책을 모색하는 데 있어 확고한 기본전제로부터 연역해내는 방식으로 해결책을 찾아내기가 한결 어려운 이념이다. 예컨대 현국면에서 자유주의의 지배적 형태로 군림하고 있는 신자유주의의 경우에는 시장에 대한 거의 절대적 신뢰와 국가나 노동조합에 대한 교조적 거부감에 기초하여 거의 모든 사안에서 시장의 역할을 증대시키고 국가나 노동조합의 역할을 축소시키는 방향의 처방을 제시한다. 개별사안에 대한 구체적 분석 이전에 이미 대강의 답이 나와 있는 셈이다.

반면에 사민주의는 일관성 높은 이론들로 구성된 교의적(敎義的) 이념체계가 아닌 관계로 확고한 기본전제로부터 연역적으로 개별사안에 대한 해답을 도출해내기가 어려운 이념이다. 예컨대 노동이나 사회복지 문제와 관련하여 신자유주의자들과는 정반대로 항상 시장의 역할을 축소시키고 국가나 노동조합의 역할을 강화시키는 방안을 제시하는 것이 사민주의자들의 올바른 접근법일 수는 없는 것이다. 주로 신고전파 경제학이 많이 보여준 바와 같이, 시장과 국가 사이에는 복잡한 상호작용이 존재하고 또 새로운 제도나 정책에 대해 경제주체들이 대체로 이기적이고 합리적으로 반응하기 때문에, 평등주의적 의도하에서 시장의 역할을 줄이고 국가의 역할을 늘리는 방향의 정책을 쓴다고 해서 반드시 의도대로 평등주의적 결과가 나오는 것은 아니다. 따라서 사민주의자들은 우선 개별사안의 사실관계를 충분히 이해하고 새로운 제도나 정책이 최종적으로 결과를 산출하기까지의 복잡한 과정을 면밀하게 검토하려 노력해야 한다.

또한 사회의 각 부문에서 이루어지는 부분적 개혁조치가 최종적으로 어떠한 결과를 가져올지를 개략적으로라도 예측하려면, 사회의 여러 부문 간의 상호작용을 고려하는 접근법, 즉 경제학적 용어로 표현하자면 '일반균형이론적 접근법'이 요구되는데, 이는 높은 수준의 지적 역량을 필요로 한다. 현재 한국의 개혁·진보 진영은 이런 점에서 역량이 매우 부족한 상태에 있는 것으로 생각된다. 향후 사민주의세력은 사회운영에 긴요한 지식, 즉 사회공학적 지식을 충분히 습득하는 데 많은 노력을 기울여야 할 것이다. 특히 신고전파 경제학이나 케인스경제학과 같은 주류경제학의 성과를 흡수하여 이를 자신의 평등주의적 이념을 구현하는 데 유용하게 활용할 필요가 있다. 주류경제학은 물론 이념적으로 자유주의와 친화력이 크고 현대적 자유주의를 떠받치는 핵심적인 이론적 자산이라고 볼 수 있지만, 그 지식내용 자체는 평등주의적 목표를 구현하는 데도 충분히 활용될 수 있다.

지적 역량을 강화시키기 위해서는 분야별 전문가들을 양성하거나 최소한 기존의 전문가들과 우호적 네트워크를 형성하는 데 힘을 쏟아야 할 것이다. 특히 각국 사민주의세력의 운동 및 정책경험에 대한 구체적 지식을 보유한 전문가들과 조세, 금융, 국제경제 등 사민주의세력이 상대적으로 취약한 분야의 전문가들을 확보하는 일이 중요할 것으로 판단된다. 그런데 현재 한국상황에서 주류경제학자를 대표로 하는 사회공학적 전문가들은 대부분 자유주의 또는 신자유주의적 성향을 갖고 있기 때문에 전문가 확보가 용이하지 않다는 문제가 있다. 따라서 민주노동당이나 민주노총 등 사민주의세력은 '사민주의적 유기적 지식인'을 양성·확보하는 '지식인 정책'에 많은 노력을 기울일 필요가 있다. 진보진영 내부에서는 급진좌파와의 논쟁구도가 중요한 비중을 차지하겠고, 아마도 이념적 정체성에 기초한 실존적 충족감을 필요로 하는 많은 사민주의자들은 이 문제에 더 관심을 갖기 쉽겠지만, 사회 전체 차원에서는 자유주의세력과의 정책경쟁이 압도적으로 중요한 의미를 가질 수밖에 없다. 따라서 분야별 사회공학적 지식을 갖춘 전문가들을 확보하는 일이 추상적 이념논쟁의 수준을 높이는 일보다 한결 중요하다고 할 수 있다.

둘째, 모든 사안에 접근함에 있어 사회적으로 가장 취약한 처지에 있는 계층의 이익을 우선적으로 고려하는 예민한 윤리적 감수성을 유지하려 노력해야 한다. 이는 어찌 보면 너무 뻔한 이야기로 들릴 수 있을 것이다. 노동자계급을 비롯하여 서민대중을 대변하는 사민주의세력이라면 당연히 이런 자세를 가지리라 생각될 것이기 때문이다. 그러나 문제는 그리 간단치 않다고 생각된다. 사민주의세력도 의석을 늘리고 정치적 영향력을 효과적으로 행사하기 위해선 규모가 크고 잘 조직되어 있고 사회적 영향력이 큰 조직들과의 연대를 우선적으로 고려하게 되기 쉽다. 노동조합이나 규모가 크고 잘 알려진 시민운동단체 등이 대표적인 연대·협력 대상이 될 것이다. 그러나 어느 사회에서나 가장 어려운 형편에 있는 사람들은 조직되기가 어렵고 사회적 발언권도 작다. 특히 한국사회의 경우 노조조직률이 매우 낮고 노동자계급 중에서는 형편이 나은 편인 정규직노동자 중심으로 노조가 조직되어 있는데다, 사회적 발언권과 정치적 영향력이 큰 시민운동단체들은 대체로 교육수준이 높은 개혁성향의 중간계층인사들로 구성되어 있다는 점을 중시할 필요가 있다. 한국사회에서 가장 어려운 형편에 처한 사람들은 발언권도 거의 없고 사회적으로 잘 눈에 띄지도 않는 '보이지 않는 사람들'이다. 이들은 스스로를 조직할 능력도 부족하여 끝까지 어려움을 혼자 견뎌내다 한계상황에 이르면 자살과 같은 극단적 방식으로 '발언'한다. 사민주의는 그 누구보다도 바로 이런 사람들을 위해 필요한 이념이자 운동이다. 정치적 동원의 편의성을 너무 중시하다 보면 이런 한계계층으로부터 멀어져가기 쉽다. 애써 들으려 노력하지 않으면 잘 들리지 않는 이들의 목소리를 듣는 데 주력해야 사민주의운동이 제 소임을 다할 수 있게 될 것이다.

마지막으로, 한국 사민주의운동이 보다 확고한 이념적 토대를 마련하려면 좌파자유주의 이념과 윤리주의적 사회주의 이념에 대한 심층학습이 필요할 것으로 생각된다. 전통적인 NL/PD 이념은 사민주의이념의 토대로서는 기본적으로 부적절한 이념이므로 이를 대체할 수 있는 보다 튼튼한 이념적 기초가 필요하다. 그런데 서구 사민주의의 경우 지금까지 핵심적인 이념적 자산으로 기능해온 것은 좌파자유주의 또는 사회자유주의(social liberalism)와 비혁명주의적·윤리주의적 사회주의였다고 할 수 있다. 예컨대 스웨덴 사민주의세력의 경우에도 사회공학적 지식은 주로 케인스

주의 등 좌파자유주의에 크게 의존했고 평등주의적·연대주의적 에토스
는 윤리주의적 사회주의 조류로부터 공급받아왔다. 21세기의 한국실정에
맞는 사민주의이념을 정립하려면 물론 그 이상의 지적 탐구가 필요하겠지
만 우선은 여기서부터 출발하는 것이 좋을 것 같다.

신정완(Shin, Jeong-Wan) jeongwans@mail.skhu.ac.kr
성공회대 사회과학부 부교수.
주요 저서 및 논문으로는 『임노동자기금 논쟁과 스웨덴 사회민주주의』, 『현대 마르크스경
제학의 쟁점들』(공저), "The Swedish Debate on Wage Earners' Funds Revisited," 「한국경제의
대안적 체제 모델로서 '한국형 사회적 시장경제 모델' 구상」 등이 있다.

신자유주의, 이념인가? '글로벌 스탠더드'인가?: 민주적 공동체의 복원을 위하여

홍기빈

1. 머리말

'이념'이란 사회와 인간의 본질적인 성격은 무엇이며 현존하는 사회와 인간의 모습은 어떠한가(Sein) 그리고 그에 비추어볼 때 사회와 인간은 장차 어떤 방향으로 나아가야 하는가(Sollen)라는 거시적 질문들에 대한 하나의 입장을 일컫는다. 하지만 이 '입장'은 '이론'과 두 가지 점에서 다르다. 첫째, 이론은 이런저런 구체적인 문제들에 대한 한정적인 주장이며, 논리적 혹은 실증적 연구를 통하여 논증 혹은 논파 가능한 형태를 띤 진술이다. 그러나 '이념적 입장'이란 세계와 인간 전반을 어떻게 볼 것인가의 포괄적인 관점을 제시하는 것으로서 논증과 논파의 차원 이전에 존재하는 세계관(Weltanschauung)이다. 둘째, 이념은 아리스토텔레스가 말한 대로 순수한 깨달음을 목적으로 삼는 즉 실천(praxis)과 대립되는 의미에서의 '이론'(theoria)이 아니라, 오히려 특정한 역사적 상황 속에서 사회 전체가 어떻게 재조직되어야 하는가라는 대단히 구체적인 강령까지 생산해낼 것을 목적으로 삼는 집단적 실천의 일부분이다. 그렇기 때문에 어떤 이념은 그 이념의 실현을 자신의 정치적 목표로 삼아 현실변혁 혹은 현상유지를 꾀하는 구체적인 사회세력과 불가분으로 엮여 있는 것이다.

이념이 이렇게 본질적으로 정치적인 것인 고로, 선험적 추상적인 차원에서 논의될 수 있는 것이 아니다. 어떤 이념이 옳은지 그른지 좋은지 나쁜지는 다른 이념을 내걸고 그 실현을 꾀하는 여타의 사회세력들과의 정치토론 및 투쟁의 과정 속에서 결정된다. 이는 단순히 '승자가 항상 옳다'라든가 '진리는 다수결이다'라는 허무주의적 상대주의적 명제를 말하는 것이 아니다. 1+1=2라는 수학적 진리가 아닌 '세상을 어떻게 바꾸어야 하는가'라는 정치적 진리는 무엇보다도 그 사회성원 전체가 참여하여 정치적 토론과 투쟁을 거쳐 능동적으로 산출해내는 '상호주관성'(inter-subjectivity) 속에서만 존재한다는 점을 밝히며 강조하는 것이다.

신자유주의가 90년대 중반 이후 한국사회의 현실에서 가장 지배적인 힘을 발휘해오는 사고방식의 하나임은 논란의 여지가 없다. 하지만 신자유주의가 그렇게 주도적인 위치를 차지하게 된 것이 과연 '이념'의 모습으로 자신을 제시하고 그에 합당한 검증과정을 거친 결과인가. 신자유주의를 지지하는 사회세력들은 과연 명시적으로 자신들의 정체를 드러내고 다른 사회세력과 정정당당하게 토론과 경쟁을 벌여 사회 전체에 걸친 폭넓은 공감, 그야말로 그람시가 말하는 '동의'를 얻어내는 과제를 수행했던가. 혹 신자유주의는 '글로벌 스탠더드'라는 전혀 다른 존재방식과 작동방식으로서 우리 사회를 점령해 들어오고 있는 것이 아닌가. 마치 이 계명된 21세기의 교양 있는 지구인이라면 누구나 마땅히 따라야 하며 아예 정치적 논쟁의 대상이 될 수 없는 절대적 지상명령이라는 식으로 스스로를 정당화하면서, 우리 사회성원들과 사회 전체의 물질적·정신적 안녕에 심대한 영향을 끼칠 만한 의제들마저도 민주적인 토론 한번 거치지 않고 일사천리로 현실에 관철시켜온 것이 지난 10여 년간 벌어진 일이 아니었던가.

이 글은 세 부분으로 구성되어 있다. 첫째부분에서는 20세기 중반만 해도 주변적인 정치사회적 담론에 불과했던 신자유주의가 70년대 이후 지구적 차원의 구조변화의 정치적 역관계에서 어떻게 지배적 위치를 차지하게 되었는가를 살펴본다. 두번째 부분에서는 신자유주의 '이념'의 내용을 구성하는 몇 개의 요소를 검토하여 어째서 그것이 정치적 토론의 대상에서 벗어나는 특징을 갖게 되는지를 논의할 것이다. 셋째부분에서는 신자유주의의 핵심적인 의제 몇 가지가 우리 사회에서 논의되는 방식에서 그러한 특징들이 나타나고 있는 사례들을 생각해본다.

2. 전후 세계자본주의의 변화와 신자유주의이념의 형성

세계대공황을 겪으면서 자유방임 시장경제와 입헌대의민주주의를 기반으로 한 19세기의 고전적 자유주의의 정치경제체제는 1930년대에 파시즘, 사회주의, 뉴딜(New Deal)과 같은 전혀 다른 원리의 정치경제질서로 대체되고 있었다. 이러한 '대변형'(great transformation)은 자유주의이념에 있어서 아주 근본적인 도전이 아닐 수 없었다. 그래도 오랜 전통을 가지고 토착화되어 있었던 영국과 미국의 자유주의사상은 이러한 시대의 도전에 탄력적으로 대응하여 이후 뉴딜이나 영국 복지국가체제의 사상적 기반을 제공할 만큼 크게 변모해나갔다. 하지만 대륙유럽의 자유주의의 경우는 독일의 오이켄(W. Eucken)이나 뢰프케(W. Roepke), 오스트리아의 미제스(L. von Mises)의 예에서 보듯이 30년대의 위기의 와중에서도 고전적 자유주의의 기본교리를 견지한 채 우익·좌익을 막론하고 모든 형태의 집산주의적 정치경제체제에 대해 완강하게 저항하였다. 이러한 대륙적 자유주의의 경직적인 태도가 극적으로 드러난 모습은 1944년에 하이에크(F. von Hayek)가 발표한 저서 『예속으로의 길』(*The Road to Serfdom*)에서 찾을 수 있다. 여기에서 하이에크는 경제영역은 시장의 고유한 논리에 내맡겨야 하며 국가와 정치 영역은 이와는 근본적으로 이질적인 영역으로서 철저하게 분리되어야 한다는 입장을 재확인하고, 이러한 원칙을 어기는 어떤 형태의 정치경제질서도 결국은 모든 인간의 자유를 파괴하고 마는 노예상태로 귀결될 수밖에 없다고 강조한다.

2차대전 후 미국의 주도로 건설된 세계질서는 국가의 경제개입을 기본원칙으로 하는 수정자본주의경제로 재편되고 있었지만, 하이에크와 같은 '독종'(die-hard) 자유주의자는 이렇게 불리한 시대적 상황에 굴하지 않았다. 그는 전 유럽과 미국에 걸쳐서 그와 마찬가지로 고립되어가는 상황에 있었던 완고한 자유주의자들과 연락망을 구성하였고 이들은 하이에크의 주도 아래 1947년 4월 10일 스위스에서 만나 몽 페일러랑 협회(Mont Péllèrin Society)를 결성한다. 하이에크, 뢰프케, 칼 포퍼 등 유럽자유주의자들은 물론 시카고대학의 경제학자 프리드먼(M. Friedman) 같은 미국쪽 지식인들까지 참여한 이 모임은 이후 전후세계의 정치경제질서를 지배했던 사회민주주의나 혼합경제체제의 경향에 반대하는 보수적 자유주의 지식인들의 중요한 교두보 역할을 해왔다.[1]

그런데 70년대 들어 전후 세계자본주의의 케인스주의-사회민주주의적 질서가 위기에 달하면서 지구적 규모에서의 지배계급의 합의(consensus) 또한 변모하게 되었고, 그 변모의 과정에서 간신히 명맥을 잇고 있던 이 극단적인 형태의 자유주의는 '신자유주의'의 이름으로서 부활하여 새로운 합의의 도출과 그에 따른 전세계의 재구조화에서 지도적 이념 역할을

---

1) 몽 페일러랑 협회는 이후 미국과 유럽에 걸친 보수지배세력의 중요한 인적 결합의 장의 역할을 맡아왔다. 예컨대 미국의 주요 보수 싱크탱크인 헤리티지재단(Heritage Foundation)의 회장이었던 에드 풀너(Ed Feulner)는 이 몽 페일러랑 협회의 재무간사를 맡기도 했다. 또 베를루스코니 총리 아래서 이탈리아 외무장관을 지낸 바 있고 또 악명 높은 프리메이슨계 비밀결사 P2의 멤버였던 안토니오 마르티노(Antonio Martino)는 1988~90년에 회장을 지냈다(Henk Overbeek and Kees van der Pijl, "Restructuring Capital and Restructuring Hegemony: Neo-liberalism and the Unmaking of the Post-war Order," H. Overbeek ed., *Restructuring Hegemony in the Global Political Economy: The Rise of Transnational Neo-liberalism in the 1980s*, London: Routledge, 1993, p. 122). 몽 페일러랑 협회는 현재도 활발히 활동하고 있다.

하게 된다. 기존의 합의에 대한 최초의 공격은 케인스주의 경제정책에 대한 논박으로 시작되었다. 시카고대학 경제학과의 프리드먼이나 하버거 (A. Harberger) 등의 통화주의(monetarism) 경제학자들은 50년대부터 케인스주의적 경제운용의 폐해를 지적하면서 고전적인 화폐수량설에 근거한 보수적인 통화정책을 주장해오고 있었다. 1973년 칠레의 아옌데정권이 군부쿠데타로 붕괴하자, 이들은 '방만한 사회주의정책이 망쳐놓은 경제'를 소생시킬 중요한 실험이라고 공언하며 피노체트정권의 경제정책을 적극적으로 지휘하면서 최초의 '반케인스혁명'을 시작하였다. 지구적 차원의 지배계급의 주류담론에서 경제학과 경제정책에서의 이러한 풍향의 변화는 1974년의 하이에크, 1976년의 프리드먼의 노벨경제학상 수상으로 확고한 현실로 자리잡게 되었다.

이러한 합의의 변화에서 중요한 위치를 차지하는 또 하나의 축은 미국·유럽·일본 삼각위원회(Trilateral Commission)의 움직임이었다. 삼각위원회는 그 탄생부터가 지구적 규모의 지배세력의 새로운 합의의 도출과 직접 관련이 있다. 70년대 초 빌더버그모임(Bilderberg Group)에서 미국의 데이비드 라커펠러는 당시의 세계적인 혼란을 극복하기 위해서 지배엘리트들의 모임을 대서양의 양안(兩岸)만이 아닌 일본까지 포함시킨 전지구적 3각형으로 확장해야 한다고 제안함으로써 마침내 1973년 삼각위원회가 탄생하게 된 것이다.[2] 삼각위원회가 유럽, 미국, 일본이 공히 봉착한 지배질서의 위기를 연구하도록 각 대륙의 학자들에게 위촉하여 1975년 발표된 보고서 「민주주의의 위기」(The Crisis of Democracy)는 이러한 새로운 합의의 도출에서 커다란 중요성을 가지고 있다.[3] 「민주주의의 위기」는 바로 이러한 방향전환과 기어바퀴처럼 맞물리는 내용을 담고

---

2) 삼각위원회의 발전과정에 대한 분석으로는 Stephen Gill, *American Hegemony and the Trilateral Commission*(Cambridge: Cambridge Univ. Press, 1991) 참조.
3) Michel Crozier, Samuel Huntington, and Joli Watanuki, *The Crisis of Democracy: Task Force Report #8*, New York: New York Univ. Press, 1975.

있다. 한마디로 전후 자본주의국가의 정치경제질서는 '민주주의의 과잉'으로 위기에 처하고 있다는 것이었다. 복지국가나 사회민주주의 등의 이름으로 기본적인 법과 질서와 사회적 기율까지 무시하면서 민주주의를 지나치게 확장한 결과 노동조합을 필두로 학생, 소수자 등 온갖 종류의 사회집단들이 저마다 자신들의 지나친 요구를 국가에다 떠넘기게 시작하였고 그에 따라 경제 및 사회 질서는 해이해지고 국가에는 과도한 '부하'(load)가 걸리게 되었다는 것이다. 따라서 이렇게 '아노미상태'에 빠진 민주주의를 구출하기 위해서는 법과 질서의 회복에 근거하여 민주주의에 뚜렷한 한계를 그어야만 한다는 것이었다. 이러한 주장은 분명히 멀게는 미제스의 소위 '집산주의자들의 음모'(collectivist's conspiracy), 가깝게는 몽 페일러랑 협회 창립선언의 법질서 확립을 통한 자유주의적 질서의 복구와 정확히 궤를 같이했다.

70년대 후반이 되면 이 통화주의 경제이론과 '민주주의 과잉'의 정치이론을 두 축으로 결합하여 '경제정책은 기술관료들에 의한 과학적 관리의 영역이며 정치적 민주주의는 법과 질서의 확립이라는 목적으로 한정되어야 한다'는 논리 아래에 복지재정 삭감, 공공기업의 민영화, 노동에 대한 탄압, 엄격한 통화정책 등을 내용으로 하는 구체적인 정치강령의 모습을 띠게 된다. 피노체트정권하의 칠레라는 주변부의 인큐베이터에서 자라난 이 신자유주의 이념·정책의 맹아는 이제 대처 수상하의 영국 그리고 좀 변형된 채 레이건 대통령하의 미국이라는 영미세계 중심부로 이식되는 것이었다. 또 철저한 통화주의자요 삼각위원회 회원이기도 한 폴 볼커(P. Volcker)가 1979년 미국연방준비의장으로 지명되면서 신자유주의적 재구조화는 전지구적 규모로 확산된다. 케인스적 경제정책에 대한 전면공격을 공언해오던 그는 취임 직후 이자율을 20%로 올리는 초강도 긴축정책을 시행하고, 이러한 초고금리상황은 70년대에 서방은행으로부터 풍족한 '오일달러'의 융자에 크게 의존해오던 대부분의 제3세계국가들에게 치명적인 타격을 가한다. 마침내 1982년 멕시코의 채무지불 불이행선언으로

제3세계 전체에 외채위기가 시작되고, 사태를 수습하기 위해 뛰어든 IMF
는 소위 경제구조에 대한 '화폐적 접근'(monetary approach)이라는 보수적
인 경제이론에 맞추어 급진적인 재정삭감, 민영화, 시장개방 등을 강제하
여 제3세계의 신자유주의적 재구조화에 착수한다.

하지만 80년대까지 이러한 신자유주의적 프로그램은 지구적 지배계급
의 보수적 분파 내부에서의 합의를 넘어서는, '헤게모니'적인 보편적 담론
이 되었다고 보기 힘들다. 신자유주의담론의 이론적 기초인 통화주의
경제학이나 레이건시대의 '공급측 경제학' 그리고 소위 '민주주의의 위기'
등의 정치이론은 80년대 초까지만 해도 전후의 '수정자본주의'를 지지해온
지배적인 경제학과 정치·사회학의 전통에서 볼 때 주변적인 '이단적
전통'에 불과한 것이었다. 정신적·사상적 차원에서 볼 때도 신자유주의는
일관된 체계를 갖춘 세계관으로서 스스로를 제시할 만한 철학적 기반을
결여하고 있었다. 그래서 대처정권과 레이건정권에서 공히 나타나듯이,
현실정치에서 신자유주의적인 정치강령은 거의 공통점이 없는 잡다한
보수적·반동적 세력분파들의 연합에 근거한 '보수혁명' 같은 것에 기대지
않을 수 없었다.[4]

이러한 상황은 90년대에 들어 크게 변하게 된다. 공산주의진영의 몰락과
변화는 세계자본주의의 공간적 확장이라는 것 이상의 의미를 갖는 사건이
었다. 후술하겠거니와, 후쿠야마(F. Fukuyama)의 '역사의 종말' 테제는

---

4) 대처정권의 경우에 대한 분석으로는 Stuart Hall, "The Toad in the Garden: Thatcherism
   among the Theorists"(C. Nelson and L. Grossberg eds., *Marxism and the Interpretation
   of Culture*, London: Macmilan Education, 1988; 레이건시대의 다종다기한 보수분파들에
   관해서는 Tomasz Tolloczko, "American Conservatism and Liberalism of Ronald Reagan's
   Era: Some Remarks on the Condition of American Ideology"(*Polish Political Science* vol.
   XIX-XX, 1989~90) 참조. 이 글에서 본 신자유주의세력과는 다른 뿌리를 가진 소위
   '네오콘'의 대부 어빙 크리스톨(Irving Kristol)은 이미 70년대 초에 자본주의가 다시 포괄적
   인 세계관으로서 스스로를 내세우기 위해서는 새로운 윤리적·철학적 기초를 갖추어야
   한다고 역설하였다(Irving Kristol, "When Virtue Loses All Her Loveliness: Some
   Reflections on Capitalism and the Free Society,'" I. Kristol and D. Bell eds., *Capitalism
   Today*, New York: Mentor Books, 1971).

신자유주의적 정치경제질서야말로 역사의 종착점이자 완성이라는 역사철
학적인 후광을 씌우는 것이었으며 또 그 이외의 모든 정치경제체제는
이것을 지구적 차원에서 실현되도록 하기 위한 중간단계로서 이제 역사의
뒤안길로 마땅히 사라져야 한다는 주장을 담는 것이기도 하였다. 이제
세계경제에서 신자유주의적 강령에 대해 이단적인 작동방식을 가진 정치
경제형태는 일본을 모범으로 하는 소위 아시아적 '발전국가모델' 정도였으
나, 이 또한 97년의 금융위기라는 극적인 방식으로 무너지고 말았다.
그를 전후한 김대중-리콴유의 '아시아적 가치 논쟁', 또 마하티르-조지
소로스의 '투기자본논쟁' 등을 거치면서 신자유주의적인 '민주주의'와 '시
장경제'는 어느덧 전지구적인 차원에서 유일무이한 지배적 정치경제담론
의 자리를 차지하게 된 것이다.

3. 신자유주의이념의 탈정치적 요소들

자유주의이념의 중요한 특징의 하나는 '개인'을 사회적 존재론의 기본적
단위로 설정한다는 데 있다. 인간세상이 구성되고 작동하는 원리와 원칙에
서 개인이라는 존재론적 단위의 자율성과 우선성은 불가침의 지상원리이
며, 이 자리를 넘보는 것은 전통시대의 '신'도 근대의 레비아탄(Leviathan),
즉 현세에서의 신의 대행자인 '국가'도 결코 용납하지 않는 비타협성을
가지고 있다. 그러나 여기서 고전적 자유주의와 신자유주의의 중대한
차이가 나타난다. 전자는 기본적으로 '동등한 인간들의 공동체'——그리스
의 politeia 또 로마의 civitas——를 인간세상의 규범으로 삼으며 개인도
그 안에서만 인간다운 삶을 유지할 수 있다는 서양사상의 오랜 전통과
기묘한 긴장을 유지하면서 양립하는 것이다. 공동체성원으로서의 덕성
(virtue), 강력한 국가, 박애나 약자와의 연대감 등의 전통적인 주제들은
고전적 자유주의에서 결코 일방적으로 배제되는 것이 아니라, 그러한

인간공동체의 여러 문제들을 해결하기 위한 튼튼한 존재론적 근거로서 개인의 개념을 제시하는 것이었다. '거대한 인류사회'(the great society of mankind)를 이야기했던 아담 스미스에서 온건한 사회주의자에 가깝게 변해갔던 존 스튜어트 밀에 이르는 고전적 자유주의 사상가들에게 개인은 결코 소유욕과 돈계산으로 무장한 모래알갱이는 아니었다. 약자에 대한 동정심과 같은 '도덕적 감수성'(moral sentiment)도 있고 또 합리적인 토론을 통해 다른 입장과 견해를 절충할 줄도, 사회 전체의 복리나 이상을 위해 자신의 손해를 감수할 줄도 아는 이성적인 존재였다.

하지만 대처 전 영국수상의 명구 "사회란 없다!"(There is no society!)에서 보이듯, 신자유주의사상가들은 이러한 전통적인 '인간공동체'라는 선험적인 가정을 암묵적 혹은 명시적으로 부정한다. 이들은 자신의 소유와 그것을 팽창시키는 즐거움을 향하여 계산적으로 움직이는 '탐욕적 개인들'(possessive individuals)이 인간의 본래모습이며 또 그 계산적 합리성이야말로 인간이성의 본질이라고 보는 입장에서 출발한다. 따라서 그 탐욕적 개인들이 밀치기와 당기기를 벌여 저절로 어우러지는 시장만이 '자연적 질서'(cosmos)라 할 만하며 또 인간사회의 진정한 실체가 된다. 그리하여 이러한 성격의 관계로 환원될 수 없는 다양한 종류의 인간관계와 사고방식은 합리적 자연적이지 못한 것으로 비판되고 배제당하고 마는 것이다. '국가'는 시장과 달리 몇몇 인간들이 자신들의 한정된 이성을 발휘하여 인위적으로 기획한 질서(taxis)에 불과하다. 따라서 후자는 결코 전자를 침범하려 들어서는 아니 된다. 이것이야말로 인간사회의 자연적 질서의 기초를 무너뜨려 결국 개인의 자유와 번영이라는 궁극적인 가치를 파괴하게 되는 '치명적 오만'(fatal conceit)으로 귀결된다는 것이다. 그렇다고 이들이 몇몇 19세기 자유주의자들이 꿈꾸었던 것처럼 무정부주의에 가까운 자유방임적 시장경제를 주장하는 것은 아니다. 오히려 국가는 시장의 '자연적 질서'가 유린되는 일이 없도록 법과 질서를 유지하는 막중한 책임을 떠맡게 된다.

그래서 신자유주의에서 내거는 정치이념은 사실상 '민주주의'라기보다 '헌정주의'(constitutionalism)를 뜻하는 셈이다. 영미식 민주주의의 전통을 교과서처럼 맹종하는 이들은 이 두 가지를 구별하지 않으려 할지 모르지만, 이 두 가지는 분명히 다른 역사적 기원을 가진 별개의 원칙이다. 헌정주의란 그 주체가 폭군이건 민중의 합의와 의지를 담은 민중권력이건 막론하고 국가권력이 간섭할 수 있는 범위에 엄격한 한계를 두어 그것을 헌법으로 고정시킨다는 것을 내용으로 한다. 이렇게 헌정주의가 정치영역에서의 주도적인 규범의 자리를 차지하게 되면 시민사회로부터의 민주주의적 역동성은 그 역량이 심히 제한당하며, 특히 신자유주의의 주요의제라 할 제반의 경제관련 정책에서는 거의 무기력한 상태로 떨어지게 되면 속수무책이 될 때가 많아, 헌정주의와 민주주의의 관계는 거의 적대적인 모순관계로 전환하기 일쑤이다.[5]

그 다음으로 화폐지상주의에 의한 기술관료주의의 경향이다. 아리스토 텔레스에서 루소에 이르는 사상적 전통에서 인간사회의 만물과 만사를 주재하고 평가할 수 있는 척도가 될 가치의 궁극적인 담지자는 '공공 선'(common good)이나 '일반의지'(general will)와 같은 사회구성원들의 합의였다. 그런데 이러한 '인간공동체'의 존재를 부인하고 대신 시장경제를 사회의 실체로 내걸게 될 경우 인간만사를 평가하는 그 궁극적 가치의 자리는 필연적으로 시장의 주재자인 화폐로 돌아가게 된다. 극단적인 신자유주의철학이라 할 '객관주의'(objectivism)의 창시자 랜드 여사(A. Rand)가 자신의 심벌을 '$'로 하여 옷에 걸고 다녔던 것도, 통화주의자들이

---

5) 실제로 90년대 이후의 신자유주의적 지구화과정에서의 주요한 의제 하나는 이 헌정주의적 인 형태로 세계 곳곳의 국가형태를 개조하는 것이 포함된다고 보인다. 예를 들어 미국국무성 에서 발행되는 저널 *Issue of Democracy*(2004/봄호)는 미국의 '특산품'인 헌정주의를 어떻게 전세계로 확산시킬 것인가를 다룬 특집을 내보내고 있다(http://usinfo.state.gov/journals/ itdhr/0304/ijde/ijde0304.htm). 스티븐 길(Stephen Gill)은 이렇게 헌정주의를 앞세우고 서 자본의 구조적 권력을 강화하기 위해 전세계 각국의 민주주의적 국가형태가 변형되는 경향을 '신헌정주의'(new constitutionalism)이라고 부르고 있다("The Constitution of Global Capitalism," http://www.theglobalsite.ac.uk/press/010gill.htm).

"오로지 화폐뿐"(Only money matters)이라는 구호를 중심에 걸고 통화정책을 정치권력의 재량이 닿을 수 없는 신성불가침의 영역으로 만들려고 했던 것도 우연이 아니다. 이는 곧 단순히 화폐 그 자체에 대한 철학적·경제학적 이론의 수준을 넘어 모든 종류의 사회적 과정과 제도를 평가하고 또 재구조화시키는 규범적 규준의 위치로 화폐가 올라선다는 것을 의미한다. 사회 조직과 활동을 평가하는 기준은 오로지 화폐로 평가되는 투입과 산출의 차액으로 측량되는 '효율성'이라는 것으로 획일화된다. 이 효율성에 직접·간접적으로 어떻게 어느 만큼의 기여를 하는가라는 기준으로 재평가되어 그 규범에 순응하도록 재조직되고 또 아예 소멸되기도 한다.

　이리하여 다시 한번 인간사회가 가지고 있는 무수히 복잡한 여러 차원과 측면들 또 그 각각에 딸려 있는 다양한 가치들에 대한 민주주의적 토론은 부인된다. 그 대신 화폐로 평가되는 효율성을 극대화하는 것이 최상의 가치로 등장하는데, 그 극대화과정이란 성원들간의 토론과 합의가 아닌 전문가들의 조언과 지휘에 따라 사회 전체가 순종하는 기술적 합리성의 과정일 뿐이다. 노동조합이건 시민단체이건 정당이건 심지어 국가권력이건 이러한 기술적 합리성에 이의를 제기하면서 그 집행을 방해하는 '치명적 오만'을 행사하는 집단들은 모두 합리적인 방향으로 사회가 나아가는 것을 막는 '탐욕과 무지에 찬 집단이기주의자들'로 단죄받게 된다.

　관찰자에 따라 지극히 극단적인 것으로 보일 수도 있는 이러한 신자유주의의 정치철학과 경제철학이 오늘날 '글로벌 스탠더드'로서 주도적인 위치를 점하게 된 계기가 세번째 요소인 목적론적 역사철학이라 할 수 있다. 고전적 자유주의는 액튼 경(Lord Acton)에 의해 '초역사적인 절대적 가치'로 신성화된 적이 있었다. 독실한 가톨릭신자인 그는 19세기의 영국이 주도하던 자유주의적 서양문명이야말로 그러한 가치의 완성에 가까운 것으로 보았고 세계사는 그 방향을 향해 진행된 이야기로서 이해하였다. 그의 편집과 지도에 의해 이루어진 『케임브리지 근대사』(*Cambridge Modern History*)를 비롯한 여러 역사서들을 통하여 그의 이러한 세계관은 적어도 영미 자유주의세계에서는 지배적인 역사방법론과 철학의 자리를 차지하였다. 하지만 이러한 영미 자유주의의 승리사관(triumphalism)은 20세기의 양차대전과 파시즘 및 사회주의혁명을 거치면서 결정적인 도전에 처하지 않을 수 없게 되었고,[6] 영미세계에서조차 콜링우드(R. G. Collingwood)나 카(E. H. Carr) 등과 같은 상대주의적 역사관에 밀려, 최소한 주도적 패러다임의 지위를 누리기는 힘들게 된 것이 사실이다.

하이에크가 주도한 몽 페일러랑 협회의 창립선언문에 강하게 암시되고 있듯이, 서양문명의 핵심을 시장경제와 헌정주의적 국가로 이루어진 자유주의질서로 해석하고 또 그것의 절대적 우월성을 강조하는 목적론적 역사관은 신자유주의 사상을 통일된 이념으로 묶어내는 데 결정적인 중요성을 가지고 있는 것이었다.[7] 하지만 19세기에 액튼 경이 의지할 수 있었던 형이상학적 세계관이 대중의 신봉을 거의 받지 못하게 된 20세기에 이러한 절대주의적 혹은 초월주의적(transcendental) 역사철학을 재건하는 것은 쉬운 일이 아니었다. 이 어려운 과제에 도전한 것이 바로 후쿠야마(F. Fukuyama)의 '역사의 종말'론이라 할 것이다. 그는 액튼 경과 같은 초월주의 역사철학 대신 오히려 모든 역사적 가치평가의 기준은 역사 속에 내재한 이성(die Vernunft in der Geschichte)라고 본 헤겔의 내재론적(immanent-ist) 역사철학을 근거로 하여 신자유주의이념을 역사적 완성으로 신성화한다는 기발한 발상의 전환을 보여준 것이다.[8] 시장경제와 헌정주의국가는

---

6) 예를 들어 역사가 바라클라우(Geoffrey Barraclaugh)는 문명세계의 명운이 걸려 있었던 1943년 스탈린그라드 전투에서 볼셰비키노동자들이 맨몸으로 독일군을 패퇴시키는 것을 목격하면서 이러한 자유주의사관을 결정적으로 재고하게 되었다고 술회한다(*History in a Changing World*, Oxford: Blackwell, 1955, p. 9).

7) 예를 들어 다음을 보라. "문명의 중심적 가치들이 위험에 처했다. …서양인들의 가장 소중한 소유인 의사표현의 자유마저 위협당하고 있다. …이러한 사태를 부추기는 것은 모든 절대적 도덕기준을 부인하는 역사관이 자라나고 또 법치의 소중함을 의문시하는 이론들이 자라나는 현상황이다…." 몽 페일러랑 협회 창립선언문은 http://www.montpelerin.org/aboutmps.html 참조.

8) 물론 헤겔 역사철학에 대한 후쿠야마의 이해에 관해서는 심각한 논란의 여지가 있지만, 그는 자신이 코제브(A. Kojève)의 해석에 기대고 있음을 주장한다. 사실 코제브 본인도 전후 프랑스정부에 입각하면서 미국주도의 세계질서가 '역사의 완성'이라는 방식으로

역사 속에서 무수한 경쟁자들과의 투쟁 속에서 발전해온 체제이다. 그리고 마침내 그 최대의 적수로 한때 세계를 반분했던 공산주의조차 패퇴시킨 지금 자유방임 시장경제와 헌정주의국가의 사회질서에 감히 누가 반론을 제기할 수 있단 말인가? 90년대 유럽의 좌파정당 내부를 풍미했던 구절대로, 이제 "대안은 없다"(There is no alternative). 신자유주의이념은 이제 더 이상 정치적 토론의 대상이 아닌, '글로벌 스탠더드'가 된 것이다.

4. 2005년 한국: 노동유연화, 법인세인하, 주주자본주의

한국에서 신자유주의적인 의제들이 현실에 등장한 지도 벌써 김영삼정권 이후 10년이 넘었다고 보아야 할 것이다. 그러한 의제들은 거의 대부분 경제 전체와 특히 서민들의 생존에 중대한 결과를 가져온 것들이었음에도 불구하고 관련된 사회세력과 집단 간의 본격적인 정치적 논쟁의 사안으로 등장한 적이 별로 없다. 이러한 의제들을 중심에 놓고 여러 사회세력과 이념이 각급 선거에서 제대로 격돌해본 적이 없음은 물론이고, 학계나 시민사회에서조차 '신자유주의'라는 어휘 자체가 마치 노동조합이나 전통적 좌파세력이 휘두르는 정치적 수사에 불과한 것처럼 치부하여오지 않았는가 하는 느낌이 강하다. 신자유주의를 지향하는 이념적 편향성이 뚜렷한 의제들도 마치 자명한 경제법칙 혹은 '정치적으로 올바른'(politically correct) 것인 양 대학강의실에서 또 방송의 토론회에서 가르쳐지고 다루어진다. 그래서 최장집 교수가 지적한 바 있듯이 이제 여당과 '개혁세력'도 또 보수세력인 야당도 오로지 '정치가 문제'라는 식의 사고 속에서 사회경제적 쟁점으로 민주주의적 토론을 확장하는 과제를 외면하고 있다.[9] 소수의

정당화하는 데 헤겔 역사철학을 활용한 바 있다. 이러한 정황에 관해서는 Aijaz Ahmad, "Postcolonial Theory and the 'Post-' Condition"(Leo Panitch ed., *Socialist Register*, 1997) 참조.

끈질긴 이의제기 세력에도 불구하고 우리 사회에서 마치 '글로벌 스탠더드'처럼 여겨지고 있는 쟁점 몇 개만 살펴본다.

노동유연화: 노동시장의 '유연화'(flexibilization)란 사실 노동측에서 보면 '고용불안정성 증대'의 완곡어법에 불과한 것이며, 노동자들의 생존에 심각한 영향을 주는 문제이다. 노동시장 '유연화'가 과연 경제 전체의 복리증진과 어떠한 함수관계를 가지고 있는가도 실증적으로 논의해볼 필요가 있겠지만, 김유선의 연구가 보여주듯 이미 우리 사회의 '유연성'은 미국을 능가하는 수준에 달하고 있다는 점을 먼저 기억해두어야만 한다.[10] 그런데 조직노동에 비해 훨씬 더 큰 고통을 겪는 비정규직노동자들은 그들을 대변할 만한 정치적 창구는커녕 아예 기초적인 조직화조차 이루지 못하고 있다. 그 결과 사회적 안전망 건설 등 이들의 경제적 조건에 필수적인 제도장치의 정비를 위한 논의에서 막상 비정규직노동자들의 입장과 의견은 제대로 표현조차 될 수 없는 상태라 하겠다. 그럼에도 불구하고 애초부터 이 쟁점 자체가 이들의 목소리를 들을 이유가 없는 교과서적인 문제라고 생각하는 태도가 제도권의 '식자'들에게 팽배해 있다고 보인다. 비정규직노동자들의 결사적인 반대를 무릅쓰면서 비정규직 '보호'법안을 관철시키려 들었던 노동부관료와 여당의원들은 오히려 "이것이야말로 비정규직노동자들을 살리는 법"이라고 주장하고 있다.

법인세인하: 현대 자본주의국가의 재정에서 법인세는 가장 중요한 항목의 하나이다. 그런데 레이건정부의 조세삭감 기조정책 이래 특히 법인세인하는 신자유주의적 경제정책에서 중요한 지표가 되었다. 법인세의 인하를 통하여 기업들에게 투자동기를 유발시키고 이를 통해 경제 전체를 부양하여 결과적으로 조세수입도 늘어날 수 있다는 소위 공급측 경제학의 논리는 최근 한국에서도 '글로벌 스탠더드'의 논리로 변하여 법인세를 인하하자는 본격적인 주장으로 변하였다. 그런데 이러한 주장에

---

9) 최장집, 『민주화 이후의 민주주의』 개정판, 후마니타스, 2005.
10) 김유선, 『노동시장 유연화와 비정규직 고용』, 한국노동사회연구소, 2004, 7장 참조.

서 최근까지 35% 정도의 법인세율을 유지해온 미국의 경우와 법인세율이 원래 30%에도 미치지 못했고 그나마 노무현정권 이후 25% 정도로까지 계속 인하된 우리 사회의 다른 맥락과 경험은 논의되지 않는다. 다른 나라의 정부가 다른 재정상황에 처해 있고 세입에 대해 다른 정책을 펼 수 있다는 부분은 무시되고 그저 '글로벌한' 추세가 법인세인하라는 점만 이 지적된다. 정부의 적자재정편성을 비판하는 것이 문제라는 뜻이 아니다. 사회집단간의 부의 재분배문제에서 이토록 민감한 사안을 놓고 "누구에게 감세의 혜택이 돌아가느냐가 중요한 것이 아니라… '큰 시장, 작은 정부'라는 세계적인 추세에 맞추는 것이 중요하다"고 강변하는 태도가 문제인 것이다.[11]

　주주자본주의: 국가의 경제개입 비중이 크고 기업통치(corporate governance) 또한 소위 이해관계자중심으로 이루어지는 유럽이나 일본의 자본주의(stakeholder capitalism)에 비하여 국가개입 없이 시장의 자율성이 보장되며 또 기업통치가 주주들에 의해 이루어지는 소위 주주자본주의(shareholder capitalism)야말로 영미식(Anglo-Saxon)경제의 이념형이라는 것 그리고 이 지구화의 시대에 이제 후자를 '글로벌 스탠더드'로 하여 전세계를 재편해야 할 때가 왔다는 주장이 하나의 '상식'이 되어가고 있다. 그리하여 한국의 기업들도 이제 주식소유주의 의사에 의해 주주가치의 극대화를 목표로 하여 통치되어야 한다는 주장이 어느덧 자명한 진리인 것처럼 되고 있다. 이러한 주장들은 30년대 이래 기업의 '소유'와 '경영'의 구체적인 법적·경제적 의미와 또 구체적인 관행이 나라마다 시대마다 얼마나 다양하고 복잡한 사연을 거치면서 변해왔는가 또 그럴 수밖에 없었던 정치·사회적인 이유는 무엇이었는가에 대해서 거의 논의하지 않는다. 80년대 중반까지도 미국의 자본주의는 여러 기업들간의 시장적인 계약관계라기보다는 주로 '보이는 손'(visible hand)인 대기업들에 의해

---

11) 「불붙는 감세논란, 누구를 위한 것인가」, 『프레시안』 2005. 10. 5, 한나라당 윤건영 의원측 관계자의 발언.

조직된 '법인자본주의'(corporate-capitalism)에 가까운 것으로 논의되어
왔다는 사실은 이야기되지 않는다.[12] 또 미국식 기업도 원래 70년대까지는
주주들에 대해 강한 자율성을 누렸던 경영자위주의 기업통치로 운영되었
다는 점 그래서 오늘날 영미식자본주의의 고전적인 특징처럼 이야기되는
주주가치경영이라는 것도 인수합병과 기업 재구조화·매각이 성행하던
80년대에 투자은행을 시작으로 한 기업사냥과정에서 일반화된 것이라는
사실은 이야기되지 않는다.[13] 어느새 미국자본주의는 태초부터 무수한
기업들이 자유경쟁에 의해 시장의 효율성을 스스로 이루는 고전적 자유방
임 시장경제였던 것처럼 그리고 미국의 기업은 항상 무수히 분산된 개별주
주들의 효율적이며 민주적인 주주총회에 의해 합리적으로 운영되어왔던
것처럼 통하고 있다. 이것이 '글로벌 스탠더드'가 되어 한국사회를 재편하
고 있는 것이다. 한국의 대기업들은 거의 예외 없이 개발독재시절 권위주의
국가에 의한 전국민적인 금융과 노동의 수탈을 통해 역사적 가치를 축적해
온 기업들이다. 이러한 한국기업들을 단순한 동산(動産, movable
property)인 것처럼 그 역사적·사회적 관계로부터 뜯어내어 주식소유자
들에게 배타적인 지배권을 넘기는 것이 과연 정치적·경제적으로 온당한
일인가에 대한 본격적인 논의는 아직도 찾아보기 쉽지 않다.

---

12) Alfred Chandler, *The Visible Hand: The Managerial Revolution in American Business*, Cambridge/
    Mass.: Belknap, 1977; William Lazonick, *Business Organization and the Myth of Market
    Economy*, Cambridge: Cambridge Univ. Press, 1993.
13) 주주가치라는 경영패러다임의 모태가 된 것은, 원래 해당 기업주식의 저평가 여부와
    향후 주가추이를 알아보는 데 있어서 주당수익(EPS, Earnings Per Share) 같은 회계지표
    보다 현금흐름(cash-flow)을 현재가로 할인하는 것이 유리하다는 70년대까지의 회계사
    들 내부의 학문적인 논의였다고 한다(Allan A. Kennedy, *The End of Shareholder Value:
    The Real Effects of the Shareholder Value Phenomenon and the Crisis It is Bringing to Business*,
    London: Orion Business Books, 2000).

5. 맺음말: 경제적 결사체인가 민주적 공동체인가

해방 60돌을 맞은 대한민국이라는 사회는 아직도 그 역사적 정체성이 모호하다. 조선과 고려를 거쳐 그 이전 몇천 년 전까지 이어지는 겨레의 역사적 정체성은 분단을 거치면서 '반쪽나라'가 되어버린 남쪽도 북쪽도 온전히 자연스럽게 계승할 수 있는 것이 아니었다. 50년대 이승만정권은 그렇게 애매해져버린 '대한민국'의 정체성을 '반공'으로 메우려 했으며, 남한사회의 정체성은 졸지에 '세계공산세력의 도발에 맞서 자유진영을 수호하는 반공공동체'로 자리매김되었다. 이러한 정체성은 외교·국방 정책은 물론 국내의 정치·경제·사회·문화·교육 전반에 걸친 사회적 관계를 재편하는 기준이 되었다. 대한민국의 정체성이 '반공공동체'에 있다고 생각하는 세력은 2005년 현재에도 엄연히 존재하며 아직도 정치계·언론계·학계·종교계 등 사회 전반에 걸쳐 상당한 실력을 보유한 실체로 버티고 있다.

하지만 이승만정권의 실정 및 그에 이은 4·19혁명과 통일운동의 물결 속에서 이러한 정체성이 위기에 처하게 되자 뒤를 이은 박정희정권은 '경제발전'이라는 새로운 목표를 내걸었다. 그리하여 전두환정권까지 이어지는 30년 가까운 세월 동안 대한민국 사회는 기존의 '반공공동체'라는 정체성의 기초 위에, 경제적 번영을 통일이나 민주주의 등 여타의 가치들보다 우선시하는 '경제적 결사체'라는 또 하나의 새로운 정체성을 가지게 되었다. 그런데 87년은 대한민국의 정체성에서 또 하나의 요소가 덧붙게 된 계기였다. 건국 초기부터 면면히 역사적 흐름을 만들어왔던 저항세력은 4·19에 이은 또 한번의 성공적인 권력에의 도전과 그 뒤에 계속된 각종 사회운동과 정권의 수평적 교체를 통해서 대한민국 사회에 '민주적 공동체'라는 새로운 정체성을 부여했던 것이다.

90년대 이후 현재까지 계속되고 있는 우리 사회의 이념적 지표의 망실은 동서냉전의 종언이라는 외적인 조건과 동시에, 때로 모순하기도 하고 또 때로 결합되기도 하던 앞의 세 가지 정체성이 온통 뒤섞이게 된 내적인 조건이 합쳐져 나타난 결과이다. 비록 동북아시아의 냉전구도는 온존하고 있지만, 이제 조갑제나 김용갑 의원 같은 이름으로 대표되는 '반공공동체'의 정체성은 대한민국성원들에게 거의 힘을 잃어가고 있음은 분명하다. 그렇다면 우리가 대한민국을 스스로 자리매김할 수 있는 정체성으로서 남겨진 전통은 '경제적 결사체'와 '민주적 공동체'라는 두 개다. 제주도에서 백령도에 이르는 지역에 펼쳐진 우리의 삶은 무엇을 가장 근원적인 근거로 삼아 뭉쳐 있는 것일까. '경제적 결사체'인가 '민주적 공동체'인가.

이 두 가지가 사실상 정면으로 충돌해온 것이 개발독재시절의 경험이었음을 기억해야 한다. 박정희와 전두환 정권을 지지하며 그 시절의 숱한 사회적 모순을 덮어버렸던 논리는 '경제가 모든 것에 우선한다', 거칠게 말하면 '민주주의가 밥 먹여주는가' '잘살고 싶으면 입 닥치고 시키는 대로 하라'는 것이었다. 이 경제 최우선의 논리에 근거하여 대한민국은 무엇보다도 '경제적 결사체'라고 보는 사고방식이 '글로벌 스탠더드'의 모습을 둘러쓴 신자유주의이념이 한국사회에서 무한독주를 하게끔 하는 토양이 된다. 법과 질서를 엄정히 지키면서 전나라를 경제발전의 '매뉴얼'에 맞추어 동원하는 것이 국가와 사회의 나아갈 바라고 생각하는 점에서 어제의 개발독재시절의 논리와 오늘의 신자유주의 신봉자들의 주장은 닮아 있다. 다른 점이 있다면 그 경제발전의 '매뉴얼'이 '글로벌 스탠더드'로 새로워진 것뿐이다.

'민주적 공동체'라는 정체성이 결코 경제적 번영이라는 목표를 배제하는 것이 아니다. 그것을 위해 심지어 신자유주의적 관점에서 제기되는 구체적인 정책방향이라 할지라도 충분히 토론하고 검토할 수 있는 것이 '민주적 공동체'이며, 그 결과 아주 고통스러운 조치를 스스로 취할 수 있는 힘도 '민주적 공동체'는 가지고 있다. 물론 이러한 논의는 결코 '글로벌 스탠더드'에의 맹종이 아니라 '이념'으로서의 신자유주의에 대한 적극적인 토론의 모습을 띠게 될 것이다. 한국사회의 앞날에 신자유주의가 신성불가침의

'글로벌 스탠더드'로 남을 것인가 아니면 하나의 이념으로서의 토론과정을 거치게 될 것인가는 우리가 대한민국 사회의 정체성을 '경제적 결사체'와 '민주적 공동체' 두 가지 중 어느 쪽을 선택하느냐와 긴밀히 결합되어 있다고 보인다.

홍기빈(Hong, Gi-Bin) mongyangh@hanmail.net
요크 대학교 정치학과 박사과정.
「세계화, 힘있게 붙어보자」(『시민과 세계』 2호) 등의 논문이 있다.

분단체제, 세계화 그리고 평화민족주의

박명규

1. 민족논의의 분열현상

최근 민족논의와 관련한 대조적인 두 흐름이 우리 사회에서 확인된다. 한편에선 민족의 공동체적 결속을 강조하는 재민족화를 주장하고 다른 한편에선 민족적인 것의 시대착오성을 지적하며 탈민족화를 부르짖고 있다. 국가권력의 간섭을 반대하고 이념적 논의를 회피하며 개개인의 일상적 즐거움을 추구하려는 젊은이들 가운데서도 '대한민국' 축구팀에 열광하고 '민족의 영광'을 상징화하는 역사물을 기꺼이 소비하려는 경향을 찾아보기 어렵지 않다. 사회운동 진영에서도 민족적인 것에 대한 입장을 어떻게 이론화하고 실천적 방안을 마련할 것인지를 둘러싸고 혼선과 대립이 여전한 실정이다.

민족현상을 둘러싼 담론과 지향의 분열은 21세기에 접어든 한국사회가 겪고 있는 구조적 변화를 반영한다. 또한 이 현상은 탈냉전과 세계화의 흐름에 본격적으로 노출되기 시작한 1990년대 이후 우리 사회가 경험한 광범위하고도 심대한 변화에 따른, 어떤 의미에서 당연하고도 자연스런 결과이기도 하다. 한반도의 남쪽에 한정되어 있던 공간감각이 전세계로 넓혀지고 사회구성원들의 이질성과 다원성이 점점 더 심화되는 시공간적 상황이 이런 담론적 분열을 가져오는 사회구조적 배경이라 할 수 있다. 이러한 변화된 조건의 한가운데에 남북한 관계, 분단체제의 역사적 전환이 놓여 있는 셈이다.

이 글은 21세기에도 한국민족주의가 우리 사회에 유효한 이념적 지표가 될 수 있을 것인가를 비판적으로 따져보려는 작업이다. 이 문제를 해명하려면 민족주의 일반에 관한 이론적 논의를 바탕으로 하되, 한국사회의 구체적 현실 속에서 한국민족주의가 어떤 담론적 효과와 정치적 영향력을 동반하는지를 분석적으로 따져보는 정치사회학적 논의가 필수적이다. 우선 민족주의에 관한 일반적 쟁점들을 간략하게 검토해본 후 한국민족주의의 특수한 측면과 문제점들을 살펴보기로 하겠다.

2. 민족주의의 쟁점들

민족주의문제는 한동안 학계의 주요한 관심대상에서 벗어나 있었지만 최근 학계는 물론이고 사회정치적 논의에서도 중요한 쟁점의 하나로 새로이 부상하고 있다. 탈냉전 직후 국경의 약화와 민족주의의 소멸을 믿어 의심치 않았던 사람들도 이제는 조심스럽게 자신들의 주장을 약화시키고 있고 민족관련 논의와 이론화 작업이 활발하다. 물론 민족주의가 21세기 인류의 역사를 밝게 만들어줄 이념적 대안으로 간주되는 것은 결코 아니며 여전히 민족주의에 대해서는 비판적 시각이 주를 이루고 있다. 다만 민족 및 민족주의와 관련된 현상들이 쉽사리 약화되거나 소멸되기는 어려우리라는 현실진단하에 그 위험성과 잠재적 동력을 객관적으로 검토하려는 논의들이 힘을 얻고 있다.

민족주의에 관한 이론적·경험적 논의들은 매우 다양하지만, 한국사회와 관련하여 몇 가지 쟁점을 주목할 필요가 있다. 첫째는 민족주의와 근대기획의 연관성에 대한 논의인데, 프랑스혁명 이후 스스로를 '민족'으로 간주하는 집단들이 독자적 정치공동체를 구성하려는 정치적 실천을 모색하는 가운데 발전한 이념이자 운동으로서 민족주의는 역사적으로 근대화 과정과 밀접하게 연관되어 있음을 재삼 강조할 필요가 있다. 이와 관련하여 근대화 기획을 주도한 세력과 민족주의의 유형을 연결시켜 이해할 필요가 있는데 예컨대 새로운 체제형성의 주도세력이 되었던 프랑스의 나씨옹(nation)과 언어와 혈통에 근거한 독일민족주의의 범주였던 폴크(Volk)에 비교하여 한국의 '민족'이 어떤 성격의 범주이며 어떤 근대화 구상과 결합되어 있는지를 검토하는 일은 매우 중요한 이론적 과제이다. 이를 위해서 식민주의의 문제와 민족주의가 연계되는 역사적 방식에 대해 비교사적 연구가 필요할 뿐 아니라 남북한의 통일을 둘러싸고 민족범주의 정치적 성격이 무엇인지를 논의하는 이념적·사상적 검토도 절실한 실정이다.

민족주의와 사회통합의 관련성에 대한 논의 역시 오래된 쟁점의 하나다. 민족주의가 부상하는 시기는 대체로 근대화 과정에서 공동체가 위기를 경험하는 때였다는 지적에서도 알 수 있듯이 민족주의는 종종 공동체의 통합을 위한 이데올로기로 활용되곤 했다. 예컨대 주변의 강대국으로부터 침략을 당할 때, 내부의 인종적·종교적 갈등과 반란이나 분리주의의 위협을 경험할 때, 계급갈등의 심화로 공동체의 분열이 염려될 때 나타나는 집단적 위기의식은 민족주의를 출현시키는 가장 중요한 사회적 자원이었다. 전쟁의 시기에 민족주의는 최고의 규율이자 원칙이 되고 혁명의 위협 앞에서는 사회통합을 강조하는 원리가 될 수 있었기 때문이다. 실제로 19세기 이래 해체와 분열, 새로운 갈등과 긴장, 신성이 사라진 세속의 불안함을 달래줄 새로운 종교로서 민족주의는 전세계 곳곳에서 막강한 힘을 행사했고 그런 점에서 민족주의는 근대의 질병을 치유하는 처방약으로 간주되기도 했다.

　민족주의와 문화다원주의의 연관성도 최근 이론적 논의의 주요한 쟁점이다. 민족주의는 민족범주를 신성시하고 전체의 이익을 강조함으로써 전근대적 차별로부터 개개인을 해방시키는 효과가 있는 반면 하위집단의 다양성과 소수집단의 이질성을 억압하는 기능을 수행한다는 것이다. 이는 근대성의 이중적 효과와도 유사한 것인 바, 특히 사회구성원들의 인종적·문화적·이념적 다양성이 심한 곳에서 민족주의의 억압성도 큰 논란거리가 된다. 최근 한국사회에서 나타나는 외국인 노동자 인권문제나 소수자의 권익옹호운동, 가부장적 문화에 대한 비판적 운동들이 한결같이 민족주의에 대해 비판적인 시각을 드러내는 것은 바로 위와 같은 한국사회의 이질화를 반영한 현상이다.

　전반적으로 민족주의는 자유주의나 사회주의처럼 뚜렷한 보편주의적 이념이나 명료한 사상적 준거를 갖추고 있다기보다는 집단감정과 대중적 욕망에 기초한 경우가 많아서 이론적으로는 저급한 수준의 '2차이데올로기'라는 비판을 종종 받는다. 실제로 민족화를 추진하는 세력에 따라 민족주의의 이념적 지향은 크게 달랐고 그 정치적 결과도 다양했기 때문에 민족주의는 한가지로 논의되기 보다는 다양한 유형화를 통해, 또 역사적 맥락 속에서 검토될 필요가 있다. 열린 민족주의와 닫힌 민족주의를 대비하거나 좋은 민족주의와 나쁜 민족주의를 구별하는 것은 민족주의의 역사적 다원성을 드러내는 전형적인 방식인 셈이다. 국가형성의 과제와 관련하여 민족이 국가를 형성하는가, 국가가 민족을 창출해내는가의 논란도 중요한 이론적 과제의 하나다. 한마디로 한국 민족주의 역시 세계사적 보편성과 다양한 유형론 속에서 객관적인 탐구와 이해의 대상이 되어야 한다.

3. 한국민족주의의 세 가지 질료

한국민족주의는 한국의 근대로의 이행과정에서 등장한 이념이며 운동이다. 19세기 말 이래의 역사적 경험 속에서 한국민족주의의 내용을 규정하는 세 가지 질료가 각기 상이한 시간적 계기 속에서 만들어졌다. 현재의 한국민족주의는 이처럼 상이한 시간감각과 정서를 지닌 세 질료의 복합체로서 존재하고 있다.

한국민족주의를 구성하는 첫 질료는 단일민족으로서의 공동체의식, 단일국가를 구성하려는 정치적 통합 욕구이다. 언어와 관습, 역사를 공유한 동일범주로서의 민족, 공동운명체로서 독자적 국가형성의 단위가 되어야 한다는 강력한 의식이 그 핵심을 이룬다. '반만년 역사'와 '단군의 자손'이라는 상징적 유대감은 한말의 의병운동이나 일제하 독립운동의 기본적인 바탕을 이룬 의식이었고 지금도 전세계 디아스포라 한인들의 동류의식과 네트워크를 가능케 하는 문화적 원리이다. 뿐만 아니라 최악의 적대관계가 지속되는 분단체제하에서도 분단을 정상적인 것으로 받아들일 수 없게 만드는 힘, 통일국가를 지향하는 강렬한 통일지향의 바탕에는 이러한 민족감정이 자리한다. 이를 문화민족주의라 할 수 있을 터인데 이산가족 상봉행사나, 과거역사에 대한 감각의 공유, 혈연의식에의 강조 등을 통해 분단체제의 강고한 적대감을 약화시키는 정치적 민족주의로 전화할 가능성이 적지 않다.

이러한 문화민족주의의 질료는 19세기 말의 시간성, 다시 말해 전통적인 중화질서의 틀에서 벗어나 근대적 세계체제의 일원으로 자신을 재정립하려 했던 초기 근대화의 기간감각을 계기로 강화된 것이다. 전통적 질서를 개혁하고 근대국가를 구축하려는 여러 노력들, 개화파나 농민층이나 유림들의 지향은 각기 상이한 정치경제적 지향성을 지녔으나 초기 민족주의로서의 공통성을 지니고 있었다. 아마도 20세기의 식민지화라는 상황이 없었다면 이들의 상호대립과 각축 속에서 한국의 근대이행의 방향이 결정되고 한국민족주의의 내용도 정립되었을 것이다. 하지만 외세에 의해 자신의 정치적 존립 자체를 송두리째 부정당하게 된 식민지상황하에서 한국민족주의는 실질적인 정치구상으로 구현되기 보다는 집단적 정체성을 보존하고 문화적 자주성을 확인하려는 방향으로 나타날 수밖에 없었다. 1920년대 이후 식민지사회구성에 다양한 변화들이 일어나고 있었음에도 불구하고 민족주의의 체제적 구상이나 제도화의 실험이 거의 이루어지지 못한 채 독립과 해방이라는 저항적 가치가 민족주의의 핵심목표로 지속되었고 그 결과 당위적·도덕적 힘은 강렬한 데 비해 정치경제적 구상은 불충분할 수밖에 없었던 것이다. 후일 개화파, 동학농민, 위정척사의병은 물론이고 식민지하의 소작쟁의나 노동쟁의도 모두 한국민족주의의 지류로 논의되는 데서 보듯 이 시기의 민족주의는 반제국주의 투쟁과 독립에의 요구를 공통분모로 가진 다양한 정서, 움직임, 담론, 운동들의 총칭이었다.

두 번째 질료는 남북한의 대립과 독자적 체제건설과정과 연관되어 형성된 분단감정 및 분단의식이다. 이 질료는 혈연이나 역사, 문화보다 오히려 정치적 시민권, 이데올로기적 차원이 더욱 중시된다는 점에서 앞의 문화민족적 성격과 뚜렷이 구별된다. 이것은 서로 상대방을 적대시하면서 분단체제 한쪽의 정당성을 위로부터 공고하게 만들려는 국가프로젝트의 산물이었고 '국민주의'라거나 '관변민족주의'라 부를 만한 국가주의적 민족주의가 산출해낸 질료다. 정치체제의 질서와 안정을 내세워 법제와 공적 담론, 교육을 통해 지속적으로 내재화시켰던 반공이념과 적대적 발전전략은 이러한 질료의 핵심을 이룬다. 분단체제하에서 형성된 남북한의 정서적·이념적·체제적 대립은 비록 권력에 의해 위로부터 강조된 것이기는 하지만, 실제 구성원들의 집단의식을 규정할 뿐 아니라 민족주의의 내용을 체제와 이념의 차원에서 규정하는 물질적 힘에 바탕을 둔 것이었다. 이런 맥락에서 양자는 동질이형이라 할 수 있는데 실제로 반정부와 반국가, 반민족이 양 체제에서 모두 동일한 것으로 간주되는 상황이 만들어졌던 것이다.

이러한 두 번째 질료를 형성시킨 역사적 배경은 두말할 필요도 없이 1945년의 해방에 뒤이은 분단이다. 분단은 단일한 통일민족국가의 건설에 실패했다는 점에서 한국민족주의의 좌절이지만 분단국가의 형태로 근대적 국가체제가 구축되고 독자적 근대화가 추진되었다는 점에서는 탈식민화의 특수한 실현과정이기도 하다. 남북한의 정치공동체는 상대방의 부정을 전제로 자신의 정당성을 확보하는 독특한 체제원리를 발전시켰고, 이에 따라 민족담론은 자기체제의 정당성을 뒷받침하는 독특한 정치적 이데올로기로 변형되었다. 공산주의자들과의 협조에 애초부터 부정적이었던 이승만 등 남한의 우파나 해방 직후부터 스탈린식 소비에트체제 구축을 최고목표로 삼았던 김일성의 태도나 모두 이념을 더 우선시했다는 점에서는 마찬가지였다. 무력으로 통일을 이루겠다는 북한의 시도도 이념과 체제를 민족적인 것보다 우선시하였던 사회주의체제 형성 전쟁이었고 그랬던 만큼 한국전쟁은 분단체제를 공고하게 만드는 결정적 계기가 되었다. 이후 민족개념은 남북한 모두에서 국가권력에 종속되게 되는데 '미제식민지론'에 따른 민주기지론이나 '북한괴뢰론'에 입각한 승공통일론은 본래적 의미에서의 민족주의와는 매우 달라진 이데올로기적 담론이었다. 1910년 이래 '국가를 추구하는 민족주의'로부터 분단체제하에서의 '국가가 주도하는 민족주의'로 이행하게 되는 과정에서 독특한 적대적인 분단감정의 질료가 만들어졌던 것이다.

세 번째로는 분단체제의 약화과정에서 성장해 나온 독특한 형태의 집단적 자부심을 주요한 질료의 하나로 주목할 필요가 있다. 특히 90년대 이후 대한민국사회에서 뚜렷이 발견되는 이 정서는 분단을 옹호하는 것도 아니고, 반공을 최고이념으로 수용하지도 않지만 반세기 이상 살아온 대한민국을 중심으로 형성된 자부심과 정체감에 바탕을 둔다. 이 정서는 통일을 반대하지 않지만 굳이 북한까지 포괄하는 문화적·인종적 일체감을 절실하게 요구하지 않으며 그렇다고 반북의 이데올로기 또한 동반하지 않는다. 오랜 투쟁으로 성취한 민주화, 중진국의 대열에서 벗어날 정도로 급성장한 한국의 경제력, 여기에 탈냉전과 북한의 경제난으로 인한 대북 콤플렉스에서의 해방이 겹쳐진 상황에서, 분단체제를 정상적인 삶의 조건으로 경험하고 살아온 세대의 감수성이 이러한 자부심의 주요한 질료를 이룬다. 2002년 월드컵과 뒤이은 반미시위에서 분출된 새로운 집단주의, 태극기의 함성, 한국인으로서의 자부심은 이런 맥락에서만 이해될 수 있다. 이데올로기로서의 무게나 치열한 문제의식, 논쟁을 불러오는 열정은 없어도 일상생활 속에 묵직하게 자리잡은 이 자부심은 카야마 리카가 일본 젊은이들 사이에서 나타나는 가벼운, 그러나 결코 무시할 수 없는 애국주의적 태도를 '프티 내셔널리즘'이라고 불렀던 것과 유사해 보인다.

　이러한 질료가 발전하게 되는 역사적 계기는 1987년 이후 한국의 본격적인 정치경제적 발전이다. 민주화와 경제성장을 두 축으로 한 한국사회의 발전은 세계사적으로 주목할 만한 성과를 얻었고 실제 구성원의 삶과 의식에 결정적인 영향을 미쳤다. 87년체제의 형성으로도 일컬어지는 이 계기를 거치면서 일상적 민주주의의 경험과 한국자본주의의 물질적 성취를 실감하게 되었는데, 바로 이러한 독특한 일상적 실감에 기초하여 저항민족주의의 정서와도 다르고 반공민족주의와도 그 성격을 달리하는 독자적인 정서와 지향들이 나타나게 된 것이다.

　이상에서 논의한 세 가지 질료는 한국민족주의라는 틀 속에서 함께 섞여 있지만 정서적 감정이나 거시구조적 문제의식, 미시적 일상생활에서의 의미 등에서 매우 큰 차이를 보인다. 첫 번째의 질료를 중시하는 유형을 문화민족주의라 한다면 두 번째를 국가민족주의라 할 수 있겠고 세 번째는 생활민족주의라 이름붙일 수 있을 터인데, 김구나 장준하를 첫 번째 유형을 대표하는 인물로 박정희를 두 번째 유형의 전형으로, 그리고 대한민국에 자부심을 느끼고 진솔한 애국심을 피력하는 젊은이들을 제3의 유형으로 꼽을 수 있을 것이다. 이들 인물들의 삶과 사상의 차이를 고려할 때 세 유형의 정서와 정치적 지향에 상당한 거리가 있음은 두말할 필요가 없다. 실제 혹독한 식민지경험과 독립투쟁, 외세로부터 받은 자존심의 훼손을 가슴깊이 새기고 있는 세대들과 전쟁의 상처와 분단체제의 냉혹한 조건하에서 '잘사는 나라, 민주화된 나라'를 만들고자 땀 흘렸던 세대의 감수성이 같기 어렵다. 더구나 식민지나 전쟁의 경험은커녕, 배고픔과 독재의 기억도 갖지 않은 채 풍요와 소비, 개성과 자존을 일상생활 속에서 느끼며 자라온 젊은 세대들이 앞의 세대들과 매우 다를 것은 두말할 필요가 없다. 문제는 오히려 이 각기 다른 유형의 민족주의나 민족감정을 어느 하나라도 부정하거나 절대화할 수 없는 한국적 특수성을 어떻게 이해하고 다룰 것인가에 있다고 생각한다. 이들 상이한 정서들이 '민족'의 이름하에 공존하며 동시적으로 논의되는 것 자체가 분단체제를 근간으로 한 한국사회의 독특함이기도 하다. 이질적이고 적대적인 것의 공존, 그 모순과 애매함을 떠받드는 상징적·담론적 정서구조가 분단체제하 한국민족주의의 한 중요한 속성이기 때문이다.

4. 한국민족주의의 제문제

문화민족주의, 국가민족주의, 생활민족주의의 복잡하고 미묘한 공존을 특징으로 하는 한국민족주의는 최근 새로운 국면에 처하고 있다. 특히 세계화와 탈냉전이라는 세계사적 환경변화는 21세기 한국민족주의의 성격과 방향을 결정하는 매우 중요한 조건의 하나로 작동하고 있다.

한반도와 관련해볼 때 세계화는 수십 년간 공고하게 작동하던 분단체제를 약화시키는 주요한 계기를 제공한다. 전지구적 냉전체제의 해체는 남북한 이데올로기 대립구도를 비정상적인 것, 지속불가능한 구조로 인식하게 했고 그 결과 수십 년간 지속된 정전체제를 평화체제로 전환시키려는 논의가 구체화되는 수준에까지 이르렀다. 한국인의 공간감각 속에 오랫동안 배제되었던 중국, 러시아, 중앙아시아는 물론이고 심지어 평양과 개성도 인접한 공간으로 우리의 감각 속에 부활했다. 자본과 상품은 이미국적을 묻기 어려울 정도로 세계화되었고 한국의 기업활동 역시 전세계를 대상으로 확장되었으며 외국인노동력은 한국경제의 불가결한 한 축을 이루고 있다. 사건과 활동을 평가하는 지적 준거들도 더 이상 민족적인 것을 절대화하기 불가능하고 인류보편적 또는 다문화적 시각이 자연스레 강조되고 있다. 세계화로 인한 분단체제의 약화 또는 해체과정은 이제 시작일지 모르나 그 변화의 속도는 예상보다 훨씬 빠를 수 있다.

현재 경험하고 있는 민족논의의 다양한 부상은 바로 이런 세계화와 탈분단체제의 과정이 낳은 자연스런 결과이다. 이런 변화 속에서 한국민족주의를 구성하는 세 가지 질료의 비중과 결합양식은 급속하게 재구성될 가능성이 높다. 우선 혈연중심의 민족의식과 감정이 통일지향의식과 결부되는 힘은 지속적으로 약화될 가능성이 크다. 이는 핏줄에 입각한 통일론이 더 이상 강한 힘을 얻기 어렵다는 이야기인데, 단순히 이산의 경험을 한 노년세대의 퇴출 때문만이라기보다 세계화 속에서 겪게 되는 한국사회의 분화와 성장이 그 주된 원인이라 보아야 할 것이다. 계급적 이해충돌이나 지역간 갈등이 심화되면 될수록 단일민족이라는 정서적인 의식은 사회적으로 강한 힘을 발휘하기 어려워질 것이다. 뿐만 아니라 자칫 한민족의 혈통을 강조하는 것은 외국인노동자나 귀화인을 인종적으로 억압하는 논리가 될 수도 있다. 해외의 한인을 '민족'이라는 범주에 입각하여 돕겠다는 '재외동포법'이 인종차별법적 성격을 지닐 수 있다는 문제제기는 이미 우리 사회가 단순한 혈연원리로 접근할 수 없는 복잡한 구성원을 품고 있음을 말해주고 있다.

이와는 달리 국가주도의 관변민족주의와 집단적 자부심이 상호 연대할 가능성은 점점 더 커질 수 있다. 민주주의의 확산, 민주화의 진전으로 인해 국가권력과 시민사회 간에는 대립보다는 상호결합의 가능성이 높아지고 국가의 공적 담론이 집단적 정체성의 자원이 될 기회가 높아진다. 경제성장, 선진국으로의 도약, 각종 스포츠와 국제대회를 통한 '국위선양' 프로젝트들이 대중들로부터 외면당하기보다는 적극적으로 지원되고 환영

받을 확률이 높아질 것 역시 분명하다. 개발주의적인 발전전략은 수십 년간 한국민족주의의 핵심적인 내용을 이루었던 것으로 그 기본구상은 지금도 크게 달라진 것은 아니다. 오늘날 '한류'에 대한 자부심의 배후에는 거대한 미디어산업과 한국사회의 발전상에 대한 자기긍정이 강하게 깔려 있음을 발견하는 일은 어렵지 않다. 이 점에서 박정희에 대한 대중적 선망을 허상이나 이데올로기적 효과 또는 지역주의로만 치부하는 것은 충분한 이해가 아니다. 한국민족주의는 강력한 국가주의 이데올로기로 기능할 가능성이 적지 않다.

다른 한편에서는 집단적 자부심이 자주와 독립이라는 원초적 저항민족 주의의 정서와 결합할 가능성도 커진다. 2002년 월드컵의 열기가 곧이어 대규모 반미시위로 이어지고 광범위하게 반미정서를 확산시켰던 것은 이러한 결합의 전형적 사례라 할 것이다. 복잡한 논리가 필요 없이 우리도 이제 남의 간섭을 받기보다 우리끼리 해보자는 집단적 자존심이 대중의 반미정서의 한 축을 이룰 수 있는 것이다. 이 자부심이 특정한 정치적 프로젝트와 결합하면 매우 강력한 힘을 낳을 수 있기 때문에 분단체제의 해체과정에서 또는 국내정치의 특정국면에서 민족주의가 정치적 자원으 로 활용될 가능성이 적지 않다. 하지만 이런 유형의 정서적 결합은 그 정치적 방향이나 체제구상의 정교함이 따르지 못하면 패권적 국가주의나 자민족중심주의 또는 민중주의적 동원논리로 빠질 위험을 안고 있음도 주목해야 한다.

또한 한국민족주의 역시 대내적으로 민족범주를 신성화하고 다양한 집단 및 개인의 자유를 억압하는 결과를 초래할 가능성이 높다. 국가권력의 일방적인 지배력은 종종 민족주의로 치장되고 전체의 이름으로 소수자나 이질적인 요소들을 축출하는 기제가 되기도 한다. 한국민족주의는 오랫동 안 개발지상주의적 논의와 결합되어 생태적 관심이나 대안적 문명을 사고 하지 못하게 만드는 한계를 드러내고 있고 근대주의적이고 물량주의적인 이념체계와 매우 친화적이다. 뿐만 아니라 민족주의가 가부장제·남성중심 담론구조의 주요한 축이 되어 한국사회의 성별불평등을 정당화하는 기제로 작동할 가능성도 없지 않다. 분단체제를 해체하고 통일을 실현시켜 나가는 중요한 전환기에 그 통합을 절대가치로 간주하는 민족주의에 지나치게 의존함으로써 실질적인 과정에서 검토되고 논의되어야 할 수많은 쟁점과 사안들을 무시하거나 소홀히 할 가능성도 경계해야 할 부분이다. 독립 이후 체제에 대한 구상이 본격적으로 논의되지 못한 채 저항과 해방만이 강조되었던 한국민족주의가 이념적 분단을 극복할 충분한 힘이 되지 못했던 경험은 비단 과거에만 적용될 일은 아니다. 또 국제적 조건과 상황에 대한 지나친 자민족중심적 반응을 야기할 가능성도 있다. 이는 민족주의를 민족자주와 결부시키는 최근의 논의에서도 심심찮게 보는 것인데, 엄밀한 의미에서 자주는 상호작용관계에서 행사할 수 있는 지혜와 능력의 차원에서 인식할 일이지 국제정세를 무시하거나 부정하는 정서적 차원에서 이해될 것이 아니다. 북한의 인권문제를 비롯한 북한사회의 미래와 관련한 진지한 논의를 제한하는 데 민족정서가 한몫을 할 수도 있다. 이상에서 보듯 한국민족주의가 내포하고 있는 정서적·이념적 지향이 복잡하고 정치적 함의도 다양하기 때문에 기실 이념으로서의 불완전성과 위험성은 현재도 적지 않고 앞으로 더욱 커질 우려가 있다.

5. '통제된' 평화민족주의를 위하여

한국민족주의의 잠재적인 위험성과 문제점을 고려할 때, 한국에서도 탈민족주의를 표방하는 것이 절실하다는 주장들이 적지 않다. 탈민족주의적 논의가 지니는 신선한 문제제기를 충분히 수용하면서도, 우리는 한국적 현실을 배경으로 이 문제를 복합적으로 사고하지 않으면 안 된다. 무엇보다도 탈냉전 이후의 구조적 변화가 한국에서는 분단체제의 해체와 통일문제의 대두를 야기시킬 것이기 때문이다.

분단체제의 해체와 통일시대로의 이행이 조만간 최대의 정치사회적 과제로 부각될 것을 고려할 때, 현단계에서 민족주의적 담론과 실천이 갖는 역사적 의의와 잠재적 동력을 무시하거나 부정하는 것은 한국사회의 실상과 맞기 어렵다. 한국민족주의가 초래할 수 있는 여러 가지 위험과 한계를 직시하면서 동시에 그것이 일정한 긍정적 기능을 수행할 가능성에 대해서도 부인하지 않는 종합적이고 열린 논의가 필요하다. 분단체제가 아직은 엄존하고 있으며 그것을 극복하는 과정 자체가 매우 복합적이고 상호적이라는 점을 생각하면서 민족주의와 동반할 수 있는 지적·문화적 자산을 폐기하지 않는 지혜가 필요하다. 물론 이를 위해서는 매우 조심스럽고 제한적인 태도, 민족주의에 대한 성찰적 작업이 항상적으로 요청됨은 두말할 필요가 없다.

21세기 한국에서의 민족주의는 민족적 감정과 정서, 민족제일의 가치를 절대화하는 것이 아니라 여러 가지 중요한 가치들에 의해 '통제된' 민족주의여야 할 것이다. 이 말은 민족주의 그 자체가 목적가치가 아니며 보다 중요한 가치를 실현하기 위한 수단적이고 도구적인 것임을 의미하는데, 민족 자체를 절대화하거나 신성화하는 논의들, 특히 원초적인 종족적 유대감을 앞세운 담론들의 당위성을 전제하는 방식은 극복되어야 한다. '우리는 한민족'이며 따라서 '통일은 지상과제'라는 식의 민족주의는 그 사상적 빈곤함에서도 그렇고 정치적 효과에 있어서도 매우 위험할 수 있다. 북한에 대한 이해도 낭만적인 문화민족주의적 차원에서 일방적으로 전개되는 것은 경계해야 할 일이다. 역사적으로 보면 이 지구상에 단일민족국가는 오히려 예외적이며 다민족국가가 더욱 보편적이라는 점을 염두에 두고 민족과 국가의 상호연관성에 대한 다양한 시각을 열어놓을 필요가 있다.

따라서 한국민족주의는 구체적인 정치적 전략을 동반한 미래지향적 프로젝트와 민주적 가치에 의해 통제되어야 한다. 민족주의는 매우 강렬한 정서적 힘과 대중적 동원력을 수반하지만 그것만으로는 늘 불안정하며 자칫 민중주의나 파시즘의 폐해를 낳을 수 있다. 한국의 민족주의는 그 저항적 성격과 관련하여 '민족민중적'인 연관을 강조해온 바 있지만, 실제로 민족의 민중화가 가져올 문제점에 대해서도 비판적인 시각이 필요하다. 대중적 정서는 종종 그들이 처한 사회경제적 조건에 의해 좌우되며 민족주의를 구체적으로 실현시키는 제도화된 틀이 존재하지 않기 때문에 늘 추상적이거나 원론적인 담론으로 낭만적인 대중정서를 분출할 가능성이 있다. 뚜렷한 이념적 프로그램이나 민주주의적 규제 없이 민족과 민족감정, 민족적 자부심이라는 것을 핵심으로 하는 운동이나 사상은 곤란한데 이 점에서 다양한 민족주의 비판은 필수적이며 민족주의의 폐해를 중화시키는 주요한 해독제이기도 하다. 민족주의의 위험성을 충분히 자각하면서, 현재의 분단체제를 극복하는 데 또한 민족주의가 유효하게 활용될 영역과 수준이 무엇일지를 모색하는 지혜가 필수적이다.

이런 차원에서 한국민족주의는 자신을 통제하고 성찰할 상위의 가치로서 '평화'를 설정할 수 있고 또 해야 한다고 본다. 여기서 평화는 전쟁이 없는 상태를 뜻하는 소극적 의미뿐 아니라 모든 사회구성원들이 내면적으로나 실제 삶에서 평화로움을 경험하는 적극적인 의미를 내포한다. 제도적으로는 남북한의 군사적 무력충돌 가능성을 원천적으로 해결해가는 가치이며 인간을 도구화하는 기술주의나 패권주의에 도전하는 생명존중의 정신이기도 하다. 평화는 통일을 이루기 위한 전제조건이나 수단으로서가 아니라 오히려 독립이나 자주보다도 더 우위에 있는 가치로 이해되어야 하며, 한국민족주의가 분쟁을 조장할 경우 과감히 반민족주의를 주창할 수 있는 근거가 되어야 한다. 평화의 가치는 분단체제의 극복과 통일과정에서 감성적 민족주의의 덫에 빠지지 않도록 하는 주요한 준거가 될 수 있다.

이러한 평화민족주의는 한국민족주의를 한반도적 시각에서만 바라보지 않고 동아시아적 시각에서 이해하고 성찰할 것을 또한 요구한다. 한국사회에는 일본민족주의를 비난하고 중국의 대국화경향을 비판하면서도 한국민족주의는 옹호하려는 심리가 적지 않게 강하다. 특히 1910년대의 시간성에 주목하는 사람들, 저항민족주의의 반제적·민중적 성격을 중시하는 입장에서는 한국민족주의의 건강함을 더 이상 의심할 여지 없는 전제로 수용하기도 한다. 하지만 다양한 질료와 지향을 내포하고 있는 현재의 한국민족주의는 실제 동아시아의 다른 민족주의와 질적으로 구별하기 어려운 부분을 적지 않게 지니고 있다. 21세기 한국민족주의는 한반도의 평화를 통해 동아시아 전역의 평화를 이루어내는 요긴한 기능을 할 수도 있지만 반대로 자민족중심주의를 심화시키고 궁극적으로 민족적 대립과 갈등을 조장하는 데 일조할 가능성도 없지 않다. 한국민족주의가 양날의 칼과 같다는 점, 따라서 다양한 차원에서의 성찰과 통제, 유연화가 필요하다는 사실을 진지하게 고려할 때만 한국민족주의는 평화를 위한 도구로 수용될 수 있고, 또 긍정적인 결과를 낳을 수 있을 것이다.

박명규(Park, Myoung-Kyu) parkmk@plaza.snu.ac.kr
서울대학교 사회과학대학 사회학과 교수.
  주요 저서 및 논문으로는『식민권력과 통계』,『한국의 근대국가형성과 농민』,「민족정체성과 세차원의 공동체」,「한말 '사회'개념의 수용과 그 의미체계」 등이 있다.

한국의 근대화와 생태주의

홍성태

1. 머리말

근대화는 사회구조와 생활양식의 모든 것이 바뀌는 총체적 변화다. 그 동력은 물론 생산력의 발달에서 찾을 수 있는데, 근대를 형성하고 지탱하는 생산력은 바로 공업화에서 비롯되었다. 공업은 인간의 필요를 위해 자연을 대량으로 가공하고 변형한다. 따라서 공업화란 전체 산업에서 공업의 비중이 커지는 것을 뜻할 뿐 아니라 자연이 크게 변화하는 것을 뜻한다.

여기서 무엇보다 중요한 것은 공업에 의한 자연의 변화가 대부분 '비가역적 변화', 다시 말해서 '되돌릴 수 없는 변화'에 속한다는 것이다. 이런 변화는 크게 오염과 파괴와 고갈로 나누어 살펴볼 수 있다. 공업화에 의해 오염된 자연을 되살리는 것은 대단히 어렵다. 이른바 환경호르몬 문제에서 잘 알 수 있듯이, 우리 밖의 자연만이 오염된 것이 아니라 자연의 한 요소인 우리 자신까지도 심각하게 오염되었다. 또한 공업화에 의해 파괴된 자연을 되살리는 것은 사실상 불가능하다. 길을 내고 아파트를 짓기 위해 파괴한 산을 되살릴 수 있는 길은 없다. 고갈의 문제는 더욱 심각하다. 공업은 인간의 욕망을 충족하기 위해 지구를 대량으로 소모한다. 그러나 지구는 결코 무한하지 않다. 현대공업문명을 떠받치는 가장 중요한 자원인 석유는 이미 고갈의 징후를 보이고 있다. 결국 공업은 쇠락하고 말 것이며, 참된 탈공업사회가 도래할 것이다.[1]

생태주의는 이러한 근대화의 문제에 대한 실천적 대응의 산물이다. 요컨대 근대화로 말미암아 자연이 급격한 변화를 겪게 되었고, 결국 이 때문에 인간 자신이 생존의 위기에 빠지게 되었으며, 이런 상황을 극복하기 위해 생태주의가 나타났다. 흔히 생태주의의 가장 큰 특징은 자연을 지키자는 주장으로 나타나는 것 같다. 그러나 생태주의는 단순히 자연을 지키자고 주장하지 않는다. 더 중요한 것은 자연을 지키기 위해서 현재의 사회구조와 생활방식을 바꾸지 않으면 안 된다는 주장이다. 요컨대 생태주의의 내용은 자연을 지키자는 목표와 이를 위한 사회적 방법으로 이루어져 있다. 여기에서 우리가 무엇보다 주의해야 할 것은 생태주의가 내적으로 단일하지 않다는 사실이다.[2] 자연을 지키자는 목표에는 누구나 쉽게 동의할 수 있을지라도 그것을 이루기 위한 사회적 방법에 대해서는 결코 그렇지 않기 때문이다. 심지어 지구온난화의 실상조차 강력하게 부정하는 개발세력이 여전히 존재한다.[3]

---

1) 미국의 다니엘 벨은 미국의 산업구조와 고용구조의 변화를 중심으로 1960년대 중반부터 써온 논문들을 모아서 1973년에 『탈공업사회의 도래』라는 제목의 책을 냈다(Daniel Bell, *The Coming of Post-Industrial Society*, Basic Books, 1973). 그러나 그가 말하는 '탈공업사회'는 결코 '탈공업사회'가 아니다. 그는 전통적인 제조업의 비중이 줄어들고 서비스산업의 비중이 우위를 차지하게 되는 사회를 '탈공업사회'라고 불렀다. 그리고 다시 80년대에 들어와서는 종래에 쓰지 않으려고 했던 '정보사회'라는 용어를 사용하기 시작했다. 다니엘 벨이 말하는 탈공업사회나 정보사회는 사실 '고도로 발달한 공업사회'이다. 벨이 예로 삼았던 미국이야말로 이 사실을 가장 잘 보여주는 예이다. 탈공업사회는 말 그대로 '공업에서 벗어난 사회'여야 한다. 이런 점에서 다니엘 벨의 '탈공업사회'는 현실을 호도하는 잘못된 개념이다(홍성태, 「개발주의와 생태주의: 생태적 탈근대를 향해」, 『문화과학』 43호/2005년 가을호, 1장; 『지식사회 비판』, 문화과학사, 2005, 1장).

2) 홍성태, 『생태사회를 위하여』, 문화과학사, 2004.

세계사적으로 보아서 근대화의 역사는 대체로 250년 전 영국의 산업혁명으로 거슬러 올라간다. 공업화로 이루어진 생산력혁명이 시민혁명으로 이어지면서 이른바 근대사회가 형성되었던 것이다. 산업혁명과 함께 공업에 의한 자연의 심각한 변화가 이루어지기 시작했고, 이에 대한 대응도 이미 19세기부터 이루어지기 시작했다.[4] 그러나 공업사회 자체의 변혁을 추구하는 생태주의의 등장은 50년대 이후의 일이다. 이른바 풍요사회의 등장과 포드주의의 확산에 따른 자연의 급격한 오염과 파괴가 그 물질적 배경이었다.

한국은 일본제국주의의 식민지가 되면서 파행적 공업화의 길에 들어선 후후발근대국에 속한다. 한국의 본격적 공업화는 50년대 말부터 추진되었다.[5] 4·19 이후 장면정권은 제1차 경제개발5개년계획을 세웠으나, 이 계획은 쿠데타로 권력을 찬탈한 박정희에 의해 비로소 강력히 추진되었다.[6] 박정희의 '조국근대화'는 양적으로 경제의 고도성장을 이루었으나 질적으로 민중과 자연의 착취를 통해 이루어진 것이었다. 따라서 이와 함께 생태주의적 관심이 자연스럽게 나타나게 되었다. 물론 초기에 그것은 국가주의 공업화에 맞선 생존권수호의 성격이 강했다.

이 글에서는 이처럼 근대화의 파괴적 결과에 그에 대한 대응이라는 관점에서 한국의 생태주의가 어떻게 변화해왔는가를 살펴보고자 한다. 또한 이미 생태적 전환이 시작되었으며, 이와 함께 이런 변화를 경제적·정치적으로 악용하는 경우도 갈수록 늘어나고 있다는 것을 강조하고자 한다. 전체적으로 이 글은 근대화라는 역사적 변화의 맥락에서 생태주의의 보편화와 복잡화가 이루어진 과정을 밝히는 데 초점을 맞출 것이다.

---

3) 米本昌平, 박혜숙·박종관 옮김, 『지구환경문제란 무엇인가』, 또님, 1995.
4) McCormick, John, *The Global Environmental Movement*, Belhaven Press, 1989, ch. 1; 존 포스터, 김현구 옮김, 『환경과 경제의 작은 역사』, 현실문화연구, 2001, 3장.
5) 장상환, 「한국전쟁과 경제구조의 변화」, 『한국전쟁과 사회구조의 변화』, 백산서당, 1999, 144~45쪽.
6) 임영태, 『대한민국 50년사1』, 들녘, 2002.

2. 약사와 관점

우선 한국의 근대화와 생태주의의 전개에 관한 주요 약사를 정리해서
이 글에서 살펴볼 시기의 대략적인 지도를 그려보도록 하자.

<표> 한국의 근대화와 생태주의

1962년	제1차 경제개발5개년계획
1963년	공해방지법 제정
	한국자연보존위원회 창립
1964년	수출 1억 달러 돌파
1967년	제2차 경제개발5개년계획
	공해방지법 시행령 제정
1969년	한국야생동물보호협회 창립
1972년	제1차 국토종합개발계획
	유신쿠데타
1977년	(사)한국자연보호중앙협의회 창립
1978년	자연보호헌장 발표
1982년	한국공해문제연구소 창립
1983년	온산병
1988년	주택200만호 건설계획
1989년	한살림모임 발족
1991년	낙동강 페놀오염사건
	녹색연합 창립
	『녹색평론』 창간
1993년	환경운동연합 창립
1995년	환경사회학연구회 창립
2000년	한국환경사회학회 창립
2004년	수출 2000억 달러 돌파

공업화에 따른 환경문제는 공업화가 시작되면서 바로 나타났다. 그러나
그것이 사회적 관심사로 커지고, 사회적 대응책이 마련되기까지는 많은

시간이 흘러야 했다. 특히 현대 환경문제의 근본원인인 공업화 자체의 극복을 추구하는 생태주의의 등장은 더 많은 시간이 걸려야 했다. 이 글에서는 1970년대, 80년대, 90년대의 세 시기로 나누어 생태주의의 전개를 살펴볼 것이다. 10년을 단위로 하는 것이 시계열적 변화를 살펴보기에 편리할 뿐만 아니라 실제로 10년 단위로 정치, 경제, 문화 그리고 생태주의에서도 큰 변화가 나타났기 때문이다.

생태주의는 생태학을 바탕에 두고 있다. 그러나 생태학은 그 자체로 생태주의를 규정하지 않는다.[7] 예컨대 약자를 억압하는 방식으로 생태계의 안정을 꾀하는 반동적 생태주의가 있는가 하면, 공업문명을 완전히 폐기하자고 주장하는 급진적 생태주의도 있다. 이 글에서는 생태학에 대해서는 거의 다루지 않는다.[8] 다만 생태위기와 그 대응의 필요성에 관한 생태학의 일반적 결론을 전제로 하고, 그것을 구현하고자 하는 여러 주장과 실천들을 생태주의의 전개라는 방식으로 살펴보도록 하겠다.

전체적으로 보아서 한국의 생태주의는 70년대에 나타나서, 80년대에 사회운동으로 발전하고, 90년대에 급격한 심화와 확산을 이루었다. 양적으로 보아 한국의 생태주의는 한국의 시민운동에서 가장 큰 세력을 이루고 있다. 사회이론의 생태적 전환이나 생태주의의 사회적 확산이라는 점에서 생태주의의 성공은 참으로 괄목할 만하다. 오늘날 생태주의의 주장에 귀 기울이지 않는 사람은 찾아볼 수 없다. 정부도 기업도 생태주의의 주장을 정면으로 부정할 수는 없는 시대가 되었다. 그러나 이런 변화를 과연 생태주의의 성공으로 볼 것인가의 문제는 여러 면에서 깊은 논의를 필요로 한다. '신개발주의'에 대한 논의에서도 잘 드러나듯이 생태주의는 이미 왜곡되거나 악용되고 있기도 한 실정이다.[9] 예컨대 언제부터인가

---

7) André Gorz, *Ecology as Politics*, South End Press, 1980, p. 17: 홍성태, 앞의 책, 2004, 76쪽.
8) 한국의 생태학연구에 대해서는 김준호, 『한국생태학 100년』, 서울대출판부, 2004 참조.
9) 조명래 외, 『신개발주의를 멈춰라』, 환경과생명사, 2005.

모든 아파트광고가 짙푸른 녹색으로 치장되기 시작했다. 모든 아파트광고가 '친환경'을 강조하고 나서기 시작했다. 진실은 무엇인가? 그 모든 아파트가 푸른 산과 들을 없애고 건설된 '반환경' 아파트라는 것이다.[10] 생태주의는 이런 상황의 전환은커녕 저지조차 여전히 힘겨워하고 있다. 자연의 오염과 파괴가 심화되면서 그에 대한 우려는 급속히 커졌으나, 문제를 해결할 수 있는 길은 여전히 혼미상태에 있다. 이런 모순적 관점에서 한국의 생태주의가 어떻게 변화해왔는가를 살펴보도록 하자.

3. 1970년대: 공해의 정치경제학

1962년부터 시작된 제1차 경제개발5개년계획으로 한국경제는 빠르게 성장했다. 70년대 초에는 60년대를 가리켜 '기적에 가까운 비약의 연대'라고 부르게 되었다.[11] '기적'을 증명하기 위해 가장 쉽게 제시되는 증거는 물론 GNP였다. GNP는 1961년 21억 달러에서 1971년에 95억 달러로 늘어났다 1인당GNP는 82달러에서 289달러로 늘어났다.[12] 놀라운 경제성장이었다. 그러나 이러한 '성과'는 큰 '대가'를 치르고 이루어진 것이었다. 고도성장은 민중과 자연의 착취라는 '이중의 착취'를 통해 이루어졌다. 저임금-저곡가체계로 불리는 착취체계가 작동하면서 급속한 공업화가 이루어질 수 있었던 것이다. 또한 이 과정은 경제개발과 국토개발의 이름으로 급격한 자연의 착취가 이루어진 과정이기도 했다. 70년대에 이 문제는

---

10) 최근의 대표적인 예로 서울시가 추진하고 있는 '은평뉴타운사업'을 들 수 있다. 서울시는 '은평뉴타운'을 '리조트형 생태환경도시'라는 식으로 선전하고 있다. 그러나 그 실상은 북한산자락에 대규모 아파트단지를 짓는 것이다. 이 과정에서 '한양주택'이라는 서울시의 대표적인 생태주거단지가 사라질 위기에 처하기도 했다. '한양주택' 주민은 서울시의 횡포에 맞서서 행복권과 주거권을 지키기 위한 힘겨운 싸움을 벌이고 있다.

11) 유인호, 「경제성장과 환경파괴: '성과'와 '대가'에서 본 고도성장」, 『창작과비평』 8권/3호, 1973/가을, 870쪽.

12) 통계청, 『통계로 본 한국의 발자취』, 1992, 43쪽.

주로 '공해'(公害)라는 개념으로 포착되었다.[13] 이 공해개념에는 소수의 가해자와 다수의 피해자에 대한 구분이 전제되어 있다. 실제로 당시의 환경문제는 바로 이런 구도로 발생했다. 소수의 가해자가 추진하는 공업화로 말미암아 다수의 피해자가 발생하고 있었던 것이다.

그러나 이 문제에 대한 사회적 관심은 아직 높지 않았다. 물론 공업화와 함께 나타난 환경문제에 대처하기 위해 1963년 11월에 한국 최초의 환경법인 '공해방지법'이 제정되기도 했지만, 이 법은 큰 문제를 안고 있었다. 사실 정확히 말하자면, 60년대는 국가가 나서서 환경문제에 대해 큰 관심을 기울이지 못하도록 한 시대였다. 박정희는 울산공단의 완공을 기념해서 "공업생산의 검은 연기가 대기 속에 뻗어나가는 그날엔 국가민족의 희망과 발전이 눈앞에 도래하였음을 알 수 있는 것입니다"라고 연설했다.[14] 바로 그 '검은 연기' 때문에 일본에서 미나마타병과 이타이이타이병 등의 끔찍한 공해병이 생겼고, 이 문제를 둘러싸고 치열한 '공해재판'이 벌어지고 있을 때였다. 이처럼 최고권력자가 나서서 '검은 연기'를 공공연히 칭송하는 상황에서 공해행정이 제대로 펼쳐지기는 어려웠을 것이다. 공해방지법이 제정되고 3년이 지난 1966년 5월 부산에서 25만 명의 주민이 감천화력발전소에서 뿜어내는 매연에 견디다 못해 법에 호소함으로써 공해방지법이 처음으로 활용되었다.[15] 그리고 공해에 대한 최초의 피해보상판결은 1969년 12월에야 내려졌다. 대구지방법원에서 소음공해에 대해 공해방지법을 적용해서 피해보상을 판결했던 것이다. 그 뒤 1973년 5월에 이르러서 이런 공해소송이 대법원의 판결로서 처음으로 확정되었다. 울산의 영남화학이 배출한 유해가스로 말미암아 주변 과수원이 1969년에 폐농해야 했던

---

13) 공해란 본래 불특정 다수의 사람들이 입는 해를 뜻했다. 그런데 20세기 초 일본에서 공중위생상의 해악을 총칭하는 것으로 특정화되어 사용되기 시작했다. 2차대전 이후 일본에서는 고도성장과정에서 극심한 자연의 오염과 파괴 문제가 발생했는데, 이것을 2차대전 이전의 방식대로 공해문제로 불렀다.
14) 한국공해문제연구소, 『한국의 공해지도』, 1986, 55쪽; 홍성태, 앞의 책, 2004, 248쪽.
15) 그 시행령은 1967년에야 제정되었다. 이런 점에서 공해방지법은 사실상 세상의 눈을 속이기 위한 '허울'일 뿐이었다.

사건이었다. 이 사건에서 가해자인 영남화학은 '경제건설을 위해 부득이한 피해'라고 주장하기도 했다. 공해문제는 빠르게 전국화[16]되고 있었으나 국가의 대응은 늦기만 했다.[17]

이런 상황을 정리하면서 유인호는 "금수강산이 공해강산으로 바뀐 다음에 우리는 또 무엇을 할 수 있을 것인가"라고 탄식했다. 아마 유인호는 60년대의 고도성장을 공해문제의 관점에서 파악한 최초의 학자이자,[18] 나아가 성장주의의 극복과 새로운 성장의 길을 제시하여 생태주의의 길을 연 최초의 학자일 것이다. 그는 각종 사례를 통해 급속한 공업화과정에서 수질, 대기, 해양, 소음 등의 온갖 공해문제가 일어나고 있는 사실을 생생히 보여주었다. 그의 논문에서 우리는 이미 60년대를 지나며 공해의 전국화뿐만 아니라 공해의 다양화가 이루어졌음을 쉽게 알 수 있다. 그는 급속한 공업화를 통해 고도의 경제성장을 이루고자 하는 성장주의가 문제의 근원이라는 사실을 밝혔다.

안타깝게도 'GNP신앙'에 관한 유인호의 다음과 같은 설명은 여전히 큰 설득력을 지니고 있다.

인간생활을 보다 행복하게 해야 할 국민총생산의 증가(경제성장)가 인간의 생활조건을 파괴하는 것이 되어서는 안 된다. 인간의 생활조건을 넓히는 것이 되어야 할 기업활동이 반대로 (이윤동인으로 말미암아) '인간부재의 공장입지'로 변하여 생활환경을 파괴하고 있다는 것은 확실히 'GNP신앙'의 죄악이라고밖에

---

16) 1971년 7월 22일에 개정·발효된 공해방지법은 '전국을 공해지역'으로 규정했다(유인호, 앞의 글, 884쪽).

17) 같은 글, 892~94쪽

18) 1970년대에 생태주의의 길을 연 또 다른 학자로 윤노빈이 거론된다. 1974년에 출간된 『신생철학』(윤노빈, 『신생철학』, 학민사, 2003)이 '근대산업문명의 핵심을 꿰뚫고 있기에, 생명사상의 기본적 골격을 갖출 수 있었던 것'이라는 설명이다(윤형근, 「한국의 생태담론과 생명운동」, 『사상』 59호, 2003/겨울, 98쪽). 그러나 『신생철학』은 통일철학이고 민족철학이다. 이 책에서 이루어진 근대산업문명에 대한 비판은 사실 제국주의 비판이다. 이것을 생명사상의 시초와 비슷한 것으로 읽는 것은 상당히 무리한 해석으로 보인다.

할 수 없다. 더욱이 국가의 경제부담이 현재를 위해서보다도 미래를 위하여 사용되어야 함에도 불구하고 '성장률'에 지배되어 본래의 기능을 다하지 못하는 것이 되어서는 안 된다.[19]

사적 기업가의 공해방지비의 절약(또는 무시)과 정부의 공해대책 부재로 인하여 전국을 공해지역으로 취급해야만 하게 되었다. 확실히 공해는 인위적인 생활환경의 파괴이며 생활권·인권에 대한 침해행위이다. 이렇듯 공해가 '인위적인' 생활권의 침해이고 환경의 파괴이므로 그것을 방지하는 것은 가능하며 또한 방지하고 제거하지 않으면 안 된다. 더욱이 창조되는 공해에 대해서는 그 원천을 봉쇄해야 한다. 이 과제달성에 GNP신앙이 앞설 수는 없다. 뿐만 아니라 과학기술의 진보에 따른 공업화는 항상 새로운 공해발생의 가능성을 가진다. 여기에 이윤동인에 기인한 '산업화'의 명목으로 공업선택의 '중립성'이 침해되어서는 안 된다.[20]

박정희가 심어놓은 'GNP신앙'은 여전히 맹위를 떨치고 있지 않은가? 이른바 '박정희교'는 사실 'GNP교'라고 할 수 있지 않은가? 그러나 GNP의 성장이라는 것은 이미 오래 전에 유인호가 지적한 것처럼 질적으로 아무런 의미도 가지지 않을 수 있는 것이다. 자연을 파괴해서 우리의 생활조건이 극도로 위험해지더라도 GNP는 크게 늘어날 수 있기 때문이다.[21] 이미 60년대 말부터 정부도 더 이상 공해문제를 방치할 수는 없는 지경에 이르렀다. 문제의 심각성을 밝힌 여러 기관의 보고서들이 잇따라 발표되었다. 유인호는 1971년 보건사회부와 수산청이 조사한 보고서를 인용해서 다음과 같이 요청했다.

---

19) 유인호, 앞의 글, 883쪽.
20) 같은 글, 888쪽.
21) 울리히 벡, 홍성태 옮김, 『위험사회』, 1997, 새물결.

경제성장이 문제되는 것이 아니고 그 방식이 문제되어야 하며 철저한 공해방지를 전제로 하는 성장방식을 채택하여 성장과 환경의 관계를 대립적인 것에서 조화적인 것으로 바꾸어나가는 일이 개발도상국의 새로운 진로가 되어야 할 것임을 강조하고 있다. 뿐만 아니라 공업화에 의한 환경오염을 극소화하는 것이야말로 공업화의 기본전략이 되어야 한다고 지적한다.[22]

여기서 잘 드러나듯이 유인호는 환경과 조화를 이룬 성장, 환경오염을 극소화하는 공업화를 요청했다. 이것이 이루어지지 않는 이유를 그는 1973년 당시의 혹독한 정치상황[23] 속에서 정치경제학적으로 치밀하게 분석했다. 이렇게 해서 그는 근대화에 따른 환경문제의 발생과정과 원인 그리고 대책을 제시할 수 있었다. 그가 제시한 공해의 정치경제학은 환경정의론의 맥락에서 여전히 중요한 의미를 담고 있다.

4. 1980년대: 생명사상의 형성

70년대는 영구집권을 꾀했던 독재자의 비참한 죽음으로 끝났다. 그러나 80년대는 국민의 염원에 맞선 끔찍한 정치적 반동으로 시작되었다. 전두환정권은 박정희의 고도성장정책을 거의 그대로 유지했다. 중공업중심정책, 강력한 개발정책, 수출중심정책, 재벌중심정책, 수도권과 영남권 중심정책 등이 고스란히 유지되었다. 노태우정권은 '서해안시대'를 선언하며 수도권과 영남권 중심정책의 탈피를 추구하는 듯이 보였지만, 사실 그 실체는 무차별적 개발의 압력을 서남권으로 확장하는 것이었다.[24] 이로써

---

22) 유인호, 앞의 글, 892쪽.
23) 박정희는 영구집권을 위해 1972년 10월에 이른바 '10월유신'을 단행해서 국민의 기본권을 극도로 억압하고 있었다.
24) 홍성태, 『위험사회를 넘어서: 지역개발과 파괴의 사회학』, 새길, 2000.

'공해의 전국화'는 더욱더 심해졌다.

이와 함께 80년대에 들어와서 공해문제에 대응한 사회운동도 적극적으로 펼쳐지기 시작했다. 그 시초는 1982년에 설립된 '한국공해문제연구소'이다. 이 연구소는 1988년에 '공해반대시민운동협의회' '공해추방운동청년협의회'와 함께 '공해추방운동연합'(공추련)으로 이어졌다. 공추련의 결성으로 본격적인 환경운동의 시대가 열렸다. 이 단체는 전국을 대상으로 환경운동을 펼쳤으며, '공해추방'이라는 용어를 널리 퍼트렸다. 결국 90년대에 들어와서 이 단체를 중심으로 전국의 8개 주요 환경운동단체들이 힘을 모아 '환경운동연합'이 결성된다. 환경운동의 새 장을 여는 움직임이 80년대 초부터 시작되었던 것이다.

그러나 80년대에 환경문제는 아직 주요한 사회적 관심사로 떠오르지 못했다. 80년대 초에 온산공단의 지역주민들에게 괴이한 증세가 나타나기 시작했다. '온산병'으로 알려진 이 병을 계기로 공업화에 따른 공해문제에 사회적 관심이 잠시 쏠리기는 했다. 이 병을 계기로 온산과 울산을 비롯한 공단지역의 심각한 공해문제가 널리 알려지기도 했다. 그러나 공해문제에 대한 관심은 여전히 제한적이었다. 일반국민들은 물론이고 사회운동의 주요관심도 공해문제나 환경문제가 아니라 민주화에 집중되어 있었다. 전두환으로 대표되는 반민주세력을 몰아내고 민주화를 이룰 수 있는가가 80년대의 가장 중요한 사회적 화두였던 것이다. 결국 이 화두는 1987년의 6월항쟁을 통해 해결의 실마리를 찾았다. 민주화는 이루어졌다. 그러나 공해문제는 여전히 악화되고 있었다.[25]

공추련은 그 이름에서 알 수 있듯이 유인호가 개척한 '공해의 정치경제학'에 바탕을 두고 있었다. 공추련은 환경문제를 무엇보다 공해문제로 파악했으며, 따라서 소수의 가해자에게 초점을 맞춘 운동을 펼쳤다. 공해는

---

25) 1989년 9월에 학술단체협의회의 제2회 학술단체연합 심포지엄이 열렸다. 이틀에 걸쳐 모두 12편의 논문이 발표되었으나, 이중에서 공해문제나 환경문제를 다룬 것은 한 편도 없었다(학술단체협의회, 『1980년대 한국사회와 지배구조』, 풀빛, 1989).

무엇보다 이윤을 늘리기 위해 환경오염방지비용을 제대로 들이지 않는 기업이 다수의 국민들에게 환경오염을 통해 건강과 재산의 피해를 입히는 것이다. 따라서 '공해추방'이란 바로 이렇게 공해라는 외부불경제의 확대를 통해 이윤의 극대화를 추구하는 '기업추방'의 의미를 갖는 것이었다. 기업이 이런 식으로 이윤의 극대화를 추구할 수 있었던 배경에는 정경유착의 먹이사슬이 자리잡고 있었다.[26) 따라서 '공해추방'은 구조적으로 민주화의 하위에 자리잡을 수밖에 없었다. 80년대는 민주화가 무엇보다 중요한 역사적 과제였던 것이다.

그러나 시대는 변하고 있었다. 1960~70년대의 고도성장의 결과로 다수 국민의 삶이 크게 개선되었다. 이에 따라 이미 80년대 초부터 컬러TV 방송의 시작이나 프로야구의 출범과 같은 여가문화의 급격한 변화가 이루어지기 시작했다. 그리고 1986년의 3저호황을 계기로 분배구조가 실질적으로 크게 개선되었다. 이런 변화를 바탕으로 80년대 한국자본주의의 변화를 '한국자본주의의 종속국 내부에서의 지위상승과정'[27)으로 보는 견해가 널리 퍼지게 되었다. 이런 변화와 함께 공해문제와 관련해서도 중요한 변화가 나타나고 있었다. 민주주의가 이루어진다고 해도, 자본주의의 문제가 해결된다고 해도, 공해문제가 약화되지 않을 수 있다는 우려가 커졌던 것이다. 70년대 말부터 일부의 사회운동가들 사이에서 현대문명을 형성하고 유지하는 공업화 자체의 문제에 대한 우려가 커지고 있었다.

---

26) 물론 이 문제는 오늘날도 마찬가지다. 자본주의의 경쟁구조 속에서 기업은 생존을 위해서도 이윤의 최대화를 추구할 수밖에 없고, 이를 위해서 공해와 같은 외부불경제를 늘려서 비용을 줄이고자 한다. 따라서 값비싼 환경오염방지시설을 제대로 가동하기보다는 감독관리에게 뇌물을 주는 방식으로 해결하고자 한다. 그 결과는 삼풍백화점 붕괴사고에서 잘 드러났듯이 끔찍한 사회적 비극으로 끝나곤 한다. 그러므로 환경오염을 방지할 책임을 지고 있는 관리의 부패는 더욱 엄격하게 감독하고 처벌할 필요가 있다. 한 사람의 부패로 수십만 명에서 수천만 명에 이르는 수많은 사람들이 생명을 위협을 받을 수도 있기 때문이다. 환경사범은 모든 사회 구성원의 목숨을 위협하는 '공공의 적'으로 다루어야 한다.

27) 홍장표 외, 「1980년대의 한국자본주의」, 학술단체협의회, 『1980년대 한국사회와 지배구조』, 풀빛, 1989, 115쪽.

그리고 80년대에도 계속된 고도성장에 따라 더 많은 사람들이 풍요를
즐기는 이른바 '풍요사회' '소비사회'에 가까이 다가갈 수 있게 되면서
이런 우려는 상당한 정도로 현실이 되고 말았다. 이렇게 해서 현대문명
자체의 극복을 추구하는 사회운동이 등장하게 되었다. 본격적인 생태주의
의 등장이었다.

　　이 운동은 '한살림모임'이라는 단체를 통해 세상에 널리 알려지게 되었
다. 이 모임 자체는 1989년 10월 29일에 창립되었으나, 이 운동은 사실
이미 70년대 말부터 준비되고 있었다.[28] 그 주된 준비자는 원주의 장일순이
었으며, 그의 제자인 김지하, 박재일, 최혜성 등이 합세해서 한살림운동이
시작되었다. 김지하는 이 운동을 "인간과 자연의 생명을 소외·분열시키고
억압·파괴시키는 '죽임의 질서'인 산업문명 전반에 대항하여 생명을 총체
적으로 살리는 전면적인 생명운동으로 발전시켜야 한다"는 생각에서 시작
된 운동으로 설명했다.[29] 이것은 죽임과 살림의 이분법에 바탕을 둔 생명사
상의 핵심을 보여주는 설명이다. 그러나 다소 시적이다. 김지하의 설명에
이어서 최혜성은 사회자 이명현의 요청을 받아 '한살림'을 좀더 과학적으로
설명하고자 했다. 그는 한살림을 "산업화로 파괴되어가는 자연의 생태적
균형을 회복하고 새로운 인류공동체를 구현하려는 이념"으로 설명했다.
이 설명은 김지하의 시적 표현에 비해 훨씬 구체적이다. 여기서 더 나아가
그는 다음과 같이 설명했다.

　　　오늘날 세계 여러 곳에서 태동하고 있는 신과학운동과 녹색운동은 서구적
　　합리주의와 산업화에 대항하여 새로운 삶의 질서를 지향하는 일종의 생명운동
　　또는 생명의 세계관이라고 할 수 있을 것입니다. …신과학과 녹색운동을 생명운동
　　이라고 할 수 있겠는데, 이러한 생명운동을 녹색이라고 표현하는 것보다는 '한살

---

28) 장일순·황필호 대담(1992), 「반체제에서 생명운동으로」, 장일순, 『나락 한 알 속의
　　우주: 무위당 장일순의 이야기 모음』, 녹색평론사, 1997, 160쪽.
29) 김지하 외 좌담, 「문명의 위기에서 생명의 질서로」, 한살림모임, 『한살림』, 1990, 46~47
　　쪽.

림'이라고 표현하는 게 더 적절하지 않나 생각합니다. '한'이라는 우리말은 수사로서 서로 상반된 의미를 동시에 내포하고 있습니다. 즉 부분으로서의 낱개를 지칭하면서 동시에 온전한 전체를 의미합니다. 말하자면 개별성과 전체성의 유기적 통합으로서의 전일성을 가리키는 것이지요. 이러한 전일성이 바로 모든 생명의 본모습입니다. 그리고 '살림'이란 인간을 포함한 뭇생명들이 다른 생명과 더불어 공생하며 그 환경과의 에너지순환을 통하여 생명다운 삶을 누리고 살아가는 활동, 즉 '살림살이'를 뜻하며 또 죽어가는 생명을 살려낸다는 구원의 의미를 갖고 있습니다. …오늘날의 산업사회는 인간의 자기소외, 공동체의 상실, 생태적 균형의 파괴로 위기에 직면해 있습니다. 이러한 상황에서 인류가 살아남기 위해서는 우선 생명의 질서를 지향하는 총체적인 생명운동이 요청되는 것입니다. 이러한 요청에 부응하려고 하는 것이 바로 '한살림운동'이라 하겠습니다.[30]

이 설명에서 잘 알 수 있듯이 한살림운동은 서구의 신과학운동과 녹색운동의 영향을 많이 받았다. 이런 사실은 한살림모임에서 펴낸 『한살림』이라는 부정기간행물에서 특집으로 '세계의 녹색운동'을 다루고 있는 것으로도 잘 알 수 있다. 그러나 한살림운동은 동양사상과 전통사상의 영향도 강하게 받았다.[31] 여기서 가장 큰 영향을 미친 사람은 장일순이었다. 그는 유·불·도의 고전에 해박했으며, 동학사상을 생명사상으로 해석했고, 그것을 다시 한살림운동으로 이어지게 했다.[32] 그런데 생명사상이 추구하는 사회는 어떤 것인가? 한살림운동은 산업문명을 넘어서 어떤 '문명의 전환'을 이루고자 했는가? 「한살림선언」에서는 공업과 자본주의와 사회주의를

---

30) 같은 글, 47~48쪽.
31) 물론 서구생태주의 자체가 동양전통사상의 영향을 강하게 받아서 성립했으며, 뒤에 동양에서 서구생태주의를 받아들이면서 동양전통사상을 역수입하는 결과가 빚어지고 말았다. 이 때문에 동양사상의 영향을 강하게 받은 서구생태주의의 소개와 유행은 또 다른 '오리엔탈리즘'의 혐의를 받기도 한다. 오리엔탈리즘이란 서구에서 일방적으로 규정한 동양의 모습으로서 동양을 신비적, 영성적, 여성적인 것으로, 따라서 개척해야 할 대상으로 제시한다(에드워드 사이드, 박홍규 옮김, 『오리엔탈리즘』, 교보문고, 1991).
32) 장일순·김종철 대담(1992), 「한살림운동과 공생의 논리」, 장일순, 『나락 한 알 속의 우주』, 169쪽.

넘어서 자연과 인간이 공생하는 공동체라는 것으로 나타났다.[33] 그러나
그 실체는 명확하지 않다. 이에 대해 장일순은 다음과 같이 설명하기도
했다.

> 오늘날 우리가 시(侍)의 문화가 되지 못하고 있는 이유는 무엇이냐. 생산활동도
> 돈을 벌기만 하면 되게 되어 있단 말이에요. 돈벌기 위한 생산만을 하고 있다는
> 말이거든요. 그렇게 되니까 공업이 중점적으로 되는 생산이 되어버렸단 말이에요.
> 농업은 경제활동 자체에서 사장이 되어버렸어요. 그래서 농민회에서 쌀값 보장해
> 달라고 해도 그것이 인정이 안 되는 거라. 그런데 공업이라는 것은 원료 자체가
> 살아 있지 않아도 되지요. 그렇게 해서 계산만 맞추면 돼. 그런데 농업이란
> 것은 어떻게 되어 있나. 씨알 자체에서부터 살아 있어야 돼. 사람의 입에 들어갈
> 때까지도 그것은 살아 있는 것이어야 돼요. 그러니까 오늘날의 경제는 협의의
> 경제라고요. 생명을 모시는 경제가 아니라고요. 바로 썩지 않도록 방부제를
> 치고 한 것 가지고 돈만 벌면 된다구요. 그러니까 '시장경제라고 하는 것은
> 돈을 모시는 경제지 생명을 모시는 경제가 아니다' 이 말씀이야. 그러니까 문제는
> 농민들이 스스로 오늘날의 공산품 틀 속에 들어가서 문제를 해결하려 하니까
> 본원적인 문제가 해결이 안 되는 거라.[34]

이 글에서 보자면, 장일순이 추구했던 것은 자연농업에 바탕을 둔 농업경
제사회였던 것으로 보인다. 그러나 이것은 생산력의 급격한 퇴보를 뜻한
다. 따라서 이런 변화가 급격히 이루어진다면, 수많은 사람들이 커다란
고통을 받게 된다. 생명사상은 서구의 근본 생태론이 안고 있는 문제와
사실상 같은 문제를 안고 있다.[35] 세상의 모든 것을 존중할 필요와 그렇게
하기 어려운 현실 사이의 거리가 대단히 큰 것이다. 이런 점에서 생명운동의

---

33) 한살림모임, 「한살림선언」, 『한살림』, 1990.
34) 장일순, 「시(侍)에 관하여」, 한살림모임, 『한살림』, 1990, 70~71쪽.
35) 앞의 최혜성의 설명에서 보듯이 사실 생명사상은 근본 생태론의 영향을 강하게 받았다.

실천적 추상성은 생명사상의 이론적 모호성에서 비롯된 것이다. 그러나 공업문명의 한계를 지적하고 그것을 넘어설 대안을 적극적으로 추진했다는 것은 생명사상의 큰 업적이 아닐 수 없다. 생명사상은 한국에서 생태주의의 지평을 활짝 열었으며, 전통사상의 현대적 의의를 재발견하고 그에 대한 사회적 관심을 키웠고, 자연농업과 농촌공동체의 사회적 중요성을 재확립하는 커다란 성과를 거두었다.

5. 1990년대 이후: 생태주의의 발전

90년대에 들어와서 갑자기 세상이 크게 바뀐 것처럼 보였다. 사회주의가 몰락하고, 신세대가 등장하고, 정보화가 빠르게 이루어졌다. 민주화가 진척되어 5·16쿠데타 이후 32년 만에 문민정부가 들어서게 되었다. 경제성장도 계속되어 1인당GNP는 1만 달러에 이르게 되었다. 신세대는 '풍요를 즐겨라'고 외치며 생활방식의 전면적 변화를 요구했다. 그러나 이 모든 변화의 바탕에는 여전히 자연의 착취가 자리잡고 있었다. 공해문제보다는 환경문제라는 말이 더욱 널리 사용되고, 다시 환경문제와 함께 생태위기라는 말이 널리 사용되는 변화가 이루어졌으나, 이런 말의 변화와 함께 현실의 변화가 이루어진 것은 아니었다.

생태주의의 전개라는 관점에서 보아서 90년대는 1991년 3월의 낙동강 페놀오염사건으로 시작되었다고 할 수 있다. 1991년 3월 14일 경상북도 구미시에 있는 두산전자의 페놀원액 저장탱크에서 페놀수지 생산라인으로 통하는 파이프가 파열되어 30톤의 페놀원액이 대구시의 상수원인 다사취수장으로 흘러들었다. 페놀은 낙동강을 타고 밀양을 거쳐 부산까지 흘러들었다. 낙동강을 상수원으로 사용하는 영남지역의 모든 사람들이 경악했다. 두산전자는 고의성이 없었다는 이유로 20일 만에 조업을 재개하게 되었다. 그러나 이런 조치를 비웃기라도 하듯이 4월 22일에 페놀탱크

송출파이프의 이음새부분이 파열되어 다시 2톤의 페놀원액이 낙동강으로 흘러들었다. 놀라운 일이었다. 이 사건은 'GNP신화'가 어느 정도에 이르렀는가를 잘 보여주었다. 이 사건을 계기로 공해문제 또는 환경문제에 대한 국민의 관심은 크게 높아졌다. 누구나 심각한 피해자가 될 수 있다는 사실을 절감했기 때문이었다.

이런 변화를 바탕으로 환경운동의 성장이 이루어졌다. 예컨대 녹색연합의 전신인 '푸른한반도되찾기시민모임'과 '배달환경클럽'이 각각 1991년과 1993년에 결성되었다. 그리고 공추련과 전국의 8개 환경단체들이 모여서 1993년에 전국적 연합조직으로서 환경운동연합을 창립하였다. 곳곳에서 다양한 환경운동단체들이 만들어졌으며, 이에 대한 시민의 참여도 빠르게 늘어갔다. 한편 이런 운동의 성장에 따라 1990년 1월에 환경처가 발족했으며, 환경처는 1994년 12월에 환경부로 승격했다. 물론 환경운동의 성장과 환경정책의 강화로 우리의 환경이 좋아진 것은 아니었다. 오히려 환경은 더욱더 나빠졌다. 특히 소득증대에 따른 자동차의 대중화와 전국 각지에서 벌어진 각종 난개발로 환경의 질은 90년대에 들어와서 더욱더 나빠졌다.

이와 함께 생태주의의 발전이 이루어졌다. 90년대 초에 이루어진 가장 큰 발전은 서구생태주의의 폭넓은 소개가 이루어졌다는 것이다. 가장 두드러진 것은 문순홍의 활약이었다. 그녀는 서구생태주의의 전개를 주제로 박사논문을 썼다. 이 논문을 보완해서 출간한 책은 연구자와 운동가 모두에게 큰 도움이 되었다.[36] 여기서 나아가 그녀는 생태여성주의, 사회생태론 등의 이론을 소개하거나, 정부구조의 전환에 관한 연구 등에서 많은 업적을 남겼다. 생태마르크스주의의 소개와 적용도 활발히 이루어졌다. 이 분야에서 가장 두드러진 업적을 남긴 사람은 최병두와 조명래로서 두 사람은 마르크스주의적 관점에서 환경문제와 사회불평등구조의 연관을 계속해서 강조하고 있다.[37] 환경사회학의 발전도 이루어졌다. 종래

---

36) 문순홍, 『생태위기와 녹색의 대안』, 나라사랑, 1992.
37) 조명래, 『녹색사회의 탐색』, 한울, 2001; 최병두, 『환경갈등과 불평등』, 한울, 1999.

사회학에서는 환경을 상수로 다루어왔다. 그러나 더 이상 그렇게 할 수 없게 되었다. 이로부터 환경사회학이 비롯되었다. 이시재, 박재묵, 권태환 등의 발의로 1995년에 환경사회학연구회가 만들어졌으며, 이어서 2000년에 환경사회학회로 발전해서 『에코』라는 학회지를 발간하고 있다. 생명사상의 발전[38]도 이루어지고, 에코아나키즘,[39] 위험사회론[40] 등도 소개되었다. 90년대 이후 한국에서 생태주의의 지형은 극히 넓어졌다.

90년대 이후 생태주의의 발전은 주로 서구생태주의의 소개와 적용이라는 방식으로 이루어졌다. 그러나 이와 함께 우리의 전통사상에 주목해야 할 필요성도 강조되었다. 이것은 이미 장일순과 김지하에 의해 크게 강조된 것이기도 하다. 90년대에 들어와서 생태주의의 관점에서 전통사상에 대한 관심을 크게 불러일으킨 것으로는 단연 최창조의 풍수론을 꼽을 수 있다.[41] 그는 풍수론을 생태적 세계관으로 발전시켰다. 비슷한 맥락에서 『산경표』라는 전통지리서에 대한 관심이 커졌고,[42] 이런 관심은 백두대간보존운동으로 이어졌다. 또한 우리의 전통문화와 사상을 생태적으로 해석하려는 시도도 계속되고 있다.[43] 이런 작업의 효시로는 국어학자이자 산악인으로서 박정희정권의 '자연보호정책'에서 중요한 구실을 했던 이숭녕의 연구성과를 들 수 있다.[44] 또한 이런 전통사상의 재발견에 관한 연구도 계속 이루어지고 있다.[45] 이렇듯 90년대 이후 생태주의의 발전은 서구생태주의의 도입과 한국전통사상의 재발견이라는 두 축을 통해 이루어졌다.[46]

---

38) 장회익, 『삶과 온생명』, 솔, 1999.
39) 구승회, 「에코아나키즘」, 『녹색정치』, 도요새, 2001.
40) 울리히 벡, 앞의 책.
41) 최창조, 『땅의 논리 인간의 논리』, 민음사, 1992.
42) 조석필, 『산경표를 위하여』, 산악문화, 1993.
43) 박희병, 『한국의 생태사상』, 돌베개, 1999; 김욱동, 『한국의 녹색문화』, 문예출판사, 2000.
44) 이숭녕, 『한국의 전통적 자연관: 한국자연보호사 서설』, 서울대출판부, 1985.
45) 이경숙 외, 『한국생명사상의 뿌리』, 이화여대출판부, 2001; 주요섭, 「동도동기의 한국적 환경담론을 위한 시론」, 『환경과 생명』 29호, 2001/가을; 윤형근, 앞의 글.
46) 다시 말해서 일본과 중국은 물론이고 아시아 각 지역의 전통사상이나 생태주의는 여전히 거의 소개조차 되지 않고 있다. 특히 일본과 중국의 전통사상이 서구의 생태주의에 미친

그런데 이처럼 실천과 이론의 양면에서 생태주의의 발전이 이루어지는 한편, 민주화와 경제성장이 이루어진다고 해서 환경문제가 개선되는 것은 아니라는 사실이 분명해졌다. 김영삼정권의 준농림지 규제완화정책, 김대중정권의 그린벨트해제정책, 노무현정권의 전국적 신도시개발정책이 그 좋은 예이다. 박정희가 이룬 것은 단지 고도성장이 아니었다. 그는 폭압적 근대화와 군사적 성장주의를 통해 고도성장형 사회를 만들었다. 이 사회는 노동과 자연의 착취를 통해 경제성장을 이루는 경제구조를 가지고 있다. 정치의 민주화는 이런 경제구조의 민주화로 이어져야 한다. 박정희가 만들어놓은 사회체계, 곧 박정희체계를 민주화해야 한다. 개발부서와 개발공사의 개혁은 그 핵심적 과제이다.[47] 이렇게 해서 재벌국가, 토건국가, 투기국가, 파괴국가의 구조를 민주적·생태적으로 전환해야 한다. 그러나 그것은 지금 여기서 우리가 터잡고 살아가고 있는 사회구조와 생활방식을 바꾸는 것이다. 즉 그것은 구조를 바꾸는 것이자 우리 자신을 바꾸는 것이다. 바로 그렇기 때문에 그것은 극히 어려운 과제이다.

생태주의는 자연과 조화를 이룬 사회, 곧 생태사회를 추구한다. 또한 그것은 기꺼이 자연과 조화를 이루고 살아가고자 하는 주체, 곧 생태인을 추구한다. 생태적 전환은 구조와 주체의 양면에서 동시에 이루어져야 한다. 거시적 구조의 변혁과 미시적 주체의 형성이 함께 이루어져야 하는 것이다. 이론적으로 생태사회의 목표와 당위는 상당히 정립되었다. 서구사상에서도, 전통사상에서도 그 근거는 이미 충분히 마련되었다. 중요한 것은 사회구조와 생활방식을 바꾸는 것이다. 요컨대 생태사회의 목표가 아니라 그것을 향한 생태적 전환과 이행에 관한 구체적 연구와 실천이 필요한 것이다. 이런 점에서 머지않은 석유의 고갈에 대응해서 햇빛발전의

영향은 거대하다. 국내에서도 널리 읽힌 카프라의 저작은 그 좋은 예이다(프리티오프 카프라, 이성범 옮김, 『현대물리학과 동양사상』, 범양사, 1989; 이성범·구윤서 옮김, 『새로운 과학과 문명의 전환』, 범양사, 1998). 한국의 전통사상과 생태주의에 관한 연구는 동양의 전통사상과 생태주의에 관한 연구로 나아가야 할 것이다.
47) 홍성태 엮음, 『개발공사와 토건국가』, 한울, 2005.

시대를 준비해야 한다는 연구[48]는 독일처럼 대단히 앞선 나라의 생생한 경험을 전하고 있다는 점에서 구체적이고 유용하다. 생태도시로 유명한 브라질의 꾸리찌바를 다룬 연구[49]가 사회적으로 큰 반향을 불러일으켰던 이유도 같은 맥락에서 찾을 수 있다. 난개발과 오염으로 찌든 한국의 도시를 개선할 수 있는 구체적 가능성을 꾸리찌바에서 찾을 수 있었던 것이다. 이런 점에서 녹색연합에서 발간한 생태마을에 관한 연구도 상당히 유용하다.[50]

가장 중요한 것은 생태적 전환에 관한 전망을 정확히 세우는 것이다. 문명적으로 보아서 현대공업사회의 퇴락은 필연적이다. 그것은 무엇보다 석유의 고갈과 함께 급속히 진행될 것이다. 우리는 급격한 퇴락의 고통을 최소화하기 위해, 또한 지금 여기서 더 나은 삶을 살기 위해, 가능한 최선을 다해 생태적 전환을 추구해야 한다. 현실과 이상 사이에는 대단히 많은 더 나은 상태가 존재한다. 햇빛발전과 생태보전에서 가장 앞서 있는 독일을 비롯한 서구국가들은 좋은 예이다. 생태적 전환은 지금 여기서 시작되어야 하는 절박한 과제이다.

6. 맺음말

근대화와 함께 한국의 자연은 크게 오염되고 파괴되었으며, 이 문제에 대응해서 생태주의의 발전도 이루어졌다. 특히 90년대 이후 한국의 생태주의는 이론적·실천적으로 크게 발전했다. 그 결과 근본생태주의, 사회생태주의, 생태마르크스주의, 생태사회주의, 생태여성주의, 생태아나키즘 등의 온갖 이론적 조류를 찾아볼 수 있게 되었다. 또한 서구의 생태주의를

---

48) 이필렬, 『에너지 전환의 현장을 찾아서』, 궁리, 2001.
49) 박용남, 『꿈의 도시 꾸리찌바』, 이후, 2000.
50) 이병철 외, 『생태마을 길잡이』, 녹색연합, 2000.

받아들이고 적용하는 것에서 나아가 우리의 전통사상과 전통과학에 관한 연구도 깊이 이루어지고 있다. 생태주의의 목표를 실현하기 위해서는 자신이 살고 있는 지역에 관한 올바른 인식이 중요하다. "사고는 지구적으로, 행동은 지역적으로"라는 구호는 무엇보다 이 사실을 강조하는 것이다. 이런 점에서 전통사상과 전통과학에 관한 연구가 활발히 이루어지는 것은 바람직하고 다행스러운 일이다.

또한 '청계천복원사업'을 둘러싼 논란에서 잘 드러났듯이 생태주의에 대한 관심을 정치적으로 활용하는 일도 갈수록 늘어나고 있다.[51] 한국의 생태주의는 이론적·실천적으로 크게 발전했으나, 아직 생태적 전환을 촉구할 수 있을 정도로 정치적 영향력을 가지고 있지는 못하다. 이 점에서 90년대는 한국생태주의의 정치적 실패라는 관점에서 돌아볼 만하다. 이런 상황에서 정치인들이 생태주의를 정치적으로 활용하는 것은 결국 생태적 전환을 저해하고 왜곡하는 극히 위험한 상황으로 귀결될 수 있다. 청계천을 없애고 그 자리에 인공수로를 개발한 '청계천복원사업'이 그 좋은 예이다. 이 사업은 그 자체로도 큰 문제를 안고 있지만, 시민들에게 복원에 관한 왜곡된 인식을 심어주었다는 점에서 더욱 큰 문제를 안고 있다.

생태주의의 발전을 돌아보면, 그 발전은 핵심용어의 변화로 뚜렷하게 읽을 수 있다. 근대화에 따른 환경문제는 처음에 공해라는 개념으로 이해되었다. 소수의 가해자가 자연을 파괴해서 다수의 피해자를 낳는다는 것이다. 따라서 이 개념에서는 소수의 가해자를 규제하는 것이 가장 중요한 과제로 떠오른다. 80년대 말부터 공해의 사용빈도는 줄어든 반면에 환경문제라는 개념이 널리 사용되었다. 환경은 사실 자연환경을 가리켰다. 따라서 환경문제란 자연의 오염과 파괴를 가리켰다. 이제 소수의 가해자만이 아니라 사실상 모든 사람이 문제의 원천으로 여겨지게 되었다. 그런데 환경이란 용어는 사실 주체인 인간과 대상인 자연이라는 이분법 위에서 고안되었다.

---

51) 홍성태, 『생태문화도시 서울을 찾아서』, 현실문화연구, 2005.

요컨대 인간중심주의의 산물인 것이다. 따라서 이 점을 넘어서기 위해 생태계라는 말이 자주 사용되기 시작했다. 사실 생태주의라는 용어도 사용되기 시작한지 얼마 되지 않았다. 아무튼 사람도 생태계라는 전체 자연의 한 요소일 뿐이다. 생태계나 생태주의라는 개념은 이 사실을 전제로 한다. 여기서 다시 처음으로 돌아가보면, 생태위기를 초래한 주범은 결국 사람이다. 그리고 확실히 어떤 사람은 더 큰 문제를 일으키고 있다. 이런 점에서 공해의 개념은 여전히 적실성을 잃지 않고 있다. 요컨대 자연의 오염과 파괴에서도 사회불평등구조가 강력히 작용하고 있는 것이다.

오늘날 생태주의는 더 이상 목표가 아니라 이미 과정 속에 있다. 현실적으로 여전히 큰 혼란과 갈등이 빚어지고 있기는 하지만 생태적 전환은 이미 맹렬히 진행되고 있다. 그것은 자원의 고갈이나 생태위기라는 위험한 상황으로 진행되고 있기도 하지만, 새로운 사회구조와 생활방식의 추구라는 희망적 상황으로 진행되고 있기도 하다. 현실과 이상 사이의 거리를 올바로 인식하는 동시에 지금 여기서 그 거리를 좁히고자 하는 노력을 열렬히 추구해야 한다. 지금 여기서 더 나은 삶을 추구하면서 궁극적인 '오래된 미래'로 나아가야 한다. 그리고 사실 그것만이 파국을 피할 수 있는 유일한 길이다. 일찍이 『성장의 한계』에서 절박하게 호소했듯이.

홍성태(Hong, Seong-Tae) rayhope@chol.com
상지대학교 문화콘텐츠학과 교수, 정보공유연대 대표, 참여연대 정책위원장.
　　주요 저서와 논문으로는 『생태사회를 위하여』, 『서울에서 서울을 찾는다』, 「개발공사와 토건국가」, 「1980~90년대 일본 환경운동의 변화와 특징: 토건국가의 생태적 전환을 향하여」 등이 있다.

국가주의 페미니즘을 넘어: 개인과 차이, 연대의 감수성으로

오장미경

1. 페미니즘의 형성과 발전

한국은 일본식민지에서 해방된 지 어언 60년이 되었다. 그동안 한국사회에는 다양한 이념들이 존재해 왔으며, 이러한 이념들은 서로 각축을 벌이는 가운데 특정시기를 지배하거나 약화, 소멸하는 과정을 거쳐왔다. 그중에서도 페미니즘[1]은 지난 60년의 한국을 지배해온 중요한 이념 중의 하나이며, 오늘날에도 그것의 영향력은 매우 크다. 페미니즘은 흔히 서구에서 수입된

---

[1] 사실 페미니즘이라는 명칭은 남녀평등의 문제를 의미하고 있으며, 이러한 이념적 지향이 지속적으로 관철된 것은 70년대 후반 서구페미니즘이 들어온 이후부터라고 할 수 있다. 그전에도 페미니즘이 도입되지 않은 것은 아니지만, 이전에는 남녀평등적 이념이 결여되거나 분명하게 남녀평등을 표방하지 않고 있었다. 단지 여성들이 모인 모임이나 단체를 명명하는 것이기도 했으며, 이들 단체들이 광범위하게는 여성해방을 표방하고 있으나 실제로는 여성해방적이지 않은 활동들이 더 많았다. 이 모두를 '페미니즘'으로 언급하는 데는 이견이 있을 수 있지만, 여성들의 모임이나 단체들이 명목적으로는 여성의 지위향상을 표방했다는 점에서 해방 이후 곧바로 여성들의 단체들도 페미니즘의 범주에 포함시키고자 한다.

사상으로 외생적인 것으로 이해되지만, 여성억압적 전통사회에서 차별과 억압을 경험해온 우리 여성들에게 그것은 이미 몸에 체화되어 있는 자연스럽고 일상적인 것이었다 할 수 있다. 물론 그 사상의 이론적 정교화와 체계화는 미흡했고 일찍부터 집단적으로 문제제기를 하지는 못했다 할지라도, 페미니즘의식은 일찍부터 여성들의 삶과 몸에 뿌리박혀 있었으며, 때로 저항의 형태로 발현되기도 했던 것이다. 똑같은 인간으로 태어났으면서도 여성이기 때문에 받아야 하는 차별과 억압을 문제삼는 페미니즘사상은 인간불평등을 문제삼는 휴머니즘과 인간존중이라는 보편적 인간해방사상에 터하고 있는데, 이러한 인간해방사상 역시 누가 가르쳐주지 않아도 몸에서부터 일찍부터 깨달아온 사상인 것이다. 페미니즘은 머리로 배우고 익혀서 습득하는 지식이라기보다는 몸에 이미 체화되어 있는 자연스러운 살아 있는 사상이었으며, 불시에 분노와 저항으로 폭발할 수 있는 에너지원과도 같은 것이었다. 이런 점에서 페미니즘의 불씨는 내생적인 것이며, 서구페미니즘은 그 불씨를 지피는 기폭제 역할을 했다고 할 수 있다.

개화기시대, 잠자고 있던 조선여성이 깨어나자마자 페미니즘적 욕구와 해방에의 열망은 열렬한 환호를 받으며 폭발적으로 전파되어 나갔다. 일부 엘리트여성들은 페미니즘이라는 새로운 사상에 매료되어 봉건적 구속과 압제에서 해방되기를 원했고, 여성단체를 조직하여 사람들의 사고와 삶의 방식을 변화시키고 여성을 옥죄는 답답한 사회를 변화시키기 위한 실천활동을 전개했다. 이런 역사적 경험을 기초로 해서 해방 이후에도 페미니즘을 갈구하는 여성들의 목소리는 곧바로 여권을 주장하는 여성단체를 건립하는 실천으로 나아가게 된다. 이 당시 페미니즘은 자유주의 미국문화와 사회주의의 두 가지 서로 다른 이념적 갈래 속에서 전개되었고, 페미니즘은 교육을 받고 페미니즘의 세례를 받은 엘리트여성들에게 큰 영향을 미쳤다. 이들 엘리트여성들은 사회개혁과 대중계몽의 틀 내에서 여권신장을 주장하면서, 식민지 아픔에서 막 헤어나 빈곤과 전쟁의 고통 속에 있던 국가를 건설하고 대중을 구제하려는 열망을 페미니즘을 통해 발현하고자 했다.

1950년대 후반부터 70년대 말까지는 독재정권의 영향이 컸던 시기이다. 이 시기 동안 여성단체들은 자율성을 상실하고 국가의 통제하에 장악되고 만다. 자발적으로 사회계몽과 국가건설을 통한 여권신장이라는 목표를 성취하고자 했던 여성단체들은, 이후 국가의 명령을 충실하게 따르는 꼭두각시 같은 역할을 하게 되면서 '페미니즘'은 실종되고 만다. 국가주의적 독재정권에 장악되어 정체성을 상실한 페미니즘을 새로이 일깨운 것은 60년대 후반 전세계 여성들을 열광시켰던 여성해방의 제2물결과 여성학이라는 새로운 학문이었다. 새로운 물결은 우리나라에도 전파되기 시작해서 사회와 국가변혁에 대한 강한 사명감을 가지고 있던 열정적인 젊은 여성들에게 영향을 미쳤다. 자의식이 강한 여성들은 당시 페미니즘적 자각을 새로이 하기 시작했고, 이러한 자각은 시대적 과제인 봉건과 식민에서의 해방, 반독재 민중민주적 사회 건설이라는 목표와 통합되면서 페미니즘의 목표는 한국의 시대적 과제와 결합되어갔다. 80년대 이래 페미니즘은 한국사회에 급속도로 확대되어나갔고, 페미니즘의 급격한 확산은 이후 한국사회의 성불평등적 법과 제도, 사회구조, 의식과 문화를 변화시키는 데 기여하게 된다. 이제 페미니즘은 한국사회 전역에 확산되어 있으며, 가부장적이고 성차별적인 한국사회의 문제를 해결하는 중요한 자극제가 되어가고 있다.

올해는 일본식민지에서 해방된 지 60년을 맞는 해이다. 해방 60년을 맞이하면서 페미니즘이 그간 우리 사회에 어떤 영향을 끼쳤고, 무엇을 변화시켰는가를 되새겨보기로 하자.

2. 한국사회 60년, 페미니즘이 변화시킨 것은?

페미니즘은 해방 직후 여성단체에 참여한 지식층이나 상류층 여성들의 활동을 통해 사회에 부분적으로 영향을 미쳤지만, 80년대 중반 이후에는 페미니즘이 대중적으로 확산되면서 사회에 큰 영향을 미치기 시작하였다.

(1) 한국사회 구조변화

페미니즘은 한국사회구조에 각기 어떠한 영향을 미쳤는가? 한국사회구조를 국가, 시장, 가족, 시민사회 구조의 네 가지 하위영역으로 구분하고 각각의 영역에 미친 영향을 살펴보기로 하자.

첫째, 국가부문을 보면 국가구조의 일부분을 변화시켰고, 법과 정책을 여성 친화적으로 바꾸는 데 영향을 미쳤다. 국가구조를 입법·사법·행정 부문으로 구분한다면, 각 구조에 여성관련 담당부서가 설치되었으며, 특히 행정부문에서 여성관련 정책을 총괄하는 여성부(2005년에 여성가족부로 변화)가 설치되었다는 점을 들 수 있다. 인원구성에서는 여성의 수가 증대했는데, 여성구성원 수를 늘리기 위해 여성할당제를 의도적으로 적용하였다. 외형적 규모보다 내용적 측면에서의 변화는 더욱 컸다고 할 수 있는데, 즉 여성친화적 정책이나 법을 수립함으로써 남성중심적·여성억압적 또는 성중립적 성격의 법과 정책을 성평등적·여성친화적 성격으로 바꾸었다. 그러나 이러한 변화는 매우 부분적인 변화에 불과한 것으로, 여성가족부를 제외하면 대부분의 국가기구는 남성이 다수를 구성하고 있고, 의사결정 또한 남성중심적으로 이루어지고 있다. 1995년 베이징 세계여성대회 이후 여성운동세력은 젠더주류화와 여성의 주류화를 목표로 내걸고 있지만, 입법·사법·행정 기구의 대다수는 여전히 남성중심적이라는 특징을 보여준다.

둘째, 페미니즘이 시장에 미친 영향은 ① 여성의 경제활동참가 증가로 시장의 노동력자원의 일부분을 구성, 시장생산력 향상에 기여했다는 점 ② 여성의 시장참여로 시장지배구조와 생산구조의 남성화경향을 감소시켰다는 점 ③ 성중립적·양성평등적 문화를 창출하는 상품생산이 증가했다는 점 등을 들 수 있다.

여성의 경제활동참가율을 보면, 1963년 37%에서 1970년 39.3%, 1980년 42.8%, 1990년 47.4%로 점점 증가해왔다. 혼인상태별로 보면 80년대까지만 해도 미혼여성의 경제활동참가율이 50.8%로 기혼여성 40.0%보다 10.8%포인트 더 높았지만, 90년대부터는 기혼여성이 47.2%, 미혼여성이 46.5%로 기혼여성의 경제활동참가율이 높아지기 시작했고, 1999년에는 기혼여성이 47.9%, 미혼여성이 45.9%로 2%포인트의 차이를 보이고 있다.[2] 이처럼 여성의 경제활동참가는 시장생산력 향상에 큰 영향을 미쳤으며, 특히 비정규직이나 산업예비군으로 기능함으로써 자본주의체제의 완충역할을 담당하였다. 이외에도 여성의 시장참여는 시장지배구조와 생산구조의 남성화경향을 감소시켰으며, 성평등적 문화 확산에 기여하였다. 그러나 사실 이런 변화는 매우 미미한 변화일 뿐, 시장에 대한 남성지배는 여전히 압도적인데, 이를테면 여성기업은 2004년 12월 말에도 전체의 10.6%에 불과한 실정이다.[3] 자본뿐만 아니라 노동력부문에서도 여성은 극히 취약한 상태인데, 여성이 비정규직종사자나 산업예비군으로 기능하고 있다는 것은 노동시장에서의 여성의 취약한 실태를 반영해주는 증거이다.

셋째, 페미니즘이 가족에 미친 영향은 ① 이혼의 증가, 출산율의 감소 및 가족규모의 축소 ② 가족 내 성별 권력관계의 변화, 성평등적·민주적 가족문화의 확산 등에서 찾을 수 있다. 우선 가족 내에서 여성 발언권이 강화되었고, 재산분할청구권 등이 법제화됨으로써 여성의 경제생활을 가능하게 하는 토대가 마련되었고, 이혼여성에 대한 사회적 편견이 약화되면서 이혼은 더욱 자유롭게 되었다. 또한 페미니즘은 여성이 출산, 양육 등 전통적 여성책임으로부터 부분적으로 해방될 수 있게 했는데, 이로

---

2) 변화순·백경희·김현주, 『한국 가족의 변화와 여성의 역할 및 지위에 관한 연구』, 한국여성개발원, 2001, 29쪽.
3) 여성가족부, 『여성백서』, 2004, 106쪽.

인해 출산율이 감소했고 결과적으로 가족규모 축소에 영향을 주었다. 가구원 수를 보면, 1960년 5.56명에서 1970년에는 5.24명, 1980년 4.62명, 1990년 3.71명, 2000년 3.34명으로 소수화현상을 보이고 있으며, 조출생률 은 1960년 42.1%, 1970년 31.2%, 1980년 22.7%로 급감하다가 1992년에는 15.4%, 1999년 13.2%로 매우 낮아졌다. 합계 출산율 역시 1970년 4.5%에 서 2000년에 1.4%로 급감하고 있다. 2세대가구는 1960년 65.6%에서 1970 년 70.0%, 1980년 68.5%, 1990년 66.3%, 2000년 63.3%이며 단독가구는 1960년 2.3%에서 1990년 9.0%, 2000년 12.7%이다. 그리고 3세대 이상 가구는 1960년 25.8%, 1970년 23.2%, 1980년 17%, 1990년 12.5%, 2000년 10.0%이다.[4] 아울러 가족 내 성별 권력관계가 남성에서 여성으로 상당 부분 이전됨으로써 가족 내 성평등성이 증대되기에 이른다. 가정 내 의사결 정권과 권력이 여성 쪽으로 부분 이동했으며, 남편과 아내의 의견이 동일하 게 존중되고 아들과 딸을 평등하게 대우하며 가사노동을 남성이 함께 책임지는 문화를 확대하였다. 또한 빠르게 변화하지는 않지만 호주제 폐지, 남성중심적 관혼상제의 변혁, 가부장적 가족문화 폐지 및 개선 등의 변화도 나타나고 있다. 그러나 여전히 가족의 가부장적 성향은 지속되 고 있으며, 여성 전업가정주부의 가족과 사회 내에서의 지위는 별로 존중되 고 있지 않다.

넷째, 페미니즘이 시민사회에 미친 영향은 ① 시민사회의 구조 및 인적 자원 구성에서 여성비율을 증가시켰다는 점 ② 시민사회에서 여성의 헤게 모니를 강화했다는 점 ③ 시민사회의 문화를 남성중심적 문화에서 성평등 적 문화로 바꾸어갔다는 점 등에서 찾을 수 있다. 실제로 학교, 노조, 언론, 시민사회단체 등 여러 시민사회기구에서 여성의 구성비율은 증가하 고 있으며, 여성의 의사결정권 또한 높아져가고 있다.[5]

---

4) 변화순 외, 앞의 책, 31쪽.
5) 제3섹터에서의 남녀 참여도를 비교해보면, 사회복지·시민운동·자원봉사 전분야에서
   여성수가 남성보다 더 많다. 자원봉사로 활동하는 경우 사회복지분야는 여성 55%, 남성

또한 페미니즘은 시민사회의 문화를 남성중심적·수직적·위계적 문화에서 성평등적·수평적·민주적 문화로 바꾸어갔으며, 민주주의원리 확장에 기여하였다. 페미니즘은 시민사회의 위계적 조직체계와 남성중심적 문화의 문제점을 지적하고 수평적 문화의 장점을 강조하면서 가족과 사회의 민주주의 확산에 기여하였다. 페미니즘은 남녀간, 세대간, 부모자식, 사용자/노동자, 조직사회 내의 위계적 권위주의체제를 철폐하고 수평적·평등적 체제를 확립하는 데 기여했다. 나아가 약자 및 소수자에 대한 이해의 폭을 넓히는 데 기여하였다. 80년대 중반 이후 페미니즘은 여성의 인권보장은 물론 폭력피해자, 장애인, 빈자, 동성애자 등 소수자문제에 공감하면서 소수자여성의 문제들을 이슈화시켰는데, 이러한 활동은 한국 사회에 소수자문제를 중요한 문제로 위치시키는 데 기여하였다. 페미니즘은 차별받는 젠더, 즉 여성의 인권보장 문제를 핵심원리로 하고 있는데, 여성의 불평등문제에 대한 관심을 제기하는 것은 간접적으로 사회 약자와 소수자들에 대한 관심을 환기시키는 작용을 하게 되기 때문이다. 그러나 시민사회에서 아직 여성의 의사결정권은 남성에 비해 미약한 실정이고, 따라서 시민사회기구의 구성이나 시민사회의 문화가 남성중심적인 성격을 나타내고 있다.

(2) 여성과 남성의 변화

80년대 중반 이후 페미니즘이 대중적으로 확산되면서 페미니즘은 여성의 의식을 대폭 변화시켰다. 일차적으로는 지식층여성들에게 영향을 주었

45%이며, 시민운동분야는 여성 69%, 남성 31%이고, 자원봉사분야는 여성 55%, 남성 45%이며, 단체회원으로 활동하는 경우에는 시민운동분야는 여성(59%)이 남성(41%)보다 더 높은 수치를 보여 거의 전분야에서 여성참여도가 남성보다 높음을 알 수 있다, 그러나 의사결정권을 행사하는 대표나 임원 비율에서 여성은 아직 남성보다 낮은 비율을 보이고 있다(주성수, 「여성의 제3섹터 참여: 시민운동사례」, http://www.ngo.hanyang. ac.kr/m02/tmp/cgi-lib.27779.1.d/20021201.pdf, 2002).

고, 점차 여성 일반으로 확대되어갔는데, 페미니즘이 여성 억압과 차별로 고통받고 분노하고 있던 여성들의 마음에 의식변화의 불을 댕기면서 여성들 사이에 급속도로 확대되어갔다. 페미니즘이나 페미니스트에 대한 질시와 사회적 거부감이 있었음에도 불구하고, 여성들 사이에 페미니즘이 급속도로 확대된 것은 높은 교육수준과 경제사회적 조건에 비해 가정과 사회에서의 여성의 위치가 매우 낮았기 때문이다. 여성들은 성억압과 불평등에 대해 이미 많은 문제의식을 느끼고 있었기 때문에, 페미니즘을 통해 자신들의 억울함과 차별적 상황을 설명할 수 있는 언어와 논리를 찾았고, 이를 토대로 자신들의 권리보장을 위한 노력과 실천을 하였다. 페미니즘이 여성들의 생각과 의식을 바꾸었다기보다는, 페미니즘은 이미 이들이 느끼고 있는 불만과 문제의식을 집단화하고 세력화했으며, 언어화·논리화함으로써 이들의 성차별적 사회를 개혁하려는 실천노력에 힘을 실어주었다는 것이 더 타당할 것이다.

여성들은 페미니즘을 통해서 사회적으로 열등하게 취급되는 자신들의 존재에 대한 정당한 설명을 할 수 있게 되었다. 또한 여성들은 남성에게 의존하지 않고 자신의 삶을 스스로 주재하고 꾸려나가는 독립적인 존재라는 것을 확인하였으며, 여성으로서의 자존감과 자신감을 획득하게 되었다. 이러한 독립심과 자존감의 형성은 여성들을 가정에서 벗어나 사회의 주체로 서게 했으며, 많은 일에 도전하게 했다. 이러한 여성들의 도전은 실제 여성의 교육참여율, 사회참여율, 출산율, 이혼율의 변화 등에서 확인할 수 있다. 즉 이전에는 여성들에게 딸, 어머니, 아내, 며느리라는 가족 내 지위만이 중요했지만, 페미니즘의 영향은 여성들에게 가족 내 지위뿐만이 아니라, 여성개인 그 자체로서의 독립적 존재로서의 지위, 사회적 지위도 중요하다는 것을 인지시켰다. 그리고 이러한 것에 대해 여성들이 자각함으로써 여성해방적 드라마나 영화 등의 탄생이 가능해지게 되고 성평등적 문화가 확산된다.

반면 남성들의 의식은 여성이 변한 것만큼 빠르게 변화하지 못하고

아직 답보상태에 있다. 한국남성들은 유교가부장제의 유산인 가장으로서
의 권위를 행사하고자 하며, 성별분리적 가치관과 성역할에 대한 남성들의
사고는 여전히 전통적 전근대에서 벗어나지 못하고 있다. 실제로 부부싸움
이나 이혼의 사유는 이러한 남성과 여성의 의식격차에서 비롯되는 경우가
많으며, 남성의 가사노동참여율은 여전히 20%대 안팎에 머물고 있으며,
남성들의 성희롱과 성폭력·가정폭력 비율이 감소하지 않고 있다는 사실
은 이를 반증해준다. 물론 남성들의 사고가 변화하지 않는 것은 아니지만
아직 세대간 차이가 크게 나타나고 있기 때문에 나이든 남성들의 의식은
봉건시대 속에 있는 경우가 많다. 또한 남성들의 의식변화의 속도는 여성들
의 의식변화에 비해 상대적으로 서서히 나타나고 있어, 의식격차로 인한
성별갈등과 사회적 불안의 요소가 되고 있다.

3. 한국페미니즘의 특징

(1) 국가주의적 성격

한국의 페미니즘은 국가주의적 성격을 가지고 있다. 이는 한국국민이
국가주의에 포섭되어 있기 때문에 나타나는 현상으로서, 실제로 한국국민
의 국가주의적 성향은 ① 한국이 단일민족으로 구성된 국가라는 점 ②
식민지경험과 일본, 중국, 소련 등의 주변대국과 인접해 있는 지리적
환경으로 인해 약소국가로서의 오랜 설움을 겪어왔고, 전쟁을 경험했으며
분단이라는 상황 속에 처해온 점 ③ 상대적으로 작은 영토에 인구밀도가
높다는 이유 때문에 나타난다고 할 수 있다.

한국이 단일민족으로 구성된 국가라는 점은 한국국민들이 쉽게 통합할
수 있는 객관적 조건을 형성한다. 게다가 식민지경험과 전쟁·분단이라는
정치사회적 위기 및 불안정의 경험은 한국국민들의 단결력을 높일 수

있는 배경을 형성하였으며, 작은 영토에 인구밀도가 높은 특징은 중앙집권
적 국가를 중심으로 내적 통합력을 높이는 조건이 되었다. 한국국민들은
개인 각자의 정체성을 '민족과 국가'적 정체성과 쉽게 동일시하였으며,
이러한 동일시로 인해 '민족, 국가'로 환원되지 않는 집단이나 개인은
한국인의 관념 속에 자리하기 힘들었다. 국민 개개인은 곧 한민족이었으
며, '대한민국'이라는 국가였다. 한국페미니즘도 이런 배경 속에서 형성되
었고 발전하였다. 따라서 한국의 현대사 속에서 민족과 국가를 염두에
두지 않는 페미니즘과 여성운동은 발을 붙이기 어려웠고, 한국페미니즘은
곧 민족적·국가적 페미니즘이 되었다.

한국페미니즘의 이러한 성격은 해방 이후 건국 초기부터 발견되는데,
40~50년대에 자유주의적 중상층 엘리트여성들은 '국가재건'이라는 틀
아래서 여권신장과 더불어, 전쟁복구에의 참여와 국가재건, 사회봉사
역할이라는 목표를 가지고 있었다. 1945년 12월 건립된 조선부녀총동맹은
말할 것도 없고, 건국부녀동맹, 한국부인회, 전국여성단체총연맹 등은
여성해방과 더불어 문맹 및 미신타파, 언론의 자유, 여성의 정치적·경제
적 권리 확보 등 전근대적 문화의 철폐 및 자주국가 건설, 통일전선의
구축 등을 목표로 하였다. 당시 중요 여성단체들의 목표는 여성해방과
더불어 계급해방과 민족해방을 성취하는 것이었다. 이러한 경향은 50년대
초기까지 계속되었으나, 50년대 후반으로 가면서 여성단체들은 여권보다
는 독재정부의 국민화프로젝트에 편입되게 된다.[6]

60~70년대에 여성단체들은 박정희독재정권의 반공교육과 선전, 가족
계획사업, 새마을운동에 동원되면서 성차별이나 가부장제 폐지 또는 여권
보장 등의 페미니즘적 주제보다는 경제 성장과 발전, 독재정권의 체제안

---

6) 신건, 「1960-70년대 근대화프로젝트와 여성담론에 관한 연구: 여성단체협의회의 『여성』
  지 분석을 중심으로」, 연세대학교 사회학과 석사학위논문, 2001, 35~38쪽; 신영숙,
  「해방 이후 1950년대의 여성단체와 여성운동」, 『여성연구논총』 15권 1호, 서울여자대학교
  여성연구소, 2001; 이승희, 『한국현대여성운동사』, 백산서당, 1994.

정, 반공 등을 목표로 하는 정부의 국가발전 및 국민통합적 과제에 편입되었다. 이러한 국가주의는 여권주장이나 재생산관련 문제에서도 나타난다. 국가는 인구증가가 국가발전에 장애가 된다고 생각하고 가족계획을 통해 인구를 조정·통제하고자 했다. 가족계획사업은 경제개발계획의 중요부분으로 통합되어 국가차원에서 수행되었는데, 정부는 가족계획사업의 재생산/성적 담론을 통해 여성의 자연적이고 생물학적인 기능을 국가의 생산력발전을 재구성하는 사회적 요소로 변형시켰으며, 가족이미지를 근대성, 부, 행복, 능률, 복지를 연상케 하는 담론과 연결시키는 데 성공하였다. 국가에 의해 새롭게 창출된 몸의 경험은 이제 사회적 욕구라기보다는 내재화된 자기욕구로 자연스레 이전되면서,[7] 여성단체는 국가주의를 자발적으로 실천해왔다. 이렇게 페미니즘은 개발국가의 국가주의적 통제하에 포섭되었던 것이다.

70년대에 들어서면서 자본주의체제 및 독재정권 유지세력과 반대의 대항세력들이 등장하게 된다. 이들은 이전의 체제유지세력과는 매우 다른 이념적 지향과 목표를 지닌 세력들이었지만, 강한 사회개혁을 자기과제로 삼고 있었다는 점에서는 이전의 여성단체들과 궤를 같이한다. 70년대 크리스찬아카데미나 노동사목 등 종교계의 영향을 받은 여성들과 노동자운동과 학생운동세력은 반독재 민중민주화를 목표로 내걸면서, 여성해방을 성취하고자 했다. 83년에 출발한 '여성평우회'는 '가부장제 성차별 문화개혁'과 더불어 '남녀 모두가 인간다운 삶을 살 수 있는 사회 건설, 민주통일사회의 건설'을 목표로 내걸었으며, 1984년 민주화운동청년연합의 하위부서로 발족한 '민주화운동청년연합여성부'도 '민주화운동 투쟁과 기층여성운동의 지원'이라는 목표를 내세웠다. '진보적 여성운동[8]'의 연합체인 한국

---

7) 김은실, 「한국의 근대화프로젝트의 문화논리와 성별 정치학」, 한국여성연구원 편, 『동아시아의 근대성과 성의 정치학』, 푸른사상, 2001, 205~206쪽.
8) 진보적 여성운동이란 여성단체협의회 소속단체들과 달리, 80년대에 이념적으로 계급해방과 여성해방을 동일시하는 마르크스주의적 여성해방론의 입장을 가지고 민중지향적 활동을 펼쳤던 여성연합에 속하는 단체들을 의미한다.

여성단체연합은 1987년 창립과 더불어 여성운동가의 강한 지지를 받으며 많은 활동을 해왔는데, 이 여성연합 역시 '사회의 민주화, 자주화와 더불어 '여성해방 쟁취'를 목표로 했다. 여성을 억압하는 한국사회의 모순을 외세에 의한 분단, 군사독재정권에 의한 기본적 자유의 억압과 민중억압적 경제정책으로 인식하고 평화·통일운동, 여성노동과 농민운동, 정치사회 민주화운동, 여성권익운동 등을 주요한 활동으로 삼아왔던 것이다.[9] 진보적 여성운동이 독자적인 여성문제는 없으며 여성운동은 민족민주운동과 완전 통합되어야 한다는 마르크스주의 페미니즘을 이론적 지침으로 삼고 있었기 때문에, 사회개혁과 여성운동은 자연스럽게 결합될 수 있었다.

해방 이후 한국에서 주도적 영향력을 발휘해온 여성단체들이 모두 '여권보장'이라는 여성해방적 목표와 더불어 '민주사회와 통일의 성취'라는 목표를 가지고 있었다는 점은 우리 사회의 페미니즘이 강한 사회개혁적 성격, 그중에서도 국가발전이라는 목표를 지녔다는 점에서, 국가주의의 틀 내에 있었음을 알 수 있다. 이는 서구 선진국과 매우 다른 특징을 보여주는 측면이다. 서구에서 페미니즘은 여권보장이나 사회의 가부장제나 성차별 폐지라는 페미니즘 고유의 원리에 기초하여 발전하였고, 제2기 여성운동에서 가장 핵심적인 이슈도 여성의 낙태 합법화권리에 집중되어 있던 것과 비교해보면, 한국의 페미니즘은 국가나 사회의 시대적 과제와 일치하는 과제를 주요목적으로 해왔다. 국가 및 사회 건설적 과제와 분리된 성차별이나 가부장제 폐지와 같은 페미니즘 고유의 문제에 기초한 여성운동과 페미니즘은 쉽게 뿌리내리지도, 크게 성장하지도 못하였다. 여성운동이 국가발전과 사회개혁을 표방하는 '진보적 여성운동'에 의해 주도되어왔으며, 제도개혁보다는 '가부장제적 권위주의, 획일주의, 성차의 고정관

---

9) 서미라, 「정치적 기회구조의 변화와 '진보적' 여성운동의 제도화: '한국여성단체연합'을 중심으로」, 성공회대학교 NGO학과 석사학위논문, 2001; 이미경, 「여성운동과 민주화운동: 여연 10년사」, 한국여성단체연합 엮음, 『열린 희망: 한국여성단체연합 10년사』, 동덕여자대학교 한국여성연구소, 18쪽.

념'의 극복을 목적으로 하면서 일상적인 삶의 양식의 변화를 목적으로 한 문화주의 페미니즘은 그 자체가 원래 조직적 확대를 꾀하지도 않았지만, 한국페미니즘에서 비주류에 속했다는 사실이 이를 증명한다.

페미니즘의 국가주의적 경향은 한국여성운동이 국가제도의 개혁에 초점을 맞추어왔다는 점에서도 발견할 수 있다. 한국여성운동은 법제도 개혁에 치우쳐왔고, 성평등적 국가정책을 펴기 위해 노력해 왔는데,[10] 이러한 운동의 방향은 페미니즘의 국가주의적 성격을 강화시켰다. 사회를 급격히 변화시키기 위해서는 무엇보다도 먼저 사회의 토대를 이루는 법과 국가정책부문을 바로세우는 것이 필요하다고 생각했기 때문에, 다른 영역보다 정책관련 활동과, 성인지적·성평등적인 국가기구와 법, 정책을 수립하는 노력에 집중하였다. 또한 여성친화적 국가기구의 수립을 요구하였고 가족법, 남녀고용평등법, 영유아보육법 등 법률의 제정과 개정 과정에 적극 개입했으며 정부의 정책 방향과 내용을 비판하였다. 여성운동의 이런 정책참여활동은 정부가 '여성주의 관점에 기반한 정책'을 수립하고 수행하는 데 절대적인 영향을 미쳤다. 90년대 초반까지만 하더라도 정부에 '여성주의 관점에 기반한 정책'을 입안하거나 수행할 수 있는 기구나 관료가 거의 없었으므로 정부는 먼저 이러한 관점에 기초하여 활동한 경험과 전문지식을 가지고 있는 여성운동가나 여성단체의 제안을 받아들이지 않을 수 없었기 때문이다. 정부와 여성단체와의 간담회는 자주 이루어졌고, 정부가 여성친화적인 법과 정책을 수립할 때 여성운동의 참여는 자연스럽게 여겨졌다.[11] 이처럼 정책지향적 법제도 개혁에 치우친 활동은 한국페미니즘을 개인이나 소집단보다 국가중심적·국가우선적 차원에서 접근하는 데 영향을 미쳤다.

---

10) 오장미경, 「여성운동과 정책참여: 1987년~현재」, 『시민사회와 NGO』 2권 1호, 한양대학교 제3섹터연구소, 2004; 강남식·윤정숙·남인순, 「80~90년대 여성운동의 평가와 세기전환기 여성운동의 전망과 과제」, 『대안사회의 상과 여성운동의 과제』, 한국여성단체연합 대안사회정책연구소 워크숍자료집, 1999.
11) 오장미경, 앞의 글.

(2) 개인과 차이에 대한 감수성 미흡

한국페미니즘은 서구 선진국의 페미니즘과 비교해볼 때, 개인과 차이에 대한 감수성을 덜 발달시켜온 특징을 가진다. 서구 선진국에서 페미니즘은 여성운동의 제2물결시기까지 주로 성별의 문제를 중심으로 발전해왔고, 이런 배경 속에서 여성개인이 가족과 사회 공동체의 가부장성을 해체하고 균열시키는 방식으로 작용하였다. 페미니즘을 말한다는 것은 가족이나 사회, 국가로 환원되지 않는 여성개인의 문제를 말하는 것이었고, 여성개인의 정치사회적 권리, 몸에 대한 권리를 논하는 것이었다.

또한 서구페미니즘에서 80년대 포스트모더니즘의 영향으로 흑인페미니즘과 제3세계페미니즘이 등장하면서 여성들간의 차이를 인식하고 이해하려는 경향이 증대하였다. 이제 서구페미니즘은 계급, 민족, 피부색깔, 혼인여부, 연령, 성적 지향 등의 요인들로 인해 나타나는 여성들간의 차이를 고려하고 있으며, 여성들의 연대는 '여성이라는 생물학적 동일성에서 비롯되는 연대'뿐만 아니라 '다양한 차이를 고려한 연대'를 포함하고 있다. 서구 선진국의 페미니즘은 개인들에 기초한 페미니즘과 개인들의 차이를 고려한 페미니즘을 모두 포괄하는 방향으로 발전해 있는 것이다.

그러나 한국페미니즘은 아직 개인과 차이를 중심으로 한 페미니즘의 발달이 상대적으로 지체되어 있다. 한국은 여전히 전통과 근대가 병존하는 가운데 근대적 개인이 충분히 발전되지 못한 상태이다. '개인과 차이'를 강조하는 것은 여전히 전통적 공동체를 위협하거나 가족과 사회를 해체하는 것으로 인식되고 있으며, 한국여성들의 삶에서 '결혼과 가족'은 아직 가장 큰 영향력을 행사하고 있다. 개인주의에 기반한 근대적 개인성은 출현하지 않은 상태이다.[12] 이는 한국근대화의 역사가 짧기 때문이다.

---

12) 조주현, 「여성정체성의 정치학: 80~90년대 한국의 여성운동을 중심으로」, 『여성정체성의 정치학』, 또하나의 문화, 2000; 조혜정, 「유교적 전통 부활운동과 사회 변동」, 『연세사회학』 10/11 합본호, 1990; 문은희, 「우리나라 여성 심리: 서구심리학을 벗어나려는

한국은 전통적 생산양식인 농업생산중심의 사회로서 공동체적 가족과 가문을 중시하는 유교지배의 경험을 지녔으며, 짧은 근대화의 역사로 인해 '개인주의 문화'는 덜 발달되었다. 300여 년간의 이행기를 거쳐 근대사회로 진입한 서구 선진국과 달리 한국은 해방 이후 1960~90년이라는 30년 만에 압축적 근대화로의 이행을 경험한 국가이다.

근대화의 역사뿐만 아니라 한국페미니즘의 역사 또한 서구 선진국에 비해 짧으며, 이외에도 한국적 특수성의 작용은 개인주의의 발전을 지체시키는 요인이 되었다. 이를테면 한국인은 '개인'을 기초로 한 정체성을 발달시키기보다는 '우리'라는 집단적 정체성을 발달시키는 경향이 있다. 단일민족이 구성하는 한국민으로서의 국민적 정체성은 '개인'을 쉽게 민족이나 국가 공동체와 동일시하고 개인을 민족이나 국가로 환원시키는 것이다. 한국인이 좋아하는 '우리' 개념이 이를 단적으로 증명한다. 개인은 없고 '우리', 즉 민족이나 국민으로 표상되는 '우리'만 존재할 뿐이다. 개개인을 구별하거나 개인들간의 차이를 이해하려는 노력은 '우리'라는 공동체 속에 쉽게 묻혀졌으며, '민족'과 '국가'라는 표상과 국가주의사고 속에서 실종되고 말았다. 이러한 특징은 개인을 구별하고 개인들간의 차이를 고려하는 노력과 문화를 약화시킨다. 상대방을 배려하고 서로의 다름에 대한 이해가 부족한 측면이 있는 것이다. 따라서 '다르게 사는 사람들' '평범하지 않은 사람들' '다른 생각을 가진 사람들' '다른 종교와 인종, 민족, 취향, 결혼형태, 성적 지향'을 지닌 사람들은 한국사회에서 융화되어 살기 힘들다. 이는 우리 사회의 경직성을 강화시켜 예측 불가능한 다국적·다민족·다인종적인 미래의 사회에 유연하게 대처하지 못하게 한다.

이러한 개인과 차이에 대한 감수성 부족은 페미니즘에서 국가주의적이거나 사회개혁적이지 않은 개인적 이슈들을 충분히 성장하지 못하게 한다. 개인이슈에 대한 관심이 적다 보니 개인적 관심사와 관련이 깊은 섹슈얼리

한 시도」, 『여성연구』 10권, 1992/여름호.

티 영역의 발전이 미흡한 결과를 가져온다. 이를테면 낙태권문제는 세계여성운동의 제2물결의 가장 핵심적인 이슈였고, '여성의 자신의 몸에 관한 자율권'으로서 오랫동안 국가와 교회, 전통적인 보수주의자들을 상대로 한 논란과 투쟁이 계속되는 주제이지만, 우리나라에서는 엄밀한 의미에서 여성운동의 이슈로 등장한 적이 없었으며 여전히 한국여성운동의 관심에서 벗어나 있다.[13] 개인의 성애추구와 가족구성의 문제 또한 한국사회에서는 별로 쟁점이 되지 못하고 있으며 담론화되지도 못하고 있다. 차이에 대한 감수성 부족은 또한 다양한 차원에서의 페미니즘과 여성운동의 발전을 방해하고 획일적인 성격의 문화만을 범람시킨다. 자신과 다르거나 다르게 사는 사람들에 대한 이해가 부족하여 장애인, 동성애자, 이주노동자 등을 차별하거나 배제시키는 문화가 주류문화로 나타나고 있는 것이다.

4. 맺음말

한국사회에서 페미니즘은 사회개혁과 국가주의의 틀 내에 있다. 일본식민지 경험과 전쟁의 경험을 하고 후발도상국으로서 뒤늦은 자본주의적 성장을 경험한 한국에서 페미니즘은 '성장과 발전'이라는 목표를 벗어나지 않는 차원에서 성장·유지되었다. 한국의 근대적 산업화과정이 단시간 내에 경제성장과 압축적 성장을 가능하게 했고, 세계에서 가난한 국가 중의 하나에서 일정 정도 경쟁력을 갖춘 OECD국가로 탄생할 수 있었던 것은 '국가'를 중심으로 모든 국민이 합심하여 경제개발과 국가발전에 총매진했기 때문이다. 이를테면 박정희독재정권은 가난에서 벗어나서 잘살고 싶어하는 국민의 욕망을 권위주의적 국민총화체제를 통해 결집하였고, 이를 통해 경제성장을 이루었기 때문에 독재정권을 정당화할 수

---

13) 박진숙, 「미국여성운동과 한국여성운동의 비교시론」, 『여성학논집』 vol. 18/no. 1, 2001, 92쪽.

있었다. 단일민족으로 한 국가를 형성하고 있는 한국에서 '국가주의'는 다른 어떤 국가에서보다 거부감 없이 자연스럽게 형성되고 발전되어온 이념이었고, 이는 국민단결과 국가발전의 원동력으로 작용하고 있다.

이러한 특성은 페미니즘에도 그대로 반영된다. 한국에서 페미니즘은 국가주의적 성격을 띠어왔고, '국가발전'이라는 국가의 목표와 어긋나지 않는 이슈와 과제가 발달해왔다. 이러한 성격은 서구 선진국에 비해 더 민족주의적(국가주의) 성격을 띠는 후발도상국이나 제3세계의 특성이라고도 볼 수 있지만, 한국에서 국가주의는 특히 다른 어느 국가들보다도 강하게 나타난다는 점에서 '한국적 특성'이라고도 할 수 있다.

페미니즘이 국가주의 틀 내에 있다는 것은 국가주의가 가지는 장단점을 모두 지니고 있음을 말하는 것이다. 즉 국가주의는 국민들의 단결력을 높여 짧은 시간에 그 효과를 높일 수 있는 장점을 가지지만, 그것은 또한 국가적 관심사와 관련이 없거나 국가적 이슈를 넘어서는 문제에 소홀하게 하며, 국가간 연대 등에 소극적 태도를 취하게 하는 단점을 가지고 있다. 페미니즘은 공동체와 집단, 가족 들의 억압적 체제에 균열을 내고 개인을 강조하는 사상이며 차이와 다름에 대한 이해와 포용력을 기반으로 하는 이념으로서의 장점을 지니고 있지만, 국가주의의 틀 내에 있을 때 이러한 페미니즘의 원리들은 발현되기 힘들게 된다. 국가의 발전목표에 부합되는 이슈나 실천만 발전하고 그렇지 않은 이슈나 실천은 정체되기 쉽기 때문이다.

한국의 페미니즘이 국가주의적 성격을 띠었다는 것은 지금까지의 역사에서 별로 부정적으로 작용한 것 같지는 않다. 많은 국민들이 사회개혁과 국가발전을 욕구하였고, 페미니즘은 그런 욕구에 부합되게 발전해왔으며, 그 결과 단시간 내에 한국 내에 성평등적 문화를 확산할 수 있었기 때문이다. 그러나 앞으로 국가주의 페미니즘이 지금까지와 같은 유용성을 가질 수 있는지는 의문이다. 앞으로의 사회는 국가간의 경계를 허물고 서로간의 차이와 다양성을 용인하고 배려하는 전지구적 사회가 보편화될 것이기

때문이다. 따라서 앞으로의 한국페미니즘은 국가주의의 틀을 넘어서야
하지 않을까 한다. 폐쇄적이고 경직적인 한계를 지닌 국가주의의 틀 내에
있는 한, 서로간의 차이에 대해 더 폭넓게 인지하고 포용하는 페미니즘이
꽃피거나 전지구적 연대로 나아가기 힘들기 때문이다.

오장미경(OJang, Mi-Kyoung) ojbom@chonnam.ac.kr
전남대학교 사회학과 조교수.

　주요 저서 및 논문으로『페미니즘의 이론과 정치』,『시민권의 정치와 한국여성노동운동』,
『NGO가이드』(공저),『현대 비판사회이론의 흐름』(공저),『오늘의 페미니즘, 세계 여성운
동』(편저) 등이 있다.

풀뿌리민주주의, 엘리트민주주의에 도전하다

하승우

　보통 풀뿌리민주주의는 분권화된 지역공동체에서 시행되는 상향식 의사수렴과정을 의미해왔다. 그러나 단순히 그런 요소만으로는 풀뿌리민주주의의 의미를 파악할 수 없다. 단순히 권력의 분권만을 풀뿌리민주주의라 부른다면, 지역유지와 토호들의 지역주의나 신자유주의의 확산에 따른 떠넘기기기식 권력이양과 분명한 차이점을 갖지 못하기 때문이다. 그리고 아래로부터 위로의 상향식 의사수렴과정만을 중시한다면, 풀뿌리민주주의는 아래로부터 동원된 파시즘(fascism)이나 대중의 감정적인 지지에 바탕을 두는 포퓰리즘(populism)과 뒤섞일 수 있다. 따라서 단순히 분권과 상향식 의사수렴과정만으로는 풀뿌리민주주의의 의미를 살릴 수 없다. 풀뿌리민주주의는 '누가 무엇을 어떤 과정을 통해 실현하는가'라는 물음에 답해야 한다.

　근본적인 의미에서 풀뿌리민주주의는 엘리트와 대중이라는 이분법을 부정한다. 즉 풀뿌리민주주의는 상하의 위계질서와 본성이나 계층·계급에 의한 격차를 근본적으로 부정한다. 이런 점에서 식민지해방 이전,

특히 조선시대나 그 이전의 지방의 공동체적 자치를 풀뿌리민주주의로 파악할 수는 없다. 물론 향약이나 두레처럼 서로 돕는 전통이 있었던 것은 사실이고, 그런 전통은 분명 풀뿌리민주주의의 중요한 자원일 수 있다. 허나 계급과 상하의 질서가 분명한 사회에서 그런 도움의 공동체가 존재했다고 해서 그것을 풀뿌리민주주의로 여길 수는 없다.[1] 따라서 풀뿌리민주주의는 통치하는 자와 통치받는 자가 동일하다는 직접민주주의의 원리에서만 그 의미를 찾을 수 있다. 이는 민본(民本)과 민초(民草)라는 개념의 차이에서도 드러난다. 민본은 민중을 근본으로 삼지만 그들에게 권력을 주지 않고 소수가 선하게 다수를 다스리는 왕도정치(王道政治)나 덕치(德治)를 의미한다. 반면에 민초는 민중 스스로가 정치의 주체가 되어 자신의 삶을 다스리고 결정하는 것을 의미한다. 풀뿌리민주주의는 민초를 정치의 주체로 삼는다.

1. 민초의 목소리에 담긴 다하지 못한 이야기

조정래의 소설 『태백산맥』은 여러 민초들의 삶을 묘사한다. 그중 동학운동에 참여했고 일본인지주를 상대로 소작쟁의를 벌인 아버지를 둔 하대치는 그 이름만큼 소설에서 삶의 굵은 획을 긋는다. 평범한 농민인 하대치는 지식인 염상진을 만나 세상을 깨치고 그를 따르게 된다("사범학교까지 나온 염상진은 하대치의 여백 많은 머릿속에다 많은 모종을 이식시켰다."). 작가 조정래는 염상진과 하대치를 굳건한 동지관계로 묘사("그 눈엔 혈연

---

1) 커밍스의 논의는 조선시대 공동체가 가졌던 한계를 분명하게 보여준다. "이 사회체계는 수세기에 걸쳐 진화해왔지만 주요한 특징은 중앙관료의 권력과 지방토호 사이에 존재하는 강력하고 지속적인 긴장이었다. …현물로 세금을 내는 소작인들이 주로 토지를 경작하는 이 체제는 수백 명의 소작인과 노비가 딸린 막대한 토호계급을 만들어내는 경우가 많았는데, 이의 본질적 형태는 조선시대와 식민지시대까지 계속되었다."(커밍스, 김동노·이교선·이진준·한기욱 옮김, 『브루스 커밍스의 한국현대사』, 창작과비평사, 2001, 55~56쪽)

을 대하는 듯한 정이 담겨 있었다. …하대치는 염상진을 올려다보며 티없이 웃었다. …남녀가 아닌 남자와 남자와의 관계가 '믿음직스러움'을 넘어 '아름답게' 느껴지기 시작한 것")하지만, 과연 두 사람의 관계는 아름답기만 할까?

『태백산맥』에서 염상진이 시대의 고뇌를 표현하고 역사의 무게와 그 발전의 과학성을 논한다면, 하대치는 단순하고 명쾌하게 세계를 표현한다 ("우리가 허는 짓이 계란으로 바위 치기라는 것도 다 알고 있당께요. 그려도 허고허고 또 혀야지라. 작인 읊는 지주눔들도 읊는 법잉께요."). 그리고 소설 속에서 언제나 염상진이 교육을 시키고 계획을 짠다면, 하대치 는 그것을 몸으로 실현하는 역할을 담당한다. 그렇게 환상의 복식조를 꾸려가는 염상진과 하대치를 마냥 아름답게 바라보는 우리의 시선은 지도 자와 대중의 뚜렷한 역할분담을 너무 쉽게 받아들이는 게 아닐까?

염상진이 사회변혁을 추구하는 '선한 엘리트'였다면, 하대치는 거대한 사회변혁의 열망을 "길남아, 종남아 아부지가 왔다 인민공화국 만세다"로 표현하는 평범한 민초였다. 물론 엘리트는 무조건 나쁘고 민초는 무조건 선하다는 단순한 이분법을 주장하고픈 생각은 없다. 좋은 목적을 추구하는 선한 엘리트도 존재하고 사소한 이해관계 때문에 사회발전을 가로막는 민초도 존재하기 때문이다. 다만 『태백산맥』에서 하대치가 아니라 염상진 과 김범우만을 기억하는 우리의 시선은 민초가 아니라 엘리트를 향하고 있는 셈이다. 이 시선이 변화되지 않는다면 풀뿌리민주주의는 실현 불가능 한 기획일 뿐이다. 따라서 화려하고 멋있는 연설보다 투박하고 거친 목소리 에 귀를 기울여야 민초의 목소리를 들을 수 있다.

교육을 받지 못한 평범한 사람들, 즉 민초는 사회에 적응하기도 하지만 때론 사회를 거스르며 새로운 변화의 물꼬를 튼다. 다만 그런 변화에는 자극이 필요하다. 왜냐하면 민초들은 좀처럼 쉽게 자신의 목소리를 내지 않기 때문이다.("사람들의 진정한 목소리를 듣기가 얼마나 어려울 수밖에 없는지는 그들이 오랫동안 자신들의 의견이 가치가 없다거나, 더 정확히는 그들에게는 의견이 없다고 이해되어 왔다는 점을 조금이라도 생각해야 한다. 목소리는 관찰과 의식적인 자기창조(self-invention), 투쟁이 혼합된 장기적인 과정을 통해서만 발견된다."[2]) 진정 민초의 목소리를 듣고자 한다면 "민중이 역사의 주인이다"라는 추상적인 당위를 넘어서야 한다.

레빈(D. H. Levine)은 라틴아메리카의 평범한 사람들이 자기 목소리를 내게 된 과정과 종교(가톨릭)의 연관관계를 살핀다. '침묵하는 객체'(silent object)로 존재하던 민초가 자기 목소리를 내면서 "자아와 공동체에 대한 민중적인 이미지를 바꾸고 그에 따라 적극적 행동주의와 수동성, 교권제도, 평등 같은 기본적인 주제들에 대한 관점을 뜯어고치는 것은 필수적인 첫 단계"[3]라고 강조한다. 그리고 일단 스스로 목소리를 내게 된 민초는 일상생활과 거대한 지배구조가 서로 연계되어 있다는 점을 깨닫고 삶의 변화를 추구하게 된다. 따라서 "진정한 도전은 빈민을 위한 선택이나 목소리 없는 사람들을 위한 목소리가 되는 데 있지 않다. 오히려 진정한 도전은 민중의 목소리에 힘을 싣고 그들을 신뢰하며 그들이 일을 시작하게 하는 것이다."[4]

안타깝게도(?) 한국에서는 국가가 앞장서서 이런 목소리를 강제적으로 막아왔다. 보국안민(輔國安民)과 후천개벽(後天開闢)을 내세우며[5] 새로운 세상을 건설하려 했던 동학운동은 부패한 정권과 외세의 탄압으로 좌절되었다. 식민지해방 이후 스스로 자기 지역을 다스리려 했던 인민위원

---

2) D. H. Levine, *Popular Voices in Latin American Catholicism*, Princeton Univ. Press, 1992, p. 4.
3) 같은 책, p. 179.
4) 같은 책, p. 370.
5) 대비되는 두 구호에서 드러나듯, 동학운동은 기존의 농민계급전쟁의 시각이 아니라 서발턴적인 문제의식으로 재해석되어야 한다. "농민들은 (외부에서의 지도에 의해서가 아니라) 처음부터 근대 식민주의권력과 토착지배권력이 일상생활에서 그들을 지배하여온 권력의 코드들을 전복시키기 위하여 그들만의 다양한 저항의 코드들을 전개하였고, 따라서 농민봉기는 지배계급의 사회적 권위와 권력의 모든 상징들을 파괴하고 전복하여 농민들의 서발터니티의 기호들을 폐지시키고자 한 의식적인 정치투쟁이었다는 것이다."(김택현, 『서발턴과 역사학비판』, 박종철출판사, 2003, 45~46쪽) 근 100년이 지난 뒤 한국의 생명운동이 동학을 이어받고 자치를 강조하는 것은 우연이 아니다.

회의 전통마저도 미군정과 보수세력에 의해 무너졌다. 그리고 기득권세력이 일방적으로 제정한 헌법은 당연히 민초의 권력을 부정했다.[6] 더구나 남북분단이라는 상황으로 근대국가의 성립이 실패하자 사회변혁을 추구하는 세력 내에서도 국가주의담론이 절대적인 우위를 차지하게 되었다. 즉 '자치'보다는 '자주'나 '혁명'이 더 강한 정치적 욕망이었다. 뿐만 아니라 그 이후 사회변혁을 둘러싼 논쟁마저도 이 땅의 현실에 뿌리를 내리지 못했고, "특정 텍스트의 과학성이 쟁점의 수준과 논의의 진척에 따라서 검증되기보다는, 어떤 텍스트에 권위가 항구적으로 부여되는 상황에서 발생하는 문제"[7]가 발생했다.

그 결과 아무도 민초의 평범한 목소리에 귀를 기울이지 않게 되었다. "아이를 잘 기르고 싶다" "한글을 배우고 싶다" "삶을 바꾸고 싶다"는 얘기는 사소한 욕망으로 무시되어왔다. 그러나 이런 목소리는 더 큰 목소리를 내기 위해 필요한 초기단계일 뿐이다. 따라서 말 자체에 얽매이지 말고 그 속에 담긴 의미맥락을 보고 민초의 성장가능성을 봐야 한다. 마찬가지이다. 중앙정치에 매몰되어 지역의 문제의식을, 풀뿌리민주주의의 고민을 좁고 제한적이라 여기는 것은 그 목소리의 의미를 무시하는 엘리트주의이다.

---

6) 한국의 헌법은 근본적으로 세 가지 점에서 민초와 무관하다. 첫째, 헌법이 내세운 주권재민(主權在民)과 인민주권(人民主權)은 한국사회에서 전통적으로 내려오던 관존민비(官尊民卑)사상을 밑바탕에 깔고 있었다. 둘째, 헌법을 만든 사람들조차 그것을 지키려는 의지가 전혀 없었고 헌법은 수사로 사용되었을 뿐이다. 셋째, 헌법의 정신을 따라야 할 법률들이 헌법정신의 실현을 가로막았다(특히 대표적인 악법인 국가보안법은 국민의 권리를 철저하게 짓밟고 국민들의 입을 막아왔다). 더 구체적인 논의는 하승우, 「헌법이라는 틀은 자치를 담아낼 수 있나?」(함께하는시민행동, 『연속기획: 자치와 분권의 눈으로 헌법 다시보기』 2005) 참조.
7) 허재영, 「한국자본주의논쟁: 방법론과 텍스트의 정치학」, 조희연 편, 『한국의 정치사회적 저항담론과 민주주의 동학』, 함께읽는책, 2004, 193쪽.

2. 경계에서 자라난 풀뿌리

풀뿌리는 경계에서 자라난다. 이 점은 한국의 차원이 아니라 전세계적인
차원에서 봐도 마찬가지이다. 서구사회에서 풀뿌리민주주의운동(이 글은
풀뿌리민주주의를 '운동'으로 파악해야 한다고 주장한다. 그 이유는 뒤에서
설명하겠다)은 1968년이라는 특정시기와 밀접한 연관성을 가진다. 왜냐
하면 1968년은 자본주의와 사회주의 모두를 관료주의로 비판했을 뿐 아니
라 베트남전쟁을 계기로 제3세계를 지지하고 칭송했던(서양이 동양을
칭송하다!) 독특한 시기였고, 흑인과 여성·동성애자 등 기성사회에서
소외되었던(그러나 그 질서와 무관하지 않은) 행위자들이 자기 목소리를
내던 시기였기 때문이다. 1968년을 뒤흔들었던 행위자들과 그들이 주장했
던 의제는 각기 다르지만 하나의 공통점을 찾을 수 있다. 그 행위자는
"자신들의 유산을 박탈당했다고 느낀 사람들"이었고, 그들의 의제는 "사람
이 '성공'이나 물질적 소유 여부가 아니라 그들이 지니고 있는 소망의
인간적인 측면에 따라 평가되어야 한다"[8]는 믿음이었다. 1968년은 경계에
서 자라난 정치적 활력이 기성체제를 뚫고 싹을 틔우려 한 시기였다.

특히 카치아피카스(G. Katsiaficas)는 마르쿠제(H. Marcuse)의 개념을
차용해 68년의 현상을 '에로스효과'(eros effect)라고 부르며 68년의 운동
이 가지는 의미를 다음과 같이 설명한다. "그동안 동면상태에 놓여 있던
자치(self-government)와 국제연대(international solidarity)의 전통을 유
럽과 미국에서 다시 소생시켰으며, 일시적이었든 아니었든 간에 혁명의
문제를 다시 한번 역사적 의제로 만들었다. 이와 동시에 혁명의 의미는
과거의 혁명들이 획득한 권력의 문제뿐만 아니라 일상생활에서의 권력문
제를 포함하는 데에까지 확장됐으며, 혁명의 목표는 권력과 자원의 탈집중
화와 자주관리(self-management)가 되었다. …확장된 사회적 자율성과

---

8) 타리크 알리, 수잔 왓킨스, 안찬수·강정석 옮김, 『1968: 희망의 시절, 분노의 나날』,
삼인, 2001, 20쪽.

확대된 개인의 자유(개인의 억압이 아니라)에 기반한 공동체주의(com-munalism)의 역사적 가능성을 제기함으로써, 정치적·경제적 제도들의 국제적 탈중심화(일국적 집중화가 아니라)에 기반한 새로운 세계사회를 제기함으로써, 그리고 자연과의 새로운 조화(점증하는 자연의 착취가 아니라)에 기반한 새로운 삶의 방식을 제기함으로써, 신좌파는 혁명적 운동의 열망에 있어서 유일무이한 단계를 규정했던 것이다."[9] 68년의 운동에서 가장 자주 외쳐졌던 구호가 소비에트나 코뮌이듯, 당시의 사람들은 주변으로 밀려났던 자치와 자주관리, 전세계적인 연대의 물결을 다시 사회 속으로 끌어들이려 했다.

그러나 68년의 운동은 그 변화의 활력을 지속시키지 못해 제도 속으로 편입되었고 운동의 직업화로 대중과의 연계성을 상실했으며 지나치게 문화적인 부분에 집중함으로써 서서히 몰락의 길을 걷게 된다. 이는 소위 '68세대'라 불리던 이들이 현재 유럽의 제도정치권으로 편입되었다는 점에서 잘 드러난다. 그럼에도 이런 활력은 소위 '녹색운동'으로 이어졌고, 녹색운동은 풀뿌리민주주의와 직접민주주의를 같은 의미로 사용했다.[10] 그리고 서구사회에서 풀뿌리민주주의는 생태와 평화 등을 강조하는 신사회운동(new social movement)과도 연관성을 맺게 되었다.

서구사회와 마찬가지로 비서구사회에서도 풀뿌리민주주의운동은 경계에서 자라났다. 식민지와 군부독재, 민주화라는 한국사회와 비슷한 근대경험을 한 라틴아메리카사회에서도 풀뿌리민주주의의 싹이 자라나고 있다. 카우프만은 주택확보를 위한 조직과 마을평의회, 지역위원회 등을 중심으로 코스타리카, 도미니카공화국, 니카라과 등지에서 풀뿌리민주주의의 경험이 싹트고 있다고 주장한다. 카우프만은 이런 경험에서 권력을 가지지

---

9) 조지 카치아피카스, 이재원·이종태 옮김, 『신좌파의 상상력』, 이후, 1999, 53쪽.
10) 예를 들어 서독녹색당은 당 강령에서 "풀뿌리민주주의적 정치란 분권화되고 직접적인 민주주의가 확대 실현됨을 의미한다"고 규정했다(스프레트낙·카프라, 강석찬 옮김, 『녹색정치』, 정신세계사, 1990, 75쪽).

못했던 사람들이 공동체를 중심으로 활동하고 있다는 점에 주목한다. 비서구사회에서는 가족과 공동체의 네트워크가 서구사회처럼 완전히 핵가족화되지 않았기 때문에 공동체가 사회변화의 중요한 거점이 되고 있다. 따라서 카우프만은 지역사회조직에서 유럽중심적인 사회변화모델이 아니라 토착적인 경험을 분석해야 하고, 평범한 사람이 자신의 총체적인 (holistic) 욕구, 즉 노동만이 아니라 양육, 문화적이고 정신적인 욕구를 표현하는 것에 초점을 맞춰야 하며, 공동체단위에서 새로운 권력의 형태를 발전시키고 대의민주주의 형식을 전환시키는 방식에 관심을 가져야 한다고 주장한다.[11] 이는 전위세력이 국가권력을 장악하고 총체적인 사회변화를 추구하는 혁명방식보다 평범한 사람들이 공동체를 통해 자신의 역량을 강화시키고 궁극적으로 그 역량이 사회 전체를 바꾸는 변화방식을 의미한다. 삶의 근본적인 변화는 기본적이고 구체적인 욕구에서 시작되어야 한다.

　한국에서도 풀뿌리민주주의운동은 경계에서 자라났다. 한국에서 민초라는 표현은 동학의 뜻을 이어받아 근대문명의 한계를 극복하려 한 생명운동에서 주로 사용되었다. 특히 1970년대 원주에서 무위당 장일순과 김지하 등이 시작한 생활협동조합운동은 이후에 '한살림모임'이나 생명민회운동으로 발전한다. 이런 노력은 "낭비와 파괴를 구조적으로 강요하는 자본주의적 시장기구로부터 가능한 한의 독립성을 유지하여, 자치적 '해방구'를 만들어보려는 노력이 생활협동운동"[12]임을 "민초들은 스스로 그 무위의 탁월한 자연생명의 질서를 깨달아 스스로 변화하고, 스스로 다스리고, 스스로 운명을 결정하여 나아간다"[13]는 점을 뜻했다. 이처럼 한국의 풀뿌리민주주의운동 역시 좌절된 혁명인 동학의 뜻을 토대로 삼아 산업주의를

---

11) Michael Kaufman, "Community Power, Grassroots Democracy, and the Transformation of Social Life," Kaufman · Alfonso ed., *Community power and Grassroots democracy*, Zed Books, 1997, pp. 10~11.
12) 장일순, 『나락 한알 속의 우주: 无爲堂 장일순의 이야기모음』, 녹색평론사, 2005, 165쪽.
13) 김지하, 『생명학 1』, 화남, 2003, 192쪽.

극복하려는 근대의 경계에서 피어났다. 다른 한편으로 한국의 풀뿌리민주주의는 70년대 이후 빈민공동체를 중심으로 한 풀뿌리주민운동단체를 통해서도 경험을 축적해 왔다. 국가권력을 억압을 받으면서도 풀뿌리운동은 서서히 지역사회에 그 뿌리를 내려왔고 91년 지방자치제의 부활 이후에는 주민자치활동을 통해 지역사회에서 풀뿌리민주주의를 실현하려는 노력이 진행되고 있다. 이처럼 팍팍한 한국의 정치현실에서도 자신의 목소리를 내지 못했던 사람들이, 평범한 주민들이 지역정치의 주체로 성장하고 있다. 중앙정치의 경계인 지역에서 자치를 실현하고 이를 통해 사회를 바꾸려는 운동이 자리를 잡아가고 있는 셈이다.

지금까지 살펴봤듯이 풀뿌리민주주의의 정치는 조금씩 현실에서 그 싹을 이미 틔우고 있다. 참여예산운동, 학교급식이나 보육, 주민참여와 관련된 조례 제·개정 운동, 마을만들기운동, 생활협동조합운동, 정보공개와 주민참여 운동 등 다양한 형태로 운동이 전개되고 있다. 즉 권력을 통한 변화가 아니라 사람을 통한 변화를 추구하기에, 그리고 기성체제를 묵인하거나 무관심했던 자아에 대한 자각과 반성을 통해 성장하기에 아주 느리고 눈에 잘 띄지 않지만 변화는 이미 시작되었다. 풀뿌리의 성장이 세상을 얼마나 변화시킬 수 있을지는 아직까지 쉽게 예측하기 어렵다. 그러나 한 가지 점은 분명하다. 자기가 누구인지, 자기가 발 딛고 있는 현실이 어떠한지를 깨달은 사람은 절망적인 상황에서도 결코 쉽게 주저앉지 않는다.

3. 머릿속의 아테네 민주주의에서 지금 이곳의 민주주의로

풀뿌리민주주의가 추구하는 민주주의는 자치를 의미하고, 자치는 남의 힘을 빌리지 않고 스스로 다스리는 것을 의미한다. 자기 삶을 스스로 통제해야 한다는 얘기는 지극히 당연한 말이지만, 이 당연함을 현실에서 실천하며 사는 것은 쉽지 않다. 왜냐하면 우리의 현실은 철저히 대의(代議)를 중심으로 작동하기 때문이다. 자치의 정당함이 머릿속의 상식이라면, 정치는 정치인이, 경영은 경영진이, 문화나 여론은 대중매체가 담당하는 것이라는 생각 또한 현실의 상식이기 때문이다. 그리고 자치를 꿈꾸기는 쉬워도 실제로 자치를 하며 사는 것은 쉽지 않다. 스스로 다스리며 산다는 것은 많은 관심과 노력을 필요로 하기에 때론 부담스럽고 힘든 것이다. 그러나 자기내면의 욕구를 발산하고 때론 자신도 의식하지 못했던 자신의 욕구, 만남을 통해 드러나는 욕구를 깨닫는 것은 즐거움을 주고, 그것은 자치와 맞닿아 있는 자아실현의 모습이기도 하다. 그런 점에서 풀뿌리민주주의는 '운동'의 형태로 존재한다. 풀뿌리민주주의는 주권을 가지고 있다고 여겨지는 추상적인 국민이 아니라 현실을 살아가고 그 속에서 자신의 활력을, 공동체의 활력을 구성하는 주민[14]이 실현하는 민주주의이기 때문이다. 풀뿌리민주주의운동은 미리 정해진 과정을 따라가거나 정해진 내용을 채워나가는 방식이 아니라 주민이나 대중의 성장과 함께 자연스레 그 내용과 과정을 실현하려 한다.

마찬가지로 나를 다스리려는 노력은 내가 발 딛고 서 있는 사회를 다스리려는 노력과 무관하지 않다. 그리고 사회를 바꾸려는 노력은 나 혼자만의 힘으로 불가능하기에 '연대'를 필요로 할 수밖에 없다. 따라서 스스로 다스리려는 사람은 닫힌 개인의 경계를 넘어 사회로 확장된다. 그런 의미에서 풀뿌리민주주의는 나를 고집하는 것이 아니라 나의 경계를 열어 다스림의 범위를 확장시키는 운동의 형태로만 가능하다. 자치를 통해 우리는 소인이 아니라 대인, 약한 개인이 아니라 강한 개인이 되고 큰 다스림(大治)

---

14) '주민'은 지역이라는 삶의 현장에 귀속된 주체로, '시민'은 국가 차원의 좀더 보편적인 주체로 파악된다. 허나 구체적인 현장성을 담보하지 못하는 시민은 추상적인 주체로, 정치의 수동적인 대상으로 전락하기 쉽다. 따라서 이 글은 주민과 시민을 분명하게 구분되는 개념으로 파악하지 않는다. 오히려 주민은 '잠재적인 시민'이고 시민은 '능동적인 주민'이라는 점에서 서로 맞닿아 있는 주체로 파악한다. 이렇게 파악할 경우 주민자치는 현장의 구체적인 욕구를 발현하고 그것을 더 넓은 문제틀 속에 놓는 능동적인 특성을 지니게 된다.

을 펼친다. 이처럼 자치는 강한 개인들이 서로 연대하며 일구는 대안적인 삶이다. '훌륭한 사람들만의 정치'를 반대하는 풀뿌리민주주의운동은 나와 사회를 변화시키려는 노력과 반성 속에서만 진행될 수 있다.[15] 그런 점에서 자기들끼리만 잘 먹고 잘 살려 하는 공동체, 높은 담으로 둘러싼 당신들만의 공동체인 폐쇄적인 공동체(gated community)나 프리바토피아(privato-pia)를 만드는 것은 자연히 운동으로서의 풀뿌리민주주의와 대립한다. 서로의 구체적인 차이를 무시하지 않지만 권력에서 밀려나 경계에 서 있다는 점에서 동일하기에 민초는 서로 울림을 주며 공명할 수 있다. 기성정치가 이해관계를 통해 결탁한다면, 풀뿌리민주주의운동은 말과 노동의 순환, 소통을 통해 공명한다.

풀뿌리민주주의를 거부하는 사람들은 주로 그것이 바람직하지 않은 게 아니라 불가능하다고 주장한다. 고대아테네의 직접민주주의를 복잡하고 거대한 현대사회에서 실현하기란 불가능하다는 얘기이다. 그러나 직접민주주의의 직접성을 물리적인 의미의 직접성, 즉 "내가 꼭 그 자리에 있어야 한다"는 의미가 아니라 "누구라도 참여하고 말할 수 있다"는 의미에서, 그리고 "통치하는 자와 통치를 받는 자가 동일하다"는 의미에서 찾는다면 현대사회에서도 풀뿌리민주주의는 얼마든지 실현 가능하다. 두 가지 실례를 들어 그 가능성을 모색해보자. 한국에서도 많이 수용되고 있는 브라질 포르투알레그레의 참여예산제와 일본 '가나가와네토'의 대리인운동은 울림과 공명의 좋은 사례이다.

참여예산제는 주민들이 자치단체예산의 일정 부분에 대한 우선순위를

---

15) 그런 점에서 풀뿌리민주주의운동은 체 게바라 식의 활동가관에서 조금 더 나아가야 한다. "맑스주의자는 대중과 부대끼며 살고 감동하는 그런 당원이어야만 하오. 그리고 때때로 제대로 표현되지 못한 대중의 소망을 구체적인 지침으로 실현하는 지도자이어야만 하오. 모든 것을 민중에게 주는 지칠 줄 모르는 일꾼—혁명을 위해 자신의 나머지 시간을, 자신의 개인적인 평안을, 자신의 가족을, 자신의 생명을 포기하는, 그러나 결코 사람들과의 접촉의 따스함에 낯설어 하지 않는 자기희생적인 일꾼—이어야만 하오."(로버트 J. C. 영, 김택현 옮김, 『포스트식민주의 또는 트리컨티넨탈리즘』, 박종철출판사, 2005, 364쪽) 게바라 역시 민중을 사랑하는 선한 엘리트의 역할에서 벗어나지 못했고 염상진의 역할과 겹쳐진다.

직접 결정하는 제도이다. 주민들은 누구나 동네단위의 회의에 참여해 발언할 수 있고, 여기서 나온 의견은 지구단위의 총회에 제출된다. 그리고 지구단위의 총회와 동시에 열리는 주제별 총회에는 주민단체나 공무원들이 참여해 토론하는데, 지구단위의 총회와 주제별 총회 모두 포럼에 보낼 대의원과 참여예산평의회에 보낼 평의원을 선출한다. 이처럼 참여예산제는 대의방식을 완전히 거부하지 않는다. 사회를 변화시키는 운동으로서 생활협동조합에 주목했던 '생활클럽 생협'을 기반으로 삼는 일본의 '가나가와네토'는 일반시민이라면 누구나 직접 참가하여 스스로 주인이 되는 정치를 실현해야 한다는 원칙을 현실에서 구현하려 한다. 이런 의미에서 가나가와네토는 지방선거에 당선된 의원들(대리인)의 임기를 2선8년제로 제한했고 의원의 보수를 단체에 귀속시켰다. 말 그대로 의원은 주민과 단체의 대리인으로서 역할을 다하고 교체를 위해 임기를 제한받는다. 그리고 의원은 임기 후 반드시 다음에 출마할 사람들을 교육시키고 훈련시키는 작업에 참여해야 한다. 이처럼 가나가와네토 역시 대의방식을 완전히 거부하지 않고 그것을 변형시켰다.

참여예산제와 가나가와네토는 기존의 대의민주주의와 질적으로 다른 차원에서 대의제도를 규정했다. 풀뿌리민주주의에서 대표자는 다른 사람들보다 뛰어난 탁월한 사람(마넹 B. Manin은 이를 탁월성의 원칙이라 부른다)[16]을 의미하지 않는다. "자유민주주의체제의 '대표자들'과는 반대로, 그 대의원들은 자신들을 파견한 주민을 대신해서 결정하지 않으며, 풀뿌리 수준에서 이루어진 결정들을 전달할 따름이다. 어떤 대표자든 이런 임무를 완수하지 못하면 언제든 파면될 수 있다."[17] 즉 대표자는 엘리트를 의미하지 않는다. 그리고 대표자는 앞서나가는 사람이 아니라 먼저 경험하는 사람일 뿐이다. "정치를 직접 경험하게 하고 이를 순환시킴

---

16) 버나드 마넹, 곽준혁 옮김, 『선거는 민주적인가』, 2004, 후마니타스.
17) 그레 마리옹, 생또메 이브, 김택현 옮김, 『뽀르뚜알레그리: 새로운 민주주의의 희망』, 박종철출판사, 2005, 47쪽.

으로써 일반시민들이 정치적 주체로서 재형성되는 과정을 만드는 것"[18]이 풀뿌리 대의제도의 가장 중요한 목적이기 때문이다. 이처럼 풀뿌리 대의제도는 정치적인 의지와 의사를 순환시키고 경험을 공유하기 위한 장치로서 기능한다.

이런 점에서 풀뿌리민주주의의 전략은 이중적이다. 풀뿌리민주주의는 한편에서 기존의 대의민주주의체계의 대의와 질적으로 다른 대의를 발전시키려 하고, 다른 한편에서는 대의를 넘어선 직접행동[19]을 추구한다. 이 두 가지 전략은 일정한 긴장관계를 가지고 있고 그런 긴장을 통해 새로운 정치의 활력을 만들어 낸다(실제로 브라질의 참여예산제의 경우, 지속적으로 참여율이 올라가고 있다). 그러니 현대사회의 규모를 빌미로 풀뿌리민주주의를 거부하는 것은 '핑계'에 지나지 않는다. 풀뿌리민주주의 운동은 이미 현실에서 가능한 민주주의로 등장하고 있고, 기존의 정치관념이 가지는 직접과 대의라는 이분법을 뛰어넘어 새로운 정치의 장을 열고 있다.

그런데 한국사회에서 시민운동과 풀뿌리민주주의운동은 일정한 긴장관계를 맺고 있다. 한국의 시민운동은 중앙권력과 효율적으로 싸우기 위한 방식만을 추구하다 보니 주로 조직을 중심으로 발달되어 있고, 자치나 조직 자체에 대한 고민이 부족하다. 물론 조직과 단체를 중심으로 운동을 전개하는 것은 현실적인 필요이기도 하다. 그러나 바로 그렇기 때문에 그 조직과 단체가 어떤 목표를 어떤 과정을 통해 실현하는지가 매우 중요하다. 풀뿌리민주주의운동은 선험적으로 주어진 목표가 아니라 현실 속에서

---

18) 이기호, 『삶의 정치, 녹색자치와 여성: 지역정당 일본 가나가와 네트워크 운동의 사례』, 제1기 초록정치연대 지방자치학교 자료집, 2005, 67쪽.

19) 직접행동은 자신의 삶을 스스로 결정하려는 노력이고 그런 점에서 자치와 동일한 의미이다. 다만 직접행동은 그런 노력에서 새로운 대안을 생성하려는 행위의 의미를 강조하고 능동성을 중요한 특징으로 가진다. 이 능동성은 긍정/부정, 진보/보수라는 틀을 가로지른다. 특히 직접행동은 제도와 관련해 중요한 의미를 가지는데, 아무리 긍정적이고 진보적인 제도라 하더라도 제도를 운용하는 행위자가 능동적인 활력을 잃어버리면 부정적인 죽은 제도로 변할 수밖에 없기 때문이다(하승우, 『참여를 넘어서는 직접행동』, 한양대학교출판부, 2004, 19~21쪽 참조).

발현되는 구체적인 욕구에 바탕을 두고 목표의 효율적인 달성이 아니라 그 목표를 향해 다가가면서 드러나는 수많은 차이들과 그 차이들의 갈등, 수다와 대화를 통한 서로간의 이해를 강조한다. 그리고 이런 과정을 통해 정치의 행위자가 성장할수록 민주주의 역시 성장하고 강해진다.

4. 과정과 가능성으로서의 민주주의

이 글은 민주주의를 하나의 실체가 아니라 빈 장독으로, 그것도 밑바닥에 조그만 구멍이 뚫려 있어 계속 채우지 않으면 바닥을 드러내는 장독으로 이해하려 한다. 자연히 채우려는 노력이 없다면, 민주주의는 바닥을 드러내게 된다. 그리고 그 속에 무엇을 채울지는 선험적으로 주어지지 않고 그것을 채우려는 사람들의 욕구에 바탕을 둔다. 이처럼 열린 가능성으로 파악할 때, 민주주의는 완성된 이상이 아니라 구체적인 현실 속에서 성장하고 발전하는 틀이 된다. 민주주의는 때론 시행착오를 겪고 그 착오에 대한 책임을 지는 사람들 속에서, 그들의 삶과 생활 속에서 구현된다. 우리가 풀뿌리민주주의를 추구해야 하는 이유는 그것이 훌륭하고 완벽한 민주주의모델이기 때문이 아니라 어떤 삶을 살 것인가를 사람들 스스로 결정하고 책임지게 하기 때문이다.

풀뿌리민주주의운동의 가장 중요한 공헌은 대중과 엘리트의 능력이 다르지 않다는 점을 증명한 점에 있다. 충분한 시간과 정보가 주어진다면 대중은 스스로 판단하고 결정을 내릴 수 있고, 그런 과정을 통해 책임을 지게 된다. 설사 지식이나 이론적인 면에서 지금 당장 대중의 능력이 떨어진다 하더라도, 파편화된 개인이 아니라 하나의 공동체로서 토론하고 스스로 답을 찾아가는 과정에서 대중의 능력은 성장한다.

풀뿌리민주주의의 운동방식은 이미 충분히 알려져 있다. 가장 중요한 현실적인 과제는 대중이 첫 단추를 꿰는 것이고 처음으로 목소리를 내게 하는 과정이다. 개인의 자발성은 그 개인의 내면만이 아니라 그 개인이 위치한 사회적인 관계 속에서 형성되기도 한다. 그런 점에서 먼저 한 발을 내디딘 사람들의 고민은 분명히 좋은 영양분이다. 그러나 지나칠 경우 좋은 영양분은 사람의 행동을 굼뜨게 하고 비만을 불러오기도 한다. 그런 면에서 먼저 나간 사람의 신중함이 요구된다. 풀뿌리민주주의운동은 남에게 자율성을 되찾아주는 게 아니라 그 사람이 스스로 자율성을 회복하도록 돕는 노력이다. 그것은 은혜를 베푸는 활동이 아니라 스스로 삶의 목적을 찾아가도록 오히려 도움을 청하는 활동이다. 살아갈 방편을 마련해주는 게 아니라 살아갈 이유를 마련해주는 것이다. 지나친 도움은 주체를 나약하고 수동적으로 만들 수 있다.

보통 의견이 없는 것은 무관심해서가 아니라 그것을 표현할 방법을 몰라서이다. 현실을 주의 깊게 관찰해보면 소통하는 방법 자체를 모르는 사람들이 대부분이다. 가장 근본적으로 글을 모를 수 있고, 판단을 내리기 위한 구체적인 정보를 갖지 못했을 수도 있으며 토론 자체에 익숙하지 않을 수 있다. 그래서 학습과 훈련, 정보공개가 중요하다. 단순히 정보를 공개하거나 토론을 통해 결정하라고 당위적으로 외칠 게 아니라 사람들이 실제로 정보를 활용하고 토론하며 그 과정을 학습하고 공유할 수 있도록 시민학교나 예산학교 같은 프로그램들이 활성화되어야 한다. 그리고 그 프로그램들은 일방적인 가르침이 아니라 함께 공부하는 자리가 되어야 한다. 활동가는 전문적인 지식을 제공하는 한편, 주민들의 구체적인 욕구를 파악하고 그들에게 배워야 하며 주민들 스스로가 활동가가 되도록 도와야 한다. 그리고 이런 제도는 주민의 능동성을 뒷받침할 뿐이고 능동성을 유지하기 위해 끊임없이 변화되어야 한다.

이런 능동성을 뒷받침하는 데 있어 중요한 요소가 바로 우연성이다. 추첨과 제비뽑기 등 우연적인 방식이 풀뿌리민주주의의 제도에서 중심적인 역할을 담당해야 한다. 이런 우연성은 정치적인 야심이나 이해관계에 따른 파벌을 막을 뿐 아니라 사람들을 교체시켜 정치적인 책임성을 확산시

킨다. 우연성은 특정사람들만을 대표하게 되는 '대표의 한계'를 극복하도록
할 뿐 아니라 과학성과 예측가능성으로 무장된 '합리성과 계획성의 신화'에
서 벗어나도록 돕는다. 우연한 마주침과 만남이 주는 공명은 능동적인
활력을 제공한다.

   풀뿌리민주주의운동은 다양한 욕구를 가진 이질적인 행위자들이 우연
적이고 능동적인 방식으로 자치를 실현하고 그 경계를 확장하는 과정이다.
풀뿌리민주주의는 grassroots democracy이다. 여러 개의 풀뿌리들이 만들
어내는 민주주의는 결코 하나일 수 없다.

하승우(Ha, Seong-Woo) anar00@hanmail.net
경희대 강사, 시민자치정책센터 운영위원.
   주요 저서 및 논문으로는 『참여를 넘어서는 직접행동』, 『희망의 사회윤리 똘레랑스』,
『풀뿌리는 느리게 질주한다』(공저), 「대의제 민주주의 한계와 협의정치의 가능성」, 「아나키
즘의 현대적 재해석」, 「알리바이, 죽음, 공간의 복원」, 「사회주의와 시장경제체제」 등이
있고 번역서로 『아나키스트의 초상』이 있다.

1871년 파리코뮌과 시민사회
아렌트와 마르크스의 논의를 중심으로

채진원

1. 머리말

1871년 파리코뮌이 붕괴한 이후, 역사가와 이야기꾼 및 정치가 들은 그것의 정치적·사회적 특징에 대한 해석을 둘러싸고 논란을 벌였다.[1] 특히 마르크스주의자들은 이것을 이른바 '폭력혁명론'에 근거한 '프롤레타리아독재론'의 모델로 사용하였다.[2]

그러나 이같은 견해에 대해 루즈리(Jacques Rougerie)는 마르크스주의자들에 의해 일관되어온 이데올로기적 해석, 즉 코뮌이 '20세기 사회주의혁명의 선구자'라고 보는 데 비판을 가하면서 객관적인 역사평가의 필요성을 강조하였다.[3] 루즈리는 기존의 코뮌해석이 파리민중들, 즉 코뮈나르(le

---

1) 문지영, 「1871년 빠리꼬뮌(Paris Commune)의 역사적 성격」, 숙명여자대학교 대학원 석사학위논문, 1987, 2쪽.
2) 김성연, 「파리콤뮨 연구: 프롤레타리아독재론과의 관련성을 중심으로」, 이화여자대학교 대학원 석사학위논문, 1987, 61쪽.
3) 문지영, 앞의 글, 2쪽.

communard)들의 신념 내지 생각을 사회경제적 상황의 직접적 결과로
유추하여 지나치게 계급의식적인 것으로 보거나, 아니면 전혀 계급적이지
않고 1870~71년 보불전쟁이라는 상황에 따른 오로지 애국적이거나 공화
주의적인 것으로만 바라본 것으로, 이 둘 다는 코뮈나르의 신념 내지
생각을 그 자체 자율적인 연구대상으로 본 것이 아니라 사회경제적인
상황이나 주변정세에 직접적으로 종속된 것으로 바라보고 있다는 데서
출발한다.[4]

루즈리는 "파리코뮌에서는 이전의 다른 혁명에서처럼 인민과 함께 '시
민'(citoyen)이란 말이 사용되고 있었고, 코뮈나르는 언제나 서로를 부를
때 '시민'이란 호칭을 사용하였다"며, 코뮈나르의 정체성을 시민권행사와
결사의 원칙을 중심으로 한 "시민, 즉 진정한 공화국의 훌륭한 시민"에서
찾았다.[5]

그렇다면 아렌트(H. Arend)와 마르크스(K. Mark)는 근대혁명사의
한 사건인 1871년 파리코뮌을 어떻게 해석하고 이해하고 있는가? 공교롭
게도 아렌트와 마르크스의 인식은 시대를 초월하여 1871년 파리코뮌에
대해 행위와 정치공동체의 관점에서 많은 비중을 두고 극찬하고 있다는
점에서 대체로 유사하다. 아렌트는 자발적 정치공동체로서의 파리코뮌을
'새로운 정부형태'와 '진정한 공화국'(authentic republic)이란 개념사용을
통해 정치적 동물로서 인간 삶의 본령으로 강조하고 있는 정치행위(praxis,
action)[6]를 통해 인간의 다원성(plurality)을 드러내고 정치적 공존을 추진
했던 공적 영역[7]의 흔적으로 보고 있다. 마르크스 역시 파리코뮌을 인간

<ol start="4">
<li>현재열, 「1871년의 파리코뮌과 결사(association)의 원칙」, 『프랑스연구』 3집, 2000,
77쪽.</li>
<li>같은 글, 100~101쪽.</li>
<li>프락시스(praxis)의 개념과 그 의미를 사용하는 사람에 따라 분명하게 전달하기 위하여,
아리스토텔레스의 경우엔 프락시스(praxis)로, 아렌트의 경우엔 행위(praxis, action)로
하되 문맥에 따라 타인에게 드러나는 공적인 의미나 정치적 관계를 강조할 경우 정치행위
(praxis, action)로 표현하며, 마르크스의 경우엔 실천행위(Praxis)로 구별하여 표현한다.</li>
<li>아렌트에 의하면, 공적 영역(public realm)은 인간이 말과 행위(praxis, action)를 통해</li>
</ol>

실천행위(Praxis)에 의해 열린 공간인 게마인베젠(Gemeinwesen)[8]의 의미대로 이해하면서, 이것을 '궁극적으로 발전한 정부형태'와 '진정한 사회공화국'(social republic)으로 이해하고 있다.

이 글에서는 1871년 파리코뮌에 대한 아렌트와 마르크스의 견해와 함께 그 유사성과 차이성의 연원 그리고 이에 대한 정치적 함의를 살펴보고자 한다.

2. 아렌트의 논의

아렌트는 고대폴리스에 비견할 만한 정치의 형식을 근대혁명사에서 발견하려고 노력하였다. 아렌트는 자발적인 정치체 구성의 역사로 1871년 파리코뮌, 러시아혁명(1905, 1917)의 소비에트, 독일혁명(1918~19)의 레테, 헝가리혁명(1956)의 평의회 등을 예로 들고, 이에 대해 근대혁명사가 우리에게 보여준 '정치의 새로운 형식'이라고 평가하면서 이것을 평의회체제의 역사라고 하였다.[9] 특히 아렌트는 평의회들의 공통된 특징을 "평의회

자신의 인간됨의 정체성을 적극 드러낼 때 형성되는 정치적 공간으로, 삶의 필연에 따른 인간의 활동인 노동(labor)과 작업(work)이 드러나는 사적 영역(private realm)과 구별하여 필연을 넘어선 공적인 자유의 영역을 말한다.

8) 독일어 Gemeinwesen은 사전적인 의미로 공동의 본질, 공동존재, 공동체, 공동체국가, 공공단체, 공공조직이라는 뜻인데, 마르크스는 자신의 주저서인 『유태인문제에 대해서』 『헤겔법철학 비판』 『경제학철학 수고』 『정치경제학비판 요강』 등에서 '개인'과 '사회'의 관계와 성격을 설명하기 위해 공동체란 뜻의 게마인베젠(Gemeinwesen, communal being) 이라는 용어를 사용하고 있다. 개인은 ein Gemeinwesen이며, 그가 살아 활동하는 사회복합체는 das Gemeinwesen이다. 마르크스는 이 용어를 인간의 유적 성격을 강조하여 표현하기 위해서 사용했으며, 특히 헤겔의 stände 개념과 대립되는 개념으로, 근대적 현상인 국가와 시민사회의 분리와 대립을 지양하는 대안적 공동체 개념으로 사용하였다. 마르크스는 로만스어인 Kommune보다는 게르만어인 Gemeinwesen를 선호했는데, 이것은 1875는 엥겔스가 베벨(Bebel)에게 한 권고에서 "따라서 국가(Státe)라는 말 대신 꼭 친숙한 독일어인 Gemeinwesen이라는 말을 쓸 것을 제안하는 바입니다. 이것은 프랑스어 공동체(commune)와 같은 뜻이기도 합니다."(엥겔스, 김세균 감수, 『엥겔스가 쯔비까우의 아우그스트 베벨에게』, 칼 맑스 프리드리히 엥겔스 저작선집 4, 박종철출판사, 1992, 458쪽).

9) H. Arendt, *Crises of the Republic*, New York: Harcourt Brace, 1968, pp. 231~32.

가 형성되는 과정의 자발성"[10]이며, "자유의 공간으로서 평의회는 지상의
천국, 무계급사회, 사회주의 또는 공산주의식의 형제애라는 꿈이 아닌
진정한 공화국"[11]이라고 하였다.

아렌트는 1871년 파리코뮌에 대해, 『인간의 조건』(*The Human Condi-
tion*)과 『혁명론』(*On Revolution*)에서 '정치적 노동운동'의 경험적 사례로
그리고 근대 이후 혁명사에서 주기적으로 출현했던 인민들의 자발적 결사
체인 평의회체제의 흐름으로 재구성하면서 "혁명정당 외부에 존재하는
자발적 인민기구로서 또한 혁명정당 및 그 지도자들이 전적으로 예기치
못한 자발적 인민기구"[12]로 이해하고 있다.

아렌트는 『인간의 조건』에서 노동운동의 성격에 대해 매우 독특한 판단을
내리고 있다. 즉 인간의 삶의 양식을 테오리아(theoria), 프락시스(praxis),
포이에시스(poiesis)로 구분한 아리스토텔레스의 전통을 수용하여 노동
(labor), 작업(work), 행위(praxis, action)로 구분하고 이것에 조응하는
영역으로 경제적 노동운동인 노동조합운동과 정치적 노동운동으로 나누어
그 차이를 비교하였다. 즉 아렌트는 노동(labor)을 정치적인 행위(praxis,
action)와 구별되는 '반(反)정치적인 것'(antipolitical)으로 규정하는 동시
에 근대사회로 통합되는 노동계급의 이해와 사회적 특권을 변호하고 싸우는
'노동조합운동'을 작업(work)의 영역으로, 즉 정치적이지도 않고 혁명적이
지 않은 '비(非)정치적인 것'(unpolitical)으로 규정하고 있다.[13]

그러면서도 아렌트는 1848년의 프랑스혁명에서 1956년의 헝가리혁명
에 이르기까지 유럽의 노동계급이 노동자의 사회적·경제적 극단적인
요구의 문제를 해결한 '경제·사회적 노동운동'이 아니라 오로지 '새로운

---

10) H. Arendt, *On Revolution*, New York: Viking Press, 1963(아렌트, 홍원표 옮김, 『혁명론』,
　　한길사, 2004, 400쪽).
11) 같은 책, 403쪽.
12) 같은 책, 383쪽.
13) "작업(work)은 비정치적(unpolitical) 방식의 삶이지만, 결코 반정치적(antipolitical) 삶은
　　아니다. 반정치적인 것은 오히려 노동(labor)이다."(H. Arendt, *The Human Condition*,
　　Chicago: The Univ. Chicago Press, 1968, p. 212).

정부형태'의 형성을 통해 공적 자유를 드러낸 것만이 '정치적인 노동운동'[14]
이라고 판단하면서 전자와 구별하고 있다. 아렌트는 1871년 파리코뮌을
자코뱅당이 시도했던 1789년 프랑스혁명과 비교하여 그 차이성을 부각하
고 있으며, 그 차이성을 "혁명의 목적이 자유이고, 반란의 목적이 해방"[15]이
라고 구분하여 자유와 해방의 의미를 차별화하고 있다. 이같이 구분하는
이유는 해방은 인간 삶의 필연성의 영역인 노동과 작업에서 빚어지는
빈곤과 전제정 등 필연의 영역에서 벗어나는 것을 의미한다고 보았기
때문이고 자유는 행위가 발현되는 공적 공간에서의 자유와 공적 행위를
의미하기 때문이다. 여기서 자유는 해방 속에서 내포된 '개인적 자유'
(liberty)가 아닌 동등한 사람 사이에서 공동행위와 공동권력을 창출하는
과정에서 느끼는 공적 자유(public freedom)를 말한다.

아렌트가 1789년 프랑스혁명이 '자유'가 아니라 '해방'이라고 보았던
이유는 혁명과정에서 자코뱅당과 로베스피에르가 시도했던 것처럼 사회
적 빈곤해결과 그 목표를 이루기 위해 필연적으로 인간의 다원성을 무시하
는 폭력과 공포라는 비정치적인 행위를 동원했기 때문이다. 즉 프랑스혁명
이 초기에는 공적 자유의 실현을 위한 정치혁명을 목표로 하였지만, 로베스
피에르 이후에는 사회적 빈곤문제 해결 등 시민들의 사적 자유를 위한
사회해방에 주력하여 결국 진정한 공적 자유를 목표로 하는 정치혁명에는
실패하였다는 것이다. 아렌트는 프랑스혁명이 '정치혁명'에 실패했음에도
불구하고, 프랑스혁명 이후 헝가리혁명 이외에 대다수 현대혁명은 프랑스
혁명을 모델로 하였다[16]고 비판하였다. 그러면서도 이와는 반대로 자유를
위한 정치혁명의 첫 사례로 정치적 노동운동의 결과로 등장한 1871년
파리코뮌을 공적 자유가 실현되었던 '정치혁명'으로 평가하였다.

그리고 아렌트는 1871년 파리코뮌의 경험처럼 '새로운 정부형태'라는

---

14) 같은 책, p. 216.
15) 아렌트, 앞의 책, 241쪽.
16) 같은 책, 45쪽.

이름으로 발현되었던 '정치적인 노동운동'과 대칭되는 개념인 '경제·사회적인 노동운동'에 대해서도 "노동조합은 사회를 대표하는 정치제도를 개혁함으로써 사회개혁을 바랐다는 점에서 결코 혁명적이지 않았다"고 지적하고 있다. 또한 이 과정에서 "'노동계급의 정당'은 거의 대부분 이해관계 정당이었으며 다른 사회계급을 대표하는 이익정당과 결코 다르지 않았다"고 비판하고 있다.[17] 이와 같이 비판하는 이유는 아렌트가 노동운동의 경제·사회적 동기를 부정하거나 정당의 역할을 무의미한 것으로 보려는 것이 아니라, 오히려 노동조합과 당이 "결국 노동계급의 근대사회로의 통합, 특히 경제적 보장, 사회적 위신 그리고 정치적 힘의 엄청난 성장"에 일정 부분 기여했음에도 불구하고 인간의 정치적 행위가 드러나는 새로운 정치적 공간을 창설하는 것을 포기했다는 점에서 혁명적이지 않았다는 것을 부각하기 위한 것이다.[18]

아렌트가 이같이 노동운동을 성격에 따라 두 가지 형태로 구별했던 이유는 인간의 경제적인 삶의 영역인 노동과 정치적인 삶의 영역인 정치행위를 구별하고 있고, 따라서 '노동의 해방'(경제적인 것)과 '노동자계급의 정치적 자유'(정치적인 것)를 구별하고 있기 때문이다. 아렌트가 보기에, 노동운동의 초기단계에서 노동자의 열정은 아주 열악한 상황에서 획득한 경제적 이익을 보호해줄 뿐만 아니라 성숙한 정치투쟁을 할 수 있는 유일한 집단이라는 점에서 "인간으로서 말하고 행위(praxis, action)하는 유일한 조직"으로 노동운동의 정치적·혁명적 역할을 새로운 정치적 공간을 창설하는 데 그 비중을 두었다는 것이다. 그러나 오늘날에는 다른 이익집단과 마찬가지로 경제적 기득권과 사회적 특권을 요구하고 있어 노동운동의 정치성(the political)을 상실하고 있다는 것이다.[19] 한마디로 노동운동이

---

17) 안 아미엘, 「아렌트, 마르크스 그리고 노동운동」, 『시민과세계』 창간호, 당대, 2002, 410~25쪽.
18) 같은 글, 414쪽.
19) Arendt, 앞의 책, 1968, pp. 218~19.

1871년 파리코뮌, 1917년 러시아소비에트, 1956년 헝가리평의회 등의 경험처럼, 정치적 자유를 위한 정치공동체의 창설이 아니라 더 많은 임금과 여가시간만을 위해 존재하는 경제적인 이익운동으로 전락하였다는 것이다.

또한 아렌트는 혁명의 역사 속에서 새로운 정부형태를 제시했던 정치적 노동운동과 혁명의 경험이 있었음에도 불구하고, 역사적으로 대의기구인 혁명정당의 이해와 인민들의 자발적인 결사체(파리코뮌, 소비에트, 인민의회, 평의회)가 대립·갈등할 경우, 인민들의 자발적 결사체가 항상적으로 패배했다"[20]고 비판하였다. 그 단적인 예로 프랑스대혁명 당시 자코뱅당의 국민의회가 파리코뮌의 주체인 인민협회를 탄압한 것[21]과 러시아 볼셰비키당이 혁명적 소비에트를 무력화했던 예[22]를 들고 있다. 아렌트가 보기에, 인민들의 자발적 결사체가 실패한 이유는 프랑스대혁명의 결과로 등장한 근대국민국가와 이것의 대의제적 기반인 정당체제와 관료제의 구축 그리고 혁명정당들과 혁명가들이 평의회를 정치의 새로운 형식으로 이해하지 않고 무시한 결과였으며, 아울러 정당들이 추구한 정치가 인간의 정치행위가 아니라 작업의 영역에 해당하는 '지도' '조직화' '관료화' 등의 도구적 정치행태의 만연 때문이었다.

3. 마르크스의 논의

마르크스는 게마인베젠(Gemeinwesen)에 대해, 『유태인 문제에 대하여』에서 "인간이 자신의 '본래의 힘'(forces propres)을 사회적 힘(gesell-schaftliche Kräfte)으로 인식하고 연대하여 사회적 힘들이 더 이상 남을 지배하는 정치적 힘(politische Kraft)이라는 모습으로 인간 자신으로부터

---

20) 같은 책, p. 216.
21) 아렌트, 앞의 책, 380쪽.
22) 같은 책, 394쪽.

분리되지 않는 인간해방(공적 자유)의 상태"라고 하였다.

게마인베젠의 의미는 1871년 파리코뮌에 대한 그의 인식에서 더욱 강조되어 드러나고 있는데, 마르크스는 『프랑스내전』에서 "코뮌제도는 사회의 자유로운 운동을 희생시켜 생존하고 또한 이를 방해하는 국가라는 기생충에 의하여 여태까지 흡수된 모든 힘을 사회에 복원시키는 것이었다고 하였다."[23] 마르크스가 보기에, 파리코뮌은 "프롤레타리아에 의해 2월 혁명에서 예고된 '사회공화국'의 외침처럼, 군주정형태의 계급지배뿐만 아니라 계급지배 그 자체까지 대체하려는 공화국에 대한 어렴풋한 열망을 표현한 것"으로 "코뮌은 그러한 공화국의 진정한 형태"였으며 "군주정에 대한 직접적인 안티테제가 파리코뮌"이라고 판단하였다.

마르크스는 코뮌제도의 성격에 대해 군주정과 비교하면서 "코뮌은 파리 시의 다양한 각 구에서 보통선거로 선출되어 시민에게 책임을 지며 즉시 소환 가능한 시의원들로 구성되었다. …그 성원의 다수는 당연히 노동자 또는 노동계급의 공인된 대표들이었다"며 따라서 "코뮌은 의회기구가 아니라 '활동하는 행정부인 동시에 입법부'였다"고 이해하였다. 여기서 '활동하는 행정부인 동시에 입법부'란 의미에 대해, 마르크스는 경찰공무원 등 행정부서의 관료주의를 예를 들어 설명하고 있는데 "경찰은 중앙정부의 하수인으로 계속 남았던 것이 아니라 즉각 그 정치적 속성을 벗게 되어 책임감이 있고 언제든지 소환 가능한 코뮌의 집행인으로 바뀌었다. …코뮌의 의원을 필두로, 공직은 노동자들의 임금수준에서 수행되었으며, 국가고관의 기득권과 판공비는 그들의 특권과 함께 사라졌다"고 보고 있다.

즉 파리코뮌은 투쟁과정(정치행위의 과정)에서 구정부가 갖고 있었던 물리력요소인 상비군과 경찰 그리고 인간을 억압했던 행정력과 정치력을 인간의 자발적이고 역동적인 활동력인 실천행위(Praxis)로 대체하여 자발적인 인간의 힘의 공간[24]을 드러냄으로써, 기존의 부정적 의미의 근대적

---

23) 마르크스, 임지현 옮김, 『프랑스내전』, 마르크스 혁명사 3부작, 소나무, 1989, 346쪽.
24) 아렌트와 마르크스의 견해의 유사점은 정치공동체를 구축하고 유지하는 힘인 '권력'이라는

국가권력의 속성을 제거 또는 분쇄하였다는 것이다.[25] 마르크스가 보기에, 파리코뮌은 기존의 국가기구를 폐지함으로써 비용이 적게 들고 민주적인 정부를 수립하였다.[26]

또 마르크스가 보기에, 파리코뮌의 보통선거와 국민소환제도는 사회 전반의 민주적 운영의 요체였다.[27] 그러나 결정적으로 앞에서 언급한 '값싼 정부'나 '진정한 공화정'도 파리코뮌의 궁극적인 목표는 아니었고, 그것은 단지 부속물이었다는 것이다. 코뮌의 '진정한 비밀'은 "노동에 대한 경제적 해방이 이루어질 궁극적으로 발전된 정부"라는 것인데, 이것은 인간의 정치적 행위가 발현된 공간인 게마인베젠하에서 노동은 더 이상 '소외된 노동'이 아니라 그것을 지양한 '해방된 자유로운 노동'이라는 것이다.[28] 또한 "코뮌의 위대한 사회적 조처는 코뮌 자체가 행동으로 존재한다는 것"이며 "코뮌의 개개 조치들은 인민에 의한 인민정부의 성향을 예시하고 있다"는 것이다.[29]

파리코뮌의 교훈에 대해서 마르크스는 『공산당선언』의 1872년 「서문」에서 "1848년의 『공산당선언』에 나타난 강령은 일부 세부적인 면에서 시대에 뒤처져 있다"고 비판하면서 그 이유는 "코뮌에 의해 증명된 것인데, 즉

개념에서도 나타난다. 아렌트는, 권력은 폭력과 다르게 행위(action)의 가능성이 열려 있는 곳에서, 즉 사람들이 함께 살아간다는 사실에서 발생하므로 개인에게 속하는 것이 아니라 사람들이 함께 행위할 때 생겨나는 잠재적인 약속의 힘("권력이라는 단어는 그리스어 '가능태'(dynamis)가 동의어고 근대에 다양한 파생어를 가지고 라틴어 포텐치아(potentia) 또는 독일어 마흐트(Macht, 이 단어는 '만들다'는 뜻의 machen이 아니라 '할 수 있다' 또는 '원한다'의 mägen과 möglich의 파생어다)와 유사한데, 이 단어들은 모두 현상의 '잠재적' 성격을 의미한다." Arendt, 앞의 책, p. 202)이라고 이해하고 있다. 마르크스에게서도 힘(Macht)은 인간을 강제하는 외적인 힘(Gewalt)이 아니라 자연스런 인간들 사이의 교류와 결사의 힘(마르크스, 김대웅 옮김, 『독일이데올로기』, 두레신서, 1989, 80~81쪽)이며, 다시 말해서 마르크스에서 정치적인 힘은 '근대적 정치'(Politics)나 '근대국가'(State)가 아니라 인간들 사이의 교류와 결사 그리고 연대하는 힘으로 드러난다.

25) 『프랑스내전』, 343~44쪽.
26) 같은 책, 347쪽.
27) 같은 책, 345~46쪽.
28) 같은 책, 347~48쪽.
29) 같은 책, 353쪽.

노동계급은 단순히 기존의 국가를 장악하여 그 자신의 목적을 위해 이를 사용할 수 없다"고 분석하였다. 이어서 「1871년 4월 12일 쿠겔만에게 보내는 서한」에서도 "나의 『브뤼메르 18일』의 마지막 장을 보게 된다면, 프랑스혁명의 다음 과제는 더 이상 전처럼 관료적·군사적 기구를 '교체'(민주적으로 교체)하는 것이 아니고 이를 '분쇄'하는 것이며, 이것이 대륙에서의 모든 진정한 민중혁명에 필수적인 것이라는 나의 언급을 발견하게 될 것"[30]이라고 거듭 강조하였다. 여기서 "관료적·군사적 기구를 교체하는 것이 아니고 이를 분쇄한다"는 것의 의미는, 게마인베젠의 의미대로 인간관계의 물질적인 전도(소외)현상인 근대적 국가권력과 관료제를 인간의 실천행위(Praxis)를 통해 인간관계와 인간의 활동을 본래대로 복원시켜 정상화시킨다는 개념이다. 여기서 마르크스가 자코뱅당의 프랑스혁명모델이 아니라 1871년 파리코뮌을 모든 진정한 민중혁명의 필수적인 정부형태로 보고 있는 것은 1789년 프랑스혁명을 실패한 혁명이라고 보고 그 이후 혁명이 프랑스혁명모델을 좇아서 실패했다고 보고 있는 아렌트의 견해와 유사하다.

다시 말해서 마르크스는 국가와 시민사회가 분리된 근대라는 조건을 무시하고 고대적 공화주의노선을 고집한 자코뱅당이 국가권력 장악과정과 장악 이후에서 폭력과 테러리즘을 동반하여 자발적 정치공동체를 탄압하여 프랑스혁명을 실패한 것으로 이끌었던 오류를 비판하고 있다.[31] 즉 혁명의 과정에서 노동자정당이 국가권력을 장악하기 위해 인민들의 자발적인 결사체와 대립·갈등하고 결국에는 자발적인 결사체를 탄압함으로써, 노동자정당이 보편적인[32] 정치체[33]가 아니라 '이익정당'[34]으로

---

30) 같은 책, 340쪽.
31) 마르크스, 김세균 감수, 『신성가족 혹은 비판적 비판에 대한 비판: 브루노 바우어와 그 일파에 반대하여』, 칼 맑스 프리드리히 엥겔스 저작선집, 박종철출판사, 1992, 111쪽.
32) 마르크스, 김세균 감수, 『독일이데올로기』, 칼 맑스 프리드리히 엥겔스 저작선집, 박종철출판사, 1992, 228쪽 참조.
33) 같은 책, 251쪽.
34) 마르크스, 김세균 감수, 『공산주의당선언』, 칼 맑스 프리드리히 엥겔스 저작선집, 박종철출판사, 1992, 411쪽.

전락했던 시도를 비판하고 있는 것이다.

4. 유사성과 차이성의 연원

아렌트와 마르크스는 똑같이 고대 아리스토텔레스의 철학적 전통에 그 연원을 두고 인간의 정치적 실존공간을 공적 영역과 게마인베젠으로 재구성하고, 그것의 발현현상을 고대의 폴리스와 근대의 혁명적 공간인 1871년 파리코뮌에서 찾고 있다는 점에서 그 어떤 사상가들보다도 유사성이 강하다. 특히 역사 속에서 등장한 혁명을 구분하는 기준과 사용하는 개념도 조금은 다르거나 정반대로 사용하고 있음에도 불구하고 그 맥락의 의미는 유사하다. 아렌트가 혁명의 구분을 '사회혁명'과 '정치혁명'으로, 마르크스가 '정치혁명'과 '인간해방'으로 나누고 있지만, 그 의미를 볼 때 아렌트의 '사회혁명'의 의미는 마르크스에게 있어서 '정치혁명'에 가깝고, 아렌트의 '정치혁명'의 의미는 마르크스에 있어서는 '인간해방'의 의미에 가깝다.

이상의 논의에서 보면, 아렌트와 마르크스가 많은 부분에서 유사성이 있지만 차이성도 있는 것이 사실이다. 이것은 그들이 아리스토텔레스의 철학적 연원인 theoria, praxis, poiesis 관계, 즉 theoria에 의한 praxis 지배관계, praxis에 의한 poiesis 지배관계의 긴장을 어떻게 수용하고 있는가 하는 견해의 차이에서 연원하는 것이다. 결국 이것은 아리스토텔레스와 아렌트의 관계, 아리스토텔레스와 마르크스의 관계 그리고 아렌트와 마르크스의 관계를 살펴봄으로써 드러난다.

첫째, 아리스토텔레스와 달리 아렌트와 마르크스는 theoria에 의한 praxis의 위계적 지배관계에서 벗어나 praxis와 theoria의 평등한 상호연관과 상호작용을 강조하고 있다는 점에서 유사하다. 즉 아렌트에게서는 인간의 활동적 삶인 행위(praxis, action)와 정신적 삶인 판단 간의 상호작용행위로 드러나며, 마르크스에게서도 praxis와 theoria 간에 상호작용을 한다는 의미의 실천행위(Praxis), 즉 '프락시스 같은 테오리아'로 드러난다.

둘째, 활동적 삶의 두 공간인 praxis와 poiesis의 위계적 지배관계에서 아렌트와 마르크스의 시각은 근본적으로 다르다. 아렌트가 아리스토텔레스의 구분대로 praxis에 의한 poiesis의 지배관계를 수용하여 노동, 작업, 행위라는 현대적 관계로 재현해서 위계질서를 구분하고 있다는 점에서, 아렌트와 아리스토텔레스는 유사하다.

셋째로, 마르크스는 아렌트와 아리스토텔레스와 달리 praxis에 의한 poiesis의 지배관계를 수용하지 않고 비판하여, praxis와 theoria의 관계를 상호연관과 상호작용을 강조하는 것과 마찬가지 차원으로, praxis와 poiesis의 관계도 수평적인 차원에서의 상호작용으로 이해하고 있다. 즉 '프락시스 같은 포이에시스', 역으로 '포이에시스 같은 프락시스'를 강조하고 있는 것이다. 이것의 관계는 마르크스에게, '소외된 노동' 영역인 poiesis와 이를 지양하는 영역인 praxis 그리고 praxis가 발현된 정치공동체인 게마인베젠에서의 poiesis 형태가 더 이상 '소외된 노동'이 아니라 '자유로운 노동'으로 드러난다는 점이다. 결과적으로 마르크스에게 theoria, praxis, poiesis 관계는 각각의 영역은 자율성을 갖되, 서로 연관되어 있고 상호 작용함으로써 새로운 변화를 이끌어내고 있다. 마르크스는 헤겔의 '주인-노예 인정투쟁의 변증법'을 비판적으로 수용하여 '가치'개념을 결여한 아리스토텔레스를 비판[35]함으로써 poiesis의 영역을 인정하고 있되, 그 자기모순의 지양(새로운 종합)인 praxis로 나아갈 수 있는 길을 새롭게 규정함으로써, poiesis를 praxis 시작의 조건으로 이해하고 있다. 따라서 praxis 조건하에서의 poiesis를 praxis 같은 poiesis로 이해하고 있다는 점에서, 이를 인정하지 않는 아렌트나 아리스토텔레스와 근본적으로 차이가 있다.

이상의 논의에서, 아렌트와 마르크스가 공통적으로 사용하고 있는 용어

---

35) 마르크스, 김수행 옮김, 『자본론』, 비봉출판사, 1989, 74~76쪽.

인 '노동'과 '노동해방'을 이해한다면, 그 의미하는 바가 극명하게 드러난다. 아렌트에게 '노동'과 '노동해방'은 '정치적 노동운동'을 예외로 한다면, 여전히 poiesis의 영역이고 비정치적인 것이다. 하지만 마르크스에게서 '노동'과 '노동해방'은 '소외된 노동'을 극복하고 자신의 자유를 되찾는다는 의미에서 실천행위영역으로, 정치적인 것으로 이해된다. 이것은 구체적으로 '노동해방'을 아렌트가 자연적 필연성으로부터의 해방, 소비로부터의 해방, 신진대사로부터의 해방[36] 등 생물학적이고 경제적인 의미로 매우 한정적으로 사용하는 반면에, 마르크스가 자연과 인간의 조화 및 인간관계의 변혁과 자유확대를 포함한 인류학적이고 정치·경제·사회적인 의미로 매우 넓게 사용하고 있다는 점에서도 드러낸다. 이같은 차이는 결국 현실에서 정치적인 것을 부활하기 위한 노선상의 차이로도 나타난다. 아렌트가 노동, 작업, 행위를 구분하고 이들의 경계선을 강조하는 급진적인 분리견해를 사용하는 반면에, 마르크스가 노동, 작업, 행위의 구분을 인간의 실천행위를 통해 혁명적으로 중첩화시키는 융합견해를 사용한다는 점이다.

이 양자의 견해는 현실의 많은 것을 설명해줌에도 불구하고, 오해와 시행착오를 내포할 가능성이 있다. 이것은 아렌트가 노동을 반정치적인 것으로, 노동조합운동을 비정치적인 것으로 구분하면서도, 1871년 파리코뮌을 정치적 노동운동과 정치적인 것으로 긍정적으로 이해하고 있다는 것을 무시하는 것으로 나타날 수 있다. 이것은 노동하는 노동자가 어떻게 '경제적 노동운동'에서 '정치적 노동운동'으로 나아갈 수 있으며, 역사적으로 아렌트가 말하고 있는 근대사의 '정치혁명'이 어떻게 가능했는가 하는 경로에 대한 물음에 답할 수 없는 오류를 범하게 된다. 마찬가지로 poiesis를 지양하기 위한 실천행위와 정치행위가 공적 영역에 드러나지 않는다면, poiesis와 praxis의 차이가 구별되지 않음으로써 '소외된 노동'에 대한 찬양을 불러올 수 있다. 즉 이것은 '소외된 노동'을 정당화하는 전체주의적

---

36) Arendt, 앞의 책, p. 131.

정치행위와 국가사회주의를 불러오는 배경이 되는데, 이는 실천적으로
'소외된 노동'과 '노동'(allgemeine Arbeit) 그리고 '노동해방'(freedom)의
차이를 무시하고 '근대화된 임노동 개념'으로 환원시키고, 지양의 대상인
'편협한 노동자의 계급이익'을 '보편적인 노동자의 이익과 정치성'으로
둔갑시키는 오류의 가능성이 있다.

5. 맺음말

이 글에서는 아렌트와 마르크스에 있어서 서로 이질적으로 보이는 문제,
즉 그들이 말하고 있는 '행위'와 '정치공동체'가 1871년 파리코뮌을 통해서
상관성이 있음을 강조하고 있다. 이상의 논의가 한국의 현실정치영역인
진보정당, 노동운동, 시민사회운동에 주는 정치적 함의는 무엇인가?

공적 영역의 부활에 대해 아렌트가 소유개념의 연원을 물신화된(근대화
된) 인간과 인간관계의 법률적 표현인 소유권(Eigentum)과 재산권(property right) 그리고 그것의 연장선인 배타적 주권(sovereignty)에서 찾지
않고, 물신화되기 전의 고대적 형태의 특징인 '인간 삶의 공간'(political
space)에서 찾고 있는 것처럼, 사적 소유의 지양과 게마인베젠 부활의
의미를 근대적인 법률형태가 아니라 인간됨의 정치적 조건이자 행위의
공간(location, space, public) 개념, 즉 세계개념으로 확장하여 되살려내
는 것이다.

이것은 새로운 정치공동체 창설을 향한 노동운동의 정치성을 회복하는
것이며, 더 이상 노동자정당의 이해가 인민들의 자발적인 결사체와 대립·
갈등하거나 정치적인 것이 항상 패배하지 않도록 하는 특별한 조치를
추진한다는 점에서 '이익정당'에서 벗어날 필요가 있음을 의미한다. 또한
노동자정당이 노동자들의 정치적 결사체운동(평의회운동)과 시민들의
자치운동(주민참여운동)을 적극 옹호할 것과 함께 시민(노동자)을 의회

주의정당의 투표자로 전락시키지 않도록, 즉 대의민주주의의 한계로부터 벗어나기 위해 '평의회적 행위공간의 창출'과 자발적 결사체와의 적극적인 연대 등 제3의 정치공간을 적극 창출해야 함을 말한다. 아울러 시민운동의 정체성을 근대적 정치(politics)를 보조하는 의미가 아니라 지양한다는 의미에서 '정치적인 것'(the political)으로 재정립할 필요가 있다. 따라서 '참여'의 의미도 어떤 목적을 달성하기 위한 동원적인 개념인 도구적인 수단이거나 대의민주주의를 보완하는 보족적인 '참여민주주의'가 아니라 탈도구적이고 탈대의제적인 개념으로, 즉 시민들 자신의 정체성을 말과 행위를 통해 공적 영역에 드러내는 자기목적적인 행위라는 의미에서 appearing으로 적극 해석할 필요가 있다. 왜냐하면 시민사회운동이 지난 16, 17대 총선 전후과정에서 시민운동의 대표자들과 활동가들이 제도정치권에 들어감으로써 보수정당의 수혈대상이 되거나, 낙천낙선운동 및 물갈이운동을 전개함으로써 시민운동과 시민운동가들이 새로운 정치(the political)를 포기하고 제도정치를 정당화해주거나 합리화해주는 보조단체로 전락하거나 그렇게 판단했던 오류를 노출했기 때문이다. 특히 제도정치의 보조로 화한 시민사회운동의 극치는 대표적인 시민단체인 참여연대가 2004년 4월 15일 17대총선을 앞두고 발생한 '노무현 대통령 탄핵사태'에서 보여준 '친노무현 대통령-친열린우리당적 태도'에서 극명하게 드러나는데, 이것은 참여연대가 자신의 행위가 가져올 결과에 대해 '정치적 판단'을 하지 않고, 판단 불능상태에 빠졌다는 것을 보여주었기 때문이다.

채진원(Chae, Chin-Weon) ccw7370@hanmail.net
민주노동당 의정정책실장.
　　주요 저서 및 논문으로는 「아렌트와 마르크스에 있어서 행위와 정치공동체」, 「17대 6월 국회의 쟁점과 전망」, 「국회의원 특권폐지와 국회개혁 방안」, 「민주노동당 17대 정치개혁 방안」, 「민주노동당의 민생정치 모색」 등이 있다.

Citizens and World

No. 8(The first half 2006) by Institute for Participatory Society

(C o n t e n t s)

정기구독안내

참여사회연구소와 당대출판사에서 발간하는
『시민과세계』는 여러분께서 일년에 두 번 만나실 수
있는 반년간지입니다.

정기구독을 신청해 주세요. 시민사회의 속 깊은
고민과 진지한 대화를 만날 수 있습니다.

정기구독을 신청하시려는 분들은
(사)참여사회연구소로 연락을 주시면 우편으로
우송해 드립니다(우송료는 연구소 부담).

1년치 정기구독료 27,000원 (※낱권 정가 15,000원)

구독문의 ☎ 02-764-9581
　　　　참여사회연구소 (zero@pspd.org)

하나은행 : 162-040805-00504 참여사회연구소 시민과세계

시민과 세계

2006년 상반기 제8호

발행인/주종환
편집인/이병천, 홍윤기
발행일/2006년 2월 13일

펴낸곳/도서출판 당대
주소/서울시 마포구 연남동 509-2, 3층 (우)121-2
전화/323-1315~6　팩스/323-1317
e-mail/dangbi@chollian.net

ISBN 89-8163-130-1　03300
값 15,000원

참여사회연구소
시민과세계 편집위원회

편집자문위원 : 박원순, 이김현숙, 정성배, 주종환,
최열, 최장집

편집인 : 이병천, 홍윤기

편집위원 : 권혁범, 김균, 김동춘, 김상봉, 김호기,
박순성, 신정완, 유선영, 이병천, 이태호, 전창환, 초
한홍구, 홍윤기, 홍일표

객원편집위원 : 강신준, 김명섭, 김상조, 김선욱, 김
김형기, 박도영, 박명림, 박영도, 박은홍, 박진도, 박
신광영, 안현효, 유철규, 이광일, 이기우, 이찬근, 이
장은주, 정대화, 정이환, 정태석, 정해구, 조돈문, 조
조흥식, 조희연, 진중권, 차병직, 최연구, 홍성태, 홍
홍훈

편집간사 : 구은정